Datenschutz-Grundverordnung

Datenschutz-Grundverordnung

Praxishandbuch

herausgegeben von

Dr. Rainer Knyrim

mit Beiträgen von

E. Angerler, C. Bergauer, R. Bogendorfer,
S. Dörnhöfer, N. Fercher, A. Flendrovsky,
A. Gerhartl, V. Haidinger, J. Hladjk,
E. Hödl, W. Hötzendorfer, B. Horn,
U. Illibauer, M. Kastelitz, R. Knyrim,
G. König, A. Krisch, G. Leissler,
M. Oman, H.-J. Pollirer, P. Reven,
E. Riedl, M. Schmidl, M. Schrems,
R. Selk, E. Souhrada-Kirchmayer, K. Steinmaurer,
T. Strohmaier, G. Trieb, E. Wagner, E. M. Weiss,
M. Wildpanner-Gugatschka, V. Wolfbauer

und einem Interview mit Dr. Andrea Jelinek,
Leiterin der Datenschutzbehörde,
geführt von
Mag. Katharina Schmidt und Dr. Rainer Knyrim

MANZ

Zitiervorschlag: *Bearbeiter*, Titel des Beitrags, in *Knyrim* (Hrsg), Datenschutz-Grundverordnung (2016) Seite

ISBN 978-3-214-10083-4

Telefon: (01) 531 61-0
E-Mail: verlag@manz.at
www.manz.at
Covernachweis: © envfx – Fotolia.com
Datenkonvertierung und Satzherstellung: Christian Taufer
Druck: FINIDR, s.r.o., Český Těšín

Vorwort

Nach mehr als vier Jahren intensiver Verhandlungen wurde im April 2016 die Europäische Datenschutzreform beschlossen. Sie wurde am 4.5.2016 im Amtsblatt der Europäischen Union veröffentlicht und besteht aus zwei Teilen:

- **Verordnung** (EU) 679/2016 des Europäischen Parlaments und des Rates v 27.4.2016 zum Schutz natürlicher Personen bei der Verarbeitung personenbezogener Daten, zum freien Datenverkehr und zur Aufhebung der Richtlinie 95/46/EG (**Datenschutz-Grundverordnung**, kurz **DSGVO**).[1])
- **Richtlinie** (EU) 680/2016 des Europäischen Parlamentes und des Rates v 27.4.2016 zum Schutz natürlicher Personen bei der Verarbeitung personenbezogener Daten durch die zuständigen Behörden zum Zweck der Verhütung, Ermittlung, Aufdeckung oder Verfolgung von Strafdaten oder Strafvollstreckung sowie zum freien Datenverkehr und zur Aufhebung des Rahmenbeschlusses 2008/977/JI des Rates (kurz **DSRL-PJ** – „PJ" steht kurz für Polizei und Justiz, auf die diese RL abzielt).[2])

Beide Rechtstexte werden in diesem Buch behandelt, wobei der Schwerpunkt auf der DSGVO liegt.[3])

Die Meinungen zur DSGVO divergieren erheblich: So meinte der Berichterstatter zur Datenschutzreform im Europäischen Parlament, *Jan Philipp Albrecht,* dass „[...] *die Verordnung den Nutzern die Entscheidung über ihre persönlichen Daten zurückgibt* [...], *gleichzeitig gibt das neue Gesetz den Unternehmen Rechtssicherheit und Wettbewerbschancen. Zukünftig gilt in der gesamten EU ein einziger einheitlicher Datenschutzstandard.*"[4])

Die deutsche Bundesdatenschutzbeauftragte *Andrea Voßhoff* bewertet die DSGVO als „*Meilenstein*"[5]), die zuständige EU-Kommissarin *Věra Jourová* sprach von einem „*historic achievement*"[6]), während in den Medien ua vom „*world's thoughest privacy law*" gesprochen wurde.[7])

Wie sehr die DSGVO polarisiert, zeigt sich aber ua an der Aussage von Univ.-Prof. *Thomas Hoeren,* der die DSGVO als „*größte Katastrophe des 21. Jahrhunderts*", „*eines der*

---

[1]) ABl L 2016/119, 1.

[2]) ABl L 2016/119, 89.

[3]) Ebenfalls am 4.5.2016 wurde in ABl L 2016/119, 132 die Richtlinie (EU) 681/2016 des Europäischen Parlaments und des Rates v 27. 4. 2016 über die Verwendung von Fluggastdatensätzen (PNR-Daten) zur Verhütung, Aufdeckung, Ermittlung und Verfolgung von terroristischen Straftaten und schwerer Kriminalität publiziert. Diese ist aber nicht Gegenstand des vorliegenden Buches.

[4]) Europäisches Parlament – Pressemitteilung des „LIBE"-Ausschusses für Grundrechte vom 17.12.2015, Ref: 20151217EPR08112. Wie dieses Werk zeigt, ist von Rechtssicherheit in der DSGVO in manchen Artikeln zumindest nach aktuellem Stand – ohne nationalem Begleitgesetz in Österreich – wenig zu spüren, ebenso wenig erfüllen die vielen „Öffnungsklauseln" die Hoffnung auf einen ähnlichen Datenschutzstandard.

[5]) http://heise.de/-3179872, abgerufen am 18.6.2016.

[6]) http://fortune.com/2016/04/14/eu-parliament-gdpr, abgerufen am 18.6.2016.

[7]) http://fortune.com/2016/04/14/eu-parliament-gdpr, abgerufen am 18.6.2016.

schlechtesten Gesetze des 21. Jahrhunderts" und manche Regelungen als „*überbordend*" und „*hirnlos*" bezeichnete.[8])

Was nun die Datenschutzreform tatsächlich im Detail mit sich bringt, können Sie in diesem Buch erfahren. Über 30 Autoren haben ihre Freizeit, va in den Nächten und am Wochenende, geopfert, um in einem sehr straffen Zeithorizont von nur wenigen Wochen Kapitel für Kapitel, Thema für Thema die Bestimmungen der DSGVO in praxistauglicher Form zu analysieren. Mein größter Dank gilt daher all diesen Datenschutz-Experten aus der Datenschutzbehörde, der öffentlichen Verwaltung, der Wissenschaft, aus der Kollegenschaft und aus Unternehmen, die sich getraut haben, hier juristisches Neuland zu betreten, wissend, dass sie dabei nicht nur Grundlagenforschung betreiben, sondern ihre Erkenntnisse kritisch gelesen werden. Auch wenn sich die Autoren tlw untereinander koordiniert haben, so beinhaltet jeder Beitrag die persönliche Meinung des jeweiligen Autors, die weder dem Standpunkt seiner öffentlichen Einrichtung oder seines Unternehmens entsprechen muss, noch der Meinung der übrigen Autoren – im Gegenteil, es kam schon während der Erstellung der Manuskripte zu teils sehr kontroversiellen Diskussionen! Der Inhalt der Beiträge ist somit ohne rechtliche Gewähr, allen Leser sei empfohlen, die Rechts- und Judikaturentwicklung in den nächsten Monaten und Jahren genauestens mitzuverfolgen, da diese Aussagen in Beiträgen des Buches obsolet machen könnten. Nichtsdestotrotz haben die Autoren versucht, aus den vielen, teils sehr unklaren Formulieren der DSGVO Erkenntnisse herauszuarbeiten, die auf nachvollziehbaren Interpretationen fußen.

Die Reihenfolge der Beiträge orientiert sich an der Reihenfolge der Artikel und Themen der Grundverordnung. Es freut mich, dass ich es als Herausgeber geschafft habe, dass inhaltlich praktisch jeder wichtige Artikel der Grundverordnung abgedeckt wurde und sich am Ende des Werkes eine Übersicht der und Abgrenzung zur DSRL findet.

Im Namen der Autoren hoffe ich, dass dieses Werk einen der Grundsteine für die künftige Diskussion des EU-Reformpakets sowohl in der Praxis als auch in der Wissenschaft bildet und hoffe, dass es Sie in Ihrer Vorbereitung auf das Inkrafttreten der DSGVO unterstützt.

Die **DSGVO trat am 24.5.2016 in Kraft und gilt ab 25.5.2018.** Die **DSRL** trat am 6.5.2016 in Kraft und ist **bis 6.5.2018 in nationales Recht umzusetzen.**

Bis zu diesen Zeitpunkten ist das derzeit in Österreich geltende **DSG 2000 weiter im vollen Umfang anzuwenden.** Der Inhalt dieses Buches bezieht sich somit auf die **Rechtslage ab 25. Mai 2018.**

Bitte beachten Sie, dass es nach heutigem Wissenstand bis zu diesem Zeitpunkt in Österreich ein oder mehrere nationale Begleitgesetz(e) für die Einführung der DSGVO sowie der Umsetzung der DSRL geben wird. Da bis zum Zeitpunkt des Erscheinens dieses Buches über deren möglichen Inhalt nichts bekannt war, sind diese naturgemäß nicht berücksichtigt.

Das Werk ist inhaltlich auf dem Wissensstand von Anfang Juni 2016.

Mein abschließender Dank gebührt den Mitarbeitern des Verlages MANZ, die dieses Werk von der ersten Idee im Jänner 2016 bis zum Erscheinen begleitet haben, nämlich Herrn Mag. Heinz Korntner, Herrn Dr. Christopher Dietz und Herrn Mag. Markus Schrom.

Wien, im Juli 2016 *Rainer Knyrim*

---

[8]) *Thomas Hoeren* im April 2016 auf einem Datenschutz-Kongress in Berlin, http://heise.de/-3190299, abgerufen am 18.6.2016.

Inhalt

Sachlicher und räumlicher Anwendungsbereich der DSGVO
Jörg Hladjk

Personenbezogene Daten
Begriff und Kategorien
Christian Bergauer

Definition und Anwendung der Pseudonymisierung
Elisabeth Hödl

Die Rechte auf Auskunft, Berichtigung, Löschung, Einschränkung, Datenübertragbarkeit und Widerspruch (Art 15–21 DSGVO)
Viktoria Haidinger

Privacy by Design and by Default

Datenschutz durch Technikgestaltung und durch datenschutzfreundliche Voreinstellungen
Walter Hötzendorfer

Die Aufsichtsbehörden
Alexander Flendrovsky

Der One Stop Shop in der DSGVO
Die Behördenzuständigkeit bei grenzüberschreitenden Datenanwendungen in der EU
Günther Leissler/Veronika Wolfbauer

Kooperation der Aufsichtsbehörden bei grenzüberschreitenden Fällen
Matthias Schmidl

Besonderheiten des öffentlichen Bereichs
Andreas Gerhartl

DSGVO: Chancen und Risiken für die IT-Wirtschaft
Andreas Krisch

Checkliste – Die Auftraggeberpflichten
Hans-Jürgen Pollirer

Umfrage zur Vorbereitung und Budgetierung der Umsetzung der DSGVO

Die Datenschutzrichtlinie für die polizeiliche und justizielle Zusammenarbeit in Strafsachen
Matthias Wildpanner-Gugatschka

Datenschutz im Strafverfolgungsbereich: Schnittstellen und Abgrenzungsfragen

Das Zusammenspiel zwischen DSGVO und DSRL-PJ
Stefanie Dörnhöfer

„The sooner the better"
Interview mit Andrea Jelinek, Leiterin der Datenschutzbehörde

Geführt von Mag. Katharina Schmidt und Dr. Rainer Knyrim

Die Leiterin der Datenschutzbehörde, Frau Dr. Andrea Jelinek, rät Unternehmen im Interview dazu, sich möglichst rasch mit der Datenschutz-Grundverordnung auseinanderzusetzen. Und sie schildert, was sich für ihre Behörde, die Bürger und die Unternehmen verändern wird. Geführt wurde das Interview von Katharina Schmidt und Rainer Knyrim.

Schmidt/Knyrim: Wir haben Sie vor zwei Jahren für die Zeitschrift „Datenschutz konkret" interviewt, als Sie die Leitung der neuen Datenschutzbehörde erst kurz innehatten. Sie haben seitdem in der Behörde viel bewegt, das man nach außen merkt. So fällt zum Beispiel auf, dass die Behörde viel schneller und effektiver arbeitet. Wie ist Ihr Resümee der ersten zwei Jahre?

Jelinek: Die Mitarbeiter haben sehr viel dazu beigetragen, dass wir das System so ändern konnten, dass die Verfahren für die Bürger, aber auch für die Unternehmen, rascher, effizienter und effektiver abgewickelt werden können. Sehr viele der Ideen kamen von den Mitarbeitern.

Schmidt/Knyrim: Hat sich der Personalstand erhöht?

Jelinek: Ein bisschen, aber nicht signifikant. Das wäre jetzt auch nicht geboten gewesen. Die Erledigungszahlen im Datenschutzbericht 2015 sind sehr gut. Man sieht auch, dass die Beschwerden zurückgegangen sind. Ich glaube, dass die Datenschutzaffinität der Unternehmen und der Behörden viel größer geworden ist. Wir wissen nicht, wie viele Auskunftsbegehren österreichweit gestellt werden, wir wissen nur, wie viele Beschwerden wir bekommen. Ich glaube allerdings nicht, dass die Auskunfts- oder Löschungsbegehren weniger geworden sind. Eher ist die Bereitschaft der Unternehmen und der öffentlichen Stellen größer geworden, auch wirklich Auskunft zu erteilen.

Schmidt/Knyrim: Die Behörde hat also eine positive Wahrnehmung darüber, wie sich die Unternehmen verhalten?

Jelinek: Ich nehme an, dass es so ist. Denn ich glaube nicht, dass sich die Menschen weniger beschweren, weil sie davon ausgehen, dass sie ohnehin keine Auskunft bekommen. Ich beobachte auch, dass immer mehr Unternehmen versuchen, mit der Behörde in Kontakt zu treten, um herauszufinden, was sie tun können. Beides ist ein Resultat der gestiegenen Awareness in den Unternehmen in Bezug auf den Datenschutz und nicht der drohenden Strafen durch die Datenschutz-Grundverordnung.

Schmidt/Knyrim: Mit der DSGVO wird die Datenschutzbehörde erneut „umgekrempelt" werden müssen, da zahlreiche neue Aufgaben auf sie zukommen. Welche sind aus Ihrer Sicht die bedeutendsten davon?

Jelinek: Ganz wichtig ist das One-Stop-Shop-Prinzip, das wir umsetzen werden. Damit in Zusammenhang stehen die Kooperation mit den anderen Datenschutzbehörden und die Kooperation im Datenschutz-Board, das neu geschaffen wird und auch bindende Entscheidungen treffen kann. Und natürlich dürfen wir eines nicht vergessen: Es wird auch weiterhin das Beschwerdewesen geben, unsere ganz normalen nationalen Verfahren. Es kann ja durchaus sein, dass nur ein einziges Unternehmen, das genau eine Stelle in genau einem Land hat, von einer Beschwerde betroffen ist. Außerdem wird es ganz normale Verfahren bei öffentlichen Einrichtungen geben. Dafür wird das Datenverarbeitungsregister in seiner derzeitigen Form wegfallen.

Schmidt/Knyrim: Auf der einen Seite fällt das DVR weg, auf der anderen Seite kommen viele neue Aufgaben auf die DSB zu. Ist absehbar, ob sie dafür neues Personal benötigen und dieses allenfalls auch bekommen werden?

Jelinek: Ob wir zusätzliches Personal brauchen werden, entscheidet sich erst in den kommenden ein bis zwei Jahren. Das wird davon abhängen, ob und wenn ja, in welcher Form der Gesetzgeber die fast 50 Öffnungsklauseln, die in der Verordnung enthalten sind, nützt. Andererseits wird es auch davon abhängen, wie die Zusammenarbeit auf internationaler Ebene organisiert wird. Die Artikel-29-Gruppe ist nach wie vor aktiv und jetzt schon dabei, als Vorläufergruppe des Datenschutzausschusses allfällige Umsetzungsmaßnahmen zu treffen. Der Artikel der Verordnung, in dem die Aufgaben des Boards beschrieben sind, ist mehr als eine Seite lang. Auch hier wird es viele Umsetzungsmaßnahmen geben. Das heißt nicht unbedingt, dass das alles national wirksam wird – wir wissen schlicht und einfach nicht, bei wie vielen internationalen Verfahren die Österreichische Datenschutzbehörde mitwirken wird. Parallel zu den internationalen Vorbereitungen wird der österreichische Gesetzgebungsprozess laufen. Ich gehe davon aus, dass wir in rund einem Jahr wissen, wie die nationale Umsetzung aussieht.

Das Einzige, was ich auf jeden Fall sagen kann, ist: Wir arbeiten jetzt schon daran, die Sprachkompetenz der Mitarbeiter und Mitarbeiterinnen zu erweitern, alle Juristen machen sich in Englisch firm. Es ist ganz wichtig, dass wir uns grundsätzlich international ausrichten, weil ja jeder Fall, der hereinkommt, zu einem internationalen werden kann. Es wird auch davon abhängen, wie oft die österreichische Datenschutzbehörde Lead Authority sein wird. Es gibt da nichts Vergleichbares, weil es das noch nie gegeben hat. Deswegen führen auch Zahlenspielereien zu nichts. Vielleicht brauche ich gar kein zusätzliches Personal, vielleicht wird es erforderlich, dass wir uns verdoppeln, ich kann es derzeit noch nicht sagen.

Schmidt/Knyrim: In welchen Bereichen werden künftig Kontakte der Verantwortlichen mit der DSB stattfinden?

Jelinek: Wie immer: Die Rechte und Pflichten bleiben, dazu kommen die Datenschutz-Folgenabschätzung und die Konsultation. Was man bei der Konsultation nicht vergessen darf: Es ist trotzdem das Unternehmen, das die Datenschutz-Folgenabschätzung treffen muss. Außerdem kann im Zuge der Konsultation auch herauskommen, dass das Unternehmen eine vollkommen falsche Einschätzung getroffen hat und ganz andere Bestimmungen zum Tragen kommen, als es das Unternehmen gerne möchte. Jede Firma ist also gut beraten, nicht zu glauben, dass die Konsultation der Behörde eine eigenverantwortliche, genaue Abschätzung ersetzt.

Schmidt/Knyrim: Wird es bestimmte Vorgaben geben, zum Beispiel, ob Daten mit 64 oder 128 Bit zu verschlüsseln sind?

Jelinek: Das wird man sehen. Etwas so genau festzuschreiben, halte ich aber für sehr riskant. Denn es kann sehr gut sein, dass etwas, das jetzt mit 64 Bit verschlüsselt ist, heute sehr sicher ist und morgen nicht mehr, weil sich die Technik auch im Bereich der Kryptographie sehr rasch weiterentwickelt. Derart detaillierte Vorgaben sind nicht immer optimal, sie können oft nach hinten losgehen.

Schmidt/Knyrim: Sie haben die zahlreichen Öffnungsklauseln in der DSGVO schon angesprochen. Diese ermöglichen es, auf nationaler Ebene einzelne Bestimmungen anders zu regeln. Weiters fehlt in der DSGVO das Verfahrensrecht für die nationale Datenschutzbehörde. Wird es daher in Österreich das DSG 2000 weiterhin geben, wird dieses novelliert oder wird ein neues Gesetz geschaffen werden?

Jelinek: Ich bin dafür nicht zuständig. Aber ganz klar ist: Bis 25. Mai 2018 muss es eine Regelung geben.

Schmidt/Knyrim: Theoretisch könnte man auch gar nichts machen und den Bürger mit der Verordnung und dem Gesetz alleine lassen.

Jelinek: Der Gesetzgeber wird auf jeden Fall aufgerufen sein, das Gesetz zu novellieren. Da es eine „hinkende" Verordnung ist, sind bestimmte Punkte dem nationalen Gesetzgeber überlassen und der wird sich bestimmt auch etwas dazu überlegen.

Schmidt/Knyrim: Ist schon klar, ob die Datenschutzbehörde künftig auch Strafbehörde wird? Falls nicht, wer könnte künftig die Strafen verhängen? Eine eigene Strafbehörde auf Bundesebene? Die Gerichte?

Jelinek: Man wird sich anschauen müssen, was der Gesetzgeber unter der Strafbehörde versteht. Für mich geht aus der Verordnung relativ klar hervor, dass das die Datenschutzbehörde ist. Wenn der Gesetzgeber meint, dass dies nicht klar sei oder es jemand anderer sein müsse, weil das nicht zulässig sei, dann wird er es anders normieren. Ansonsten können auch jetzt schon die Bezirksverwaltungsbehörden Strafen verhängen, aber diese sind in der Verordnung wohl nicht gemeint. Eine Strafbehörde auf Bundesebene könnte aber wie gesagt die Datenschutzbehörde sein.

Schmidt/Knyrim: Besteht da nicht ein Interessenkonflikt, wenn die Behörde auch berät?

Jelinek: Wir beraten nicht. Es gibt die Rechte und Pflichten. Auch in der Konsultation liegt die Letztverantwortung trotzdem beim datenschutzrechtlich Verantwortlichen. Die Konsultation im Sinne von Beratung liegt bei den berufsmäßigen Parteienvertretern. Aber wir sind nach wie vor Behörde, auch nach dem 25. Mai 2018. Wir führen Einzelverfahren im internationalen und teilweise auch im nationalen Kontext, wir bekommen zusätzliche Aufgaben wie zum Beispiel Akkreditierungen und Zertifizierungen, aber dennoch: An der Verpflichtung, die Betroffenen über ihre Rechte und Pflichten zu informieren, ändert sich nichts. Auf unserer Website steht schon jetzt, welche Rechte jemand hat. Es wird aber auch in Zukunft keine eigene Beratungsschiene geben, über die wir mitteilen: Machen Sie das so oder so und dann ist das in Ordnung.

Schmidt/Knyrim: In anderen Ländern wollen Behörden Guidelines zu verschiedenen Themen online veröffentlichen. Ist das in Österreich auch zu erwarten?

Jelinek: Auf unserer Website finden sich Formulare, aber ich wüsste nicht, warum wir derzeit Guidelines zur Grundverordnung online stellen sollten. Es gibt ja auch keine Guidelines zum ABGB oder zu anderen Verordnungen und Richtlinien. Alles, was im nationalen Bereich zu normieren ist, wird der Gesetzgeber normieren – die Erläuterungen sind dann quasi die Guidelines. Bei der DSGVO kann man sagen, dass die Erwägungsgründe die Guidelines sind. Unternehmen müssen sich immer wieder mit vielen neuen Rechtsmaterien auseinandersetzen – jetzt ist es eben der Datenschutz, mit dem sie sich schon in den vergangenen Jahrzehnten hätten auseinandersetzen müssen. Viele haben das auch getan, nun wird das eben großflächig ausgebaut.

Schmidt/Knyrim: Sie haben es schon erwähnt: Unternehmen scheinen sich im Hinblick auf die Strafrahmen in der DSGVO bereits viel intensiver mit Datenschutzrecht zu befassen als bisher. Umgekehrt gibt es Unternehmen, die schlicht nicht glauben, dass die neuen Strafrahmen ausgeschöpft werden könnten und künftig statt ein paar Tausend ein paar Hunderttausend oder sogar Millionen Euro an Strafen verhängt werden. Sind solche hohen Strafen auszuschließen? In welchen Fällen wären sie denkbar? In Fällen von einzelnen Verstößen oder eher dann, wenn herauskommt, dass Unternehmen sich weiterhin generell nicht um Datenschutz-Compliance kümmern?

Jelinek: In Art 83 Abs 2 DSGVO sind von Buchstabe a bis k jene Dinge aufgelistet, die zu berücksichtigen sind, wenn Strafen auferlegt werden. Es geht immer um den Einzelfall – es kommt unter anderem auf die Schwere, die Dauer, Art und Umfang des Verstoßes sowie die Zahl der Betroffenen an. Es ist also in jedem Fall eine Einzelfallentscheidung, ich möchte jetzt keinen Fall konstruieren.

Schmidt/Knyrim: Die Strafen liegen bei 20 Millionen Euro oder vier Prozent des weltweiten Jahresumsatzes, je nachdem, welcher der Beträge höher ist. Heißt das, dass man sich bei Unternehmen grundsätzlich am Umsatz orientiert?

Jelinek: Das wird man alles sehen. Ich denke, dass Festlegungen zum jetzigen Zeitpunkt jedenfalls verfrüht sind.

Schmidt/Knyrim: Die DSGVO erlegt den Unternehmen und öffentlichen Einrichtungen zahlreiche Pflichten auf. Etwa Informations- und Auskunftspflichten gegenüber den Betroffenen, Pflichten bei der Einführung von neuen Datenanwendungen wie Datenschutz durch Technik oder Datenschutz-Folgenabschätzung, Schulungspflichten etc. Welche dieser Pflichten halten Sie für besonders wichtig für den Datenschutz? Auf welche würden Sie als Strafbehörde besonderes Augenmerk richten?

Jelinek: Grundrechte sind für mich nicht in Geld abzukaufen. Ich glaube, die Datenschutz-Relevanz aller Verpflichtungen im Gesamten ist wesentlich und ich möchte nicht beckmesserisch sagen: Wir schauen auf das eine oder andere ganz besonders. Wie auch jetzt prüfen wir in Zukunft umfassend, wie auch jetzt werden wir uns die Gesamtgemengelage ansehen. Am Verhalten der DSB wird sich nichts ändern.

Schmidt/Knyrim: Apropos Verhalten der DSB: In den vergangenen zwei Jahren gab es Schwerpunktkontrollen in bestimmten Branchen. Wird es diese weiterhin geben? Oder werden Kontrollen auf noch breiterer Ebene durchgeführt werden? Immerhin gibt es Pflichten wie die zur Führung eines Verfahrensverzeichnisses oder zum Abschluss und Wartung von Dienstleisterverträgen, die relativ leicht und rasch abgeprüft werden könnten. Oder ist eine andere Schwerpunktsetzung geplant?

Jelinek: Ich habe im Moment keinen Grund, von einer umfassenden Prüfung Abstand zu nehmen. Es ist sinnvoll, umfassend zu prüfen, Einschau zu halten und große Fragenkataloge beantwortet zu bekommen. Die Schwerpunktkontrollen der vergangenen zwei Jahre haben gezeigt, dass sich die österreichischen Betriebe den umfassenden Prüfungen durchaus gewachsen fühlen und die datenschutzrechtliche Verantwortung gut wahrnehmen.

Schmidt/Knyrim: Derzeit befassen sich viele öffentliche Einrichtungen und Unternehmen mit der Frage, ob sie einen Datenschutzbeauftragten benötigen werden oder nicht. Die Definition in der DSGVO besteht aus undefinierten Begriffen, insbesondere, ob die „Kerntätigkeit" in der umfangreichen Überwachung oder Verarbeitung von sensiblen oder strafrechtlich relevanten Daten besteht. Der Begriff „Kerntätigkeit" ist dabei nicht definiert. Unklar ist daher, ob etwa eine gesetzliche Verpflichtung – zum Beispiel die Implementierung von Smart Metern durch Netzbetreiber – als „Kerntätigkeit" gesehen werden kann. Wo liegt diese „Kernstätigkeit"?

Jelinek: Das wird letztlich die Rechtsprechung festlegen. Es kann ja durchaus sein, dass die Datenschutzbehörde in einem Verfahren feststellt, etwas ist eine Kerntätigkeit und derjenige sieht das anders.

Schmidt/Knyrim: Die DSGVO ermöglicht, dass im Konzern auch nur ein Konzerndatenschutzbeauftragter installiert wird, sofern dieser „leicht erreichbar" ist. Heute ist per Handy und E-Mail grundsätzlich jeder „leicht erreichbar" – muss er auch rasch vor Ort sein können? Was könnte sonst noch damit gemeint sein?

Jelinek: Meines Erachtens müssen sich die Unternehmen überlegen, was für ihre Firma wichtig ist. Der Datenschutzbeauftragte ist ja letztlich nicht für die DSB da, sondern soll sinnvoll im Unternehmen wirken können. Ich weiß nicht, ob jemand sinnvoll im Unternehmen wirken kann, wenn er auf der Isle of Wight sitzt und sich der Hauptsitz des Unternehmens in Rom befindet. Das ist aber eine Frage, die die Konzerne beantworten müssen, für uns ist nur wichtig, dass man sich mit dem Datenschutzbeauftragten verständigen kann. Ich brauche niemanden vor Ort, die Sprache ist aber ein Thema. Ich glaube auch, dass die Einrichtung eines Datenschutzbeauftragten sehr sinnvoll ist. Es haben ja jetzt schon Unternehmen Datenschutzbeauftragte und fahren sehr gut damit – nämlich nicht im Verhältnis zur DSB, sondern im Verhältnis zu den eigenen Mitarbeitern. Ich höre immer wieder aus Unternehmen, wie angenehm es ist, dass man zu jemandem gehen kann, der sich auskennt und bei Fragen zur Verfügung steht. Jetzt schon einen Datenschutzbeauftragten einzurichten, ist eine gute Chance für Unternehmen, sich proaktiv zu positionieren.

Schmidt/Knyrim: Manche Datenschutzbeauftragte fürchten sich, dass sie in Zukunft für die 20 Millionen Euro Strafe haften könnten.

Jelinek: Das kann ich mir nur schwer vorstellen. Auch da wird der Gesetzgeber vielleicht noch eine Klarstellung treffen, aber es ist sehr unwahrscheinlich, dass der Datenschutzbeauftragte eines weltweiten Konzerns – und der wird nicht nur einen Datenschutzbeauftragten haben – der Verantwortliche nach § 9 VStG ist.

Schmidt/Knyrim: Laut DSGVO soll es künftig beim Abschluss von einmal genehmigten Standardvertragsklauseln keine Genehmigungsverfahren mehr geben. Ist klar, ob das in Österreich auf nationaler Ebene auch so bleiben wird? Bleiben bestehende oder bis 2018 noch erlangte Genehmigungen über Mai 2018 hinaus weiter gültig?

Jelinek: Ja. Nach Art 46 Abs 5 DSGVO bleiben von einem Mitgliedstaat oder einer Aufsichtsbehörde nach Art 46 Abs 2 der RL erteilte Genehmigungen so lange gültig, bis sie erforderlichenfalls von dieser Aufsichtsbehörde geändert, ersetzt oder aufgehoben werden. Ich kann aber auch jetzt schon eine Genehmigung aufheben, wenn sie nicht mehr entspricht. Da ändert sich nichts.

Schmidt/Knyrim: Wir haben schon festgestellt, dass das Datenverarbeitungsregister mit der DSGVO wegfallen könnte – ist dies gesichert? Es sind mittlerweile Stimmen zu hören, die meinen, dass es für die Unternehmen einfacher wäre, auch künftig die Betroffenen zentral über das DVR informieren zu können, als dass die Informationspflicht, wie in Art 13 und 14 DSGVO vorgesehen, gegenüber jedem Einzelnen erfüllt werden muss, was einen immensen Verwaltungsaufwand bedeutet.

Jelinek: Die Informationsverpflichtung trifft die Unternehmen ja bisher auch schon, da ändert sich in Wahrheit nicht wirklich etwas. Das DVR ist ein öffentliches Buch, aber die Informationspflicht trifft die Unternehmen jetzt auch unabhängig vom DVR. Ich weiß nicht, was der Gesetzgeber mit dem DVR machen wird – vielleicht wird es eine Art Archiv, ich weiß es nicht.

Schmidt/Knyrim: Wenn das DVR wegfällt, wozu sollen sich die Unternehmen die Arbeit überhaupt noch antun? Wird das Nichtmelden bis 2018 überhaupt noch sanktioniert? Können bisherige Meldungen als Basis für ein künftiges Verfahrensverzeichnis dienen?

Jelinek: Gesetze gelten. Wenn jemand eine meldepflichtige Datenanwendung nicht meldet – egal ob bewusst oder nicht – und wir finden das heraus, dann wird ein Verfahren geführt. Wenn ich weiß, dass etwas in zwei Jahren vielleicht ganz wegfällt, kann ich nicht heute schon sagen, dass es mir egal ist.

Schmidt/Knyrim: Künftig wird es ein Verfahrensverzeichnis geben – die Erfordernisse dafür sind fast ident mit den bisherigen Erfordernissen der DVR-Meldung. Könnte man sich als Unternehmen nicht noch einmal seine Meldungen ausdrucken, bevor das DVR abgeschaltet wird und diese als Basis für das Verfahrensverzeichnis nutzen?

Jelinek: Das ist die Entscheidung der Unternehmen. Wenn man das allerdings tut, macht es Sinn, die Meldungen gleich auch einmal auf ihre Aktualität zu überprüfen.

Schmidt/Knyrim: Bis zum Inkrafttreten der DSGVO am 25. Mai 2018 sind nur noch knapp zwei Jahre Zeit. Was raten Sie öffentlichen Einrichtungen und Unternehmen: Wann sollen sie mit der Vorbereitung beginnen, wo sollen sie anfangen, worauf sollen sie sich konzentrieren?

Jelinek: Die Rechte und Pflichten, die sowohl Unternehmen als auch die öffentliche Hand haben, gehen ganz klar aus der DSGVO hervor. Und ich denke, dass es allen gut ansteht, sich mit den Dingen sehr rasch vertraut zu machen. Ich gehe eigentlich davon aus, dass professionelle Unternehmen und die öffentliche Hand – auch die ist da sehr professionell – das schon tun. Viele setzen ja schon in Schulungen an, viele haben sich schon überlegt, wer Datenschutzbeauftragter wird und wie er darauf vorbereitet wird. Andere müssen das erst tun. Ich gehe davon aus, dass damit sofort begonnen wurde, als die Verordnung im Amtsblatt erschienen ist, also am 27. April 2016. Seither kann man alle Details schwarz auf weiß im Amtsblatt nachlesen. Je früher man das tut, desto besser. The sooner the better.

DSGVO: Entstehungsgeschichte und Problemstellungen aus österreichischer Sicht

Natalie Fercher/Eckhard Riedl[1])

I. Einleitung

Das allgemeine europäische Datenschutzrecht ist derzeit sekundärrechtlich in der Datenschutzrichtlinie 95/46/EG (DSRL)[2]) geregelt. Für den Bereich der polizeilichen und justiziellen Zusammenarbeit in Strafsachen regelt der Rahmenbeschluss 2008/977/JI[3]) des Rates die Verarbeitung personenbezogener Daten. Die Europäische Kommission (EK) hat sich zu einer umfassenden Reform des unionsrechtlichen Datenschutzrechtsrahmens entschieden.

Eingeleitet wurde der Reformprozess am 4. 11. 2010 mit einer **Mitteilung der EK**[4]) an das Europäische Parlament (EP), den Rat, den Europäischen Wirtschafts- und Sozialausschuss und den Ausschuss der Regionen, mit der die EK ein Gesamtkonzept für den Datenschutz in der Europäischen Union zur **öffentlichen Konsultation** aufgelegt hat.[5]) Die EK geht in der Mitteilung davon aus, dass der Datenschutz aufgrund der raschen technologischen Entwicklung und der Globalisierung vor neuen Herausforderungen steht und Anpassungen – wenngleich unter Beibehaltung der wesentlichen Grundsätze der DSRL und des technikneutralen Ansatzes – erforderlich sind. Die EK nennt eine Reihe von Aktionen mit tlw konkreten Vorstellungen zur

[1]) Die nachfolgenden Ausführungen geben die persönliche Meinung der Autoren wieder. Sofern auf die öster Position oder die Position anderer Mitgliedstaaten Bezug genommen wird, basiert dies auf öffentlich zugänglichen Dokumenten.

[2]) Richtlinie 95/46/EG des Europäischen Parlaments und des Rates v 24. 10. 1995 zum Schutz natürlicher Personen bei der Verarbeitung personenbezogener Daten und zum freien Datenverkehr, ABl L 1995/281, 31.

[3]) Rahmenbeschluss 2008/977/JI des Rates vom 27. 11. 2008 über den Schutz personenbezogener Daten, die im Rahmen der polizeilichen und justiziellen Zusammenarbeit in Strafsachen verarbeitet werden, ABl L 2008/350, 60.

[4]) KOM(2010) 609 endg; die öffentliche Konsultation, an der sich neben anderen Mitgliedstaaten und Institutionen auch Österreich, die österr Datenschutzkommission oder der österr Datenschutzrat beteiligt haben, fand vom 4. 11. 2010 bis 15. 1. 2011 statt (http://ec.europa.eu/justice/news/consulting_public/news_consulting_0006_en.htm). Der Vollständigkeit halber sei darauf verwiesen, dass dieser Konsultation zum Gesamtkonzept bereits Konsultationen zu partiellen Aspekten vorangegangen waren, nämlich zur Mitteilung der Kommission vom 10. 6. 2009 an das Europäische Parlament und den Rat betreffend einen Raum der Freiheit, der Sicherheit und des Rechts im Dienste der Bürger, KOM(2009) 262 endg (Konsultationsphase vom 9. 7. bis 31. 12. 2009) und zur Mitteilung der Kommission vom 7. 3. 2007 an das Europäische Parlament und den Rat zum Stand des Arbeitsprogramms für eine bessere Durchführung der Datenschutzrichtlinie, KOM(2007) 87 endg.

[5]) Zur gesamthaften Darstellung der Mitteilung der EK vgl *Souhrada-Kirchmayer*, Das Gesamtkonzept für den Datenschutz in der Europäischen Union, in *Jahnel* (Hrsg) Datenschutzrecht, Jahrbuch 2011, 33.

Ausgestaltung des neuen Rechtsrahmens.[6]) Auf der Grundlage dieses Konzepts kündigte die EK – unter Berücksichtigung der Rückmeldungen aus der öffentlichen Konsultation und nach Durchführung einer Folgenabschätzung – den Vorschlag von Rechtsvorschriften für 2011 an.[7])

Neben diesen unbestreitbaren, in der Mitteilung der EK vom 4. 11. 2010 ausführlich dargelegten faktischen Veränderungen für den Datenschutz im Lichte der immer schneller voranschreitenden technologischen Entwicklung und globalen Vernetzung seit dem Inkrafttreten der DSRL[8]) haben jedoch auch grundlegende **Änderungen der rechtlichen Parameter** zur Initiative für eine Neuregelung beigetragen. Mit Inkrafttreten des Vertrags von Lissabon mit 1. 12. 2009 wurde mit **Art 16 AEUV**[9]) erstmals eine umfassende Rechtsgrundlage im Unionsprimärrecht für die Erlassung von Vorschriften zum Schutz natürlicher Personen bei der Verarbeitung personenbezogener Daten und somit für die Erlassung von Rechtsakten auf dem Gebiet des Datenschutzes unter Einschließung des Bereichs der polizeilichen und justiziellen Zusammenarbeit in Strafsachen geschaffen,[10]) um dem Erfordernis einheitlicher datenschutzrechtlicher Regelungen vor dem Hintergrund eines immer intensiveren Datenaustauschs auf Unionsebene und der gestiegenen Bedeutung des Datenschutzes in der Informationsgesellschaft gerecht werden zu können.[11]) Die neue Rechtsgrundlage des Art 16 AEUV bietet auf Unionsebene somit die Möglichkeit, ein ebenso zeitgemäßes wie den neuen primärrechtlichen Vorgaben nach Auflösung der Säulenstruktur durch den Vertrag von Lissabon angepasstes und einheitliches Datenschutzregime zu etablieren.[12])

---

[6]) So sollte etwa geprüft werden, wie eine kohärente Anwendung der Datenschutzvorschriften unter Berücksichtigung der Auswirkungen neuer Technologien auf die Rechte und Freiheiten von Personen mit dem Ziel, den freien Verkehr personenbezogener Daten im Binnenmarkt zu gewährleisten, sichergestellt werden kann. Ebenso genannt werden die Stärkung des Prinzips der Datensparsamkeit, die Möglichkeit der Verankerung eines sogenannten Rechts auf Vergessenwerden („right to be forgotten"; noch lange vor dem EuGH-Urteil in der Rs *Google*; EuGH 13. 5. 2014, C-131/12, *Google Spain SL und Google Inc.*), ein Konzept für eine allgemeine „Datenübertragbarkeit", Überlegungen zur Verschärfung der bestehenden Sanktionsregelungen, die Einführung einer Datenschutzfolgenabschätzung oder eines Privacy-by-Design-Konzepts.

[7]) Mitteilung der EK vom 4. 11. 2010, KOM(2010) 609 endg, 21.

[8]) *Simitis* erachtet – neben den angesprochenen umfassenden Veränderungen im Tatsächlichen seit dem Inkrafttreten der DSRL – auch vor dem Hintergrund systemischer Mängel, die bereits durch die Konzeption der DSRL grundgelegt wurden, die Reform des unionsrechtlichen Datenschutzregimes für „überfällig"; *Simitis*, Die EG-Datenschutzrichtlinie: eine überfällige Reformaufgabe, in *Herzog/Neumann* (Hrsg), FS Hassemer (2010) 1248.

[9]) Art 16 AEUV sieht vor, dass das Europäische Parlament und der Rat gemäß dem ordentlichen Gesetzgebungsverfahren Vorschriften über den Schutz natürlicher Personen bei der Verarbeitung personenbezogener Daten durch die Organe, Einrichtungen und sonstigen Stellen der Union sowie durch die Mitgliedstaaten im Rahmen der Ausübung von Tätigkeiten, die in den Anwendungsbereich des Unionsrechts fallen, und über den freien Datenverkehr erlassen (vgl dazu auch die Vorgängerbestimmung in Art 286 EGV). Verwiesen sei in diesem Zusammenhang der Vollständigkeit halber auch auf den ebenfalls mit dem Vertrag von Lissabon neu geschaffenen Art 39 EUV, der eine eigenständige Rechtsgrundlage zum Schutz personenbezogener Daten natürlicher Personen für den Bereich der gemeinsamen Außen- und Sicherheitspolitik (GASP) gewährleisten soll.

[10]) Vgl dazu die noch insbesondere auf die Binnenmarktkompetenz nach dem alten Art 100a EGV gestützte Datenschutz-Richtlinie 95/46/EG.

[11]) Vgl *Kotzur* in *Geiger/Khan/Kotzur*, EUV/AEUV[5] Art 16 AEUV Rz 1.

[12]) Zur kritischen, aber in der Sache durchaus gerechtfertigten Bestandsaufnahme des Zustands des unionsrechtlichen Datenschutzregimes („Großbaustelle") zum Zeitpunkt des Inkrafttretens des Vertrags von Lissabon mit zahlreichen weiteren Literaturverweisen für den Beleg für dieses Urteil vgl *N. Raschauer*, Europäisches Datenschutzrecht – quo vadis? in *N. Raschauer* (Hrsg), Datenschutzrecht 2010, 89.

Als ebenfalls maßgeblicher rechtlicher Faktor im Kontext der Neuregelung des unionsrechtlichen Datenschutzregimes ist die mit dem Vertrag von Lissabon erfolgte **Verbindlicherklärung der EU-Grundrechtecharta** (GRC)[13]) und des Datenschutzgrundrechts in **Art 8 GRC**[14]) zu sehen. Wenngleich bereits vor dem Vertrag von Lissabon im Wege der allgemeinen Rechtsgrundsätze und über Art 6 EUV (alt) die EMRK – und somit auch der den Datenschutz mitumfassende Art 8 EMRK – die grundrechtliche Anerkennung datenschutzrechtlicher Standards in der EU sichergestellt war,[15]) kommt der erstmaligen ausdrücklichen Ausgestaltung eines Datenschutzgrundrechts auf Unionsebene große Bedeutung zu. Das Grundrecht ist gem Art 51 Abs 1 GRC von den Organen und sonstigen Einrichtungen der Europäischen Union sowie von den Mitgliedstaaten bei der Durchführung des Unionsrechts zu beachten.

II. Kommissionsvorschlag für ein neues Datenschutzregime

Die von der EK am 25. 1. 2012[16]) vorgelegte Mitteilung[17]) für eine Neuordnung des Datenschutzregimes auf Unionsebene umfasste neben einer Mitteilung über die politischen Ziele der EK auch zwei Legislativvorschläge:[18]) Der **Vorschlag für eine Verordnung** des Europäischen Parlaments und des Rates zum Schutz natürlicher Personen bei der Verarbeitung personenbezogener Daten und zum freien Datenverkehr (Datenschutz-Grundverordnung – DSGVO)[19]) soll die DSRL ersetzen. Für den polizeilichen und justiziellen Bereich hat die EK einen **Vorschlag für eine Richtlinie** des Europäischen Parlaments und des Rates zum Schutz natürlicher Personen bei der Verarbeitung personenbezogener Daten durch die zuständigen Behörden zum Zweck der Verhütung, Aufdeckung, Untersuchung oder Verfolgung von Straftaten oder der Strafvollstreckung sowie zum

---

[13]) Charta der Grundrechte der Europäischen Union, ABl C 2010/83, 389.

[14]) Art 8 Abs 1 GRC legt in allgemeiner Art und Weise fest, dass jede Person das Recht auf Schutz der sie betreffenden personenbezogenen Daten hat und formt dieses unionale Grundrecht, das auch in Art 16 AEUV wiederholt wird, in der Folge näher aus. Gemäß Art 8 Abs 2 GRC dürfen diese Daten nur nach Treu und Glauben für festgelegte Zwecke und mit Einwilligung der betroffenen Person oder auf einer sonstigen gesetzlich geregelten legitimen Grundlage verarbeitet werden. Jede Person hat das Recht, Auskunft über die sie betreffenden erhobenen Daten zu erhalten und die Berichtigung der Daten zu erwirken. Gemäß Abs 3 leg cit wird die Einhaltung dieser Vorschriften von einer unabhängigen Stelle überwacht.

[15]) Vgl nunmehr Art 6 Abs 3 EUV; durch die Rechtsverbindlichkeit der GRC wird der davor praktizierte Rückgriff auf die in der EMRK verbrieften Grundrechte nicht ersetzt, vielmehr ist dies als Ergänzung zur bisherigen Heranziehung der Grundrechte als allgemeine Grundsätze im Unionsrecht zu sehen; *Schorkopf* in *Grabitz/Hilf/Nettesheim*, Das Recht der Europäischen Union, Art 6 EUV Rz 50.

[16]) Die damalige Vizepräsidentin der EK und Kommissarin für Justiz, Grundrechte und Bürgerschaft, *Viviane Reding*, präsentierte die EK-Überlegungen am 25. 1. 2012 im Rahmen einer Pressekonferenz (siehe auch Presseaussendung IP/12/46 der EK vom 25.1.2012).

[17]) Mitteilung der Kommission vom 25. 1. 2012 an das Europäische Parlament, den Rat, den Europäischen Wirtschafts- und Sozialausschuss und den Ausschuss der Regionen betreffend den Schutz der Privatsphäre in einer vernetzten Welt. Ein europäischer Datenschutzrahmen für das 21. Jahrhundert, KOM(2012) 9 endg.

[18]) Gleichzeitig mit der öffentlichen Präsentation der Mitteilung der EK erfolgte seitens der EK auch die Übermittlung der beiden Legislativvorschläge an das EP und an den Rat als erster formeller Schritt im ordentlichen Gesetzgebungsverfahren.

[19]) KOM(2012) 11 endg.

freien Datenverkehr[20]) vorgelegt, die den Rahmenbeschluss 2008/977/JI des Rates ersetzen soll.

In ihrer Folgenabschätzung[21]) nennt die EK folgende **Problembereiche**, die unter dem geltenden Rechtsrahmen bestehen: Hindernisse für die Wirtschaft und Behörden durch Unterschiede in den Rechtsregelungen, Rechtsunsicherheiten und uneinheitliche Durchsetzung, Schwierigkeiten bei der Kontrolle der eigenen personenbezogenen Daten und Datenschutzlücken sowie Unstimmigkeiten beim Datenschutz im Bereich der polizeilichen und justiziellen Zusammenarbeit in Strafsachen.

Schon die DSRL hatte die Gewährleistung eines gleichmäßigen Datenschutzniveaus in der EU zum Ziel. Bedingt durch die Rechtsaktform der Richtlinie und einen entsprechend großen Umsetzungsspielraum für die Mitgliedstaaten kam es zu einer in verschiedenen Bereichen uneinheitlichen Umsetzung der DSRL.[22])

Mit der Aktualisierung der bestehenden Regelungen sollte eine Vertiefung der Binnenmarktdimension des Datenschutzes durch den Abbau der Unterschiede in den Regelungen, eine Verbesserung der Kohärenz und Vereinfachung des Regelungsumfelds (zur Vermeidung von unnötigen Kosten und zur Verringerung von Verwaltungsaufwand), eine Stärkung des Grundrechts auf Datenschutz und die Übertragung der Kontrolle über die Daten an die Betroffenen sowie eine Stärkung der Kohärenz der EU-Datenschutzvorschriften erreicht werden.[23])

III. Verhandlungsverlauf

Das vorgeschlagene neue Datenschutzregime wurde seit der erstmaligen Vorstellung der Mitteilung der Kommission für eine Neuordnung des Datenschutzes auf Unionsebene am 25. 1. 2012 auf unterschiedlichen Ratsebenen intensiv diskutiert. Nicht weniger als **neun Präsidentschaften** (Dänemark, Zypern, Irland, Litauen, Griechenland, Italien, Lettland, Luxemburg und Niederlande) hatten dieses Dossier auf der Tagesordnung.

---

[20]) KOM(2012) 10 endg. Auf den Richtlinienvorschlag wird an dieser Stelle nur der Vollständigkeit halber verwiesen. Angemerkt wird, dass der Richtlinienvorschlag – wenngleich mit unterschiedlicher Verhandlungsintensität – im Rat und im EP stets im Paket mit der DSGVO behandelt und letztlich auch mit dieser gemeinsam beschlossen wurde. Der Umstand, dass der polizeiliche und justizielle Bereich in einer gesonderten Richtlinie geregelt wird und daher vom Anwendungsbereich der DSGVO (wie auch nach dem geltenden Recht vom Anwendungsbereich der bestehenden DSRL) ausgeklammert bleibt, wird von der EK damit begründet, dass eine Richtlinie besser geeignet sei, den Mitgliedstaaten bei der Umsetzung der Grundsätze auf nationaler Ebene den notwendigen Spielraum zu geben; dazu kritisch *Lachmayer*, Zur Reform des europäischen Datenschutzrechts, ÖJZ 2012, 841. Zur näheren Auseinandersetzung mit der vorgeschlagenen Richtlinie wird auf die diesem Rechtsakt eigenständig gewidmeten Beiträge in diesem Buch verwiesen (*Dörnhöfer; Wildpanner-Gugatschka*).

[21]) Arbeitsdokument der Kommissionsdienststellen, Zusammenfassung der Folgenabschätzung, SEK(2012) 73.

[22]) Die EK führt als Beispiel die uneinheitliche mitgliedstaatliche Umsetzung der Definition der Zustimmung an; vgl Commission Staff Working Paper, Impact Assessment, SEC(2012) 72, 13.

[23]) Arbeitsdokument der Kommissionsdienststellen, Zusammenfassung der Folgenabschätzung, SEK(2012) 73, 4.

Die Basisverhandlungen im Rat, mit einer großen Anzahl von Verhandlungstagen, liefen in der **Ratsarbeitsgruppe DAPIX** („Data Protection and Information Exchange"),[24]) mitunter wurden die Verhandlungen auch im Format „Friends of the Presidency" (Verhandlungssprache Englisch) geführt. Insbesondere zur Vorbereitung der Tagungen des Rates Justiz und Inneres (JI-Rat) und zur Vorbereitungen der informellen Trilog-Sitzungen fanden (zusätzliche) Sitzungen auf der Ebene der JI-Attachés statt. Die auf Unionsebene inhaltlich zuständige Ratsformation für die DSGVO war der **JI-Rat**[25])[26]), dem zur Vorbereitung der jeweiligen Ratstagungen stets eine (oft mehrmalige) Behandlung durch den Ausschuss der Ständigen Vertreter (AStV/COREPER[27])) vorgelagert war.

Die Verhandlungen haben gezeigt, dass die EK einen ambitionierten Vorschlag vorgelegt hat, die Positionen der Mitgliedstaaten – nicht zuletzt infolge sehr unterschiedlicher Datenschutztraditionen und unterschiedlicher Regelungsansätze im jeweiligen nationalen Recht – aber in vielen Kernfragen weit auseinanderklaffen. Jede der damit befassten Ratspräsidentschaften hat eigene **Schwerpunkte in der Diskussion** gesetzt und versucht, inhaltliche Fortschritte bei diesem Dossier zu erzielen.

Während unter dänischer Präsidentschaft nach der Präsentation des EK-Vorschlags am 25. 1. 2012 mit einigen wenigen Sitzungstagen auf Ratsarbeitsgruppenebene die Verhandlungen im Rat formell eingeleitet wurden,[28]) erhöhte sich der Sitzungsrhythmus im zweiten Halbjahr 2012 unter dem Vorsitz Zyperns deutlich. Am JI-Rat am 6./7. 12. 2012 erfolgten – neben der Diskussion horizontaler Aspekte wie der gewählten Rechtsaktform der Verordnung und der vielkritisierten umfassenden Befugnisse der EK zum Erlass von dele-

[24]) Die permanente Ratsarbeitsgruppe „Informationsaustausch und Datenschutz" befasst sich insb mit den Arbeiten im Zusammenhang mit der Umsetzung der Rechtsvorschriften und Maßnahmen zum Informationsaustausch und dem Schutz personenbezogener Daten und tagt – je nach Tagesordnung – in unterschiedlichen Formationen. Sie ist im Zuge des Vertrags von Lissabon durch eine Zusammenlegung der Ad-hoc-Ratsarbeitsgruppe „Informationsaustausch" und der Gruppe „Datenschutz" entstanden.

[25]) Die DSGVO wurde auf den Tagungen des JI-Rates stets auf dem „Justizteil" verhandelt.

[26]) Gemäß Teil 2 Abschnitt A Nr 11 der Anlage zu § 2 des Bundesgesetzes über die Zahl, den Wirkungsbereich und die Einrichtung der Bundesministerien (Bundesministeriengesetz 1986 – BMG), BGBl 1986/76, fallen „Allgemeine Angelegenheiten der Information und Dokumentation sowie des Datenschutzes" in die Zuständigkeit des Bundeskanzleramtes. Aufgrund der Entschließungen des Bundespräsidenten, mit denen die sachliche Leitung bestimmter, zum Wirkungsbereich des Bundeskanzleramtes gehörender Angelegenheiten einem eigenen Bundesminister übertragen werden, BGBl II 2013/454, BGBl II 2014/37, BGBl II 2014/218 bzw BGBl II 2016/119, fällt der Bereich „Allgemeine Angelegenheiten der Information und Dokumentation sowie des Datenschutzes" dem Bundesminister für Kunst und Kultur, Verfassung und öffentlichen Dienst (nunmehr Bundesminister für Kunst und Kultur, Verfassung und Medien) zu. Zumal auf den Tagesordnungen des JI-Rates die Datenschutz-Tagesordnungspunkte stets nur vereinzelt unter den übrigen originär dem Bundesministerium für Justiz zufallenden Tagesordnungspunkten aufschienen, erfolgte in der Praxis bei den den Datenschutz betreffenden Tagesordnungspunkten auf den JI-Räten stets eine Vertretung des oben genannten Bundesministers durch den Bundesminister für Justiz.

[27]) Abkürzung aus dem Frz: „Comité des représentants permanents"; die Vorbereitung des JI-Rates ist dabei dem COREPER II in der Besetzung der Botschafter der Mitgliedstaaten zugewiesen.

[28]) Die Vorstellung des EK-Vorschlags und somit der formelle Beginn der inhaltlichen Diskussion der DSGVO in den Ratsgremien erfolgte in der Ratsarbeitsgruppe DAPIX am 23. 2. 2012.

gierten Rechtsakten nach Art 290 AEUV und von Durchführungsrechtsakten nach Art 291 Abs 2 AEUV – erste punktuelle Weichenstellungen.[29])

Im ersten Halbjahr 2013 konzentrierte die irische Präsidentschaft die Diskussionen insb auf die Kap I–IV der DSGVO (Allgemeine Bestimmungen, Grundsätze, Betroffenenrechte, Verantwortliche und Auftragsverarbeiter[30]); besonders hinzuweisen ist auf die Vertiefung des Konzepts des risikobasierten Ansatzes), die litauische Präsidentschaft insb auf das in Kap VI dargelegte Prinzip der zentralen Kontaktstelle (One-Stop-Shop-Prinzip).[31]) Die unter den beiden genannten Präsidentschaften geplanten partiellen allgemeinen Ausrichtungen[32]) zu ihren jeweiligen Diskussionsschwerpunkten sind im Rat aufgrund zahlreicher offener Fragen und Widerstände der Mitgliedstaaten letztlich nicht zustande gekommen.[33])

Die griechische Präsidentschaft befasste sich im ersten Halbjahr 2014 mit einer ganzen Reihe von ausgewählten Aspekten, genannt seien bspw Profiling, pseudonyme Daten, das One-Stop-Shop-Prinzip oder das Verhältnis Verantwortlicher/Auftragsverarbeiter. Gegen Ende der griechischen Präsidentschaft wurde der Schwerpunkt auf das One-Stop-Shop-Prinzip bzw Kap V betreffend die Übermittlung personenbezogener Daten in Drittländer oder an internationale Organisationen gelegt. Letztlich konnte die griechische Präsidentschaft die **erste partielle allgemeine Ausrichtung** zum EK-Vorschlag, nämlich zu Kap V, am JI-Rat am 5./6. 6. 2014 erzielen, der grundsätzlich alle Delegationen zustimmen konnten.[34]) Diese partielle allgemeine Ausrichtung stand – ebenso wie die weiteren in der Folge – immer unter der Prämisse, dass erstens nichts vereinbart ist, bis alle Punkte vereinbart worden sind, zweitens keine horizontalen Fragen betroffen sind und drittens damit kein Mandat für den Rat für informelle Trilog-Gespräche mit dem EP verbunden ist (**„nothing is agreed until everything is agreed“**[35])).

Die darauffolgende italienische Präsidentschaft beschäftige sich verstärkt mit Kap IV (Rechte und Pflichten des Verantwortlichen), wobei auch zu diesem Kapitel am JI-Rat am 9./10.

---

[29]) Hervorzuheben sind etwa erste Überlegungen dahingehend, dass in der DSGVO verstärkt auf das mit spezifischen Datenanwendungen einhergehende Risiko für die Datenschutzgrundrechte Betroffener abgestellt werden sollte (risikobasierter Ansatz) oder dass für Datenschutzregelungen den öffentlichen Bereich betreffend eine größere Flexibilität erforderlich ist (Flexibilisierung für den öffentlichen Sektor).

[30]) Die Begriffe „Verantwortlicher“ und „Auftragsverarbeiter“ – vgl die Definitionen in Art 4 lit 7 und 8 der DSGVO – entsprechen den bisher in Österreich gebräuchlichen Begriffen des Auftraggebers und des Dienstleisters und werden im Text nachfolgend durchgängig verwendet.

[31]) Hingewiesen sei in diesem Zusammenhang insb auf die vom Juristischen Dienst des Rates (JDR) kurz vor dem JI-Rat am 5./6. 12. 2013 vertretene Auffassung, dass das damalige in Diskussion stehende Modell zum One-Stop-Shop-Prinzip zu kompliziert, zu wenig bürgernah, ineffektiv und daher unverhältnismäßig sei, was eine Neukonzeption notwendig machte.

[32]) Engl „Partial General Approach“ (PGA); (vorläufige) politische Einigung im Rat über einzelne Kapitel oder Aspekte eines EK-Vorschlags, die letztlich der Vorbereitung einer allgemeinen Ausrichtung des Rates zum gesamten EK-Vorschlag dienen soll.

[33]) Vgl dazu die jeweiligen Fortschrittsberichte und Diskussionen auf den JI-Räten am 7./8. 3. 2013, am 6./7. 6. 2013, am 7./8. 10. 2013 sowie am 5./6. 12. 2013.

[34]) Trotz der grundsätzlichen Zustimmung gab es jedoch auch kritische Stimmen; so auch von Österreich und Slowenien mit einer gemeinsamen Protokollerklärung.

[35]) Seitens der Mitgliedstaaten wurde auf die Formulierung und Aufnahme dieser Bedingungen stets großer Wert gelegt, zumal kein Mitgliedstaat ein Präjudiz für die gesamte Verhandlungsposition durch eine singuläre, idR nur ein einzelnes Kapitel oder einzelne Aspekte des EK-Vorschlags umfassende vorläufige Einigungen riskieren wollte.

10. 2014 eine partielle allgemeine Ausrichtung mit grundsätzlicher Zustimmung aller Delegationen[36]) erzielt werden konnte. Debatten fanden auch zum Anwendungsbereich (insb auch zur Reichweite des Kap IX – besondere Verarbeitungssituationen), zum Recht auf Vergessenwerden sowie zum One-Stop-Shop-Prinzip statt. Eine partielle allgemeine Ausrichtung am JI-Rat am 4./5. 12. 2014 zum öffentlichen Sektor und zu Kap IX fand ebenfalls eine Mehrheit.[37])

Die lettische Präsidentschaft erreichte am JI-Rat am 12./13. 3. 2015 eine partielle allgemeine Ausrichtung zum Grundkonzept des One-Stop-Shop-Prinzips sowie eine weitere zum Kap II (Grundprinzipien).[38])

In der Folge gelang es dem lettischen Vorsitz[39]) im JI-Rat in Luxemburg am 15./16. 6. 2015, eine **allgemeine Ausrichtung**[40]) zur gesamten DSGVO zu erreichen.[41]) Zwei Mitgliedstaaten, nämlich Slowenien[42]) und Österreich,[43]) konnten der allgemeinen Ausrichtung nicht zustimmen, eine Reihe anderer Mitgliedstaaten unterstützen zwar grundsätzlich den erzielten Kompromiss, äußerten sich aber dennoch zu einigen Punkten kritisch[44]) oder gaben entsprechende Erklärungen ab.[45])

Bereits am 12. 3. 2014 hat das **Plenum des EP** – nach inhaltlicher Vorbereitung durch den vom Parlament bestimmten **LIBE-Ausschuss**[46])[47]) – mit einer deutlichen Mehrheit von 621 Prostimmen (bei 10 Gegenstimmen und 22 Enthaltungen) nach intensiven Verhand-

---

[36]) Auch zur partiellen allgemeinen Ausrichtung zum Kap IV gab es trotz der grundsätzlichen Zustimmung der Delegationen von einigen Mitgliedstaaten kritische Stimmen bzw entsprechende Protokollanmerkungen (so etwa auch von Österreich).

[37]) Diese partielle allgemeine Ausrichtung wurde – in einer gemeinsamen Protokollerklärung – von Österreich, Slowenien und Ungarn abgelehnt.

[38]) Zu letzterer gab es ua von Österreich unter Abgabe einer Protokollerklärung keine Zustimmung.

[39]) Der lettische Justizminister, *Dzintars Rasnačs*, hob ausdrücklich die Arbeit der vorhergehenden Präsidentschaften hervor, insb wurde auf die schrittweisen Einigungen im Rat in Form der partiellen allgemeinen Ausrichtungen vom Juni 2014 bis März 2015 verwiesen.

[40]) Darunter versteht man eine politische Einigung im Rat zum gesamten Vorschlag eines Legislativakts durch die EK, die zur Beschleunigung des Gesetzgebungsverfahrens und zu einer Einigung zwischen Rat und EP beitragen kann; vgl Rat der Europäischen Union, Die Beschlussfassung im Rat, http://www.consilium.europa.eu/de/council-eu/decision-making/ (abgerufen am 14. 5. 2016).

[41]) Dok 9565/15.

[42]) DS 1386/15 vom 15. 6. 2015, Slowenische Erklärung zum Ratsprotokoll.

[43]) DS 1384/15 vom 15. 6. 2015, Österreichische Erklärung zum Ratsprotokoll.

[44]) Von nahezu der Hälfte der Mitgliedstaaten ergingen kritische Anmerkungen zur in Art 6 Abs 4 der allgemeinen Ausrichtung vorgesehenen Regelung zur Weiterverwendung von Daten („further processing"). Einige Mitgliedstaaten problematisierten die Regelungen zum Schutz der Kinder, die Übermittlung von Daten an Drittstaaten auf der Basis des legitimen Interesses des Verantwortlichen oder die Ausgestaltung des Schadenersatzanspruchs.

[45]) Neben den beiden bereits oben genannten Erklärungen von Slowenien und Österreich haben auch noch Ungarn, Polen und das Vereinigte Königreich Erklärungen zum Ratsprotokoll abgegeben.

[46]) Ausschuss für bürgerliche Freiheiten, Justiz und Inneres (LIBE); Ausschuss des EP, der sich mit dem Schutz der Bürgerrechte, Menschenrechte und Grundrechte in der Europäischen Union befasst. Zum Berichterstatter im Ausschuss für das Dossier DSGVO wurde der deutsch-französische Politiker und Abgeordnete *Jan Philipp Albrecht* (Bündnis 90/Die Grünen) bestimmt.

[47]) Bereits am 16. 1. 2013 wurde vom LIBE-Ausschuss der Entwurf eines Berichts über den Vorschlag für eine Verordnung des Europäischen Parlaments und des Rates zum Schutz natürlicher Personen bei der Verarbeitung personenbezogener Daten und zum freien Datenverkehr (Datenschutz-Grundverordnung), 2012/0011(COD), vorgestellt; abrufbar unter: http://www.europarl.europa.eu/sides/getDoc.do?pubRef=-%2f%2fEP%2f%2fNONSGML%2bCOMPARL%2bPE-501.927%2b04%2bDOC%2bPDF%2bV0%2f%2fDE

lungen (3.133 Abänderungsanträge) seinen Standpunkt in erster Lesung zur DSGVO[48]) beschlossen. Im informellen Trilog wurde diese Position dem ursprünglichen EK-Vorschlag und der allgemeinen Ausrichtung des Rates vom Juni 2015 als Ausgangsbasis für die Verhandlungen gegenübergestellt.[49])

Die **erste Trilog-Sitzung** auf formeller Ebene[50]) fand zeitnah zur allgemeinen Ausrichtung bereits am 24. 6. 2015 noch unter lettischer Präsidentschaft statt, ehe Luxemburg im zweiten Halbjahr 2015 seinen Vorsitz ganz[51]) dem informellen Trilog mit zahlreichen Sitzungen zwischen Rat, EK und EP[52]) widmete. Wenngleich der formale Abschluss der Verhandlungen zur DSGVO unter der nachfolgenden niederländischen Präsidentschaft erfolgte, ist es insb der effizienten und ergebnisorientierten Vorsitzführung unter luxemburgischer Präsidentschaft zu verdanken, dass im zweiten Halbjahr 2015 der **inhaltliche Durchbruch im informellen Trilog** zwischen Rat, EK und EP gelang und im Dezember 2015 eine vorläufige politische Einigung erzielt werden konnte,[53]) die auf der Ebene des EP am 17. 12. 2015 im LIBE-Ausschuss[54]) und auf Ratsebene am 18. 12. 2016 im Ausschuss der Ständigen Vertreter bestätigt wurde.

---

[48]) Standpunkt des Europäischen Parlaments festgelegt in erster Lesung am 12. 3. 2014 im Hinblick auf den Erlass der Verordnung (EU) Nr .../2014 des Europäischen Parlaments und des Rates zum Schutz natürlicher Personen bei der Verarbeitung personenbezogener Daten und zum freien Datenverkehr (Datenschutz-Grundverordnung), EP-PE_TC1-COD(2012)0011, abrufbar unter: http://www.europarl.europa.eu/sides/getDoc.do?pubRef=-//EP//NONSGML+TC+P7-TC1-COD-2012-0011+0+DOC+PDF+V0//DE. Zur detaillierten Analyse der EP-Position vgl etwa *Roßnagel/Kroschwald*, Was wird aus der Datenschutzgrundverordnung? Die Entschließung des Europäischen Parlaments über ein Verhandlungsdokument, ZD 10/2014, 495.

[49]) Traditionellerweise werden im Trilog „Vierspaltendokumente" als Grundlage für die Verhandlungen verwendet: Dem ursprünglichen EK-Vorschlag in der ersten Spalte werden in der zweiten und dritte Spalte die Position des EP und die allgemeine Ausrichtung des Rates gegenübergestellt. In der vierten – anfänglich leeren – Spalte ist zunächst Raum für Kompromissvorschläge und schließlich am Ende der Verhandlungen – so der informelle Trilog zu einem positiven Ergebnis führt – für den ausverhandelten Kompromisstext.

[50]) Wenngleich der Trilog immer als informelles Instrument zu sehen ist, wird in der Praxis unterschieden zwischen formellen und informellen Trilog-Sitzungen: Bei den formellen Sitzungen nehmen Vertreter der politischen Ebene teil (so wie beim ersten Trilog am 24. 6. 2015 etwa die Kommissarin für Justiz, Verbraucherschutz und Gleichstellung, *Věra Jourová*, der Berichterstatter des EP, *Jan Philipp Albrecht*, oder der Justizminister Lettlands, *Dzintars Rasnačs*). Informelle Sitzungen sind Arbeitssitzungen auf Expertenebene mit Vertretern von Rat, EP und EK.

[51]) Der Vollständigkeit halber ist zu erwähnen, dass unter luxemburgischer Präsidentschaft am JI-Rat am 8./9. 10. 2015 auch die allgemeine Ausrichtung zur Datenschutz-Richtlinie für den polizeilichen und justiziellen Bereich erreicht werden konnte.

[52]) Bei den informellen Sitzungen und somit den eigentlichen Arbeitssitzungen im Zuge des Trilogs nehmen Vertreter des Rates, des EP und der EK auf Expertenebene teil, wobei die EK idR eine vermittelnde und ausgleichende Rolle zwischen den Positionen des Rates und des EP einnimmt. Ziel ist es, in den (meist zahlreichen) direkten Verhandlungen einen Ausgleich zwischen den unterschiedlichen Interessen der drei handelnden Akteure auf der Basis von wechselseitigen Zugeständnissen und Kompromissen zu erreichen. Die Vertretung auf Ratsseite erfolgt idR durch den Vorsitz aus der zuständigen Ratsarbeitsgruppe (hier: Luxemburg, DAPIX), Vertreter des Ratssekretariats bzw des Juristischen Dienstes des Rates (JDR) sowie Vertreter des künftigen Vorsitzes (hier: Niederlande). Die EK ist mit der inhaltlich zuständigen Abteilung, das EP mit dem zuständigen Berichterstatter und den Schattenberichterstattern von den übrigen Fraktionen vertreten.

[53]) Die letzte Verhandlungsrunde im informellen Trilog fand am 15. 12. 2015 statt.

[54]) Am 17. 12. 2015 hat der LIBE-Ausschuss des EP die Einigung mit 48 Prostimmen bei vier Gegenstimmen und vier Enthaltungen bestätigt.

Mit dem **politischen Kompromiss** vom Dezember 2015 unter luxemburgischer Präsidentschaft als Ergebnis des Trilogs war der Grundstein für den Abschluss der langjährigen Verhandlungen zur Reform des unionsrechtlichen Datenschutzregimes gelegt.[55]) Wie sehr man zwischenzeitig um den Fortgang des Projekts besorgt war, zeigt, dass sich der Europäische Rat während der langjährigen Verhandlungen mehrfach zum Reformprozess geäußert und wiederholt einen Abschluss der Verhandlungen über den neuen Rechtsrahmen für das Jahr 2015 gefordert hat.[56])

Formal angenommen wurde der politische Kompromisstext vom Dezember 2015 auf Ratsebene (mit der Gegenstimme und Protokollerklärung von Österreich) als A-Punkt auf der Tagung des Rates der Europäischen Union in der Formation Wirtschaft und Finanzen[57]) am 12. 2. 2016.

Der **Rat** hat in weiterer Folge formell seinen **Standpunkt in erster Lesung** zur DSGVO (sowie zur Datenschutz-Richtlinie für den polizeilichen und justiziellen Bereich)[58]) im **schriftlichen Verfahren** am 8. 4. 2016 mit qualifizierter Mehrheit (mit der Gegenstimme und Protokollerklärung von Österreich)[59]) beschlossen. Der Weg des schriftlichen Verfahrens wurde – entgegen der ursprünglichen Absicht einer Beschlussfassung am JI-Rat am 21. 4. 2016 – gewählt, um der politischen Forderung nach einer Paketlösung (gemeinsame Beschlussfassung der beiden Rechtsakte aus dem Datenschutzpaket und der Richtlinie über die Verwendung von Fluggastdatensätzen zur Verhütung, Aufdeckung, Ermittlung und Verfolgung von terroristischen Straftaten und schwerer Kriminalität [EU-PNR-RL][60])) nachzukommen und eine raschere Beschlussfassung durch das EP zu ermöglichen.

---

[55]) Zur gesamthaften Darstellung des Verhandlungsergebnisses aus der Perspektive des Berichterstatters im LIBE-Ausschuss vgl *Albrecht*, Das neue EU-Datenschutzrecht – von der Richtlinie zur Verordnung, CR 2/2016, 88.

[56]) Die Zeitvorgabe für einen Abschluss der Verhandlungen bis Ende 2015 hat der Europäische Rat erstmals auf seiner Tagung am 24./25. 10. 2013 formuliert (EUCO 169/13): „*Das Vertrauen der Bürger und Unternehmen in die digitale Wirtschaft muss gefördert werden. Die rasche Verabschiedung eines soliden allgemeinen Rahmens für den Datenschutz in der EU und der Cybersicherheitsrichtlinie ist für die Vollendung des digitalen Binnenmarkts bis 2015 von entscheidender Bedeutung.*“ Eine ähnliche Forderung findet sich in weiterer Folge auch in den ER-Schlussfolgerungen vom 26./27. 6. 2014 sowie vom 25./26. 6. 2015. Vgl etwa auch *Mester*, Europäisches Recht – Kommt die Verordnung oder kommt sie nicht, DuD 12/2015, 781; *Hladjk*, What is the status of the proposed EU General Data Protection Regulation and when will it be adopted? ZD 12/2015, 557.

[57]) Zumal der politische Kompromiss zur Datenschutzgrundverordnung (sowie auch zur Datenschutz-Richtlinie für den polizeilichen und justiziellen Bereich) nur als sogenannter „A-Punkt“ (keine inhaltliche Debatte) auf der Tagesordnung stand, konnte die formelle Annahme auch auf einem „fremden“ Rat (nämlich hier: Rat ECOFIN) erfolgen und musste nicht auf die Tagesordnung eines JI-Rates gesetzt werden.

[58]) Die abschließende Befassung auf der Ebene des Ausschusses der Ständigen Vertreter (AStV/COREPER) in Vorbereitung des Beschlusses des Standpunkts des Rates in erster Lesung fand am 6. 4. 2016 statt.

[59]) Neben Österreich haben auch die Tschechische Republik, das Vereinigte Königreich und Slowenien sowie die EK (zur Frage der Bedeutung der DSGVO für den Schengen-Besitzstand) Protokollerklärungen abgegeben; jeweils öffentlich zugänglich unter Dok 7920/16.

[60]) Richtlinie (EU) 2016/681 des Europäischen Parlaments und des Rates vom 27. 4. 2016 über die Verwendung von Fluggastdatensätzen (PNR-Daten) zur Verhütung, Aufdeckung, Ermittlung und Verfolgung von terroristischen Straftaten und schwerer Kriminalität; ABl L 2016/119, 132.

Die **finale Abstimmung** über die DSGVO im LIBE-Ausschuss fand am 12. 4. 2016 statt.[61]) Das Plenum des **EP** hat das Verhandlungsergebnis zu den beiden Rechtsakten aus dem Datenschutzpaket ohne Abstimmung am 14. 4. 2016 angenommen.[62])

Die Beschlussfassung im Rat und die Annahme durch das EP markierten nach mehr als vier Jahren intensiver Verhandlungen den formalen Abschluss der Arbeiten zur vollständigen Überarbeitung der EU-Datenschutzvorschriften. Die **Unterzeichnung** der beiden Rechtsakte aus dem Datenschutz-Paket erfolgte am 27. 4. 2016, die DSGVO wurde am 4. 5. 2016 als Verordnung (EU) 2016/679 des Europäischen Parlaments und des Rates vom 27. 4. 2016 zum Schutz natürlicher Personen bei der Verarbeitung personenbezogener Daten, zum freien Datenverkehr und zur Aufhebung der Richtlinie 95/46/EG (Datenschutz-Grundverordnung) in allen Sprachfassungen[63]) **kundgemacht.**[64])

Mit der gegenständlichen DSGVO ist – erstmals – ein einheitlicher und bedingt durch die gewählte Rechtsaktform der Verordnung gem Art 288 Abs 2 AEUV in jedem Mitgliedstaat unmittelbar gültiger und anwendbarer Rechtsrahmen im Bereich des allgemeinen Datenschutzes vorgesehen. Die DSGVO ist am **20. Tag nach der Veröffentlichung im EU-Amtsblatt in Kraft getreten und gilt ab dem 25. 5. 2018.** Die innerstaatliche Durchführung und Umsetzung des Datenschutzpakets muss somit bis spätestens Mai 2018 erfolgen.[65]) Aufgrund der DSGVO besteht erheblicher Anpassungsbedarf im Hinblick auf das nationale Datenschutzrecht, insb das Datenschutzgesetz 2000. Die DSGVO wird unmittelbar anwendbar sein, insofern sind nationale Umsetzungsregelungen grundsätzlich weder erforderlich noch zulässig. Die DSGVO bedarf jedoch mitunter einer innerstaatlichen Ausgestaltung bzw erfordern Öffnungsklauseln Regelungen im innerstaatlichen Bereich.

IV. Ausgewählte Problemstellungen aus österreichischer Sicht

In den Verhandlungen zur DSGVO trat Österreich vor dem Hintergrund etablierter Grundrechts- und Datenschutzstandards insb durch die Richtlinie 95/46/EG und durch das in Umsetzung der DSRL ergangene Datenschutzgesetz 2000 (DSG 2000)[66]) stets für die

[61]) Im LIBE-Ausschuss gab es eine klare Mehrheit (50 Ja-Stimmen bei nur drei Gegenstimmen und einer Enthaltung) für den politischen Kompromiss als Ergebnis des Trilogs.

[62]) Auch die im Junktim mit den beiden Rechtsakten aus dem Datenschutzpaket behandelte EU-PNR-Richtlinie wurde vom EP am 14. 4. 2016 mit einer deutlichen Mehrheit (461 Ja-Stimmen, 179 Nein-Stimmen bei 9 Enthaltungen) angenommen.

[63]) Im Raum steht eine formelle Berichtigung der deutschen Sprachfassung auf primäres Betreiben des EP und Deutschlands zu einigen sprachlichen Aspekten im Lichte einer möglichst einheitlichen Übersetzung gleicher Begriffe in der englischen Sprachfassung ins Deutsche.

[64]) ABl L 2016/119, 1.

[65]) Neben der schon oben erwähnten EU-PNR-Richtlinie wurde auch der zweite Legislativvorschlag aus dem Datenschutzpaket, die Richtlinie (EU) 2016/680 des Europäischen Parlaments und des Rates vom 27. 4. 2016 zum Schutz natürlicher Personen bei der Verarbeitung personenbezogener Daten durch die zuständigen Behörden zum Zwecke der Verhütung, Ermittlung, Aufdeckung oder Verfolgung von Straftaten oder der Strafvollstreckung sowie zum freien Datenverkehr und zur Aufhebung des Rahmenbeschlusses 2008/977/JI des Rates am 4. 5. 2016 kundgemacht; ABl L 2016/119, 89. Die Richtlinie sieht eine Umsetzungsfrist von zwei Jahren vor.

[66]) BGBl I 1999/165.

Sicherstellung eines hohen Datenschutzniveaus ein.[67]) Die Neuregelung des Datenschutz-Rechtsrahmens war für Österreich ein wichtiges Projekt, sodass hohe Ansprüche an die Qualität der Neuregelung zu stellen waren.

Österreich zählte zu den aktivsten Verhandlungsteilnehmern und brachte sich immer wieder – auch mit eigenen Textvorschlägen zu ausgewählten Bereichen – in die Diskussion ein. Wie bereits oben ausgeführt, hat sich Österreich wiederholt kritisch zum jeweiligen Verhandlungsstand geäußert und konnte schon dem einen oder anderen Zwischenschritt – unter Abgabe von Protokollerklärungen (mitunter auch gemeinsam mit anderen Mitgliedstaaten) zur näheren inhaltlichen Erläuterung seiner Bedenken – nicht zustimmen[68]).

Wenngleich insb in den Trilog-Verhandlungen durch das EP merkbare Verbesserungen des Regelungsregimes aus datenschutzrechtlicher Sicht erreicht und für einige Problemstellungen passende Lösungen gefunden werden konnten, blieben doch **essentielle Problempunkte** trotz intensiver und umfassender Bemühungen **ungelöst**. Vor diesem Hintergrund hat **Österreich** im schriftlichen Verfahren am 8. 4. 2016 im Rat **gegen die DSGVO**[69]) **gestimmt.**[70]) Durch die DSGVO wird das **Datenschutzniveau**, wie es sich insb aus der derzeit in Kraft stehenden DSRL bzw aus deren Umsetzung im innerstaatlichen Datenschutzrecht ergibt, teilweise **unterschritten**. Ein „Ausgleich" dieser unionsrechtlichen Defizite im Rahmen des innerstaatlichen Rechts ist angesichts der vorgesehenen Rechtsaktform einer Verordnung nicht möglich.

Nachstehend werden – in einer exemplarischen Auswahl – **einzelne Problemstellungen** aus der DSGVO aus österr Sicht näher beleuchtet. Bei näherer Betrachtung fallen jedoch neben dem horizontalen Aspekt der generellen Unterdeterminiertheit vieler Regelungen[71]) (insb im Hinblick auf die unmittelbare Geltung der DSGVO[72])) auch abseits der nachfolgenden Auflistung eine Reihe weiterer, ua auch von Österreich in den Verhandlungen aufgeworfener Aspekte als zumindest diskussionswürdig oder nicht abschließend geklärt auf: Verwiesen sei hier etwa auf den (in der Praxis schwer vollziehbaren) Regelungsansatz bei der Verarbeitung personenbezogener Daten eines Kindes nach Art 8, zahlreiche Un-

---

[67]) Vgl auch die Mitteilung des EU-Ausschusses des Bundesrates vom 15. 9. 2015 gemäß Art 23f B-VG an die Europäische Kommission, den Rat und das Europäische Parlament, in der die Aufrechterhaltung des geltenden hohen Niveaus des österreichischen Datenschutzes gefordert wird (69024/EU XXV. GP).

[68]) Zum Stimmverhalten Österreichs zu den einzelnen partiellen allgemeinen Ausrichtungen sowie zur allgemeinen Ausrichtung wird auf die Ausführungen oben unter Kap III. verwiesen.

[69]) Zur österreichischen Erklärung – sowie zu den Erklärungen anderer Mitgliedstaaten und der EK – anlässlich der Beschlussfassung im Rat siehe oben Kap III.

[70]) Hinsichtlich der Richtlinie zum Schutz natürlicher Personen bei der Verarbeitung personenbezogener Daten durch die zuständigen Behörden zum Zwecke der Verhütung, Ermittlung, Aufdeckung oder Verfolgung von Straftaten oder der Strafvollstreckung sowie zum freien Datenverkehr und zur Aufhebung des Rahmenbeschlusses 2008/977/JI hat sich Österreich im Rat der Stimme enthalten.

[71]) Vgl dazu als ein Beispiel unter vielen die kritischen Überlegungen zum hohen Abstraktionsgrad der Erlaubnistatbestände nach Art 6 der DSGVO bei *Roßnagel/Kroschwald*, Was wird aus der Datenschutzgrundverordnung? Die Entschließung des Europäischen Parlaments über ein Verhandlungsdokument, ZD 10/2014, 495 (497).

[72]) Die ursprünglich im EK-Vorschlag an zahlreichen Stellen enthaltenen umfassenden Ausgestaltungsbefugnisse der EK zum Erlass von delegierten Rechtsakten nach Art 290 AEUV oder von Durchführungsrechtsakten nach Art 291 Abs 2 AEUV wurden letztlich radikal reduziert und zT durch Ausgestaltungsbefugnisse der Mitgliedstaaten oder des Datenschutzausschusses ersetzt. Notwendige nähere Determinierungen in der DSGVO selbst sind jedoch kaum erfolgt.

wegbarkeiten iZm der Praxistauglichkeit des One-Stop-Shop-Prinzips[73]), die mangelnde Präzisierung der Parameter für das Auslösen der Konsultationspflicht[74]) im Zuge der Datenschutzfolgenabschätzung gem Art 36 sowie für die verpflichtende Einführung eines betrieblichen Datenschutzbeauftragten gem Art 37 oder den unklaren Umfang der mitgliedstaatlichen Ausgestaltungsmöglichkeiten zum Arbeitnehmerdatenschutz nach Art 88.[75])

A. „Haushaltsausnahme" (Art 2 Abs 2 lit c iVm ErwGr 18)

Art 2 Abs 2 lit c nimmt die Verarbeitung personenbezogener Daten durch natürliche Personen zur Ausübung **ausschließlich persönlicher oder familiärer Tätigkeiten** aus dem sachlichen Anwendungsbereich der DSGVO aus.[76]) Die Ausnahmebestimmung wird in ErwGr 18[77]) näher spezifiziert.

Im derzeit geltenden Unionsrecht findet sich die sog Haushaltsausnahme in Art 3 Abs 2 DSRL. Innerstaatlich regelt § 45 DSG 2000 die Verarbeitung personenbezogener Daten zu privaten Zwecken. Demnach dürfen natürliche Personen Daten für ausschließlich persönliche oder familiäre Tätigkeiten verarbeiten, „*wenn sie ihnen vom Betroffenen selbst mitgeteilt wurden oder ihnen sonst rechtmäßigerweise* […] *zugekommen sind*".

Das in Umsetzung der DSRL erlassene **DSG 2000** nimmt somit diese Art der Datenverwendung nicht pauschal aus seinem Geltungsbereich aus, sondern schafft einen **spezifi-**

---

[73]) Verwiesen sei in diesem Zusammenhang etwa auf die für das One-Stop-Shop-Prinzip in der Praxis entscheidende – aber unklar bleibende – Vorfrage der eindeutigen Feststellung der Hauptniederlassung eines Unternehmens iSd Definition in Art 4 Z 16; der österr Vorschlag zur Lösung dieses Problems im Wege der Einrichtung eines One-Stop-Shop-Registers wurde zunächst übernommen, letztlich aber wieder gestrichen.

[74]) So bleibt unklar, warum es – entgegen einer entsprechenden österr Forderung – unterblieben ist, parallel zu den in Art 35 Abs 4 und 5 iSd Rechtsklarheit und -sicherheit vorgesehenen Möglichkeiten einer Listenerstellung für der Datenschutzfolgenabschätzung unterliegende bzw nicht unterliegende Anwendungen auch eine ausdrückliche Möglichkeit für eine Liste jener Datenanwendungen vorzusehen, die jedenfalls eine Konsultationspflicht auslösen. Zu einer ersten Einschätzung der Datenschutzfolgenabschätzung aus österr Sicht vgl *Pollirer*, Die Datenschutz-Grundverordnung: Die Datenschutz-Folgenabschätzung, Dako 4/2015, 88.

[75]) Vgl zur nachfolgenden Übersicht sowie zu den diversen Problemstellungen, die in den Verhandlungen tlw auch einer Lösung zugeführt werden konnten, auch die Materialien zur Mitteilung des EU-Ausschusses des Bundesrates vom 15. 9. 2015 gem Art 23f B-VG an die Europäische Kommission, den Rat und das Europäische Parlament, in der die Aufrechterhaltung des geltenden hohen Niveaus des österreichischen Datenschutzes gefordert wird (schriftliche Information gem § 13a Abs 5 GO-BR bzw § 6 EU-InfoG; 69024/EU XXV. GP).

[76]) Die Formulierung des normativen Teils entspricht im Kern dem EK-Vorschlag, der allerdings als weiteres Kriterium für die Herausnahme aus dem Anwendungsbereich der DSGVO zusätzlich noch die fehlende Gewinnerzielungsabsicht verlangt hatte; vgl Art 2 Abs 2 lit d des EK-Vorschlags; KOM(2012) 11 endg. Die Streichung des Kriteriums der fehlenden Gewinnerzielungsabsicht entspricht im Übrigen auch dem Standpunkt des EP in erster Lesung vom 12. 3. 2014.

[77]) „*Diese Verordnung gilt nicht für die Verarbeitung von personenbezogenen Daten, die von einer natürlichen Person zur Ausübung ausschließlich persönlicher oder familiärer Tätigkeiten und somit ohne Bezug zu einer beruflichen oder wirtschaftlichen Tätigkeit vorgenommen wird. Als persönliche oder familiäre Tätigkeiten könnte auch das Führen eines Schriftverk[illegible]rs oder von Anschriftenverzeichnissen oder die Nutzung sozialer Netze und Online-Tätigkeiten im R[illegible] solcher Tätigkeiten gelten. Diese Veror[illegible]nung gilt jedoch für die Verantwortlichen oder Auftr[illegible]er, die die Instrumente für die Ver[illegible]tung personenbezogener Daten für solche persönli[illegible]ren Tätigkeiten bereitstellen.*"

schen Erlaubnistatbestand. Zugleich wird eine **strikte Zweckbindung bzw ein Weiterverwendungsverbot** für andere Zwecke statuiert (vgl § 45 Abs 2 DSG 2000[78])). Die nunmehr vorgesehene Ausnahme vom Anwendungsbereich der DSGVO im Lichte der noch dazu weiten Auslegung im ErwGr 18, der ausdrücklich auch die Nutzung sozialer Netze und Online-Tätigkeiten einschließt, bedeutet daher einen klaren Rückschritt hinsichtlich der geltenden Rechtslage in Österreich.

Die Nutzung moderner Medien zieht Verantwortung seitens der Anwender nach sich, der in der pauschalen Ausnahme vom Anwendungsbereich der DSGVO nicht ausreichend Rechnung getragen wird, zumal auch eine private oder persönliche Datenanwendung in die Grundrechte anderer eingreifen kann. Als Folge daraus bleibt in der DSGVO völlig offen, welche Schutzmechanismen in derartigen Konstellationen Platz greifen.

Gerade die leichte technische Möglichkeit zur Verbreitung von Daten etwa über soziale Medien erfordert jedoch eine Einbeziehung vordergründig rein privater Aktivitäten in diesem Bereich zumindest in den Geltungsbereich der Datenschutzgrundsätze und Individualrechte, unzweifelhaft jedenfalls dann, wenn die Rechte Dritte betroffen sind.

Der völlige Ausschluss der privaten und familiären Verwendung von personenbezogenen Daten vom Anwendungsbereich des Datenschutzrechts – insb in der weiten Auslegung des ErwGr 18 – könnte somit zu **Schutzlücken** führen[79]) und erscheint daher nicht verhältnismäßig. Einzuräumen ist freilich, dass eine Anwendbarkeit der gesamten DSGVO auch für den privaten und familiären Bereich ebenfalls nicht verhältnismäßig wäre, sodass eine entsprechende Einschränkung zu erfolgen hätte.[80]) Es hätte klargestellt werden müssen, dass wenigstens die **allgemeinen Datenschutzgrundsätze und Rechtsgrundlagen** (Art 5 und 6) sowie die Betroffenenrechte (Art 12ff) auf diese Sachverhalte anwendbar sind.

B. Zur Verarbeitung von personenbezogenen Daten auf der Grundlage eines berechtigten Interesses des Verantwortlichen (Art 6 Abs 1 lit f iVm ErwGr 47)

Art 6 Abs 1 listet in abschließender Form die möglichen Rechtsgrundlagen für eine rechtmäßige Verarbeitung personenbezogener Daten auf. Gemäß lit f leg cit liegt bei privaten Datenanwendungen[81]) dann eine Rechtsgrundlage vor, wenn *„die Verarbeitung* [...] *zur Wahrung der* ***berechtigten Interessen*** *des Verantwortlichen oder eines Dritten erforderlich*

[78]) *„Daten, die eine natürliche Person für ausschließlich persönliche oder familiäre Tätigkeiten verarbeitet, dürfen, soweit gesetzlich nicht ausdrücklich anderes vorgesehen ist, für andere Zwecke nur mit Zustimmung des Betroffenen übermittelt werden."*

[79]) Dem Argument, dass in diesen Fällen das Zivilrecht, Urheberrecht oder Strafrecht eingreifen müsse und dies nicht dem Datenschutz zuzurechnen sei, ist entgegenzuhalten, dass die Privatsphäre als Teil des Persönlichkeitsrechts unabhängig von den sonst noch berührten Rechtsmaterien gelten müsse.

[80]) *Roßnagel/Kroschwald* sehen die breite Ausgestaltung der Haushaltsausnahme generell kritisch und sprechen in diesem Zusammenhang von der Notwendigkeit einer „beschränkten Inpflichtnahme" der privaten Nutzer; *Roßnagel/Kroschwald*, Was wird aus der Datenschutzgrundverordnung? Die Entschließung des Europäischen Parlaments über ein Verhandlungsdokument, ZD 10/2014, 495 (496); ähnlich *Schneider/Härting*, Datenschutz in Europa – Plädoyer für einen Neubeginn, CR 5/2014, 306 (308).

[81]) Gem Art 6 Abs 1 letzter Satz gilt lit f der Auflistung in diesem Absatz nicht für die von Behörden in Erfüllung ihrer Aufgaben vorgenommenen Verarbeitungen.

(ist), sofern nicht die Interessen oder Grundrechte und Grundfreiheiten der betroffenen Person, die den Schutz personenbezogener Daten erfordern, überwiegen, insbesondere dann, wenn es sich bei der betroffenen Person um ein Kind handelt."[82])

Art 7 lit f der derzeit in Geltung stehenden DSRL sieht als eine zulässige Datenverarbeitung den Fall vor, dass sich der Verantwortliche auf das eigene legitime Interesse oder das eines Dritten berufen kann, dem nicht ein überwiegendes Interesse des Betroffenen gegenübersteht. Ein Nichtüberwiegen der Geheimhaltungsinteressen des Betroffenen führt damit zur Zulässigkeit der Datenverwendung. Nach dem Wortlaut des Art 7 lit f DSRL reicht somit ein **„Gleichstand"** des (aus Sicht des Verantwortlichen idR relativ leicht argumentierbaren) legitimen Interesses des Verantwortlichen im Verhältnis zum Interesse des Betroffenen für die Zulässigkeit der Datenverwendung aus.

Damit ist die DSRL bei der Zulässigkeitsprüfung auf den ersten Blick weniger streng als das in deren Umsetzung erlassene **DSG 2000.** § 8 Abs 1 Z 4 DSG 2000 sieht nämlich vor, dass schutzwürdige Geheimhaltungsinteressen bei Verwendung nichtsensibler personenbezogener Daten nur dann nicht verletzt sind, wenn **überwiegende berechtigte Interessen** des Verantwortlichen oder eines Drittens die Verwendung erfordern.[83]) Andernfalls ist die Datenverwendung unzulässig. Dieser Unterschied zwischen dem Wortlaut des Art 7 lit f DSRL und jenem von § 8 Abs 1 Z 4 DSG 2000 ist nicht nur durch das den Mitgliedstaaten in Art 5 der DSRL[84]) eingeräumte Ermessen[85]) gedeckt, sondern zudem durch das Prinzip einer grundrechtsfreundlichen Auslegung der DSRL und Rechtssicherheitsüberlegungen geboten.

Das alleinige Vorliegen eines berechtigten Interesses des Verantwortlichen soll – ohne eine verpflichtende Abwägung dieses Interesses mit dem Interesse des Betroffenen auf Geheimhaltung – niemals eine Datenverarbeitung rechtfertigen können. Das Konzept der Zulassung eines „Gleichstandes" der Interessen wie in Art 6 Abs 1 begünstigt eine solche Handhabung in der Praxis.[86]) Es benachteiligt den Betroffenen in einer solchen Situation, weil es ihm in der Praxis faktisch die **Beweislast** für überwiegende Interessen auf seiner Seite auferlegt und generell zur Rechtsunsicherheit beiträgt. Es hätte daher darauf abgestellt werden müssen, dass für die Zulässigkeit eines Grundrechtseingriffs das Interesse des Ver-

---

[82]) Die Formulierung entspricht Art 6 Abs 1 lit f des EK-Vorschlags; KOM(2012) 11 endg.

[83]) Vgl dazu ausführlich *Kotschy*, Das Grundrecht auf Geheimhaltung personenbezogener Daten. Rückblick und Ausblick (Teil II), in *Jahnel* (Hrsg) Datenschutzrecht und E-Government, Jahrbuch 2013, 23 (41ff); kritisch *Jahnel*, Handbuch Datenschutzrecht (2010) 209f; *Knyrim*, Datenschutzrecht^2 91.

[84]) Art 5 DSRL: *„Die Mitgliedstaaten bestimmen nach Maßgabe dieses Kapitels die Voraussetzungen näher, unter denen die Verarbeitung personenbezogener Daten rechtmäßig ist."*

[85]) Die Mitgliedstaaten können damit in Umsetzung der DSRL – wenngleich in engem Rahmen – durch nationale Rechtsvorschriften die Zulässigkeitsvoraussetzungen näher festlegen; vgl *Ehmann/Helfrich*, EG Datenschutzrichtlinie. Kurzkommentar (1999) Art 5 Rz 4. *Dammann/Simitis* sprechen vom Recht und von der Pflicht der Mitgliedstaaten, die Voraussetzungen rechtmäßiger Verarbeitung personenbezogener Daten näher zu bestimmen, zumal die DSRL selbst von einer Ausfüllungsbedürftigkeit ausgeht und nicht Abschluss, sondern Beginn der Harmonisierung markiert; vgl *Dammann/Simitis*, EG-Datenschutzrichtlinie. Kommentar (1997) Art 5 Rz 1.

[86]) Dies wird durch die DSGVO zusätzlich dadurch verstärkt, als sie an mehreren Stellen bestimmte Interessen – ohne nähere Begründung – nahezu apodiktisch als „berechtigte Interessen" qualifiziert; so soll etwa gem ErwGr 47 hinter der Verarbeitung personenbezogener Daten zur Verhinderung von Betrug ebenso stets ein berechtigtes Interesse stehen, wie bei der Verarbeitung personenbezogener Daten zum Zweck der Direktwerbung oder bei der Verarbeitung personenbezogener Daten innerhalb einer Unternehmensgruppe für interne Verwaltungszwecke (ErwGr 48).

antwortlichen an der Datenverarbeitung gegenüber dem Geheimhaltungsinteresse des Betroffenen **zu überwiegen hat.**

Die in Art 6 Abs 1 vorgesehene Konstruktion, dass nur auf das Vorliegen eines berechtigten Interesses des Verantwortlichen abgestellt wird, welches das des Betroffenen nicht überwiegen muss, führt im Lichte der unmittelbaren Anwendbarkeit der DSGVO insofern zu einer Senkung des Schutzniveaus in Österreich.[87])

C. Zur Flexibilierungsklausel für den öffentlichen Sektor (Art 6 Abs 2 iVm ErwGr 10)

Art 6 Abs 2 sieht vor, dass die Mitgliedstaaten *„spezifischere Bestimmungen zur Anpassung der Anwendung der Vorschriften dieser Verordnung in Bezug auf die Verarbeitung zur Erfüllung von Absatz 1 Buchstaben c und e beibehalten oder einführen (können), indem sie spezifische Anforderungen für die Verarbeitung sowie sonstige Maßnahmen präziser bestimmen, um eine rechtmäßig und nach Treu und Glauben erfolgende Verarbeitung zu gewährleisten, einschließlich für andere besondere Verarbeitungssituationen gemäß Kapitel IX.“*

Diese sogenannte **„Flexibilisierungsklausel“ für den öffentlichen Sektor** war im ursprünglichen EK-Vorschlag nicht enthalten, sondern wurde erst auf Betreiben einzelner Mitgliedstaaten[88]) – unter Hinweis auf die Besonderheiten des öffentlichen Sektors mit seinen stark ausdifferenzierten bereichsspezifischen Regelungen und der daraus resultierenden Notwendigkeit einer verbleibenden mitgliedstaatlichen Regelungsbefugnis[89]) – zunächst in etwas komplexerer Formulierung als Abs 2a in Art 1[90]) (iVm einer Ergänzung in ErwGr 8 der damaligen Textfassung) eingefügt und schließlich im Zuge der Trilog-Verhandlungen in Art 6 Abs 2 verschoben. Die Klausel ermöglicht den Mitgliedstaaten somit trotz Vorliegens einer Unionsverordnung, die in den Grenzen des Anwendungsbereichs des Unionsrechts grundsätzlich auf den öffentlichen und privaten Bereich gleichermaßen anwendbar ist, auf nationaler Ebene (neben Art 6 Abs 3, Art 23 und Kap IX) bestimmte „spezifischere Bestimmungen“ im öffentlichen Sektor zu erlassen.[91])

---

[87]) Auch auf eine Klausel wie derzeit in Art 5 der DSRL kann künftig nicht mehr zurückgegriffen werden.

[88]) Gefordert wurde eine weitergehende Möglichkeit der mitgliedstaatlichen Ausgestaltungsmöglichkeit, die über die für den öffentlichen Bereich ohnedies schon im EK-Vorschlag enthaltenen Instrumente (vgl Art 6 Abs 3, Art 21 und Kap IX des EK-Vorschlags) noch hinausgehen sollten.

[89]) Es sei darauf verwiesen, dass das Grundrecht auf Datenschutz in Österreich grundsätzlich unterschiedslos auf den öffentlichen und privaten Bereich Anwendung findet, ohne dass dabei in der bisherigen Praxis nennenswerte Probleme aufgetreten wären. Zum schon historisch belegbaren Wunsch der (meisten) Mitgliedstaaten nach Ausnahmen für den öffentlichen Bereich vgl *Simitis*, Die EG-Datenschutzrichtlinie: eine überfällige Reformaufgabe, in *Herzog/Neumann* (Hrsg), FS Hassemer (2010), 1235 (1238); kritisch zum „One-Size-Fits-All-Modell“ des ursprünglichen EK-Vorschlags *Schneider/Härting*, Datenschutz in Europa – Plädoyer für einen Neubeginn, CR 5/2014, 306 (307); grundlegend zu dieser Frage *Kotschy*, The proposal for a new General Data Protection Regulation – problems solved? International Data Privacy Law, 2014, Vol. 4, No. 4, 274.

[90]) Vgl dazu Art 1 Abs 2a idF der allgemeinen Ausrichtung vom JI-Rat am 15./16. 6. 2015 (Dok 9565/15).

[91]) Solange eine derartige Klausel einen abgrenzbaren Bereich umfasst, bestätigte der JDR in den Verhandlungen die Zulässigkeit einer solchen mitgliedstaatlichen Regelungskompetenz auch im Fall des Vorliegens einer Unionsverordnung.

Die Flexibilisierungsklausel greift aus österr Sicht jedoch insofern zu kurz, als die Mitgliedstaaten **auch für private Datenanwendungen spezifischere Regelungen** zum Schutz von Betroffenen aufrechterhalten bzw erlassen können müssen (etwa die Regelungen zur Videoüberwachung im privaten Bereich nach § 50a DSG 2000). Dies kann in Fällen, in denen den Mitgliedstaaten etwa aus Art 8 EMRK und der darauf basierender EGMR-Judikatur **aktive Schutzpflichten** für den Betroffenen als Grundrechtsträger erwachsen, sogar geboten sein.[92])

Bemühungen um die Erweiterung der Flexibilisierungsklausel auf zumindest bestimmte Bereiche privater Datenanwendungen sind in den Verhandlungen gescheitert.[93]) Anstelle einer entsprechenden Ergänzung (im verfügenden Teil) wurden lediglich Ergänzungen in den Erwägungsgründen vorgenommen. Auch wenn von Seiten des Vorsitzes und des Juristischen Dienstes des Rates (JDR) betont wurde, dass in einer Zusammenschau von Art 1 Abs 2a (der damaligen Textfassung; nunmehr Art 6 Abs 2) und Art 6 Abs 3 im Lichte der ergänzend aufgenommenen Ausführungen in ErwGr 8 (der damaligen Textfassung; entspricht nunmehr weitgehend ErwGr 10[94])) interpretativ davon ausgegangen werden kann, dass auch spezifischere Vorschriften zum Schutz Privater beibehalten oder erlassen werden könnten,[95]) hätte iSd Rechtsklarheit und -sicherheit eine eindeutige Verankerung dieses berechtigten Anliegens im verfügenden Teil der DSGVO erfolgen müssen.[96])

D. Zur Weiterverwendung von Daten (Art 6 Abs 4 iVm ErwGr 50)

Art 6 Abs 1 lit b DSRL normiert derzeit das zentrale Prinzip der Zweckbindung. Dementsprechend dürfen **Daten nur für festgelegte, eindeutige und rechtmäßige Zwecke** ermittelt und nicht in einer mit diesen Zwecken unvereinbaren Weise weiterverwendet wer-

[92]) Zu staatlichen Schutzpflichten im Bereich privater Datenanwendungen vgl etwa auch *Grimm*, Der Datenschutz vor einer Neuorientierung, JZ 12/2013, 585 (588f).

[93]) Insbesondere Ungarn und Slowenien verfolgten – dem Grunde nach auch unterstützt von Österreich – eine Erweiterung des Anwendungsbereichs der Flexibilisierungsklausel für den öffentlichen Sektor im Sinne einer Umgestaltung zu einer allgemeinen Mindestharmonisierungsklausel unter Einbeziehung des privaten Bereichs. Um angesichts dieses sehr weitgehenden slowenisch-ungarischen Ansatzes eine neuerliche Grundsatzdiskussion zur Rechtsaktform der Verordnung zu vermeiden, gab es auch einen österr Vorschlag für einen – systematisch korrekt und weniger ostentativ – in Kap IX einzufügenden neuen Art 82b iVm ergänzenden Ausführungen in den Erwägungsgründen (vgl Dok 15768/14).

[94]) ErwGr 10 lautet: „[...] *Hinsichtlich der Verarbeitung personenbezogener Daten zur Erfüllung einer rechtlichen Verpflichtung oder zur Wahrnehmung einer Aufgabe, die im öffentlichen Interesse liegt oder in Ausübung öffentlicher Gewalt erfolgt, die dem Verantwortlichen übertragen wurde, sollten die Mitgliedstaaten die Möglichkeit haben, nationale Bestimmungen, mit denen die Anwendung der Vorschriften dieser Verordnung genauer festgelegt wird, beizubehalten oder einzuführen. In Verbindung mit den allgemeinen und horizontalen Rechtsvorschriften über den Datenschutz zur Umsetzung der Richtlinie 95/46/EG gibt es in den Mitgliedstaaten mehrere sektorspezifische Rechtsvorschriften in Bereichen, die spezifischere Bestimmungen erfordern. Diese Verordnung bietet den Mitgliedstaaten zudem einen Spielraum für die Spezifizierung ihrer Vorschriften, auch für die Verarbeitung besonderer Kategorien von personenbezogenen Daten (im Folgenden „sensible Daten"). Diesbezüglich schließt diese Verordnung nicht Rechtsvorschriften der Mitgliedstaaten aus, in denen die Umstände besonderer Verarbeitungssituationen festgelegt werden, einschließlich einer genaueren Bestimmung der Voraussetzungen, unter denen die Verarbeitung personenbezogener Daten rechtmäßig ist.*"

[95]) So die Beantwortung einer Frage Österreichs (unterstützt von Slowenien, Ungarn und der Slowakei) im AStV am 26. 11. 2014 durch den JDR bestätigt von der EK.

[96]) Vgl in diesem Sinne auch die Protokollerklärung Sloweniens anlässlich der Beschlussfassung der DSGVO im Rat am 8. 4. 2016; Dok 7920/16.

den.[97]) Dabei besteht folgende Ausgangslage: Personenbezogene Daten werden originär für einen bestimmten Zweck auf der Basis einer bestehenden Rechtsgrundlage verarbeitet, später jedoch **für einen anderen Zweck weiterverarbeitet (Weiterverwendung)**. Nach österr Verständnis stellt eine Weiterverwendung zu anderen Zwecken eine Datenübermittlung dar, deren Zulässigkeit gesondert zu prüfen ist.

Ausdrücklich geregelt ist in Art 6 Abs 1 lit b letzter Satz DSRL, dass die Weiterverwendung von Daten zu **historischen, statistischen oder wissenschaftlichen Zwecken** im Allgemeinen nicht als unvereinbar mit den Zwecken der vorangegangenen Datenerhebung anzusehen ist, sofern die Mitgliedstaaten geeignete Garantien vorsehen (vgl dazu etwa §§ 46 und 47 DSG 2000).

Grundsätzlich stellt sich in diesem Zusammenhang die Frage, ob das Zweckbindungsprinzip, wonach die Daten nicht in einer mit dem ursprünglichen Zweck unvereinbaren Weise weiterverwendet werden dürfen, nicht in den meisten Fällen einer derartigen Weiterverwendung entgegensteht. Gemeint ist damit die Frage nach der Bedeutung des Kompatibilitätsgebots für die Weiterverwendung von Daten, die bislang im Unionsrecht nicht eindeutig geklärt ist.

Die DSGVO versucht dies einer Lösung zuzuführen: Während die Formulierung des Zweckbindungsprinzips in Art 5 Abs 1 lit b sich weitgehend an der derzeit geltenden Regelung des Art 6 Abs 1 lit b der DSRL orientiert, was auch dem Grundansatz des EK-Vorschlags zur Zweckbindung entspricht,[98]) versucht Art 6 Abs 4 die Rechtmäßigkeit der Weiterverwendung von personenbezogenen Daten („further processing") zu normieren, und zwar im Wege der **demonstrativen Festlegung von Kriterien,**[99]) die der Verantwortliche bei der Prüfung der Frage zu berücksichtigen hat, ob die Verarbeitung zu einem anderen Zweck mit demjenigen, zu dem die personenbezogenen Daten ursprünglich erhoben wurden, vereinbar ist.[100]) Der EK-Vorschlag hatte in Art 6 Abs 4 hingegen vorgesehen, dass für

---

[97]) Somit ist eine spätere Änderung der Zweckbestimmung durch die DSRL nicht grundsätzlich ausgeschlossen, zulässig ist sie jedoch nur unter der Voraussetzung, dass sie mit der ursprünglichen Zweckbestimmung vereinbar ist; vgl *Ehmann/Helfrich*, EG Datenschutzrichtlinie. Kurzkommentar (1999) Art 6 Rz 10.

[98]) Vgl Art 5 lit b des EK-Vorschlags, wobei die in Art 6 Abs 1 lit b der DSRL noch enthaltenen Bezüge zur Weiterverwendung von Daten zu historischen, statistischen oder wissenschaftlichen Zwecken von der EK nicht übernommen worden sind; KOM(2012) 11 endg; zur diesbezüglichen Einschätzung des Ratsentwurfs siehe *Richter*, Datenschutz zwecklos? – Das Prinzip der Zweckbindung im Ratsentwurf der DSGVO, DuD 11/2015, 735; *Kotschy*, The proposal for a new General Data Protection Regulation – problems solved? International Data Privacy Law, 2014, Vol. 4, No. 4, 274 (280f); kritisch zur Aufweichung der Zweckbindung, *Konferenz der Datenschutzbeauftragten des Bundes und der Länder*, Positionspapier der DSK zur Datenschutz-Grundverordnung, DuD 11/2015, 722.

[99]) Demonstrativ genannt werden in lit a bis e des Art 6 Abs 4 jede Verbindung zwischen den Zwecken, für die die personenbezogenen Daten erhoben wurden, und den Zwecken der beabsichtigten Weiterverarbeitung; der Zusammenhang, in dem die personenbezogenen Daten erhoben wurden, insb hinsichtlich des Verhältnisses zwischen den betroffenen Personen und dem Verantwortlichen; die Art der personenbezogenen Daten, insb ob besondere Kategorien personenbezogener Daten gem Art 9 verarbeitet werden oder ob personenbezogene Daten über strafrechtliche Verurteilungen und Straftaten gem Art 10 verarbeitet werden; die möglichen Folgen der beabsichtigten Weiterverarbeitung für die betroffenen Personen und das Vorhandensein geeigneter Garantien, wozu Verschlüsselung oder Pseudonymisierung gehören kann.

[100]) Dieser Ansatz lehnt sich an den von der Artikel-29-Datenschutzgruppe vertretenen Vorschlag für einen „Kompatibilitätstest" („Compatibility Assessment") an; *Artikel-29-Datenschutzgruppe*, WP 203, Opinion 03/2013 on purpose limitation, 21.

den Fall, dass der Zweck der Weiterverarbeitung mit dem Zweck, für den die personenbezogenen Daten erhoben wurden, nicht vereinbar ist, auf die Verarbeitung mindestens einer der in lit a–e genannten Rechtsgrundlagen zutreffen muss.[101])

Die Regelung der Kriterien für die Rechtmäßigkeit der Weiterverwendung von Daten für andere Zwecke zählte zu den verhandlungsintensivsten Fragestellungen der DSGVO überhaupt. In den Verhandlungen bestand auch Unklarheit hinsichtlich der Frage, ob für die Verwendung von Daten für einen weiteren Zweck nur dann eine – für diese Weiterverarbeitung gesonderte – Rechtsgrundlage erforderlich ist, wenn dieser weitere Zweck mit dem originären Zweck für die Datenverarbeitung unvereinbar ist, oder eine solche auch bei einem kompatiblen Zweck erforderlich ist. Dies manifestiert sich insb iZm Verarbeitungen zu Archivzwecken, statistischen, historischen und wissenschaftlichen Zwecken.

Ob der Vielfalt der Ansätze und Textfassungen kann an dieser Stelle auf diverse Zwischenstufen der Diskussionen nicht näher eingegangen werden.[102])

Von österr Seite wurde vor dem Hintergrund der innerstaatlichen Rechtslage stets betont, dass es sich im Rahmen einer Weiterverwendung für kompatible Zwecke von Daten, für die keine neue bzw zusätzliche Rechtsgrundlage erforderlich sein soll, immer **um ein und denselben Verantwortlichen handeln** muss,[103]) da dies – bei Fehlen einer solchen Einschränkung – ansonsten zu einer uferlosen Ermächtigung zur Datenweiterverwendung über den ursprünglichen Verantwortlichen hinaus führen würde. Ebendiese wichtige Klarstellung wurde – wenngleich in einzelnen Zwischenfassungen enthalten – letztlich nicht in die Endfassung des Art 6 Abs 4 übernommen. Damit droht die Gefahr des Unterlaufens des Zweckbindungsgrundsatzes.

E. Möglichkeit der Beschränkung von allgemeinen datenschutzrechtlichen Grundprinzipien durch die Mitgliedstaaten oder die EU (Art 23 Abs 1)

Art 23 legt fest, unter welchen Voraussetzungen der Unions- bzw mitgliedstaatliche Gesetzgeber die Anwendung bestimmter Rechte und Pflichten aus der DSGVO beschränken kann (zu den konkreten diesbezüglichen Vorgaben vgl Art 23 Abs 1 lit a–j bzw Abs 2 leg cit). Die Bestimmung lässt gemäß ihrem Wortlaut auch eine **Beschränkung der in Art 5 festgelegten Grundprinzipien** für die Verarbeitung personenbezogener Daten zu. Art 5 umfasst elementare Grundsätze wie Rechtmäßigkeit, Treu und Glauben, Verhältnismäßigkeit, Zweckbindung oder Richtigkeit.

---

[101]) Ausdrücklich nicht als Rechtgrundlage für den neuen Zweck zur Verfügung stand somit nach dem EK-Ansatz das berechtigte Interesse des Verantwortlichen nach Art 6 lit f des EK-Vorschlags; KOM(2012) 11 endg.

[102]) Verwiesen sei etwa auf Art 6 Abs 4 idF der allgemeinen Ausrichtung vom JI-Rat am 15./16. 6. 2015 (Dok 9565/15): *„Wenn der Zweck der Weiterverarbeitung mit dem Zweck, für den die personenbezogenen Daten von demselben für die Verarbeitung Verantwortlichen erhoben wurden, nicht vereinbar ist, muss auf die Weiterverarbeitung mindestens einer der in Absatz 1 Buchstaben a bis e genannten Gründe zutreffen. Die Weiterverarbeitung durch denselben für die Verarbeitung Verantwortlichen für nicht konforme Zwecke aufgrund der berechtigten Interessen dieses für die Verarbeitung Verantwortlichen oder eines Dritten ist rechtmäßig, wenn diese Interessen die Interessen der betroffenen Person überwiegen.“*

[103]) Diese Rechtsansicht wurde auch stets von der EK bestätigt.

Der uneingeschränkte Verweis in Art 21 auf Art 5, wie er ursprünglich im EK-Entwurf vorgesehen war,[104]) stieß in den Verhandlungen nicht nur von Seiten Österreichs[105]) auf Kritik: Die allgemeinen Grundprinzipien des Datenschutzes haben in allen Fällen des Anwendungsbereichs der DSGVO zu gelten, sodass **Ausnahmen von Art 5 nicht möglich** sein können.[106]) Nach Bestätigung dieser Rechtsmeinung ua auch durch den JDR[107]) entfiel der Verweis auf Art 5 in Art 21 idF des EK-Vorschlags kurzzeitig ersatzlos,[108]) um schließlich – auf Drängen einzelner Mitgliedstaaten – in modifizierter Form wieder aufgenommen zu werden. In der Fassung der allgemeinen Ausrichtung des Rates findet sich daher – ident mit der letztlich auch beschlossenen Textfassung in Art 23 – die Ausnahme von Art 5 wieder im Text, nunmehr mit der Einschränkung, dass eine Beschränkung der datenschutzrechtlichen Grundprinzipien des Art 5 nur insofern zulässig sein soll, als *„dessen Bestimmungen den in den Artikeln 12 bis 22 vorgesehenen Rechten und Pflichten entsprechen“*. Allgemein müssen Beschränkungen nach Art 23 *„den Wesensgehalt der Grundrechte und Freiheiten“* achten.

Der nunmehr im Zusammenhang mit dem Verweis auf Art 5 in Art 23 eingefügte Einschub erscheint schwer verständlich[109]) und ist als klare Schranke für eine allfällige Beschränkung der Grundprinzipien auf Unions- oder mitgliedstaatlicher Ebene ebenso ungeeignet wie die wenig gehaltvolle, neu aufgenommene allgemeine Bezugnahme auf den Wesensgehalt des Grundrechts. Vielmehr müsste in einer derart sensiblen Fragestellung klar ausgesprochen werden, dass die allgemeinen Grundprinzipien des Datenschutzes in allen Fällen des Anwendungsbereichs der DSGVO einer Beschränkung nicht zugänglich sind.

Im Übrigen scheint Art 23 einen unauflösbaren Zirkelschluss zu beinhalten: Beschränkungen nach Art 23 sollen grundsätzlich nur zulässig sein, wenn diese in einer demokratischen Gesellschaft eine notwendige und „verhältnismäßige“ Maßnahme darstellen. Welcher Maßstab an diese Verhältnismäßigkeitsprüfung anzulegen ist, wenn gleichzeitig Art 23 selbst Beschränkungen des Verhältnismäßigkeitsprinzips zulässt, erscheint völlig unklar.

---

[104]) Vgl Art 21 Abs 1 des EK-Vorschlags; KOM(2012) 11 endg.

[105]) Siehe die Nennung Österreichs neben einer Reihe weiterer Mitgliedstaaten in FN 40 des Dok 15389/14.

[106]) Dabei wird nicht verkannt, dass auch nach der derzeitigen Rechtslage gem Art 13 Abs 1 DSRL Beschränkungen ua der Datenschutzgrundsätze nach Art 6 DSRL im Ermessen der Mitgliedstaaten liegen und unter bestimmten Voraussetzungen zulässig sind. Zum einen ist in diesem Zusammenhang jedoch darauf hinzuweisen, dass mit Art 23 DSGVO nunmehr auch der Unionsgesetzgeber die Möglichkeit für Beschränkungen erhält und zum anderen schon die Bestimmung des Art 13 DSRL von Beginn an in der Literatur heftig kritisiert und eine Aushöhlung des europäischen Datenschutzes befürchtet wurde; vgl *Ehmann/Helfrich*, EG Datenschutzrichtlinie. Kurzkommentar (1999) Art 13 Rz 2ff; *Dammann/Simitis*, EG-Datenschutzrichtlinie. Kommentar (1997) Einleitung Rz 37 und 46.

[107]) Der JDR hat bestätigt, dass Ausnahmen von den Grundprinzipien gem Art 5 nicht möglich sind. Ausnahmen oder Einschränkungen seien unter den dargelegten Voraussetzungen nur bei daraus erfließenden Konkretisierungen, wie etwa den Betroffenenrechten, möglich, nicht jedoch bei den Grundprinzipien selbst. Die in den Art 12–20 (idF des EK-Vorschlags) enthaltenen Rechtspositionen stellen solche Konkretisierungen der allgemeinen Grundsätze des Art 5 dar.

[108]) Vgl Art 21 Abs 1 idF des Dok 15389/14.

[109]) Die einzig gebotene – wiewohl nicht einzig mögliche – Interpretation des Einschubs beim Verweis auf Art 5 wäre jene, dass Beschränkungen nur auf der Ebene der daraus erfließenden Konkretisierungen, wie etwa in Form der Betroffenenrechte und der Ausübung derselben gem Art 12ff, möglich sind, nicht jedoch bei den Grundprinzipien selbst.

F. Möglichkeit der Auslandsdatenübermittlung auf der Basis des berechtigten Interesses des Verantwortlichen (Art 49 Abs 1)

Kap V legt die Voraussetzungen für die Datenübermittlung in einen Drittstaat (dh nicht EU/EWR) fest. Da der grenzüberschreitende Datenverkehr in der globalen und vernetzten Welt zu einem alltäglichen und praktisch alle Bereiche umfassenden Phänomen geworden ist, muss der umfassende Grundrechtsschutz auch und insb im Falle grenzüberschreitender Datenverwendungen sichergestellt werden.

Grundsätzlich sind Datentransfers in Drittstaaten demnach nur zulässig, wenn das Recht natürlicher Personen auf ein **hohes Datenschutzniveau gewährleistet** ist. Eine (genehmigungsfreie) Übermittlung in einen Staat außerhalb der EU/des EWR ist nach Kap V demnach dann zulässig, wenn eine Entscheidung der EK gem Art 45 vorliegt, die die Angemessenheit des Datenschutzniveaus in diesem Drittstaat bestätigt (sog „Angemessenheitsbeschluss" oder „Adäquanzentscheidung"), oder wenn „geeignete Garantien" („appropriate safeguards") gem Art 46 vorliegen.[110])

In Art 49 sind Ausnahmen für Sonderfälle für den Datentransfer in ein Drittland vorgesehen.[111])

Soweit folgt das in der DSGVO festgelegte Konzept weitgehend der bereits in der DSRL festgelegten Systematik[112]) (vgl im Wesentlichen Art 25–27 DSRL). Schon der EK-Vorschlag für die DSGVO hat jedoch – in Erweiterung der bestehenden Ausnahmen nach der DSRL – eine zusätzliche Möglichkeit für eine Datenübermittlung in einen Drittstaat bei Vorliegen eines „berechtigten Interesses" des Verantwortlichen oder des Auftragsverarbeiters vorgesehen: Eine Datenübermittlung sollte demnach auch zulässig sein, wenn die Übermittlung *„zur Verwirklichung des berechtigten Interesses, das vom Verantwortlichen oder vom Auftragsverarbeiter wahrgenommen wird, erforderlich ist und nicht als häufig oder massiv bezeichnet werden kann, und falls der Verantwortliche oder der Auftragsverarbeiter alle Umstände beurteilt hat, die bei einer Datenübermittlung oder bei einer Kategorie von Datenübermittlungen eine Rolle spielen, und gegebenenfalls auf der Grundlage dieser Beurteilung geeignete Garantien zum Schutz personenbezogener Daten vorgesehen hat"* (vgl Art 44 Abs 1 lit h des EK-Vorschlags[113])).

---

[110]) Letzteres wäre etwa der Fall, wenn sich das Unternehmen verbindlichen unternehmensinternen Datenschutzvorschriften unterwirft („Binding Corporate Rules" – BCR; Art 46 Abs 2 lit b iVm Art 47) oder bei der Verwendung von der EK oder von einer Aufsichtsbehörde unter Einhaltung bestimmter verfahrensrechtlicher Vorgaben erlassener bzw genehmigter Standarddatenschutzklauseln auf vertraglicher Ebene (Art 46 Abs 2 lit c und d). Nach längeren Diskussionen in den Verhandlungen wurden schließlich auch genehmigte Verhaltensregeln und genehmigte Zertifizierungsmechanismen in die Liste der geeigneten Garantien aufgenommen (Art 46 Abs 2 lit e und f iVm Art 40 und 42).

[111]) Zulässig ist der Datentransfer in einen Drittstaat ohne Genehmigung der Aufsichtsbehörde demnach ausnahmsweise auch dann, wenn der Betroffene in die Datenübermittlung ausdrücklich eingewilligt hat, nachdem er über die Risiken einer Übermittlung ohne Angemessenheitsentscheidung der EK und ohne Vorliegen geeigneter Garantien aufgeklärt wurde (Art 49 Abs 1 lit a). Weitere Ausnahmen bestehen, wenn eine Übermittlung (zum Abschluss und) zur Erfüllung eines Vertrags, zur Wahrung eines wichtigen öffentlichen Interesses (zB für den internationalen Datenaustausch zwischen Wettbewerbsbehörden, Steuer- oder Zollverwaltungen) oder zum Schutz lebenswichtiger Interessen notwendig ist oder aus bestimmten öffentlichen Registern erfolgt (Art 49 Abs 1 lit b bis g).

[112]) So auch grundsätzlich *Knyrim*, Die neuen Pflichten nach der EU-Datenschutz-Grundverordnung im Überblick, Dako 1/2016, 11 (12f); *Feiler*, Der Vorschlag der Europäischen Kommission für eine Datenschutz-Grundverordnung der EU, MR-Int 4/11, 127 (130).

[113]) KOM(2012) 11 endg.

Die Frage der **Auslandsdatentransfers allein auf der Basis eines berechtigten Interesses** des Verantwortlichen oder des Auftragsverarbeiters wurde bereits im Verhandlungsprozess intensiv diskutiert und vielfach – als potentielles Einfallstor für eine missbräuchliche Datenverwendung – ablehnend bis kritisch gesehen. Zum Kap V gelang zwar unter der griechischen Präsidentschaft am JI-Rat am 5./6. 6. 2014 die erste partielle Ausrichtung zur DSGVO überhaupt,[114]) die genannte Bestimmung blieb jedoch trotz vorgenommener textlicher Änderungen umstritten.[115])[116]) Dies fand letztlich auch bei der allgemeinen Ausrichtung des JI-Rates am 15. 6. 2015 zum gesamten Text des Verordnungsvorschlags seine Fortsetzung: Viele Delegationen verwiesen hinsichtlich der lit h und der zusätzlichen Möglichkeit für eine Datenübermittlung in einen Drittstaat bei Vorliegen eines „berechtigten Interesses" auf weitergehenden Diskussionsbedarf[117]) bzw brachten in Protokollerklärungen schriftlich ihre Vorbehalte zum Ausdruck.[118]) Dies obwohl die Ausnahmeregelungen in der Fassung der allgemeinen Ausrichtung weiter eingeschränkt worden war.[119])

Das Ergebnis des Trilogs mit dem EP, das in seiner Position nach erster Lesung zur DSGVO vom 12. 3. 2014 die im EK-Vorschlag vorgesehene zusätzliche Möglichkeit für eine Datenübermittlung in einen Drittstaat bei Vorliegen eines „berechtigten Interesses" – wie auch der EDPS[120]) – ersatzlos gestrichen hatte, brachte zwar nicht den vom EP vorgeschlagenen Entfall der Ermächtigung, jedoch weitere Einschränkungen:[121]) Die nunmehr aus der ursprünglichen Literae-Aufzählung des Art 44 Abs 1 des Verordnungsvorschlags herausge-

[114]) Die partielle allgemeine Ausrichtung folgt dem Grundsatz „nothing is agreed until everything is agreed" (siehe Punkt 10 des Diskussionspapiers Dok 10349/14).

[115]) In Folge der Diskussionen im AStV II am 21. 5. 2014, in der Sitzung der JI-Attachés am 23. 5. 2014 sowie im AStV II am 28. 5. 2014 in Vorbereitung des JI-Rates am 5./6. 6. 2014 wurden noch textliche Änderungen vorgenommen.

[116]) Wenngleich die partielle allgemeine Ausrichtung am JI-Rat am 5./6. 6. 2014 grundsätzlich von allen Mitgliedstaaten unterstützt werden konnte, äußerte sich eine Reihe von Mitgliedstaaten kritisch in der Diskussion bzw gab ihre Bedenken schriftlich zu Protokoll (vgl die gemeinsame Protokollerklärungen von Österreich und Slowenien zum VS-Dokument 10349/14). Das im Kap V enthaltene Grundmodell für die Drittstaatsübermittlung konnte von Österreich zwar grundsätzlich mitgetragen werden, weil damit – im Hinblick auf die derzeitigen Regelungen in der DSRL – Rechtssicherheit und Rechtskontinuität gewährleistet wird. Österreich hat aber auf in bestimmten Bereichen nach wie vor bestehende inhaltliche, noch nicht gelöste Probleme im Kap V verwiesen. Österreich hat in seinem Grundsatzpapier zu Kap V (Dok 10198/14) auf diese Problemstellungen ausdrücklich hingewiesen und eine Reihe von Anregungen vorgenommen.

[117]) Siehe Ausführungen oben Kap III.

[118]) Vgl dazu die Erklärung zum Protokoll des 3365. Rates zur Annahme der allgemeinen Ausrichtung zum Vorschlag für die DSGVO von Ungarn, Polen und Österreich.

[119]) Übermittlungen auf dieser Grundlage durften in der Fassung der allgemeinen Ausrichtung des Rates nicht mehr in großem Maßstab erfolgen und waren nur zulässig, sofern die Interessen oder Grundrechte und Grundfreiheiten der betroffenen Person nicht überwogen; weiters war die Bezugnahme auf den Auftragsverarbeiter ebenso ersatzlos entfallen wie das „gegebenenfalls" bei der Bezugnahme auf die geeigneten Garantien zum Schutz personenbezogener Daten.

[120]) EDPS – European Data Protection Supervisor; vgl Stellungnahme des EDPS 3/2015, Annex: Comparative table of GDPR texts with EDPS recommendations, 279 (Amendment 141). Zum Selbstverständnis der Rolle des EDPS im Verhandlungsprozess vgl *Schmidt/Knyrim*, Es ist nicht der Moment für Ratschläge, Interview mit dem Europäischen Datenschutzbeauftragten *Giovanni Buttarelli*, Dako 4/2015, 78.

[121]) Vgl auch *Albrecht*, Das neue EU-Datenschutzrecht – von der Richtlinie zur Verordnung, CR 2/2016, 88 (95).

löste Bestimmung wurde als **reine Subsidiärbestimmung** zu Art 45 und 46 und den in Art 49 Abs 1 genannten Ausnahmen konzipiert und ist daher nur anwendbar, wenn keine der vorgenannten Rechtsgrundlagen oder Ausnahmebestimmungen zur Anwendung kommen. Als zusätzliche und somit **weitere Parameter für den rechtmäßigen Einsatz** dieser Rechtsgrundlage wurden im Vergleich zur Fassung der Bestimmung in der allgemeinen Ausrichtung des Rates vorgesehen, dass die Übermittlung auf dieser Rechtsgrundlage „nicht wiederholt" erfolgen und nur eine „begrenzte Zahl von Personen" betreffen darf. Der Verantwortliche hat zudem die Aufsichtsbehörde von der Übermittlung und die betroffene Person über die Übermittlung und seine zwingenden berechtigten Interessen in Kenntnis zu setzen (zusätzlich zur Informationspflicht nach den Art 14 und 14a).

Die nunmehr in Art 49 Abs 1 enthaltene Ausnahmeregelung für eine Datenübermittlung in einen Drittstaat bei Vorliegen eines „berechtigten Interesses" des Verantwortlichen ist dennoch kritisch zu sehen. Die Entscheidung über eine Datenübermittlung in einen Drittstaat wird mit dieser Regelung weitgehend in die eigenständige Entscheidungsbefugnis des Verantwortlichen übertragen, ohne dass vorab die Datenschutzbehörde regulierend eingreifen kann. Ein (nur) berechtigtes Interesse des Verantwortlichen an einem Auslandsdatentransfer kann auch unter den – letztlich ergänzten und oben dargelegten – eingeschränkten Bedingungen dieser Regelung keine geeignete Rechtsgrundlage für eine Übermittlung sein.

Es handelt sich dabei um eine **„generalklauselartige" Ermächtigung** und somit um einen im Gesamtkonzept der Auslandsdatenübermittlung systemwidrigen Ansatz: Das grundsätzlich strenge Gesamtregime für Auslandsdatenübermittlungen im Hinblick auf die erforderliche Adäquanz der Datenschutzstandards gem Art 45 bzw das Abstellen auf „geeignete Garantien" („appropriate safeguards") gem Art 46 könnte leicht umgangen werden, da die genannte Ausnahmebestimmung zum einen zu weit ist und zum anderen eine Reihe von vagen Begriffsbestimmungen („begrenzte Zahl", „nicht wiederholt", „zwingende berechtigte Interessen" etc) enthält. Auch wenn dieser Bestimmung von der Grundintention her nur Ausnahmecharakter zukommen soll, besteht die Gefahr einer künftigen extensiven Auslegung. Auch die reine – wohl ex post angelegte – Informationspflicht an die Datenschutzkontrollbehörde vermag dieses Instrument mangels einer effektiven Eingriffsmöglichkeit der Behörde (etwa iS einen verpflichtenden Vorabgenehmigung oder zumindest Konsultation) aus datenschutzrechtlicher Sicht nicht vorbehaltlos zu legitimieren.[122])

G. Beschwerdemöglichkeit vor der Datenschutzkontrollbehörde parallel zur Beschreitung des Gerichtswegs in derselben Sache (Art 79)

Nach Art 79 Abs 1 hat jede betroffene Person unbeschadet eines verfügbaren verwaltungsrechtlichen oder außerordentlichen Rechtsbehelfs einschließlich des Rechts auf Beschwerde bei einer Aufsichtsbehörde gem Art 77 das **Recht auf einen wirksamen gericht-**

[122]) Auf andere diskussionswürdige Aspekte aus Kapitel V, wie etwa die Ausgestaltung der „Anti-FISA-Regelung" in Art 43a des Verordnungsentwurfs idF des Trilog-Ergebnisses (Dok 15039/15; nunmehr Art 48), die Frage der einzubeziehenden Faktoren bei einer Adäquanzentscheidung nach Art 42 Abs 2 lit a des Verordnungsentwurfs (Stichwort: Regelungen zur nationalen Sicherheit) oder die Diskussion über das Vorliegen einer rechtsverbindlichen Grundlage mit durchsetzbaren Rechten der betroffenen Personen auf der Basis von Art 42 des Verordnungsentwurfs (etwa im Hinblick auf Verwaltungsübereinkommen) sei nur beispielhaft verwiesen.

lichen Rechtsbehelf, wenn sie der Ansicht ist, dass die ihr aufgrund der DSGVO zustehenden Rechte infolge einer nicht im Einklang mit dieser Verordnung stehenden Verarbeitung ihrer personenbezogenen Daten verletzt wurden.

Art 77 gewährt unstrittig jedermann ein Beschwerderecht bei der Aufsichtsbehörde wegen Unvereinbarkeit einer Verarbeitung mit der DSGVO sowie das Recht, sich gegen Entscheidungen oder wegen Untätigkeit der Aufsichtsbehörde in einem Rechtsmittelverfahren an das hierfür zuständige Gericht zu wenden (Art 78).

Der Wortlaut der Bestimmung des Art 79 Abs 1, die im Kern im Laufe der Verhandlungen relativ unverändert geblieben ist,[123]) lässt in diesem Zusammenhang im **Unklaren** *(„unbeschadet eines verfügbaren verwaltungsrechtlichen oder außergerichtlichen Rechtsbehelfs“)*, ob die Mitgliedstaaten nunmehr im Fall der dargelegten Rechtsverletzung **zusätzlich – und somit parallel zum Verfahren vor den Aufsichtsbehörden – ein Klagerecht bei Gericht** vorsehen müssen. Auch die Erwägungsgründe bringen hier keinerlei Klarheit. Sollte damit neben der Beschwerdemöglichkeit vor den Aufsichtsbehörden parallel – und aus der Sicht der betroffenen Person wahlweise – die Möglichkeit des Beschreitens des Gerichtswegs in derselben Sache angeordnet werden, begegnet dies grundsätzlichen Bedenken hinsichtlich des verfassungsrechtlichen Grundsatzes der Trennung der Justiz von der Verwaltung gem Art 94 B-VG (Trennungsgrundsatz)[124]) und des Grundsatzes der „res iudicata“. Auch müssten zur Vermeidung unlösbarer Konflikte zwischen der befassten Aufsichtsbehörde einerseits und dem parallel angerufenen Gericht andererseits und zur Verhinderung potentiell widersprüchlicher Entscheidungen komplexe wechselseitige Aussetzungsregelungen vorgesehen werden.

Auch systematisch betrachtet würde vor dem Hintergrund der DSGVO ein paralleler Rechtsweg zwischen Aufsichtsbehörden und Gerichten wenig zweckmäßig erscheinen, sieht doch die DSGVO – mit dem Ziel einer einheitlichen Ansprechstelle (One-Stop-Shop-Prinzip) – gem Art 55ff iVm Art 60 ein komplexes System des Zusammenspiels zwischen der federführenden Aufsichtsbehörde und den anderen betroffenen Aufsichtsbehörden (einschließlich der Regelung lokaler Fälle gem Art 56 Abs 2–5) vor, das beim wahlweisen Beschreiten des Gerichtswegs sofort hinfällig wäre.

Auch der Hinweis auf Art 22 DSRL[125]), der unter dem Titel „Rechtsbehelfe“ ebenfalls jeder Person bei der Verletzung der Rechte, die ihr durch die für die betreffende Verarbei-

---

[123]) Die Bestimmung entspricht im Wesentlichen Art 75 Abs 1 des EK-Vorschlags, KOM(2012) 11 endg, der wie folgt lautete: *„Jede natürliche Person hat unbeschadet eines verfügbaren administrativen Rechtsbehelfs einschließlich des Rechts auf Beschwerde bei einer Aufsichtsbehörde nach Artikel 73 das Recht auf einen gerichtlichen Rechtsbehelf, wenn sie der Ansicht ist, dass die ihr aufgrund dieser Verordnung zustehenden Rechte infolge einer nicht verordnungskonformen Verarbeitung ihrer personenbezogenen Daten verletzt wurden.“*

[124]) Der Grundsatz der Trennung der Justiz von der Verwaltung gem Art 94 B-VG gibt vor, dass alle Aufgaben der Vollziehung genau entweder einem Gericht oder einer Verwaltungsbehörde zu übertragen sind; *Grabenwarter/Ohms*, Die österreichische Bundesverfassung[13] Art 94 B-VG Rz 2. Davon zu unterscheiden ist die Ermächtigung des einfachen Gesetzgebers gem Art 94 Abs 2, einen Instanzenzug von den Verwaltungsbehörden an die ordentlichen Gerichte vorzusehen; *Faber*, Verwaltungsgerichtsbarkeit (2013) Art 94 B-VG Rz 1ff.

[125]) Art 22 DSRL lautet: *„Unbeschadet des verwaltungsrechtlichen Beschwerdeverfahrens, das vor Beschreiten des Rechtsweges insbesondere bei der in Artikel 28 genannten Kontrollstelle eingeleitet werden kann, sehen die Mitgliedstaaten vor, daß jede Person bei der Verletzung der Rechte, die ihr durch die für die betreffende Verarbeitung geltenden einzelstaatlichen Rechtsvorschriften garantiert sind, bei Gericht einen Rechtsbehelf einlegen kann.“*

tung geltenden einzelstaatlichen Rechtsvorschriften garantiert sind, einen Rechtsbehelf bei Gericht zuspricht, muss nicht zwingend eine Auslegung des Art 79 Abs 1 in Richtung eines parallelen Rechtswegs nahelegen. Wenngleich zwar auch Art 22 DSRL den Rechtsbehelf *„unbeschadet des verwaltungsrechtlichen Beschwerdeverfahrens"* zugesteht, scheint der Wortlaut dieser Bestimmung durch den Verweis, dass das verwaltungsrechtliche Beschwerdeverfahren (offenbar auch) *„vor Beschreiten des Rechtsweges"* angesiedelt sein kann, (auch) eine konsekutive Konstruktion zu ermöglichen,[126]) ohne – zumindest zwingend – einen parallelen Weg bei Gericht vorzuschreiben.[127])

Zumal gegen die Übertragung dieser Lesart des Art 22 DSRL zum einen der unterschiedliche Wortlaut des Art 79 Abs 1 spricht, zum anderen eine konsekutive Konstruktion die (nicht unberechtigte) Frage nach dem Unterschied des Regelungsinhalts des Art 79 Abs 1 und des Art 78 DSGVO[128]) aufwirft, und schließlich die Überlegung dahingehend, dass der gerichtliche Rechtsbehelf in Art 79 auf die Geltendmachung eines Schadenersatzanspruchs vor den ordentlichen Gerichten reduziert werden könne, nicht zu überzeugen vermag, bleiben viele Unklarheiten.[129])

V. Fazit

Die Verhandlungen am neuen Rechtsrahmen Datenschutz waren arbeitsintensiv und kontrovers, dennoch stetig getragen von einer gewissen Zuversicht und guter Stimmung unter den Mitgliedstaaten, was letztlich auch die finale Kompromissfindung ermöglicht hat.

Das Datenschutzrecht auf Unionsebene wurde – längst überfällig – umfassenden Änderungen unterzogen. Allein die dem Ziel der stärkeren Harmonisierung geschuldete Rechtsaktform der Verordnung mit der Folge der unmittelbaren Geltung in den Mitglied-

[126]) In diesem Sinne auch *Dammann/Simitis*, die davon ausgehen, dass die DSRL – mangels entsprechender verfahrensrechtlicher Vorgaben – nicht verbietet, *„die Zulässigkeit des Rechtsbehelfs bei Gericht in bestimmten Fällen daran zu knüpfen, daß zuvor ein verwaltungsrechtliches Verfahren durchlaufen werden muß* [...]"; *Dammann/Simitis*, EG-Datenschutzrichtlinie. Kommentar (1997) Art 22 Rz 7.

[127]) In Österreich wurde Art 22 DSRL – nicht zuletzt iSd getätigten Umsetzung im DSG 2000 – stets so verstanden, dass er den Mitgliedstaaten unterschiedliche Umsetzungsoptionen ermöglicht: Die Aufsichtsbehörde könne selbst als „Gericht" eingerichtet werden (vgl die „alte" Datenschutzkommission als Kollegialbehörde mit richterlichem Einschlag), ein Gericht (mit voller Sachverhaltskognition) könne als Instanz über der Aufsichtsbehörde vorgesehen werden (dzt in Österreich für den öffentlichen Bereich) oder die Aufsichtsbehörde wird als Ombudsmann-ähnliche Stelle einrichten, die nicht „entscheidet", sodass die Anrufung eines Gerichtes nicht in Konflikt mit bestehenden Rechtsakten gerät, sondern vielmehr notwendig ist, um eine rechtlich verbindliche, vollstreckbare Entscheidung zu erwirken (dzt in Österreich für den privaten Bereich). Keinesfalls wurde Art 22 DSRL jedoch so verstanden, dass dort, wo die Aufsichtsbehörde mit Entscheidungskompetenz ausgestattet ist, daneben und zusätzlich die Anrufung eines Gerichts vorgesehen werden muss. Wie jedoch Berichte anderer Mitgliedstaaten in den Verhandlungen zur DSGVO nahegelegt haben, scheint es schon in Umsetzung des Art 22 DSRL in einigen Mitgliedstaaten parallele Rechtswege zu geben.

[128]) Art 78 Abs 1 lautet: *„Jede natürliche oder juristische Person hat unbeschadet eines anderweitigen verwaltungsrechtlichen oder außergerichtlichen Rechtsbehelfs das Recht auf einen wirksamen gerichtlichen Rechtsbehelf gegen einen sie betreffenden rechtsverbindlichen Beschluss einer Aufsichtsbehörde."*

[129]) Aus diesem Grund hat Österreich die Bestimmung des Art 79 Abs 1 in den Verhandlungen stets kritisiert; vgl zuletzt die österr Erklärung anlässlich der Beschlussfassung im Rat am 8. 4. 2016, Dok 7920/16.

staaten in Verbindung mit der Tatsache, dass viele Diskussionspunkte durch den vorliegenden Rechtsakt keiner abschließend zufriedenstellenden Lösung zugeführt werden konnten oder vom Lösungsansatz her vage geblieben sind, legen nahe, dass der Reformprozess noch nicht abgeschlossen, sondern vielmehr in der Praxis über die Rsp der Kontrollbehörden und Gerichte – über das Vorabentscheidungsverfahren nicht zuletzt des EuGH – seine Fortsetzung finden wird.

Es wird sich daher erst zeitverzögert zeigen, ob sich die in das neue Regelungsregime gesetzten hohen Erwartungen und Zielsetzungen erfüllen werden.

Die DSGVO als Produkt von Lobbyismus und Tauschhandel

Maximilian Schrems

I. Einleitung

Spätestens nachdem die Europäische Kommission 2012 den ersten öffentlichen Vorschlag für die DSGVO vorgestellt hatte, begann in Brüssel einer der größten Lobbying-Bemühungen, welche die EU bis dato gesehen hat. Insbesondere auch US-Unternehmen nahmen dabei eine starke Rolle ein und proklamierten, dass in Zeiten der Transformation zur Informationsgesellschaft jegliche Limitierung der Datennutzung wirtschaftsschädlich und irrgeleitet sei. Gleichzeitig wurde die politische Stimmung durch die Enthüllungen von *Edward Snowden* und die Debatte über Massenüberwachung beeinflusst.

Als direkte Folge von massivem Lobbying wurde der Textvorschlag allein im zuständigen Innen- und Justizausschuss des Europäischen Parlaments mit rekordverdächtigen über 3.000 Abänderungsanträgen bedacht. Viele Abänderungstexte im Parlament wurden direkt von Lobby-Papieren der Industrie, aber auch von einer Datenschutz-NGO kopiert. Insbesondere konservative und wirtschaftsliberale EU-Abgeordneten traten für eine Abschwächung des Schutzniveaus ein. Sozialdemokratische, linke, grüne und gesellschaftsliberale EU-Abgeordnete versuchten ein höheres Schutzniveau zu verankern. Im Eindruck der Snowden-Affäre fand jedoch der Innen- und Justizausschuss des europäischen Parlaments im Oktober 2013 zu einer durchwachsenen, jedoch relativ grundrechtfreundlichen Position, die im März 2014 vom Plenum bestätigt wurde.

Auf Seiten der Mitgliedsstaaten, die im Rat und insb in der DAPIX-Arbeitsgruppe am Kommissionsvorschlag arbeitet, fand sich eine Mehrheit, die Wirtschaftsinteressen und Deregulierung vor einen stärkeren Datenschutz stellte und entsprechend eine deutlich liberalere Gesetzgebung befürwortete. Die Mitgliedsstaaten beharrten in vielen Bereichen auch auf bestehenden nationalen Regelungen oder die Schaffung von Ausnahmen. Da der Rat nicht öffentlich verhandelte, war dieser Prozess jedoch deutlich intransparenter. Berichte legen jedoch nahe, dass viele Mitgliedsstaaten insb die Interessen ihrer jeweiligen Wirtschaft vertreten haben.

Eine Übersicht aller relevanten Verfahrensschritte und Unterlagen ist auf http://eur-lex.europa.eu unter der Verfahrensnummer 2012/0011(COD) auffindbar.

Der finale Text der DSGVO ist ein Produkt eines *„informellen Trilogs“* zwischen Rat, Parlament und Kommission, der *keinen* Teil des offiziellen Gesetzgebungsverfahrens darstellt. Hierbei wurde zwar eine gemeinsame Position der Institutionen herbeigeführt, jedoch fehlen entsprechende Begleitmaterialien zur Interpretation des finalen Textes. Dem Vernehmen nach wurden Einigungen tlw sogar mit „Tabellen“ erzielt, in denen „Tausch-Vorschläge“ eingetragen wurden – frei nach dem Motto „Streichst du mir A, gebe ich dir B“. Die entsprechende Nachvollziehbarkeit der finalen Verhandlungen ist daher leider nicht gegeben.

Solche Art Einflussnahme auf das Gesetzgebungsverfahren führt leider regelmäßig zu Regelungslücken und einer fehlenden Systematik, welche die Interpretation der DSGVO beeinflussen. Im Weiteren werden einige Phänomene des finalen Textes herausgegriffen.

II. Typische Arten der Regelung

A. Öffnungsklauseln

In vielen Mitgliedsstaaten bestehen umfangreiche und differenzierte nationalen Sonderregelungen und Vorrechte einzelner Industriezweige. Auch im staatlichen Bereich finden sich regelmäßig entsprechende Rechtsgrundlagen. In den Verhandlungen musste man anerkennen, dass diese – oft jahrzehntelang gewachsenen – Regelungen zur Datennutzung in unzähligen Bereichen ohne Öffnungsklauseln hinfällig würden, gleichzeitig aber eine europäische Regelung in all diesen Bereichen nicht möglich war. Der Versuch, bestehende nationale, sektorspezifische Regelungen beizubehalten, führte zu vielen Öffnungsklauseln in der DSGVO.

In anderen Fällen konnten die Verhandlungsparteien aber auch schlichtweg keine Einigung herbeiführen. Ein Konsens war daher nur erzielbar, wenn diese Fragen durch die Mitgliedsstaaten geregelt bleiben (siehe zB Datenschutzbeauftragter oder Verbandsklage durch NGO).

Das Ziel eines europaweit einheitlichen Datenschutzrechts war damit nicht mehr durchgängig erreichbar. Spezifische Regelungen bleiben folglich in Teilen in 28 nationalen Versionen erhalten. In vielen Bereichen handelt es sich bei der DSGVO daher um ein Instrument, das zwar als VO direkt anwendbar ist, jedoch (wie eine Richtlinie) dem Mitgliedsstaat Regelungsbefugnisse einräumt. In Österreich wird daher wohl ein Umsetzungsgesetz nötig sein. Bei grenzüberschreitenden Sachverhalten besteht daher auch weiter eine nicht unerhebliche Rechtszersplitterung.

B. Verlegung in Erwägungen

Bei vielen strittigen Punkten konnte im Text der DSGVO keine Einigung erzielt werden, jedoch akzeptierte die jeweils andere Seite eine Verschiebung der vorgeschlagenen Regelung in die Erwägungen der DSGVO.

Die Erwägungsgründe sind bekanntlich rechtlich nicht verbindlich.[1]) Die eine Seite konnte sich damit begnügen, dass sich eine Regelung in der DSGVO wiederfindet, die andere Seite konnte gleichzeitig behaupten, dass sich diese Regelung nicht im verbindlichen Text befindet.

Ein erheblicher Anteil von Detailregelungen findet sich durch diese Vorgehensweise nur in den Erwägungen und ist aus dem Gesetzestext weder abzuleiten noch zu erahnen. Formal sind diese Regelungen damit regelmäßig nicht beachtlich. In der Praxis werden sich wohl Gerichte und Aufsichtsbehörden trotzdem auf diese Erwägungen stützen.

In der Rechtsanwendung ist damit abermals für erhebliche Rechtsunsicherheit gesorgt: Je nach Position werden Betroffene und Verantwortliche jeweils vertreten, dass ein bestimmter Erwägungsgrund integraler Teil der DSGVO ist – oder aber durch den Gesetzestext nicht unterstützt und damit unbeachtlich.

---

[1]) Hierzu zB EuGH in C-162/97, *Nilsson*, Rn 54.

C. Unklare Regelungen

In anderen Fällen konnte man sich nur auf nichtssagende Floskeln oder unklare Formulierungen einigen, die zwar keinen echten Regelungsgehalt haben, jedoch gerade deswegen für alle Seiten akzeptabel schienen. Abermals leidet darunter die Bestimmtheit der DSGVO und damit die Rechtssicherheit für den Betroffenen und den Verantwortlichen.

D. Offensichtliche Regelungslücken

Schlussendlich bleiben viele Bereiche schlichtweg nicht geregelt. Dies ist bei großen Gesetzesvorhaben nicht unüblich, doch bleiben bei der DSGVO außergewöhnlich viele Fragen offen, die durchaus im Gesetzgebungsprozess debattiert wurden und auch oft in nationalen Umsetzungsgesetzen der RL 95/46/EG geregelt wurden.

So ist die regelmäßig umstrittene Abwägung zwischen den Rechten eines Auskunftswerbers nach Art 15 DSGVO und den Rechten anderer Personen (inkl des Verantwortlichen) in Art 15 Abs 4 nicht aufgelöst.

Schon aus Gründen des Grundrechtseingriffs in Art 8 Abs 2 GRC kann nicht schon jegliche „Beeinträchtigung" eines Rechts von anderen Personen den Auskunftsanspruch nach Art 15 ausschließen, wie es der reine Wortlaut des Art 15 Abs 4 nahelegt. Andernfalls könnte ein Verantwortlicher umgehend mit dem Argument „Geschäftsgeheimnis" jegliche Auskunft verweigern. Vielmehr ist wohl eine Abwägung iSd Art 52 Abs 1 GRC zwischen dem Grundrecht auf Auskunft und anderen Interessen nötig.[2]) So wurde bspw bei „gemischten Daten" mehrere Personen die Schwärzung von Daten Dritter vorgeschlagen, was wohl ein gelinderes Mittel als die vollkommene Verweigerung der Auskunft darstellen und somit auch Art 8 Abs 2 GRC entsprechen würde. Eine solche Determinierung dieser Abwägung bleibt die DSGVO jedoch schuldig – trotz diverser Vorschläge im Gesetzgebungsprozess.

E. Beispiel: „Direktwerbung"

Am Beispiel der Direktwerbung kann man die oben beschriebenen Phänomene besonders gut nachzeichnen:

Von der betroffenen Industrie wurde vorgeschlagen, „Direktwerbung" im Text der DSGVO als „berechtigtes Interesse" iSd Art 6 Abs 1 lit f zu definieren. Dies hätte die Frage aufgeworfen, wie eine Abwägung zwischen dem Recht auf Datenschutz nach Art 8 GRC und dem Interesse, fremden Personen Werbung zuzuschicken, jedenfalls zu Gunsten des Werbenden ausfallen sollte? Immerhin könnten damit enorme umfangreiche Datenbanken zu persönlichen Präferenzen angelegt werden. Jeder andere Verantwortliche könne sodann sein „berechtigtes Interesse" damit begründen, dass, wenn Werbung schon die Grundrechte der Bürger aushebelt, dies für praktisch jeden anderen wirtschaftlichen Zweck ebenso gelten müsse.

Die Frage der Zulässigkeit wurde daher in den Erläuterungen behandelt, auch wenn in Art 21 Abs 2 der Wiederspruch bei Direktwerbung weiter im Verordnungstext bestehen blieb.

---

[2]) So auch ErwGr 63, der klarstellt: *„Dies darf jedoch nicht dazu führen, dass der betroffenen Person jegliche Auskunft verweigert wird."*

Aber auch in Erläuterungen konnte man sich nicht einigen, ob Direktwerbung per se ein „berechtigtes Interesse" darstelle. Erläuterung 47 lässt die Zulässigkeit der Datenverarbeitung offen und klärt nur, dass Direktwerbung ein berechtigtes Interesse darstellen *könne*. Eine Detailregelung, die einen entsprechenden Ausgleich findet, wie bisher § 151 GewO, konnte von der DSGVO nicht erwartet werden. Die Frage der Zulässigkeit und des Umfangs der Zulässigkeit von Direktwerbung bleibt daher offen und müsste im Einzelfall geklärt werden.

Aus einem Textvorschlag, der auf bisherigen nationalen Regelungen basierte, wurde eine unverbindliche Erläuterung und daraus schlussendlich eine nichtssagenden Floskel („*kann als* [...] *berechtigtes Interesse* [...] *betrachtet werden*"). Es braucht wohl keinen Gesetzgeber, um festzustellen, dass Direktwerbung als berechtigtes Interesse betrachtet werden *kann* – aber eben nicht muss.

III. Risikobasierter Ansatz

Schlussendlich wurde vonseiten der Industrie die vermeintlich binäre Regelungstechnik des DSGVO-Entwurfs heftig kritisiert. Ein „Bäcker an Eck" sollte nicht die gleichen Vorschriften befolgen müssen, wie Google.

Diese Erkenntnis lässt sich jedoch bekanntlich sehr schwer in einfach anwendbare Gesetzestexte gießen. Trotz diverser Ansätze, an objektiven Kriterien anzuknüpfen (von der Mitarbeiterzahl bis zur Zahl der Betroffenen oder dem Hauptgegenstand des Unternehmens), setzte sich in weiten Bereichen der von der Industrie favorisierte „risikobasierte Ansatz" durch.

Hierbei wird vom Verantwortlichen verlangt, anhand einer Vielzahl von jeweils unterschiedlichen Kriterien festzustellen, ob und in welchem Umfang er sich an die jeweilige Norm halten muss. Beispiele hierfür finden sich insb im Kap IV der DSGVO.

Dieser Versuch der Verwässerung von konkreten Regeln führt in der Praxis wohl nicht zu einem risikogemäßen Verhaltens des „Bäckers am Eck", sondern primär zur perfekten Rechtsunsicherheit, die Kosten für Unternehmen eher steigert als senkt. Besagter Bäcker wird nämlich aller Voraussicht nach einen Datenschutz-Experten benötigen, um diese Risikoanalyse vorzunehmen. Aber auch die meisten Experten werden wohl keine vollkommen sichere Antwort auf die vom Gesetzgeber gestellt Aufgabe geben können.

Insbesondere wenn sich die vorherige Risikoanalyse als faktisch falsch herausgestellt hat und entsprechender Schaden versursacht wurde, wird der Verantwortliche und der zu Rate gezogene Experte regelmäßig auch erklären müssen, wie er zu seiner (falschen) Einschätzung gelangt ist. Präventive Übererfüllung der Vorgaben wird bei nicht wenigen Verantwortlichen die Reaktion sein.

Es ist daher nicht unwahrscheinlich, dass der „risikobasierte Ansatz" zwar als Verwässerung im Interesse von Unternehmen geplant war, sich in der Praxis jedoch zu einem „Schuss ins Knie" entwickelt.

IV. Grundrechtskonforme Interpretation

Bei diversen Lücken, Unklarheiten und offenen Fragen hilft tlw ein Rückgriff auf das Recht auf Datenschutz in Art 8 Abs 1 und 2 GRC und grundrechtskonforme Interpretation im Lichte der Verhältnismäßigkeit nach Art 52 Abs 1 GRC. Gerade Art 8 Abs 2 GRC hebt viele Elemente (zB Zweckbindung, Verbotsprinzip mit Erlaubnisvorbehalt, Auskunft oder Berichtigung) der DSGVO auf grundrechtliche Ebene, was eine direkte grundrechtskonforme Interpretation erlaubt.

V. Schlussbemerkung

Die DSGVO sollte das Datenschutzrecht in 28 Mitgliedsstaaten unmittelbar regeln. Der Versuch, einen kleinsten gemeinsamen Nenner bei teils stark divergierende Positionen und Traditionen in den Mitgliedsstaaten zu finden, führte jedoch oft zu mangelnder Bestimmtheit, großen Rechtsunsicherheiten und umfangreichem Interpretationsbedarf.

Viele im DSG 2000 und anderen nationalen Gesetzen bisher klar geregelte Fragen werden mangels klarerer Regelung in der DSGVO zukünftig vom EuGH gelöst werden müssen. Bis dies in jahrelangen Verfahren geschieht, bestehen tlw erhebliche Rechtsunsicherheiten.

Sachlicher und räumlicher Anwendungsbereich der DSGVO

Jörg Hladjk

I. Sachlicher Anwendungsbereich

A. Anwendung und Definitionen

Die DSGVO gilt für die ganz oder teilweise automatisierte Verarbeitung personenbezogener Daten sowie für die nichtautomatisierte Verarbeitung personenbezogener Daten, die in einer Datei gespeichert sind oder gespeichert werden sollen. Dies macht einen Blick auf die relevanten Definitionen notwendig.

Personenbezogene Daten

Nach der Definition der DSGVO sind „personenbezogene Daten" „alle Informationen, die sich auf eine bestimmte oder **bestimmbare natürliche Person** (‚betroffene Person') beziehen; als bestimmbar wird eine Person angesehen, die **direkt oder indirekt**, insbesondere mittels Zuordnung zu einer Kennung wie einem Namen, zu einer Kennnummer, zu Standortdaten, zu einer Online-Kennung oder zu einem oder mehreren besonderen Merkmalen bestimmt werden kann, die Ausdruck ihrer physischen, physiologischen, genetischen, psychischen, wirtschaftlichen, kulturellen oder sozialen Identität sind".

Die DSGVO regelt damit die Verarbeitung personenbezogener Daten natürlicher Personen ungeachtet ihrer Staatsangehörigkeit oder ihres Aufenthaltsorts. Auf **juristische Personen** und insb als juristische Person gegründete Unternehmen, deren Daten – zum Beispiel Name, Rechtsform oder Kontaktdaten – verarbeitet werden, findet die DSGVO **keine Anwendung.** Unklar ist derzeit noch, ob der in Österreich (siehe § 4 Z 3 DSG 2000) aktuell noch im nationalen Recht verankerte Schutz der juristischen Person aufrechterhalten wird.

Verarbeitung

Nach der Definition der DSGVO bezeichnet „Verarbeitung" „jeden mit oder ohne Hilfe automatisierter Verfahren ausgeführten Vorgang oder jede solche Vorgangsreihe im Zusammenhang mit personenbezogenen Daten wie das Erheben, das Erfassen, die Organisation, das Ordnen, die Speicherung, die Anpassung oder Veränderung, das Auslesen, das Abfragen, die Verwendung, die Weitergabe durch Übermittlung, Verbreitung oder eine andere Form der Bereitstellung, den Abgleich oder die Verknüpfung, die Einschränkung, das Löschen oder die Vernichtung".

Dem Anwendungsbereich der DSGVO liegt daher ein **sehr weiter Verarbeitungsbegriff** zugrunde, der jeglichen Umgang mit personenbezogenen Daten erfasst.

Datei
Nach der Definition der DSGVO ist „Datei"
„jede **strukturierte Sammlung** personenbezogener Daten, die nach bestimmten Kriterien zugänglich sind, unabhängig davon, ob diese Sammlung zentral, dezentral oder nach funktionalen oder geografischen Gesichtspunkten geordnet geführt wird."

Die DSGVO geht davon aus, dass der Schutz natürlicher Personen technologieneutral sein und nicht von den verwendeten Verfahren abhängen soll, da andernfalls das Risiko einer Umgehung der Vorschriften groß wäre. Daher gilt der Schutz für die automatisierte Verarbeitung personenbezogener Daten ebenso wie für die manuelle Verarbeitung von personenbezogenen Daten, die in einer Datei gespeichert sind oder gespeichert werden sollen. Dagegen sind **Akten oder Aktensammlungen** sowie ihre Deckblätter, die nicht nach bestimmten Kriterien geordnet sind, vom Anwendungsbereich der Verordnung ausgenommen.

B. Ausnahmen vom Anwendungsbereich

Einige Bereiche der Datenverarbeitung sind vom Anwendungsbereich der DSGV ausgeschlossen.

Dabei handelt es sich um Verarbeitungen im Rahmen einer Tätigkeit, die nicht in den Geltungsbereich des Unionsrechts fällt. Damit sind etwa die **nationale Sicherheit** betreffende Tätigkeiten gemeint.

Ausgeschlossen sind auch Datenverarbeitungen, die durch die EU-Mitgliedstaaten im Rahmen von Tätigkeiten, die in den Anwendungsbereich von Titel V Kapitel 2 des Vertrags über die Europäische Union fallen, vorgenommen werden. Dabei handelt es sich um Tätigkeiten iZm Bestimmungen über die gemeinsame Außen- und Sicherheitspolitik der EU-Mitgliedstaaten.

Insb nicht vom Anwendungsbereich erfasst sind Verarbeitungen, die durch natürliche Personen zur Ausübung ausschließlich **persönlicher oder familiärer Tätigkeiten** vorgenommen werden. Damit sind Datenverarbeitungen ausgeschlossen, die ohne Bezug zu einer beruflichen oder wirtschaftlichen Tätigkeit vorgenommen werden. Als persönliche und familiäre Tätigkeiten werden auch das Führen eines Schriftverkehrs oder von Anschriftenverzeichnissen oder die **Nutzung sozialer Netze und Online-Tätigkeiten** angesehen. Dagegen findet die DSGVO für die Verantwortlichen der Datenverarbeitung oder Auftragsverarbeiter, welche die Instrumente für die Verarbeitung personenbezogener Daten für solche persönlichen oder familiären Tätigkeiten bereitstellen, Anwendung.

Schließlich ist die DSGVO nicht auf Verarbeitungen anwendbar, die durch die zuständigen Behörden zum Zwecke der **Verhütung, Untersuchung, Aufdeckung oder Verfolgung von Straftaten** oder der Strafvollstreckung, einschließlich dem Schutz vor und die Abwehr von Gefahren für die öffentliche Sicherheit, vorgenommen werden.

II. Räumlicher Anwendungsbereich

A. Niederlassung in der Europäischen Union

Räumlich gesehen findet die DSGVO Anwendung auf die Verarbeitung personenbezogener Daten, soweit diese im Rahmen der Tätigkeiten einer **Niederlassung** eines für die

Verarbeitung Verantwortlichen oder eines Auftragsverarbeiters **in der Europäischen Union** erfolgt, unabhängig davon, ob die Verarbeitung in der Union oder außerhalb stattfindet.

Eine Niederlassung setzt die effektive und tatsächliche Ausübung einer Tätigkeit durch eine **feste Einrichtung** voraus. Die **Rechtsform** einer solchen Einrichtung, gleich, ob es sich um eine Zweigstelle oder eine Tochtergesellschaft mit eigener Rechtspersönlichkeit handelt, ist dabei **unerheblich.**

B. Niederlassung außerhalb der Europäischen Union

Weiterhin findet die DSGVO Anwendung auf die Verarbeitung personenbezogener Daten von betroffenen Personen, die sich in der Europäischen Union aufhalten und deren für die Verarbeitung Verantwortlicher oder Auftragsverarbeiter nicht in der Europäischen Union niedergelassen ist, wenn die Datenverarbeitung

- dazu dient, betroffenen Personen in der Union **Waren oder Dienstleistungen** anzubieten, unabhängig davon, ob von diesen betroffenen Personen eine Zahlung zu leisten ist, oder
- der **Beobachtung ihres Verhaltens** dient, soweit dieses in der Europäischen Union erfolgt.

1. Angebot von Waren und Dienstleistungen

Um festzustellen, ob der für die Verarbeitung Verantwortliche oder Auftragsverarbeiter betroffenen Personen in der Europäischen Union Waren oder Dienstleistungen anbietet, sollte geprüft werden, ob er **offensichtlich beabsichtigt,** betroffenen Personen in einem oder mehreren Mitgliedstaaten der Union Dienstleistungen anzubieten.

Praxistipp:

Während die bloße Zugänglichkeit der Website des für die Verarbeitung Verantwortlichen oder eines Vermittlers in der Europäischen Union oder einer E-Mail-Adresse oder anderer Kontaktdaten oder die Verwendung einer Sprache, die in dem Drittland, in dem der für die Verarbeitung Verantwortliche niedergelassen ist, allgemein gebräuchlich ist, hierfür kein ausreichender Anhaltspunkt ist, können andere Faktoren wie die Verwendung einer **Sprache oder Währung**, die in einem oder mehreren Mitgliedstaaten gebräuchlich ist, in Verbindung mit der Möglichkeit, Waren und Dienstleistungen in dieser anderen Sprache zu bestellen, und/oder die **Erwähnung von Kunden oder Nutzern,** die sich in der Union aufhalten, darauf hindeuten, dass der für die Verarbeitung Verantwortliche beabsichtigt, diesen betroffenen Personen in der Union Waren oder Dienstleistungen anzubieten.

2. Beobachtung von Verhalten

Ob eine Verarbeitungstätigkeit der Beobachtung des Verhaltens von betroffenen Personen gilt, sollte daran festgemacht werden, ob ihre **Internetaktivitäten** nachvollzogen werden, einschließlich der möglichen nachfolgenden Verwendung von Datenverarbeitungstechniken, durch die von einer Person ein **Profil** erstellt wird, das insbesondere die Grundlage für sie betreffende Entscheidungen bildet oder anhand dessen ihre persönlichen **Vorlieben, Verhaltensweisen oder Gepflogenheiten** analysiert oder vorausgesagt werden sollen.

III. Fazit

Der sachliche Anwendungsbereich des Datenschutzrechts hat sich gegenüber dem DSG 2000 nicht grundlegend ändert. Allerdings wird sich noch zeigen, ob der in Österreich aktuell im nationalen Recht verankerte Schutz der juristischen Person aufrechterhalten wird. Die klare Regelung zur Ausdehnung des räumlichen Anwendungsbereiches auf Verantwortliche der Verarbeitung oder Auftragsverarbeiter, die außerhalb der Europäischen Union ansässig sind, aber mit ihren Aktivitäten Personen in der Europäischen Union zum Ziel haben, stellt jedoch eine grundlegende Neuerung dar.

Personenbezogene Daten

Begriff und Kategorien

Christian Bergauer

I. Der Begriff „personenbezogene Daten"

Schutzobjekte der DSGVO sind personenbezogene Daten. Der Begriff „personenbezogene Daten" nimmt daher eine zentrale Rolle ein, die über die Reichweite des Schutzes solcher Daten ebenso wie den Grad ihrer Schutzwürdigkeit entscheidet. Art 4 Z 1 DSGVO definiert diesen Begriff wie folgt:

„‚personenbezogene Daten' [sind] alle Informationen, die sich auf eine identifizierte oder identifizierbare natürliche Person (im Folgenden ‚betroffene Person') beziehen; als identifizierbar wird eine natürliche Person angesehen, die direkt oder indirekt, insbesondere mittels Zuordnung zu einer Kennung wie einem Namen, zu einer Kennnummer, zu Standortdaten, zu einer Online-Kennung oder zu einem oder mehreren besonderen Merkmalen identifiziert werden kann, die Ausdruck der physischen, physiologischen, genetischen, psychischen, wirtschaftlichen, kulturellen oder sozialen Identität dieser natürlichen Person sind [...]".

Die Definition stellt dabei im Wesentlichen auf drei Komponenten ab: die (implizite) „**Verarbeitungskomponente**", die auf die Verarbeitungsform (arg Daten) Bezug nimmt, die „**Inhaltskomponente**", bei der es um die Feststellung menschbeziehbarer Inhalte geht, und die „**Identitätskomponente**", welche die Identifizierbarkeit der betroffenen Person zum Gegenstand hat.

A. Verarbeitungskomponente (Daten)

Auf den ersten Blick lässt der Wortlaut der Begriffsbestimmung des Art 4 Z 1 vermuten, dass der europäische Gesetzgeber – wie bereits in Art 2 lit a Datenschutz-RL 95/46/EG (DSRL) – die Begriffe „Daten" und „Informationen" synonym versteht, weil er in seiner Begriffsbestimmung personenbezogene „Daten" mit allen „Informationen" umschreibt, die sich auf eine identifizierte oder identifizierbare natürliche Person beziehen.

Aus informationstechnischer Sicht wäre diese Aussage aber isoliert betrachtet unpräzise, da der Datenbegriff der DIN 44300-2 (1988) Folgendes definiert: *„Daten sind Gebilde aus Zeichen oder kontinuierliche Funktionen, die aufgrund bekannter oder unterstellter Abmachungen Information darstellen, vorrangig zum Zwecke der Verarbeitung und als deren Ergebnis"*. Auch der internationale Technologiestandard ISO/IEC 2382-1 (1993) besagt, dass es sich bei „Data" um *„a reinterpretable representation of information in a formalized manner, suitable for communication, interpretation or processing"* handelt. Nach dem technischen

Verständnis stellen daher Daten im Wesentlichen „Informationen in einer verarbeitbaren Form“ dar.[1])

Die Begriffsbestimmung des Art 4 Z 1 selbst ist daher schlicht unpräzise, gewinnt aber Schärfe, wenn man den sachlichen Anwendungsbereich der DSGVO in die Definition miteinbezieht. Die DSGVO erstreckt sich nämlich – unabhängig vom personenbezogenen Gehalt – idR nur auf solche Informationen, die einem „Datenverkehr“ überhaupt zugänglich sind. Art 1 Abs 1 spricht den Schutz natürlicher Personen bei der „Verarbeitung“ personenbezogener Daten sowie den „freien Verkehr solcher Daten“ an.

Darüber hinaus ist der Begriff der Informationen aber auch schon deshalb zutreffend, als von der DSGVO einerseits zB mündlich erhobene personenbezogene Informationen erfasst werden, die erst in weiterer Folge in Form von Daten in einer Kartei zur weiteren manuellen Verarbeitung organisiert werden[2]), und andererseits auch solche, die sich aus der Verarbeitung personenbezogener Daten für den Verwender durch Kognition bezüglich der betroffenen Person ergeben und in dieser Form nicht (mehr) als Daten vorliegen. Dass der europäische Gesetzgeber den Begriff „Informationen“ zur Beschreibung der Schutzobjekte der DSGVO verwendet, ist im Ergebnis daher stimmig.

Gem Art 2 Abs 1 müssen personenbezogene Informationen aber einen **Bezug** zu einer entweder ganz oder teilweise automatisierten oder nichtautomatisierten **Datenverarbeitung** aufweisen, wobei von einer nichtautomatisierten (manuellen) Verarbeitung nur dann die Rede ist, wenn die personenbezogenen Daten in einem Dateisystem[3]) gespeichert sind oder gespeichert werden sollen (ErwGr 15).

1. Ganz oder teilweise automatisierte Verarbeitung

Die ganz oder nur tlw automatisierte Verarbeitung ist vollständig dem Regelungsbereich der DSGVO unterworfen. Eine Definition, was unter einer automatisierten oder tlw automatisierten Verarbeitung zu verstehen ist, gibt es nach wie vor nicht. Interpretationsanleihe kann aber an der (derzeitigen) „Datenanwendung“ iSd § 4 Z 7 DSG 2000 genommen werden, die unter einer automationsunterstützten Datenverarbeitung im Wesentlichen die Summe der in ihrem Ablauf logisch verbundenen Verwendungsschritte versteht, die zur Erreichung eines inhaltlich bestimmten Ergebnisses (des Zwecks der Datenanwendung) geordnet sind und zur Gänze oder auch nur tlw automationsunterstützt, also maschinell und programmgesteuert, erfolgen.[4]) Eine solche Verarbeitung setzt voraus, dass die Datenverarbeitungsschritte nicht ausschließlich vom Menschen allein, dh ohne IT-Unterstützung, vorgenommen werden.

Unter „Verarbeitung“ ist gem Art 4 Z 2 jeder mit oder ohne Hilfe automatisierter Verfahren ausgeführte Vorgang oder jede solche Vorgangsreihe iZm personenbezogenen Daten wie das Erheben, das Erfassen, die Organisation, das Ordnen, die Speicherung, die Anpas-

---

[1]) Siehe zum Datenbegriff etwa *Bergauer*, Das materielle Computerstrafrecht (2016) 66 ff; in diese Richtung auch *Dohr/Pollirer/Weiss/Knyrim*, DSG² § 4 Anm 2 (Stand 26. 11. 2015, rdb.at).

[2]) Siehe dazu gleich im Anschluss zur nichtautomatisierten Verarbeitung.

[3]) Unter einem „Dateisystem“ ist gem Art 4 Z 6 jede strukturierte Sammlung personenbezogener Daten zu verstehen, die nach bestimmten Kriterien zugänglich sind, unabhängig davon, ob diese Sammlung zentral, dezentral oder nach funktionalen oder geografischen Gesichtspunkten geordnet geführt wird.

[4]) Siehe zur alten Rechtslage für viele *Jahnel*, Handbuch Datenschutzrecht (2010) Rz 3/105 ff.

sung oder Veränderung, das Auslesen, das Abfragen, die Verwendung, die Offenlegung durch Übermittlung, Verbreitung oder eine andere Form der Bereitstellung, der Abgleich oder die Verknüpfung, die Einschränkung, das Löschen oder die Vernichtung gemeint.[5])

Wird zumindest einer dieser Verarbeitungsschritte maschinell und programmgesteuert (mikroprozessorengestützt) durchgeführt, liegt bereits eine zumindest teilautomatisierte Verarbeitung vor, die vollständig von der DSGVO erfasst wird.

Beispiel:

Das bloße Verfassen eines elektronischen Dokuments (geschäftliches E-Mail, Kündigungsschreiben einer Arbeitnehmerin in MS Word usw), das personenbezogene Daten einer betroffenen Person enthält, stellt bereits eine zumindest tlw automatisierte Verarbeitung dar, unabhängig davon, ob es elektronisch bzw postalisch oder gar nicht zugestellt wird. Auf ein Dateimanagement oder einen bestimmten Organisationsgrad kommt es nicht an.
Gleiches gilt für ein Mitgliederverzeichnis eines Vereins, das in einer MS Excel-Tabelle geführt wird.

Werden sämtliche Verarbeitungsschritte automatisiert, also vollends informationstechnisch durchgeführt, handelt es sich um eine „ganz automatisierte Verarbeitung“ iSd Art 2 Abs 1 erster Fall. Soweit nur einige Verarbeitungsschritte, wie das Erfassen oder die Organisation der Daten, automatisiert durchgeführt werden, und andere, wie das Abfragen oder Verwenden, manuell erfolgen, handelt es sich um eine tlw automatisierte Verarbeitung iSd Art 2 Abs 1 zweiter Fall.

2. Nichtautomatisierte Verarbeitung im Dateisystem

Wird nicht einmal ein einzelner Verarbeitungsschritt automationsunterstützt, also maschinell und programmgesteuert, vorgenommen, liegt eine nichtautomatisierte (manuelle) Verarbeitung vor. Eine solche wird nur sehr eingeschränkt vom sachlichen Anwendungsbereich der DSGVO erfasst, nämlich lediglich dann, wenn personenbezogene Daten verarbeitet werden, die in einem **Dateisystem** gespeichert sind oder gespeichert werden sollen.

Unter einem „Dateisystem“ ist gem Art 4 Z 6 jede strukturierte Sammlung personenbezogener Daten zu verstehen, die nach bestimmten Kriterien zugänglich ist, unabhängig davon, ob diese Sammlung zentral, dezentral oder nach funktionalen oder geografischen Gesichtspunkten geordnet geführt wird.

Eine „**strukturierte Sammlung**“ personenbezogener Daten liegt vor, wenn die Datenbasis dieser Sammlung entsprechend ihres personenbezogenen Inhalts einer gewissen Ordnung folgt, dabei müssen die personenbezogenen Daten nach „**bestimmten Kriterien**“ zugänglich sein, um einen erleichterten Zugriff darauf zu ermöglichen. Die Organisationsform und Verarbeitungsmethode spielen dabei keine Rolle, deshalb ist es auch unbeachtlich, wie die einzelnen Daten miteinander in Beziehung gesetzt werden, ob die Datensammlung zentral oder dezentral organisiert ist oder ob sie nach funktionalen oder geografischen

[5]) Die „Offenlegung durch Übermittlung, Verbreitung oder eine andere Form der Bereitstellung“ gehört – ähnlich wie bereits in der DSRL (Art 2 lit b DSRL), aber anders als noch im DSG 2000 (vgl § 4 Z 8 und 9 sowie Z 11 und 12 DSG 2000) – schon begrifflich der Verarbeitung von Daten an.

Gesichtspunkten geordnet geführt wird.[6]) Auf eine besondere Organisationslogik oder Strukturierungsdichte kann es in Anbetracht des Schutzzwecks ebenso wenig ankommen.

Die Einführung des Begriffs „**Dateisystem**" (in der DSRL noch „Datei") suggeriert hier – wie bereits die DSRL – eine informationstechnische Basis,[7]) weshalb für die deutsche Fassung des Verordnungstextes „Kartei" bzw „Karteisystem" mE besser geeignet wäre, die Merkmale einer vom Anwendungsbereich der DSGVO erfassten nichtautomatisierten Datenverarbeitung zu bezeichnen. Das in der englischen Sprachfassung verwendete „filing system" bzw „file" ist hier grundsätzlich weiter zu verstehen und umfasst mE viel eindeutiger auch (Papier-)Akte, Karteien oder Karteikästen. Darüber hinaus zielt wohl auch der Gebrauch der Wendung „*in einem Dateisystem gespeichert sind oder gespeichert werden sollen*" an den wahren Lebensumständen vorbei, zumal man bei einer konventionellen – nichtautomatisierten – Organisation personenbezogener Daten nicht vom idR ausschließlich in der Informatik gebräuchlichen Begriff des „Speicherns" spricht.

Mit dem Wortteil „System" wird mE – in Abgrenzung zu lediglich unorganisierten handschriftlichen Einzelinformationen[8]) (zB Notizen usw) – auf einen Zusammenschluss einzelner Informationen abgestellt, die gemeinsam eine zweckgebundene Einheit bilden.

Andere personenbezogene Daten, die weder zumindest teilautomatisiert in digitaler Form noch in analoger Form in einem Dateisystem verarbeitet werden bzw verarbeitet werden sollen,[9]) dh keinerlei Bezug zu einer derart vorgenommenen Datenverarbeitung aufweisen, sind keine Schutzobjekte der DSGVO. Das Erheben von personenbezogenen Daten durch Befragung der betroffenen Person wäre aber erfasst, sofern die Datenerhebung in der Absicht erfolgt, die Daten in weiterer Folge automatisiert oder in einem Dateisystem zu verarbeiten. Das ergibt sich aus Art 2 Z 1 ebenso wie aus der Definition des Verarbeitens nach Art 4 Z 2.

Beispiel:

Persönliches Wissen oder bloßes Sehen personenbezogener Informationen von Betroffenen sind ebenso wenig von der DSGVO erfasst wie unstrukturierte Akten[10]) oder handschriftliche Schriftstücke. Sofern es sich aber um handschriftliche Aufzeichnungen personenbezogener Daten handelt, die später nach personenbezogenen Kriterien geordnet und in einem Karteisystem organisiert bzw überhaupt in eine automationsunterstützte Datenbank transkribiert werden sollen, ist der Anwendungsbereich der DSGVO wieder gegeben.

Die grundsätzliche Verarbeitbarkeit von Informationen verlangt deren Fixierung in einer verarbeitbaren Form, in sog „Daten".

---

[6]) Vgl hierzu bereits Art 2 lit c DSRL 95/46/EG.

[7]) Wobei auch Datei nach dem Begriff Kartei gebildet wurde; siehe www.duden.de/rechtschreibung/Datei (abgerufen am 12. 4. 2016).

[8]) Vgl „manuelle Daten" iSd 62/ME 24. GP 5.

[9]) Die Ermittlung von personenbezogenen Daten durch Befragung der betroffenen Person wäre aber ebenfalls erfasst, sofern die ermittelten Daten in weiterer Folge zumindest teilautomatisiert oder in einem Dateisystem verarbeitet werden.

[10]) Siehe dazu ErwGr 15, der besagt, dass Akten oder Aktensammlungen sowie ihre Deckblätter, die nicht nach bestimmten Kriterien geordnet sind, nicht in den Anwendungsbereich dieser Verordnung fallen sollten.

Beispiel:

Bei bloßem persönlichem Wissen über eine andere Person handelt es sich zwar um personenbezogene „Informationen", mangels Fixierung aber nicht um (verarbeitbare) „Daten".

Das äußere Erscheinungsbild einer Person, als Faktum der Außenwelt, liefert zwar personenbezogene „Informationen", wird aber erst dann zum Schutzgegenstand der DSGVO, wenn diese Information in eine verarbeitbare Darstellung (dh Daten) gebracht wird bzw gebracht werden soll (zB durch digitale Fotodatei).

An dieser Stelle sei darauf hingewiesen, dass (dzt) das Grundrecht auf Geheimhaltung personenbezogener Daten (§ 1 Abs 1 DSG 2000) nach hM aber jede personenbezogene „Information" schützt, die nicht allgemein verfügbar ist.[11])

B. Inhaltskomponente (Menschbezug)

Die DSGVO definiert in ihrer Begriffsbestimmung des Art 4 Z 1 personenbezogene Daten mit dem Ausdruck „alle Informationen, die sich auf eine identifizierte oder identifizierbare natürliche Person beziehen". Die Inhaltskomponente stellt nun auf „alle Informationen" ab, die sich auf eine natürliche Person beziehen bzw dieser zugeordnet werden können.

Da der Begriff „personenbezogene Daten" in seiner Legaldefinition des Art 4 Z 1 nur die Pluralform „Daten" enthält, ist a priori klarzustellen, dass auch bereits ein einzelnes personenbezogenes Datum von der DSGVO geschützt wird.[12])

Der sachliche Anwendungsbereich der DSGVO verlangt das Vorliegen „personenbezogener" Daten, also einen informationellen Bezug zu einem Menschen. Wer dieser Mensch konkret ist, wird aber erst im nächsten Prüfschritt (hier als „Identitätskomponente" bezeichnet) thematisiert.

A priori kann zu „Daten" angemerkt werden, dass solche (anders als das Eintreten faktischer Ereignisse in der Außenwelt) nicht auf „natürlichem Wege" entstehen, sondern – unabhängig von ihrer repräsentierten Information – allein schon bezüglich ihres Skripturaktes mit einer natürlichen Person in Verbindung gebracht werden können (zB ein Digitalfoto mit Aufnahmezeitangabe, auf dem ein Baum zu sehen ist, kann bezüglich seines Inhalts und der äußeren Umstände – Zeit und ggf Ort – auf den Fotografen bezogen werden; Messdaten könnten jedenfalls mit derjenigen Person in Verbindung gebracht werden, die das Messgerät bedient hat usw).

E contrario sind alle anderen Daten, die selbst keine menschbezogenen Informationen repräsentieren oder einem Menschen nicht zugeordnet werden können, der DSGVO nicht zugänglich (ErwGr 26). Man spricht insoweit von (absolut) „anonymen Daten".

---

[11]) Vgl etwa *Jahnel*, Handbuch Datenschutzrecht (2010) Rz 2/12 bzw 3/72 mwN; *Berka*, Das Grundrecht auf Datenschutz im Spannungsfeld zwischen Freiheit und Sicherheit, 18. ÖJT Band I/1 (2012) 61.

[12]) Siehe *Duschanek* in *Korinek/Holoubek* (Hrsg), Österreichisches Bundesverfassungsrecht, Band III Grundrechte, 7. Lfg (2005) § 1 DSG 2000 Rz 25.

Beispiel:

Bei einem Gesichtsbild einer (realen) Person liegt es schon in der „Natur der Informationen“, dass es sich bei den Bildelementen des auf einen Datenträger fixierten Abbilds eines menschlichen Gesichts um Informationen über einen spezifischen Menschen handelt.

Diese Bilddatei könnte aber zusätzlich – was bei Digitalfotografien sehr wahrscheinlich ist – auch mit dem Fotografen in Verbindung gebracht werden. Ein mittels Digitalkamera aufgezeichnetes Bild einer Person enthält daher jedenfalls Daten, die sich auf den abgebildeten Menschen und ggf auf den Fotografen beziehen lassen.[13])

Dass sich die Bilddaten ohne weitere Zusatzinformationen aber ebenso auf andere Personen beziehen könnten, die zB zum Zeitpunkt der Aufnahme zwar vor Ort waren und dem Fotoshooting beigewohnt haben, ohne selbst auf dem Foto abgebildet worden zu sein, lässt sich nach allgemeiner Lebenserfahrung nicht mehr auf diese Menschen beziehen.

1. Anonyme Inhalte

Anonyme Daten lassen sich in zwei Gruppen teilen, die **absolut** anonymen bzw anonymisierten Daten und die **relativ** anonymen bzw anonymisierten Daten.

Absolut anonyme bzw anonymisierte Daten

Absolut anonyme Daten liegen einerseits vor, wenn sich Informationen entweder überhaupt nicht auf einen Menschen beziehen lassen oder wenn der Mensch, auf den sich diese Informationen beziehen, nicht identifiziert oder identifizierbar ist. Andererseits liegen absolut anonymisierte Daten auch dann vor, wenn personenbezogene Informationen in einer Weise anonymisiert worden sind, dass die betroffene Person nicht oder nicht mehr identifiziert werden kann (ErwGr 26).

Im erstgenannten Fall sind die Informationen nie personenbezogenen gewesen und unterliegen folglich in dieser Form a priori nicht dem Datenschutzregime der DSGVO. Im zweitgenannten Fall wurden ursprünglich personenbezogene Informationen vom Verantwortlichen (Art 4 Z 7) anonymisiert, dh bezüglich ihres Personenbezugs unkenntlich gemacht. Das Anonymisieren ist allerdings ein Verarbeitungsvorgang, der mit oder ohne Hilfe automatisierter Verfahren im Zusammenhang mit personenbezogenen Daten ausgeführt wird (vgl Art 4 Z 2). Da diese anonymisierten Daten idR aus einer datenschutzrelevanten Datenverarbeitung stammen, unterliegt auch deren Anonymisierung der DSGVO. Werden personenbezogene Daten vor ihrer zweckfremden Weiterverwendung daher nicht hinreichend anonymisiert, sodass sie zumindest als anonym gelten,[14]) bleibt die Haftung des Verantwortlichen aufrecht.

Relativ anonyme bzw anonymisierte Daten

Bei relativ anonymen bzw anonymisierten Daten handelt es sich um Informationen, die zwar prinzipiell auf eine Person bezogen werden könnten, bei denen es aber nach **allgemeinem Ermessen** unter Berücksichtigung aller Mittel als **unwahrscheinlich** erachtet wird,

---

[13]) Sofern die Identifikation dieses bzw dieser Menschen möglich ist, liegen personenbezogene Daten iSd Art 4 Z 1 vor; siehe zur sog „Identitätskomponente“ gleich im Anschluss.

[14]) Siehe zu relativ anonymisierten Daten gleich im Anschluss.

dass ein Personenbezug vom Verantwortlichen oder von jemand anderem tatsächlich hergestellt wird.[15]) Daten, deren Information nach diesen Kriterien nicht auf eine Person bezogen werden kann, gelten als anonym bzw anonymisiert.

Bei der Feststellung, ob Mittel nach allgemeinem Ermessen wahrscheinlich zur Identifizierung der natürlichen Person genutzt werden, sollten alle objektiven Faktoren, wie die **Kosten** der Identifizierung und der dafür erforderliche **Zeitaufwand,** herangezogen werden, wobei die zum Zeitpunkt der Verarbeitung verfügbare **Technologie** und **technologische Entwicklungen** zu berücksichtigen sind (ErwGr 26).

Es ist dafür aber nicht allein ausschlaggebend, ob der Verantwortliche einen solchen Aufwand betreiben will oder kann, sondern auch, ob es nach allgemeinem Ermessen wahrscheinlich wäre, dass **eine andere Person** diesen Aufwand für eine Identifizierung in diesem konkreten Fall auf sich nehmen würde. Unter „einer anderen Person“ werden wohl neben natürlichen Personen auch juristische Personen, Behörden, Einrichtungen uÄ iSd Art 4 Z 7 zu verstehen sein.

Eine Beurteilung nach allgemeinem Ermessen objektiviert die Abgrenzung von anonymen bzw anonymisierten Daten und personenbezogenen Daten, sodass es dafür nicht auf die subjektive Sichtweise eines konkreten Verantwortlichen oder auch des Betroffenen ankommt, sondern auf die Perspektive von an diesen personenbezogenen Daten interessierten dritten Personen. Auch die bloße theoretische Möglichkeit, einen Personenbezug herzustellen, reicht nicht aus. Vielmehr hat daher die Wahrscheinlichkeitsprognose, ob personenbezogene Daten vorliegen, nach allgemeinem Ermessen anhand objektiver Kriterien unter Einbeziehung sämtlicher Mittel (wie Kosten, Zeitaufwand, verfügbare Technologie und derartige Entwicklungen) zu erfolgen. Wobei durch die ausdrückliche Nennung der „technologischen Entwicklungen“ auch die Möglichkeiten einer **„nachträglichen Bestimmbarkeit“**[16]) in diese Beurteilung einzubeziehen sind. Es wäre schließlich nicht sachgerecht, wenn es nach allgemeinem Ermessen zwar unwahrscheinlich wäre, dass der Verantwortliche die entsprechenden Mittel zur Identifikation in einem konkreten Fall einsetzen würde, und die entsprechenden Informationen daher als anonym eingestuft würden, es aber nach allgemeinem Ermessen überhaupt nicht unwahrscheinlich wäre, dass eine andere Person diese Mittel ergreifen würde oder bei ihr ohne entsprechendem Aufwand schlicht Zusatz- bzw Spezialwissen vorhanden wäre, das eine solche Identifizierbarkeit ermöglicht.

Dass der im ErwGr 26 DSRL noch verwendete Begriff „vernünftigerweise“ nun im ErwGr 26 DSGVO durch die Wendung „nach allgemeinem Ermessen wahrscheinlich“ ersetzt wurde, ist zu begrüßen, da es für diese Beurteilung wohl nicht auf einen Vernünftigkeitsaspekt bzw auf rationales Handeln eines Datenverwenders ankommen kann.

Beispiel:

In einer medizinischen Fachzeitschrift wurde eine Röntgenaufnahme zusammen mit dem sehr ungewöhnlichen Vornamen der Patientin veröffentlicht. Selbst wenn man aufgrund mangelnder Erkennbarkeit der Röntgenaufnahme noch von einem anony-

[15]) Siehe dazu auch *Jahnel*, Begriff und Arten von personenbezogenen Daten, in *Jahnel* (Hrsg), Datenschutzrecht und e-Government. Jahrbuch 2008 (2008) 27 (38 f).

[16]) Die Meinungen diesbezüglich zusammenfassend *Bergauer*, Indirekt personenbezogene Daten – datenschutzrechtliche Kuriosa, in *Jahnel* (Hrsg), Datenschutzrecht. Jahrbuch 2011 (2011) 55 (58); weiters DSK 21. 6. 2005, K507.515–021/0004-DVR/2005.

men Bilddatum ausgehen mag, lässt der ungewöhnliche Vorname in Verbindung mit dem Wissen im Freundes- bzw Verwandtenkreis der Betroffenen, dass sie an einer bestimmten Krankheit litt, für eine Reihe von Personen auf eine konkrete Person schließen. Die Röntgenaufnahme in Verbindung mit dem Vornamen stellen daher insgesamt personenbezogene Daten dar.[17])

Anonyme bzw anonymisierte Daten dürfen nicht mit pseudonymisierten Daten verwechselt werden, die in den Anwendungsbereich der DSGVO fallen und nunmehr auch eigens in Art 4 Z 5 definiert werden.[18])

2. Menschbezogene Inhalte

Wie bereits nach der DSRL ist der Ausdruck „alle Informationen" sehr weit zu verstehen und schließt alle Arten von Aussagen über eine Person ebenso mit ein wie solche, die einer Person zugeordnet werden können. Denn auch Daten, deren Inhalt per se nicht personenbezogen ist, können über Meta-Informationen (Verarbeiter, Absender, Speicherort usw) oder sonstiges Zusatzwissen mit einer Person in Verbindung gebracht werden, der diese ursprünglich nicht personenbezogenen Daten zugeordnet werden können, und nun Aussagen über diese Person ermöglichen.

Auf welche Art und Weise diese Informationen vermittelt werden, spielt grundsätzlich keine Rolle, sofern die sie darstellenden Daten automatisiert, teilautomatisiert oder in einem Dateisystem verarbeitet werden. So können Angaben, die sich auf Betroffene beziehen, in Text-, Bild- oder Tonform bzw auch in einem audiovisuellen Format verwendet werden.

Was die Informationsinhalte betrifft, werden in Art 4 Z 1 – wie schon in Art 2 lit a DSRL – exemplarisch Faktoren genannt, die für die Identitätsfeststellung der betroffenen Person relevant sein können. Es handelt sich dabei insb um physische, physiologische, genetische, psychische, wirtschaftliche, kulturelle und soziale Merkmale.

Wie schon bisher können in den Informationen, die sich auf einen Menschen beziehen (lassen), (objektive) **Tatsachen** über einen oder mehrere Menschen enthalten sein.

Beispiel:

Name, Geburtsdatum, Geburtsort, Wohnanschrift, Beruf, Staatsangehörigkeit, Geschlecht, Körpergröße, Gewicht, Haar- und Augenfarbe, Kleidergröße, Familienverband, wirtschaftliche Lage, persönliche Verhältnisse, Vorlieben, persönliche Interessen und Freizeitverhalten, Standortdaten, Ortswechsel, Lebenslauf, Schulbesuche, Kontaktdaten, E-Mail-Adresse, Online-Kennung, Benutzernamen, Telefonnummer, Sozialversicherungsnummer, Kontonummer, Kreditkartennummer, Einkommen, Schulden, rechtliche Verhältnisse, ZMR[19])-Nummer, bereichsspezifische Personenkennzeichen, Aufnahmen des äußeren Erscheinungsbildes (Gesichtsbild, Statur, Haltung), Video- und Audioaufnahmen, biometrische Informationen (Gesichtsbild, Stimmbild, Papillarlinien, Iris-Muster uÄ), Gesundheitsdaten, medizinische Bildgebung (Röntgen-, Computertomographie-, Magnetresonanztomographiebilder uÄ), Blut- und Gewebeinformationen, genetische Informationen uvm.

[17]) Siehe dazu das Beispiel 12 der *Art-29-Datenschutzgruppe*, Stellungnahme 4/2007 zum Begriff „personenbezogenen Daten" vom 20. 7. 2007, WP 136, 18.

[18]) Siehe dazu den Beitrag von *Hödl*, Definition und Anwendung der Pseudonymisierung, in diesem Buch.

[19]) Zentrales Melderegister.

Darüber hinaus können (subjektive) **Werturteile**, Vermutungen, Beurteilungen und Prognosen, die sich auf eine natürliche Person beziehen, personenbezogene Inhalte sein. Es spielt keine Rolle, ob diese Aussagen tatsächlich zutreffen und wahr sind oder nur Gerüchte oder Unwahrheiten darstellen.

Beispiel:

Angaben über Charaktereigenschaften, Arbeitseinstellung, Zuverlässigkeit, Kreditwürdigkeit, Karriereplanung; aber auch Gesundheitsprognosen, Unwahrheiten, Beschimpfungen, Verspottung, Verleumdungen uvm bezüglich der betroffenen Person.[20])

Personenbezogene Daten können auch besonders schutzwürdige Informationen liefern, wie etwa **sensible Daten** bezüglich der rassischen und ethnischen Herkunft, politischen Meinung, religiösen oder weltanschaulichen Überzeugungen, der Gewerkschaftszugehörigkeit sowie genetischer Daten, biometrischer Daten zur eindeutigen Identifizierung einer natürlichen Person, Gesundheitsdaten oder Daten zum Sexualleben oder der sexuellen Orientierung einer natürlichen Person. Darüber hinaus können auch Daten über strafrechtliche Verurteilungen und Straftaten sowie damit zusammenhängende Sicherungsmaßregeln bezüglich einer betroffenen Person vorliegen (mehr dazu im Anschluss).

Exkurs: Zweckbezogener Ausschluss personenbezogener Daten

Eine Besonderheit stellen personenbezogene Daten einer natürlichen Person dar, die **ausschließlich** persönlich oder familiär verarbeitet werden. Solche personenbezogenen Daten werden – unabhängig davon, ob eine besondere Schutzwürdigkeit vorliegt – gem Art 2 Abs 2 lit c nicht vom sachlichen Anwendungsbereich der DSGVO erfasst.[21])

ErwGr 18 stellt klar, dass für derartige Verarbeitungen kein Bezug zu einer beruflichen oder wirtschaftlichen Tätigkeit vorliegen darf. Als persönliche oder familiäre Tätigkeiten könnten nach den Erwägungen etwa das Führen eines Schriftverkehrs oder von Anschriftenverzeichnissen oder die **Nutzung sozialer Netze und Online-Tätigkeiten** im Rahmen solcher Tätigkeiten gelten.

Gerade iZm der „Nutzung sozialer Netze und Online-Tätigkeiten" ist diese Intention nicht unproblematisch. Nicht zuletzt deshalb, da der EuGH[22]) bereits zur Veröffentlichung von personenbezogenen Daten im Internet ausgesprochen hat, dass bei einer Verarbeitung, die in der Veröffentlichung von personenbezogenen Daten im Internet besteht, sodass diese Daten einer unbegrenzten Zahl von Personen zugänglich gemacht werden, die Ausnahme für die Verarbeitung personenbezogener Daten von einer natürlichen Person zur Ausübung ausschließlich persönlicher oder familiärer Tätigkeiten nicht vorliegt.

Es ist aber noch explizit darauf hinzuweisen, dass die DSGVO jedoch für die Verantwortlichen oder Auftragsverarbeiter, die die Instrumente für die Verarbeitung personenbezogener Daten für solche persönlichen oder familiären Tätigkeiten bereitstellen, anzuwenden ist (ErwGr 18).

---

[20]) *Jahnel*, Handbuch Rz 3/72; *Dohr/Pollirer/Weiss/Knyrim*, DSG² § 4 Anm 2 (Stand 26. 11. 2015, rdb.at); *Art-29-Datenschutzgruppe*, WP 136, 7.

[21]) Im Gegensatz dazu, stellt die Verwendung personenbezogener Daten für ausschließlich private Zwecke nach dem DSG 2000 lediglich einen besonderen Verwendungszweck mit gewissen Verwendungserleichterungen dar.

[22]) EuGH 6. 11. 2003, C-101/01, *Lindqvist*.

C. Identitätskomponente (Identifizierbarkeit)

Liegen Daten vor, die sich generell auf einen Menschen beziehen (lassen), ist der Definition des Art 4 Z 1 entsprechend in weiterer Folge zu prüfen, ob dieser Mensch zumindest indirekt identifiziert werden kann.

1. Informationen einer natürlichen Person

Gegenstand der DSGVO ist gem Art 1 ausschließlich der Schutz personenbezogener Daten **natürlicher Personen.**[23]) Natürliche Personen werden allerdings ungeachtet ihrer **Staatsangehörigkeit** oder ihres **Aufenthaltsorts** geschützt. Voraussetzung ist aber, dass es sich dabei um lebende Personen handelt.

Art 8 GRC stellt hingegen auf „jede Person" ab, weshalb sein Wortlaut grundsätzlich auch juristische Personen umfassen würde. Die DSGVO gilt aber nicht für die Verarbeitung personenbezogener Daten juristischer Personen und insb als juristische Person gegründeter Unternehmen, einschließlich Name, Rechtsform oder Kontaktdaten der juristischen Person (ErwGr 14).

Die personenbezogenen Informationen müssen sich auf eine natürliche Person beziehen, deren Identität bestimmt ist (identifiziert) oder zumindest bestimmt werden kann (identifizierbar). Nur wenn das der Fall ist, handelt es sich Art 4 Z 1 zufolge um eine „betroffene Person".

2. Informationen einer identifizierten Person

Die Beurteilung, ob eine Person identifiziert oder zumindest identifizierbar ist, hat im Einzelfall zu erfolgen und ist in der datenschutzrechtlichen Praxis idR lediglich bezüglich der unteren Schwelle, nämlich der Frage der „Identifizierbarkeit" tatsächlich relevant.

Identifiziert ist eine Person dann, wenn sie durch bestimmte Merkmale **unverwechselbar** als genau diese eine Person gekennzeichnet ist. Insbesondere ist hier der Name einer Person zu nennen, der ein menschliches Individuum grundsätzlich unverwechselbar zu kennzeichnen vermag. Ohne Vorliegen des Namens (gemeint wohl Vor- und Nachname) der betroffenen Person kann laut der ehemaligen DSK im Regelfall nicht von einem „identifizierten" bzw „bestimmten" Betroffenen, sondern allenfalls nur von einer „bestimmbaren" Person gesprochen werden.[24])

Dass der Name einer Person zur Feststellung der Identität ein entscheidendes Merkmal darstellt,[25]) findet sich auch in Art 4 Z 1, da dort expressis verbis von der „Zuordnung zu einer Kennung wie einem Namen" gesprochen wird. Der Name (Vor- und Nachname) ist daher grundsätzlich ein geeignetes Merkmal, das eine Person von anderen Personen unterscheidet.[26]) Bei Namensgleichheit müssen weitere Identifizierungsmerkmale (zB Ge-

---

[23]) Siehe auch ErwGr 14 DSGVO.

[24]) DSK 18. 11. 2009, K121.526/0028-DSK/2009.

[25]) Vgl auch § 118 Abs 2 StPO: *„Die Kriminalpolizei ist ermächtigt, zur Identitätsfeststellung die Namen einer Person, ihr Geschlecht, ihr Geburtsdatum, ihren Geburtsort, ihren Beruf und ihre Wohnanschrift zu ermitteln. Die Kriminalpolizei ist auch ermächtigt, die Größe einer Person festzustellen, sie zu fotografieren, ihre Stimme aufzunehmen und ihre Papillarlinienabdrücke abzunehmen, soweit dies zur Identitätsfeststellung erforderlich ist."*

[26]) Siehe dazu auch *Art-29-Datenschutzgruppe*, WP 136, 15.

burtsdatum) herangezogen werden, um eine Person eindeutig zu individualisieren. Nur in einigen Ausnahmefällen kann auch ohne Kenntnis des Namens einer konkreten Person von einer identifizierten Person gesprochen werden; zB bei der Bezeichnung „der amtierende Bundeskanzler".

Mit entsprechendem Zusatzwissen bezüglich des Erscheinungsbildes zuvor bereits gesehener Personen lassen idR auch Gesichtsbilder die durch Wiedererkennung realisierte Singularisierung einer Person zu. Bei manchen Zwillingen oder anderen Personen, deren äußeres Erscheinungsbild dem von anderen Personen sehr nahe kommt, kann es allerdings zur Identitätsfeststellung wiederum notwendig sein, weitere Merkmale einer Person mit den Bilddaten zu kombinieren.

Bilddaten enthalten aber generell eine sehr hohe Informationsdichte und Informationsvielfalt bezüglich des abgebildeten Menschen, weshalb ihr Aussagewert viel höher einzustufen ist, als das bei bloßen einzelnen Datensätzen der Fall ist.

Es wird allerdings von der DSGVO nicht gefordert, dass ausschließlich personenbezogene Daten einer identifizierten Person vorliegen müssen. Es reicht aus, wenn die Person, auf welche sich die Informationen beziehen, identifiziert werden kann.

3. Informationen einer identifizierbaren Person

Nach Art 4 Z 1 wird eine natürliche Person als **identifizierbar** angesehen, wenn sie direkt oder indirekt insb mittels Zuordnung zu einer Kennung – wie einem Namen, zu einer Kennnummer, zu Standortdaten, zu einer Online-Kennung oder zu einem oder mehreren besonderen Merkmalen – identifiziert werden kann, die Ausdruck der physischen, physiologischen, genetischen, psychischen, wirtschaftlichen, kulturellen oder sozialen Identität dieser natürlichen Person sind.

Direkt ist eine Person identifizierbar, wenn der Verwender der Daten aus dem ihm vorliegenden Datenkonvolut hinreichend individualisierender Personenmerkmale tatsächlich diese konkrete Person bestimmen kann.

Indirekt ist eine Person als identifizierbar anzusehen, wenn ein (potentieller) Verwender lediglich durch Verdichtung einzelner nur schwach bzw unscharf ausgeprägter personenbezogener Merkmale oder aus dem Kontext einer Information eine Person nach allgemeinem Ermessen wahrscheinlich bestimmen könnte. Ob dies der Verantwortliche oder eine andere Person kann bzw im Einzelfall tatsächlich tut, ist irrelevant (siehe zur Abgrenzung der anonymen Daten oben).

In Art 4 Z 1 werden verschiedene Beispiele (arg „insbesondere" bzw „wie") angeführt, an welche Zuordnungsmöglichkeiten dabei gedacht werden kann. Die „Zuordnung zu einer **Kennung wie einem Namen**" stellt auf den Paradefall ab, dass der Name einer bestimmten Person, der diese in Abgrenzung zu anderen Personen individualisieren soll, diese spezifische Person identifizierbar macht. Auch andere „Kennungen", die einer Person zugeordnet werden können, sind hier gemeint. Der „amtierende Bundeskanzler", die „erste Frau als Rektorin der Karl-Franzens-Universität Graz" oder die „Präsidentin des OGH von 2007 bis 2011".

Mit der **Zuordnung zu einer Kennnummer** lässt sich insb die sog „**Pseudonymisierung**" in Verbindung bringen, die nun in die DSGVO mit einer eigenen Definition in Art 4 Z 5 Eingang gefunden hat.[27]) Diese soll gewährleisten, dass personenbezogene Daten in einer solchen Form verarbeitet werden, dass sie ohne Hinzuziehung zusätzlicher Informatio-

[27]) Siehe dazu auch *Knyrim*, Datenschutzrecht[3] (2015) 21.

nen einer spezifischen betroffenen Person rein faktisch nicht zugeordnet werden können.[28]) Es handelt sich daher lediglich um eine spezielle Form der Darstellung und Verarbeitung. Mittels Zuordnung der an sich personenbezogenen Daten zu einer entsprechend geeigneten Kennnummer soll die Identifizierbarkeit des mit diesen Daten korrespondierenden Betroffenen weitgehend ausgeschlossen werden. Hierzu hat der Verantwortliche geeignete technische sowie organisatorische Maßnahmen zu treffen. Es ist allerdings nach dem ErwGr 28 nicht beabsichtigt, im Fall der Verwendung pseudonymisierter Daten andere Datenschutzmaßnahmen auszuschließen (ErwGr 28).

Pseudonymisierte Daten zählen zu den personenbezogenen Daten, die sich auf eine identifizierbare Person beziehen (ErwGr 27).

Beispiel:

Bei klinischen Prüfungen von Arzneimitteln oder Medizinprodukten werden die Probantendaten vom Prüfarzt zu Studienzwecken einem Code zugewiesen, der eine Identifizierung des konkreten Studienteilnehmers verhindern muss. Einzig der Prüfarzt ist in der Lage, über eine entsprechend sicher zu verwahrende Zuordnungs- bzw Referenzliste den Personenbezug zu einer konkreten Person herzustellen.

Bei der Pseudonymisierung werden nur die identifizierenden Merkmale einer Person in den personenbezogenen Daten durch einen Code ersetzt. Im Gegensatz dazu werden bei der sog „Verschlüsselung" die gesamten personenbezogenen Daten – für den Schlüsselinhaber reversibel – unkenntlich gemacht, sodass die Rekonstruktion bzw Entschlüsselung der die betroffene Person identifizierenden Dateninhalte im Klartext nur mittels der entsprechenden Entschlüsselungsmethode möglich ist.[29])

Die in Art 4 Z 1 erwähnte **Zuordnung zu Standortdaten** fokussiert wohl einerseits auf den Aufenthaltsort einer Person, wie zB dessen Wohnstätte, Arbeitsort und Freizeitaufenthalte, und andererseits auf die Erstellung von Bewegungsprofilen und andere Formen des „Profiling", die eine Identifizierung einer bestimmten Person durch Bewertung, Analyse oder Prognose insb ihrer Bewegungs- bzw Positionsdaten ermöglichen (vgl ErwGr 71). Es handelt sich dabei idR um sog „Geo-Informationen", die auf die räumliche Dimension Bezug nehmen und die Anwesenheit einer konkreten Person zu einer bestimmten Zeit an einem bestimmten Ort bzw IT-Gerät zum Inhalt haben. So kann etwa die Standortermittlung eines Außendienstmitarbeiters vom Arbeitgeber mittels GPS-Ortung bzw spezieller Lokalisierungsdienste durchgeführt werden. Auch der Aufenthaltsort spezifischer Nutzer von (eingeschalteten) Mobiltelefonen könnte über die Mobilfunkzellenidentifikationsnummer („Cell-ID") geortet werden.

Mit der Nutzung informationstechnischer Systeme und Dienste sind neue Formen von Adressinformationen, Zugangsdaten und andere technische Elemente zur Protokollierung des Nutzerverhaltens (Cookies, Web-logs usw) eingeführt worden. Solche „**Online-Kennungen**" ermöglichen prinzipiell ebenso die Identifizierung konkreter Nutzer. Durch die Kombination und Verdichtung solcher „digitalen Spuren" mit weiteren eindeutigen Kennungen (Benutzernamen, zugewiesenen IP-Adressen, Funkfrequenzkennzeichnungen,

---

[28]) Siehe dazu *Hödl* in diesem Buch; auch *Dohr/Pollirer/Weiss/Knyrim*, DSG² § 4 Anm 2 (Stand 26. 11. 2015, rdb.at).

[29]) Siehe in diesem Sinn auch das Factsheet der Europäischen Kommission vom 21. 12. 2015, http://europa.eu/rapid/press-release_MEMO-15-6385_de.htm (abgerufen am 28. 4. 2016).

Cell-IDs uÄ) kann ein konkreter Nutzer schließlich eindeutig identifiziert werden (ErwGr 30). Dabei spielt es keine Rolle, dass bestimmte Informationen, wie etwa eine IP-Adresse, idR IT-systembezogen sind, da aus dem einzelfallspezifischen Kontext und/oder der Verdichtung und Kombination weiterer digitaler Spuren ein konkreter Nutzer, der mittels dieser IP-Adresse kommuniziert, festgestellt werden kann.

Identifizierbar kann eine Person auch durch **Zuordnung zu einem oder mehreren besonderen Merkmalen** sein, die Ausdruck der physischen, physiologischen, genetischen, psychischen, wirtschaftlichen, kulturellen oder sozialen Identität dieser Person sind. Die Ausprägungen der Identität einer Person erstrecken sich auf unterschiedliche Sektoren des menschlichen Lebens und der gesellschaftlichen Entfaltung eines Menschen. In all diesen genannten Sektoren lassen sich besondere Merkmale definieren, die mittels personaler Zuordnung eine bestimmte Person von anderen Personen abgrenzbar machen.

Individuumsspezifische Beschaffenheit

Die äußere körperliche Beschaffenheit einer Person kann durch Angaben über deren Körpergröße, Körpergewicht oder Erscheinungsbild zur Identifizierung dieser Person führen („physische Identität"). Die „physiologische Identität" betrifft die physikalischen und chemischen Vorgänge im Körperinneren (Zellen, Gewebe, Organe) einer bestimmten Person. Die „genetische Identität" repräsentiert die unverwechselbaren ererbten oder erworbenen genetischen Eigenschaften eines Menschen. Das Seelenleben einer natürlichen Person, insb Geist, Denken, Fühlen, wird durch die „psychische Identität" determiniert.

Individuumsbezogene Eigenschaften

Daneben werden weitere Ausdrucksformen einer menschlichen Identität angeführt, die nicht rein auf körperliche Fakten bezogen sind, sondern die Entfaltung und Wirkung einer natürlichen Person betreffen, wie die „wirtschaftliche Identität", wozu etwa die Vermögensverhältnisse (Einkommen, Vermögen, Eigentum, Verbindlichkeiten usw), Kreditwürdigkeit und auch berufliche Tätigkeiten gehören, die „kulturelle" Identität, dh Sitte, Gebräuche, Werte, Kunst, Kultur, Sprache einer Person aus ihrer gesellschaftlichen Gruppierung, und schließlich die „soziale Identität", die auf den Menschen in dessen gemeinschaftlichem Zusammenleben und Wirken fokussiert.

Die Grenze zur Identifizierbarkeit ist stets dort zu ziehen, wo der Aufwand zur Identifizierung einer betroffenen Person dermaßen groß ist, dass eine solche nach **allgemeinem Ermessen** nur **unwahrscheinlich** vom Verantwortlichen oder einer anderen Person vorgenommen würde.[30])

Praxistipp:

Zur Überprüfung, ob personenbezogene Daten iSd Art 4 Z 1 vorliegen, kann folgendes Prüfschema verwendet werden:

1. **Verarbeitungskomponente:** Werden Daten vollautomatisiert oder teilautomatisiert verarbeitet bzw nichtautomatisiert in einem Dateisystem gespeichert, oder ist es beabsichtigt, sie in einem Dateisystem zu speichern?

[30]) Siehe mehr dazu oben zu „anonymen Daten".

a. Wenn nein, dann ist der sachliche Anwendungsbereich der DSGVO nicht eröffnet. Die Prüfung ist hier bereits beendet.
b. Wenn ja, weiter zu Prüfschritt 2.

2. **Inhaltskomponente:** Liegen Daten vor, die sich auf einen (lebenden) Menschen beziehen oder mit einem Menschen in Verbindung gebracht werden können?
   a. Wenn nein, dann liegen anonyme bzw anonymisierte Daten vor, die nicht bzw nicht mehr der DSGVO unterliegen.
   b. Wenn ja, weiter zu Prüfschritt 3.
3. **Identitätskomponente:** Ist der Mensch, auf den sich diese Daten beziehen (lassen), identifiziert oder ist es nach allgemeinem Ermessen unter Einbeziehung aller Mittel aus Sicht des Verantwortlichen sowie einer anderen Person wahrscheinlich, dass dieser identifiziert wird bzw werden kann?
   a. Wenn nein, dann liegen anonyme bzw anonymisierte Daten vor, die nicht bzw nicht mehr der DSGVO unterliegen.
   b. Wenn ja, handelt es sich um personenbezogene Daten iSd Art 4 Z 1.

II. Besondere Kategorien personenbezogener Daten (sensible Daten)

Die DSGVO berücksichtigt in besonderem Maße neben der Verarbeitung besonderer Kategorien personenbezogener Daten (Art 9) auch die Verarbeitung personenbezogener Daten über strafrechtliche Verurteilungen und Straftaten oder damit zusammenhängende Sicherungsmaßregeln (sog „strafrechtsbezogene Daten“; Art 10). Im Folgenden werden im Wesentlichen die durch die DSGVO neudefinierten besonderen Datenkategorien vorgestellt.

Der Begriff „**sensible Daten**“ wird lediglich in ErwGr 10 als Synonym für besondere Kategorien personenbezogener Daten verwendet, aber nicht weiter spezifiziert. In Art 9 iVm den ErwGr 80, 91 wird aber zum Ausdruck gebracht, dass sich die Verarbeitung besonderer Kategorien von personenbezogenen Daten (Art 9) einschließlich biometrischer und genetischer Daten von der Verarbeitung von personenbezogenen Daten über strafrechtliche Verurteilungen und Straftaten sowie damit zusammenhängende Sicherungsmaßregeln (Art 10) unterscheidet.

Es kann also im Wesentlichen am bisherigen Begriffsverständnis der „sensiblen Daten“ (vgl § 4 Z 2 DSG 2000) festgehalten werden.[31]) Zu den sensiblen Daten gehören die folgenden Informationen einer natürlichen Person:

- rassische und ethnische Herkunft
- politische Meinungen
- religiöse oder weltanschauliche Überzeugungen
- Gewerkschaftszugehörigkeit
- genetische Daten (Art 4 Z 13)
- biometrische Daten, die zur eindeutigen Identifizierung einer natürlichen Person verarbeitet werden (Art 4 Z 14)
- Gesundheitsdaten (Art 4 Z 15)
- Daten zum Sexualleben oder zur sexuellen Orientierung

[31]) Siehe dazu im Allgemeinen *Jahnel*, Handbuch Rz 3/92 ff.

Lediglich die genetischen und biometrischen Daten sowie die Gesundheitsdaten wurden in Art 4 eigens definiert.

Die Kategorien rassische und ethnische Herkunft, politische Meinungen, religiöse oder weltanschauliche Überzeugungen, Gewerkschaftszugehörigkeit sowie Daten zum Sexualleben oder zur sexuellen Orientierung decken sich mit dem Verständnis der DSRL, wobei die „Daten der sexuellen Orientierung" wohl nur zur Klarstellung nun eigens genannt werden, da Informationen über die sexuelle Ausrichtung schon bisher von den Daten zum Sexualleben erfasst waren.

Eine weitere kleine Änderung gegenüber der DSRL gibt es bei den „philosophischen" Überzeugungen, aus denen in der deutschen Sprachfassung des Art 9 Abs 1 DSGVO der Begriff der „weltanschaulichen" Überzeugungen wurde. In der englischen Fassung heißt es aber weiterhin „religious or philosophical beliefs"; ebenso in der französischen Sprachfassung, in der es in Art 9 Abs 1 „les convictions religieuses ou philosophiques" heißt. Inhaltlich dürfte sich daher an dieser Datenkategorie – trotz der differenzierten Übersetzung in der deutschen Fassung – gegenüber der DSRL nichts verändert haben. Vermutlich wurde dieser Begriff auch deshalb gewählt, um mit dem Wording der Unionsgrundrechte der Art 10, 14 sowie 21 GRC[32]) gleichzuschalten, in denen in der deutschen Sprachfassung von „Weltanschauung" bzw „weltanschaulichen Überzeugungen" gesprochen wird (in der englischen Fassung heißt es dort überwiegend nur „belief", mit Ausnahme von Art 14 Abs 3, wo wiederum von „philosophical convictions" die Rede ist).

ME ist allerdings der Begriff der Weltanschauung hier grundsätzlich zutreffender, da es wohl um persönliche Wertungen, Vorstellungen und Sichtweisen einer Person bezüglich der Auffassung der Welt und des menschlichen Daseins geht, die gleichsam auch die Basis für andere Datenkategorien – wie politische Meinungen oder religiöse Überzeugungen – sein können. Auf die „Wissenschaftlichkeit" (hier iSd „Philosophie") von Überzeugungen kommt es hier jedenfalls nicht an.

Die bereits aus der DSRL bekannte Kategorie der Gesundheitsdaten wurde nunmehr in Art 4 Z 15 eigens definiert. „**Gesundheitsdaten**" sind demnach personenbezogene Daten, die sich auf die körperliche oder geistige Gesundheit einer natürlichen Person, einschließlich der Erbringung von Gesundheitsdienstleistungen, beziehen und aus denen sich Informationen über deren Gesundheitszustand ergeben.

Darunter fallen alle Daten, die sich auf den Gesundheitszustand einer betroffenen Person beziehen und aus denen Informationen über den früheren, gegenwärtigen und künftigen körperlichen oder geistigen Gesundheitszustand der betroffenen Person hervorgehen, wie etwa Informationen über Krankheiten, Behinderungen, Krankheitsrisiken, Vorerkrankungen, klinische Behandlungen oder den physiologischen oder biomedizinischen Zustand der betroffenen Person unabhängig von der Herkunft der Daten, ob sie nun von einem Arzt oder sonstigen Angehörigen eines Gesundheitsberufes, einem Krankenhaus, einem Medizinprodukt oder einem In-Vitro-Diagnostikum stammen. Darüber hinaus sind Informationen, die im Rahmen von Gesundheitsdienstleistungen erhoben werden, Nummern, Symbole oder Kennzeichen, die einer natürlichen Person zugeteilt wurden, um diese für gesundheitliche Zwecke eindeutig zu identifizieren, ebenso erfasst wie Informationen, die von der Prüfung oder Untersuchung eines Körperteils oder einer körpereigenen Subs-

[32]) Charta der Grundrechte der Europäischen Union, ABl C 2016/202, 389.

tanz, einschließlich genetischer Daten und biologischer Proben, abgeleitet wurden.[33]) Auch Daten aus bildgebenden Verfahren, wie zB Röntgen, Computertomographie und Magnetresonanztomografie, betreffen den Gesundheitszustand einer Person und sind als Gesundheitsdaten zu qualifizieren.

Die genetischen und biometrischen Daten bilden neue Kategorien besonders schutzwürdiger Daten, die in Art 4 Z 13 bzw Z 14 begrifflich bestimmt werden. „**Genetische Daten**" sind gem Art 4 Z 13 personenbezogene Daten zu den ererbten oder erworbenen genetischen Eigenschaften einer natürlichen Person, die eindeutige Informationen über die Physiologie oder die Gesundheit dieser natürlichen Person liefern und insb aus der Analyse einer biologischen Probe der betreffenden natürlichen Person – zB durch eine Chromosomen-, Desoxyribonukleinsäure (DNS)- oder Ribonukleinsäure (RNS)-Analyse oder eine Analyse eines anderen Elements, wodurch gleichwertige Informationen erlangt werden können (ErwGr 34) – gewonnen wurden.

Genetische Daten beinhalten **unveränderbare Merkmale**, die für das gesamte Leben eines Menschen von Bedeutung sind. Die enthaltenen Informationen können sich dabei über mehrere Generationen hinweg auch auf die (biologische) Familie des Betroffenen beziehen. Verwandtschaftsverhältnisse können dadurch ebenso festgestellt werden wie charakteristische Merkmale ethnischer Bevölkerungsgruppen.

Mittels Genanalysen können Ursachen für Krankheiten ebenso aufgeklärt wie Prognosen über Krankheitsveranlagungen (sog „prädiktive genetische Diagnostik", bei Ungeborenen „genetische Pränataldiagnostik") angestellt werden.[34])

Auch zur eindeutigen Identifikation oder zur Feststellung der Abstammung werden genetische Informationen verwendet, da sie eine konkrete Person unverwechselbar definieren können.[35])

Angesichts der Komplexität und Sensibilität genetischer Informationen besteht ein hohes Missbrauchs- und Wiederverwendungsrisiko für unterschiedliche Zwecke durch den Verantwortlichen. Jede Diskriminierung aufgrund genetischer Merkmale sollte grundsätzlich verboten sein.[36])

Da genetische Daten sowohl Informationen über den Gesundheitszustand liefern als auch dazu beitragen können, die ethnische Herkunft einer spezifischen Person zu ermitteln, ist eine eigene Datenkategorie durchaus angebracht.

Dies gilt im Übrigen auch für „**biometrische Daten**", da auch diese sowohl Gesundheitsdaten als auch Aufschluss über die rassische oder ethnische Herkunft einer Person liefern können. Nach Art 4 Z 14 handelt es sich bei biometrischen Daten um mit speziellen technischen Verfahren gewonnene personenbezogene Daten zu den physischen, physiologischen oder verhaltenstypischen Merkmalen einer natürlichen Person, die die eindeutige Identifizierung dieser natürlichen Person ermöglichen oder bestätigen, wie Gesichtsbilder

[33]) Siehe ErwGr 35 DSGVO bzw ErwGr 24 Richtlinie (EU) 2016/680 des Europäischen Parlaments und des Rates vom 27. 4. 2016 zum Schutz natürlicher Personen bei der Verarbeitung personenbezogener Daten durch die zuständigen Behörden zum Zwecke der Verhütung, Ermittlung, Aufdeckung oder Verfolgung von Straftaten oder der Strafvollstreckung sowie zum freien Datenverkehr und zur Aufhebung des Rahmenbeschlusses 2008/977/JI des Rates, ABl L 2016/119, 89.

[34]) Siehe zu Typen der genetischen Analyse am Menschen zu medizinischen Zwecken auch § 65 Abs 1 GTG 2012.

[35]) *Art-29-Datenschutzgruppe*, Arbeitspapier über genetische Daten vom 17. 3. 2004, WP 91, 4; vgl auch insb § 67 SPG und § 124 StPO.

[36]) Siehe dazu ErwGr 24 RL (EU) 2016/680.

oder daktyloskopische Daten. Die Identität einer natürlichen Person kann daher mittels messbarer körperlicher Merkmale bestimmt werden.[37])

Solche Daten spielen insb im Bereich der Forensik zur eindeutigen Identifizierung einer Person oder bei Zugangskontrollen[38]) zur Verifizierung einer Identität eine Rolle. Aus einer entsprechenden Vorlage in einem Rohformat (zB Gesichtsbild als Bilddatei) werden mittels eines entsprechenden Algorithmus (zB zur Gesichtsvermessung) spezifische Schlüsselmerkmale extrahiert, um ein biometrisches „Template" zu erstellen. Dabei handelt es sich um die gespeicherten biometrischen Abmessungen, die für die Erkennung eines Individuums spezifisch sind.[39]) In diesem Template werden nun lediglich diese digitalisierten Messpunkte gespeichert und idR nicht die „Rohdaten" (dh das Gesichtsbild selbst).

Biometrische Daten machen Merkmale des menschlichen Körpers „maschinenlesbar"[40]) bzw informationstechnisch verarbeitbar, weshalb sich vielfältige Nutzungsmöglichkeiten ergeben.

Beispiel:

Verifikation von Fingerabdrücken, Finger-Bildanalyse, Iris-Erkennung, Netzhautanalyse, Gesichtserkennung, Handgeometrie, Verifikation der Handvenenstruktur, Erkennung der Ohrenform, Stimmerkennung bzw Sprecherverifikation, DNA-Analyse, Analyse der Schweißporen, Unterschriftenidentifikation usw.[41])

Genetische und biometrische Daten zählen zu den besonderen Kategorien personenbezogener, dh **sensiblen Daten**. Biometrische Daten fallen allerdings nur darunter, sofern sie zur eindeutigen Identifizierung einer natürlichen Person verarbeitet werden. Die Verarbeitung sensibler Daten unterliegt dem Regime des Art 9.

Gem Art 9 Abs 4 können Mitgliedstaaten für die Verarbeitung von genetischen, biometrischen oder Gesundheitsdaten zusätzliche Bedingungen, einschließlich Beschränkungen, einführen oder aufrechterhalten.

Problemfall: Die Einordnung von (nicht sensiblen und sensiblen bzw mehrfach sensiblen) „Mischdaten"[42])

Es ist zunächst davon auszugehen, dass die Einordnung von Mischdaten, also ein Informationskonvolut bestehend aus entweder nicht sensiblen und sensiblen Daten oder aus mehreren sensiblen Daten untereinander oder aus mehreren sensiblen Datenkategorien und nicht sensiblen Daten, streng von der Frage der Zulässigkeit der Verarbeitung zu trennen ist.[43])

---

[37]) Siehe etwa *Löschnigg*, Biometrische Daten und Arbeitsverhältnis, ASoK 2005, 37 (39).

[38]) Vgl zB OGH 20. 12. 2006, 9 ObA 109/06d bezüglich Zugangskontrollen für das Personal eines Krankenhauses mittels Fingerscanning.

[39]) Siehe dazu bereits *Art-29-Datenschutzgruppe*, Arbeitspapier über Biometrie vom 1. 8. 2003, WP 80, 4.

[40]) *Art-29-Datenschutzgruppe*, Stellungnahme 3/2012 zu Entwicklungen im Bereich biometrischer Technologien vom 27. 4. 2012, WP 193, 4.

[41]) Siehe zu diesen Beispielen *Art-29-Datenschutzgruppe*, WP 193, 21 ff; *Dohr/Pollirer/Weiss/Knyrim*, DSG^2 § 4 Anm 2 (Stand 26. 11. 2015, rdb.at).

[42]) Gemeint ist damit, dass sich personenbezogene Daten unterschiedlichen Datenkategorien zuordnen lassen.

[43]) In diesem Sinn bereits instruktiv *Jahnel*, Handbuch Rz 3/90.

Die Einordnung von personenbezogenen Daten zu diesen besonderen Datenarten erfolgt idR nach **objektiven Gesichtspunkten.**[44]) Sind daher in entsprechenden Daten bereits direkt sensible Informationen enthalten, kann man von „an sich sensiblen Daten" sprechen (zB Max Mustermann, geboren am 1. 1. 1970, Diabetes mellitus Typ 2). Können sensible Informationen aus personenbezogenen Daten eruiert werden, so sind diese der Art ihrer Sensibilität entsprechend zu klassifizieren und dem Verarbeitungsregime der diesbezüglich schutzwürdigsten Daten zu unterwerfen.

Für die Einstufung soll aber sinnvollerweise nicht schon jede theoretische Möglichkeit einer Bezugnahme zu sensiblen Informationen ausreichen. Vielmehr müssen sich mit **hinlänglicher Sicherheit**[45]) solche besonders schutzwürdigen Informationen aus den Daten „ableiten lassen". Dies kann damit begründet werden, dass es dem Wortlaut des Art 9 Abs 1 zufolge ausreicht, dass aus diesen Daten (und nicht aus ihrer Verarbeitung![46])) Informationen über die rassische und ethnische Herkunft, politische Meinungen, religiöse oder weltanschauliche Überzeugungen oder die Gewerkschaftszugehörigkeit eine identifizierte oder identifizierbare Person betreffend „hervorgehen". Die sensible Information muss daher auch nicht im Klartext erkennbar sein, es reicht aus, wenn eine solche vermittelt wird.[47]) Der Terminus „hervorgehen" indiziert, dass es dabei genügt, dass sich aus personenbezogenen Daten sensible Daten einer betroffenen Person ableiten oder folgern lassen. Auf einen Verwendungszusammenhang kommt es dabei – mit Ausnahme bei den biometrischen Daten, bei denen es explizit auf die Verarbeitung zum Zweck der eindeutigen Identifizierung ankommen muss – nicht an.

Eine nach objektiven Maßstäben vorgenommene Einordnung von Mischdaten ist dabei schon deshalb geboten, um das Datenschutzniveau gerade im Informationszeitalter nicht aufzuweichen und die Persönlichkeit der Personen bezüglich der sie betreffenden (sensiblen) Daten, insb aufgrund von deren offensichtlichen aber auch ableitbaren Aussagekraft, adäquat zu schützen. Die (objektiv nicht verlässlich feststellbare) subjektive Verwendungsabsicht des Verantwortlichen der Datenverarbeitung oder das Abstellen auf den (relativ leicht abänderbaren) Verwendungszusammenhang zur Klassifikation von personenbezogenen Daten aufgrund ihrer Schutzwürdigkeit wäre jedenfalls zu kurz gegriffen. So erfordert es das Zielanliegen der DSGVO, ein hohes Schutzniveau der betroffenen Personen zu gewährleisten (s insb ErwGr 6, 10, 13), in Zusammenschau mit den (neuen) Möglichkeiten einer „zweckverträglichen" Weiterverwendung iSd Art 6 Abs 4 iVm Art 5 Abs 1 lit b geradezu, eine rein objektive Klassifikation vorzunehmen.

Es ist nämlich nicht auszuschließen, dass sich der Verwendungszusammenhang von Daten ändert; man denke an die Datenverwendung für ein anderes Aufgabengebiet des Verantwortlichen. Es wäre nicht undenkbar, dass ursprünglich als nicht sensibel eingestufte und ohne Zustimmung des Betroffenen veröffentlichte personenbezogene Daten in weiterer Folge – wiederum ohne Einwilligung der betroffenen Personen – vom Verantwortlichen oder einem Dritten zB zur Feststellung der Ausländer- bzw Ethnienbeschäftigung in einem Unternehmen weiterverarbeitet würden. Und selbst wenn sich keine Weiterverwendung im

---

[44]) Siehe *Jahnel*, Handbuch Rz 3/90 mwN.

[45]) Siehe dazu *Jahnel*, der die rein theoretische Möglichkeit damit zutreffend relativiert; *Jahnel*, Handbuch Rz 3/91.

[46]) Im Wortlaut des Art 9 Abs 1 heißt es eingangs *„[...] Daten, aus denen die rassische und ethnische Herkunft, politische Meinungen, religiöse oder weltanschauliche Überzeugungen oder die Gewerkschaftszugehörigkeit hervorgehen [...]"*.

[47]) Siehe dazu *Jahnel*, Handbuch Rz 3/90.

datenschutzrechtlichen Sinn daran anknüpfen würde, wären die derart veröffentlichten (auch sensiblen) Daten durch das niederrangigere Verarbeitungsregime anderen zugänglich bzw veröffentlicht worden.

Eine Klassifizierung von Mischdaten aufgrund eines **objektiven Verständnisses** lässt sich methodologisch aber auch aus der Definition biometrischer Daten (Art 4 Z 14) in Verbindung mit deren Konkretisierung im Verarbeitungsregime des Art 9 begründen. Die Definition besagt nämlich lediglich, dass es sich hierbei um mit speziellen technischen Verfahren gewonnene personenbezogene Daten zu den physischen, physiologischen oder verhaltenstypischen Merkmalen einer natürlichen Person handelt, die die eindeutige Identifizierung dieser natürlichen Person ermöglichen oder bestätigen, wie etwa Gesichtsbilder oder daktyloskopische Daten. Art 9, der generell die Verarbeitung besonderer Kategorien personenbezogener Daten betrifft, erfasst nun biometrische Daten nur insoweit, als sie zur **eindeutigen Identifizierung** einer natürlichen Person **verarbeitet werden**.

Daraus lässt sich schließen, dass biometrische Daten nicht per se eine besondere Datenkategorie darstellen, sondern nur dann, wenn sie in für einen ganz bestimmten Zweck (dh „zur eindeutigen Identifizierung“) verarbeitet werden. E contrario kann man davon ausgehen, dass die Einordung von sensiblen Informationen unter die anderen von Art 9 berücksichtigten Datenarten nicht anhand des konkreten Verwendungszusammenhangs zu erfolgen hat, sondern nach objektiven Gesichtspunkten.

Daran ändert mE auch ErwGr 51 nichts, in dem erwogen wird, die Verarbeitung von Lichtbildern nicht grundsätzlich als Verarbeitung besonderer Kategorien von personenbezogenen Daten anzusehen, da Lichtbilder nur dann von der Definition des Begriffs „biometrische Daten“ erfasst werden, wenn sie mit speziellen technischen Mitteln verarbeitet werden, die die eindeutige Identifizierung oder Authentifizierung einer natürlichen Person ermöglichen.

Als ein Beispiel für Mischdaten ist der Name einer Person zu nennen. Insbesondere der Nachname einer Person kann uU Auskunft bzw Anhaltspunkte über die ethnische Herkunft des konkreten Namensträgers geben. Es fragt sich dabei allerdings, ob eine solche Information ohne weiteres Zusatzwissen tatsächlich mit „hinlänglicher Sicherheit“ gewonnen werden kann. So gibt es derzeit bereits eine Vielzahl an gesetzlichen Möglichkeiten, seinen Namen zu ändern, zB durch Verheiratung oder wenn der bisherige Nachname lächerlich oder anstößig wirkt, der Name schwer auszusprechen oder zu schreiben ist, die namenstragende Person ausländischer Herkunft ist oder ein Familiennamen angestrebt wird, der dieser Person die Einordnung im Inland erleichtern soll usw.[48])

ME ist hier mit *Jahnel*[49]) davon auszugehen, dass bei bloßen Namen (und mE bei anderen einer Abänderung relativ leicht zugänglichen personenbezogenen Eigenschaften) das Kriterium der „hinlänglichen Sicherheit“ idR nicht vorliegen wird. Anders sieht es allerdings aus, wenn sich aus dem Kontext der Namensverwendung bzw durch Zusatzwissen mit hinlänglicher Sicherheit sensible Informationen entnehmen lassen, zB vergleichbar den Namen auf „Schindlers Liste“. Es darf gerade bezüglich der Namen von Personen angemerkt werden, dass sich solche von in einem Mitgliedstaat ansässigen Personen schon aufgrund gesetzlicher Regelungen verpflichtend und allgemein zugänglich in einer Vielzahl öffentlicher Register (zB ZMR, Grundbuch, Firmenbuch) wiederfinden.

---

[48]) Weitere Beispiele finden sich auf www.help.gv.at/Portal.Node/hlpd/public/content/233/Seite.2330300.html (abgerufen am 2. 5. 2016).

[49]) Siehe *Jahnel*, Handbuch Rz 3/92.

Fraglos ist ein Mischdatencharakter grundsätzlich auch bei Informationen denkbar, die aus einem konkreten Verhalten oder einer Tätigkeit der betroffenen Person hervorgehen und auf sensible Datenkategorien schließen lassen. Dass sich allerdings aus einer digitalisierten, handschriftlichen Unterfertigung (zB eingescannte Urkunde oder eine direkt über ein Schrifterkennungsprogramm eines Handhelds erfasste Unterschrift) Rückschlüsse auf den Gesundheitszustand des Unterzeichners (zB Parkinson-Erkrankung, Alkoholismus usw) ziehen lassen, lässt sich mE nicht mit „hinlänglicher Sicherheit“ eruieren.

Mischdatencharakter liegt nach der DSGVO aber mE bei „genetischen Daten“ in Hinblick auf „Gesundheitsdaten“ prinzipiell nicht (mehr) vor, da es dafür nun eine eigenständige Definition gibt, die der Begriffsbestimmung von Gesundheitsdaten durch speziellere Kriterien vorgeht. Durch die Verwendung der Vergangenheitsform „gewonnen wurden“ in Art 4 Z 13 kann darauf geschlossen werden, dass aus den ursprünglichen Gesundheitsdaten (zB Blutprobe) erst in der „logischen Sekunde“ der Gewinnung eindeutiger Informationen über die Physiologie oder die Gesundheit dieser natürlichen Person genetische Daten entstehen.

Die Unterscheidung zwischen Gesundheitsdaten und genetischen Daten spielt allerdings eine eher untergeordnete Rolle, da für beide nach der DSGVO im Wesentlichen dasselbe datenschutzrechtliche Regime gilt. Lediglich die Mitgliedstaaten könnten diesbezüglich zusätzliche bzw unterschiedliche Bedingungen, einschließlich Beschränkungen, einführen (vgl Art 9 Abs 4).

Beispiel:

Bei einer Blutprobe liegen daher vorerst „nur“ Gesundheitsdaten iSd Art 4 Z 15 vor. Werden aus der Blutprobe mittels Genanalyse Daten zu den ererbten oder erworbenen genetischen Eigenschaften einer natürlichen Person gewonnen – wie zB Informationen über die Mutationen im Erbgut zur Bestätigung einer Verdachtsdiagnose oder zur Risikoabschätzung bezüglich diverser genetisch bedingter Dispositionen (zB Multiple Sklerose, Osteoporose, Parkinson, Alzheimer, Herzinfarkt, Thrombosen, Diabetes, Brustkrebs[50])), – liegen „genetische Daten“ iSd Art 14 Z 13 vor. Wird hingegen die Blutprobe lediglich zur Blutanalyse verwendet, handelt es sich dabei wiederum nur um Gesundheitsdaten iSd Art 4 Z 15.

Daten, die mittels Typisierungen des menschlichen Erbguts in Gewebeproben (zB Blut oder Speichel) zB zur Testung genetisch bedingter Arzneimittel-Unverträglichkeiten (sog „Pharmakogenetik“) gewonnen werden, liefern eindeutige Informationen über die Physiologie bzw die Gesundheit der korrespondierenden natürlichen Person, weshalb es sich bei diesen Informationen um „genetische Daten“ iSd Art 4 Z 13 handelt.

Auf die Mischdatenproblematik im Zusammenhang mit Bilddaten einer Person – welche allerdings in der behördlichen Praxis der DSB offenbar nicht als „Problem“ wahrgenommen wird (dort werden Bilddaten faktisch als nicht sensible Daten gehandhabt)[51]) – kann im Rahmen des vorliegenden Praxishandbuchs nicht eingegangen werden.

---

[50]) Siehe zu weiteren Beispielen von Genanalysen www.matthai.at/index.php/Genanalyse.html (abgerufen am 2. 5. 2016).

[51]) Siehe zB DSB 8. 10. 2015, DSB-D122.347/0005-DSB/2015; DSK 10. 4. 2013, K202.120/0002-DSK/2013, DSK 17. 10. 2012, K202.113/0007-DSK/2012, DSK 21. 1. 2009, K121.425/0003-DSK/2009, wo ohne nähere Begründung davon ausgegangen wird, dass es sich bei Bilddaten um nicht sensible Daten handle; aA DSK 21. 6. 2005, K507.515–021/0004-DVR/2005; BVwG 30. 1. 2015, W214 2011104-1.

Im Ergebnis bleibt festzuhalten, dass sich die Verarbeitung personenbezogener Daten – mit Ausnahme der Regelung über die Verarbeitung strafrechtsbezogener Daten, die grundsätzlich als lex specialis der Verarbeitung sensibler Daten vorgeht[52]) – jeweils nach dem Regime der daraus mit hinlänglicher Sicherheit hervorgehenden schutzwürdigsten Informationen zu richten hat.

III. Zusammenfassung

Personenbezogene Daten iSd Art 4 Z 1 bestehen grundsätzlich aus drei Komponenten. Erstens aus einer „Verarbeitungskomponente", die sich implizit aus dem sachlichen Anwendungsbereich der DSGVO bezüglich der automatisierten, teilautomatisierten bzw nicht automatisierten, aber in einem Dateisystem organisierten Datenverarbeitung ergibt. Zweitens müssen Daten, die derart verarbeitet werden, einen Bezug zu einem Menschen aufweisen (hier als „Inhaltskomponente" bezeichnet). Ein solcher kann darin gesehen werden, dass diese Dateninhalte etwas über einen Menschen aussagen oder diesem Menschen zugeordnet werden können. Drittens muss der Mensch, auf den sich die Daten beziehen, identifiziert oder zumindest identifizierbar sein („Identitätskomponente"). Nur sofern alle drei Komponenten vorliegen, ist von „personenbezogenen Daten" iSd DSGVO die Rede.

Anonyme Daten, die nicht in den Anwendungsbereich der DSGVO fallen, liegen einerseits vor, wenn sich die Dateninhalte überhaupt nicht auf einen Menschen beziehen (lassen), und andererseits, wenn zwar menschbezogene Inhalte vorhanden sind, dieser Mensch aber gar nicht oder nach allgemeinem Ermessen unter Berücksichtigung sämtlicher Mittel aus Sicht des Verantwortlichen oder einer anderen Person nur unwahrscheinlich identifiziert werden kann.

Personenbezogene Daten können besondere Datenkategorien (sog „sensible Daten") oder strafrechtsbezogene Informationen zum Inhalt haben. Bei den sensiblen Daten wurden im Unterschied zur DSRL zusätzlich zu den idR bestehenden Kategorien der rassischen und ethnischen Herkunft, politischen Meinungen, religiösen oder weltanschaulichen Überzeugungen, Gewerkschaftszugehörigkeit, Sexualleben und sexuelle Orientierung sowie Gesundheitsdaten, neue Kategorien, nämlich die genetischen Daten und biometrischen Daten, eingeführt. Diese neuen sensiblen Datenkategorien, aber auch die Gesundheitsdaten, wurden mit eigenen Definitionen in Art 4 aufgenommen.

Die Einordnung von personenbezogenen Mischdaten (also Daten, aus denen sowohl nicht sensible als auch sensible Informationen hervorgehen) sollte nach objektiven Gesichtspunkten und – mit Ausnahme der biometrischen Daten, die lediglich dann als sensibel gelten, wenn sie zur eindeutigen Identifizierung einer Person verarbeitet werden – nicht aufgrund des konkreten Verwendungszusammenhangs oder nach der (subjektiven) Verwendungsabsicht des Verantwortlichen der Datenverarbeitung erfolgen.

Ergänzend sei noch darauf hingewiesen, dass neben der Verarbeitung sensibler Daten (Art 9) auch nach der DSGVO ein eigenes Regime bezüglich der Verarbeitung personenbe-

---

[52]) In der DSGVO findet sich dieser Regelungskomplex – anders als noch in Art 8 Abs 5 DSRL – nun eindeutiger als autonome Bestimmung wieder. Siehe zur Rechtslage vor der DSGVO überzeugend *Kotschy*, Datenschutzrechtliche Rechtsfragen der Videoüberwachung, in FS Machacek/Matscher (2008) 257 (262 f) mwN.

zogener Daten über strafrechtliche Verurteilungen und Straftaten oder damit zusammenhängende Sicherungsmaßregeln (sog „strafrechtsbezogene Daten“) besteht, das nunmehr – klarer als noch nach der DSRL – als autonome Regelung (Art 10) normiert wurde, die prinzipiell auch als die speziellere dem Verarbeitungsregime des Art 9 vorgeht.

Definition und Anwendung der Pseudonymisierung

Elisabeth Hödl

I. Pseudonymisierung

Pseudonymisierung ist das Verändern personenbezogener Daten durch eine Zuordnungsvorschrift, so dass die Einzelangaben oder sachliche Verhältnisse ohne Kenntnis oder Nutzung der Zuordnungsvorschrift nicht mehr einer natürlichen Person zugeordnet werden können. Das heißt: Personenbezogene Daten und Identitätsmerkmal werden getrennt, allerdings besteht immer noch die Möglichkeit der Zuordnung der Daten zu einer Person.

Pseudonymisierte Daten sind sohin Informationen, die sich auf eine identifizierte oder identifizierbare Person beziehen. In diesem Sinn kann auch von einer **Teilidentität** oder von **partieller Anonymität** gesprochen werden.

Ziel einer Pseudonymisierung ist es, nur bei Bedarf und unter Einhaltung der vorher definierten Rahmenbedingungen den Personenbezug herstellen zu können. Die Möglichkeit einer **Rückidentifizierung** bleibt bestehen.

Aus datenschutzrechtlicher Sicht heben Pseudonymisierungen den Personenbezug nicht auf, sondern stellen Maßnahmen der Datensparsamkeit und Datensicherheit dar.

A. Definition in der DSGVO

1. Definition und Abgrenzung

Definition

In Art 4 Z 5 wird der Begriff der Pseudonymisierung so definiert:

„‚Pseudonymisierung' [bezeichnet] die Verarbeitung personenbezogener Daten in einer Weise, dass die personenbezogenen Daten ohne Hinzuziehung zusätzlicher Informationen nicht mehr einer spezifischen betroffenen Person zugeordnet werden können, sofern diese zusätzlichen Informationen gesondert aufbewahrt werden und technischen und organisatorischen Maßnahmen unterliegen, die gewährleisten, dass die personenbezogenen Daten nicht einer identifizierten oder identifizierbaren natürlichen Person zugewiesen werden […]"

Die Grundsätze des Datenschutzes gelten für alle Informationen, die sich auf eine **identifizierte** oder **identifizierbare** natürliche Person beziehen. Daten, die durch Heranziehung zusätzlicher Informationen einer natürlichen Person zugeordnet werden könnten, sollten als Informationen über eine **identifizierbare natürliche Person** betrachtet werden (vgl ErwGr 26).

- **Identifiziert** ist eine Person in der Regel dadurch, dass sie direkt namentlich bekannt ist, sowie wenn weitere Merkmale vorliegen, etwa das Geburtsdatum, die sich eindeutig auf eine bestimmte Person beziehen.

- **Identifizierbar** ist eine Person hingegen dann, wenn es möglich ist, mit Hilfe der vorhanden Angaben und anderen Mitteln, etwa öffentlich zugänglichen Quellen (wie Telefonbücher, öffentliche Register u dgl) die Person zu identifizieren.

Um festzustellen, ob eine Person identifizierbar ist, sind **alle Mittel** zu berücksichtigen, die von dem Verantwortlichen oder einer anderen Person nach **allgemeinem Ermessen wahrscheinlich** zur Identifizierung der natürlichen Person genutzt werden, wie beispielsweise das Aussondern. So sollen alle **objektiven Faktoren**, wie die Kosten der Identifizierung und der erforderliche Zeitaufwand, berücksichtigt werden. Dabei sind sowohl die zum Zeitpunkt der Verarbeitung verfügbaren Technologien als auch die technologischen Entwicklungen zu berücksichtigen (vgl ErwGr 26).

Die Anknüpfung an das „allgemeine Ermessen"[1]) im Hinblick auf die Wahrscheinlichkeit einer Identifizierung bedeutet, dass es im Datenschutzrecht insbesondere um **Gefährdungs- und Missbrauchsprognosen** geht.[2])

Diese Prognosen beziehen sich damit auch auf zukünftige Entwicklungen. Da Forschung, Instrumente und Rechenleistung beständig weiterentwickelt werden, ist eine erschöpfende Auflistung der Umstände, unter denen eine Identifizierung durchführbar ist, nicht möglich. Das **Risiko** einer Identifizierung kann daher auch im Zeitverlauf steigen und von der Entwicklung in der Informations- und Kommunikationstechnologie abhängig sein.

Beispiel 1:

Gendiagnostik: Vollautomatisierte Sequenzierung und Chiptechnologien erlauben es, Gentests immer schneller und billiger durchzuführen.

Beispiel 2:

Die zunehmende öffentliche Verfügbarkeit von Daten im Rahmen von Strategien zu „Open Data" ermöglichen kostengünstigere technische Mittel zur Identifizierung.[3])

Geht man davon aus, dass sich angesichts der gesamten menschlichen Potenziale immer eine Person finden wird, die Informationen zuordnen kann und sich auf diese Weise jede Information in letzter Konsequenz einer Person zuordnen lassen wird, ist der **Maßstab** das Fähigkeitspotenzial des Einzelnen.

Tatsächlich hat diese Frage schon iZm der RL 95/46/EG, in der es um die „bestimmbare Person" ging, zu heftigen Diskussionen in der Praxis geführt. Die Frage war: Kommt es auf die Sicht des konkreten Anwenders an, also auf die *relative* Perspektive, oder muss eine *objektive* Perspektive gelten? Im Fall von IP-Adressen ist der „Vermarkter" einer Website (Webseiten-Betreiber) nicht ohne Weiteres in der Lage, die hinter der IP-Adresse stehende natürliche

[1]) Was den Beurteilungsmaßstab „allgemeines Ermessen" betrifft, so wurde der Text der DSGVO gegenüber der Vorgänger-Formulierung in der RL 95/46/EG (Richtlinie 95/46/EG des Europäischen Parlaments und des Rates vom 24. 10. 1995 zum Schutz natürlicher Personen bei der Verarbeitung personenbezogener Daten und zum freien Datenverkehr, ABl L 1995/281, 31–50; s ErwGr 26) umformuliert. In der RL war der Beurteilungsmaßstab die Frage, welche Mittel „vernünftigerweise" zur Identifizierung herangezogen werden können. Dieses Kriterium sollte der Feststellung dienen, ob ein Anonymisierungs- oder Pseudonymisierungsverfahren hinreichend „robust" ist.

[2]) Artikel-29-Datenschutzgruppe, Stellungnahme 5/2014 zu Anonymisierungstechniken. Angenommen am 10. 4. 2014, 9.

[3]) Ebd 10.

Person zu ermitteln; jedoch würde es nach einer objektiven Perspektive ausreichen, dass irgendjemand dazu in der Lage wäre.[4]) Diese Frage wurde dem EuGH mit einem Vorabentscheidungsersuchen vorgelegt; es bleibt abzuwarten, wie der EuGH entscheiden wird.[5])

2. Sonderfälle

Gesundheitsdaten

Besondere Bedeutung kommt der Pseudonymisierung im Zusammenhang mit Gesundheitsdaten zu, die gem Art 9 Abs 1 als besonders sensibel eingestuft werden.

Definition

„‚Gesundheitsdaten' [bezeichnet] personenbezogene Daten, die sich auf die körperliche oder geistige Gesundheit einer natürlichen Person, einschließlich der Erbringung von Gesundheitsdienstleistungen, beziehen und aus denen Informationen über deren Gesundheitszustand hervorgehen [...]" (Art 4 Z 15)

Zu den personenbezogenen **Gesundheitsdaten** sollten alle Daten zählen, die sich auf den Gesundheitszustand einer betroffenen Person beziehen und aus denen Informationen über den früheren, gegenwärtigen und künftigen körperlichen oder geistigen Gesundheitszustand der betroffenen Person hervorgehen (vgl. ErwGr 35).

Dazu gehören auch Informationen über die natürliche Person, die etwa für die Erbringung von Gesundheitsdienstleistungen[6]) für die natürliche Person erhoben werden:

- Nummern;
- Symbole oder Kennzeichen, die einer natürlichen Person zugeteilt wurden, um diese natürliche Person für gesundheitliche Zwecke eindeutig zu identifizieren;
- Informationen, die von der Prüfung oder Untersuchung eines Körperteils oder einer körpereigenen Substanz, auch aus genetischen Daten und biologischen Proben, abgeleitet wurden;
- Informationen etwa über Krankheiten, Behinderungen, Krankheitsrisiken, Vorerkrankungen, klinische Behandlungen oder den physiologischen oder biomedizinischen Zustand der betroffenen Person, unabhängig von der Herkunft der Daten, ob sie nun von einem Arzt oder sonstigem Angehörigen eines Gesundheitsberufes, einem Krankenhaus, einem Medizinprodukt oder einem In-Vitro-Diagnostikum stammen.

Das **Aufdeckungsrisiko** kann mit der Anzahl der Datensätze je Pseudonym wachsen. Gerade im medizinischen Bereich sind die neuen Datenerfassungsmethoden, die Kosten für die Speicherung, die Kosten für die Auswertung medizinischer Tests und die neuen Entwicklungen zu berücksichtigen.

---

[4]) Auf das Problem der „perspektivischen Einordnung" weist *Bergauer* hin, indem er verdeutlicht, dass die Sicht des konkreten Verwenders von Daten eine andere sein kann als die Perspektive eines Dritten. S *Bergauer*, Indirekt personenbezogene Daten – datenschutzrechtliche Kuriosa, 69.

[5]) Vgl das Musterverfahren des Piraten-Politikers und schleswig-holsteinischen Landtagsabgeordneten *Patrick Breyer* gegen die Bundesrepublik Deutschland. Der BGH hat dem EuGH folgende Frage vorgelegt: Sind dynamische IP-Adressen in der Hand eines Webseiten-Betreibers auch dann personenbezogen, wenn der Webseiten-Betreiber über keinerlei weitere Informationen verfügt?, RS C-582/14, ABl C 2015/89, 4; Schlussanträge: 12. 5. 2016.

[6]) Im Sinne der Richtlinie 2011/24/EU des Europäischen Parlaments und des Rates vom 9. 3. 2011 über die Ausübung der Patientenrechte in der grenzüberschreitenden Gesundheitsversorgung, ABl L 2011/88, 45.

Praxistipp:

Für den Bereich der medizinischen Forschung werden bspw Patientenlisten und Forschungsdatenbanken getrennt geführt. Technisches Kernstück des Datenschutzkonzeptes der Pseudonymisierung sind zwei getrennte Datenbanken, die eine strikte Trennung von identifizierenden Patientendaten (Patientenlisten) und Behandlungsdaten (Behandlungsdatenbanken) gewährleisten, wobei sich die Daten eines Patienten wechselseitig über einen gemeinsamen Patientenidentifikator (ID) referenzieren.

Daten Verstorbener

Die Bestimmungen der Verordnung gelten nicht für die personenbezogenen Daten **Verstorbener**, wenngleich die Mitgliedstaaten hierfür Vorschriften vorsehen können (vgl ErwGr 27). Grundsätzlich erlöschen alle Grundrechte mit dem Tod, so auch das Recht auf Datenschutz. Dennoch können bestimmte Informationen sich auf noch lebende Personen beziehen und damit auch deren Daten sein.[7])

Anonyme Daten

Die Grundsätze des Datenschutzes gelten nicht für anonyme Informationen. Damit gelten die Grundsätze nicht für Informationen, die sich nicht auf eine identifizierte oder identifizierbare natürliche Person beziehen, oder personenbezogene Daten, die in einer Weise anonymisiert worden sind, dass die betroffene Person nicht oder nicht mehr identifiziert werden kann. Dies gilt insbesondere für anonyme Daten für Statistik- und Forschungszwecke.

Die klare Unterscheidung zwischen anonymen und pseudonymisierten Daten spielt auch für die Online-Branche eine entscheidende Rolle. Das Anonymisieren eines personenbezogenen Datums ist nicht zustimmungsbedürftig, es muss allerdings sichergestellt sein, dass eine Re-Identifizierung endgültig technisch ausgeschlossen ist.

Praxistipp:

Moderne Anonymisierungs- und Pseudonymsierungsverfahren können dazu dienen, Big-Data-Auswertungen datenschutzkonform durchzuführen. Für bestimmte Analysezwecke ist es oftmals gar nicht notwendig, die Sicht auf einzelne Personen in einem Data Warehouse zu haben.

B. Technische Aspekte der Pseudonymisierung

1. Pseudonymisierungsprozess

Zumeist werden folgende Pseudonymisierungstechniken eingesetzt:[8])

[7]) Die österreichische Datenschutzbehörde nennt folgendes Beispiel: Die Information, dass ihr Mann an AIDS verstorben ist, kann die Privatsphäre der Ehefrau betreffen (https://www.dsb.gv.at/site/6238/default.aspx).

[8]) Vgl Artikel-29-Datenschutzgruppe, Stellungnahme 5/2014 zu Anonymisierungstechniken. Angenommen am 10. 4. 2014, 26.

- **Verschlüsselung mit einem Geheimschlüssel:** Der Inhaber des Schlüssels kann jede betroffene Person ohne weiteres durch die Entschlüsselung des Datenbestandes re-identifizieren, da die personenbezogenen Daten, wenn auch verschlüsselt, im Datenbestand enthalten sind.
- **Hashfunktion (Streuwertfunktion):** Eine Funktion, die eine beliebig große Eingabemenge auf eine bestimmte Zielmenge abbildet und nicht umkehrbar ist.
- **Schlüsselabhängige kryptologische Hashfunktionen:** Ebenfalls eine Hashfunktion, wobei ein Geheimschlüssel als zusätzlicher Eingabewert verwendet wird.
- **Deterministische Verschlüsselung oder schlüssellose kryptologische Hashfunktion:** Diese Technik entspricht der Auswahl einer Zufallszahl als Pseudonym für jedes Merkmal in der Datenbank mit anschließendem Löschen der Korrespondenztabelle.
- **Tokenisierung:** Es handelt sich dabei um einen Einweg-Verschlüsselungsmechanismus oder die Zuweisung von fortlaufenden Nummern oder nicht mathematisch aus den Originaldaten abgeleiteten Zufallsdaten im Weg einer Indexfunktion. Diese Technik kommt insbesondere im Finanzsektor zur Anwendung, um Karten-IDs durch Werte zu ersetzen, die für einen Angreifer weniger zweckmäßig sind.

2. Schutzniveau

Die Qualität des Pseudonymisierungsprozesses hängt von folgenden Aspekten ab:

- **Zeitpunkt** der Pseudonymisierung, wobei dieser möglichst früh stattfinden soll.
- **Rücknahmefestigkeit** der Pseudonymisierungsprozedur.
- **Mächtigkeit** der Menge, in der sich ein Betroffener verbirgt, denn die Möglichkeit der Zusammenführung der Daten und Personen nimmt mit der Datenmenge, Datenqualität und Datenverfügbarkeit zu, da die Personen auch ohne den Schlüssel identifizierbar sein können.
- **Verknüpfbarkeit**: Oft sind Verkettungsmöglichkeiten einzelner Transaktionen/Datensätze eines bestimmten Betroffenen möglich, wobei insbesondere Transaktionen/Datensätze, die unter demselben Pseudonym gespeichert werden, miteinander verknüpft werden können.
- **Herausgreifen**: Wenn es nach wie vor möglich ist, Datensätze einzelner Personen herauszugreifen, da die Person weiterhin anhand eines einzigen Merkmals identifiziert wird, das im Zuge der Pseudonymisierung erzeugt wurde (das pseudonymisierende Merkmal) ist das Schutzniveau nicht voll gegeben.
- **Inferenz**: Statistische Daten werden möglichst in übersichtliche Form gebracht. Nun können aus der Form der Darstellung aber oft schon gewisse Schlüsse gezogen und Hypothesen aufgestellt werden. Angriffe mittels Inferenztechniken zur Ermittlung der wahren Identität einer betroffenen Person sind daher innerhalb eines Datenbestandes sowie über mehrere unterschiedliche Datenbanken – die für eine Person dasselbe pseudonymisierte Merkmal verwenden – hinweg möglich.
- Das gilt auch für den Fall, dass Pseudonyme selbsterklärend sind und damit die wahre Identität der betroffenen Person nicht ordnungsgemäß maskieren.

3. Häufige Fehler

Die Artikel-29-Datenschutzgruppe hat in einer Stellungnahme[9]) folgende häufig vorkommende Fehler bei der Pseudonymisierung identifiziert:

---

[9]) Ebd.

Annahme, dass ein pseudonymisierter Datenbestand anonymisiert ist

Oft gehen die Verantwortlichen davon aus, dass die Entfernung oder Ersetzung von einem oder mehreren Merkmalen ausreicht, um einen Datenbestand zu anonymisieren. Es hat sich in der Praxis gezeigt, dass dies nicht immer der Fall ist. Die einfache Änderung einer ID verhindert nämlich für sich alleine noch nicht, dass Angreifer eine Person identifizieren können, wenn der Datenbestand insgesamt geeignet ist, eine Person zu identifizieren. Daher sollte darauf geachtet werden, dass die Entfernung und Generalisierung von Merkmalen oder die Löschung der Originaldaten stattfindet.

Häufige Fehler beim Einsatz der Pseudonymisierung als Technik zur Verringerung der Verknüpfbarkeit

- **Verwendung desselben Schlüssels** in unterschiedlichen Datenbanken.
- **Verwendung unterschiedlicher Schlüssel** („rotierende Schlüssel") für unterschiedliche Personen: Wird etwa derselbe Schlüssel für die Erfassung von zehn Einträgen zur selben Person verwendet und wird dieser Schlüssel nach einiger Zeit geändert, dann können durch diese Änderung Muster entstehen und das erleichtert die Verknüpfbarkeit von Daten, die eine bestimmte Person betreffen.
- **Aufbewahrung der Schlüssel**: Wird ein Geheimschlüssel gemeinsam mit den pseudonymisierten Daten aufbewahrt, kann ein Angreifer in der Lage sein, die pseudonymisierten Daten ohne weiteres mit den entsprechenden Originalmerkmalen zu verknüpfen. Das Gleiche gilt, wenn der Schlüssel zwar unabhängig von den Daten, jedoch ungesichert gespeichert wird.

4. Wiederherstellung des Personenbezugs

Für die Wiederherstellung des Personenbezugs gibt es je nach der Art der Verknüpfbarkeit und Geheimnisträger eines Pseudonyms folgende Varianten:

- **Selbstgenerierte Pseudonyme** (vom Betroffenen selbst): Selbstgenerierte Pseudonyme sind vom User generiert und werden nicht mit den Daten und Informationen zusammen gespeichert und verwendet. Der User erstellt ein selbst gewähltes Pseudonym und benutzt dieses innerhalb des Systems, statt seinen wahren Namen zu nennen. Eine Rückidentifizierung kann im Normalfall nur durch die Person selbst erfolgen.

Beispiel:

Selbstgenerierte Pseudonyme könne bei wissenschaftlichen Studien Verwendung finden, die einerseits aggregierte Auskünfte über bestimmte Personengruppen geben sollen, andererseits aber auch den Betroffenen die Möglichkeit einräumen möchten, sich über ihre persönlichen Einzelergebnisse unerkannt zu informieren. Dies findet dann Anwendung, wenn es für die auswertende Stelle nicht erforderlich ist, die erhobenen Daten personenbezogen auszuwerten.

- **Referenz-Pseudonyme** (über eine Referenzliste): Bei Referenz-Pseudonymen kann der Personenbezug über entsprechende Referenzlisten wiederhergestellt werden. Ohne Hinzuziehung dieser Listen kann die Identität des Betroffenen nicht ermittelt werden. Diese Art der Pseudonymisierung eignet sich dann, wenn der Betroffene nur in Ausnahmefällen ermittelt werden muss.

  Die Zentralstelle, die die Referenzlisten aufbewahrt, wird auch als **Trusted-Third-Party-Service**, Vertrauensstelle oder Datentreuhänder bezeichnet. Als „Herr der Pseudonyme" kann diese Stelle ohne Mitwirkung der Betroffenen den Personenbezug herstellen und jene daher rückidentifizieren. Dieser Umstand macht die Zentralstelle zu einem herausgehobenen Angriffsziel. Die Stelle benötigt daher Vertrauen von allen Beteiligten und verlangt einen hohen technischen und organisatorischen Schutz.

Beispiel:

Insbesondere in der medizinischen Forschung oder im Fall von Registern bestimmter Krankheiten finden Referenz-Pseudonyme Anwendung.

- **Einweg-Pseudonyme** (unter Verwendung einer sog Einweg-Funktion mit geheimen Parametern) sind Pseudonyme, die mittels Einweg-Funktion aus den personenbezogenen Daten meistens im asymmetrischen Verschlüsselungsverfahren erzeugt werden. Die Identitätsdaten und das Pseudonym werden allerdings nicht durch eine Liste oder Tabelle wie Referenz-Pseudonyme in Verbindung gebracht, sondern durch eine explizit formulierte (parametrisierbare) Vorschrift hergestellt. Sicherheit entsteht durch Geheimhaltung der Parameter. Bei den Einweg-Pseudonymen müssen die Identitätsdaten der Person in den Systemen nicht gespeichert werden. Jene Instanzen, die die Pseudonyme verwalten und die geheimen Parameter kennen, müssen von Instanzen, die die pseudonymisierten Identitätsdaten verwalten, getrennt werden.[10])

Beispiel:

So könnten in Mobile-Payment-Systemen unterschiedliche Einweg-Pseudonyme eingesetzt werden, um dem Nutzer die Möglichkeit zu bieten, einzukaufen und zu bezahlen. Der Mobile-Payment-Anbieter kann dann die wahre Identität des Users nicht erkennen.[11])

C. Regelungen in der DSGVO

1. Datenminimierung und Zweckbindung

Der Grundsatz der **Datenminimierung** besagt, dass personenbezogene Daten gem Art 5 Abs 1c dem **Zweck angemessen und erheblich sein** sowie auf das für die Zwecke der Verarbeitung notwendige Maß beschränkt sein müssen.

Beruht die Verarbeitung auf einem anderen Zweck als demjenigen, zu dem die personenbezogenen Daten erhoben wurden und liegt keine Einwilligung oder andere Rechtsvorschrift der Union oder eines Mitgliedstaates vor, so hat der Verantwortliche – damit er feststellen kann, ob die Verarbeitung zu einem anderen Zweck als demjenigen, zu dem die Daten ursprünglich erhoben wurden, vereinbar ist – gem Art 6 Abs 4e auch das Vorhandensein **geeigneter Garantien** zu berücksichtigen. Zu diesen zählen insb **Verschlüsselung** und **Pseudonymisierung**.

Da es für viele Unternehmen heute einen entscheidenden Wirtschaftsfaktor darstellt, mit großen Datenmengen zu arbeiten,[12]) wird **Pseudonymisierung** in diesem Zusammen-

---

[10]) Vgl *Kaymaz*, User-Anonymität in Mobile Payment Systemen, Diss. Kassel (2011) 105.

[11]) Ebd 181.

[12]) *Meyer*, Datenschutz in Zeiten von Universal Analytics, in *Schweighofer/Kummer/Hötzendorfer/Borges* (Hrsg), Netzwerke. Tagungsband des 19. Internationalen Rechtsinformatik Symposions (2016) 483.

hang relevant. Insb bei Big-Data-Anwendungen ist die Abgrenzung zwischen personenbezogenen, pseudonymisierten und anonymisierten Daten entscheidend.[13])

Soweit personenbezogene Daten zur Nutzung für Zwecke der Werbung, der Marktforschung oder der bedarfsgerechten Gestaltung von Telemedien erhoben werden, ist die Verarbeitung der übrigen Nutzungsdaten dann ohne Einwilligung des Betroffenen gestattet, wenn für jedes Nutzungsprofil ein eigenes Pseudonym angelegt wird, das nur der verarbeitenden Stelle einen Rückschluss auf den Betroffenen erlaubt.

Beispiel:

Das betrifft etwa die Information, was sich ein Webseiten-Besucher A und was sich Webseiten-Besucher B angesehen hat. Diese Nutzungsdaten müssen für die Weiterverwendung mit Pseudonymen versehen sein und dürfen später nicht mit personenbezogenen Daten des Betroffenen zusammengeführt werden, wie etwa einer IP-Adresse oder einem bestimmten Kunden aus einem Online-Shop.

Daher ist beim Personenbezug von Online-Kennungen für die Datennutzung insb im Bereich der Werbung darauf zu achten, dass die Verknüpfung des Pseudonyms mit den persönlichen Daten nur erfolgen darf, wenn hierfür eine Zustimmung des Betroffenen vorliegt. Will man etwa Werbe-E-Mails zusenden und die Daten auswerten, wäre es die sauberste Lösung, eine gesonderte Zustimmung für die Erlaubnis der Zusendung der Information zum einen und die Zustimmung zur Datennutzung zum anderen einzuholen:

Praxistipp für die Einholung einer Zustimmung

- ☐ Ja, ich möchte den Newsletter von XYZ erhalten.
- ☐ Ja, ich bin einverstanden, dass für die Zusammenstellung und Auslieferung des Newsletters mein Kaufverhalten und mein Klickverhalten im Newsletter und im Online-Shop ausgewertet werden.

Zustimmungen müssen jedenfalls mittels einer positiven Handlung und aktiv erfolgen.[14])

2. Risikominimierung: Datenschutz durch Technikgestaltung

Der Verantwortliche trifft sowohl zum Zeitpunkt der Festlegung der Mittel für die Verarbeitung als auch zum Zeitpunkt der eigentlichen Verarbeitung geeignete technische und organisatorische Maßnahmen. Zu diesen soll auch die **Pseudonymisierung** zählen (Art 25).

Diese Maßnahmen sind so ausgelegt, dass sie Datenschutzgrundsätze wirksam umsetzen, wobei das datenschutzrechtliche Ziel der **Pseudonymisierung** die **Datenminimierung** ist.

[13]) Vgl *Knyrim*, Big Data: datenschutzrechtliche Lösungsansätze. Dako 3/2016, 59.

[14]) Eine vom europäischen Parlament vorgesehene Sonderbehandlung für Zustimmungen für die Nutzung pseudonymisierter Daten mittels automatisierter Verfahren wurde wieder fallen gelassen. Bericht über den Vorschlag für eine VO des Europäischen Parlaments und des Rates zum Schutz natürlicher Personen bei der Verarbeitung personenbezogener Daten und zum freien Datenverkehr (COM[2012]0011-C7-0025/2012-2012/0011[COD], Ausschuss für bürgerliche Freiheiten, Justiz und Inneres(LIEBE), 21. 11. 2013, A7-0402/2013.

Der Verantwortliche hat organisatorische Maßnahmen insb unter Berücksichtigung des Stands der Technik, der Implementierungskosten und der Art, des Umfanges, der Umstände und der Zwecke der Verarbeitung sowie der unterschiedlichen Eintrittswahrscheinlichkeit und Schwere der mit der Verarbeitung verbundenen **Risiken** für die Rechte und Freiheiten natürlicher Personen zu treffen. Das Ziel der technischen und organisatorischen Maßnahmen ist es, die Anforderungen der Vorordnung zu erfüllen.

Entscheidend ist, dass der Verantwortliche nachweisen kann, dass er die Anforderungen der Verordnung einhält.

Um diesen Nachweis auch erbringen zu können, hat der Verantwortliche interne Strategien festzulegen und Maßnahmen zu ergreifen, die insb den Grundsätzen des **Datenschutzes durch Technik** (*data protection by design*) und durch **datenschutzfreundliche Voreinstellungen** (*data protection by default*) Genüge tun.

Die **Pseudonymisierung** stellt eine solche Maßnahme dar, da sie insb dem Ziel dient, eine Minimierung der Verarbeitung personenbezogener Daten zu erreichen. Dieser Prozess soll zu einem möglichst frühen Zeitpunkt geschehen, sohin immer so schnell wie möglich (ErwGr 78).

3. Sicherheit der Verarbeitung

Die Verantwortlichen und der Auftraggeber treffen geeignete technische und **organisatorische Maßnahmen**, um ein dem Risiko angemessenes Schutzniveau zur Sicherheit der Datenverarbeitung gewährleisten. Diese Maßnahmen können **Pseudonymisierung und Verschlüsselung** personenbezogender Daten einschließen (vgl Art 32 Abs 1 lit a).

Im Fall einer **Datenpanne** kann die gesetzlich vorgesehene **Benachrichtigung der Betroffenen** im Fall der Verletzung des Schutzes personenbezogener Daten entfallen, wenn Daten **unzugänglich** gemacht oder verschlüsselt werden (Art 34 Abs 3 lit a).

Unter diesem Blickwinkel dient die Pseudonymisierung auch dazu, den Verantwortlichen zu entlasten. Die Anwendung der Pseudonymisierung kann die **Risiken** für die betroffenen Personen **senken** sowie die für die Verarbeitung Verantwortlichen und die Auftragsverarbeiter bei der Einhaltung ihrer Datenschutzpflichten unterstützen (ErwGr 28). Es wird allerdings ausdrücklich darauf verwiesen, dass durch die „**Pseudonymisierung**" andere Datenschutzmaßnahmen nicht ausgeschlossen sind.

Bei der Verarbeitung personenbezogener Daten sollten Pseudonymisierungsmaßnahmen, die eine **allgemeine Analyse** zulassen, bei demselben für die Verarbeitung Verantwortlichen möglich sein, wenn er technische und organisatorische Maßnahmen getroffen hat, um zu gewährleisten, dass die Umsetzung der Verordnung gewährleistet ist (ErwGr 29). Diese Zulässigkeit soll Anreize für die Pseudonymisierung schaffen, etwa um allgemeine Analysen von Big-Data-Beständen zu ermöglichen. Es ist aber sicherzustellen, dass zusätzliche Informationen gesondert aufbewahrt werden.[15])

Oftmals werden dem Nutzer Online-Kennungen wie IP-Adressen und Cookie-Kennungen, die von seinem Gerät, von Software-Anwendungen und -tools oder Protokollen geliefert werden, oder aber sonstige Kennungen (wie Funkfrequenzkennungen) zugeordnet. Dies kann Spuren hinterlassen, die insb in Kombination mit eindeutigen Kennungen und anderen beim Server eingehenden Informationen dazu benutzt werden können, um Profile der natürlichen Personen zu erstellen und sie zu identifizieren (ErwGr 30).

[15]) Der für die Verarbeitung der personenbezogenen Daten Verantwortliche sollte die befugten Personen bei diesem Verantwortlichen angeben (ErwGr 29).

Praxistipp:

Was den Einsatz von Cookies betrifft, so ist für die Analyse des Surfverhaltens dann keine Zustimmung erforderlich, wenn keine Verknüpfung der erhobenen Daten mit anderen Behandlungen erfolgt, wenn Cookies nur zur Erstellung anonymer Statistiken verwendet werden, wenn keine Cookies zur Verfolgung anderer Websites genutzt werden, im Fall von Kürzungen der IP-Adresse für Geolokalisierungen um die letzten beiden Stellen und wenn keine längere Speicherung der Cookies geben ist.[16])

Die **Risiken für die Rechte und Freiheiten** natürlicher Personen – mit unterschiedlicher Eintrittswahrscheinlichkeit und Schwere – können aus einer Verarbeitung personenbezogener Daten hervorgehen, die zu einem physischen**, materiellen oder immateriellen Schaden führen** könnte (ErwGr 75). Dazu gehört auch die unbefugte **Aufhebung der Pseudonymisierung**. Eine solche kann eine Verletzung des Schutzes personenbezogener Daten darstellen (ErwGr 85).

Deshalb sollte der Verantwortliche, sobald ihm eine Verletzung des Schutzes personenbezogener Daten durch eine Re-Identifizierung der Pseudonyme bekannt wird, die **Aufsichtsbehörde** von der Verletzung des Schutzes personenbezogener Daten unverzüglich und falls möglich, binnen höchstens **72 Stunden**, nachdem ihm die Verletzung bekannt wurde, unterrichten.[17])

4. Verhaltensregeln

Gem Art 40 Abs 1 fördern die Mitgliedstaaten, die Aufsichtsbehörden, der Ausschuss und die Kommission die Ausarbeitung von Verhaltensregeln, die nach Maßgabe der Besonderheiten der einzelnen Verarbeitungsbereiche und der besonderen Bedürfnisse von Kleinstunternehmen sowie von kleinen unter mittleren Unternehmen zur ordnungsgemäßen Anwendung der Verordnung beitragen sollen.

Dabei können Verbände und andere Vereinigungen als Vertreter die Anwendungen der Verordnung präzisieren, insb auch die **Pseudonymisierung** personenbezogener Daten (Art 40 Abs 2d).

5. Öffentliches Interesse: Ausnahmeregelungen

Art 89 normiert Garantien und Ausnahmen in Bezug auf die Verarbeitung von Daten zu im **öffentlichen Interesse** liegenden Archivzwecken, zu wissenschaftlichen oder historischen Forschungszwecken und zu statistischen Zwecken.[18]) Mit diesen Garantien wird si-

---

[16]) Vgl *Pachinger*, Neue Leitlinien für Cookie-Einwilligungen, in jusIT 2014/35, 70, FN 18.

[17]) Außer es liegen Ausnahmen iSd DSGVO vor, etwa der Nachweis, dass die Verletzung voraussichtlich nicht zu einem Risiko für die persönlichen Rechte und Freiheiten natürlicher Personen führt; vgl dazu ErwGr 85.

[18]) Das öffentliche Interesse an der Durchführung eines Forschungsauftrages wurde nach österr Rechtslage bisher dann angenommen, wenn für diesen eine Förderung durch öffentliche Stellen vorliegt, ebenso im Zusammenhang mit der wissenschaftlichen Untersuchung der NS-Zeit (DSB-D202.134/0004-DSB/2014 v 1. 7. 2017; DSB-D202.135/0002-DSB/2014 v 27. 5. 2014; K202.128/0004-DSK/2013 v 13. 12. 2013).

chergestellt, dass technische und organisatorische Maßnahmen bestehen, mit denen die Achtung des **Grundsatzes der Datenminimierung** gewährleistet wird. Zu den Maßnahmen kann die **Pseudonymisierung** gehören, sofern es möglich ist, diese angestrebten Zwecke auf diese Weise zu erfüllen.

- Die **Verarbeitung** personenbezogener Daten für im **öffentlichen Interesse** liegende Archivzwecke, zu wissenschaftlichen oder historischen Forschungszwecken oder zu statistischen Zwecken sollte geeigneten Garantien für die Rechte und Freiheiten der betroffenen Person gemäß dieser Verordnung unterliegen (ErwGr 156).
- Die **Weiterverarbeitung** personenbezogener Daten zu im öffentlichen Interesse liegenden Archivzwecken, zu wissenschaftlichen oder historischen Forschungszwecken oder zu statistischen Zwecken erfolgt erst dann, wenn der Verantwortliche geprüft hat, ob es möglich ist, diese Zwecke durch die Verarbeitung von personenbezogenen Daten, bei der die Identifizierung von betroffenen Personen nicht oder nicht mehr möglich ist, zu erfüllen, sofern geeignete Garantien bestehen (wie z.B. die **Pseudonymisierung** von personenbezogenen Daten).

Die Mitgliedstaaten sollten geeignete Garantien in Bezug auf die Verarbeitung personenbezogener Daten für im öffentlichen Interesse liegende Archivzwecke, zu wissenschaftlichen oder historischen Forschungszwecken oder zu statistischen Zwecken vorsehen.

Im Rahmen der betreffenden Bedingungen und Garantien können spezifische Verfahren für die Ausübung dieser Rechte durch die betroffenen Personen vorgesehen sein – sofern dies angesichts der mit der spezifischen Verarbeitung verfolgten Zwecke angemessen ist – sowie technische und organisatorische Maßnahmen zur Minimierung der Verarbeitung personenbezogener Daten im Hinblick auf die Grundsätze der **Verhältnismäßigkeit** und der Notwendigkeit.

Die Verarbeitung personenbezogener Daten zu wissenschaftlichen Zwecken sollte auch anderen einschlägigen Rechtsvorschriften, beispielsweise für klinische Prüfungen, genügen.

6. Geldbußen

Art 83 Abs 2d sieht vor, dass bei der **Festsetzung von Geldbußen** auf den Grad der Verantwortung des Verantwortlichen oder des Auftragsverarbeiters unter Berücksichtigung der getroffenen technischen und organisatorischen Maßnahmen zu achten ist. Zu diesen Maßnahmen gehört im Rahmen des Art 25 „Datenschutz durch Technikgestaltung" auch die **Pseudonymisierung**.

Bei Verstößen gegen diese Bestimmung werden Geldbußen bis zu € 10.000.000 oder im Fall eines Unternehmens von bis zu 2% seines gesamten weltweit erzielten Jahresumsatzes des vorangegangenen Geschäftsjahrs verhängt (Art 83 Abs 4 lit a).

Bei Verstößen gegen die Grundsätze für die Verarbeitung, einschließlich der Bedingungen für die Einwilligung – wobei im Zusammenhang mit der Pseudonymisierung der Grundsatz der Zweckbindung und der damit verbundenen Datenminimierung (Art 5 Abs 1c) zu beachten ist –, können Geldbußen bis zu € 20.000.000 oder im Fall eines Unternehmens von bis zu 4% seines gesamten weltweit erzielten Jahresumsatzes des vorangegangenen Geschäftsjahrs verhängt werden (Art 83 Abs 5 lit a).

II. Regelungen im österreichischen Recht

1. DSG 2000: Indirekt personenbezogene Daten

Im österreichischen DSG 2000 werden pseudonymisierte Daten als **indirekt personenbezogende Daten** bezeichnet.[19])

Indirekt personenbezogene Daten sind gem § 4 Z 1 DSG 2000[20]) Angaben über Betroffen, wenn der Personenbezug der Daten derart ist, dass ein Auftraggeber, Dienstleister oder Übermittlungsempfänger die Identität des Betroffenen mit rechtlich zulässigen Mitteln nicht bestimmen kann.[21]) Sobald die Bestimmung der Identität rechtlich unzulässig ist, führt dies nach dieser Definition sohin zum indirekten Personenbezug.[22])

Das DSG 2000 sieht eine **Erleichterung** für die Zulässigkeit der Verwendung, Übermittlung und Überlassung ins Ausland sowie eine Ausnahme von der Meldepflicht vor (§ 12 Abs 2 und 3 DSG 2000).

Die Begriffsdefinition der „indirekt personenbezogenen Daten" unterscheidet sich von der Definition der Pseudonymisierung, wie sie in der DSGVO erfolgt, in mehrfacher Hinsicht, was in der Praxis zu entscheidenden Änderungen führen wird.

- Bei der Identifizierbarkeit der Person kommt es im DSG 2000 nicht auf die „Hinzuziehung zusätzlicher Informationen" an, sondern auf die Frage, ob der Auftraggeber die Identifikation mit rechtlich zulässigen Mitteln erzielen kann. Das hat zu einigen Auslegungsfragen geführt.[23])
- Z.B. Internetsachverhalte wie die Frage nach Datenkategorien wie Cookies, Logfiles und IP-Adressen: Diese Daten stellen zunächst nur einen Bezug zu einem bestimmten Computer her; wenn zu diesen Daten mit rechtlich zulässigen Mitteln ein Personenbezug herstellbar ist, so handelt es sich um bestimmbare personenbezogene Daten.[24]) Ist ein Personenbezug faktisch herstellbar, besteht aber für denjenigen, der die IP-Adresse kennt, kein rechtlich zulässiges Mittel, diesen Personenbezug in Erfahrung zu bringen, etwa mangels Verdachts einer strafbaren Handlung, ist die IP-Adresse als indirekt personenbezogen zu qualifizieren.[25])
- Auch im Fall von Videoaufzeichnungen ist fraglich, ob es sich um indirekt personenbezogene Daten handelt. Ist die Identifizierung von Personen möglich, etwa weil es Personen aus dem eigenen Umfeld sind (Angestellte, Nachbarn), sind diese indirekt personenbezo-

[19]) *Bergauer*, Indirekt personenbezogene Daten – datenschutzrechtliche Kuriosa, 55. Mit dem DSG 2000 wurde innerhalb der „personenbezogenen Daten" sohin die Datenkategorie der „indirekt personenbezogene Daten" geschaffen, die im Wesentlichen auf Grund von Art 2 lit a DSRL als Unterscheidung zwischen direkter und (nur) indirekter Identifizierbarkeit von Personen eingeführt wurde. Das Ziel dieser Differenzierung bestand letztlich darin, eine gewisse Abstufung im Hinblick auf das Schutzniveau zu erzielen und damit gewisse Verarbeitungsprozesse zu gestatten.

[20]) Bundesgesetz über den Schutz personenbezogener Daten (Datenschutzgesetz 2000 – DSG 2000), BGBl I 1999/165 idF BGBl 2015/132.

[21]) *Dohr/Pollirer/Weiss/Knyrim*, DSG² § 4 Anm 2 nennen etwa mittels Kryptographie verschlüsselte Daten oder die Daten des AIDS-Registers nach dem AIDS-Gesetz 1993, BGBl 1993/728 idgF.

[22]) *Jahnel*, Datenschutzrecht (2010) Rz 3/78.

[23]) *Bergauer*, Indirekt personenbezogene Daten – datenschutzrechtliche Kuriosa, 55 geht auf das Kriterium der Bestimmbarkeit ein und analysiert die Frage, ob Kfz-Kennzeichen indirekt personenbezogene Daten sind, vgl VfGH 15. 6. 2007, G 147/06 ua.

[24]) *Jahnel*, Handbuch Rz 3/82; DSK 29. 9. 2006, K213.000/0005-DSK/2006.

[25]) Vgl dazu die Ausführungen in FN 5.

gen. Auch können rechtlich zulässige Mittel wie Anzeigeerstattung an Sicherheitsbehörden oder Beauftragung eines Detektivs zur Identifizierung führen.[26])

- Noch entscheidender erscheint für die Praxis allerdings ein weiterer Aspekt: Die Verarbeitung und Übermittlung von indirekt personenbezogenen Daten ist im DSG 2000 privilegiert. § 8 Abs 2 DSG 2000 bestimmt, dass bei indirekt personenbezogenen Daten keine schutzwürdigen Geheimhaltungsinteressen des Betroffenen verletzt werden. Dem Betroffenen steht das Recht auf Widerspruch zu. Kam es sohin zu einer Pseudonymisierung von Daten – ein Prozess, der für sich genommen auch mit Risiken und Kosten verbunden ist –, so war im Gegenzug eine privilegierte Datennutzung möglich, wie bspw der Datentransfer in Drittländer.[27]) Nach der Konzeption der DSGVO wird die Pseudonymisierung unter Datensicherheitsaspekten zur Pflicht (vgl I.C.2 und *Pollirer*, Art 32 DSGVO). Der Verantwortliche haftet darüber hinaus für den Fall, dass die Daten von Unbefugten re-identifiziert werden und es damit zu einer Datenpanne kommt. Die österr Lösung im DSG 2000 stellt eine Sonderform der Datennutzung dar, die insb im Umgang mit Gesundheitsdaten (etwa im klinischen Bereich) und für den Datentransfer in bestimmte Nicht-EU Länder eine wichtige Rolle spielte und eine praktikable Lösung darstellte, weil sie die Bedürfnisse nach Datenschutz und Datennutzung, insb in Hinblick auf besonders schützenswerte Daten, zu vereinen wusste.

Das DSG 2000 normiert Regelungen für die **wissenschaftliche Forschung und Statistik**. Gem § 46 DSG 2000 darf ein Auftraggeber personenbezogene Daten verwenden, wenn diese für ihn nur indirekt personenbezogen sind. Das Gesetz definiert einige Ausnahmen, die eine Verwendung der Daten dennoch zulassen, etwa bei Vorliegen bestimmter gesetzlicher Vorschriften, bei Zustimmung des Betroffenen oder bei Genehmigung durch die Datenschutzbehörde.

Dennoch sind gem § 46 Abs 5 DSG 2000 auch in jenen Fällen, in welchen die Verwendung von Daten für Zwecke der wissenschaftlichen Forschung oder Statistik in personenbezogener Form zulässig ist, die Daten indirekt personenbezogen zu verwenden, wenn in einzelnen Phasen der wissenschaftlichen Arbeit mit dem indirekten Personenbezug das Auslangen gefunden werden kann. Sobald der Personenbezug nicht mehr notwendig ist, ist er ganz zu beseitigen.

2. Spezifische Rechtsnormen (Bundesrecht)

Die österr Rechtsordnung sieht in einigen Rechtsnormen die ausdrückliche Verwendung von indirekt personenbezogenen Daten vor. Der folgende Auszug bundesrechtlicher Vorschriften soll einen Überblick über Definition und Anwendung von pseudonymisierten und indirekt personenbezogenen Daten geben.

Hierbei ist zu beachten, welche Definitionen der jeweiligen Norm zugrunde liegen und ob es zu einem konkreten Verweis der Normen auf das DSG 2000 kommt. Wenn dies der Fall ist, müssen Verweise angepasst werden. Wenn das DSG 2000 als Interpretationsgrundlage dient, so ist zukünftig die DSGVO heranzuziehen.

In den Fällen, in denen von indirekt personenbezogenen Daten die Rede ist, verweisen die meisten der unten gelisteten Gesetze auf das DSG 2000. Das Bundesgesetz über die Gesundheit Österreich GmbH[28]) verweist auf § 4 Z 3 DSG 2000. Manche Gesetze beziehen

[26]) Siehe aber: *Kotschy* in FS Machacek-Matscher (2008) 261.

[27]) Vgl etwa *Knyrim/Trieb*, Checkliste Datentransfer nach Safe Harbor, Dako 5/2015, 117.

[28]) BGBl I Nr 2006/132 idF BGBl I Nr 2014/32.

sich auf die Nutzung des bPK (bereichsspezifische Personenkennzeichen) gem §§ 9 E-GovG[29]), das wiederum auf die Datennutzung gem § 6 Abs 1 Z 2 DSG 2000 verweist.

Dort, wo der Begriff der „Pseudonymisierung" verwendet wird, findet sich ein derartiger Verweis idR nicht.

- **Allgemeines Sozialversicherungsgesetz** (ASVG)[30]), § 459e: Für die Mitwirkung im Gesundheitsbereich und die Berechtigung zur Datenverarbeitung dürfen bestimmte personenbezogene Daten in **pseudonymisierter** Form verwendet werden.
- **Anti-Doping-Bundesgesetz 2007**[31]), § 14: Für die Analyse der bei Dopingkontrollen abgegebenen Proben sind diese Daten dem Labor **indirekt personenbezogen** zuzuleiten.
- **Arbeitskräfteüberlassungsgesetz**[32]), § 13 Abs 7: Für die Zwecke der Erstellung von Verlaufsstatistiken dürfen die vom Hauptverband der österreichischen Sozialversicherungsträger übermittelten Daten **indirekt personenbezogen** (bPK) verwendet werden.
- **Arbeitsmarktservicegesetz**[33]), § 25 Abs 5: Für im öffentlichen Interesse liegende wissenschaftliche und statistische Untersuchungen dürfen **indirekt personenbezogene Daten** von anderen Behörden oder Sozialversicherungsträgern oder bei der Bundesanstalt vorhandenen Daten der Erwerbsbevölkerung übermitteln werden.
- **Arbeit-und-Gesundheitsgesetz**[34]), § 8: Für statistische und wissenschaftliche Untersuchungen sind in **pseudonymisierter** (verschlüsselter) Form Daten zu übermitteln.
- **Bildungsdokumentationsgesetz**[35]), § 5: Für die Gesamtevidenz für Schüler und Studierende sind die Daten in **indirekt personenbezogener** Form zu speichern.
- **Eignungsprüfungsverordnung – Inneres**[36]), § 5 Abs 1: Während des gesamten Auswertungsverfahrens ist die **Pseudonymisierung** der zu überprüfenden Personen gegenüber den an der Auswertung Beteiligten sicherzustellen.
- **Meldegesetz**[37]), § 16b: Die im Zentralen Melderegister gespeicherten Daten dürfen für statistische Zwecke übermittelt werden. Die Daten sind **indirekt personenbezogen** zu übermitteln.
- **Personenstandsgesetz 2013**[38]), § 45: Die Personenstandsbehörden dürfen Daten zum Religionsbekenntnis nur **indirekt personenbezogen** übermitteln.
- **Transparenzdatenbankgesetz 2012**[39]), § 24: Der Bundesminister für Finanzen, das Arbeitsmarktservice und der Hauptverband der österreichischen Sozialversicherungsträger haben zum Zweck der Erstellung einer Auswertung Daten **indirekt personenbezogen** zu übermitteln.

[29]) Bundesgesetz über Regelungen zur Erleichterung des elektronischen Verkehrs mit öffentlichen Stellen (E-Government-Gesetz – E-GovG), BGBl I Nr 2004/10 idF BGBl I Nr 2013/83.

[30]) BGBl Nr 1955/189 idF BGBl Nr 2016/44.

[31]) BGBl I Nr 2007/30 zuletzt geändert durch BGBl I Nr 2014/93.

[32]) BGBl Nr 1988/196 idF BGBl I Nr 2016/44.

[33]) BGBl Nr 1994/313 zuletzt geändert durch BGBl I Nr 2014/40.

[34]) BGBl I Nr 2010/111 zuletzt geändert durch BGBl I Nr 2013/138; BGBl II Nr 2014/59.

[35]) BGBl I Nr 2002/12 zuletzt geändert durch BGBl I Nr 2015/104.

[36]) Eignungsprüfungsverordnung-Inneres, BGBl II Nr 2012/400.

[37]) BGBl I Nr 1992/9 zuletzt geändert durch BGBl I Nr 2015/52; BGBl II Nr 2016/50.

[38]) BGBl I Nr 2013/16 zuletzt geändert durch BGBl I Nr 2014/80.

[39]) BGBl I Nr 2012/99 idF BGBl I Nr 2015/163.

3. Pseudonymisierung in Medizin und Gesundheitswesen

- **Bundesgesetz über die Gesundheit Österreich GmbH**[40]), § 15: Die verwendeten Daten müssen **anonymisiert** sein, außer die Erfüllung der gesetzlichen Aufgaben ist nicht möglich, dann ist die Verwendung **indirekt personenbezogener** Daten erlaubt.
- **Fortpflanzungsmedizingesetz**[41]) (FMedG), § 20: Sämtliche Daten des Samenspenders bzw. der Eizellspenderin müssen streng vertraulich behandelt werden. Ein durch die Spende gezeugtes Kind hat jedoch einen Auskunftsanspruch und kann nach seinem 14. Lebensjahr erfahren, wer der leibliche Vater bzw. die leibliche Mutter ist.
- **Medizinproduktegesetz**[42])(MPG), § 73, 73a: Die Gesundheit Österreich GmbH ist berechtigt, ein Register für Herzschrittmacher, implantierbare Defibrillatoren und Loop-Recorder in Form eines Informationsverbundsystems zu führen. Jeder Zugriff darf nur in **indirekt personenbezogener** Form erfolgen. Die Gesundheit Österreich GmbH ist berechtigt, Implantatregister für aktive implantierbare Medizinprodukte, Weichteilimplantate, cardiovaskuläre, neurologische und orthopädische Implantate zu führen. Das Bundesamt für Sicherheit im Gesundheitswesen ist berechtigt, auf die in den Registern verarbeiteten Daten in **indirekt personenbezogener** Form zuzugreifen.
- **Gesundheits-Zielsteuerungsgesetz**[43]), § 11 Abs 1 Z 1: Die Datengrundlage für ein bundesweites Monitoring iSd Gesundheits- und Versorgungsziele muss auch **Pseudonymisierungen** enthalten.
- **Organisation und Finanzierung des Gesundheitswesens (Bund-Länder)**[44]), Art 37: Die gesamte ambulante und stationäre Dokumentation ist in einer für alle Bereiche identen Weise zu **pseudonymisieren.**
- **Gesundheitstelematikgesetz 2012** (GTelG 2012)[45]), § 22: Grundsätzlich dürfen die Protokollierungsdaten nicht personenbezogen verwendet werden, außer **indirekt personenbezogen** zur Optimierung und Evaluierung von ELGA.
- **IVF-Fonds-Gesetz,** § 7 Abs 4[46]): Für Zwecke der Qualitätssicherung und -kontrolle auf dem Gebiet der In-vitro-Fertilisation dürfen Daten nur **indirekt personenbezogen** verarbeitet werden.
- **Krankenanstalten- und Kuranstaltengesetz**[47]), § 8a Abs 4a: Die Krankenanstalten sind für Zwecke der Überwachung nosokomialer Infektionen berechtigt, Daten der Pfleglinge **indirekt personenbezogen** zu verarbeiten und für Zwecke der Überwachung anonymisiert weiterzuleiten.
- **Gentechnikgesetz (GTG)**[48]), § 66: Genetische Analysen am Menschen für wissenschaftliche Zwecke und zur Ausbildung dürfen nur mit ausdrücklicher und schriftlicher Zustimmung des Probenspenders oder an **anonymisierten** Proben durchgeführt werden. Eine Probe, die wissenschaftlichen Zwecken dient, gilt auch dann als anonymisiert, wenn sie

[40]) BGBl I Nr 2006/132 idF BGBl I Nr 2016/31.

[41]) BGBl Nr 1992/275 zuletzt geändert durch BGBl I Nr 2015/35.

[42]) BGBl Nr 1996/657 idF BGBl I Nr 2014/32.

[43]) Gesundheits-Zielsteuerungsgesetz idF BGBl I Nr 2014/29.

[44]) BGBl I Nr 2008/105 zuletzt geändert durch BGBl I Nr 2013/199.

[45]) BGBl I Nr 2012/111 idF BGBl I Nr 2013/83.

[46]) Bundesgesetz, mit dem ein Fonds zur Finanzierung der In-vitro-Fertilisation eingerichtet wird (IVF-Fonds-Gesetz), idF BGBl I Nr 2015/35.

[47]) BGBl Nr 1957/1 zuletzt geändert durch BGBl I Nr 2016/3.

[48]) BGBl Nr 1994/510 idF BGBl I Nr 2015/126.

ohne Namen nur mit einem Code versehen ist und dieser ausschließlich in der jeweiligen Einrichtung mit dem Namen des Probenspenders in Verbindung gebracht werden kann. Anmerkung:

- Wenn eine Probe nur mit einem Code versehen ist, so entspricht das streng genommen der Definition der Pseudonymisierung und nicht der Anonymisierung, daher ist diese Probe de facto nicht anonymisiert.
- Keine Anwendung findet das Datenschutzrecht dann, wenn Informationen in anonymisierter Form vorliegen. Nun macht aber schon die Ausprägung eines Merkmals, das nur eine einzige Person aufweist, deren Identität bestimmbar. Der DNA-Code eines Menschen determiniert daher die Identität eines Menschen, unabhängig davon, ob der Name, die Anschrift oder sonstige weitere Informationen zur betroffenen Person vorliegen. Es ist daher davon auszugehen, dass auch im Fall von anonymisierten Proben von pseudonymisierten Proben die Rede ist.[49])

- **Suchtmittelgesetz**[50]), § 25: Das Bundesministerium für Gesundheit richtet ein Suchtmittelregister ein; Daten für die Auswertung zum Zweck der statistischen und wissenschaftlichen Untersuchung dürfen in **pseudonymisierter Form** verarbeitet werden.

III. Fazit und Kurzzusammenfassung

Bei der **Pseudonymisierung** werden personenbezogene Daten und Identitätsmerkmal getrennt, wobei immer noch die Möglichkeit der Zuordnung der Daten zu einer Person besteht. Das Ziel dieser Maßnahme ist **Datenminimierung** und **Datensicherheit.**

Die Grundsätze des Datenschutzes gelten für alle Informationen, die sich auf eine **identifizierte** oder **identifizierbare** natürliche Person beziehen. Daten, die durch Heranziehung zusätzlicher Informationen einer natürlichen Person zugeordnet werden könnten, sollten als Informationen über eine identifizierbare natürliche Person betrachtet werden.

- Die Verantwortlichen und der Auftraggeber treffen geeignete technische und **organisatorische Maßnahmen**, um ein dem Risiko angemessenes datenschutzrechtliches Schutzniveau zu gewährleisten. Diese Maßnahmen können insb auch **Pseudonymisierung und Verschlüsselung** personenbezogender Daten sein.
- Im Umkehrschluss hat der Verantwortliche darauf zu achten, dass Pseudonyme von Angreifern nicht ohne weiteres rückgängig gemacht werden können. Die **Risiken für die Rechte und Freiheiten** natürlicher Personen können aus einer Verarbeitung personenbezogener Daten hervorgehen, die zu einem physischen, materiellen oder immateriellen Schaden führen könnte. Dazu gehört auch die unbefugte **Aufhebung der Pseudonymisierung**.
- Beide Aspekte sind für die Beurteilung von Haftungs- und Schadenersatzfragen und allfällige Geldbußen relevant.

Pseudonymisierungen spielen augenblicklich insb im Bereich von Big-Data-Anwendungen, im Gesundheitsbereich, im Finanzsektor und im internationalen Datentransfer sowie im Cloud-Computing eine wachsende Rolle, ebenso bei der Verarbeitung von Daten zu im öffentlichen Interesse liegenden Archivzwecken, zu wissenschaftlichen oder historischen Forschungszwecken und zu statistischen Zwecken.

[49]) Vgl *Hödl/Schwarzbraun*, Open Source, Humangenetik und Datenschutz, in *Jahnel*, Jahrbuch Datenschutzrecht (2013) 182.

[50]) BGBl I Nr 1997/112 zuletzt geändert durch BGBl I Nr 2016/23.

Big Data und Profiling

Chancen und Risiken in der Datenschutz-Grundverordnung

Klaus M. Steinmaurer

„Zäume den Esel wie du willst, du machst doch kein Rennpferd daraus!“
(Karl Friedrich Wilhelm Wander, Deutsches Sprichwörter-Lexikon, Brockhaus 1880)

„Big Data can be like a 3D-Movie without 3D-Glasses – you know there is a lot going on but you are mainly just disoriented“
(Michael Norton, Harvard Business School 2015)

I. Einleitung

Der folgende Beitrag will auf Grundlage der Regelungen der DSGVO erörtern, inwieweit es dadurch gelungen ist, neue Grundlagen für von Unternehmen und Konsumenten gewünschte Geschäftsfelder zu Big Data zu schaffen und welche Besonderheiten dabei zu beachten sind. Dabei wird auch der Grundsatzfrage nachgegangen, wie durch Anwendung der neuen Regelungen die proklamierte Zielsetzung der DSGVO, einen fairen Wettbewerb zu schaffen und dazu beizutragen, dass Unternehmen, va kleine und mittlere, aus dem digitalen Binnenmarkt den größtmöglichen Nutzen ziehen können, erreicht werden kann.[1]) Auch die Frage, ob die gegenüber der aktuellen Rechtslage stärker technikorientierte Ausgestaltung der Regelungen neue Chancen für Unternehmen bringt, soll behandelt werden.

Ob es durch die evolutionäre Weiterentwicklung des bestehenden Datenschutzregimes möglich ist, den Anforderungen im Zusammenhang mit Big Data und Profiling als Grundlagen neuer Geschäftsmodelle gerecht zu werden, ist unsicher. Die Praxis wird klären müssen, inwiefern nicht im Lichte der heutigen, technologisch getriebenen gesellschaftlichen Umbrüche im Umgang mit Daten, ein neuer disruptiver Ansatz den damit verbundenen zukünftigen Anforderungen eher gerecht geworden wäre. In diesem Beitrag geht es daher nicht nur um den aktuellen Status aus rechtlicher Sicht, sondern auch um die Potenziale der DSGVO für innovative unternehmerische Tätigkeiten.

Big Data und Profiling sind gesellschaftsrelevante Themen, die nicht ausschließlich durch den Datenschutz geregelt werden können. Vielmehr ist das Thema in einem darüber hinausgehenden Zusammenspiel von Recht bzw Regulierung, Technik und Wirtschaft zu betrachten. Dabei ist eine Abwägung von wirtschaftlichen und datenschutzrechtlichen Interessen vorzunehmen. Es ist klar eine Grenze zu ziehen, wie weit eine Big-Data-Anwendung gehen darf und wann der Punkt erreicht ist, wo sie eine allgemein unerwünschte gesellschaftspolitische Gefährdung darstellt.

---

[1]) Pressemitteilung der Europäischen Kommission 951/15, 18.12.2015.

Um das dazu notwendige Know-how in den Unternehmen aufzubauen (va wenn es um die Risikoeinschätzung im Einzelfall geht), ist die Zeit bis zur effektiven Geltung der Verordnung ab Mai 2018 sehr kurz. Auch die Kostenfrage darf nicht unterschätzt werden. Die Praxis wird zeigen müssen, ob es auch für kleine und mittlere Unternehmen machbar ist oder ob die angestrebten Geschäftschancen nicht doch wieder nur großen Unternehmen vorbehalten bleiben, die sich die entsprechenden Strukturen, wie sie die DSGVO vorsieht, auch leisten können (vgl Art 35).

II. Big Data und Profiling

Der Begriff Big Data wird meistens iZm völlig neuen Produkten, Services und innovativen Anwendungen diskutiert.[2]) Die Bandbreite der Definitionen ist sehr weit gesteckt. Manche sprechen gar von einer Big-Data-Hybris.[3]) Was sich am Ende dahinter versteckt und wo der kommerzielle Bezug hergestellt werden kann, bleibt meist im Dunkeln. Auch der Volltext der DSGVO vom April 2016 bietet auf ersten Blick nur geringfügig konkrete Anhaltspunkte zu diesem Thema. Die Art 6 Abs 4 und Art 21 und 22 bzw Art 25 lassen aber zumindest im Ansatz einen Versuch erkennen, sich dem Thema Big Data und Profiling als Grundlage für zukünftige (kommerzielle) Anwendungen anzunähern.

A. Big Data – eine Definition

Big Data ist in der Verordnung selbst nicht weiter definiert. Eine allgemeingültige Definition, die einer rechtlichen Einordnung zugänglich ist, liegt nicht vor. Sich diesem Phänomen rechtlich über die Datenschutzgrundverordnung zu nähern, erfordert daher die Auslegung der vorliegenden Bestimmungen unter den sich aus Big Data ergebenden Anforderungen. Dazu ist notwendig, einmal den Begriff Big Data als solchen festzumachen. Nur so ist eine rechtliche Einordnung sinnvoll möglich. Folgende Annahmen können dazu getroffen werden:

- Big Data kann, wird auch oft, muss aber nicht immer personenbezogene Daten treffen. Es ist in jedem Einzelfall zu entscheiden, welche Bestimmungen heranzuziehen sind.
- „Big" kann von Einzelfall zu Einzelfall quantitativ und qualitativ verstanden werden. Datenquantität als solche ist kein absolutes Kriterium zur Definition von Big Data.
- Wesensmerkmal von Big Data ist, dass es dabei um eine Vielzahl verschiedener, tlw wenig oder nur schwach strukturierter Daten geht, durch deren Verknüpfung anhand algorithmischer Verfahren bestimmte Fragestellungen mit bestimmten Wahrscheinlichkeiten beantwortet werden können (Herstellen von Korrelationen).
- Ob ein bestimmter Datensatz verwendet werden darf, ist für jede einzelne Datenquelle zu prüfen, und zwar unabhängig vom angestrebten Ergebnis.
- Je größer die Datenmengen und je genauer die Datenqualität, desto akkurater sind auch die Ergebnisse für die gestellte Aufgabe. Damit wird auch die Komplexität der rechtlichen Beurteilung des damit verbundenen Risikos erhöht.

---

[2]) *Hoeren*, Big Data. Eine interdisziplinäre Chance für die Wirtschaftsinformatik, www.uni-muenster.de (abgerufen am 4.9.2014).

[3]) Ebd.

- Der Informationsgehalt für eine bestimmte Fragestellung ergibt sich nicht aus dem einzelnen Datum selbst, sondern aus dessen Verknüpfung mit einem oder mehreren anderen Daten. Damit lässt sich aber noch nicht die rechtliche Zulässigkeit begründen.

Big Data ist also nicht gleichzusetzen mit dem Umstand, dass bspw *Starbucks* immer weiß, wo sich eine bestimmte Person gerade befindet, um ihr zum richtigen Zeitpunkt am richtigen Ort die richtige Werbebotschaft schicken zu können. Das ist zulässiges oder unzulässiges Direktmarketing, je nachdem, wie *Starbucks* zu den Daten gekommen ist. Big Data kommt dort ins Spiel, wo jemand aufgrund seines Surfverhaltens im Internet, ohne konkrete Daten wie Adresse oder Telefonnummer von einer konkreten Person zu haben, zu dem Ergebnis kommt, dass ein bestimmter Internetuser ***ein 30- bis 40-jähriger Mann mit Familie und gutem Einkommen*** ist. Die Person surft mit ihrem PC oft auf Seiten mit Familienautos, aber auch von Motorrädern. Sie liebt für die Kategorie typische Musik (iTunes-Downloads geben darüber Auskunft). Weiters bevorzugt die Person gute Restaurants (mindestens einmal in der Woche besucht sie solche Seiten und gibt Reservierungen ab). Mit diesen Informationen kann dafür gesorgt werden, dass dieser Person eine typgerechte Werbung im Werbeframe eingespielt wird, wenn sie sich im Internet bewegt. Ob diese Person tatsächlich eine 50-jährige junggebliebene alleinstehende Lehrerin ist, hat für den Werbenden weniger Relevanz.

Für die Betreiber Big-Data-basierter Werbeanwendungen im Internet ist es unbedeutend, ein wirklich der Realität entsprechendes Profil einer Person zu erhalten. Es geht vielmehr darum, Informationen zu den für die jeweilige Kategorie typischen Verhaltensweisen zu erlangen, um eine möglichst zielgerichtete Werbung an eine für den Werbenden völlig anonym zu verstehende Person zu ermöglichen. Alle zur Kategorisierung herangezogenen Daten sind aber für sich alleine oft sowohl direkt als auch indirekt personenbezogene Daten (z.B. die IP-Adresse), auch wenn die Kombination zu einem von der Realität unterschiedlichen Ergebnis kommt.

In ihrer Stellungnahme 1/2008 (WP 148) hat die *Artikel-29-Arbeitsgruppe* dazu festgestellt, dass jede Anreicherung von Benutzerdaten nur mit ausdrücklicher Zustimmung erfolgen darf. Generell eine Anreicherung von benutzerspezifischen Daten mit Informationen von Dritten ist nicht zulässig. Diese Art der Korrelation ist nach Ansicht der Arbeitsgruppe bereits nach den Bestimmungen der RL 95/46 EG rechtswidrig, wenn die betroffene Person nicht bereits bei der Datenerhebung ausreichend darüber informiert wird.[4]) Daran wird sich auch durch die DSGVO nichts ändern.

Praxistipp:

Für den verordnungskonformen Einsatz einer Big-Data-Anwendung ist es entscheidend, wie das Tool *technisch* ausgestaltet ist. Es sind bei der Festlegung des Algorithmus die zu verwendenden Daten zu definieren und zu entscheiden, wo für die Legitimation der Datenanwendung rechtskonforme Anonymisierungs- bzw Pseudonymisierungsmechanismen heranzuziehen sind. Auf die umfassende Dokumentation dieser Entscheidungsgrundlagen ist, insb wo sie den Zustimmungsprozess betreffen, zu achten.

Big Data ist aber nicht nur ein Thema der Werbewirtschaft. Im industriellen Bereich ist faktisch alles, das mit dem Thema Industrie 4.0 zusammenhängt, Teil von Big Data, auch wenn es bei Industrie 4.0 im Wesentlichen um die Vernetzung und den Informationsaus-

[4]) Vgl *Artikel-29-Arbeitsgruppe,* Stellungnahme 1/2008, WP 148, 24, 4. 4. 2008.

tausch zwischen Maschinen geht. In der gesamten vernetzten Wertschöpfungskette ist davon auszugehen, dass ein nicht unbeträchtliches Maß an personenbezogenen Daten Teil des Informationsaustausches sein wird. Das betrifft auf der einen Seite von außen hereinkommende Daten (Kundendaten, die dazu dienen, einen automatisierten Produktionsprozess anzustoßen) als auch Daten, die sich aus der Vernetzung von Mensch und Maschine innerhalb des Produktionsprozesses generieren. Es ist dabei auch für diesen Bereich von Relevanz, wie die gesammelten Daten im Rahmen von Weiterentwicklungen eines Prozesses oder der Produktverbesserung genutzt werden dürfen.

Ein weiteres Zukunftsthema, bei dem die Verarbeitung einer Unzahl von personenbezogenen Daten relevant ist, ist der Bereich des (teil-)autonomen Fahrens. Gerade hier spielt das Kriterium der Abwägung des öffentlichen Interesses mit dem Schutzinteresse des Einzelnen eine wesentliche Rolle. Alle aus der Interaktion zwischen Auto und externen Umweltdaten gewonnen Informationen stellen Big-Data-Anwendungen dar. Welche rechtlichen Fragen sich daraus ergeben, wird weiter unten behandelt.

Die gleiche Ausgangslage betrifft die Datenverarbeitung und Datenverwendung im „Internet of Things". Wenn der Kühlschrank in naher Zukunft Auskunft über die Essgewohnheiten einer Familie gibt und der Smart Meter die Energieverbrauchskurve eines Haushaltes sekundengenau ermittelt, ist das zumindest ein Eingriff in die Privatsphäre. Wo grenzt man dann das öffentliche Interesse ab? Es ist zumindest nicht denkunmöglich, dass eines Tages die Pflicht zur gesunden Ernährung oder des Energiesparens im öffentlichen Interesse liegt.

Praxistipp:

Smart Home oder selbstfahrendes Auto sind heute bereits reale Möglichkeiten, wenn auch noch nicht von einer Massenmarkttauglichkeit gesprochen werden kann. Moore's Gesetz folgend, ist das aber nur mehr eine Frage einer relativ kurzen Zeit. Wer derartige Anwendungen einsetzt oder entwickelt, sollte daher heute schon berücksichtigen, welche Daten er zu welchem Zweck ermittelt bzw ermitteln möchte und wie er die notwendige Zustimmung bestehender und zukünftiger Kunden sicherstellen kann.

B. Profiling – eine Definition

Die vorliegende DSGVO versteht in Art 4 Z 4 unter Profiling:

> *„Jede Art der automatisierten Verarbeitungen personenbezogener Daten, die darin besteht, dass diese Daten verwendet werden, um bestimmte persönliche Aspekte, die sich auf eine natürliche Person beziehen, zu bewerten, insbesondere um Aspekte bezüglich Arbeitsleistung, wirtschaftliche Lage, Gesundheit, persönliche Vorlieben, Interessen, Zuverlässigkeit, Verhalten, Aufenthaltsort oder Ortswechsel dieser natürlichen Person zu analysieren oder vorherzusagen."*

Es geht also um die genaue Analyse einer bestimmten *natürlichen* Person unter Verwendung personenbezogener Daten. Hier grenzt sich das Profiling genau von der allgemeinen Definition von Big Data ab, die schwerpunktmäßig auf eine Beantwortung allgemeiner Fragestellungen durch Datenanalyse abstellt (Korrelation).

Unter dem Begriff des Profilings können verschiedene Modelle der Anwendung und Auswertung personenbezogener Daten verstanden werden. Beispielsweise das Tracking, bei dem bestimmte Eigenschaften und das Verhalten einer Person im Verhältnis zu ihrem Aufenthalt verfolgt werden, oder das Scoring, mit dem bestimmte individuelle Eigenschaften anhand definierter Merkmale bewertet werden. Auch die Personalisierung von bestimmten Angeboten kann unter dem Begriff Profiling subsumiert werden. Beim Erstellen von Persönlichkeitsprofilen ist zwischen einer zeitlichen (Langzeitprofile) und einer sektorübergreifenden Dimension (Querschnittprofil) zu unterscheiden.[5]) Die Nutzung personenbezogener Daten zur Erstellung vollständiger Persönlichkeitsbilder wird von der Rsp schon seit langem abgelehnt.[6]) In der DSGVO ist kein Anhaltspunkt dafür zu finden, dass davon abgegangen werden sollte. Beim Profiling geht es darum, das mit großer Wahrscheinlichkeit einer bestimmten Person zuzurechnende Verhalten vorherzusagen. Schon heute wird das im Ansatz bei Bonitätsprüfungen eingesetzt. Dabei ist allerdings nach aktuellem Verständnis noch von einem Einsatz strukturierter Datenbanken auszugehen, die noch nicht vollständig der Definition von Big Data entsprechen. Zukünftige Anwendungen in diesem Bereich werden aber viel stärker auf Big-Data-basierte Tools in der Cloud zurückgreifen.

So lässt sich bspw aus einer ganz bestimmten Adresse in einem Straßenzug verknüpft mit der Eigenschaft „alleinstehend" statistisch eine hohe Wahrscheinlichkeit eines Zahlungsausfalles ermitteln. Die DSGVO legt dazu in Art 22 Abs 1 allerdings Schranken fest und will verhindern, dass Menschen allein aufgrund von durch Maschinen errechneten statistischen Wahrscheinlichkeiten der Abschluss eines Kredit- oder Kaufvertrages verwehrt werden kann. Wie dies iZm den Ausnahmebestimmungen des Art 22 Abs 2 lit a zu verstehen ist, bleibt offen. Durch die Befugnis der Mitgliedstaaten, hier autonom gesetzliche Regelungen festzulegen (Art 22 Abs 2 lit b), ist zu befürchten, dass das in Art 22 Abs 1 festgelegte grundsätzliche Recht in den einzelnen Mitgliedstaaten sehr unterschiedlich ausgestaltet sein wird. Dies insb, weil für die Mitgliedstaaten die Rahmenbedingungen des Abs 1b auch nicht gelten.

Beispiel Geomarketing:

Anonymisierte Signalisierungsdaten aus dem Mobilfunk und aus öffentlichem WiFi werden statistisch ausgewertet und tagesaktuelle Verkehrsströme in bzw zwischen Stadtteilen ermittelt. Durch Anreicherung mit soziodemografischen Daten (Alter, Geschlecht, Einkommensgruppe etc) können die dadurch ermittelten Korrelationen Grundlage für zielgruppengerechte Stadtentwicklung sein.[7]) Relevant ist dabei, ob eine vollständige Anonymisierung sichergestellt werden kann, also es technisch ausgeschlossen ist, mithilfe der Daten eine konkrete Person zu identifizieren. Entscheidend ist, wie viele und welche soziodemografischen Daten herangezogen und welche technischen Verknüpfungen gewählt werden. Anwendungen dieser Art bedürfen daher immer einer Risikobeurteilung im Einzelfall. Voraussetzung für die Rechtmäßigkeit der Datenverwendung ist die dem Gesetz bzw der Verordnung entsprechende Erhebung und Verarbeitung der verwendeten Daten. Wenn Telekommunikationsdaten verwendet werden, müssen die Bestimmungen des § 96 TKG 2003 beachtet werden.

In den Erwägungsgründen zur DSGVO (ErwGr 71) wird darauf hingewiesen, dass jede betroffene Person das Recht haben soll, keiner Entscheidung bzw Bewertung unterwor-

[5]) *Weichert* in *Deubler/Klebe/Wedde/Weichert*, BDSG[3] (2010) Rz 46.

[6]) BVerfG, NJW 1969, 1707.

[7]) Vgl www.motionlogic.de.

fen zu werden, die ausschließlich auf einer automationsunterstützen Verarbeitung personenbezogener Daten beruht, wenn dies „[...] *rechtliche Wirkung für die betroffene Person entfaltet oder sie in ähnlicher Weise erheblich beeinträchtigt, wie die automatische Ablehnung eines Online-Kreditantrages oder Online-Einstellungsverfahrens ohne jegliches menschliche Eingreifen*", anwendbar ist. ErwGr 71 geht dabei sogar noch weiter und hält fest, dass dieser Maßstab für jede Art des Profilings zur Bewertung persönlicher Aspekte „[...] *insbesondere zwecks Analyse oder Prognose von Aspekten bezüglich Arbeitsleistung, wirtschaftliche Lage, Gesundheit, persönliche Vorlieben oder Interessen, Zuverlässigkeit oder Verhalten, Aufenthalt oder Ortswechsel, soweit dies rechtliche Wirkung für die betroffene Person entfaltet oder sie in erheblicher Weise beeinträchtigt*". Ausnahmen dazu bestehen nur, wo dies gesetzlich ausdrücklich vorgesehen ist, bzw ganz generell, wo überwiegende öffentliche Interessen entgegenstehen, wie etwa im Finanzstrafrecht. Ausgenommen soll auch sein, wenn es für die Bereitstellung eines Dienstes oder für den Abschluss oder die Erfüllung eines Vertrages durch den für die Verarbeitung Verantwortlichen erforderlich ist, oder wenn eine ausdrückliche Zustimmung vorliegt. Diese Auslegung schränkt die kommerzielle Nutzung von Profilinganwendungen umfassend ein. Die Verwendung von Daten zu Profilinganalysen wird im privaten kommerziellen Bereich in den meisten Fällen auf einer eingeholten konkreten Zustimmung basieren müssen, wobei durch die Problematik der jederzeitigen Widerrufbarkeit und dem Grundsatz der Zweckbindung die umfassende Datennutzung nur bedingt möglich sein wird.

Darüber hinaus ist weiterhin ungeklärt, wie mit jenen Fällen umzugehen ist, wo eine solche Zustimmung bereits im Voraus verwehrt wird. Dabei ist an den Onlinekredit zu denken. Ist es zulässig, den Vertragsabschluss zu verwehren, wenn der potenzielle Kunde seine Zustimmung zum automatisierten Bonitätscheck nicht geben will? Wenn man diesen Fall nach der Erläuterung gem ErwGr 58 beurteilt, ist der Schluss zu ziehen, dass die Verweigerung der Zustimmung zur automationsgestützten Bewertung der Bonität kein ausreichender Grund ist, einen Kreditantrag abzulehnen, es sei denn, man unterstellt, dass eine solche Bonitätsprüfung für den Vertragsabschluss eine wesentliche Voraussetzung ist und damit einen Ausnahmetatbestand darstellt. Auch die Zustimmung zur Weiterverwendung der Daten zu anderen (oft nur sehr grob definierten) Zwecken als zum Abschluss des Vertrages, wie dies oftmals von Serviceanbietern im Internet gefordert wird, darf grundsätzlich keine Voraussetzung sein. Hier wird man auch nicht mit einem Ausnahmetatbestand argumentieren können.

Für ausreichend Rechtsicherheit ist bei Profiling eine Klarstellung durch den nationalen Gesetzgeber wünschenswert. Als Grundlage könnte dazu eine einzelstaatliche Regelung nach Art 22 Abs 2 lit b dienen.

1. Vergleich zur Rechtslage im DSG 2000

Während die DSGVO sich mit dem Thema des Profilings erstmals umfassender auseinandersetzt, sind derartige Anwendungen nach der aktuell geltenden Rechtslage differenziert zu betrachten.

Während in § 49 DSG 2000 eine im Wesentlichen auch den Vorgaben der DSGVO entsprechende Regelung vorliegt, die – der RL 95/46 EG folgend – sicherstellen will, dass eine Einzelperson keiner belastenden automatisierten Einzelentscheidung unterworfen wird,[8]) ist zu den verwandten Anwendungsbereichen für Big Data, zB Data Mining, keine konkrete Be-

[8]) Vgl Art 15 RL 95/46 EG.

stimmung im DSG 2000 zu finden. Dabei ist va an die heute eingesetzten Data-Warehous-Lösungen zu denken, in denen sehr konkrete Kundenprofile bereits abgelegt sind.

Jeder einzelne der einer gewünschten Anwendung zugrundeliegenden Sachverhalte ist immer anhand der gesetzlichen Bestimmungen zu prüfen. Dabei ist für die Zulässigkeit der Datenverwendung – zumeist wird von der Notwendigkeit zur Einholung einer Zustimmung des Betroffenen auszugehen sein – der Einhaltung des Grundsatzes der Zweckbindung ein besonderes Augenmerk zu widmen. Bei einer so strengen Zweckprüfung ist dann in Abwägung zu besonders berücksichtigungswürdigen Geheimhaltungsinteressen des Betroffenen eine Entscheidung zu treffen, ob eine Anwendung als zulässig anzusehen ist, oder nicht (§ 7 Abs 1 DSG 2000). Die personenbezogene Speicherung von Daten in einem Data Warehouse, die vom ursprünglichen Verwendungszweck nicht mehr gedeckt ist, ist daher nach dem DSG 2000 als unzulässig zu beurteilen. Im Einzelfall unterliegt eine solche Anwendung jedenfalls der Meldepflicht nach § 18 DSG 2000 und damit der Kontrolle der Datenschutzkommission.

Praxistipp:

Zukünftig benötigen geplante, aber auch bestehende Data-Warehouse-Anwendungen ein umfassendes Risiko-Assessment. Dabei ist seitens des Unternehmens zu entscheiden, in welchem Umfang die in einem Data Warehouse gespeicherten Daten nach den Datenschutzgrundsätzen der DSGVO erhoben und verarbeitet werden sollen. Gleichzeitig sind auch die unterschiedlichen Analysetools, die innerhalb eines Unternehmens zur Anwendung kommen, einem solchen Assessment zu unterziehen. Die Zweckbindung ist bei der Beurteilung entscheidend. Die heute üblichen „Ad-Hoc"-Anfragen sind kritisch zu beurteilen. Sie dienen kurzfristigen, kundenspezifischen Analysen. Solche Abfragen sind in Zukunft einem gesonderten Assessment, am besten durch einen internen Datenschutzbeauftragten, zu unterziehen. Die Entscheidungen sind zu dokumentieren.

2. Ausblick

Die Neuregelung in der DSGVO führt gegenüber der bestehenden Rechtslage zu Profiling zu keiner wesentlichen Verbesserung der Rechtssicherheit. Insbesondere aufgrund der in ErwGr 73 formulierten Ausnahmetatbestände und der entfallenden Meldepflicht ist eher von größerer Rechtsunsicherheit auszugehen. Die Verpflichtung zur Selbstbeurteilung des Risikos einer Anwendung verlagert bloß die bestehenden Kontrollmechanismen auf die strafbedrohten Unternehmen, die eine solche Anwendung nutzen möchten.

Die Datenverwendung bei (teil-)autonomen Fahren wird zukünftig weitere Fragen aufwerfen. Es werden über den Fahrer massenhaft Daten gesammelt werden. Alle dabei zur Anwendung gelangenden Assistenz- und IT-Systeme führen dazu, dass personenbezogene (fahr- und inhaltsbezogene) Daten verarbeitet werden, die das vernetzte Fahrzeug zur Ausgangslage für den gläsernen Fahrer machen.[9]) Wer darf auf diese Daten mit welchem Zweck zugreifen? Welche Möglichkeiten einer autonomen Entscheidung des Fahrers, hier auf die Datenübermittlung Einfluss zu nehmen, bestehen dann noch? Wie ist hier die notgedrungen automationsgestützte Entscheidungsfindung zu beurteilen? Wem gehören die Daten ei-

---

[9]) *Johannik/Mildner*, Car IT kompakt (2015) 73.

gentlich? Hier wird die zukünftige Entscheidungspraxis für die Entwicklung und Umsetzung rechtlich tragbarer kommerzieller Lösungen eine entscheidende Rolle spielen.

C. Zusammenfassung

Hinter dem sehr breiten allgemeinen Begriff des Big Data verbergen sich also viele Unterbegriffe, von denen Profiling eine besondere Ausprägung darstellt. Kommerzielle Datenanwendungen und die dahinterliegenden Geschäftsmodelle werden daher den Praxistest für die DSGVO darstellen.

Praxistipp:

Big-Data- und Profiling-Anwendungen setzen beim Einsatz im Unternehmen einen sehr strengen Maßstab bei der Risikoeinschätzung voraus. Die Vereinbarkeit mit der einmal gegebenen Zustimmung sind im Einzelfall für jedes zu verwendende Datum zu prüfen. Die generelle Zulässigkeit einer Datenanreicherung darf nicht angenommen werden. Die Rechtmäßigkeit der Daten ist bei der Konfiguration einer Anwendung zu beurteilen und eine Risikoabwägung ist anzustellen. Zu weit gefasste Zustimmungserklärungen sind unwirksam. Anwendungen zwecks verhaltensbezogener Werbung sind grundsätzlich kritisch. Die Erhebung von Daten mittels Cookies bedarf einer umfassenden Zustimmung.[10]) Der damit verbundene Aufwand ist einzukalkulieren, bevor eine Anwendung implementiert wird. Es kann dabei auch sinnvoll sein, einen Datenschutzbeauftragten zu bestimmen, auch wenn nicht die Voraussetzungen des Art 37 Abs 1 vorliegen.

III. Big Data und Profiling als disruptive Datenanwendungen

Durch das Internet haben sich neue, zu einem großen Teil vollständig internetbasierte Geschäftsmodelle entwickelt. Daten und deren Nutzung gegen kostenfreie Services für den Einzelnen sind heute ein wichtiger Wirtschaftsfaktor. Im Zusammenhang mit Big Data geht es va auch darum, durch möglichst große Datenmengen möglichst präzise Vorhersagen allgemeiner Natur (Big Data im generellen Sinn und auf einzelne Personen heruntergebrochen [Profiling]) machen zu können und diese Vorhersagen kommerziell zu nutzen.[11]) Amazon bspw bietet eine genaue Aufstellung aller Einkäufe einer natürlichen Person. Das ist sehr praktisch. Gleichzeitig können anhand eines Profils sehr genau die Interessen und Neigungen eine Person ermittelt werden. Mit dieser Information können individualisierte Angebote gemacht werden. Beim Lesen auf einem Kindle eReader ist z.B. die Möglichkeit gegeben, zu erkennen, welche Stellen in einem digitalen Buch auch für andere Leser interessant waren. Das kann durchaus eine hilfreiche Information für den Leser sein. Lesegeschwindigkeit und Verhalten im Umgang mit dem Buch lassen aber auch Rückschlüsse zu, ob der Inhalt für den einzelnen Leser und viele andere interessant ist. Mit diesen Daten können Verlage dann entscheiden, welche Bücher in Zukunft geschrieben werden oder nicht.[12])

---

[10]) Vgl *Artikel-29-Datenschutzgruppe*, WP 194, 7.6.2012.

[11]) Vgl *Mayer-Schönberger*, Big Data: Die Revolution, die unser Leben verändern wird (2013).

[12]) Vgl *Alter*, „Your ebook is reading you", www.wsj.com (abgerufen am 19.7.2012).

Praxistipp:

Datenschutzerklärungen müssen in Zukunft eine konkrete und transparente Erklärung darüber, zu welchem Zweck welche Informationen übermittelt werden, beinhalten. Das Mitlesen auf einem eReader ist jedenfalls technisch so zu gestalten, dass es dem Leser möglich ist, diese Funktion einfach auszuschalten, ohne dass die sonstige Nutzung des Service beeinträchtigt wird. Generell besteht für Unternehmen, die den Einsatz solcher Tools im Kundenkontakt nutzen, die Notwendigkeit, ihre bisher geltenden Datenschutzerklärungen zu überarbeiten.

Datenschutz muss heute va einen fairen Interessensausgleich zwischen auf der einen Seite global tätigen privaten Anbietern von Services und Leistungen und Konsumenten auf der anderen Seite, die für die Inanspruchnahme dieser Leistungen ihre Daten, tlw ohne dass ihnen dies bewusst ist, in großem Umfang zur Verfügung stellen (müssen), schaffen. Das ursprünglich bestehende Konzept der Einräumung verfassungsrechtlich geschützter Grundrechte auf Datenschutz durch den Staat gegenüber seinen Bürgern ist durch diese Entwicklung auch zu einem Thema des Wettbewerbsrechts und des Verbraucherschutzes geworden.

Big Data und Profiling im großen Stil sind potenziell disruptive IT-Anwendungen. Die damit zusammenhängenden Innovationen stellen, der Definition nach *Christensen*[13]) folgend, die Gesellschaft vor Herausforderungen, die unmittelbar mit den herkömmlichen Werkzeugen nicht mehr gelöst werden können. ErwGr 7 der DSGVO hält dazu fest, dass die technischen und gesellschaftlichen Entwicklungen

„[...] einen soliden, kohärenten und durchsetzbaren Rechtsrahmen im Bereich des Datenschutzes in der Union erfordern, um eine Vertrauensbasis zu schaffen, die die digitale Wirtschaft dringend benötigt um am Binnenmarkt weiterwachsen zu können“.[14])

Als Grundsatz wird dabei proklamiert, dass jede Person die Kontrolle über ihre eigenen Daten besitzen sollte (informationelle Selbstbestimmung). Dieser Grundsatz wird mit dem Ziel verknüpft, dass private Nutzer, Wirtschaft und Staat gleichzeitig in technischer und rechtlicher Hinsicht über mehr Rechtsicherheit verfügen sollen.[15])

Mit Blick auf den sich immer weiter verstärkenden globalen Wettbewerb muss aber die Frage gestellt werden, ob es die zu schützende Privatheit als solche noch gibt bzw ob sie in dieser Form so von den zu schützenden Konsumenten überhaupt noch gewollt ist, oder ob nicht die Definition der informationellen Selbstbestimmung, wie sie sich aus dem Volkszählungsurteil des Deutschen Bundesverfassungsgerichtshofs vom Dezember 1983 ergibt, iSd heutigen gesellschaftlichen und technischen Sachverhalte einer Revision zu unterziehen wäre. Kritisch zusammengefasst ist zu überlegen, ob die evolutionäre Weiterentwicklung der Datenschutzregulierung überhaupt mit einer disruptiven technologischen Entwicklung mithalten kann und die notwendige Rechtssicherheit schafft. Ob die DSGVO den Anforderungen des Marktes standhält und für den Konsumenten zu einer Verbesserung führt, soll anhand der anschließenden Praxisthemen erörtert werden.

---

[13]) *Christensen*, Innovators Dilemma (1997).
[14]) Vgl ErwGr 7.
[15]) Vgl ebd.

IV. Praktische Anwendungsbereiche

A. (Teil)Autonomes Fahren

Viele Automodelle, nicht nur die der Oberklasse, sind heute bereits mehr **Software mit Designelementen und vier Rädern** als Produkte klassischer Ingenieursleistung. Unzählige Sensoren teilen mit, wie schnell jemand an einem bestimmten Ort unterwegs ist, wie hoch der Verbrauch ist oder wie oft gebremst wird. Der Hersteller kennt diese Daten und nutzt sie. Zuerst einmal dafür, in Zukunft noch bessere Autos zu bauen. Um dieses Ziel der kontinuierlichen Verbesserung zu erreichen, würden dem Autobauer allerdings alleine die Ergebnisse in anonymisierter Form ausreichen. Aber auch Fahrgestellnummer und Kennzeichen sind dem Autobauer möglicherweise bekannt. Er kann also alle ihm bekannten Sensorergebnisse einer bestimmten Person bzw einem bestimmten Kfz zuordnen. Unklar ist dabei, auf welchen Rechtsgrundlagen diese Daten den Autoherstellern heute eigentlich zur Verfügung stehen. Es ist für den durchschnittlichen Autokäufer von heute höchst intransparent, ob und wie er seine ausdrückliche Einwilligung zu der Datenübermittlung durch sein Fahrzeug abgibt. Der genaue Zweck der Datenerhebung ist ebenso wenig bekannt wie die Frage, wer überhaupt Zugriff auf diese Daten hat. Unklar ist auch, ob die jeweils zur Verfügung gestellten Daten auch zur geschuldeten Leistungserbringung notwendig sind. Es ist daher nach geltenden Vorschriften, aber auch nach den Regeln der DSGVO, zu vermuten, dass die aktuelle Praxis der Autoindustrie zu den Grundprinzipien des Datenschutzes, wie wir ihn kennen, zumindest tlw in einem Widerspruch steht.

Aus diesem Grund ist es auch nicht ganz unverständlich, dass es Ende Januar 2016 zwischen der deutschen Autoindustrie und den deutschen Datenschutzaufsichtsbehörden zu einer grundsätzlichen Vereinbarung kam, dass alle Daten, die in einem Fahrzeug anfallen, als personenbezogen gelten, sobald sie mit der Fahrzeugidentifikationsnummer oder der Kennzeichennummer verknüpft sind.[16])

Praxistipp:

Um die Daten, die bei (oft teil)autonomen Fahrzeugen gewonnen werden, zu nutzen, sind nach den Prinzipien der DSGVO in Zukunft jedenfalls folgende Grundsätze zu beachten:

1. Beim Erwerb eines (teil)autonomen Fahrzeugs müssen dem Erwerber in transparenter, leicht verständlicher Form Informationen gegeben werden, welche Daten dem Autohersteller übermittelt werden.
2. Der Zweck der Übermittlung ist offenzulegen.
3. Der Erwerber des Fahrzeugs muss eine ausdrückliche Einwilligung geben. Fraglich ist, ob nicht eine solche Zustimmung von jedem, der das Fahrzeug mit Zustimmung des Fahrzeughalters lenkt, einzuholen ist.
4. Es muss eine Möglichkeit geben, der Datenverarbeitung jederzeit zu widersprechen. Dadurch darf die Fahrzeugnutzung nicht eingeschränkt sein.

[16]) www.heise.de/newsticker/meldung/Autoindustrie-und-Datenschuetzer-KfZ-Daten-unterliegen-dem-Datenschutz (abgerufen am 27. 1. 2014).

Die Regelungen des Art 21 Abs 1 S 1 sind zu beachten. Die Bestimmung lautet:

> *„Die betroffene Person hat das Recht, aus Gründen, die sich aus ihrer besonderen Situation ergeben, jederzeit gegen die Verarbeitung sie betreffender personenbezogener Daten, die aufgrund von Art 6 Abs 1 lit. e und f erfolgt,* ***Widerspruch*** *einzulegen; dies gilt auch für eine auf diese Bestimmung gestütztes Profiling."*

Art 21 Abs 1 erweitert für den Fall eines Widerspruchs insofern die Rechte des Einzelnen gegenüber der ursprünglichen Formulierung des Art 14 RL 95/46 EG, als in der nunmehrigen Regelung ein Widerspruch nicht mehr von „[...] *überwiegend schutzwürdigen Gründen* [...]" abhängig gemacht wird, die der Betroffene vorbringen muss. Jetzt muss der für die Verarbeitung Verantwortliche sein **besonderes Interesse** darlegen, um einen Widerspruch auszuschließen (Beweislastumkehr zugunsten des Betroffenen).

Ohne näher im Detail darauf einzugehen, kann diese Regelung bei Fahrerassistenzsystemen bzw vollautonomen Fahren zu Abgrenzungsproblemen führen, insb in jenen Fällen, wo eine Zuordnung der Daten zu den Anwendungsfällen von Art 6 Abs 1 lit e und f nicht eindeutig möglich ist. Informationen zum Fahrverhalten eines autonomen Autos oder zu dessen Fahrzeugstatus könnten aus Sicherheitsargumenten im öffentlichen Interesse liegen. Welche technischen Möglichkeiten für die wirksame Geltendmachung des Widerspruchsrechtes, aber auch des möglichen Widerrufes in allen anderen Fällen zur Verfügung zu stehen haben, ist noch unklar. Aus Art 25 Abs 1 ergibt sich eine **eingeschränkte Verpflichtung der Autohersteller:**

> *„(1) Unter Berücksichtigung des Standes der Technik und der Implementierungskosten und der Art, des Umfanges, der Umstände und der Zwecke der Verarbeitung sowie Eintrittswahrscheinlichkeit und Schwere der mit der Verarbeitung verbundenen Risiken [...]."*

Der Verweis darauf, dass hier eine objektive Risikoabschätzung zu erfolgen hat, lässt einen sehr großen Entscheidungsspielraum offen, dessen genaue Kriterien nicht bekannt sind und die auch im Laufe der Zeit immer wieder verändert werden können (vgl ErwGr 76).

Zu unterscheiden ist beim Umgang mit (teil-)autonomen Fahrzeugdaten auch, um welche Fallgruppen von Daten es sich handelt. Die vom Auto weitergegebenen Daten können **fahrzeugbezogene** Daten und **fahrerbezogene** Daten sein. Gerade bei der zweiten Gruppe, den sog fahrerbezogenen Daten, handelt es sich um personenbezogene Daten, die Rückschlüsse auf das Fahrverhalten der jeweiligen Person, die ein Fahrzeug zu einem bestimmten Zeitpunkt benützt, zulassen. Fahrzeugbezogene Daten wiederum können wieder im Einzelfall sicherheitsrelevant sein und damit unter eine Fallgruppe des Art 6 Abs 1 lit e oder f fallen. Das bedeutet, dass dem Fahrzeughalter ein Widerspruchsrecht zuzugestehen ist, wenn nicht nachweisliche schutzwürdige Gründe für eine Verarbeitung sprechen. Der dabei zu erbringende Nachweis wird gerade bei Autoassistenzsystemen einige Diskussion verursachen. Im Detail ist auf Art 21 Abs 1 S 2 zu verweisen:

> *„[...] Der Verantwortliche verarbeitet die personenbezogenen Daten nicht mehr, es sei denn, er kann zwingende schutzwürdige Gründe für die Verarbeitung nachweisen, die die Interessen, Rechte und Freiheiten der betroffenen Person überwiegen, oder die Verarbeitung dient der Geltendmachung, Ausübung oder Verteidigung von Rechtsansprüchen."*

Was genau unter „zwingenden schutzwürdigen Gründen" zu verstehen ist, bleibt unklar. Auch ist offen, worauf die Einschränkung abzielt, dass eine Verarbeitung der **Geltendmachung, Ausübung und Verteidigung von Rechtsansprüchen** dient. Vor allem im Hinblick auf autonome Fahrzeuge ist davon auszugehen, dass die Möglichkeit des Widerspruches zur Datenübermittlung durch den Fahrzeugnutzer aufgrund sicherheitsbezogener Argumente der Hersteller sehr weit eingeschränkt wird. Das ist dort relevant, wo über die Haftung über ein autonomes Fahrzeug eine rechtliche Lösung gefunden werden muss. Passiert z.B. wegen eines vermuteten Softwarefehlers ein Unfall, kann das eventuell ein Produkthaftungsfall sein, für den der Hersteller haftet. Die laufend aufgezeichneten Fahrzeugdaten können im Streitfall ein wichtiges Beweismittel sein. Bei fahrzeugbezogenen Daten kann es daher im Einzelfall gerechtfertigt sein, ein Abschalten der Datenübertragung zu unterbinden. Diese Vorgaben des Datenschutzes werden möglicherweise das Geschäftsmodell des Autoverkaufs, wie wir es heute kennen, in Zukunft in Frage stellen. Vielleicht erwerben wir in Zukunft gar kein Fahrzeug mehr, sondern wird uns bloß entgeltlich ein Fahrzeug zur Nutzung überlassen. Das Eigentum des Fahrzeugs und damit auch die durch dessen Betrieb generierten Daten verbleiben dann bei dem, der das Fahrzeug überlässt. Damit verschiebt sich die Datenhoheit zum Hersteller. Ein aktuelles Beispiel dafür ist die sogenannte eCall-Funktion.

eCall (*emergency call*) ist ein automatisches Notrufsystem für Kfz, das ab 31. 3. 2018 (gemeinsam mit dem Inkrafttreten der DSGVO) für alle Neuwagen verpflichtend vorgesehen ist. Die Verordnung dazu wurde Ende April 2015 im EU-Parlament beschlossen.[17]) Dieses System kann nicht abgeschaltet werden. Eine Einwilligung zur Datenübermittlung durch den Kraftfahrzeughalter ist nicht erforderlich. Der genaue Zweck ist durch die gesetzliche Festlegung eindeutig determiniert. Das im Kfz eingebaute eCall-System stellt aber nur eine Schnittstelle dar, über die vom Fahrzeug im Unfallzeitpunkt ein Notruf abgesetzt wird. Diese ins Auto integrierte Schnittstelle bietet aber eine noch viel größere Zahl an Kommunikationsmöglichkeiten zwischen Auto und Autohersteller oder auch interessierten Dritten (z.B. Versicherungen). Nach den Bestimmungen der DSGVO wäre jede weitere Anwendung im Einzelfall zu bewerten. Aber auch wenn die Weitergabe dieser Daten auf einer Einwilligung begründet wird, ist zu klären, wie freiwillig diese abgegeben wird. Hier wird bereits vorliegende, aber va die neue Rsp eine Antwort geben müssen.

Praxistipp:

In zukünftigen Fahrzeugen ist dem Nutzer die Möglichkeit einzuräumen, selbst zu entscheiden, welche Daten weitergegeben werden. Verpflichtende Datenweitergaben sollten nur auf Basis einer gesetzlichen Grundlage erlaubt sein, um Abgrenzungsprobleme zu vermeiden und für den Konsumenten Rechtsicherheit zu gewährleisten. Alternative dazu wäre eine freiwillige Selbstverpflichtung der Autobranche. Für Daten mit haftungsrelevanten Inhalten könnte gesetzlich eine „Black Box“-Lösung vorgeschrieben werden. Die Weitergabe von Daten in Echtzeit ist nicht zwingend notwendig.

B. Industrie 4.0 und Internet of Things

Die zum Thema (teil-)autonomes Fahren getroffenen Aussagen sind auch auf einen Großteil aller anderen Themenbereiche iZm dem „Internet of Things“ übertragbar. Anwendungen im Bereich Internet of Things bzw im Rahmen von Industrie 4.0 werden immer auch personenbezogene Daten zum Inhalt haben. Anhand der einzelnen Anwendungen werden

[17]) Verordnung (EU) 2015/758 des Europäischen Parlaments und des Rates vom 29. 4. 2015 über Anforderungen für die Typengenehmigung zur Einführung des auf dem 112 Notruf basierenden bordeigenen eCall-Systems in Fahrzeugen und zur Änderung der Richtlinie 2007/46/EG, ABl L 2015/123, 77.

sehr bald Schwierigkeiten entstehen, genau abzugrenzen, was personenbezogen ist und was nicht. Im Zweifel wird **immer von personenbezogenen Daten** auszugehen sein. Dazu kommt, dass mittlerweile auch schon von einer Renaissance der Betriebsräte[18]) im Zusammenhang mit Industrie 4.0 gesprochen wird. Durch die bevorstehende Vernetzung von Mensch und Maschine werden große Mengen an personenbezogenen Daten generiert. Für deren Nutzung durch den Unternehmer bedarf es dann entsprechender Betriebsvereinbarungen.

Praxistipp:

Je nachdem, wie ein Betriebsrat in einem Unternehmen dazu eingestellt ist, können die technischen Möglichkeiten zur Nutzung im Betrieb entstehender Daten neue Innovationen hervorbringen und Investitionsanreize schaffen oder nicht. Industrie 4.0 und Big Data sind somit auch eine Herausforderung für das zukünftige Arbeitsrecht. Die aktive Einbindung des Betriebsrats bereits bei der Umsetzung der DSGVO im Unternehmen durch die Unternehmensleitung ist daher anzuraten.[19])

C. Marketing im weiteren Sinn

Der Marketingbereich ist einer der Hauptanwendungsfelder von Big-Data- und Profiling-Werkzeugen. Wie das Geschäftsmodell von *Google* zeigt, geht es dabei weniger um die Kenntnis der tatsächlichen Person, sondern um die Kategorisierung einer bestimmten ID zu einem bestimmten Personentypus. Die genannten Kriterien, nach denen die Daten für diese Typisierung bewertet werden, sind heute genauso wenig bekannt wie die am Ende tatsächlich verwendeten Daten bzw deren Quellen. Diese Intransparenz ist eine der wesentlichen Ursachen für die gegenüber Big-Data- und Profiling-Tools bestehende Skepsis. Im Ergebnis führt eine solche Typisierung dazu, dass die jeweilige Person zu der von ihr auf der Suchmaschine gestellten Fragen typisierte Angebote bzw Antworten bekommt. „*Werden aufgrund von Big Data-Anwendungen prinzipiell gleichen Bürgern bei einer identischen Anfrage bzw einem identischen Arbeitsauftrag völlig unterschiedliche Ergebnisse basierend auf dem jeweiligen Persönlichkeitsprofil ausgegeben, ist dies zumindest fragwürdig.*“[20])

Es wird hier unterstellt, dass automationsgestützt praktisch eine Art Vorzensur stattfindet, ohne dass dies dem Anfrager erkennbar ist. Der Erfolg von *Google* lässt vermuten, dass von den Nutzern bewusst eine gewisse Entscheidungsautonomie abgetreten wird, um schneller und einfacher zu einem gewünschten Ergebnis zu gelangen. Gleiche Bedenken bzw positive Argumente lassen sich auch für Anwendungen finden, die unter Verwendung von anonymisierten Telekommunikationsdaten dafür sorgen können, dass bei Seitenbesuchen im Internet auf dem Smartphone die „richtigen Werbungen geschaltet werden“. Ablehnende Stimmen könnten einwenden, dass dadurch das Konsumverhalten gesteuert wird. Darauf kann aber entgegnet werden, dass Werbung grundsätzlich eher als lästiges Beiwerk zu verstehen ist und es daher besser ist, eine persönlich interessante als irgendeine Werbeinformation erhalten. Gerade Telekommunikationsdaten würden sich ausgezeichnet für solche Kategorisierungen eignen. Profile, die durch cluster- und personenbezogene Stamm-

---

[18]) *Maier*, Bei Industrie 4.0 redet der Betriebsrat mit, Presse Rechtspanorama 15. 2. 2016.

[19]) Vgl den Beitrag von *Angerler/Reven* in diesem Buch.

[20]) *Bitter/Buchmüller/Uecker* in Hoeren (Hrsg), Big Data und Recht 92 (2014).

und Vertragsdaten in anonymisierter Form erstellt werden, lassen viel exaktere Aussagen zu als die aus Surfdaten gewonnenen Profile, wie sie zum Beispiel *Google* erstellt. Durch die DSGVO werden jedoch die bislang gültigen sektorspezifischen Regelungen nicht außer Kraft gesetzt.

D. Telekommunikationsdaten

Telekommunikationsdaten könnten für Profiling und für Big Data ein besonders interessantes Anwendungsfeld darstellen.[21]) Telekommunikationsunternehmen haben technisch zu allen Aspekten, die in der Definition zu Profiling in der DSGVO genannt sind (Art 4 Z 4), Zugriff auf umfassende Informationen ihrer Kunden, die teils für sich alleine, teils durch Anreicherung mit anderen Daten die Unternehmen in die Lage versetzen können, sehr genaue Aussagen zu den persönlichen Verhältnissen und Vorlieben ihrer Kunden zu treffen.

Die Nutzung dieser Daten wird für den Zweck der öffentlichen Sicherheit, insb der Verhinderung und Aufklärung von Straftaten, unter bestimmten Voraussetzungen ausdrücklich für gesetzlich zulässig erachtet (vgl § 94 TKG 2003). Eine umfassende kommerzielle Nutzung wird hingegen als unerwünscht angesehen. Das TKG 2003 sieht eine sehr enge Zweckbindung vor (vgl § 96 Abs 1 TKG 2003; Stammdaten, Verkehrsdaten, Standortdaten und Inhaltsdaten dürfen nur für Zwecke der Besorgung eines Kommunikationsdienstes ermittelt und verarbeitet werden). Die bestehenden gesetzlichen Bestimmungen des TKG 2003, als lex specialis zu den allgemeinen Regeln des DSG 2000 und zukünftig auch der DSGVO, lassen wenig Raum für Profiling, wie es nach der DSGVO formuliert ist. Durch die DSGVO ergeben sich keine direkten Änderungen dieser Bestimmungen, die gegenüber der bisherigen Rechtslage verbesserte Möglichkeiten zur Datennutzung durch Kommunikationsunternehmen gewährleisten würden. Allerdings sind durch den Wortlaut der einschlägigen gesetzlichen Bestimmungen auch die Möglichkeiten über ausdrückliche Zustimmung, die interessanten Daten zu nutzen, sehr eingeschränkt.

Verkehrsdaten von Mobilfunkkunden könnten bspw ein wichtiger Rohstoff für Big-Data-Anwendungen sein. Um sie verwenden zu können, sind die Voraussetzungen des § 99 TKG 2003 zu beachten. Bei einer vollständigen Anonymisierung, wie sie das Gesetz vorschreibt, lässt sich argumentieren, dass diese anonymisierten Daten ein neues Datum sind und daher nicht mehr der E-Privacy-Richtlinie bzw dem TKG 2003 unterliegen. Alleine die Regelungen des DSG 2000 bzw der DSGVO[22]) sind zu beachten. Die kommerzielle Weiternutzung von vollständig anonymisierten Daten kann als rechtlich zulässig betrachtet werden. Die weitergehende werbliche Nutzung von Telekommunikationsdaten ist ansonsten gesetzlich stark eingeschränkt.

Zu überlegen ist in Hinblick auf die für 2016 erwartete Überarbeitung der E-Privacy-Richtlinie[23]), ob es nicht in Zukunft ausreichend und aus Sicht des fairen Wettbewerbs auch geboten ist, das Prinzip des sektorspezifischen Datenschutzes aufzugeben und dies ausschließlich einer für alle Diensteanbieter einheitlichen Regelung in der DSGVO zu überlassen. Allenfalls wäre die DSGVO um zwingende sektorspezifische Regelungen zu ergänzen.

---

[21]) Vgl dazu auch Praxisbeispiel Geomarketing oben.

[22]) Vgl *Steinmaurer*, Big Data@Telekommunikation, Datenschutz konkret 3/2015.

[23]) Richtlinie 2002/58/EG des Europäischen Parlaments und des Rates vom 12. 7. 2002 über die Verarbeitung personenbezogener Daten und den Schutz der Privatsphäre in der elektronischen Kommunikation (Datenschutzrichtlinie für elektronische Kommunikation) ABl L 2002/201, 37.

E. Zusammenfassung – Chancen und Risiken

Die iZm dem Betrieb von Autos bereits heute schon, aber noch viel mehr in Zukunft anfallenden Daten stellen, in Verbindung mit den im jeweiligen Einzelfall ergänzend anfallenden Umweltdaten, jedenfalls für zukünftige Big-Data-Geschäftsmodelle relevante Chancen va für die Autohersteller dar. Es wird dabei nicht nur um die Sicherheit gehen, sondern sehr wohl um konkrete kommerzielle Nutzungen, wie zB Versicherungsprodukte die sog „Pay as you drive"-Polizzen anbieten oder überhaupt die Festlegung der Versicherungssumme vom Fahrverhalten des Fahrzeugnutzers abhängig machen. Es werden in den Fahrzeugen zusätzliche Schnittstellen integriert werden, die den Office- und Entertainmentbereich abdecken werden. Fahrzeugassistenzsysteme in Verbindung mit Geodaten werden Grundlage für Kooperationen zwischen Autoherstellern und regionalen Dienstleistern bilden. So werden heute schon Restaurants oder Hotels über das Navigationssystem vorgeschlagen. Eine Beurteilung, ob diese Vorschläge objektiven Kriterien folgen oder bezahlte Werbung darstellen, ist mangels Kenntnis der Anwender über die dahinterliegenden Kriterien nicht möglich.

Inwieweit die neuen Regelungen der DSGVO hier mehr Rechtsicherheit und Wettbewerb möglich machen, ist heute noch nicht eindeutig auszumachen. Die Bestimmungen sind jedenfalls so gestaltet, dass ein Auslegungsspielraum für den Datenverarbeiter gegeben ist, wobei dieser va im Hinblick auf die doch in Zukunft sehr hohen Strafen immer risikobehaftet sein wird. Dem nach DSGVO vorgesehenen Risiko-Assessment kommt jedenfalls bei **fahrer- und fahrzeugbezogenen Daten** eine sehr große Bedeutung zu.

Bei der Weiternutzung von Daten im Rahmen von Big-Data-Anwendungen wird auch die Frage relevant sein, wie mit zukünftigen Anwendungen zusammenhängend das grundlegende Prinzip der Zweckbindung verstanden wird. Nach dem derzeit sehr engen Verständnis, das für jede einzelne Art der Anwendung die Zustimmung verlangt, ist davon auszugehen, dass es schwierig wird, tatsächlich in der Praxis kommerziell erfolgsversprechende Geschäftsmodelle zu etablieren und dabei jeden potenziellen Anwendungsfall vorab explizit berücksichtigt zu haben. Die Einholung einer generellen Zustimmung wird nicht als ausreichend anzusehen sein.

Konsequent dem Prinzip der Zweckbindung und der Einwilligung folgend, werden die Möglichkeiten, die sich aus einer laufend stattfindenden, teils disruptiven technischen Weiterentwicklung ergeben, rasch an die Grenzen einer praktisch sinnvollen Auslegung von Art 6 Abs 1 iVm Art 21 Abs 1 stoßen. Die DSGVO bietet va für alle diese Anwendungsfälle noch keine ausreichende Grundlage, wie mit sog **„Lock in"-Effekten** umzugehen ist. Die tatsächliche Ausübung eines Widerspruchsrechts oder eines Widerrufs in Folge der einmal genutzten Anwendung wird de facto damit unmöglich. Dazu sind in Folge konkrete Maßnahmen zu entwickeln.

Diese strenge Auslegung des Zweckbindungsprinzips ist für kommerziell sinnvolle, innovative Lösungen jedenfalls sehr aufwendig und auch für den Verbraucher nur schwer nachvollziehbar. Ein pragmatischer Zugang für Unternehmen ist mit den Regelungen der DSGVO nicht kompatibel bzw mit einem erheblichen finanziellen Risiko verbunden. Es ist nicht unwahrscheinlich, dass bei Big Data die DSGVO entgegen ihrer Zielsetzung das Ungleichgewicht bei den Möglichkeiten der Datenverwendung zwischen bereits jetzt wirtschaftlich mächtigen Anbietern und dem Rest der Wettbewerber in diesem Bereich verstärken wird.

Praxistipp:

Software-Designer müssen sich zukünftig umfassend mit den Anforderungen der DSGVO auseinandersetzen, damit eine Entwicklungsinvestition zu einem nachhaltigen Erfolg für den Auftraggeber führt und nicht wegen des am Ende damit verbundenen Risikos gar nicht auf den Markt kommen kann. Ein Risiko-Assessment ist zu Beginn des Entwicklungsprozesses bzw bereits in der Prozessplanungsphase vorzusehen. Dieser Prozess ist laufend zu überwachen. Der Einsatz von personenbezogenen Daten ist vorab eindeutig zu definieren. Die arbeitsrechtliche Komponente ist bei den einzelnen Entscheidungen im Rahmen eines solchen Projektes wesentlich. Industrie-4.0-Projekte sollten daher im Unternehmen eine rechtzeitige Einbindung des Betriebsrates vorsehen. Eine ausreichende Absicherung der Widerspruchs- und Widerrufsrechte der Endnutzer ist ebenfalls mit zu überlegen, um nachhaltige Vertrauensbasis zwischen Anbieter und Nutzer aufzubauen und abzusichern. Es ist zu empfehlen, für (interne) Entwicklungsprozesse klar formulierte Datenschutz-Checklisten zur Qualitätssicherung vorzusehen.

V. Resümee und Handlungsempfehlung

Mit heutigen technischen Möglichkeiten können aus vielen unterschiedlichen Quellen große Datenmengen sehr schnell und einfach gesammelt und ausgewertet werden. Die in Unternehmen verarbeiteten Datenmengen steigen unabhängig von der Unternehmensgröße und -branche exponentiell. Innovationen von heute und noch mehr in Zukunft werden durch umfassende Datenanalyse ermöglicht. Daten sind eine wichtige Grundlage für bessere Entscheidungsfindung im Unternehmen selbst, für neue, innovative Produkte und für die Geschäftsmodelle von morgen.

Es handelt sich nicht immer um (direkt) personenbezogene Daten, die iZm Big Data verwendet werden. In vielen Fällen lassen aber die so gesammelten Daten Rückschlüsse auf einzelne Personen zu. Um Big Data für Unternehmen nachhaltig nutzbar zu machen, ist unabhängig von den rechtlichen Vorgaben eine Vertrauensbasis zwischen Kunden und Unternehmen in Sachen Datenschutz eine notwendige Voraussetzung.

Der durch die DSGVO eingeführte verpflichtenden Risikoanalyse (Privacy Impact Assessment) – Details dazu regelt der neue Art 35 Abs 1 – ist iZm Anwendungen zu Big Data und Profiling besondere Aufmerksamkeit zu widmen. Da damit die Entscheidung, ob eine Anwendung mit den Prinzipien des Datenschutzes konform geht, auf das Unternehmen verlagert wird, ist umfassendes Know-how innerhalb der Organisation dringend aufzubauen. Wer Big Data Anwendungen einsetzen will, ist bereits heute gefordert, umfassende technische und organisatorische Maßnahmen vorzusehen, um das Haftungspotenzial kalkulierbar zu halten. Die Pflicht von Unternehmensorganen, für ausreichende Data Compliance Sorge zu tragen, wird sich in Zukunft noch weiter verstärken. Es ist daher ratsam, bereits vorausschauend damit zu beginnen, die laufenden und geplanten Datenanwendungen unternehmensintern zu analysieren. Für Profiling und automatisierte Entscheidungsfindung schreibt die DSGVO gegenüber der bisherigen Rechtslage neue adaptierte Regelungen vor. Ziel ist es dabei, die negativen Folgen von solchen Anwendungen für den Einzelnen hintanzuhalten. Das gilt va betreffend Daten zum Thema Gesundheit oder finanzielle Leistungsfähigkeit einer Person. Die DSGVO erfasst aber auch Bereiche, die für den einzelnen

Nutzer (*Data Subject*) weniger kritisch sind, wie bspw Social Media, Online Marketing oder auch das bereits erwähnte autonome Fahren. Es ist daher bei jeder Anwendung genau zu überlegen, inwieweit sie von der DSGVO betroffen ist. Der Einsatz von Profiling-Anwendungen und Systemen zur Generierung automatisationsunterstützter Entscheidungen verlangt in Zukunft umfassende Maßnahmen in der Organisation. In welchem Umfang das zu erfolgen hat, ist dann vom jeweiligen Risiko-Assessment abhängig.

Da bei Big Data darauf abgestellt wird, viele unterschiedliche unstrukturierte Datenquellen miteinander zu verknüpfen, sind die Voraussetzungen der Zustimmung und der Zweckbindung besonders kritisch, weil die konkrete Datenverwendung für Big-Data-Anwendungen bei der Datenerhebung nicht vorhersehbar ist. Es wird daher schwierig sein, die Prinzipien der DSGVO hundertprozentig zu gewährleisten. Die DSGVO sieht eine Stärkung der Transparenzverpflichtungen und der Zweckbindung vor. Auch **Privacy by Design** ist zu gewährleisten. Wer daher ein Internet of Things oder durch autonomes Fahren datenbasierte Geschäftsmodelle einführen will, wird umfassende Vorkehrungen treffen müssen. Die rasche Entwicklung von eigenen Branchenstandards, die die Vorgaben der DSGVO verbindlich auslegen, wird notwendig sein. Ob im Einzelfall ein überwiegendes Interesse zur Datenerhebung, das den Interessen des Betroffenen vorgeht, besteht, bedarf einer sorgfältigen Risikoabwägung. Daten von Kindern unterliegen einem besonderen Schutz. Gerade für kleinere und mittlere Unternehmen bedeutet in dieser Situation der sinnvolle Einsatz solcher Anwendungen für ihre Geschäftszwecke ein erhebliches Risiko, das eher zur Zurückhaltung mit dem Einsatz solcher Anwendungen mahnt.

Eine Grundregel für all jene, die in Zukunft Geschäftschancen durch Big Data und Profiling nutzen wollen, ist, unbedingt darauf zu achten, bereits jetzt das Thema Datenschutz in die unternehmensinternen Abläufe zu integrieren und die Mitarbeiter zu sensibilisieren. Die DSGVO bietet grundsätzlich Rahmenbedingungen für die Bereiche Big Data und Profiling, es muss aber klar sein, dass dadurch gegenüber der geltenden Rechtslage keine neuen Möglichkeiten, Daten mit Hilfe solcher Anwendungen wirtschaftlich besser nutzen zu können, geschaffen wurden.

Grundsätze und Rechtmäßigkeit der Verarbeitung personenbezogener Daten (Art 5–11 DSGVO)

Markus Kastelitz

Einleitung

Kapitel II (Art 5–11) enthält Bestimmungen, welche die Zulässigkeit der Verarbeitung personenbezogener Daten normieren. Da die Prüfung der jeweils vorliegenden Datenverarbeitung auf ihre datenschutzrechtliche Zulässigkeit eine der zentralen Fragen des Datenschutzrechts darstellt,[1]) zählen insb Art 5–10 zum Kernbestand der DSGVO.

Die Regelungstechnik der DSGVO orientiert sich dabei an jener der DatenschutzRL,[2]) die auch in das DSG 2000[3]) übernommen worden ist: Art 5 und 6 enthalten allgemeine Zulässigkeitsvoraussetzungen der Datenverarbeitung,[4]) wobei in den nachfolgenden Bestimmungen die Verarbeitung besonderer Datenkategorien (sensible Daten und Daten über strafrechtliche Verurteilungen, Art 9 und 10) näher geregelt wird. Neu gegenüber der DSRL – aber auch dem DSG 2000 – ist, dass in eigenen Artikeln spezifische Vorgaben für die Einwilligung (Art 7 und 8) gemacht werden.

Die folgende Darstellung folgt grundsätzlich dem chronologischen Aufbau von Kapitel II, wobei das Hauptaugenmerk vor allem auf Neuerungen gelegt wird. Dort, wo es dem Verfasser sinnvoll erschien, erfolgt eine artikelübergreifende, verschränkte Behandlung von Regelungen, die thematisch zusammengehören (s insb das Prinzip der Zweckbindung in Art 5 Abs 1 lit b und Art 6 Abs 4).

I. Grundsätze der Datenverarbeitung (Art 5)

A. Die Grundsätze im Allgemeinen

Ist der sachliche (Art 2)[5]) und räumliche (Art 3) Anwendungsbereich der DSGVO gegeben, ist jede Datenverarbeitung[6]) zunächst darauf zu prüfen, ob die zentralen Vorgaben

---

[1]) *Jahnel*, Handbuch Datenschutzrecht (2010) Rz 4/1.

[2]) Richtlinie 95/46/EG des Europäischen Parlaments und des Rates vom 24. 10. 1995 zum Schutz natürlicher Personen bei der Verarbeitung personenbezogener Daten und zum freien Datenverkehr, ABl L 1995/281, 31 (DSRL), s Art 6 ff. Die DSRL konkretisiert u erweitert ihrerseits die im Übereinkommen zum Schutz des Menschen bei der automatischen Verarbeitung personenbezogener Daten (ETS 108) enthaltenen Grundsätze, vgl ErwGr 11 DSRL u ErläutRV 1613 BlgNR 20. GP 39.

[3]) Bundesgesetz über den Schutz personenbezogener Daten, BGBl I 1999/165 idgF, s §§ 6 bis 9.

[4]) *Ehmann/Helfrich*, EG-Datenschutzrichtlinie (1999) 108 (zu Art 6 u 7 DSRL).

[5]) S ErwGr 26: „*Die Grundsätze des Datenschutzes sollten für alle Informationen gelten, die sich auf eine identifizierte oder identifizierbare natürliche Person beziehen …*", auch für pseudonymisierte Daten. So auch der Rat der EU im Entwurf der Begründung des Rates, Dok 5419/1/16 REV 1 ADD 1 v 8. 4. 2016, 8.

[6]) Im Folgenden werden die Begriffe „Verarbeitung" u „Verwendung" synonym iSv Art 4 Z 2 verwendet.

des Art 5 (Grundsätze für die Verarbeitung personenbezogener Daten, auch kurz als „allgemeine Grundsätze“ bzw „allgemeine Grundprinzipien“ bezeichnet)[7]) erfüllt werden.[8]) Die Grundsätze sind auch für die Auslegung der nachfolgenden Bestimmungen heranzuziehen.[9])

Inhaltlich baut Art 5 Abs 1 weitgehend auf Art 6 Abs 1 DSRL auf,[10]) der wiederrum in Österreich in § 6 Abs 1 DSG 2000[11]) umgesetzt wurde, was für weitgehende Kontinuität sorgt. Die Grundsätze sind somit keine unbekannten, lediglich der Grundsatz der „Integrität und Vertraulichkeit“ (Art 5 Abs 1 lit f) wurde neu aufgenommen. Bereits an dieser Stelle ist hervorzuheben, dass das Prinzip der Zweckbindung (Art 5 Abs 1 lit b) durch einen „Kompatibilitätstest“[12]) für mit dem ursprünglichen Verarbeitungszweck vereinbare Weiterverwendungen ergänzt worden ist (Art 6 Abs 4).

Im Einzelnen enthält Art 5 Abs 1 folgende sechs „Qualitätsgrundsätze“:

- Rechtmäßigkeit, Verarbeitung nach Treu und Glauben, Transparenz (lit a)
- Zweckbindung (lit b)
- Datenminimierung (lit c)
- Richtigkeit [und Aktualität] (lit d)
- Speicherbegrenzung (lit e)
- Integrität und Vertraulichkeit (lit f)

B. Die Grundsätze im Besonderen

1. Rechtmäßigkeit, Verarbeitung nach Treu und Glauben, Transparenz (Art 5 Abs 1 lit a)

Vergleicht man diese Grundsätze mit jenen der DSRL und des DSG 2000, fällt einem zunächst in Art 5 Abs 1 lit a auf, dass der Begriff der „Transparenz“ neu hinzugekommen ist. Damit wird auf die Pflichten des Verantwortlichen in Art 12 ff Bezug genommen, die ua die Bereitstellung präziser, leicht zugänglicher und verständlicher Informationen an die betroffene Person über die Datenerhebung, deren Umfang sowie die weitere Verwendung vorsehen. Dieser Grundsatz betrifft nach dem hier relevanten ErwGr 39[13]) *„insbesondere auch die Informationen über die Identität des Verantwortlichen und die Zwecke der Verarbeitung und sonstige Informationen, die eine faire und transparente Verarbeitung im Hinblick auf die betroffenen natürlichen Personen gewährleisten, sowie deren Recht, eine Bestätigung und Auskunft darüber zu erhalten, welche sie betreffende personenbezogene Daten verarbeitet werden. Natürliche Personen sollten über die Risiken, Vorschriften, Garantien und Rechte im Zu-*

---

[7]) *Buchner*, Grundsätze und Rechtmäßigkeit der Datenverarbeitung unter der DS-GVO, DuD 2016, 155 (156); Stellungnahme Österreichs zur DSGVO, Rat der EU, Dok CM 2213/16 v 8. 4. 2016, 5. Die Überschrift von Art 6 DSRL lautet „Grundsätze in Bezug auf die Qualität der Daten“.

[8]) Hinzuweisen ist dabei auf Art 23 Abs 1, der (unter bestimmten Voraussetzungen) ua Beschränkungen des Art 5 durch Rechtsvorschriften der Union oder der Mitgliedsstaaten zulässt. S dazu die (zu Recht) krit Stellungnahme Österreichs, Rat der EU, Dok CM 2213/16 v 8. 4. 2016, 5.

[9]) *Dammann/Simitis*, EG-Datenschutzrichtlinie (1997) 136.

[10]) Europ Kommission, Vorschlag für eine Datenschutz-Grundverordnung, KOM(2012) 11 endg v 25. 1. 2012, 8.

[11]) S dazu ausf *Jahnel*, HB Datenschutzrecht Rz 4/98 ff.

[12]) *Albrecht*, Das neue EU-Datenschutzrecht – von der Richtlinie zur Verordnung, CR 2016, 88 (92).

[13]) S zur Heranziehung der ErwGr zur Auslegung *Köndgen* in *Riesenhuber* (Hrsg), Europäische Methodenlehre (2006) § 7 Rz 39 ff.

sammenhang mit der Verarbeitung personenbezogener Daten informiert und darüber aufgeklärt werden, wie sie ihre diesbezüglichen Rechte geltend machen können."

Stellt man nun diesen Vorgaben hinsichtlich der Herstellung von Transparenz die geltende Rechtslage gegenüber (insb Art 10 ff DSRL; §§ 23–25 DSG 2000), kommt man zu dem Ergebnis, dass es sich um die Aufnahme eines inhaltlich schon bekannten Prinzips handelt (siehe näher zu den Betroffenenrechten den Beitrag von *Haidinger* in diesem Buch).

Zur Erfüllung des (bekannten) Grundsatzes der Rechtmäßigkeit wird in ErwGr 40 erläutert, dass eine rechtmäßige Datenverarbeitung auf Basis einer zulässigen Rechtsgrundlage (iSd Art 6 Abs 1) erfolgen muss. Die Materialien zu § 6 Abs 1 Z 1 DSG 2000 fordern zudem (ua) eine ausreichende rechtliche Befugnis bzw Zuständigkeit des Auftraggebers (Verantwortlichen) für die beabsichtigte Art der Datennutzung.[14]) Zum Grundsatz von Treu und Glauben finden sich, soweit ersichtlich, in der DSGVO keine näheren inhaltlichen Ausführungen, hier kann mE aber auf den ErwGr 38 der DSRL zurückgegriffen werden: „*Datenverarbeitung nach Treu und Glauben setzt voraus, daß die betroffenen Personen in der Lage sind, das Vorhandensein einer Verarbeitung zu erfahren und ordnungsgemäß und umfassend über die Bedingungen der Erhebung informiert zu werden, wenn Daten bei ihnen erhoben werden.*"

2. Der Zweckbindungsgrundsatz (Art 5 Abs 1 lit b iVm Art 6 Abs 4)

Beim Prinzip der Zweckbindung handelt es sich um einen ganz zentralen datenschutzrechtlichen Grundsatz, der als logischen ersten Schritt eine eindeutige und möglichst genaue Festlegung des (Erhebungs-)Zwecks fordert.[15]) Nur dadurch kann überprüft werden, ob die Datenverarbeitung für diesen Zweck überhaupt erforderlich ist.[16])

Art 5 Abs 1 lit b schreibt vor, dass personenbezogene Daten (nur) für festgelegte, eindeutige und legitime[17]) Zwecke erhoben (Zweckbindung bei der erstmaligen Datenverarbeitung) und nicht in einer mit diesen Zwecken nicht zu vereinbarenden Weise weiterverarbeitet werden dürfen. Der Wortlaut des Art 5 Abs 1 lit b ist sehr eng an jenen des Art 6 Abs 1 lit b DSRL angelehnt, auch die Ausnahme für die (zulässige) Weiterverarbeitung für wissenschaftliche, historische Zwecke (jetzt: „Forschungszwecke") oder statistische Zwecke wurde aus der DSRL in die DSGVO übernommen.[18]) In der dt Literatur wird diskutiert, ob nicht bereits in dieser Ausnahme ein mögliches Einfallstor für (kommerzielles) Profiling, Scoring oder Big-Data-Auswertungen auf Betroffenen-Ebene zu sehen ist,[19]) was mE bereits aufgrund des Telos und in Hinblick auf die bisherige Auslegung der – sogar etwas breiter gefassten (arg „Zwecke" in der DSRL vs „Forschungszwecke" in der DSGVO) – Ausnahmebestimmung in Art 6 Abs 1 lit b DSRL abzulehnen ist.[20])

[14]) ErläutRV 1613 BlgNR 20. GP 39.

[15]) S anstelle vieler *Dammann/Simitis*, EG-Datenschutzrichtlinie 139 f; *Jahnel*, HB Datenschutzrecht (2010) Rz 4/101.

[16]) Vgl *Richter*, Datenschutz zwecklos? – Das Prinzip der Zweckbindung im Ratsentwurf der DSGVO, DuD 2015, 735.

[17]) „Legitim" ist wohl mit dem Begriff „rechtmäßig" in Art 6 Abs 1 lit b DSRL gleichzusetzen.

[18]) Neu hinzugekommen sind „im öffentlichen Interesse liegende Archivzwecke", zudem wird auf Art 89 Abs 1 verwiesen.

[19]) *Richter*, DuD 2015, 735 (737 ff); *Buchner*, DuD 2016, 155 (157); *Roßnagel/Nebel/Richter*, Was bleibt vom Europäischen Datenschutzrecht? ZD 2015, 455 (458).

[20]) S ErwGr 29 DSRL; *Artikel-29-Datenschutzgruppe*, Opinion 03/2013 on purpose limitation [liegt nur in d engl Sprachfassung vor], WP 203, 29.

Offenbar zur Flexibilisierung – negativ formuliert: zur Aufweichung – des rigiden Zweckbindungsgrundsatzes, der ua vielen Big-Data-Anwendungen diametral entgegensteht,[21]) wurden durch den Rat in Art 6 Abs 4 (neben der soeben erwähnten Zulässigkeit der Weiterverarbeitung zu Archiv- und Forschungszwecken) fünf Kriterien zur kompatiblen Weiterverwendung von erhobenen Daten eingefügt, wonach Folgendes zu berücksichtigen ist:

- Jede Verbindung zwischen dem Erhebungszweck und den Zwecken der beabsichtigten Weiterverarbeitung;
- der Zusammenhang, in dem die personenbezogenen Daten erhoben wurden;
- die Art der personenbezogenen Daten, insb ob Daten gem Art 9 oder Art 10 verarbeitet werden;
- die möglichen Folgen der beabsichtigten Weiterverarbeitung für die betroffenen Personen;
- das Vorhandensein geeigneter Garantien, wozu Verschlüsselung oder Pseudonymisierung gehören kann.[22])

Anhand dieser (nur demonstrativ aufgezählten!) Kriterien, die auf einem Vorschlag der Art-29-Datenschutzgruppe fußen,[23]) soll der Verantwortliche feststellen, ob der Zweck der Weiterverarbeitung mit dem Zweck, für den die personenbezogenen Daten ursprünglich erhoben wurden, vereinbar ist. Liegt nach dieser Prüfung eine kompatible Zweckänderung vor, ist gem ErwGr 50 keine gesonderte Rechtsgrundlage mehr erforderlich als diejenige für die (ursprüngliche) Datenerhebung.[24])

Anzumerken ist in diesem Zusammenhang, dass nach der derzeit geltenden österr Rechtslage (§ 6 Abs 1 Z 2 iVm § 4 Z 12 DSG 2000) eine Weiterverwendung zu anderen (unvereinbaren) Zwecken eine Übermittlung („Verwendung für ein anderes Aufgabengebiet des Auftraggebers") darstellt, die einer gesonderten rechtlichen Grundlage bedarf, womit die Grenzen für die Verwendung zu anderen Zwecken bislang enger gezogen sind (beachte in diesem Zusammenhang auch § 7 Abs 2 DSG 2000).[25])

In welchem Ausmaß der Zweckbindungsgrundsatz durch Art 6 Abs 4 tatsächlich aufgeweicht wird, hängt maßgeblich von der Auslegung der Kriterien (insb „festgelegt" und „eindeutig") für das Vorliegen eines rechtmäßigen Erhebungszwecks ab.[26]) Grundsätzlich ist eine Verwässerung kritisch zu sehen, ist das Prinzip der Zweckbindung ja ausdrücklich in

---

[21]) Ausf *Helbing*, Big Data und der datenschutzrechtliche Grundsatz der Zweckbindung, K&R 2015, 145 (148 ff); *Knyrim*, Big Data: datenschutzrechtliche Lösungsansätze, Dako 2015, 59 (60); *Feiler/Fina*, Datenschutzrechtliche Schranken für Big Data, MR 2013, 303 ff.

[22]) S zur Kritik an der neuen Regelung die Stellungnahme Österreichs, Rat der EU, Dok CM 2213/16 v 8. 4. 2016, 5.

[23]) Art-29-Datenschutzgruppe, Opinion 03/2013, WP 203, Annex 1, 43 f (mit Praxisbeispielen in Annex 4).

[24]) Ein Widerspruchsrecht der betroffenen Person gegen eine solche vereinbare Weiterverwendung sieht Art 21 Abs 1 nicht vor (anders offenbar ErwGr 50: Unterrichtung über Widerspruchsrecht), ausgenommen bei Direktmarketing (Abs 2).

[25]) Vgl *Kotschy*, Dt Bundestag, Beantwortung der Fragen für das Fachgespräch „Europäische Datenschutzgrundverordnung" des Ausschusses Digitale Agenda am 24. 2. 2016, Ausschuss-Drs 18(24)90neu, 5; ErläutRV 1613 BlgNR 20. GP 39 (bestimmte innerbetriebliche Datenverwendungen als Bsp für Vereinbarkeit).

[26]) *Richter*, DuD 2015, 735 (739); *Buchner*, DuD 2016, 155 (157); *Roßnagel/Nebel/Richter*, ZD 2015, 455 (457 f).

Art 8 Abs 2 GRC[27]) grundrechtlich verankert. Bei der Abstimmung im Rat hat Österreich die Möglichkeit der Weiterverarbeitung von Daten für sog „kompatible" Zwecke kritisiert, da dies zu einem Unterlaufen des Zweckbindungsgrundsatzes führen könne. Zudem liege das Kernproblem aus österr Sicht darin, dass der Rückgriff auf das „Kompatibilitätsargument" nicht nur dem Verantwortlichen, der die Daten erstmals erhebe („same controller"), offenstehen solle, sondern auch jedem weiteren in einer (potentiell unendlichen) Verarbeitungskette.[28])

Praxistipp:

Will man sich bei einer geplanten Weiterverarbeitung auf die Vereinbarkeit mit dem Erhebungszweck gem Art 6 Abs 4 berufen, sollten zunächst die Kompatibilitätskriterien (insb auch anhand der zugrunde liegenden Stellungnahme der Art-29-Datenschutzgruppe)[29]) sorgfältig geprüft werden. Handelt es sich um eine unternehmensrelevante Datenverarbeitung, ist es bis zu einer rechtlichen Klärung durch die Judikatur jedenfalls ratsam, sich auch auf eine alternative Rechtsgrundlage berufen zu können, um die Datenverarbeitung auch bei einem etwaigen Wegfall der Zulässigkeit nach Art 6 Abs 4 weiterhin durchführen zu können.[30])

Zu beachten ist, dass der Verantwortliche erhobene personenbezogene Daten *ungeachtet* der Vereinbarkeit der Zwecke dann weiterverarbeiten darf, wenn die betroffene Person ihre *Einwilligung* erteilt oder die Verarbeitung auf *Unionsrecht* oder dem *Recht der Mitgliedstaaten* beruht, was in einer demokratischen Gesellschaft eine notwendige und verhältnismäßige Maßnahme zum Schutz der in Art 23 Abs 1 genannten Ziele darstellt.

Zusammenfassend ist eine Datenverarbeitung für andere Zwecke als den ursprünglichen Zweck gem Art 5 Abs 1 lit b iVm 6 Abs 4 dann zulässig, wenn

- die Weiterverarbeitung für im öffentlichen Interesse liegende Archivzwecke, für wissenschaftliche oder historische Forschungszwecke oder für statistische Zwecke erfolgt;
- eine Einwilligung der betroffenen Person vorliegt;
- diese auf Unionsrecht oder nationalem Recht der Mitgliedstaaten beruht (unter Beachtung der weiteren in Art 6 Abs 4 angeführten Bedingungen) oder
- der „Kompatibilitätstest" eine Vereinbarkeit ergibt.

3. Datenminimierung (Art 5 Abs 1 lit c)

Dieses auch unter dem Schlagwort der „Datensparsamkeit" bekannte Grundprinzip entspricht zu einem überwiegenden Teil den ursprünglichen Textvorschlägen der Europäischen Kommission und des Europäischen Parlaments,[31]) wenn man davon absieht, dass aus „sachlich relevant" jetzt „erheblich" wurde, „Mindestmaß" auf „Maß" umformuliert wurde

---

[27]) Charta der Grundrechte der Europäischen Union, ABl C 2012/326, 391.

[28]) Vgl Stellungnahme Österreichs, Rat der EU, Dok CM 2213/16 v 8. 4. 2016, 5.

[29]) Art-29-Datenschutzgruppe, Opinion 03/2013, WP 203.

[30]) Vgl zu Letzterem *Richter*, DuD 2015, 740.

[31]) Europ Kommission, Vorschlag für eine Datenschutz-Grundverordnung, KOM(2012) 11 endg v 25. 1. 2012, 49 f; Standpunkt des Europäischen Parlaments festgelegt in erster Lesung am 12. März 2014 im Hinblick auf den Erlass der DSGVO, EP-PE_TC1-COD(2012)0011, 106.

und der zweite Halbsatz entfallen ist.[32]) Offenbar aufgrund dieser Änderungen und der Abschwächung gegenüber der DSRL (so wurde aus *„den Zwecken entsprechend"* in Art 6 Abs 1 lit c DSRL nunmehr ein *„dem Zweck angemessen")* kommt der Rat zur folgenden Feststellung: *„Gleichzeitig wurde der Grundsatz der „Datenminimierung" angepasst, um die digitale Realität zu berücksichtigen und ein ausgewogenes Verhältnis zwischen dem Schutz der personenbezogenen Daten einerseits und den Möglichkeiten, die den Verantwortlichen bei der Datenverarbeitung zur Verfügung stehen, andererseits herzustellen."*[33])

Nach Auffassung des Verfassers bleibt es jedoch abzuwarten, ob dadurch tatsächlich eine faktische Aufweichung des Grundsatzes der Datenminimierung eintreten wird. Jedenfalls wird dieses Prinzip der Datenverarbeitung in der DSGVO ua in Art 23 Abs 1 (und indirekt auch in Abs 2) beispielhaft erwähnt, wonach der Verantwortliche technische und organisatorische Maßnahmen zur Umsetzung der Datenschutzgrundsätze zu implementieren hat („data protection by design") und nur für den Verarbeitungszweck erforderliche Daten verarbeitet werden (datenschutzfreundliche Voreinstellungen, „data protection by default") (ErwGr 78). Solche geeigneten Maßnahmen werden in Art 5 Abs 1 ausdrücklich in lit e (Speicherbegrenzung; zu lit f s sogleich) für den Fall erwähnt, dass personenbezogene Daten länger als erforderlich für Zwecke gem Art 89 Abs 1 verarbeitet werden sollen.

4. Grundsatz der Integrität und Vertraulichkeit (Art 5 Abs 1 lit f)

Das Setzen geeigneter technischer und organisatorischer Maßnahmen wird vom Verantwortlichen auch in dieser vom Europäischen Parlament eingefügten Bestimmung verlangt.[34]) Dadurch soll sichergestellt werden, dass eine angemessene Datensicherheit und -integrität gewährleistet ist, wozu der Schutz vor unbefugter oder unrechtmäßiger Verarbeitung sowie unbeabsichtigtem Datenverlust, -zerstörung oder -schädigung zählt. Da dieses Prinzip bereits aus den Art 15 und 16 DSRL (Vertraulichkeit und Sicherheit der Verarbeitung) und §§ 14 f DSG 2000 (Datensicherheit und Datengeheimnis) bekannt ist, handelt es sich inhaltlich nicht um einen völlig neuen Tatbestand, sondern um eine Hervorhebung des – durch den im Alltag ständig zunehmenden Einsatz der IT – immer wichtiger werdenden Stellenwerts der Sicherheit und der Vertraulichkeit personenbezogener Daten. Auch die Gewährleistung dieses Grundsatzes durch *„geeignete technische und organisatorische Maßnahmen"* ist aus Art 17 Abs 1 DSRL übernommen, zur Datensicherheit siehe nunmehr insb Art 32 (s dazu den Beitrag von *Oman* in diesem Buch).

5. Rechenschaftspflicht (Art 5 Abs 2)[35])

Während Art 6 Abs 2 DSRL vorsah, dass der für die Verarbeitung Verantwortliche für die Einhaltung der in Abs 1 leg cit geregelten Grundsätze zu sorgen hat, spricht Art 5 Abs 2

[32]) Dieser lautete: „[...] *sie dürfen nur verarbeitet werden, wenn und solange die Zwecke der Verarbeitung nicht durch die Verarbeitung von anderen als personenbezogenen Daten erreicht werden können*".

[33]) Begründung des Rates, Standpunkt (EU) Nr. 6/2016 des Rates in erster Lesung im Hinblick auf den Erlass einer Verordnung des Europäischen Parlaments und des Rates zum Schutz natürlicher Personen bei der Verarbeitung personenbezogener Daten und zum freien Datenverkehr und zur Aufhebung der Richtlinie 95/46/EG (Datenschutz-Grundverordnung), ABl C 2016/159, 83 (86).

[34]) Standpunkt des Europäischen Parlaments festgelegt in erster Lesung am 12. 3. 2014 im Hinblick auf den Erlass der DSGVO, EP-PE_TC1-COD(2012)0011, 108.

[35]) *Albrecht* spricht vom „Grundsatz der Eigenverantwortung", CR 2016, 88 (91).

DSGVO nunmehr tautologisch davon, dass der Verantwortliche verantwortlich für die Einhaltung des Abs 1 ist. Neu hinzugekommen ist die Verpflichtung des Verantwortlichen, die Einhaltung der Grundsätze nachweisen zu können.[36])

II. Rechtmäßigkeit der Datenverarbeitung (Art 6–11)

Bereits die DSRL fasste die Voraussetzungen für die rechtmäßige Verarbeitung personenbezogener Daten in Art 7 zusammen, gefolgt von Art 8 über die Verarbeitung besonderer Kategorien personenbezogener Daten (in der Diktion des DSG 2000 sensible und strafrechtlich relevante Daten). Dieses Regelungskonzept hat der österr Gesetzgeber bekanntlich in §§ 8 und 9 DSG 2000 umgesetzt.

Auch die DSGVO folgt grundsätzlich diesem Aufbau der DSRL (s Art 6, 9 und 10), sieht jedoch zusätzlich noch Bestimmungen über die Bedingungen für die Einwilligung (Art 7) und die Einwilligung eines Kindes in Bezug auf Dienste der Informationsgesellschaft (Art 8) vor. Zudem wird mit Art 11 eine Norm eingefügt, die festhält, dass bei einer „datensparsamen" Datenverarbeitung durch den Verantwortlichen keine Verpflichtung besteht, zur bloßen Einhaltung der DSGVO zusätzliche Daten zu erheben.

A. Rechtmäßigkeit der Verarbeitung (Art 6 Abs 1–3)

Art 6 Abs 1 baut auf den bereits aus Art 7 DSRL bekannten Erlaubnistatbeständen auf und sieht dementsprechend vor, dass die Verarbeitung personenbezogener Daten nur dann rechtmäßig ist, wenn zumindest eine der taxativ aufgezählten (hier verkürzt wiedergegebenen) Bedingungen erfüllt ist:[37])

- Einwilligung der betroffenen Person für einen oder mehrere bestimmte Zwecke (lit a);
- Vorliegen eines Vertrags oder der Erforderlichkeit der Durchführung vorvertraglicher Maßnahmen auf Anfrage der betroffenen Person (lit b);
- Vorliegen einer rechtlichen Verpflichtung des Verantwortlichen (lit c);
- Schutz lebenswichtiger Interessen der betroffenen Person oder einer anderen natürlichen Person (lit d);[38])
- Aufgabe, die im öffentlichen Interesse liegt oder in Ausübung öffentlicher Gewalt erfolgt, die dem Verantwortlichen übertragen wurde (lit e);
- Wahrung der berechtigten Interessen des Verantwortlichen oder eines Dritten, sofern nicht die Interessen oder Grundrechte der betroffenen Person überwiegen, insb bei betroffenen Kindern (lit f).

Art 6 Abs 2 ermöglicht es den Mitgliedsstaaten, spezifischere Datenschutzbestimmungen zur Anpassung der Anwendung der Vorschriften der DSGVO in Bezug auf Art 6 Abs 1

---

[36]) S die Erwähnung des Grundsatzes der Rechenschaftspflicht in ErwGr 85 iVm Art 33 Abs 1.

[37]) S zu den einzelnen Rechtsgrundlagen ausf Art-29-Datenschutzgruppe, Stellungnahme 06/2014 zum Begriff des berechtigten Interesses des für die Verarbeitung Verantwortlichen gemäß Artikel 7 der Richtlinie 95/46/EG, WP 217, 20 ff; *Jahnel*, HB Datenschutzrecht Rz 4/30 ff. Die Einwilligung wird ausdrücklich in Art 8 Abs 2 GRC angeführt, die Voraussetzungen gem Art 6 Abs 1 lit b–f für die rechtmäßige Datenverarbeitung sind *„sonstige gesetzlich geregelte legitime Grundlagen"* iSd Art 8 Abs 2 GRC.

[38]) Die DSRL kannte den Schutz lebenswichtiger Interessen einer anderen Person, also eines Dritten, nicht. Krit dazu *Roßnagel/Nebel/Richter*, ZD 2015, 455 (457).

lit c[39]) und e beizubehalten oder einzuführen (Öffnungsklausel),[40]) die gem Art 6 Abs 3 jedoch einer qualifizierten Rechtsgrundlage bedürfen. Darüber hinaus dürfen die Mitgliedsstaaten in Ausführung der DSGVO spezielle Datenschutzregelungen für besondere Verarbeitungssituationen gem Kapitel IX schaffen. Auf solche, auf der Grundlage dieser Öffnungsklauseln geschaffenen oder beibehaltenen mitgliedsstaatlichen Normen, wird durch den gesetzesunterworfenen Verantwortlichen in grenzüberschreitenden Sachverhalten besonders Bedacht zu nehmen sein, da dadurch die ursprünglich versprochene völlige Harmonisierung des EU-Datenschutzrechts eben gerade nicht eintritt.

Im Folgenden wird auf den Erlaubnistatbestand Verarbeitung im berechtigten Interesse gem Art 6 Abs 1 lit f („Interessenabwägungsklausel") aufgrund von dessen Relevanz näher eingegangen. Die Einwilligung gem Art 6 Abs 1 lit a wird gemeinsam mit den Art 8 und 9 im Abschnitt II.B behandelt.

1. Berechtigtes Interesse des Verantwortlichen (Art 6 Abs 1 lit f)

Art 6 Abs 1 lit f ist der am weitesten formulierte Erlaubnistatbestand, da unter den lit b, c, d und e leg cit jeweils ein einschränkender Kontext beschrieben wird.[41])

Er ermöglicht die Verarbeitung personenbezogener Daten, wenn sie zur Wahrung der berechtigten Interessen eines Verantwortlichen oder eines Dritten erforderlich[42]) ist. Diese berechtigten Interessen stellen jedoch dann *keine* ausreichende Begründung für die Rechtmäßigkeit der Verarbeitung dar, wenn die Interessen oder Grundrechte und Grundfreiheiten der betroffenen Person, die den Schutz personenbezogener Daten erfordern, überwiegen (insb dann, wenn es sich bei der betroffenen Person um ein Kind handelt).

Leider finden sich im ErwGr 47 nur mehr wenige Reste des Katalogs an konkreten Verarbeitungssituationen, den der Rapporteur (Berichterstatter) des Europäischen Parlaments *Albrecht* in seinem Berichtsentwurf im Jahr 2013[43]) zur Eingrenzung der Anwendbarkeit dieser „Interessenabwägungsbestimmung" vorgesehen hatte.[44]) Laut den Ausführungen im ErwGr 47 könnte ein berechtigtes Interesse bspw vorliegen, „*wenn eine maßgebliche und angemessene Beziehung zwischen der betroffenen Person und dem Verantwortlichen besteht, z.B. wenn die betroffene Person ein Kunde des Verantwortlichen ist oder in seinen Diensten steht.* [...] *Die Verarbeitung personenbezogener Daten im für die Verhinderung von Betrug unbedingt erforderlichen Umfang stellt ebenfalls ein berechtigtes Interesse des jeweiligen Verantwortlichen dar. Die Verarbeitung personenbezogener Daten zum Zwecke der Direktwerbung kann als eine einem berechtigten Interesse dienende Verarbeitung betrachtet werden.*"[45])

---

[39]) Somit nicht nur für die Datenverarbeitung im öffentlichen Bereich, da durch Verweis auf lit c auch alle Fälle miteinbezogen werden, in denen die Verarbeitung für die Erfüllung rechtlicher Verpflichtungen erforderlich ist, was auch den privaten Bereich treffen kann, vgl *Kotschy*, Dt Bundestag, Ausschuss-Drs 18(24)90neu 6.

[40]) Die zahlreichen enthaltenen Öffnungsklauseln machen die DSGVO zu einer sog „hinkenden" VO, s *Öhlinger/Potacs*, EU-Recht und staatliches Recht[4] (2011) 68.

[41]) Vgl Art-29-Datenschutzgruppe, Stellungnahme 06/2014, WP 217, 62.

[42]) Die „Erforderlichkeit" ist ein autonomer Begriff des Unionsrechts, s EuGH 16. 12. 2008, C-524/06, *Huber* (zu Art 7 lit e DSRL).

[43]) Entwurf eines Berichts über den Vorschlag für eine Datenschutz-Grundverordnung v 13. 1. 2013, PE501.927v04-00, Änderungsanträge Nr 100 ff.

[44]) Zu deren „Minimierung" im Gesetzwerdungsprozess s *Albrecht*, CR 2016, 88 (92).

[45]) Vgl zur Direktwerbung per E-Mail § 107 Abs 3 TKG 2003, BGBl I 2003/70 idgF sowie Art 13 Abs 2 E-PrivacyRL 2002/58/EG idF RL 2009/136/EG.

Zudem muss die Erwartungshaltung der betroffenen Person geprüft werden, ob diese also bei der Ersterhebung und deren Umstände vernünftigerweise absehen konnte, dass möglicherweise eine Verarbeitung für diesen Zweck erfolgen wird.

Angesichts dessen besteht (weiterhin) eine erhebliche Rechtsunsicherheit, für welche sonstigen Anwendungsszenarien Art 6 Abs 1 lit f als Rechtsgrundlage tauglich ist.

Die Ausgestaltung von Art 6 Abs 1 lit f wurde von Österreich als Unterschreitung des derzeitigen nationalen österr Datenschutzniveaus durch Wegfall des Erfordernisses des Nachweises eines „Überwiegens" (Anm: § 1 Abs 2 und § 8 Abs 1 Z 4 DSG 2000 verlangen jeweils ein *überwiegendes* berechtigtes Interesse) der Interessen des Verantwortlichen im Verhältnis zu Geheimhaltungsinteressen Betroffener gesehen. Das Konzept der Zulassung eines „Gleichstandes" der Interessen benachteilige den Betroffenen in einer solchen Situation, weil es ihm in der Praxis die Beweislast für überwiegende Interessen auf seiner Seite auferlege.[46])

Zu beachten ist bei dieser Argumentation jedoch auch, dass der EuGH in seinem Urteil in der Rechtssache *ASNEF/FECEMD*[47]) ua festgestellt hat, dass (der mit Art 6 Abs 1 lit f inhaltlich fast identische) Art 7 lit f DSRL unmittelbare Wirkung zukommt, was den Umsetzungsspielraum der Mitgliedsstaaten stark eingeschränkt hat. Ob daher der Wortlaut des § 8 Abs 1 Z 4 DSG 2000 überhaupt richtlinienkonform ist, wäre als Vorfrage zu beurteilen.[48]) Aufgrund des sehr ähnlichen Wortlauts von Art 7 lit f DSRL und Art 6 Abs 1 lit f DSGVO ist es zudem diskussionswürdig, ob damit wirklich eine Beweislastumkehr zulasten des Betroffenen verbunden ist. Jedenfalls kommt es nunmehr aufgrund des dem Betroffenen gegen eine Verarbeitung gem Art 6 Abs 1 lit f zustehenden Widerspruchsrechts zu einer Ex-post-Beweislastumkehr.[49]) Der Verantwortliche muss in einem solchen Fall gem Art 21 Abs 1 zwingende schutzwürdige Gründe für die Verarbeitung nachweisen, die die Interessen, Rechte und Freiheiten der betroffenen Person *überwiegen* (oder der Geltendmachung, Ausübung oder Verteidigung von Rechtsansprüchen dienen).[50])

Praxistipp:

Zwar handelt es sich bei der Beurteilung, ob die Vorgaben des Art 6 Abs 1 lit f erfüllt sind (wie bisher gem § 8 Abs 1 Z 4 DSG 2000), immer um eine Einzelfallentscheidung. Dennoch oder gerade deswegen kommt der Judikatur (und etwaigen künftigen Leitlinien und Empfehlungen des Europäischen Datenschutzausschusses) eine besondere Bedeutung zu. Es ist daher als Verantwortlicher bzw als Datenschutzbeauftragter unerlässlich, auf dem Laufenden zu bleiben (beachte das derzeit vor dem EuGH anhängige Vorabentscheidungsverfahren betreffend Art 7 lit f DSRL, C-13/16, Rīgas satiksme). Als eine Richtschnur kann nach Auffassung des Verfassers auch weiterhin die Anleitung der Art-29-Datenschutzgruppe zur Durchführung der Prüfung der Ausgewogenheit der Interessen dienen.[51])

---

[46]) Vgl Stellungnahme Österreichs, Rat der EU, Dok CM 2213/16 v 8. 4. 2016, 4 f.

[47]) EuGH 24. 11. 2011, verb Rs C-468/10 u C-469/10.

[48]) Lt *Kotschy* hat sich Österreich bzgl § 8 Abs 1 Z 4 DSG 2000 auf den Rechtsbestand u das höhere Schutzniveau vor Inkrafttreten der DSRL berufen, Dt Bundestag, Ausschuss-Drs 18(24)90neu 11. Zur DSRL-Konformität näher *Jahnel*, HB Datenschutzrecht Rz 4/37, 1/39.

[49]) Diese Regelung wurde von der Art-29-Datenschutzgruppe (idF des Kommissionsentwurfs) ausdrücklich befürwortet, Stellungnahme 06/2014, WP 217, 67.

[50]) Vgl *Kotschy*, Dt Bundestag, Ausschuss-Drs 18(24)90neu 11 f.

[51]) Stellungnahme 06/2014, WP 217, 70 ff.

B. Einwilligung der betroffenen Person (Art 6 Abs 1 lit a iVm Art 8, 9)

1. Allgemeines

Der Zustimmung (jetzt: Einwilligung) des Betroffenen in die Verwendung seiner personenbezogenen Daten kommt im Datenschutzrecht ein wichtiger Stellenwert zu, ist sie doch Ausdruck privatautonomer Selbstbestimmung und nicht zuletzt grundrechtlich in Art 8 Abs 2 GRC und § 1 Abs 2 DSG 2000 verankert.[52]) Trotz der im Gesetzwerdungsprozess der DSGVO daran geäußerten Kritik bleibt die Einwilligung eine zentrale Legitimationsform für die Datenverarbeitung.[53])

2. Die Einwilligung (Art 4 Z 11)

Die Definition der Einwilligung in Art 4 Z 11 selbst enthält gegenüber der bestehenden österr Rechtslage (§ 4 Z 14 DSG 2000) keine besonderen Abweichungen. Wie auch schon bisher, muss eine wirksame Einwilligung ohne Zwang und in Kenntnis der Sachlage für den konkreten Fall abgegeben werden. Laut dem Rat ist der Begriff der „Einwilligung" so definiert, dass der Besitzstand, der sich hinsichtlich der Verwendung dieses Begriffs auf der Grundlage der DSRL herausgebildet hat, gewahrt bleibt und gleichzeitig zu einer einheitlichen Auslegung und Anwendung dieses Begriffs in der gesamten Europäischen Union beigetragen wird.[54]) Erwähnenswert in diesem Zusammenhang ist, dass es unter der DSGVO nur mehr zwei Formen der Zustimmung gibt, nämlich die Einwilligung gem Art 6 Abs 1 lit a und die ausdrückliche Einwilligung gem Art 9 Abs 2 lit a.[55])

Beachtenswert sind jedoch die Ausführungen im ErwGr 32 zur Formulierung der *„eindeutigen bestätigenden Handlung"* (neben der Erklärung) in Art 4 Z 11: *„Die Einwilligung sollte durch eine eindeutige bestätigende Handlung erfolgen, mit der freiwillig, für den konkreten Fall, in informierter Weise und unmissverständlich bekundet wird, dass die betroffene Person mit der Verarbeitung der sie betreffenden personenbezogenen Daten einverstanden ist, etwa in Form einer schriftlichen Erklärung, die auch elektronisch erfolgen kann, oder einer mündlichen Erklärung. Dies könnte etwa durch Anklicken eines Kästchens beim Besuch einer Internetseite, durch die Auswahl technischer Einstellungen für Dienste der Informationsgesellschaft oder durch eine andere Erklärung oder Verhaltensweise geschehen, mit der die betroffene Person in dem jeweiligen Kontext eindeutig ihr Einverständnis mit der beabsichtigten Verarbeitung ihrer personenbezogenen Daten signalisiert.* ***Stillschweigen, bereits angekreuzte Kästchen*** [Anm d Verf: sog „Opt-out-Lösungen"] ***oder Untätigkeit der betroffenen Person sollten daher keine Einwilligung darstellen.***"[56])

---

[52]) S zur Bedeutung der Zustimmung *Reimer*, Die datenschutzrechtliche Zustimmung (Dissertation Wien, 2010) 8 ff mwN http://othes.univie.ac.at/13454/1/2010-08-06_9547292.pdf (abgerufen am 30. 4. 2016). Ausf zur datenschutzrechtlichen Zustimmung *Jahnel*, HB Datenschutzrecht Rz 3/130 ff.

[53]) *Albrecht*, CR 2016, 88 (91).

[54]) Begründung des Rates, Standpunkt (EU) Nr 6/2016, ABl C 2016/159, 83 (86).

[55] Zu den drei Formen der Zustimmung im DSG 2000 siehe *Jahnel*, HB Datenschutzrecht Rz 3/135.

[56]) Hervorhebung durch den Verf.

Das heißt für die Praxis, dass der Betroffene, von dem die Einwilligung eingeholt werden soll, seine Willensbekundung künftig aktiv (selbst) erteilen muss, in AGB „versteckte" Einwilligungserklärungen scheiden nach Auffassung des Verfassers (zumindest ohne ausdrücklichen Verweis darauf) wohl aus.

Im ErwGr 171 findet sich eine „Übergangsregelung", die ausdrücklich den Fall anspricht, dass sich bestehende Datenverarbeitungen auf bereits erteilte Einwilligungen gem DSRL (und somit auch auf Basis des DSG 2000) stützen. Danach ist es „*nicht erforderlich, dass die betroffene Person erneut ihre Einwilligung dazu erteilt, wenn die Art der bereits erteilten Einwilligung den Bedingungen dieser Verordnung entspricht, so dass der Verantwortliche die Verarbeitung nach dem Zeitpunkt der Anwendung der vorliegenden Verordnung fortsetzen kann.*"[58])

Praxistipp:

Prüfen Sie ihre bislang verwendeten Zustimmungserklärungen (sowohl inhaltlich als auch in welcher Form diese bislang eingeholt worden sind) auf Kompatibilität mit den Vorgaben der DSGVO. Entsprechen diese nicht den Anforderungen, sollten bis zum Geltungsbeginn der DSGVO (25. 5. 2018, siehe Art 99 Abs 2) neue, angepasste Einwilligungen von den Betroffenen (Kunden, Mitarbeiter etc) eingeholt werden. Updaten Sie (sofern erforderlich) auch die Einwilligungserklärungen in bestehenden Musterverträgen, Formularen etc.
Hinsichtlich des Online-Einsatzes von Cookies etc und der Einholung von diesbzgl Zustimmungen (s § 96 Abs 3 TKG 2003 basierend auf der sog E-PrivacyRL 2002/58/EG idF RL 2009/136/EG) sei darauf hingewiesen, dass die Europäische Kommission eine Evaluierung („Review") der E-PrivacyRL für 2016 angekündigt hat, mit dem Ziel, diese an die Vorgaben der DSGVO anzupassen.[59])

3. Bedingungen für die Einwilligung (Art 7)

Die bisherigen Anforderungen an die Formulierung und Einholung von Zustimmungserklärungen gem § 8 Abs 1 Z 2 DSG 2000[60]) wurden maßgeblich von der Judikatur des OGH, oftmals unter Heranziehung des verbraucherrechtlichen Transparenzgebots (§ 6 Abs 3 KSchG),[61]) geprägt.[62])

---

[57]) S zur Platzierung (allerdings zur dt Rechtslage gem BDSG) Düsseldorfer Kreis, Orientierungshilfe zur datenschutzrechtlichen Einwilligungserklärung in Formularen, https://www.datenschutz-mv.de/datenschutz/publikationen/informat/ formular/OH_Formular.pdf (abgerufen am 1. 5. 2016). Zur österr Rechtslage *Knyrim*, Datenschutzrechtliche Zustimmungserklärungen richtig formulieren und platzieren, in *Knyrim/Leitner/Perner/Riss* (Hrsg), Aktuelles AGB-Recht (2008) 152 f.

[58]) Hervorhebung durch den Verf.

[59]) S Pressemeldung d Europ Kommission v 12. 4. 2016, http://europa.eu/rapid/press-release_MEX-16-1364_en.htm; öffentl Konsultation https://ec.europa.eu/digital-single-market/en/news/public-consultation-evaluation-and-review-eprivacy-directive (abgerufen am 3. 5. 2016).

[60]) Speziell zu § 9 Z 6 (ausdrückliche Zustimmung bei sensibler Datenverwendung) existiert, soweit überblickbar, keine höchstgerichtliche Judikatur.

[61]) Konsumentenschutzgesetz, BGBl 1979/140 idgF.

[62]) Ausf *Knyrim* in *Knyrim/Leitner/Perner/Riss* (Hrsg), AGB-Recht 139 ff. S a die Empfehlung der DSK 13. 7. 2012, K212.766/0010-DSK/2012 (zu Online-AGB).

Neu ist gegenüber der DSRL, dass die DSGVO in Art 7 nähere Bedingungen für die datenschutzrechtliche Einwilligung aufstellt, die tlw in Österreich bereits aufgrund der ergangenen Rsp zu beachten waren. So findet sich zB das Recht der betroffenen Person, ihre Zustimmung jederzeit mit Ex-nunc-Wirkung zu widerrufen in §§ 8 Abs 1 Z 2 und 9 Z 6 DSG 2000 (s jetzt Art 7 Abs 3), wobei unter der DSGVO der Widerruf der Einwilligung so einfach wie die Erteilung derselben sein muss. Der nunmehr vorgeschriebene Widerrufshinweis vor Abgabe der Einwilligung beruhte in Österreich bislang jedoch alleine auf der Judikatur.[63]) Im Ergebnis aufgrund der zivilprozessualen Beweisregeln nicht neu, aber dennoch erwähnenswert ist die Verpflichtung des Verantwortlichen, nachweisen zu können, dass die betroffene Person in die Datenverarbeitung eingewilligt hat (Art 7 Abs 1).

Art 7 Abs 2 DSGVO fordert eine Konkretisierung betreffend die Form der Einholung einer schriftlichen Einwilligung, die noch andere Sachverhalte betrifft (typischerweise sind hier Antragsformulare, Vertragstexte etc gemeint): Der Verantwortliche muss sicherstellen, dass seine vorformulierte Einwilligungserklärung in verständlicher und leicht zugänglicher Form in einer klaren und einfachen Sprache erfolgt, die Einwilligungserklärung muss zudem klar von anderen Sachverhalten (zB anderen Vertragsklauseln) zu unterscheiden sein.[64]) Etwas kryptisch formuliert ist der letzte Satz des Art 7 Abs 2, wonach Teile der Erklärung dann nicht verbindlich sind, wenn sie einen Verstoß gegen die DSGVO darstellen.[65])

Zur Beurteilung der Freiwilligkeit[66]) der Zustimmungserteilung wurde in Art 7 ein eigener Abs 4 aufgenommen, dessen gewollter Regelungsinhalt im ErwGr 43 deutlicher wird. Danach gilt die „*Einwilligung nicht als freiwillig erteilt, wenn zu verschiedenen Verarbeitungsvorgängen von personenbezogenen Daten nicht gesondert eine Einwilligung erteilt werden kann, obwohl dies im Einzelfall angebracht ist,* ***oder***[67]) *wenn die Erfüllung eines Vertrags, einschließlich der Erbringung einer Dienstleistung, von der Einwilligung abhängig ist, obwohl diese Einwilligung für die Erfüllung nicht erforderlich ist.*" Mit Letzterem wird in Art 7 Abs 4 ausdrücklich ein sog „Koppelungsverbot"[68]) normiert, wobei die Rechtsfolge(n) bei Verletzung dieses Verbots nicht angeführt werden. Der Begriff des Koppelungsverbots stammt aus der dt Literatur,[69]) in Österreich wurden solche Fälle bislang über das (fehlende) Kriterium der Freiwilligkeit der Zustimmung gelöst.[70]) Folgerichtig wäre es daher, bei einer unzulässigen Koppelung die (zumindest tlw, s Art 7 Abs 2) Ungültigkeit der Einwilligung anzunehmen.

Trotz des Koppelungsverbots wird es wohl weiterhin möglich sein, „kostenlose" Internetdienstleistungen zu erbringen, wobei jedoch das (entgeltliche) Austauschverhältnis

---

[63]) Vgl zB OGH 20. 3. 2007, 4 Ob 221/06p, RdW 2008/10, 53 (*Gehringer*); RIS-Justiz RS0117271.

[64]) S zur Platzierung u Kenntlichmachung der Zustimmungserklärung bislang ua OGH 20. 3. 2007, 4 Ob 221/06p; Rundschreiben d BKA-VD, GZ 810.008/1-V/1a/85 v 10. 8. 1985, abgedruckt in *Reimer*, Verfassungs- und europarechtliche Überlegungen zur datenschutzrechtlichen Zustimmung, in *Jahnel/Siegwart/Fercher* (Hrsg), Aktuelle Fragen des Datenschutzrechts (2007) 208 ff.

[65]) Offenbar mit der Rechtsfolge einer Restgültigkeit, wobei fraglich ist, ob dann noch eine gültige Einwilligung vorliegt.

[66]) S zum die Freiwilligkeit ausschließenden „klaren Ungleichgewicht" zwischen Betroffenem und Datenverarbeiter ErwGr 43 erster Satz.

[67]) Hervorhebung durch den Verf.

[68]) Dazu *Reimer* in *Jahnel/Siegwart/Fercher*, Aktuelle Fragen 202 f.

[69]) *Taeger* in *Taeger/Gabel*, Kommentar zum BDSG (2010) § 4a Rz 50 ff mwN.

[70]) Empfehlung d DSK 13. 7. 2012, K212.766/0010-DSK/2012, ORF-AGB; dazu *Thiele*, Rechtssichere Zustimmungserklärungen in Online AGB – Eine Empfehlung der DSK, ZIR 2013, 16 ff.

„Leistung gegen personenbezogene Daten“ deutlicher als bisher in den Vordergrund gestellt werden muss.[71]) Eine weitere Möglichkeit sind sog „Freemium-Geschäftsmodelle“, bei dem das Basisprodukt „gratis“ (gegen Preisgabe von Daten des Benutzers) angeboten wird, während das Vollprodukt kostenpflichtig, dafür aber mit deutlich eingeschränkter Datenerhebung, zur Verfügung gestellt wird.[72])

Praxistipp:

Überblicksartig sind bei Einwilligungserklärungen folgende Voraussetzungen der DSGVO zu beachten:

- Abgabe der Einwilligung in der Form einer Erklärung oder einer sonstigen „eindeutigen bestätigenden Handlung“;
- das Ersuchen um Einwilligung muss in verständlicher und leicht zugänglicher Form sowie in einfacher und klarer Sprache erfolgen;
- klare Unterscheidbarkeit der Einwilligungserklärung von sonstigen Bestimmungen (Hervorhebung);
- Erfüllung der Informationspflichten (siehe insb Art 13);[73])
- Information über das Widerrufsrecht vor Abgabe der Einwilligung, der Widerruf muss so einfach wie die Erteilung sein;
- gesonderte Einwilligungsmöglichkeiten bei verschiedenen Verarbeitungsvorgängen (wenn im Einzelfall angebracht);
- Beachtung des Koppelungsverbots;
- bei Minderjährigen: Beachtung von Art 8 (gilt nur für Angebote von Diensten der Informationsgesellschaft) sowie der im nationalen Recht festgesetzten Altersgrenze.

4. Bedingungen für die Einwilligung eines Kindes im Online-Kontext (Art 8)

Neu und längst überfällig ist die Regelung über die datenschutzrechtliche[74]) Einwilligung(sfähigkeit) Minderjähriger („Kinder“) in Art 8 Abs 1, allerdings eingeschränkt auf Angebote von „Diensten der Informationsgesellschaft“ (s Art 4 Z 25).

Die DSGVO setzt nun die Altersgrenze für die Zustimmungsfähigkeit im Online-Bereich, die Voraussetzung für das Vorliegen einer gültigen Einwilligung ist, mit der Vollendung des sechzehnten Lebensjahres an. Allerdings können die Mitgliedsstaaten diese Altersgrenze bis zum vollendeten dreizehnten Lebensjahr absenken. Unterhalb dieser Altersgrenze muss die Einwilligung durch den Träger der elterlichen Verantwortung für das Kind oder mit dessen Zustimmung erteilt werden.[75])

---

[71]) Anschaulich (mit einem konkreten Formulierungsvorschlag in FN 29) *Buchner*, DuD 2016, 155 (159).

[72]) S zu diesem Modell Wikipedia, https://de.wikipedia.org/wiki/Freemium (1. 5. 2016).

[73]) Ausf zu den bisherigen Anforderungen *Knyrim* in *Knyrim/Leitner/Perner/Riss* (Hrsg), AGB-Recht 138 ff.

[74]) Gem Art 8 Abs 3 ist die zivilrechtliche Geschäftsfähigkeit separat davon nach dem jeweiligen nationalen Vertragsrecht zu beurteilen, was zu einem in der Praxis nicht unproblematischen „Auseinanderklaffen“ führen kann.

[75]) Lt ErwGr 38 sollte die Einwilligung des Trägers der elterlichen Verantwortung im Zusammenhang mit Präventions- oder Beratungsdiensten, die unmittelbar einem Kind angeboten werden, nicht erforderlich sein.

Der Verantwortliche muss dabei angemessene Anstrengungen unter Berücksichtigung der verfügbaren Technik unternehmen, um sich zu vergewissern, dass die Einwilligung durch den Träger der elterlichen Verantwortung für das Kind oder mit dessen Zustimmung erteilt wurde. Wie diese Kontrolle eines „Vertretungsverhältnisses“ (und wohl bei einwilligungsfähigen Minderjährigen eine Altersverifikation) in der Praxis umgesetzt werden soll, bleibt offen.[76])

Die bisherige Rechtsunsicherheit betreffend die genauen Voraussetzungen für die datenschutzrechtliche Zustimmungsfähigkeit Minderjähriger besteht außerhalb von Onlinediensten weiter. In der Lit wird dazu auf die individuelle Einsichts- und Urteilsfähigkeit abgestellt,[77]) wobei jedoch bei Nichtvorliegen der Einwilligungsfähigkeit aufgrund der Tatsache, dass es sich bei der Zustimmung um ein höchstpersönliches Recht handelt, die Zustimmung nicht durch gesetzliche Vertreter, Sachwalter oder das Pflegschaftsgericht ersetzt werden kann.[78]) Dies mag zwar dogmatisch richtig sein, steht jedoch mit der soeben ausgeführten, pragmatischen Regelung der DSVGO nicht im Einklang.

C. Verarbeitung besonderer Kategorien personenbezogener inkl strafrechtsrelevanter Daten (Art 9, 10)

Analog zu Art 8 DSRL regelt auch die DSGVO in Art 9 mittels eines „Verwendungsverbots mit Erlaubnisvorbehalt“ die Verarbeitung besonders schutzwürdiger personenbezogener Daten (sensible Daten, s §§ 4 Z 2 iVm 9 DSG 2000).[79]) Die bislang in Art 8 Abs 5 DSRL (s § 8 Abs 4 DSG 2000) geregelte strafrechtsbezogene Datenverarbeitung[80]) wanderte in einen eigenen Art 10.

Inhaltlich ist festzustellen, dass gegenüber der DSRL keine wesentlichen Änderungen vorgenommen worden sind. Neu hinzugekommen sind die Kategorien „genetische Daten“[81]) und „biometrische Daten zur eindeutigen Identifizierung einer natürlichen Person“,[82]) die bislang wohl zu den Gesundheitsdaten[83]) zählten (siehe ausf dazu *Bergauer* in diesem Buch).

Die Erlaubnistatbestände in Art 9 Abs 2 lehnen sich eindeutig an jene der DSRL an, lit a erwähnt zunächst die ausdrückliche Einwilligung der betroffenen Person (ausgenommen es liegen rechtliche „Einwilligungsverbote“ vor). In den folgenden Fällen ist keine Einwilligung erforderlich, wobei den Mitgliedsstaaten teilweise gesetzliche Konkretisierungsmöglichkeiten offenstehen:

---

[76]) Als Vorbild diente hier offenkundig der U.S. Children's Online Privacy Protection Act of 1998 (COPPA), der einen “verifiable parental consent“ kennt.

[77]) Ausf *Kastelitz/Neugebauer*, Aspekte der datenschutzrechtlichen Zustimmung(sfähigkeit) Minderjähriger, in *Jahnel* (Hrsg), Jahrbuch Datenschutzrecht 2011 (2011) 71; *Marous*, Zur Zustimmungsfähigkeit Minderjähriger im Datenschutzrecht. Wer bestimmt tatsächlich? EF-Z 2013, 105 jeweils mwN.

[78]) Jüngst dazu (allerdings zu einer Zustimmung iSd § 7 Abs 2 Z 3 MedienG) OGH 13. 1. 2016, 15 Os 176/15v – Fenstersturz des Kindes II, MR 2016, 10 (*Zöchbauer*) = jusIT 2016/32, 63 (*Marous*).

[79]) S dazu auch ErwGr 51-56.

[80]) Daten, die Straftaten, strafrechtliche Verurteilungen oder Sicherungsmaßregeln betreffen.

[81]) S dazu ErwGr 34.

[82]) Lt ErwGr 51 sollen Fotos (Lichtbilder) nicht grds als Verarbeitung besonderer Kategorien gelten, ausgenommen sie ermöglichen technisch eine eindeutige Identifizierung oder Authentifizierung.

[83]) S dazu ErwGr 35. Zum DSG 2000 *Jahnel*, HB Datenschutzrecht Rz 3/95.

- Ausübung von Rechten aus dem Arbeitsrecht, der sozialen Sicherheit und des Sozialschutzes (lit b);
- Schutz lebenswichtiger Interessen der betroffenen Person (bei deren Einwilligungsunfähigkeit) oder einer anderen natürlichen Person (lit c);
- Datenverarbeitung durch einen sog Tendenzbetrieb (lit d);
- die betroffene Person hat Daten offensichtlich öffentlich gemacht (lit e);
- zur Geltendmachung von Rechtsansprüchen und bei justizieller Tätigkeit der Gerichte (lit f);
- Erforderlichkeit aufgrund eines erheblichen öffentlichen Interesses, wobei die Verarbeitung auf gesetzlicher Grundlage basiert (lit g);
- Gesundheitsvorsorge, Arbeitsmedizin, medizinische Diagnostik; Versorgung, Behandlung oder Verwaltung im Gesundheits- oder Sozialbereich (lit h; s auch Art 9 Abs 3 zum Erfordernis eines Berufsgeheimnisses bzw einer Geheimhaltungspflicht);
- aus Gründen des öffentlichen Interesses im Bereich der öffentlichen Gesundheit (lit i);[84])
- Erforderlichkeit für Archivzwecke, für wissenschaftliche oder historische Forschungszwecke sowie für statistische Zwecke gem Art 89 Abs 1 (lit j).

Gem Art 9 Abs 4 sind die Mitgliedstaaten dazu befugt, für die Verarbeitung von genetischen, biometrischen oder Gesundheitsdaten zusätzliche Bedingungen, einschließlich Beschränkungen, einzuführen oder aufrechtzuerhalten.

Für die Datenverarbeitung über strafrechtliche Verurteilungen und Straftaten oder damit zusammenhängende Sicherungsmaßregeln auf Grundlage eines Erlaubnistatbestands gem Art 6 Abs 1 sieht Art 10 spezielle Voraussetzungen vor. Diese darf nur unter behördlicher Aufsicht oder auf Grundlage des Unions- oder nationalen Rechts bei Bestehen geeigneter gesetzlicher Garantien vorgenommen werden.[85])

D. Verarbeitung, für die eine Identifizierung der betroffenen Person nicht erforderlich ist (Art 11)

Art 11 Abs 1 stellt klar, dass der Verantwortliche allein zur Einhaltung von Vorschriften der DSGVO keine zusätzlichen Daten (über die von ihm bereits verarbeiteten personenbezogenen Daten hinaus) einholen muss, um die betroffene Person (die zB ihr Auskunftsrecht gem Art 15 geltend macht) zu identifizieren.[86]) Diese Bestimmung mutet vielleicht etwas merkwürdig an und wäre wohl besser direkt bei den Betroffenenrechten in Kapitel III aufgehoben gewesen. Sie stellt offenbar ua auf die pseudonyme Nutzung eines Internetdienstes ab, bei dem der Anbieter zwar Verbindungs- und Inhaltsdaten über eine Person verarbeitet, diese aber nicht ohne weiteres identifizieren kann.

---

[84]) Eine solche Verarbeitung von Gesundheitsdaten aus Gründen des öffentlichen Interesses darf nicht dazu führen, dass Dritte, ua Arbeitgeber oder Versicherungs- und Finanzunternehmen, solche personenbezogene Daten zu anderen Zwecken verarbeiten, s ErwGr 54.

[85]) Die Führung eines Strafregisters darf überhaupt nur unter behördlicher Aufsicht erfolgen.

[86]) So die Europäische Kommission, Vorschlag für eine Datenschutz-Grundverordnung, KOM(2012) 11 endg v 25. 1. 2012, 9. Laut nunmehrigem ErwGr 57 sollte die Identifizierung die digitale Identifizierung einer betroffenen Person – bspw durch Authentifizierungsverfahren etwa mit denselben Berechtigungsnachweisen, wie sie die betroffene Person verwendet, um sich bei dem von dem Verantwortlichen bereitgestellten Online-Dienst anzumelden – einschließen.

Ist der Verantwortliche nachweislich nicht in der Lage, die betroffene Person zu identifizieren, informiert er diese darüber, sofern möglich.[87]) In einem solchen Fall sind ausgewählte Betroffenenrechte (Art 15–20) nicht anwendbar, ausgenommen der Betroffene stellt dem Verantwortlichen zusätzliche Informationen zur Verfügung, die diesem eine Identifizierung ermöglichen (Art 11 Abs 2).

Fazit

Die dargestellten „Grundsätze und Rechtmäßigkeit der Verarbeitung personenbezogener Daten“ hat der europäische Gesetzgeber in den Art 5–11 auf Grundlage der DSRL überarbeitet und da und dort ergänzt. Insgesamt wurde dabei nach dem Motto „Evolution statt Revolution“ vorgegangen, auch wenn an einigen Regelungen, wie zB dem Zweckbindungsgrundsatz, der erhebliche Lobby-Aufwand während des Rechtsetzungsverfahrens nicht spurenlos vorübergegangen ist.

Es wäre vermessen, an dieser Stelle und zu diesem Zeitpunkt eine abschließende Bewertung vornehmen zu wollen. Ob mit der DSGVO aber ein kohärentes und gleichmäßiges Datenschutzniveau innerhalb der EU erreicht werden kann, bleibt mE fraglich. Viel wird davon abhängen, wie die nationalen Gesetzgeber ihren – aufgrund der zahlreichen Öffnungsklauseln – bestehenden Regelungsspielraum nutzen werden. Auch dem Europäischen Datenschutzausschuss und letztendlich dem EuGH kommt die wichtige Rolle zu, die tlw auslegungsbedürftigen und unterkomplexen Bestimmungen „mit Leben zu erfüllen“. Für den Rechtsanwender bedeutet dies, dass er zukünftig noch stärker als bisher die Entwicklungen auf europäischer Ebene, aber auch jene in den einzelnen Mitgliedsstaaten verfolgen muss.

[87]) S auch Art 12 Abs 2.

Informationsrecht und Modalitäten für die Ausübung der Betroffenenrechte

Ursula Illibauer

I. Transparente Information, Kommunikation und Modalitäten für die Ausübung der Rechte der betroffenen Person (Art 12)

A. Einleitung und Allgemeines zu den Informationsbestimmungen

Wesentlicher Kern des Kapitels über die Betroffenenrechte in der DSGVO sind die **Transparenz- bzw Informationsverpflichtungen** gegenüber den betroffenen Personen.[1]) Ähnlich den Bestimmungen des DSG 2000 aufgebaut, aber deutlich weitgehender als dort, ist die betroffene Person bei der Datenerhebung, beim Erhalt und Weiterleiten der Daten zu informieren.[2])

B. Art 12 DSGVO

Die DSGVO regelt Informationsverpflichtungen nunmehr im Kapitel über die Betroffenenrechte, der Stellenwert wird daher einem Auskunfts-, Richtigstellungs- oder Löschungsanspruch uÄ gleich gestellt. Art 12 regelt **allgemein**, wie eine transparente Information und Kommunikation mit den betroffenen Personen auszugestalten ist, Art 13 enthält **speziellere Regelungen** über die Informationen, die bei Erhebung von personenbezogenen Daten bei der betroffenen Person zu erteilen sind, und Art 14 umschreibt die Informationspflicht, wenn die personenbezogenen Daten nicht bei der betroffenen Person erhoben wurden.

Bereits im Rahmen der **Richtlinienumsetzung**[3]) erschien es als eine der bemerkenswertesten Neuerungen gegenüber der damaligen österreichischen Rechtslage, dass es Betroffenen erleichtert werden sollte, ihre Rechte zu wahren. Die betroffene Person sollte in der Lage sein, über das Vorhandensein einer Verarbeitung zu wissen und **umfassend** bzw **transparent** über die Bedingungen der Verarbeitung **informiert** zu sein.

Nunmehr bestätigt auch die DSGVO, Transparenz solle dahingehend bestehen, dass die betroffenen Personen darüber Kenntnis haben, ob personenbezogene Daten erhoben, verwendet, eingesehen oder anderweitig verarbeitet werden und in welchem Umfang

---

[1]) Die DSGVO spricht grundsätzlich von „betroffenen Personen" statt Betroffenen.

[2]) *Knyrim,* Die neuen Pflichten nach der EU-Datenschutz-Grundverordnung im Überblick (Teil V), Dako 2016/6, 11.

[3]) Richtlinie 95/46/EG des Europäischen Parlaments und des Rates vom 24. 10. 1995 zum Schutz natürlicher Personen bei der Verarbeitung personenbezogener Daten und zum freien Datenverkehr, ABl L 1995/281, 31.

diese verarbeitet und künftig noch verarbeitet werden (ErwGr 39). Der **Grundsatz der Transparenz** setze demnach voraus, dass alle Informationen und Mitteilungen zur Verarbeitung dieser personenbezogenen Daten **leicht zugänglich, verständlich und in klarer und einfacher Sprache** abgefasst sind. Wesentliches Element der DSGVO ist also eine informierte betroffene Person, die darüber aufgeklärt ist, wie sie ihre Rechte geltend machen kann.[4])

1. Transparenz

Der Grundsatz der Transparenz setzt voraus, dass eine für die Öffentlichkeit oder die betroffene Person bestimmte Information **präzise, leicht zugänglich und verständlich sowie in klarer und einfacher Sprache** abgefasst ist und ggf zusätzlich **visuelle Elemente** verwendet werden (**Icons** oder **Bildsymbole**, ErwGr 58 und Art 12 Abs 7). Der für die Verarbeitung Verantwortliche hat alle geeigneten Maßnahmen zu treffen, um die Informationen nach den Art 13 (**Informationspflicht bei Erhebung von personenbezogenen Daten bei der betroffenen Person**), 14 (**Informationspflicht, wenn die personenbezogenen Daten nicht bei der betroffenen Person erhoben wurden**) und alle Mitteilungen nach den Art 15–22 (Rechte auf Auskunft, Berichtigung, Löschung, Einschränkung, Datenübertragbarkeit und Widerspruch, automatisierte Entscheidungen im Einzelfall einschließlich Profiling[5])) und Art 34 (*data breach notification)* erfüllen zu können (Art 12 Abs 1).

2. Art der Informationserteilung

Die Übermittlung der Informationen sollte grundsätzlich **schriftlich** erfolgen, ausdrücklich wird auch die Möglichkeit einer **elektronischen** Übermittlung genannt. Dieser Fall wird in der DSGVO selbst näher beschrieben: Konkret können die Informationen grundsätzlich auch auf einer **Website**, wenn diese für die Öffentlichkeit bestimmt ist, zur Verfügung gestellt werden (ErwGr 58). Ob die Aufnahme im verpflichtenden Impressum ausreicht, ist fraglich, empfehlenswerter wäre wohl eine eigene datenschutzrechtliche Informationsrubrik (zB unter einem ebenso benanntem Button „Datenschutz" oÄ).

Insbesondere wenn eine große Anzahl an Beteiligten und die Komplexität der dafür notwendigen Technik es erschweren würden zu erkennen, ob, von wem und zu welchem Zweck Daten erfasst werden, kann die Website als geeignetes Medium der Informationserteilung dienen. Als Beispiel hierzu wird konkret die Werbung im Internet genannt (ErwGr 58), die ohnehin bereits mit diversen Informationsbannern und -boxen, die in Websites implementiert werden, arbeitet.

Sofern dies die betroffene Person verlangt, könnten die Informationen auch **mündlich** zur Verfügung gestellt werden, was allerdings zwei Problemstellungen aufwirft:

1. Die DSGVO verlangt selbst, dass die Identität der betroffenen Person sodann *„in anderer Form nachgewiesen wurde"* (Art 12 Abs 1),

---

[4]) *Pollirer/Weiss/Knyrim*, DSG² (2014), § 24 ErläutRV.

[5]) Profiling wird in Art 4 Z 4 definiert als *„jede Art der automatisierten Verarbeitung personenbezogener Daten, die darin besteht, dass diese personenbezogenen Daten verwendet werden, um bestimmte persönliche Aspekte, die sich auf eine natürliche Person beziehen, zu bewerten, insbesondere um Aspekte bezüglich Arbeitsleistung, wirtschaftliche Lage, Gesundheit, persönliche Vorlieben, Interessen, Zuverlässigkeit, Verhalten, Aufenthaltsort oder Ortswechsel dieser natürlichen Person zu analysieren oder vorherzusagen"*.

2. andererseits stellt sich die Frage nach der **Nachweisbarkeit einer entsprechenden Informationserteilung**. Es sollte hier zumindest eine interne Aufzeichnung über die Informationserteilung erfolgen.[6])

Wird der Antrag von der betroffenen Person selbst elektronisch gestellt, sollte auch möglichst auf elektronischem Weg entsprochen werden, außer die betroffene Person selbst verlangt etwas Abweichendes (Art 12 Abs 3).

Sollte die Datenverarbeitung an **Kinder** gerichtet sein, müssen die Informationen im Hinblick auf die besondere Schutzwürdigkeit in einer auch für Kinder verständlichen, klaren und einfachen Sprache vermittelt werden. In diesem Zusammenhang wäre wohl eine **Darstellung in Bildsprache** (Icons) das Mittel der Wahl. Die Europäische Kommission hat die Befugnis, **delegierte Rechtsakte**[7]) zur Bestimmung der Informationen, die durch Bildsymbole darzustellen sind, und der Verfahren für die Bereitstellung standardisierter Bildsymbole zu erlassen (Art 12 Abs 8).

3. Unentgeltlichkeit der Informationserteilung

Grundsätzlich sind die Informationen nach den Art 13 und 14 und alle Mitteilungen und Maßnahmen, die in den Art 15–22 und 34 ausgewiesen sind, **unentgeltlich** zu erteilen, es sei denn, es handelt sich um einen **offenkundig unbegründeten oder exzessiven Antrag** (Art 12 Abs 5). Letzteres wird beispielsweise der Fall sein, wenn Anträge sehr häufig durch eine betroffene Person gestellt werden.

Die **Unentgeltlichkeit** der Informationserteilung entspricht im Wesentlichen bereits der Richtlinie 95/46/EG, ebenso die Möglichkeit, im Rahmen des **Missbrauchs ein angemessenes Entgelt** zu verlangen. Beim angemessenen Entgelt werden die **Verwaltungskosten** für die Unterrichtung, die Mitteilung oder die Durchführung der beantragten Maßnahme berücksichtigt werden (Art 12 Abs 5). Grundsätzlich kann sich der für die Verarbeitung Verantwortliche auch weigern, aufgrund des Antrags tätig zu werden. Jedenfalls muss er aber die offenkundige Unbegründetheit bzw den exzessiven Charakter des Antrags selbst beweisen können.

4. Identitätsnachweis

Grundsätzlich hat der für die Verarbeitung Verantwortliche den betroffenen Personen **die Ausübung ihrer Rechte** auf Auskunft, Berichtigung, Löschung, Einschränkung, Datenübertragbarkeit und Widerspruch **zu erleichtern**. Dem entgegengesetzt kann der Verantwortliche allerdings oftmals die betroffene Person nicht (mehr) identifizieren, da diese Identifikation für den Verarbeitungszweck nicht (mehr) notwendig ist. Hierzu ist er auch nicht verpflichtet (Art 11 Abs 1), jedoch stellt sich die Frage, wie er entsprechende Informationen in diesem Fall bereitstellen kann.

Die DSGVO verweist einerseits darauf, dass **zuerst die betroffene Person über diese Situation informiert werden muss**, sofern möglich (sofern nicht möglich, wird wohl einer derartige Information entfallen können, Art 11 Abs 2). Betroffenenrechte (Art 15–20) können in diesem Fall nicht mehr ausgeübt werden, **außer** die betroffene Person **stellt zusätzliche Informationen bereit**, die ihre Identifizierung ermöglichen. Informationsverpflichtun-

[6]) *Pollirer/Weiss/Knyrim*, DSG[2] (2014) § 24 Anm 4.

[7]) Nach Art 92 DSGVO.

gen nach Art 12–14 müssen allerdings dennoch erfüllt werden, dies wohl aus dem Grund, dass die Informationen üblicherweise zu einem früheren Zeitpunkt zur Verfügung gestellt werden müssen und angenommen wird, zu diesem Zeitpunkt noch über die Informationen zu verfügen (ob dies tatsächlich der Fall ist, sei dahingestellt).

Andererseits wird nochmals die ausdrückliche Verpflichtung des für die Verarbeitung Verantwortlichen selbst hervorgehoben, glaubhaft machen zu müssen, dass er nicht in der Lage ist, die betroffene Person zu identifizieren (Art 12 Abs 2). **Das heißt letztendlich, dass jede Möglichkeit einer Identifizierung genutzt werden muss.**

Bestehen begründete Zweifel an der Identität der um Auskunft oder Mitteilung ersuchenden Person, so kann der für die Verarbeitung Verantwortliche **zusätzliche Informationen anfordern**, die er zur Bestätigung der Identität der besagten Person benötigt. Eine Verpflichtung der betroffenen Person, die Identität bereits beim Ersuchen bekannt zu geben (wie es vorab in § 26 Abs 1 DSG 2000 geregelt war), besteht nicht, was mit einer möglichst einfachen Handhabe für die betroffenen Personen zur Durchsetzung ihrer Rechte begründet wurde. Für den für die Verarbeitung Verantwortlichen bringt das allerdings Ungewissheit, wann begründete Zweifel vorliegen und ob Daten möglicherweise unzulässig herausgegeben worden sind (und wiederum hohe Strafen drohen!).

Begründete Zweifel können beispielsweise bei telefonischen Ansuchen oder bei E-Mailadressen ohne Klarnamen bestehen.[8]) Der für die Verarbeitung Verantwortliche hat **alle vertretbaren Mittel** in Anspruch zu nehmen, um die Identität zu überprüfen (als Beispiel werden auch Zugriffsdaten für Online-Dienste im ErwGr 57 angeführt, vgl auch ErwGr 64). Ein Verantwortlicher sollte personenbezogene Daten aber nicht allein zu dem Zweck speichern oder einholen müssen, um auf mögliche Auskunftsersuchen reagieren zu können (ErwGr 57).

5. Frist

Informationen über die auf Antrag über die Rechte auf Auskunft, Berichtigung, Löschung, Einschränkung, Datenübertragbarkeit und Widerspruch ergriffenen Maßnahmen sind der betroffenen Person **unverzüglich** zu geben. Jedenfalls ist eine **Maximalfrist von einem Monat** nach Eingang des Antrags einzuhalten, welche nur dann **um zwei weitere Monate verlängert werden kann**, wenn die Komplexität und die Anzahl der Anträge eine derartige Verlängerung benötigt. In diesem Fall muss die betroffene Person allerdings dennoch **innerhalb eines Monats** nach Eingang des Antrags über die Fristverlängerung und deren Begründung informiert werden.

Ebenso ist **innerhalb eines Monats** davon zu unterrichten, wenn generell nicht auf das Auskunftsbegehren reagiert werden wird (Art 12 Abs 4). In diesem Fall ist wiederum eine Begründung mitzureichen, ebenso die Belehrung über die Möglichkeit, bei einer Aufsichtsbehörde Beschwerde einzulegen oder einen gerichtlichen Rechtsbehelf in Anspruch zu nehmen.

6. Strafrahmen

Bei Verstößen gegen diese Bestimmung drohen Geldbußen von bis zu € 20 Mio oder im Fall eines Unternehmens von bis zu 4 % des gesamten weltweit erzielten Jahresumsatzes des vorangegangenen Geschäftsjahrs, je nachdem, welcher der Beträge höher ist.

[8]) Näheres hierzu siehe auch den Beitrag von *Haidinger* in diesem Buch.

II. Informationspflicht bei Erhebung von personenbezogenen Daten bei der betroffenen Person (Art 13) und Informationspflicht, wenn die personenbezogenen Daten nicht bei der betroffenen Person erhoben wurden (Art 14)

A. Einleitung: Allgemeine Informationsbestimmungen im Datenschutzgesetz 2000

Im DSG 2000 werden die Offenlegungs- und Informationsverpflichtungen nicht im Abschnitt der Betroffenenrechte eingeordnet, sondern im neutraleren Abschnitt zur „***Publizität der Datenanwendungen***" selbst. In diesem Sinne enthält § 23 DSG 2000 ganz allgemein die Pflicht des Auftraggebers[9]) zur **Offenlegung nicht meldepflichtiger Datenanwendungen**, den Standardanwendungen, auf jedermanns Anfrage.

Der Auftraggeber ist weiters verpflichtet, **aus Anlass der Datenermittlung** die betroffenen Personen in geeigneter Weise **über Zweck, Name und Adresse des Auftraggebers** zu informieren, sofern diese Informationen der betroffenen Person nach den Umständen des Falles nicht ohnehin bereits vorliegen (§ 24 DSG 2000). **Weitergehende Informationen** sind zur Verfügung zu stellen, wenn dies nach „***Treu und Glauben erforderlich ist***" (§ 24 Abs 2 DSG 2000), wenn beispielsweise

- ein **Widerspruchsrecht** (nach § 28 DSG 2000) besteht,
- es für die betroffenen Personen **nach den Umständen des Falles** nicht klar erkennbar ist, ob er zur Beantwortung der an ihn gestellten Fragen **rechtlich verpflichtet** ist oder
- die Daten in einem **gesetzlich nicht vorgesehenen Informationsverbundsystem** verarbeitet werden sollen.

Die Informationen müssen dann **nicht** erteilt werden, wenn

- die Daten nicht direkt von der betroffenen Person, sondern durch Übermittlung von Daten **aus anderen Aufgabengebieten desselben Auftraggebers** bzw aus **Anwendungen anderer Auftraggeber** ermittelt wurden,
- die Datenanwendung **gesetzlich vorgesehen ist,**
- die Information an die betroffene Person **mangels Erreichbarkeit unmöglich** ist oder auch
- **keine wahrscheinliche Beeinträchtigung** der Betroffenenrechte drohen würden, andererseits aber die Informationserfüllung einen **unverhältnismäßigen Aufwand** verursachen würde.
- Zudem entfallen die Informationsverpflichtungen ebenso bei **nicht meldepflichtigen Datenanwendungen** (iSd § 17 Abs 2 und 3 DSG 2000).

Durch die DSG Novelle 2010 wurde eine Informationspflicht des Auftraggebers an die betroffenen Personen im Falle eines **data breach** festgelegt (§ 24 Abs 2a DSG 2000). Die Information über diesen ist bei systematisch und schwerwiegend unrechtmäßiger Verwendung von Betroffenendaten zu geben, wenn den betroffenen Personen Schaden droht. Eine Ausnahme besteht, wenn die Information angesichts der Drohung eines nur **geringfügigen**

[9]) Das DSG 2000 spricht vom „**Auftraggeber**" als demjenigen, der die Entscheidung darüber getroffen hat, personenbezogene Daten zu verwenden. Werden im nachfolgenden Text Bestimmungen des DSG 2000 zitiert, so wird auch diese Begrifflichkeit verwendet, werden Bestimmungen der DSGVO verwendet, hingegen der Begriff „**für die Verarbeitung Verantwortlicher**".

Schadens der betroffenen Personen einerseits oder der Kosten der Information aller betroffenen Personen andererseits einen **unverhältnismäßigen Aufwand** erfordert.[10])

Weiters muss bei Übermittlungen und Mitteilungen an betroffene Personen die Identität und eine etwaige **Datenverarbeitungsregisternummer** (DVR–Nummer) des Auftraggebers in geeigneter Weise offengelegt werden (§ 25 DSG 2000). Sollten die Daten aus einer **Datenverwendung für Zwecke Dritter**[11]) stammen, dann muss bei Mitteilungen an die betroffenen Personen auch die **Identität des Dritten** und dessen DVR-Nummer ausgewiesen werden. Diese Verpflichtung trifft im Übrigen sowohl Auftraggeber als auch den Dritten.

B. Art 13 und 14 DSGVO

Art 13 und 14 regeln **konkret** einerseits, **welche** Informationspflichten der für die Verarbeitung Verantwortliche zu erfüllen hat, wenn die personenbezogenen Daten **bei der betroffenen Person erhoben** werden, andererseits, welche Informationspflichten zu erfüllen sind, wenn die Daten **nicht bei der betroffenen Person erhoben** wurden. Sind diese im österreichischen Datenschutzgesetz bislang noch recht überschaubar ausgestaltet gewesen (§ 24 DSG 2000), ist die Auflistung im Art 13 und 14 schon wesentlich beeindruckender.

Der europäische Gesetzgeber geht vom **Grundprinzip einer fairen und transparenten Verarbeitung** aus, dh von einer umfassenden Information an die betroffene Person, die sowohl über die Existenz des Verarbeitungsvorgangs als auch über die Verarbeitungszwecke informiert wird (ErwGr 60). Als besonders wichtig erscheint es ihm auch, speziell an diversen Stellen zu betonen, dass jedenfalls darüber informiert werden soll, ob **Profiling** durchgeführt wird und welche Folgen dieses Profiling für die betroffene Person nach sich zieht (zB ErwGr 60, 63, 70, Art 21 Abs 1, Art 22).

C. Zeitpunkt

Bereits die Erwägungsgründe statuierten, dass die betroffene Person grundsätzlich schon **zum Zeitpunkt der Erhebung** informiert werden sollte, dass sie betreffende personenbezogene Daten verarbeitet werden (ErwGr 61). Wenn die Daten aus einer dritten Quelle[12]) erlangt werden, sollte das zumindest innerhalb einer **angemessenen Frist**[13]) nachgeholt werden.

D. Ausnahme

Es werden drei Fälle ausgewiesen, in denen die Informationserteilung entfallen kann:

- Wenn die betroffene Person die Information **bereits hat,**
- wenn die Speicherung oder Offenlegung der personenbezogenen Daten **ausdrücklich durch Rechtsvorschriften** geregelt ist oder
- wenn die Unterrichtung der betroffenen Person **unmöglich** oder mit **unverhältnismäßig hohem Aufwand** verbunden ist.

---

[10]) Diese data breach notification erhielt im Rahmen der DSGVO einen eigenen Artikel, Art 34: Benachrichtigung der von einer Verletzung des Schutzes personenbezogener Daten betroffenen Person. Näheres hierzu siehe den Beitrag von *Oman* in diesem Buch.

[11]) eine vom Auftraggeber verschiedenen Person.

[12]) Nicht von der betroffenen Person selbst.

[13]) ErwGr 61 selbst verweist auf eine Beurteilung der Angemessenheit im konkreten Einzelfall.

Als Beispiele für zumindest letzteren Fall werden Verarbeitungen für im öffentlichen Interesse liegende Archivzwecke, zu wissenschaftlichen oder historischen Forschungszwecken oder zu statistischen Zwecken angeführt (ErwGr 62). Es empfiehlt sich, im Einzelfall zu prüfen, ob anhand der (großen) Zahl an betroffenen Personen oder vielleicht anhand des (hohen) Alters der Daten ein Ausnahmefall vorliegen könnte.

E. Informationspflicht, wenn Daten vom Betroffenen selbst stammen (Art 13)

1. Allgemein

Werden personenbezogene Daten **bei der betroffenen Person selbst erhoben**, hat der Verantwortliche zum Zeitpunkt der Erhebung folgende Informationen bekannt zu geben:

- **Namen und Kontaktdaten** des Verantwortlichen (und ggf seiner Vertreter),
- ggf Kontaktdaten des Datenschutzbeauftragten,
- Verarbeitungszwecke und Rechtsgrundlagen der Verarbeitung,
- im Falle einer Datenverarbeitung aufgrund berechtigter Interessen des Verantwortlichen bzw eines Dritten (Art 6 Abs 1 lit f) die **berechtigten Interessen**, die vom Verantwortlichen oder einem Dritten verfolgt werden,
- ggf **Empfänger** (Art 13 Abs 1 spricht auch von „Kategorien von Empfängern").
- Falls die Absicht besteht, die **Daten an ein Drittland** oder eine internationale Organisation zu übermitteln, so muss auch darüber informiert werden, ebenso wie über das Vorhandensein oder das Fehlen eines **Angemessenheitsbeschlusses** der Europäischen Kommission.[14]) Weiters ist im Falle von Datenübermittlung vorbehaltlich geeigneter Garantien[15]) oder aufgrund verbindlicher interner Datenschutzvorschriften[16]) bzw generell aufgrund besonderer Ausnahmebestimmungen[17]) eben auf diese geeigneten oder angemessenen Garantien zu verweisen oder zumindest, wo eine Kopie erhältlich wäre.

Dieser Punkt ist vollkommen **neu** durch die DSGVO eingeführt worden. Bislang war eine derartig umfassende Information nötig, sofern man hierzu eine Zustimmung einholen wollte (bspw wenn kein Angemessenheitsbeschluss der Europäischen Kommission für das jeweilige Drittland vorlag).

Was unter „**Empfänger**" iSd DSGVO zu verstehen ist, bleibt trotz der Begriffsdefinition in Art 4 Z 9 offen. „Empfänger" sei demnach eine natürliche oder juristische Person, Behörde, Einrichtung oder andere Stelle, der personenbezogene Daten offengelegt werden, unabhängig davon, ob es sich bei ihr um einen Dritten handelt oder nicht. Bedauerlicherweise wird „**Offenlegung**" nicht eigenständig definiert, sondern lediglich in Art 4 Z 2 im Zuge der Definition des „Verarbeitens" aufgelistet („*Offenlegung durch Übermittlung, Verbreitung oder eine andere Form der Bereitstellung*"). Heißt das nun, „Übermitteln" nach Art 4 Z 2 DSGVO entspräche im Wesentlichen dem bisherigen § 4 Z 12 DSG 2000 und „Verbreiten" bzw „Bereitstellen" nach Art 4 Z 2 DSGVO dem bisherigen „Überlassen" nach § 4 Z 11 DSG 2000? Wohl eher nicht, denn grundsätzlich wird im gesamten Verordnungstext

[14]) Die Europäische Kommission hat das Schutzniveau eines Drittstaates zu beurteilen und fällt bei positiver Beurteilung hierüber einen sog „Angemessenheitsbeschluss" iSd Art 45 Abs 1.

[15]) Siehe hierzu den Beitrag von *Knyrim* in diesem Buch.

[16]) Siehe hierzu den Beitrag von *Knyrim* in diesem Buch.

[17]) Siehe hierzu den Beitrag von *Knyrim* in diesem Buch.

selbst keine Differenzierung danach vorgenommen, ob Daten einem Dritten oder einem Auftragsverarbeiter übermittelt (offengelegt?) werden sollen. Auch wird in der Begriffsdefinition des „Empfängers" nicht auf eine derartige Unterscheidung abgestellt, konkret soll eine Offenlegung an „Empfänger" sogar unabhängig davon erfolgen, ob diese als Dritte zu qualifizieren sind oder nicht.

Auch im ursprünglich vorgelegten **Kommissionsentwurf** der Grundverordnung wird in den Grundsätzen der Verordnung ausgeführt, dass die Informationspflichten, die in der Datenschutz-RL (Richtlinie 95/46/EG) ***„in Bezug auf die Empfänger vorgesehenen Rechte"*** vorgesehen sind, ***„auf alle Empfänger, d.h. auch auf die gemeinsam für die Verarbeitung Verantwortlichen und die Auftragsverarbeiter"*** ausgedehnt werden sollen.[18]) Es erscheint daher nach Ansicht der Autoren und nach der Intention der Verordnung zur möglichst weitgehenden Transparenz notwendig, **sämtliche Empfänger aufzulisten**, denen gegenüber Daten offengelegt werden, sei dies nun durch Übermittlung, Verbreitung oder sonstige Bereitstellung. Das hieße in diesem Fall wohl auch Auftragsverarbeiter.

2. Zusätzlich

Um eine ***„faire und transparente Verarbeitung zu gewährleisten"***, werden noch weitere Informationen aufgezählt, die der betroffenen Person im Zeitpunkt der Verarbeitung zur Verfügung gestellt werden müssen (Art 13 Abs 2):

- **Dauer** der Datenspeicherung bzw, wenn unmöglich, die Kriterien für die Festlegung der Dauer;
- **Betroffenenrechte** auf Auskunft, Berichtigung, Löschung, Einschränkung, Datenübertragbarkeit und Widerspruch;
- Möglichkeit des **Widerrufs** der Einwilligung;[19])
- **Beschwerdemöglichkeit** bei der Aufsichtsbehörde;
- ob die Bereitstellung der personenbezogenen Daten **gesetzlich oder vertraglich vorgeschrieben oder für einen Vertragsabschluss erforderlich** ist, ob die betroffene Person verpflichtet ist, die personenbezogenen Daten bereitzustellen, und welche mögliche Folgen die Nichtbereitstellung hätte;
- ggf das Bestehen **automatisierter Entscheidungsfindung** inkl aussagekräftiger Informationen über die involvierte Logik und die Tragweite der Entscheidung (in diesem Fall wird ausdrücklich Profiling als Beispiel angeführt);
- sollen die Daten für einen anderen als den ursprünglichen Zweck weiterverarbeitet werden, auch Informationen über **diesen anderen Zweck und alle anderen maßgeblichen Informationen hierzu.**

3. Zeitpunkt

Die Informationen nach 1 und 2 sind der betroffenen Person **zum Zeitpunkt der Erhebung** zur Verfügung zu stellen.

---

[18]) Vorschlag für Verordnung des Europäischen Parlaments und des Rates zum Schutz natürlicher Personen bei der Verarbeitung personenbezogener Daten und zum freien Datenverkehr (Datenschutz-Grundverordnung), KOM(2012) 11 endg – 2012/0011 (COD).

[19]) In diesem Fall ist allerdings ebenfalls darüber zu informieren, dass die Datenverarbeitung bis zu diesem Zeitpunkt rechtmäßig war. Die Sinnhaftigkeit dieser Informationsverpflichtung sei dahingestellt.

4. Ausnahmen

Wenn die betroffene Person die Informationen bereits erhalten hatte oder generell darüber verfügt, muss nicht nochmals ein derartiger Aufwand betrieben werden.

5. Strafrahmen

Bei Verstößen gegen diese Bestimmung drohen Geldbußen von bis zu € 20 Mio oder im Fall eines Unternehmens von bis zu 4 % des gesamten weltweit erzielten Jahresumsatzes des vorangegangenen Geschäftsjahrs, je nachdem, welcher der Beträge höher ist.

F. Informationspflicht, wenn die personenbezogenen Daten nicht bei der betroffenen Person erhoben wurden (Art 14)

1. Informationen

Im Falle einer Erhebung der Daten nicht von der betroffenen Person direkt, sondern **von einer anderen Quelle**, ist zusätzlich zu den Informationen nach Art 12 Auskunft darüber zu geben, **aus welcher Quelle die Daten stammen** (auch im Falle einer öffentlich zugänglichen Quelle). Einzig die Information, ob der Betroffene verpflichtet ist, die Daten bereitzustellen, ist in Art 14 nicht mehr enthalten, da dies wohl in diesem Fall auch keinen Sinn ergeben würde.

Wenn die personenbezogenen Daten rechtmäßig **einem anderen Empfänger offengelegt** werden dürfen, sollte die betroffene Person **bei der erstmaligen Offenlegung** der personenbezogenen Daten für diesen Empfänger darüber aufgeklärt werden.

Beabsichtigt der Verantwortliche, die personenbezogenen Daten für einen **anderen Zweck** zu verarbeiten als jenen, für den die Daten erhoben wurden, so sollte er der betroffenen Person **vor dieser Weiterverarbeitung** Informationen über diesen anderen Zweck und andere erforderliche Informationen zur Verfügung stellen. Konnte der betroffenen Person nicht mitgeteilt werden, woher die personenbezogenen Daten stammen, weil verschiedene Quellen benutzt wurden, so sollte die Unterrichtung zumindest allgemein gehalten werden.

2. Zeitpunkt

Die ausgewiesenen Informationen sind der betroffenen Person **innerhalb einer angemessenen Frist, spätestens jedoch innerhalb eines Monats nach Erhalt der Daten** zu erteilen. Wird mit der betroffenen Person kommuniziert, muss spätestens in der ersten Mitteilung eine Informationsauflistung erfolgen. Werden die Daten zudem einem anderen Empfänger offengelegt (gemeint ist hier wohl „übermittelt“ im Sinne der alten Begriffsbestimmung des § 4 Z 12 DSG 2000), muss die Information spätestens zum Zeitpunkt der Offenlegung erfolgen.

3. Ausnahmen

Wiederum muss nicht nochmals informiert werden, falls die betroffene Person bereits über die Informationen verfügt. Zusätzlich dazu gibt es noch weitere Ausnahmen:

- wenn die Informationserteilung **unmöglich** oder mit einem **unverhältnismäßigen Aufwand** verbunden ist (zB für die Verarbeitung für im öffentlichen Interesse liegende Archivzwecke, für wissenschaftliche oder historische Forschungszwecke oder für statistische Zwecke[20]));[21])

- wenn dies durch **Rechtsvorschriften** der Union oder der Mitgliedstaaten ausdrücklich geregelt ist;
- wenn die Daten dem **Berufsgeheimnis** oder einer satzungsmäßigen Geheimhaltungspflicht unterliegen und daher vertraulich behandelt werden müssen.

4. Strafrahmen

Bei Verstößen gegen diese Bestimmung drohen Geldbußen von bis zu € 20 Mio oder im Fall eines Unternehmens von bis zu 4 % des gesamten weltweit erzielten Jahresumsatzes des vorangegangenen Geschäftsjahrs, je nachdem, welcher der Beträge höher ist.

G. Fazit und Kurzzusammenfassung

Informationsverpflichtungen werden in der DSGVO **erheblich erweitert**, was den innerbetrieblichen Ablauf der Verantwortlichen wesentlich erschwert. Der **bürokratische Aufwand** wird vorverlagert, dh es entfallen möglicherweise gewisse behördliche Meldeverpflichtungen, aber der Verantwortliche hat viele Situationen vorab selbst einzuschätzen und eben ggf zu informieren.

Unternehmen ist dringend angeraten, ihre **Datenanwendungen vorab zu überprüfen** und Informationen möglichst umfassend zur Verfügung zu stellen, bspw durch Aufnahme in einer eigenen Rubrik auf der eigenen Website. Ansonsten sollten rasch Standardformulare erstellt werden, die ggf im Einzelfall nur mehr ergänzt werden müssen.

Vermehrte Bedeutung hat nun auch, **wie lang Daten gespeichert werden (sollen)**, weshalb sich Unternehmen künftig vorab bereits informieren sollten, wie sich Speicherdauer und -notwendigkeit in ihrem Unternehmen darstellen, um diese bei der Datenerhebung selbst bereits anführen zu können.

Unbedingt muss in der Umsetzung der Bestimmungen in Österreich die Überforderung von Gesetzesanwender und betroffenen Personen vermieden werden, dh Informationspflichten sollten möglichst einfach und überschaubar zur Verfügung gestellt werden können. Insbesondere wäre ein rascher Akt der Kommission zu **Icons** sinnvoll.

---

[20]) Die Garantien nach Art 89 Abs 1 sind allerdings einzuhalten.

[21]) In diesen Fällen ergreift der Verantwortliche geeignete Maßnahmen zum Schutz der Rechte und Freiheiten sowie der berechtigten Interessen der betroffenen Person, einschließlich der Bereitstellung dieser Informationen für die Öffentlichkeit.

Die Rechte auf Auskunft, Berichtigung, Löschung, Einschränkung, Datenübertragbarkeit und Widerspruch (Art 15–21 DSGVO)

Viktoria Haidinger

I. Einleitung

Die DSGVO setzt auf die Selbstverantwortung des Auftraggebers.[1]) Insofern erklärt sich der Anfangssatz in Art 12 Abs 1, demzufolge der Auftraggeber geeignete Maßnahmen trifft, um dem Betroffenen[2]) alle Informationen, auf die letzterer einen Anspruch hat, in verständlicher und leicht zugänglicher Form sowie in einer klaren und einfachen Sprache bereitzustellen. Dies deutet darauf hin, dass der Auftraggeber sich auf die Geltendmachung der Betroffenenrechte entsprechend vorbereiten sollte.

Es liegt im Eigeninteresse des Auftraggebers, seine EDV-Systeme und seine Betriebsorganisation so zu gestalten, dass diese Ansprüche mit möglichst wenig Aufwand erfüllt werden können.

Zur besseren Veranschaulichung der klassischen Betroffenenrechte sowie deren inneren Zusammenhangs wird von nachstehender Sachverhalts-Skizze ausgegangen:

Der Betroffene weiß oder glaubt zumindest, dass das Unternehmen eine Reihe von Daten über ihn verarbeitet. Er wendet sich daher mit einem Begehren auf Auskunft an das Unternehmen, wobei er die Kopie eines Lichtbildausweises anschließt. Das Unternehmen beantwortet sein Schreiben mit einer Liste jener Daten, die über den Betroffenen gespeichert sind, sowie Erläuterungen hierzu. Der Betroffene stellt fest, dass sein Geburtsdatum falsch ist. Weiters ist er der Meinung, dass nicht alle Daten für das Unternehmen notwendig sind. Er wendet sich neuerlich an das Unternehmen mit dem Ersuchen, das Geburtsdatum richtigzustellen und die nicht benötigten Daten zu löschen. Das Unternehmen erfüllt diese Ansprüche und informiert den Betroffenen darüber.

II. Auskunft (Art 15)

Der Betroffene macht beim Unternehmen sein Recht auf Auskunft nach Art 15 geltend. Das Unternehmen ist dabei datenschutzrechtlicher Auftraggeber. Schriftlichkeit ist nicht erforderlich, ebenso wenig der aktive Nachweis seiner Identität durch den Betroffenen, wie dies § 26 Abs 1 DSG 2000 zwingend vorschreibt. Hat jedoch das Unternehmen be-

---

[1]) In diesem Beitrag wird die aus dem DSG 2000 stammende Bezeichnung „Auftraggeber“ verwendet. Die deutschsprachige Fassung der DSGVO verwendet den etwas sperrigen Begriff „für die Verarbeitung Verantwortlicher“ (Art 4 Abs 7).

[2]) Die DSGVO spricht von „betroffener Person“, vgl etwa Art 4 Abs 1.

rechtigte Zweifel an der Identität des Betroffenen, kann das Unternehmen zusätzliche Informationen anfordern, die zur Bestätigung von dessen Identität notwendig sind (Art 12 Abs 6). Solche Zweifel werden bei einem telefonischen Ansuchen oder bei Fantasie-E-Mail-Adressen idR vorliegen und das Unternehmen dazu berechtigen, etwa eine Ausweiskopie zu verlangen, wenn es sonst keine Möglichkeit zur Identifizierung hat (vgl insb ErwGr 64). Ausdrücklich genannt wird die Identifizierung durch Zugangsdaten zu einem Online-Dienst (ErwGr 57, 64). Möglicherweise liegen auch keine berechtigten Zweifel an der Identität vor, wenn der Auskunftswerber sein Schreiben von einer Firmen-E-Mail-Adresse, die über eine Internet-Website verifiziert werden kann, verschickt. Grundsätzlich gilt, dass das Unternehmen es dem Betroffenen möglichst einfach machen muss, sein Auskunftsrecht geltend zu machen (Art 12 Abs 2 1. Satz). Die Möglichkeit, das Begehren elektronisch einzubringen, sollte zur Verfügung gestellt werden (ErwGr 59).

A. Frist

Zunächst notiert sich das Unternehmen im Kalender, bis wann das Begehren zu beantworten ist: Das Auskunftsbegehren ist unverzüglich zu beantworten, spätestens binnen eines Monats nach Einlangen. Bei komplexen Begehren kann diese Frist auf zwei Monate ausgedehnt werden, hiervon ist der Betroffene aber ebenfalls binnen Monatsfrist schriftlich zu verständigen, und zwar unter Anführung der Gründe. Wurde der Antrag elektronisch gestellt, so ist die Mitteilung über die Fristerstreckung ebenfalls elektronisch zu übersenden (Art 12 Abs 3).

B. Verweigerung der Auskunft

Verweigert das Unternehmen die Auskunft, so hat es den Betroffenen hiervon innerhalb der Frist zu verständigen, und zwar unter Angabe der Gründe und der Möglichkeit, bei der Aufsichtsbehörde Beschwerde einzulegen oder den Rechtsweg zu beschreiten (Art 12 Abs 4). Ein Grund hierfür könnte sein, dass gesetzliche Beschränkungen dem Auskunftsanspruch entgegenstehen. Diese müssen ausdrücklich im nationalen oder Unionsrecht verankert sein und den Voraussetzungen von Art 23 entsprechen. An dieser Stelle sei nur so viel erwähnt, dass sie über die bisherigen Beschränkungen in § 26 Abs 2 DSG 2000 hinausgehen dürften.

Als weiteren Grund für eine Verweigerung könnte das Unternehmen ins Treffen führen, dass das Auskunftsersuchen des Betroffenen offenkundig unbegründet oder insb wegen Häufigkeit exzessiv ist (Art 12 Abs 5 lit b). Das Unternehmen kann sich aber diesfalls auch dafür entscheiden, das Auskunftsbegehren kostenpflichtig zu beantworten (Art 12 Abs 5 lit a). In beiden Fällen trifft das Unternehmen die Beweislast, dass das Auskunftsersuchen offenkundig unbegründet oder exzessiv ist. Zu bemerken ist, dass die bisherige Regelung des § 26 Abs 6 DSG 2000 eine kostenlose Auskunft vorsieht, wenn der aktuelle Datenbestand betroffen ist und der Auskunftswerber im laufenden Jahr noch kein Auskunftsersuchen zum selben Aufgabengebiet gestellt hat. Es ist abzuwarten, ob diese Kriterien auch auf die neue Regelung übertragen werden können. Ein Ersuchen im Kalenderjahr wird wohl verhältnismäßig sein, sofern der Datenbestand nicht sehr dynamisch ist (vgl ErwGr 63).

C. Welche Daten werden verarbeitet / sind zu beauskunften?

Das Unternehmen stellt nun fest, ob es Daten des Betroffenen verarbeitet.[3]) Werden die Daten anonymisiert geführt, sodass dem Betroffene seine Daten nicht (mehr) zuordenbar sind, so müsste das Unternehmen dies dem Betroffenen nachweisen und ihn darüber hinaus verständigen (Art 11, Art 12 Abs 2 S 2). Der Betroffene hätte noch die Möglichkeit, dem Unternehmen Angaben zur Verfügung zu stellen, die eine Identifikation ermöglichen (Art 11 Abs 2 S 2). Ein Anwendungsfall könnte ein Auskunftsbegehren über eine Videoüberwachungsanlage sein.[4])

Falls keine Daten des Betroffenen verarbeitet werden, ist eine Negativauskunft zu erteilen (Art 15 Abs 1 erster Satz).

Falls Daten verarbeitet werden, prüft das Unternehmen, ob gesetzliche Beschränkungen des Auskunftsrechts des Betroffenen vorliegen (siehe oben).

Sodann beschafft sich das Unternehmen folgende Informationen (Art 15 Abs 1, 2 und 3):

- Kopien der Daten (E-Mails, Datenbankauszüge, etc);
- die konkret verarbeiteten Daten;
- die Verarbeitungszwecke;
- die Kategorien der Daten, die verarbeitet werden[5]);
- die Empfänger oder Kategorien von Empfängern, an die die Daten weitergegeben worden sind oder noch weitergegeben werden, speziell bei Empfängern in Drittländern oder bei internationalen Organisationen; darunter sind wohl auch Dienstleister[6]) zu verstehen[7]);
- wenn möglich, die geplante Speicherfrist für die Daten, oder falls dies nicht möglich ist, die Kriterien für die Festlegung dieser Dauer;
- alle verfügbaren Informationen über die Herkunft der Daten (falls die Daten nicht beim Betroffenen selbst erhoben worden sind);
- im Fall von Entscheidungen, die auf einer automatisierten Verarbeitung einschließlich Profiling (Art 22 Abs 1 und 4) beruhen, Angaben zu der verwendeten Logik sowie zur Tragweite und zu den angestrebten Auswirkungen einer derartigen Verarbeitung[8]);
- bei internationalen Datentransfers: falls notwendig, die Grundlagen der geeigneten Garantien (Art 46);

Besonders bemerkenswert sind folgende neuen Verpflichtungen:

Ein Recht auf Herausgabe der Kopie der Daten wurde von der DSK bislang ausdrücklich verneint.[9]) Zur Speicherfrist ist zu bemerken, dass im Unternehmensalltag häu-

---

[3]) Eine Mitwirkungspflicht des Betroffenen ist lediglich in ErwGr 63 letzter Satz angedeutet.

[4]) Der VwGH lässt ein Auskunftsrecht nur bei ausgewerteten Videoaufzeichnungen zu (VwGH 29. 10. 2014, 2013/01/0127).

[5]) Welchen Mehrwert diese Information hat sei dahingestellt. Im EK-Entwurf war vorgesehen gewesen, dass kein Anspruch auf die konkret verarbeiteten Daten, sondern nur auf die Kategorien besteht (also weit weniger Information). Die Kategorien dürften schlichtweg nicht gestrichen worden sein.

[6]) Auch hier wird weiterhin die Begrifflichkeit des DSG 2000 verwendet. Die DSGVO bezeichnet diese Rolle als Auftragsverarbeiter (Art 4 Abs 5).

[7]) Zur Einordnung der Dienstleister als „Dritte" siehe den Beitrag von *Illibauer*, Informationsrecht und Modalitäten für die Ausübung der Betroffenenrechte, in diesem Buch.

[8]) Betrifft va Bonitätsdaten.

[9]) DSK 22. 5. 2013, K121.925/0007-DSK/2013.

fig Überlegungen, wann welche Daten gelöscht werden, fehlen, obwohl dies bereits jetzt notwendig wäre. Als Grundlagen der geeigneten Garantien bei internationalen Datentransfers kommen etwa Standardvertragsklauseln in Betracht (näheres siehe bei Art 46 Abs 2).

Stellt das Unternehmen fest, dass eine Aushändigung der Kopie der Daten in die Rechte anderer Personen eingreifen würde – zB sind in einem E-Mail auch andere Personen genannt, deren Interessen uU höher einzustufen sind –, so sind diese Unterlagen nicht vom Auskunftsrecht umfasst (Art 15 Abs 4).

D. Antwortschreiben

Das Unternehmen verfasst nun das Antwortschreiben in einer klaren und einfachen Sprache sowie in kompakter, transparenter, verständlicher und leicht zugänglicher Form. Dieses beinhaltet die unter C. angeführten Informationen sowie darüber hinaus eine Belehrung über die weiteren Betroffenenrechte (Berichtigung, Löschung, Einschränkung, Widerspruch) sowie das Recht, eine Beschwerde bei der Aufsichtsbehörde einzubringen.

Sollte der Betroffene ein Kind sein, ist hierauf im Besonderen Rücksicht zu nehmen. Es besteht ein Schriftformgebot, ggf in elektronischer Form (Art 12 Abs 1 S 1 und 2), was insb der Fall sein dürfte, wenn der Betroffene das Auskunftsbegehren elektronisch eingebracht hat (Art 15 Abs 3 letzter Satz). Die Verpflichtung kann aber auch durch Zurverfügungstellung eines Fernzugangs zum entsprechenden System des Unternehmens erfüllt werden (ErwGr 63). Der Betroffene kann jedoch verlangen, dass er die Auskunft (Art 12 Abs 3 aE) oder auch nur die Kopie der Daten (Art 15 Abs 3 S 3) auf postalischem Wege erhält oder dass sein Auskunftsbegehren mündlich beantwortet wird, vorausgesetzt der Betroffene kann seine Identität auf andere Weise nachweisen (Art 12 Abs 1 S 3). Dies wird idR wohl nur bei einer persönlichen Vorsprache möglich sein.

E. Kosten

Bevor das Unternehmen das Schreiben abschickt, wird es möglicherweise daran denken, dass es die Beantwortung des Auskunftsbegehrens einiges an Zeit gekostet hat und sich überlegen, ob es dem Betroffenen Kosten in Rechnung stellt. Grundsätzlich besteht kein Anspruch des Unternehmens auf Kostenersatz (Art 12 Abs 5 S 1). Verlangt der Betroffene mehr als eine Datenkopie, kann das Unternehmen ein angemessenes Entgelt für den Verwaltungsaufwand geltend machen (Art 15 Abs 3 S 2). Zum Kostenersatz bei offenkundig unbegründeten oder insb wegen ihrer Häufigkeit exzessiven Begehren siehe oben unter B.

F. Übersicht: Die wichtigsten Änderungen beim Auskunftsrecht

	DSGVO (Art 12, 15)	DSG 2000 (§ 26)
Form	kein Formzwang	schriftliches Begehren
Identitätsnachweis	Nachweis nur in Zweifelsfällen	aktiv durch den Betroffenen
Frist	max ein Monat (max zwei Monate)	max acht Wochen
Umfang der Auskunft	verarbeitete Daten	verarbeitete Daten
	Kategorien der Daten	–
	Verarbeitungszwecke	Zweck der Datenverwendung, Rechtsgrundlagen
	Empfänger oder Kategorien von Empfängern	Empfänger oder Empfängerkreise
	Herkunft	Herkunft
	Angaben zu der verwendeten Logik sowie zur Tragweite und zu den angestrebten Auswirkungen einer derartigen Verarbeitung	Informationen zum logischen Ablauf der automatisierten Entscheidungsfindung
	Speicherfrist	–
	weitere Betroffenenrechte	–
	Recht, eine Beschwerde bei der Aufsichtsbehörde einzubringen	– –
	bei internationalen Datentransfers, falls notwendig, die Grundlagen der geeigneten Garantien	–
Mitwirkungspflicht	nein (in ErwGr 63 lediglich angedeutet)	ja

III. Berichtigung (Art 16)

Wie der Sachverhalts-Skizze eingangs zu entnehmen ist, weiß der Betroffene nun, dass sein Geburtsdatum beim Unternehmen falsch gespeichert ist und möchte dies korrigieren lassen. Hierzu stützt er sich auf das Recht auf Berichtigung iSd Art 16.

Der Betroffene richtet sich daher wieder – formlos, per Brief oder per E-Mail oder sogar mündlich – an das Unternehmen (siehe oben II.).

A. Frist

Art 16 spricht davon, dass das Berichtigungsbegehren unverzüglich zu beantworten ist. Auch hier gilt die einmonatige Frist – mit Verlängerungsmonat in komplexen Fallen – des Art 12 Abs 2, weil Art 12 die allgemeinen Bestimmungen für alle Betroffenenrechte enthält und damit auch auf das Berichtigungsrecht anwendbar ist.

Das Unternehmen sollte dem Berichtigungsbegehren möglichst rasch nachkommen.

B. Verweigerung der Berichtigung

Das Unternehmen prüft nun, ob Gründe für die Verweigerung der Berichtigung bestehen, wie etwa nach Art 23 oder wegen Exzessivität (siehe dazu oben II.B.).

C. Welche Daten sind zu berichtigen?

Das Unternehmen hat jene Daten des Betroffenen zu berichtigen, die unzutreffend sind. Ferner hat jener das Recht, seine Daten auch ergänzen zu lassen, falls dies für den Zweck der Datenanwendung relevant ist.

D. Antwortschreiben

Das Unternehmen informiert den Betroffenen über die durchgeführten Maßnahmen entsprechend Art 12 (siehe dazu oben II.D.).

E. Sonstiges

Der Betroffene kann gem Art 18 Abs 1 lit a verlangen, dass die Datenverarbeitung durch das Unternehmen für die Dauer der Prüfung der Daten eingeschränkt wird (siehe dazu unten V.A.). Außerdem besteht die Mitteilungspflicht des Unternehmens gem Art 19 (siehe V.B.).

F. Kosten

Kostenersatz besteht nur bei Exzessivität des Berichtigungsbegehrens (siehe dazu II.E.).

G. Übersicht: Die wichtigsten Änderungen beim Berichtigungsrecht

	DSGVO (Art 12, 16)	DSG 2000 (§ 27)
Form	kein Formzwang	schriftliches Begehren
Identitätsnachweis	Nachweis nur in Zweifelsfällen	–
Frist	unverzüglich, max ein Monat (max zwei Monate)	max acht Wochen
Umfang der Berichtigung	unzutreffende Daten	unrichtige Daten, sofern für den Zweck der Datenanwendung relevant
	Ergänzung fehlender Daten (unter Berücksichtigung des Verarbeitungszweckes)	–
Beweislast	nicht geregelt	Auftraggeber (sofern die Daten nicht ausschließlich vom Betroffenen selbst ermittelt wurden)
Sonstiges	–	keine Richtigstellung, wenn dem Dokumentationszweck entgegenstehend

IV. Löschung (Art 17)

Bemerkenswert ist bereits die Überschrift dieses Artikels: Recht auf Löschung („Recht auf Vergessenwerden"). Die Unterschiede zur bisherigen Rechtslage – so viel sei vorausgeschickt – halten sich jedoch in Grenzen.

Der Sachverhalts-Skizze ist zu entnehmen, dass der Betroffene der Meinung ist, nicht alle beauskunfteten Daten seien tatsächlich für das Unternehmen notwendig, weshalb er nunmehr auch ein Löschungsbegehren stellt (kein Formzwang, siehe oben II.).

A. Frist

Art 17 Abs 1 ordnet die unverzügliche Löschung an. Wie beim Berichtigungsanspruch gilt, dass auch hier die einmonatige Frist – mit Verlängerungsmonat in komplexen Fällen – des Art 12 Abs 3 gilt.

Das Unternehmen sollte dem Löschungsbegehren möglichst rasch nachkommen.

B. Verweigerung der Löschung

Der Löschungsanspruch kann vom Unternehmen in folgenden Fällen abgelehnt werden (Art 17 Abs 3):

Die Speicherung ist notwendig

- zur Ausübung des Rechts auf freie Meinungsäußerung und Information.
- zur Erfüllung einer rechtlichen Verpflichtung oder einer im öffentlichen Interesse liegenden Aufgabe, oder sie erfolgt in Ausübung öffentlicher Gewalt, die dem Auftraggeber übertragen wurde.
- aus Gründen des öffentlichen Interesses im Bereich der öffentlichen Gesundheit gem Art 9 Abs 2 lit h und lit i sowie Art 9 Abs 3.
- für im öffentlichen Interesse liegende Archivzwecke, für wissenschaftliche, historische oder statistische Zwecke gemäß Art 89 Abs 1, soweit durch das Löschungsrecht voraussichtlich die Verwirklichung der Ziele dieser Verarbeitung unmöglich gemacht oder ernstlich beeinträchtigt würden.
- zur Geltendmachung, Ausübung oder Verteidigung von Rechtsansprüchen.

Weitere Verweigerungsgründe siehe oben II.B. (Exzessivität oder gesetzliche Beschränkungen gem Art 23).

C. Welche Daten sind zu löschen?

Das Unternehmen hat die Daten des Betroffenen in folgenden Fällen zu löschen (Art 17 Abs 1 lit a bis f):

- Die Daten sind für die Zwecke, für die sie erhoben oder auf sonstige Weise verarbeitet wurden, nicht mehr notwendig.
- Widerruf der Zustimmung (Art 6 Abs 1 lit a oder Art 9 Abs 2 lit a), sofern keine andere Rechtsgrundlage herangezogen werden kann.
- Widerspruch nach Art 21.
- Die Daten wurden unrechtmäßig verarbeitet.
- Die Löschung ist aufgrund einer Rechtspflicht erforderlich.
- Die Daten wurden bei einem Kind iZm Diensten der Informationsgesellschaft ermittelt (Art 8 Abs 1).

D. Antwortschreiben

Das Unternehmen informiert den Betroffenen über die durchgeführten Maßnahmen entsprechend Art 12 (siehe dazu oben II.D.).

E. Sonstiges

Der Betroffene kann iZm dem Löschungsbegehren seine Rechte auf Einschränkung gem Art 18 (insb Abs 1 lit b und c) geltend machen (siehe V.A.).

Außerdem besteht die Mitteilungspflicht des Unternehmens gem Art 19 (siehe V.B.). Art 17 Abs 2 geht darüber hinaus und betrifft veröffentlichte Daten: Der Auftraggeber hat unter Berücksichtigung der verfügbaren Technologien und der Implementierungskosten angemessene Maßnahmen zu ergreifen, um andere Auftraggeber über das Löschungsbegehren zu informieren.

F. Kosten

Kostenersatz besteht nur bei Exzessivität des Löschungsbegehrens (siehe dazu II.E.).

G. Übersicht: Die wichtigsten Änderungen

	DSGVO (Art 12, 17)	DSG 2000 (§ 27)
Form	kein Formzwang.	schriftliches Begehren
Identitätsnachweis	Nachweis nur in Zweifelsfällen	–
Frist	Unverzüglich, max ein Monat (max zwei Monate)	max acht Wochen
Umfang der Löschung	rechtswidrigerweise verarbeite Daten, nach Widerspruch oder Widerruf, Verarbeitung nicht mehr notwendig	rechtswidrigerweise verarbeite Daten
Beweislast	nicht geregelt	Auftraggeber (sofern die Daten nicht ausschließlich vom Betroffenen selbst ermittelt wurden)
Sonstiges	Mitteilungspflicht bei veröffentlichen Daten	–

V. Weitere Rechte

Art 11 und 12 gelten auch für die weiteren in der DSGVO geregelten Betroffenenrechte. Zu Form, Frist, Identitätsnachweis, Antwortschreiben etc gilt daher das bisher Gesagte.

A. Einschränkung (Art 18)

Wenngleich als eigenes Recht auf Einschränkung der Verarbeitung bezeichnet, so handelt es sich bei diesem „neuen“ Betroffenenrecht eher um eine Sammlung temporärer Begleitrechte iZm den Rechten auf Berichtigung und Löschung.

Das Recht auf Einschränkung der Verarbeitung bedeutet, dass die Daten nur mehr gespeichert werden dürfen (Art 4 Abs 3, Art 18 Abs 2); alle sonstigen Verarbeitungschritte bedürfen entweder der Zustimmung des Betroffenen oder müssen zur Geltendmachung, Ausübung oder Verteidigung von Rechtsansprüchen notwendig sein. Es ist davon auszugehen, dass auch jene Verarbeitungsschritte erlaubt sind, die zur Erfüllung der jeweiligen Begehren des Betroffenen erforderlich sind.

Folgende Fälle deckt das Recht auf Einschränkung ab:

- Der Betroffene hat die Richtigkeit der Daten bestritten: Für die Dauer der Prüfung der Daten durch das Unternehmen kann der Betroffene begehren, dass die Datenverarbeitung eingeschränkt wird (Art 18 Abs 1 lit a).
- Die Datenverwendung ist rechtswidrig, aber der Betroffene spricht sich gegen eine Löschung aus und verlangt alternativ die Beschränkung (Art 18 Abs 1 lit b).
- Das Unternehmen benötigt die Daten zwar nicht mehr, aber der Betroffene zur Geltendmachung, Ausübung oder Verteidigung von Rechtsansprüchen (Art 18 Abs 1 lit c).

- Der Betroffene hat Widerspruch gemäß Art 21 Abs 1 eingelegt: Für die Dauer der Prüfung durch das Unternehmen kann der Betroffene begehren, dass die Datenverarbeitung eingeschränkt wird (Art 18 Abs 1 lit d).

Sollte das Unternehmen die Einschränkung aufheben, hat es den Betroffenen davon in Kenntnis zu setzten (Art 18 Abs 3).

Art 19 (Mitteilungspflichten von Auftraggebern, welche die Daten direkt von dem Unternehmen erhalten haben) ist ebenfalls anwendbar (siehe dazu V.B.).

B. Mitteilungspflichten iZm den Rechten auf Berichtigung, Löschung oder Einschränkung (Art 19)

Art 19 enthält eine weitere Pflicht für den Auftraggeber, falls Daten auf Antrag eines Betroffenen berichtigt, gelöscht oder eingeschränkt wurden: Das Unternehmen hat jeden Empfänger, an den die Daten weitergegeben wurden, zu informieren, es sei denn, dies wäre unmöglich oder mit einem unverhältnismäßig hohen Aufwand verbunden.[10]) Der Betroffene kann Auskunft über die Empfänger begehren.

C. Datenübertragbarkeit (Art 20)

Hat der Betroffene dem Unternehmen Daten bereitgestellt, so hat der Betroffene das Recht, diese Daten in einem strukturierten, gängigen und maschinenlesbaren Format zu erhalten und diese Daten ohne Behinderung an einen anderen Auftraggeber weiterzugeben (Art 20 Abs 1), sofern die Verarbeitung der Daten mit automatischen Mitteln und entweder aufgrund einer Zustimmung des Betroffenen (Art 6 Abs 1 lit a oder Art 9 Abs 2 lit a) oder eines Vertrages zwischen Betroffenen und Unternehmen (Art 6 Abs 1 lit b) erfolgte.

Nun stellt sich freilich die Frage, welche Daten der Betroffene dem Unternehmen iSd Bestimmung bereitstellt. Intention der Regelung war, ohne weitere Schwierigkeiten von einem Sozialen Medium zu einem anderen zu wechseln. Man wird daher davon ausgehen können, dass vom Betroffenen erstellte und hochgeladene Fotos und Texte wohl jedenfalls unter Art 20 fallen. Wie es sich aber mit Daten verhält, die der Betroffene nur verursacht hat (zB Daten über Telefonie, Bewegung), wird wohl die Judikatur klären müssen. Es ist auch festzuhalten, dass der Betroffene keine Begründung für die Geltendmachung seines Rechtes benötigt. Das Unternehmen muss seine Systeme so gestalten, dass es diese Pflicht erfüllen kann.

Weiters kann der Betroffene verlangen, dass das Unternehmen die Daten direkt einem anderen Auftraggeber übermittelt, allerdings nur, wenn dies technisch machbar ist (Art 20 Abs 2). Es besteht jedoch keine Verpflichtung des Unternehmens, technisch kompatible Datensysteme zu übernehmen oder beizubehalten (ErwGr 68).

Das Recht besteht nicht, wenn

- die Verarbeitung für die Wahrnehmung einer Aufgabe erforderlich ist, die im öffentlichen Interesse liegt oder in Ausübung öffentlicher Gewalt erfolgt, die dem Auftraggeber übertragen wurde (Art 20 Abs 3 S 2).
- die Offenlegung personenbezogener Daten die Rechte an geistigem Eigentum im Zusammenhang mit der Verarbeitung dieser personenbezogenen Daten verletzen würde (Art 20 Abs 4).

---

[10]) Eine ähnliche Bestimmung enthält § 27 Abs 8 DSG 2000.

D. Widerspruch (Art 21)

Im Vergleich zur DSRL bringt die DSGVO wenig Neues. Das Widerspruchsrecht besteht nach Art 21 Abs 1 grundsätzlich nur dann, wenn die Daten des Betroffenen in Wahrnehmung einer Aufgabe im öffentlichen Interesse (Art 6 Abs 1 lit e) oder zur Wahrung berechtigter Interessen des Auftraggebers (Art 6 Abs 1 lit f) verarbeitet werden. Der Betroffene muss seinen Widerspruch darauf stützen, dass Gründe vorliegen, die sich aus seiner besonderen Situation ergeben, die gegen eine Verarbeitung seiner Daten sprechen. Dies gilt auch bei Profiling. Der Auftraggeber kann den Widerspruch ablehnen, wenn er nachweist, das zwingende, schutzwürdige Gründe für die Verarbeitung vorliegen, welche die Interessen, Rechte und Freiheiten des Betroffenen überwiegen, oder die Verarbeitung dient der Geltendmachung, Ausübung oder Verteidigung von Rechtsansprüchen. Der Betroffene kann für die Dauer dieser Prüfung sein Recht auf Einschränkung geltend machen (Art 18 Abs 1 lit d).

Für Fälle des Direktmarketings und Profilings, soweit es mit Direktmarketing in Zusammenhang steht, sieht Art 21 Abs 2 ein absolutes Widerspruchsrecht, vor.

Ein erfolgreicher Widerspruch führt dazu, dass der Auftraggeber die Daten nicht mehr verarbeiten darf (Art 21 Abs 1 und Abs 3) und zu löschen hat (Art 17 Abs 1 lit c). Der Betroffene ist über das Widerspruchsrecht bei der ersten Kommunikation zu informieren (Art 21 Abs 4). Im Zusammenhang mit Diensten der Informationsgesellschaft kann der Betroffene das Widerspruchsrecht mittels automatisierter Verfahren ausüben, bei denen technische Spezifikationen verwendet werden (Art 21 Abs 5). Abschließend enthält Art 21 Abs 6 eine Sonderbestimmung zum Widerspruchsrecht bei einer Verarbeitung zu wissenschaftlichen, historischen oder statistischen Zwecken iSd Art 89 Abs 1.

Ein erfolgreicher Widerspruch führt zu einem Anspruch auf Einschränkung (Art 18 Abs 1 lit d) und Löschung (Art 17 Abs 2 lit c)

VI. Strafen

Da es sich bei Verstößen gegen die Art 15 bis 21 durchwegs um die Verletzung von Individualrechten handelt, kommt die höhere Strafgrenze von bis zu € 20 Mio oder 4% des letztjährigen weltweiten Jahresumsatzes zur Anwendung (Art 83 Abs 5 lit b).

VII. Umsetzungsempfehlung

Es empfiehlt sich – jedenfalls angesichts der möglichen Strafhöhe – einen standardisierten Prozess zur Behandlung der Betroffenenrechte im Unternehmen zu implementieren. Hierzu gehören Zuständigkeiten bzw ein organisatorisches Konzept, Ablaufschemata, Musterschreiben etc. Dieser Prozess sollte einem Testlauf, etwa mit „friendly customers", unterzogen werden, um seine Praxistauglichkeit zu testen.

Privacy by Design and by Default

Datenschutz durch Technikgestaltung und durch datenschutzfreundliche Voreinstellungen

Walter Hötzendorfer

I. Einleitung

Das Datenschutzrecht leidet unter einem sehr weiten Auseinanderklaffen von Sein und Sollen. Die Durchsetzung des Datenschutzrechts erweist sich gegenwärtig nicht nur in der Praxis als sehr schwierig,[1]) sondern – abstrakt betrachtet – auch deshalb, weil Datenverarbeitung „im Verborgenen" innerhalb von IT-Systemen erfolgt. Diese sind idR nicht einsehbar und ihre genaue Funktionalität wäre zudem nur mit hohem Aufwand und spezifischer Expertise erfassbar. Die meisten Verstöße gegen das Datenschutzrecht werden daher weder dem Betroffenen noch einer Aufsichtsbehörde überhaupt bekannt.

Privacy by Design ist ein Grundsatz, der versucht, diesem Nachteil herkömmlicher retrospektiver, sanktionsbehafteter Datenschutzregulierung entgegenzutreten und dem Daten- und Privatsphäreschutz bereits prospektiv bei der und durch die Gestaltung der datenverarbeitenden Systeme zur Durchsetzung zu verhelfen. Privacy by Design bedeutet im Kern, ein System so zu gestalten, dass dieses möglichst wenig in die Privatsphäre eingreift und Eingriffe, die nicht dem Zweck des Systems entsprechen, möglichst gar nicht zulässt.[2])

Die DSGVO bringt im Vergleich zur bisherigen Rechtslage mehr Eigenverantwortlichkeit für Unternehmen und sonstige für die Verarbeitung Verantwortliche[3]) mit sich und fordert intensivere Überlegungen im Vorfeld der Datenverwendung ein, vor allem in technischer Hinsicht. Die Einführung einer Bestimmung zu Privacy by Design and by Default ist neben der Pflicht zur Datenschutz-Folgenabschätzung (Privacy Impact Assessment, PIA)[4]) eine wesentliche Auswirkung dieser Intention. Damit wird die Rechtslage an den aktuellen Stand der Forschung herangeführt.

---

[1]) Das prominenteste Bespiel, aber nur die Spitze des Eisbergs, sind die mittlerweile allseits bekannten und anerkannten Aktivitäten von *Max Schrems*, geltendes Datenschutzrecht gegen Facebook behördlich und gerichtlich durchzusetzen. Näheres dazu siehe unter www.europe-v-facebook.org (abgerufen am 27. 4. 2016).

[2]) Vgl *Hörbe/Hötzendorfer*, Privacy-by-Design-Anforderungen für das Federated Identity Management, in *Jahnel* (Hrsg), Jahrbuch Datenschutzrecht 2014, 305–325, 307.

[3]) Aus österreichischer Sicht könnte man prima facie vermuten, dies zeige sich auch darin, dass diese nun als „Verantwortliche" und nicht mehr wie bisher im DSG 2000 als „Auftraggeber" bezeichnet werden. Tatsächlich ist diese Änderung eine Konsequenz der Harmonisierung mittels Verordnung, die für die deutsche Sprachfassung aus österreichischer Sicht eine Angleichung an die bundesdeutschen Begriffe bedeutet.

[4]) Siehe dazu Art 35.

Der vorliegende Beitrag geht davon aus, dass die DSGVO diesbezüglich bewusst an die wissenschaftliche Diskussion und deren Erkenntnisse anknüpft. Er behandelt daher die Datenschutzgrundsätze Privacy by Design und Privacy by Default zunächst allgemein und danach die Bestimmung des Art 25, die diese Grundsätze in der DSGVO normiert. Abschließend geht er auf praktische Aspekte ein.

In der deutschen Sprachfassung trägt Art 25 den Titel „Datenschutz durch Technikgestaltung und durch datenschutzfreundliche Voreinstellungen". Dieser Titel kann als sehr treffende und aussagekräftige Übersetzung und damit als sehr gelungen erachtet werden. In der englischen Sprachfassung lautet der Titel von Art 25 „Data protection by design and by default". Der gängigere Begriff ist hingegen nicht „Data Protection by Design", sondern „Privacy by Design". Im Folgenden werden diese beiden Begriffe als synonym erachtet und verwendet wird die allgemein übliche Bezeichnung Privacy by Design, die idR auch in der deutschsprachigen Literatur nicht übersetzt wird. Auch Art 12 Abs 3 lit c eIDAS-VO[5]) spricht bemerkenswerterweise von Privacy by Design und in der deutschen Sprachfassung von „eingebautem Datenschutz". Auch diese Übersetzung kann als treffend erachtet werden. In den Entwürfen zur DSGVO war von „Datenschutz durch Technik" die Rede. Die Hinzunahme des Begriffs „Gestaltung" – als wörtliche Übersetzung von „Design" – in der finalen Fassung ist mE zu begrüßen.

Man kann Privacy by Design and by Default als einen Grundsatz oder als zwei Grundsätze betrachten. Die DSGVO vermittelt zum Teil den Eindruck, es handle sich um einen Grundsatz, behandelt Privacy by Design und Privacy by Default aber an der entscheidenden Stelle getrennt (Art 25 Abs 1 und 2). Auch in diesem Beitrag werden Privacy by Design und Privacy by Default getrennt behandelt, denn mE sind es zwei verschiedene Grundsätze. Zwischen diesen besteht allerdings ein enger Zusammenhang und es ist auch möglich, Privacy by Default als Teil von Privacy by Design iwS zu sehen.

Es handelt sich dabei um die einzigen gegenüber dem Text der DSRL völlig neu hinzugekommenen Datenschutzgrundsätze.[6]) In ErwGr 46 der DSRL findet sich allerdings bereits die Formulierung, dass *„geeignete technische und organisatorische Maßnahmen getroffen werden [müssen], und zwar sowohl zum Zeitpunkt der Planung des Verarbeitungssystems als auch zum Zeitpunkt der eigentlichen Verarbeitung, um insbesondere deren Sicherheit zu gewährleisten und somit jede unrechtmäßige Verarbeitung zu verhindern"*, und dass *„diese Maßnahmen unter Berücksichtigung des Standes der Technik und der bei ihrer Durchführung entstehenden Kosten ein Schutzniveau gewährleisten [müssen], das den von der Verarbeitung ausgehenden Risiken und der Art der zu schützenden Daten angemessen ist."* Ganz ähnlich lautet nunmehr Art 25 Abs 1 DSGVO.

[5]) VO (EU) 910/2014 des Europäischen Parlaments und des Rates vom 23. 7. 2014 über elektronische Identifizierung und Vertrauensdienste für elektronische Transaktionen im Binnenmarkt und zur Aufhebung der Richtlinie 1999/93/EG, ABl L 2014/247, 73.

[6]) In Art 5 unter dem Titel „Grundsätze für die Verarbeitung personenbezogener Daten" ist es zwar nicht angeführt, aber in Art 47 Abs 12 lit d wird Datenschutz durch Technikgestaltung und durch datenschutzfreundliche Voreinstellungen zu den „allgemeinen Datenschutzgrundsätzen" gezählt. Vgl auch ErwGr 78. Die anderen in den beiden genannten Bestimmungen angeführten Datenschutzgrundsätze finden sich in der einen oder anderen Form auch bereits in der DSRL.

II. Der Grundsatz Privacy by Design

A. Was ist Privacy by Design?

Privacy by Design entstand bereits in den 1990er-Jahren als programmatisches datenschutzpolitisches Konzept. Eine frühe und sehr aktive Fürsprecherin von Privacy by Design war und ist die ehemalige langjährige Informationsfreiheits- und Datenschutzbeauftragte der kanadischen Provinz Ontario, *Ann Cavoukian*. Sie postulierte die folgenden sieben Grundprinzipien von Privacy by Design:[7])

- **Proactive** not Reactive – **Preventative** not Remedial
- Privacy as the **Default Setting**
- Privacy **Embedded** into Design
- Full Functionality – **Positive-Sum**, not Zero-Sum
- End-to-End Security – **Full Life Cycle Protection**
- **Visibility** and **Transparency** – Keep it **Open**
- **Respect** for User Privacy – Keep it **User-Centric**

Diese Grundprinzipien wurden 2010 von der Internationalen Konferenz der Datenschutzbeauftragten in einer Resolution einstimmig angenommen und Privacy by Design wurde darin zu einer „essential component of fundamental privacy protection“ erklärt.[8])

Trotz der Erläuterungen zu jedem dieser Prinzipien im zitierten Dokument und zahlreicher weiterer Publikationen von *Cavoukian*[9]) zu Privacy by Design bleiben diese Grundprinzipien sehr abstrakt. Es wird zu Recht kritisiert, dass nicht klar sei, was diese Prinzipien für die Praxis der Software- und Systementwicklung bedeuten und wie sie umgesetzt werden können.[10])

Auch heute noch ist Privacy by Design überwiegend ein abstrakter Grundsatz, dessen Umsetzung in die Praxis ein aktuelles Forschungsthema ist. Nach einer Definition der Europäischen Kommission bedeutet Privacy by Design, *„dass der Schutz der Privatsphäre und der Datenschutz in den gesamten Technologie-Lebenszyklus integriert werden, vom frühen Entwurfsstadium bis zu deren Einführung, Nutzung und letztendlichen Außerbetriebnahme.“*[11]) Diese Lebenszyklus-Definition fand sich auch in einer vorläufigen Fassung der DSGVO des Parlaments[12]) in ErwGr 61 (nunmehr ErwGr 78). Dieser wurde jedoch vom Rat geändert

---

[7]) *Cavoukian*, Privacy by Design: The 7 Foundational Principles (2009), abrufbar unter www.ipc.on.ca/images/Resources/7foundationalprinciples.pdf (abgerufen am 28. 4. 2016), Hervorhebungen im Original.

[8]) Resolution on Privacy by Design, 32nd International Conference of Data Protection and Privacy Commissioners, Jerusalem, Israel, 27-29 October, 2010, abrufbar unter https://secure.edps.europa.eu/EDPSWEB/webdav/site/mySite/shared/Documents/Cooperation/Conference_int/10-10-27_Jerusalem_Resolutionon_PrivacybyDesign_EN.pdf (abgerufen am 28. 4. 2016).

[9]) Siehe unter http://www.privacybydesign.ca/index.php/publications (abgerufen am 25. 4. 2016).

[10]) Vgl *Gürses/Troncoso/Diaz*, Engineering Privacy by Design, Proceedings of Computers, Privacy & Data Protection (CPDP 2011), 2011, 3 sowie *ENISA*, Privacy and Data Protection by Design – from policy to engineering, 2014, abrufbar unter https://www.enisa.europa.eu/activities/identity-and-trust/library/deliverables/privacy-and-data-protection-by-design/at_download/fullReport (abgerufen am 28. 4. 2016), 2.

[11]) *Europäische Kommission*, Eine Digitale Agenda für Europa, KOM(2010) 245 endg, 19. 5. 2010, 20.

[12]) Position of the European Parliament adopted at first reading on 12 March 2014 with a view to the adoption of Regulation (EU) No .../2014 of the European Parliament and of the Council on the protection of individuals with regard to the processing of personal data and on the free movement of such data (General Data Protection Regulation), EP-PE_TC1-COD(2012)0011.

und die Definition ist der Nennung konkreter Maßnahmen gewichen, auf die unten im Zuge der Behandlung der Bestimmung des Art 25 Abs 1 noch näher eingegangen wird. Die finale Fassung der DSGVO enthält nun weder in den ErwGr noch im Verordnungstext eine Definition des Begriffs Privacy by Design.

Privacy by Design ist von dem Gedanken getragen, dass es effektiver und effizienter ist, den Schutz der Privatsphäre und den Datenschutz bereits von Beginn der Entwicklung eines Systems an zu berücksichtigen, als ein fertiges System im Nachhinein an Datenschutzanforderungen anzupassen. Es handelt sich bei Privacy by Design also zunächst um eine Einstellung, eine Herangehensweise an die Entwicklung von Systemen, ein „mindset", wie man auf Englisch sagen würde: Man geht mit dem Daten- und Privatsphäreschutz „im Hinterkopf" an die Planung, die Architekturgestaltung, den Entwurf, die Implementierung und den Einsatz von Systemen, die personenbezogene Daten verarbeiten, heran. Privacy by Design betrifft somit wesentlich auch – aber nicht nur – die Architekten und Entwickler technischer Systeme.

Was bedeutet das nun für die so entstehenden Systeme? Diese sollen dadurch so gestaltet werden, dass sie von sich aus möglichst wenig in die Privatsphäre der Betroffenen eingreifen und Eingriffe, die nicht dem Zweck des Systems entsprechen, faktisch möglichst ausschließen.[13]) Damit steckt auch *Lessigs* „Code is Law" im Grundsatz Privacy by Design, also der Gedanke, durch die Gestaltung der Software die Handlungsmöglichkeiten der Nutzer vorgeben und somit deren Handeln beeinflussen zu können.[14]) Das bedeutet aber nicht, dass Privacy by Design Rechtskonformität automatisieren und etwa alle anwendbaren Regeln in Programmcode übersetzen möchte. Das wäre technisch zu aufwändig und viele Regeln wären dafür auch nicht präzise genug. Recht ist eben etwas anderes als Programmcode.[15])

B. Umsetzung in die Praxis

Zahlreiche wissenschaftliche Publikationen haben sich in den letzten Jahren mit der Frage der Umsetzung von Privacy by Design in die Praxis beschäftigt.[16]) Eine Zusammenstellung wesentlicher Ergebnisse und ein Meilenstein in dieser Diskussion ist der Ende 2014 von der Europäischen Agentur für Netz- und Informationssicherheit (ENISA) veröffent-

[13]) Vgl *Hörbe/Hötzendorfer* Privacy-by-Design-Anforderungen 307.

[14]) Vgl *Lessig*, The New Chicago School, The Journal of Legal Studies 1998, 661–691 sowie *Lessig*, CODE version 2.0 (2006).

[15]) Vgl *Koops/Leenes*, Privacy regulation cannot be hardcoded. A critical comment on the 'privacy by design' provision in data-protection law, International Review of Law, Computers & Technology, 28:2, 2014, 159–171.

[16]) Siehe die bereits die in FN 2, 10 und 15 Angegebenen sowie zB *Spiekermann/Cranor*, Engineering Privacy, IEEE Transactions on Software Engineering 2009, 67–82; *Deng* et al, A privacy threat analysis framework: Supporting the elicitation and fulfillment of privacy requirements, Requirements Engineering 2011, 3–32; *van Rest* et al, Designing Privacy-by-Design, Proceedings of the First Annual Privacy Forum, APF 2012, LNCS, vol 8319 (2014) 55–72; *Kung*, PEARs: Privacy Enhancing ARchitectures, Proceedings of the Second Annual Privacy Forum, APF 2014, LNCS, vol. 8450 (2014) 18–29; *Hörbe/Hötzendorfer*, Privacy by Design in Federated Identity Management, Proceedings of the 2015 IEEE Security and Privacy Workshops (2015) 167–174; *Tsormpatzoudi/Berendt/Coudert*, Privacy by Design: From Research and Policy to Practice – the Challenge of Multi-disciplinarity, Proceedings of the Third Annual Privacy Forum, APF 2015, LNCS, vol. 9484 (2016) 199–212.

lichte Report „Privacy and Data Protection by Design – from policy to engineering".[17]) Der Report führt zunächst ausführlich in das Thema Privacy by Design ein, beschreibt den Kontext und fasst die aktuelle Diskussion zusammen. Danach stellt er umfassend sehr praxisrelevante Privacy-Design-Strategien und zugehörige Design Patterns vor sowie Technologien, die zur Umsetzung von Privacy by Design eingesetzt werden können.

Solche Technologien, die dem Schutz der Privatsphäre dienen oder dienen können, werden als Privacy-Enhancing Technologies (PETs) bezeichnet. Beispiele für PETs sind TLS oder Onion Routing (Tor). PETs sind nicht nur seit langem als Forschungsgebiet etabliert – aus dem sich das Forschungsgebiet Privacy by Design entwickelt hat –, sondern sind auch in der Praxis weit verbreitet, blieben jedoch insgesamt hinter ihrem Potenzial zurück.[18]) Heute ist anerkannt, PETs sind nicht die alleinige Lösung, um den Schutz der Privatsphäre und den Datenschutz in Systeme zu integrieren, aber sie sind ein wichtiger Teil der Lösung, was sich auch im ENISA-Report niederschlägt. Wie oben und in diesem Report dargestellt, bedarf es dazu einer gesamtheitlichen, strategischen Herangehensweise, wie sie Privacy by Design darstellt.

Der Report schlägt folgende Privacy-Design-Strategien vor, die von den allgemeinen Datenschutzgrundsätzen abgeleitet sind und im Report näher erläutert werden:

- MINIMISE: Die Menge der verarbeiteten Daten sollte so gering wie möglich sein.
- HIDE: Alle personenbezogenen Daten und ihre Zusammenhänge sollten möglichst verborgen bleiben.
- SEPARATE: Personenbezogene Daten sollten möglichst verteilt verarbeitet und getrennt gespeichert werden.
- AGGREGATE: Personenbezogene Daten sollten im höchsten Aggregationsniveau und mit dem niedrigsten Detailgrad verarbeitet werden, in dem sie (noch) ihren Zweck erfüllen.
- INFORM: Betroffene sollten angemessen informiert werden, wann immer ihre personenbezogenen Daten verarbeitet werden.
- CONTROL: Betroffene sollten Kontrolle über die Verarbeitung ihrer personenbezogenen Daten erhalten.
- ENFORCE: Mit den rechtlichen Anforderungen in Einklang stehende Datenschutzregeln sollten vorhanden sein und durchgesetzt werden.
- DEMONSTRATE: Der Verantwortliche sollte dazu in der Lage sein, die Einhaltung der Datenschutzregeln und aller gesetzlichen Bestimmungen nachzuweisen.

Diese acht Strategien können in zwei Gruppen eingeteilt werden. Die ersten vier sind datenorientiert, die anderen prozessorientiert. Die datenorientierten Strategien MINIMISE, HIDE, SEPARATE und AGGREGATE sind mE wesentlich handfester und praxisorientierter, während die vier prozessorientierten Strategien dem allgemeinen Datenschutzrecht keine wesentlichen neuen Aspekte hinzufügen.

Der Report zeigt sehr anschaulich: Privacy by Design ist eine Herangehensweise, die bedeutet, bereits von Beginn des System-Entwicklungsprozesses an zu versuchen, wichtige Datenschutzgrundsätze und somit auch grundlegende datenschutzrechtliche Anforderungen durch Einsatz geeigneter Strategien, Design Patterns und Technologien (PETs) in das System zu implementieren. Einen wesentlichen Teil davon macht die konsequente Umset-

---

[17]) *ENISA*, Privacy and Data Protection by Design.

[18]) Vgl *Hustinx*, Privacy by design: delivering the promises, Identity in the Information Society 2010, 253–255.

zung der Datenminimierung aus, die auch in Art 25 Abs 1 erwähnt wird. Ein weiterer wesentlicher Teil davon ist aber auch das Schaffen von Bewusstsein für den Schutz der Privatsphäre und den Datenschutz bei Entscheidern sowie Architekten und Entwicklern technischer Systeme. Aus diesem Grund ist auch das Vermitteln und Weiterverbreiten abstrakter Grundsätze wichtig.

Entscheidend ist jedoch die Umsetzung von Privacy by Design im Einzelfall im jeweiligen konkreten zu entwickelnden System. Dafür existiert kein Patentrezept. Zwischen dem hohen Abstraktionsniveau des Datenschutzrechts und dem verhältnismäßig konkreten Niveau der Architektur eines bestimmten zu entwickelnden Systems besteht eine Lücke, die nicht auf allgemeingültige Weise überbrückt werden kann.[19]) Insbesondere ist es wohl nicht möglich, eine für Praktiker allgemein anwendbare „Privacy-by-Design-Checkliste" zu entwickeln, deren Befolgung im Ergebnis ein System mit entsprechend hohem Datenschutzniveau garantiert.[20])

Vielmehr bedarf es dazu der entsprechenden Denkweise und Expertise der am Entwicklungsprozess eines Systems Beteiligten oder eigener Experten, die den Entwicklungsprozess eines Systems von Anfang an begleiten und deren Aufgabe es ist, aus den abstrakten, allgemeinen Datenschutzgrundsätzen spezifische, umsetzbare Datenschutzanforderungen für konkrete Systeme abzuleiten. Hier könnte sich in Zukunft ein eigenes Berufsbild etablieren, Privacy Engineers, die sowohl fundierte technische Kenntnisse als auch Kenntnisse des Datenschutzes besitzen. Benötigt wird vor allem auch „weiches" Wissen, wie zB über Good Practice, Design Patterns, häufige Fehler, aktuelle Bedrohungen und Angriffsmethoden etc. Sammlungen von solchem Wissen, wie der oben angesprochene ENISA-Report, sind in dieser Hinsicht sehr wertvoll.

III. Der Grundsatz Privacy by Default

Der Grundsatz Privacy by Default findet sich bereits oben als zweites der sieben Privacy-by-Design-Grundprinzipien von *Cavoukian.* Insofern kann Privacy by Default als ein sinnvoller Bestandteil der Umsetzung von Privacy by Design gesehen werden. Es ist jedoch ein eigenständiger Aspekt, als solcher begrifflich mE leichter zu fassen als Privacy by Design und wird wohl deswegen auch deutlich weniger diskutiert.

Privacy by Default bedeutet, dass die datenschutzfreundlichsten Einstellungen ausgewählt sind, wenn ein Betroffener ein Produkt in Betrieb oder eine Dienstleistung in Anspruch nimmt. Es soll dann in der Hand des Betroffenen liegen, von diesen datenschutzfreundlichen Voreinstellungen, wenn erwünscht, abzuweichen. Tut er dies nicht, sind seine Daten und seine Privatsphäre bestmöglich geschützt.

Wie im Fall von Privacy by Design fand sich in einer vorläufigen Fassung der DSGVO des Europäischen Parlaments[21]) in ErwGr 61 auch eine entsprechende Definition von Privacy by Default, die jedoch nicht in die finale Fassung übernommen wurde: „*The principle of data protection by default requires privacy settings on services and products which should by default comply with the general principles of data protection, such as data minimisation and purpose limitation.*"

[19]) Vgl *Hörbe/Hötzendorfer* Privacy-by-Design-Anforderungen 306.
[20]) Vgl *Gürses/Troncoso/Diaz,* Engineering Privacy by Design 21.
[21]) FN 12.

Privacy by Default kann vor allem auch dann zum Tragen kommen, wenn man eine bestimmte Funktion zwar nicht im Sinne von Privacy by Design gänzlich ausschließen möchte, diese aber trotzdem besonders absichern möchte. Nach dem Grundsatz Privacy by Default würde man vorsehen, dass diese zwar in den Voreinstellungen deaktiviert ist, aber bei Bedarf aktiviert werden kann. Auf diese Weise können Datenschutzfreundlichkeit und Flexibilität kombiniert werden.

IV. Die Bestimmung des Art 25 im Detail

A. Abs 1: Privacy by Design

Art 25 Abs 1 lautet:

(1) Unter Berücksichtigung des Stands der Technik, der Implementierungskosten und der Art, des Umfangs, der Umstände und der Zwecke der Verarbeitung sowie der unterschiedlichen Eintrittswahrscheinlichkeit und Schwere der mit der Verarbeitung verbundenen Risiken für die Rechte und Freiheiten natürlicher Personen trifft der Verantwortliche sowohl zum Zeitpunkt der Festlegung der Mittel für die Verarbeitung als auch zum Zeitpunkt der eigentlichen Verarbeitung geeignete technische und organisatorische Maßnahmen – wie z. B. Pseudonymisierung – [...][22]*), die dafür ausgelegt sind, die Datenschutzgrundsätze wie etwa Datenminimierung wirksam umzusetzen und die notwendigen Garantien in die Verarbeitung aufzunehmen, um den Anforderungen dieser Verordnung zu genügen und die Rechte der betroffenen Personen zu schützen.*

Fraglich ist, warum diese umständliche Formulierung gewählt wurde, in der sich das Treffen von Maßnahmen auch auf den zweiten Teil der Bestimmung bezieht. Wörtlich werden im zweiten Teil Maßnahmen gefordert, „*die dafür ausgelegt sind, [...] die notwendigen Garantien in die Verarbeitung aufzunehmen, um den Anforderungen dieser Verordnung zu genügen und die Rechte der betroffenen Personen zu schützen*". Somit wird zwar nicht unmittelbar normiert, „*die notwendigen Garantien in die Verarbeitung aufzunehmen [...]*", die Bestimmung ist aber wohl trotzdem so zu interpretieren.

Die Maßnahmen sollen zum Zeitpunkt der Verarbeitung, aber auch bereits davor, „*zum Zeitpunkt der Festlegung der Mittel für die Verarbeitung*" getroffen werden. Mit dieser Formulierung sollen mE alle Phasen vor Beginn der eigentlichen Verarbeitung erfasst werden, also die Planung, Erstellung, Integration, Einrichtung, Inbetriebnahme etc des Systems, mit dem die Datenverarbeitung durchgeführt wird. Am Beispiel der ausdrücklich genannten Pseudonymisierung würde dies Folgendes bedeuten: Wenn bereits während der Planung eines Systems erkennbar ist, dass bestimmte Daten nur in pseudonymisierter Form benötigt werden, ist gleich die Entscheidung zu treffen, dass das System von vornherein die Pseudonymisierung der Daten und deren Verarbeitung in pseudonymisierter Form vorsieht, und wenn erst während der Verarbeitung erkennbar wird, dass Daten ab einem bestimmten Zeitpunkt nur mehr in pseudonymisierter Form benötigt werden, ist zu diesem Zeitpunkt die Entscheidung zu treffen, die Daten zu pseudonymisieren.

Im Kern verpflichtet Art 25 Abs 1 den für die Verarbeitung Verantwortlichen somit, die Bestimmungen der Verordnung nicht nur einzuhalten, sondern überdies bereits vor der

[22]) In der publizierten finalen Fassung steht an dieser Stelle irrtümlich nochmals das Wort „trifft".

Verarbeitung und während der Verarbeitung geeignete technische und organisatorische **Maßnahmen zu treffen**, die der Umsetzung der Datenschutzgrundsätze dienen, und **„Garantien" in die Verarbeitung aufzunehmen**, die der Umsetzung der Anforderungen der Verordnung und dem Schutz der Rechte der Betroffenen dienen.

Die Bestimmung des Art 25 Abs 1 entspricht somit mE dem oben beschriebenen Verständnis von Privacy by Design. Vor allem die Existenz und die Wortwahl des zweiten Teils der Bestimmung, wonach „*Garantien*" – die englische Sprachfassung spricht von „safeguards" – „*in die Verarbeitung aufzunehmen*" sind, sprechen dafür, dass die Systeme auch möglichst im Sinne von „Code is Law" zu gestalten sind. Es sollen eben nicht nur Maßnahmen getroffen, sondern auch „**Garantien**" in die Verarbeitung **aufgenommen** werden. Ein System möglichst so zu gestalten, dass es nicht gegen die Anforderungen der Verordnung verstoßen kann, ist zwar auch keine Garantie dafür, dass es zu keinem Verstoß kommen wird, kommt aber dem „Aufnehmen" von „Garantien" mE am Nächsten.

Dem oben beschriebenen Verständnis von Privacy by Design entspricht es auch, dass die Umsetzung der Datenschutzgrundsätze als Ziel der Privacy-by-Design-Maßnahmen erwähnt wird, und insb, dass als einziger Datenschutzgrundsatz die Datenminimierung (Art 5 Abs 1 lit c) ausdrücklich angesprochen wird. Zwar handelt es sich dabei nur um eine beispielhafte Erwähnung, aber es ist wohl kein Zufall, dass genau dieser Grundsatz hervorgehoben wird, der mE der wichtigste Grundsatz in der Umsetzung von Privacy by Design ist.

1. Verhältnismäßigkeitsabwägung

Die Anordnung, technische und organisatorische Maßnahmen zu treffen, die der Umsetzung der Datenschutzgrundsätze dienen, und „Garantien" in die Verarbeitung aufzunehmen, gilt nicht absolut, sondern Art 25 Abs 1 normiert eine Verhältnismäßigkeitsabwägung. Welche Maßnahmen der für die Verarbeitung Verantwortliche konkret zu treffen hat, ist abhängig von folgenden vier Faktoren:

- dem Stand der Technik;
- den Kosten der Implementierung (der jeweiligen Maßnahmen);
- dem Umfang, den Umständen und den Zwecken der Verarbeitung;
- dem mit der Verarbeitung verbundenen Risiko (Eintrittswahrscheinlichkeit und Schwere der potenziellen Eingriffe in die Rechte und Freiheiten natürlicher Personen).

Auch in Art 32 betreffend die Datensicherheit findet sich eine identisch formulierte Verhältnismäßigkeitsabwägung. Bereits Art 17 Abs 1 DSRL stellt auf den Stand der Technik, die Kosten und die Risiken der Verarbeitung ab.

Das Abstellen auf diese vier Faktoren macht die Bestimmung des Art 25 Abs 1 sehr vage. Welche Maßnahmen und welche Garantien getroffen werden müssen, bedarf einer Abwägung im Einzelfall und ist nur sehr schwer abzuschätzen.

Praxistipp:

Da es sich bei Privacy by Design zuallererst um eine Herangehensweise an die Gestaltung von Systemen handelt, wird im Rahmen der zu treffenden Maßnahmen in jedem Fall ein entsprechender **Prozess** aufzusetzen, zu dokumentieren und auch tatsächlich zu leben sein, der der Umsetzung der Datenschutzgrundsätze und der Aufnahme von „Garantien" in die Verarbeitung dient.

2. Maßnahmen

Zu treffen sind also gem Art 25 Abs 1 technische und organisatorische Maßnahmen, wie zB Pseudonymisierung. Ein wichtiger Teil davon ist der soeben angesprochene Prozess.

ErwGr 78 spricht von „internen Strategien und Maßnahmen“ und führt beispielhaft folgende möglichen Maßnahmen an:

- Minimieren der Verarbeitung personenbezogener Daten
- Pseudonymisieren personenbezogener Daten so schnell wie möglich
- Transparenz in Bezug auf die Funktionen und die Verarbeitung personenbezogener Daten
- der betroffenen Person ermöglichen, die Verarbeitung personenbezogener Daten zu überwachen
- den Verantwortlichen in die Lage versetzen, Sicherheitsfunktionen zu schaffen und zu verbessern

Die Liste zeigt, dass die Maßnahmen sehr unterschiedlich sein können, von der Pseudonymisierung als konkretem Verarbeitungsschritt, der auf bestimmte Daten angewendet werden kann, bis hin zum Herstellen von Transparenz, die – wie die Datenminimierung – als ganz allgemeines Prinzip in vielerlei Hinsicht Auswirkungen auf die Gestaltung des Systems und die Verarbeitung hat. Beispiele für konkrete Maßnahmen werden in Kapitel VI diskutiert.

Praxistipp:

Die zentrale Umsetzungsmaßnahme von Privacy by Design ist konsequente **Datenminimierung.** Bei der Planung von Systemen sowie bei jedem Implementierungsschritt bis hin zur Programmierung konkreter Funktionen wie auch im Betrieb sollte man sich daher stets die Frage stellen: Wird diese Information wirklich für den konkreten zu erreichenden Zweck benötigt? Darüber hinaus: Wie lange wird Information benötigt? Und: Benötigt die jeweilige Stelle diese Information (Need-to-know-Prinzip)? Die Pflicht zur Datenminimierung ergibt sich auch aus Art 5 Abs 1 lit c. Datenminimierung erleichtert zudem generell die Einhaltung der DSGVO und minimiert den Schaden, der durch Vorfälle wie Datenschutzverstöße oder Angriffe von außen entstehen kann. Durch Datenminimierung wird zudem sogar die Eintrittswahrscheinlichkeit von Angriffen verringert, denn wenn weniger Daten vorhanden sind, gibt es für einen Angreifer auch weniger zu holen, dh es besteht ein geringerer Anreiz für einen Angriff, der auf die Erlangung dieser Daten abzielt. Weitere wichtige Maßnahmen sind eine möglichst **dezentrale Datenhaltung** und eine **Trennung** von Daten, die inhaltlich nicht zusammengehören.

3. Verhältnis zu Art 32 (Sicherheit der Verarbeitung)

Art 25 Abs 1 weist eine deutliche Ähnlichkeit zu Art 32 Abs 1 sowie zu dessen Vorgängerbestimmung Art 17 Abs 1 DSRL auf, in der die Wendung der technischen und organisatorischen Maßnahmen ebenfalls bereits zu finden ist. In diesen beiden Bestimmungen dienen die Maßnahmen jedoch der Datensicherheit (Vertraulichkeit, Integrität und Verfügbarkeit) und somit einem enger gefassten Zweck als dem in Art 25 festgelegten Schutz der Rechte der betroffenen Person. Zweifellos gibt es allerdings zwischen Art 32 Abs 1 und Art 25 Abs 1 – wie allgemein im Verhältnis von Datenschutz und Datensicherheit – eine deutliche Überschneidung.

Es stellt sich die Frage, was Art 32 dem in Art 25 bereits Normierten noch hinzufügt, denn wenn Art 25 Maßnahmen zur Umsetzung der Datenschutzgrundsätze fordert, schließt dies Datensicherheitsmaßnahmen bereits mit ein, weil die Datensicherheit gem Art 5 Abs 1 lit f zu diesen Datenschutzgrundsätzen zählt. Somit ist mE aus Art 32 keine Pflicht ersichtlich, die nicht bereits aufgrund von Art 25 besteht.

Jedoch wird durch das Nebeneinanderbestehen von Art 25 und Art 32 betont, was nicht oft genug betont werden kann: Datenschutz geht über Datensicherheit hinaus und folglich kann Datenschutz durch Datensicherheitsmaßnahmen alleine nicht erreicht werden. Darüber hinaus existierte ein Artikel zur Sicherheit der Verarbeitung schon bisher und wäre dieser nicht in die DSGVO übernommen worden, hätte dies als Abschwächung der Verpflichtung zur Datensicherheit interpretiert werden können. Schließlich dient eine eigenständige Regelung zur Sicherheit der Verarbeitung dazu, dass die Datensicherheitsmaßnahmen spezifischer geregelt werden können.

B. Abs 2: Privacy by Default

Art 25 Abs 2 lautet:

(2) Der Verantwortliche trifft geeignete technische und organisatorische Maßnahmen, die sicherstellen, dass durch Voreinstellung grundsätzlich nur personenbezogene Daten, deren Verarbeitung für den jeweiligen bestimmten Verarbeitungszweck erforderlich ist, verarbeitet werden. Diese Verpflichtung gilt für die Menge der erhobenen personenbezogenen Daten, den Umfang ihrer Verarbeitung, ihre Speicherfrist und ihre Zugänglichkeit. Solche Maßnahmen müssen insbesondere sicherstellen, dass personenbezogene Daten durch Voreinstellungen nicht ohne Eingreifen der Person einer unbestimmten Zahl von natürlichen Personen zugänglich gemacht werden.

Auch hier ist wie in Abs 1 von technischen und organisatorischen Maßnahmen die Rede. Die Bestimmung verpflichtet also nicht nur dazu, Voreinstellungen in einer gewissen Weise vorzunehmen, sondern dazu, **Maßnahmen zu treffen**, die dies sicherstellen. Somit ist auch hier anzuraten, einen entsprechenden Prozess aufzusetzen – und zu dokumentieren –, der dies gewährleistet.

Die Bestimmung, insb der letzte Satz, hat offenbar Systeme vor Augen, die vom Betroffenen selbst bedient werden und die es ihm ermöglichen, Einstellungen hinsichtlich der Verarbeitung seiner personenbezogenen Daten vorzunehmen. Als Beispiel kann man sich eine Plattform wie Facebook vorstellen, insb wenn man den letzten Satz betrachtet.[23])

Hier fällt die Verwendung des Begriffs „der Person" auf. Die englische Sprachfassung verwendet an dieser Stelle den Begriff „the individual", der sonst in dieser Form in der gesamten DSGVO nicht vorkommt. Es ist wohl davon auszugehen, dass hier die betroffene Person („data subject") iSd Art 4 Z 1 gemeint ist, wenngleich dies nicht völlig eindeutig ist.

Lädt der Betroffene – um beim Beispiel zu bleiben – auf Facebook bestimmte personenbezogene Daten hoch, zB ein Foto von sich, müssen die Voreinstellungen gem Art 25

[23]) In der Literatur wird zu Privacy by Default häufig das Beispiel der Voreinstellungen eines Web-Browsers im Zeitpunkt nach der Installation verwendet. Dieses wäre von der Bestimmung des Art 25 Abs 2 jedoch nicht erfasst, weil der Browser-Hersteller, der diese Voreinstellungen vornehmen könnte, grundsätzlich nicht Verantwortlicher iSd DSGVO ist und ihm daher aus dieser Bestimmung keine Verpflichtung erwächst.

Abs 2 derart sein, dass dieses Foto nur einem beschränkten Personenkreis und nicht allen Facebook-Nutzern zugänglich ist. Möchte der Nutzer, dass weitere Daten mit diesem Foto verknüpft werden, wie zB der Ort, an dem er sich befindet, wenn er das Foto hochlädt, muss er dies bewusst in den Einstellungen aktivieren.

Im Unterschied zu Abs 1 sieht Art 25 Abs 2 keine Verhältnismäßigkeitsabwägung vor. Privacy by Default ist ein unabhängig von den Kosten, Risiken oder anderen Faktoren umzusetzendes Prinzip.[24]) Es stellt sich die Frage, welche Intention hinter dieser Differenzierung zwischen Abs 1 und Abs 2 steht. Die Festlegung von Default-Werten der Einstellungsmöglichkeiten einer Software auf die eine oder andere Weise verursacht idR zwar gleich hohe Kosten, Mehrkosten werden jedoch dann verursacht, wenn man bestimmte Einstellungsmöglichkeiten in einer Software überhaupt erst schaffen muss. Dies kann aber mE durchaus erforderlich sein, um Art 25 Abs 2 Genüge zu tun, denn es ist nicht ersichtlich, dass die Bestimmung nur dann anwendbar ist, wenn Einstellungsmöglichkeiten bereits vorhanden sind.

Problematisch könnte diese Bestimmung auch für bestehende Systeme werden. Da keine Beschränkung auf künftige Entwicklungen ersichtlich ist und auch keine Abwägung mit den entstehenden Kosten durchzuführen ist, sind auch bestehende Systeme mit datenschutzfreundlichen Voreinstellungen zu versehen.

Praxistipp:

Da die Pflicht zu datenschutzfreundlichen Voreinstellungen im Gegensatz zu Art 25 Abs 1 sehr konkret ist und unbeschränkt sowie auch für bestehende Systeme gilt, ist zu empfehlen, so früh als möglich zu prüfen, was diese Pflicht für die eigenen Produkte und Dienstleistungen bedeutet. Diese sind, bis die DSGVO am 25. 5. 2018 Geltung erlangt, – idealerweise im Zuge laufender Updates – mit datenschutzfreundlichen Voreinstellungen zu versehen. Entsprechende Vereinbarungen mit Zulieferern sollten möglichst frühzeitig getroffen werden.

C. Abs 3: Nachweis der Erfüllung

Art 25 Abs 3 lautet:

(3) Ein genehmigtes Zertifizierungsverfahren gemäß Artikel 42 kann als Faktor herangezogen werden, um die Erfüllung der in den Absätzen 1 und 2 des vorliegenden Artikels genannten Anforderungen nachzuweisen.

Die Art 42 f treffen Regeln über datenschutzspezifische Zertifizierungsverfahren, Datenschutzsiegel und -prüfzeichen, die dazu dienen, nachzuweisen, dass die DSGVO bei Verarbeitungsvorgängen von Verantwortlichen oder Auftragsverarbeitern eingehalten wird.

Art 25 Abs 3 normiert, dass ein genehmigtes Zertifizierungsverfahren gem Art 42 als Faktor herangezogen werden kann, um die Erfüllung der Umsetzung von Privacy by Design und Privacy by Default gem Art 25 Abs 1 und 2 nachzuweisen.

---

[24]) Vgl *Knyrim,* Die neuen Pflichten nach der EU-Datenschutz-Grundverordnung im Überblick (Teil V), Dako 2016, 11.

V. Konsequenzen

Bei Verstoß gegen Art 25 droht gem Art 83 Abs 4 lit a eine Geldbuße von bis zu € 10 Mio oder bei Unternehmen von bis zu 2 % des gesamten weltweit erzielten Jahresumsatzes des vorangegangenen Geschäftsjahrs, je nachdem, welcher der Beträge höher ist.

Angesichts der Vagheit von Art 25 Abs 1, die vor allem die Verhältnismäßigkeitsabwägung von Risiken, Kosten, Stand der Technik etc mit sich bringt, ist schwer abzuschätzen, welche Maßnahmen im Einzelfall tatsächlich zu treffen sind und wo daher eine Strafbarkeit nach dieser Bestimmung beginnt.

Praxistipp:

Es ist in mehrfacher Hinsicht empfehlenswert, Privacy-by-Design-Maßnahmen zu treffen, diese gut zu dokumentieren sowie ggf iSd Art 25 Abs 3 zertifizieren zu lassen und idealerweise Privacy by Design zum Teil der Unternehmenskultur zu machen. Man erfüllt dadurch nicht nur seine Pflichten gem Art 25 Abs 1 DSGVO, sondern dies erleichtert auch die Umsetzung und Einhaltung des gesamten Datenschutzrechts. Nicht zuletzt können sich die vom Verantwortlichen gem Art 25 (und 32) getroffenen Maßnahmen generell bei Verstößen gegen die DSGVO strafmindernd auswirken, denn Art 83 Abs 2 lit d normiert, dass diese bei der Entscheidung über Geldbußen und deren Höhe zu berücksichtigen sind.

Die Verpflichtung, datenschutzfreundliche Voreinstellungen vorzunehmen, ist wie gesagt deutlich klarer als Art 25 Abs 1, und daher wird es auch klarer und oftmals wohl auch faktisch leichter feststellbar sein, wenn dagegen verstoßen wurde, also wenn datenschutzfreundliche Voreinstellungen nicht vorgenommen wurden. Weniger klar ist die Frage, welche Art von Maßnahmen gem Art 25 Abs 2 zu treffen sind, damit dies möglichst nicht passiert.

VI. Privacy by Design in der Praxis

Wie gezeigt wurde, gibt es kein Patentrezept für die Umsetzung von Privacy by Design, sondern dieser Grundsatz ist individuell auf die Gegebenheiten des jeweiligen Systems anzuwenden. Dabei kann man sich von den in Kapitel II angeführten Ansätzen und Strategien leiten lassen. Für konkrete Designentscheidungen können Sammlungen von Privacy Design Patterns hilfreich sein.[25]) Design Patterns sind bewährte, abstrahierte Entwurfsmuster für wiederkehrende Probleme, die idR in einer bestimmten strukturierten Form beschrieben sind. Es ist zu hoffen, dass solche Sammlungen in Zukunft noch deutlich umfangreicher werden. Nachfolgend werden noch einige konkrete Beispiele für die Umsetzung von Privacy by Design in die Praxis angeführt.

In Österreich wurde Privacy by Design bisher zB im Zusammenhang mit sog „Dashcams" diskutiert, das sind auf dem Armaturenbrett von Fahrzeugen montierte Kameras, die das Geschehen vor dem Fahrzeug filmen und aufzeichnen, insb um das Videomaterial

[25]) Siehe dazu *ENISA*, Privacy and Data Protection by Design 17ff, sowie zB http://privacypatterns.org/.

im Falle eines Verkehrsunfalls als Beweismaterial heranziehen zu können.[26]) *Knyrim* und *Trieb* beschreiben eine Dashcam-Lösung, die nach Privacy-by-Design-Gesichtspunkten gestaltet wurde.[27]) Konkrete Maßnahmen sind dabei insb die Speicherung von Bildmaterial nur im konkreten Anlassfall und eine geringe Videoauflösung, sodass nur der Nahbereich des Fahrzeugs detailliert erkennbar ist. Die Lösung wurde als wesentlich datenschutzfreundlicher als herkömmliche Dashcams anerkannt, aber nichtsdestotrotz als Videoüberwachung iSd § 50a DSG 2000 eingestuft, für die keine rechtliche Befugnis gegeben sei.[28])

Hörbe und *Hötzendorfer* zeigen, wie man auf dem Gebiet des föderierten Identitätsmanagements aus allgemeinen Datenschutzgrundsätzen konkrete Anforderungen ableitet, um die Einhaltung der Datenschutzgrundsätze iSv Privacy by Design zum integralen Bestandteil der Systemarchitektur zu machen.[29])

Während dieser Ansatz hauptsächlich die Architekturebene betrachtet, ist der folgende auf der Ebene der Implementierung angesiedelt: *Terbu* et al stellen einen auf Scrum basierenden agilen Softwareentwicklungsprozess vor, der systematische Mechanismen zur Umsetzung von Security- und Privacy-Anforderungen beinhaltet.[30]) Ua werden diese – meist nichtfunktionalen – Anforderungen durch sogenannte Evil User Stories repräsentiert und die üblichen Rollen im Scrum-Prozess werden um Privacy-Experten und Security-Experten ergänzt, denen spezifische Aufgaben zugewiesen werden. In größeren Softwareentwicklungsabteilungen kann es auch Pools solcher Experten geben, die dann vom jeweiligen Entwicklungsteam hinzugezogen werden können.

Wie die Privacy-Design-Strategien und -Technologien des oben vorgestellten ENISA-Reports in einem bestimmten Anwendungsgebiet umgesetzt werden können, demonstriert ein weiterer Report der ENISA mit dem Titel „Privacy by design in big data".[31])

Privacy by Design bedeutet vor allem auch, im Kleinen die richtigen Designentscheidungen zu treffen. Wenn zB das Alter einer Person relevant ist, ist es nicht notwendig, ihr Geburtsdatum zu speichern. Es genügt, entweder das Alter direkt abzufragen oder das Geburtsdatum abzufragen und das Alter zu errechnen und dann dieses weiterzuverarbeiten. Das Geburtsdatum ist nämlich im Gegensatz zum Alter ein sehr „mächtiges" Datum, das in

---

[26]) Siehe dazu *Thiele*, Videoüberwachung aus Fahrzeugen – Datenschutzrechtliches zu Dashcams, in *Jahnel* (Hrsg), Jahrbuch Datenschutzrecht 2014, 235–249; *Knyrim/Trieb*, Dashboard-Cam – zulässig zur Beweissicherung bei Verkehrsunfällen? Argumente für eine datenschutzrechtliche Zulässigkeit von Crash-Cams, ZVR 2015, 112; *Knyrim/Trieb*, Dashcams und Crashcams: Zivilprozess gewonnen, Verwaltungsstrafe bekommen? ZVR 2015, 445; *Trieb*, Crash-Cam im Auto, Dako 2015, 90, Anmerkung zu BVwG 30. 1. 2015, W2142011104-1/9E.

[27]) *Knyrim/Trieb*, ZVR 2015, 445.

[28]) BVwG 30. 1. 2015, W2142011104-1/9E.

[29]) *Hörbe/Hötzendorfer*, Privacy-by-Design-Anforderungen, sowie detaillierter und mit ausführlicherer Erklärung der Methode *Hörbe/Hötzendorfer*, Privacy by Design in Federated Identity Management, Proceedings of the 2015 IEEE Security and Privacy Workshops, 2015, 167–174.

[30]) *Terbu/Hötzendorfer/Leitner/Bonitz/Vogl/Zehetbauer*, Privacy and Security by Design im agilen Softwareentwicklungsprozess, in *Schweighofer* et al (Hrsg), Netzwerke: Tagungsband des 19. Internationalen Rechtsinformatik Symposions IRIS 2016 (2016) 457–464, zugleich erschienen als Ausgabe des Jusletter IT vom 25. 2. 2016, http://jusletter-it.eu/.

[31]) *ENISA*, Privacy by design in big data: An overview of privacy enhancing technologies in the era of big data analytics, 2015, abrufbar unter https://www.enisa.europa.eu/publications/big-data-protection/at_download/fullReport (abgerufen am 28. 4. 2016).

Zusammenhang mit Vor- und Nachname häufig eine eindeutige Identifikation des Betroffenen ermöglicht. Es sind bewusste Entscheidungen wie diese, im Großen wie im Kleinen, die Privacy by Design ausmachen.

VII. Hersteller und Privacy by Design and by Default

Die Pflicht zur Umsetzung von Privacy by Design and by Default trifft grundsätzlich ausdrücklich den für die Verarbeitung Verantwortlichen. Dieser ist jedoch idR nicht der Hersteller der verwendeten Software und hat im Fall von Standardsoftware auch keinen Einfluss auf deren Gestaltung. Die Pflicht besteht daher beim Einsatz von Standardsoftware darin, Software einzusetzen, die nach Gesichtspunkten von Privacy by Design and by Default entwickelt wurde bzw die Umsetzung dieser Grundsätze zulässt. Die Softwarehersteller sind somit gefordert, dies bei Software, die zur Verarbeitung personenbezogener Daten dient oder verwendet werden kann, zu berücksichtigen. Bei der Entwicklung von Individualsoftware sind die Anforderungen von Privacy by Design and by Default im Softwareentwicklungsprozess zu berücksichtigen. Ein Beispiel dafür ist der oben erwähnte, auf Scrum basierende Prozess.

In den ErwGr der DSGVO sind die Hersteller angesprochen: Gem ErwGr 78 „*sollten die Hersteller der Produkte, Dienste und Anwendungen ermutigt werden, das Recht auf Datenschutz bei der Entwicklung und Gestaltung der Produkte, Dienste und Anwendungen zu berücksichtigen und unter gebührender Berücksichtigung des Stands der Technik sicherzustellen, dass die Verantwortlichen und die Verarbeiter in der Lage sind, ihren Datenschutzpflichten nachzukommen.*“

Abhängig davon, wie genau der Verwendungszweck der Software bekannt ist, kann dies durch Umsetzung jener Maßnahmen erfolgen, die in diesem Beitrag in Bezug auf die Verantwortlichen vorgeschlagen werden. Es bedeutet in jedem Fall, dass die Hersteller die Funktionsweise sehr genau dokumentieren und die Produkte möglichst modular aufbauen sollen, sodass sie für den jeweiligen Einsatzzweck möglichst spezifisch und datensparsam konfiguriert werden können. Besonders zum Tragen kommt hier Privacy by Default, wonach die Software in ihrer Standardkonfiguration möglichst datensparsame und datenschutzfreundliche Voreinstellungen aufweisen soll.

VIII. Zusammenfassung und Ausblick

Wie im vorliegenden Beitrag deutlich wurde, ist es schwierig abzuschätzen und einzelfallabhängig, welche konkreten Pflichten dem Verantwortlichen tatsächlich aus Art 25, insb aus Abs 1, erwachsen. Jedenfalls ist anzuraten, einen Prozess zur Umsetzung dieser Pflichten einzurichten und bei der Erstellung und beim Betrieb von Datenverarbeitungssystemen den Schutz der Privatsphäre sowie den Datenschutz stets mit zu bedenken und diese nach dem Grundsatz der Datenminimierung auszurichten. Zur Beantwortung der Frage, was dies im Einzelfall bedeutet, kann die in Kapitel II und VI angeführte und weitere Literatur zu Privacy by Design herangezogen werden. Als guter Ausgangspunkt ist dabei der vorgestellte Report der ENISA zu empfehlen.

In der akademischen Community wird derzeit intensiv darüber diskutiert, was Privacy by Design und insb was Art 25 DSGVO für die Praxis bedeuten. Es ist davon auszugehen, dass die rechtliche Verpflichtung zur Umsetzung des Grundsatzes Privacy by Design auch Praxisleitfäden und Ähnliches sowie offizielle Verhaltensregeln nach Art 40 Abs 2 lit h und Zertifizierungen nach Art 42 hervorbringen und sich eine Umsetzungspraxis herausbilden wird. Derzeit ist jedoch noch sehr schwer abzusehen, wie diese aussehen wird.

Abschließend kann gesagt werden, dass sich Verantwortliche aufgrund der DSGVO nun deutlich mehr mit Datenschutz werden beschäftigen müssen, als das bisher erforderlich war – das beginnt bereits bei einer bewussteren Gestaltung der datenverarbeitenden Systeme, wie sie Art 25 normiert.

Gemeinsam für die Verarbeitung Verantwortliche

Bernhard Horn

Im Gegensatz zur bisher geltenden Datenschutzrichtlinie (95/46/EG) sieht die DSGVO in Art 26 und 82 spezielle Regelungen für eine Verarbeitung personenbezogener Daten durch mehrere gemeinsam für die Verarbeitung Verantwortliche vor. Hintergrund dieser neuen Bestimmungen ist das erklärte Ziel der Verordnung, die Verantwortlichkeiten und die Haftung mehrerer gemeinsam Verantwortlicher gegenüber den betroffenen Personen und der Aufsichtsbehörde auch bei einer „pluralistische Kontrolle" klar festzulegen (ErwGr 79). Zudem will die Verordnung den Schutz der betroffenen Personen erhöhen, das Datenschutzrecht unionsweit harmonisieren und so die Kontrolle der betroffenen Personen über ihre personenbezogenen Daten im Hinblick auf den technologischen Fortschritt insgesamt stärken (ErwGr 7, 11, 13 und 79). Vor diesem Hintergrund sind die Bestimmungen der DSGVO anzuwenden und auszulegen.

I. Gemeinsame Verantwortliche

Die Rechtsfigur der gemeinsamen Verantwortlichkeit mehrerer Akteure im Rahmen einer Verarbeitung ist im Vergleich zur bisher geltenden Datenschutzrichtlinie an sich nichts Neues. Schon Art 2 lit d der Richtlinie definierte den für die Verarbeitung Verantwortlichen wie folgt:

> „Die natürliche oder juristische Person, Behörde, Einrichtung oder jede andere Stelle, die **allein oder gemeinsam mit anderen** über die Zwecke und Mittel der Verarbeitung von personenbezogenen Daten entscheidet."

Diese Legaldefinition wurde inhaltlich nahezu unverändert in Art 4 Z 7 der Verordnung übernommen.

Praxistipp:

Da die Ziele und Grundsätze der Richtlinie 95/46/EG bei der Anwendung der DSGVO weiterhin Gültigkeit besitzen (ErwGr 9), können die einschlägigen Entscheidungen des EuGH und die von der Artikel-29-Datenschutzgruppe entwickelten Stellungnahmen auch für die Interpretation der Regelungen der DSGVO herangezogen werden und eine wertvolle Hilfe sein.

A. Gemeinsame Verantwortliche im DSG 2000

Auch dem DSG 2000 waren gemeinsam verantwortliche Auftraggeber bereits bekannt (§ 4 Z 4 DSG 2000): *„Auftraggeber: natürliche oder juristische Personen, [...] wenn sie* ***allein***

***oder gemeinsam mit anderen** die Entscheidung getroffen haben, Daten zu verwenden […]*". Eine gemeinsame Verantwortlichkeit ist somit auch in Österreich nicht neu.

In diesem Zusammenhang muss jedoch berücksichtigt werden, dass nicht jede gemeinsame Verantwortlichkeit mehrerer Auftraggeber automatisch das Vorliegen eines Informationsverbundsystems nach § 50 DSG 2000 zur Folge hat: Ein solches liegt nach § 4 Z 13 DSG 2000 dann vor, wenn die gemeinsame Verarbeitung von Daten in einer Datenanwendung durch mehrere Auftraggeber und die gemeinsame Benützung der Daten in der Art erfolgt, dass jeder Auftraggeber auch auf jene Daten im System Zugriff hat, die dem System von den anderen Auftraggebern zur Verfügung gestellt wurden.[1]) Dies muss trotz einer gemeinsamen Entscheidung mehrerer Auftraggeber über die Zwecke und Mittel einer Datenverwendung nicht zwangsläufig zutreffend sein. Vielmehr besteht auch dann eine gemeinsame Verantwortlichkeit, wenn bspw ein Auftraggeber über die Zwecke und ein anderer Auftraggeber über die Mittel der Verwendung entscheidet; ein Informationsverbundsystem liegt allein deswegen aber nicht vor. Diese strenge Unterscheidung zwischen einer gemeinsamen Verantwortlichkeit mehrerer Auftraggeber und dem Vorliegen eines Informationsverbundsystems ist für die rechtsrichtige Anwendung der DSGVO von zentraler Bedeutung.

B. Die Festlegung der datenschutzrechtlichen Rollen

Wirken an einer Verarbeitung[2]) mehrere Akteure mit, ist die Festlegung der datenschutzrechtlichen Rollen für die Zuweisung der Verantwortlichkeiten von zentraler Bedeutung.[3]) Die DSGVO sieht für Verantwortliche und für Auftragsverarbeiter unterschiedliche Pflichten vor, die abhängig von ihrer Rolle zu erfüllen sind. Für die Prüfung, welchen Akteur im Rahmen einer Verarbeitung welche Verpflichtungen treffen, ist die Feststellung seiner Rolle als Verantwortlicher oder als Auftragsverarbeiter unentbehrlich.

In einer sehr einfachen Verarbeitung mit nur wenigen Akteuren wird diese Feststellung idR kaum Probleme bereiten. Durch die zunehmende Komplexität der Geschäftsprozesse sowie die Globalisierung und Internationalisierung von Verarbeitungen unter Verwendung des Internets bereitet die Festlegung der datenschutzrechtlichen Rollen aber zunehmend Schwierigkeiten. Wie die Legaldefinition des für die Verarbeitung Verantwortlichen erkennen lässt (Art 4 Z 7), dient die Festlegung der Rollen auch der Zuweisung von Verantwortlichkeiten und ist daher zentrales Element für die korrekte Anwendung der DSGVO.

Die Festlegung der Rollen ist zudem für die betroffenen Personen von entscheidender Bedeutung, um Situationen unklarer Verantwortlichkeiten zu vermeiden. Wenn sich bspw keiner der Akteure für die Verarbeitung verantwortlich erachtet oder für eine betroffene Person mehrere Verantwortliche für die Geltendmachung ihrer Rechte in Frage kommen, erschwert dies eine effektive Ausübung der Betroffenenrechte und Aufsicht durch die Aufsichtsbehörde. Es muss vielmehr Klarheit über die Verantwortlichkeiten aller an einer Verarbeitung mitwirkenden Akteure herrschen, um eine wirksame Einhaltung der Bestimmungen der DSGVO sicherzustellen.[4])

---

[1]) *Pollirer/Weiss/Knyrim*, DSG[2] (2014) § 4 Anm 13; *Knyrim*, Datenschutzrecht[3] (2015) 43 ff.

[2]) Verarbeitung ist jeder mit oder ohne Hilfe automatisierter Verfahren ausgeführte Vorgang oder jede solche Vorgangsreihe im Zusammenhang mit personenbezogenen Daten (Art 4 Z 2).

[3]) *Artikel-29-Datenschutzgruppe*, Stellungnahme 1/2010 zu den Begriffen „für die Verarbeitung Verantwortlicher" und „Auftragsverarbeiter", WP 169, 9; *Knyrim*, Datenschutzrecht[3] (2015) 41.

[4]) *Artikel-29-Datenschutzgruppe*, WP 169, 3–10.

C. Der für die Verarbeitung Verantwortliche

Die Rolle des für die Verarbeitung Verantwortlichen definiert sich durch drei Hauptmerkmale:

1. jede natürliche oder juristische Person, Behörde, Einrichtung oder jede andere Stelle (personenbezogener Aspekt),
2. die allein oder gemeinsam mit anderen (pluralistische Kontrolle)
3. über die Zwecke und Mittel der Verarbeitung von personenbezogenen Daten entscheidet (Entscheidungsfunktion).[5])

1. Personenbezogener Aspekt

Der personenbezogene Aspekt beschäftigt sich mit der Frage, welche Personen oder Stellen konkret als Verantwortliche infrage kommen können, und ist damit eng mit dem Aspekt der Entscheidungsfunktion verknüpft. Für die Verarbeitung verantwortlich sind stets jene Personen oder Stellen, die über Zweck(e) und Mittel der Verarbeitung entscheiden.[6])

Um eine wirksame Anwendung der DSGVO sicherzustellen und für die Betroffenen einen möglichst umfangreichen Datenschutz zu gewährleisten, sind für die Beurteilung der Fähigkeit, über Zweck(e) und Mittel zu entscheiden, die tatsächlichen und faktischen Umstände einer bestimmten Verarbeitung ausschlaggebend.[7]) Es handelt sich beim Begriff des für die Verarbeitung Verantwortlichen somit um ein funktionelles Konzept, das die Verantwortlichkeiten anhand des tatsächlichen Einflusses auf die Entscheidung zuweist.[8]) Ein Akteur soll sich seiner Verantwortlichkeiten nach der DSGVO nicht dadurch entziehen können, dass er schlicht behauptet, er hätte über Zweck(e) und Mittel einer Verarbeitung nicht (mit)entschieden, obwohl er faktisch maßgeblichen Einfluss auf die Gestaltung der Verarbeitung hatte. Eine nicht der tatsächlichen Entscheidungslage entsprechende Zuweisung der Rollen (z.B. in einem Vertrag) entfaltet daher keine Rechtswirkungen.

Die Rolle des oder der Verantwortlichen kann sich aus unterschiedlichen Gesichtspunkten ergeben:

- **Explizite Rechtsgrundlage:** Die Verantwortung für eine Verarbeitung kann sich unmittelbar aus unionsrechtlichen oder innerstaatlichen Rechtsvorschriften ergeben. Diese legen regelmäßig den oder die Verantwortlichen, Zweck oder Zwecke sowie die zu verarbeitenden Datenkategorien und allenfalls Datenempfänger explizit fest. In solchen Fällen ist die Identifikation des oder der Verantwortlichen idR problemlos möglich.
- **Implizite rechtliche Verpflichtung:** Eine unionsrechtliche oder innerstaatliche Rechtsvorschrift kann sich aber auch darauf beschränken, einem Verantwortlichen bestimmte Verpflichtungen vorzugeben, deren Erfüllung regelmäßig die Verarbeitung personenbezogener Daten erfordert (z.B. Mitarbeiterverwaltung). Der Verantwortliche ist in einem solchen Fall jene Person oder Stelle, die diese rechtliche Verpflichtung trifft und dafür personenbezogene Daten verarbeitet. Die Fähigkeit zu entscheiden ergibt sich in diesem Fall aus der natürlichen Verknüpfung mit der funktionellen Rolle einer Person oder Organisation.[9])

---

[5]) *Artikel-29-Datenschutzgruppe*, WP 169, 10.
[6]) *Artikel-29-Datenschutzgruppe*, WP 169, 10.
[7]) *Artikel-29-Datenschutzgruppe*, WP 169, 1.
[8]) *Artikel-29-Datenschutzgruppe*, WP 169, 12.
[9]) *Artikel-29-Datenschutzgruppe*, WP 169, 13.

- **Tatsächliche Entscheidung über Zwecke und Mittel:** Subsidiär kann sich die Verantwortung aus der faktischen Entscheidungsvornahme ergeben. Ist eine bestimmte Verarbeitung weder gesetzlich vorgesehen noch dient sie einer Person oder Stelle zur Erfüllung einer rechtlichen Verpflichtung, ist jener Akteur verantwortlich, der alleine (oder gemeinsam mit anderen) tatsächlich und faktisch die Entscheidung für die Aufnahme dieser Verarbeitung getroffen sowie die Zwecke und Mittel festgelegt hat. Eine bloß formelle und nicht den faktischen Gegebenheiten entsprechende Benennung eines Akteurs kann dabei wie gesagt keine Rechtswirkungen entfalten.[10])

Ob eine Verarbeitung rechtmäßig erfolgt, ist für die Festlegung der Rollen und damit einhergehend der Verantwortlichkeiten nicht relevant. Es wird dabei lediglich die Frage beantwortet, welche Person(en) oder Stelle(n) grundsätzlich für die Einhaltung der datenschutzrechtlichen Bestimmungen verantwortlich sind. Ob die Verarbeitung rechtskonform erfolgt, ist bei dieser Beurteilung nicht relevant. Vielmehr ist lediglich ausschlaggebend, wer entscheidet, und nicht, wer rechtmäßig entscheidet.[11])

2. Aspekt der pluralistische Kontrolle

Die Verantwortlichkeit für eine Verarbeitung muss nicht notwendigerweise bei einem einzigen Verantwortlichen liegen. Vielmehr können auch mehrere Verantwortliche gemeinsam über Zweck(e) und Mittel einer Verarbeitung entscheiden. In diesem Fall wird von einer „pluralistischen Kontrolle" gesprochen.[12])

3. Aspekt der Entscheidungsfunktion

Das dritte Element für die Feststellung des oder der Verantwortlichen ist die Frage, wer über den Zweck oder die Zwecke und in Grundzügen über die Mittel der Verarbeitung entscheidet. Entscheidungsmacht bedeutet im datenschutzrechtlichen Sinn Verantwortung. Diese Entscheidungsmacht muss sich nicht notwendigerweise auf die gesamte Verarbeitung beziehen, sondern kann sich auch auf nur einen oder mehrere einzelne Verarbeitungsschritte in einer Vorgangsreihe beschränken.[13])

Wie diese Entscheidungsmacht ausgeprägt sein muss, hängt davon ab, ob ein Akteur über Zwecke oder über Mittel (mit)entscheidet. Entscheidungsträger über Zwecke einer Verarbeitung – also aus welchem Grund eine Verarbeitung vorgenommen wird („Warum") – tragen regelmäßig datenschutzrechtliche Verantwortlichkeit. Bei der Wahl der Mittel steht den Entscheidungsträgern hingegen ein gewisser Spielraum für eine Delegierung der konkreten Ausgestaltung der Mittel an Auftragsverarbeiter offen.[14]) Dies ist auch gängige Praxis, weil Verantwortliche oftmals professionelle Auftragsverarbeiter (z.B. Cloud-Anbieter) für Verarbeitungen in verschiedenen Fachbereichen in Anspruch nehmen und sich ihrer Fachkompetenz in diesen Bereichen bedienen. Cloud-Nutzer erhoffen sich dadurch Kostenvorteile, Vorteile durch Spezialisierung, die Möglichkeit einer besseren Fokussierung auf ihr

---

[10]) *Artikel-29-Datenschutzgruppe*, WP 169, 15.

[11]) *Artikel-29-Datenschutzgruppe*, WP 169, 11.

[12]) *Artikel-29-Datenschutzgruppe*, WP 169, 1.

[13]) *Artikel-29-Datenschutzgruppe*, WP 169, 24 f.

[14]) *Artikel-29-Datenschutzgruppe*, WP 169, 16 ff.

Kerngeschäft, die Reduzierung von Organisationsstrukturen sowie die Verbesserung der Innovationsrate und der Qualität der von ihnen erbrachten Leistungen.[15])

Cloud-Dienste können oftmals nur so wie vom Anbieter bereitgestellt oder mit nur minimalen individuellen Anpassungen in Anspruch genommen werden. Dadurch entscheidet de facto der Auftragsverarbeiter über die Mittel der Verarbeitung. Wesentlich für die Zuweisung der Rolle des Verantwortlichen ist daher, wer über die **wesentlichen Aspekte der Mittel** der Verarbeitung entscheidet. Die nähere Ausgestaltung dieser Mittel hinsichtlich technischer oder organisatorischer Fragen durch Auftragsverarbeiter wird aber als zulässig gesehen.[16]) Als Mittel sind nicht nur die technischen und organisatorischen Methoden zu verstehen, sondern ganz generell das „Wie" der Verarbeitung: Wer entscheidet, welche Daten verarbeitet werden, an wen sie übermittelt werden oder wann sie gelöscht werden, entscheidet über die wesentlichen Aspekte der Mittel, also den Kern der Rechtmäßigkeit, und ist daher Verantwortlicher.[17])

D. Ausprägungen einer pluralistischen Kontrolle

Die Legaldefinition des für die Verarbeitung Verantwortlichen in Art 4 Z 7 sieht vor, dass Zwecke und Mittel einer Verarbeitung nicht nur von einem einzigen Verantwortlichen bestimmt werden können, sondern dies auch mehreren Verantwortlichen gemeinsam möglich ist. Bei der Bewertung der gemeinsamen Kontrolle ist ein sachbezogener funktioneller Ansatz zu wählen, wobei der Schwerpunkt bei der Frage liegt, ob mehr als ein Akteur über Zwecke und Mittel entscheidet.[18])

Art 26 Abs 1 führt dazu im Detail aus, unter welchen Umständen eine Entscheidung über Zwecke und Mittel einer Verarbeitung eine gemeinsame Verantwortlichkeit mehrerer nach sich zieht:

Legen zwei oder mehr Verantwortliche gemeinsam die Zwecke der und die Mittel zur Verarbeitung fest, so sind sie gemeinsam Verantwortliche.

Dabei ist es nicht erforderlich, dass die beiden (oder mehreren) Verantwortlichen im gleichen Verhältnis mitwirken.[19]) Auch wenn ein Verantwortlicher nur über einen von mehreren Zwecken oder nur über bestimmte Mittel der Verarbeitung entscheidet, kann dies eine (gemeinsame) Verantwortlichkeit begründen. Auch ein minimaler Beitrag bei der Bestimmung des „Warum" (Zweck) oder des „Wie" (Mittel) einer Verarbeitung kann für die Begründung einer Verantwortlichkeit ausreichend sein.[20])

Zu bedenken ist auch, dass eine Verarbeitung aus einer Vielzahl von Verarbeitungsschritten bestehen kann, die parallel oder hintereinander verkettet ausgeführt werden und so eine Vorgangsreihe nach Art 4 Z 2 bilden. Eine (gemeinsame) Verantwortlichkeit kann nämlich auch dann entstehen, wenn eine Person oder Stelle nur für einen einzigen Verarbeitungsschritt einer Vorgangsreihe über Zweck und Mittel entscheidet. Zudem ist der Fall zu beachten, dass an sich autonome und jeweils ihrem eigenen Zweck dienende Verarbeitungsschritte einer Verarbeitungskette (Mikroebene), auf Makroebene eine Vorgangsreihe

---

[15]) *Pfarl/Krenn/Nuster/Seitlinger*, IT-Verträge Handbuch für Praktiker (2007) 99.
[16]) *Artikel-29-Datenschutzgruppe*, WP 169, 39.
[17]) *Artikel-29-Datenschutzgruppe*, WP 169, 15–18.
[18]) *Artikel-29-Datenschutzgruppe*, WP 169, 22.
[19]) *Artikel-29-Datenschutzgruppe*, WP 169, 23.
[20]) *Artikel-29-Datenschutzgruppe*, WP 169, 16.

bilden können, die einen eigenen Zweck verfolgt. In diesem Fall sind die Verantwortlichkeiten für Mikro- und Makroebene möglicherweise unterschiedlich gelagert und somit gesondert festzulegen.[21])

Die Beteiligung der Parteien an einer gemeinsamen Entscheidung über Zweck(e) und Mittel einer Verarbeitung kann daher unterschiedlichste Formen, Spielarten und Konstellationen aufweisen. Umgekehrt ist aber nicht jeder Austausch personenbezogener Daten gleichzeitig auch eine gemeinsame Verarbeitung: Findet ein solcher Austausch zwischen mehreren Verarbeitungsschritten ohne gemeinsame Zwecke oder Mittel auf Markoebene statt, handelt es sich dabei regelmäßig um eine Datenübermittlung zwischen getrennten Verantwortlichen.[22])

II. Pflichten der gemeinsam Verantwortlichen

Eine Mehrzahl (gemeinsam) für die Verarbeitung Verantwortlicher birgt das Risiko in sich, dass nicht eindeutig festgestellt werden kann, welcher Akteur für die Erfüllung welcher sich aus der DSGVO ergebenden Verpflichtungen verantwortlich ist. Dies führt regelmäßig dazu, dass die Vorgaben der DSGVO insgesamt nur unzureichend erfüllt werden oder für die betroffenen Personen nicht klar erkennbar ist, gegenüber welchem Akteur sie Betroffenenrechte ausüben und Haftungsansprüche geltend machen können. Eine unklare Zuteilung der Verantwortlichkeiten oder gar negative Kompetenzkonflikte würden einer effektiven Anwendung der DSGVO entgegenstehen. Dies könnte letztendlich dazu führen, dass die Verarbeitung den Transparenzgrundsatz verletzt und somit insgesamt als unrechtmäßig anzusehen ist.[23])

Dies versucht Art 26 Z 1 zu vermeiden, indem er den gemeinsam Verantwortlichen die folgende Verpflichtung auferlegt:

Sie legen in einer Vereinbarung in transparenter Form fest, wer von ihnen welche Verpflichtung gemäß dieser Verordnung erfüllt, insbesondere was die Wahrnehmung der Rechte der betroffenen Person angeht, und wer welchen Informationspflichten gemäß den Artikeln 13 und 14 nachkommt […].

Gemeinsam für die Verarbeitung Verantwortliche sind folglich verpflichtet,
a) in einer Vereinbarung
b) in transparenter Form
festzulegen, wer von ihnen welche der ihnen (gemeinsam) nach der DSGVO obliegenden Verpflichtungen erfüllt.

A. Abschluss einer Vereinbarung

Gemeinsam Verantwortliche sind verpflichtet, einen schriftlichen (vgl II.C.) Vertrag über die gemeinsame Verarbeitung zu verfassen. In diesem Vertrag muss klar und eindeutig festgelegt werden, wie jeder Verantwortliche an der Entscheidung über Zwecke und Mittel der gemeinsamen Verarbeitung oder einzelner Schritte in einer Vorgangsreihe mitwirkt und welcher Verantwortliche welche sich aus der DSGVO ergebenden Verpflichtungen erfüllt.

21) *Artikel-29-Datenschutzgruppe*, WP 169, 25.
22) *Artikel-29-Datenschutzgruppe*, WP 169, 22–25.
23) *Artikel-29-Datenschutzgruppe*, WP 169, 29.

1. Verteilung der Aufgaben

Den gemeinsam Verantwortlichen wird dadurch die Möglichkeit eröffnet, die ihnen insgesamt nach der DSGVO obliegenden Verpflichtungen unter sich aufzuteilen, sofern die Erfüllung einzelner Verpflichtungen durch einen einzigen Verantwortlichen sinnvoll möglich ist. Der Verordnungstext streicht beispielhaft[24]) die Erfüllung der Betroffenenrechte sowie der Offenlegungs- und Informationspflichten heraus. Auch die Erstellung des Verfahrensverzeichnisses (Art 30) oder die Durchführung allenfalls erforderlicher Datenschutz-Folgenabschätzungen (Art 35) erscheinen durch einen der gemeinsam Verantwortlichen möglich und sinnvoll.

Praxistipp:

Gemeinsam für die Verarbeitung Verantwortliche sollten bei der Verfassung dieser Vereinbarung sorgfältig darauf achten, dass tatsächlich alle sich aus der DSGVO ergebenden relevanten Verpflichtungen einem Verantwortlichen zugewiesen werden. Nicht zugewiesene Verantwortlichkeiten sind weiterhin von allen gemeinsam Verantwortlichen zu erfüllen.

Zu beachten ist jedoch, dass mit einer solchen Vereinbarung nicht alle Verpflichtungen rechtswirksam einem Verantwortlichen zugewiesen werden können: Nach Art 26 Abs 3 können Betroffenenrechte gegenüber jedem Verantwortlichen geltend gemacht werden (vgl III.) und nach Art 82 Abs 2 haftet jeder an einer Verarbeitung beteiligte Verantwortliche den betroffenen Personen für den gesamten Schaden, der ihnen durch eine nicht verordnungsgemäße Verarbeitung verursacht wurde.[25]) Hinsichtlich der Haftung werden die getroffenen Vereinbarungen aber bei der Prüfung der Verantwortlichkeit einzelner Akteure nach Art 82 Abs 3 eine Rolle spielen (vgl IV.A.).

2. Beschreibung der Funktionen und Beziehungen

Nach Art 26 Abs 2 muss die abzuschließende Vereinbarung die jeweiligen **tatsächlichen** Funktionen und Beziehungen der gemeinsam Verantwortlichen gegenüber betroffenen Personen gebührend widerspiegeln.

Diese Regelung stellt klar, dass die Beschreibung der Funktionen und Beziehungen der gemeinsam Verantwortlichen den tatsächlichen Gegebenheiten entsprechen muss. Es kommt bei der Festlegung der datenschutzrechtlichen Rollen darauf an, wer bei der Entscheidung über Zwecke und Mittel tatsächlich Einfluss nimmt. Eine nicht der Realität entsprechende Festlegung der Rollen ist unwirksam (vgl I.C.1).

Die Beschreibung der tatsächlichen Funktionen soll den betroffenen Personen und der Aufsichtsbehörde ein klares Bild vermitteln, wie die einzelnen gemeinsam Verantwortlichen bei der Entscheidung über Zwecke und Mittel mitwirken. Es muss Klarheit darüber bestehen, welcher Verantwortliche über welche Zwecke der Verarbeitung (das „Warum") und welcher über Kernelemente der Mittel (das „Wie") entschieden hat (vgl I.C.3).

Zudem muss die Vereinbarung die Beziehungen zwischen den gemeinsam Verantwortlichen nachvollziehbar offenlegen. Diese Beziehungen können unterschiedlicher Natur

---

[24]) Arg „insbesondere".

[25]) Im Hinblick auf ErwGr 79 wird Art 82 als lex specialis für die Haftung zu sehen sein, wohingegen sich Art 26 auf die Rechtsfolgen für sonstige Verstöße gegen Regelungen der DSGVO beziehen wird.

sein (z.B. Konzernverbund, Beteiligungsverhältnisse, Gesellschaftsverträge, Joint Ventures oder Kooperationsverträge).

Durch diese Regelung soll insb für komplexe Verarbeitungen sichergestellt werden, dass den betroffenen Personen klare Informationen und Erläuterungen zu den einzelnen Phasen der Verarbeitung und den beteiligten Akteuren zur Verfügung gestellt werden und Klarheit über die Zuweisung der Verantwortung besteht.[26])

B. Ausnahmen von der Vereinbarungspflicht

Keine Pflicht zum Abschluss einer Vereinbarung besteht nach Art 26 Abs 1 dann, wenn sich die gemeinsame Verantwortlichkeit ohnedies aus Rechtsvorschriften ergibt:

[...] sofern und soweit die jeweiligen Aufgaben[27]) *der Verantwortlichen nicht durch Rechtsvorschriften der Union oder der Mitgliedstaaten, denen die Verantwortlichen unterliegen, festgelegt sind.*

Sieht eine unionsrechtliche oder nationale Rechtsvorschrift eine Verarbeitung durch gemeinsam Verantwortliche vor und weist sie alle sich aus der DSGVO ergebenden Verpflichtungen einem bestimmten Verantwortlichen zu, ist kein Abschluss einer transparenten Vereinbarung erforderlich. Diese Ausnahme kommt aber nur dann zum Tragen, wenn die Rechtsvorschrift alle sich aus der DSGVO ergebenen Verpflichtungen einem der Verantwortlichen zuweist.[28]) Sieht sie zwar explizit eine Verarbeitung durch gemeinsam Verantwortliche vor, nimmt aber keine (vollständige) Pflichtenzuweisung vor, wird dennoch eine transparente Vereinbarung hinsichtlich der nicht zugewiesenen Verpflichtungen abzuschließen sein.

C. In transparenter Form

Die Vereinbarung über die Verteilung der Aufgaben ist zur Beweissicherung schriftlich („in transparenter Form") zu verfassen. Dies ermöglicht gleichzeitig ihre Offenlegung gegenüber den betroffenen Personen und der Aufsichtsbehörde, um sie über die jeweiligen Verantwortlichkeiten der gemeinsam Verantwortlichen zu informieren (Transparenz- und Rechenschaftsgrundsatz).

Praxistipp:
Jeder Verantwortliche sollte über ein Exemplar dieser Vereinbarung verfügen, um gegenüber der Aufsichtsbehörde jederzeit den Nachweis erbringen zu können, welchem Akteur welche Verpflichtungen zugewiesen wurden. Dies erscheint für einen Verantwortlichen insb dann ratsam, wenn der überwiegende Teil der Verpflichtungen vereinbarungsgemäß von anderen Verantwortlichen wahrgenommen werden soll.

[26]) *Artikel-29-Datenschutzgruppe*, WP 169, 28 f.

[27]) Nicht nachvollziehbar ist, warum an dieser Stelle von „Aufgaben" die Rede ist, zumal das Wort „Aufgaben" im Laufe des Rechtsetzungsverfahrens im ersten Teil dieses Satzes durch „Verpflichtung" ersetzt wurde.

[28]) Arg „sofern und soweit".

D. Offenlegung der Kernpunkte der Vereinbarung

Als Ausfluss des Transparenzgrundsatzes sieht Art 26 Abs 2 2. Satz vor, dass den betroffenen Personen „das Wesentliche der Vereinbarung" offen zu legen ist. Nicht erforderlich ist aber die Offenlegung des gesamten Inhalts der Vereinbarung. Mit dieser Regelung soll die zu erteilende Information auf das für die betroffenen Personen Wesentliche reduziert werden. So kann zum einen eine „Überinformation" der betroffenen Personen mit für sie nicht relevanten Informationen vermieden werden und Verantwortliche müssen zum anderen nicht alle Einzelheiten ihrer gemeinsamen Verarbeitung preisgeben. Vereinbarungen nach Abs 1 können somit auch in einen Vertrag zur Regelung der Beziehung zwischen den Verantwortlichen (z.B. Gesellschaftsvertrag, Kooperationsvertrag) aufgenommen werden, ohne dass dadurch andere nicht datenschutzrechtliche Aspekte oder Geschäfts- und Betriebsgeheimnisse offengelegt werden müssen.

Praxistipp:

Die Vereinbarung nach Art 26 Abs 1 DSGVO sollte nicht in ein Vertragswerk aufgenommen werden, dessen Änderung nur mit erheblichem Aufwand (z.B. Notariatsakt) möglich ist. So bleiben die gemeinsam Verantwortlichen bei der Verteilung ihrer Verpflichtungen flexibel.

Diese Regelung kompensiert den Nachteil für die betroffenen Personen, der ihnen aus der erhöhten Komplexität der Verarbeitung und der Verteilung der Verantwortlichkeiten zwischen mehreren gemeinsam Verantwortlichen entsteht.

Keine Auskunft gibt diese Bestimmung dahingehend, was unter dem „Wesentlichen" der Vereinbarung zu verstehen ist. Die ältere Fassung der Verordnung sprach noch vom „Kern der Vereinbarung", was vom europäischen Gesetzgeber offenbar als zu eng empfunden wurde. Es ist daher davon auszugehen, dass die offenlegungspflichtigen Kernpunkte der Vereinbarung jedenfalls all jene Informationen umfassen werden müssen, die eine verantwortungsvolle, verständige Person für eine Prüfung der Rechtskonformität der Verarbeitung und für die Geltendmachung der Betroffenenrechte erwarten würde. Die Offenlegung wird wohl jedenfalls die folgenden Informationen beinhalten müssen (Art 13 Abs 1 analog und 26 Abs 2 DSGVO):

- Bezeichnung der Verarbeitung;
- Namen und Kontaktdaten aller Verantwortlichen sowie ggf ihrer Vertreter und Datenschutzbeauftragten;
- Zweck(e) der gemeinsamen Verarbeitung;
- Rechtsgrundlage der gemeinsamen Verarbeitung;
- Funktionen der jeweiligen Verantwortlichen bei der Entscheidung über Zwecke und Mittel der gesamten Verarbeitung oder einzelner Verarbeitungsschritte;
- die Beziehung der gemeinsam Verantwortlichen zueinander;
- die Zuweisung der sich aus der DSGVO ergebenden Verantwortlichkeiten zu den jeweiligen Verantwortlichen;
- ggf die zentrale Anlaufstelle nach Art 26 Abs 1.

E. Einrichtung einer zentralen Anlaufstelle

Art 26 Abs 1 lS bietet den gemeinsam Verantwortlichen die Möglichkeit, in ihrer Vereinbarung eine zentrale Anlaufstelle für die betroffenen Personen zur Geltendmachung ihrer Rechte vorzusehen:

In der Vereinbarung kann eine Anlaufstelle für die betroffenen Personen angegeben werden.

Die gemeinsam Verantwortlichen können somit einem aus ihrem Kreis die Verantwortung für die Empfangnahme, Abwicklung, Koordination oder Ausführung aller eingegangenen Begehren übertragen. Der Hintergrund dieser Regelung ist auf den ersten Blick nicht unbedingt nachvollziehbar, weil die gemeinsam Verantwortlichen in ihrer Vereinbarung ohnedies die Verantwortlichkeiten unter sich aufteilen können. Sie scheint aber zum Ausdruck bringen zu wollen, dass ein Verantwortlicher als zentrale Anlaufstelle fungieren kann, obwohl die Verantwortung für die Erfüllung aller oder einzelner Begehren anderen Verantwortlichen zugewiesen wurde. In diesem Fall wäre die Anlaufstelle lediglich für die Feststellung verantwortlich, welcher Verantwortliche für ein bestimmtes Begehren zuständig ist.

Dieses Modell der zentralen Anlaufstelle erinnert an die Regelung des § 50 Abs 1 DSG 2000 für Informationsverbundsysteme: Von den teilnehmenden Auftraggebern ist ein Betreiber zu bestimmen und im Datenverarbeitungsregister (DVR) zu veröffentlichen, der Betroffenen alle Auskünfte erteilt, die notwendig sind, um den für sie verantwortlichen Auftraggeber festzustellen. So werden Betroffene in die Lage versetzt, ihre Begehren gegenüber dem tatsächlich für sie verantwortlichen Auftrageber geltend zu machen. Mit Art 26 Abs 1 lS sieht die DSGVO nun für eine Verarbeitung durch gemeinsam Verantwortliche eine ähnliche Regelung vor: Die Anlaufstelle ist dafür verantwortlich, die Begehren betroffener Personen entgegenzunehmen sowie den für sie zuständigen Verantwortlichen zu benennen oder das Begehren sogleich an diesen weiterzuleiten. Darüber hinaus kann der Anlaufstelle in der Vereinbarung nach Art 26 Abs 1 auch die Verantwortung für die Wahrnehmung der Betroffenenrechte für alle gemeinsam Verantwortlichen übertragen werden.

III. Ausübung der Betroffenenrechte

Trotz der Einrichtung einer zentralen Anlaufstelle nach Art 26 Abs 1 können die betroffenen Personen nach Abs 3 leg cit ihre Rechte dennoch gegenüber jedem der gemeinsam Verantwortlichen geltend machen:

Ungeachtet der Einzelheiten der Vereinbarung gemäß Absatz 1 kann die betroffene Person ihre Rechte im Rahmen dieser Verordnung bei und gegenüber jedem einzelnen der Verantwortlichen geltend machen.

Führt ein Begehren einer betroffenen Person bei der Anlaufstelle zu keinem für sie befriedigenden Ergebnis, kann sie ihr Begehren auch bei jedem anderen gemeinsam Verantwortlichen einbringen und durch Befassung der Aufsichtsbehörde oder des zuständigen Gerichts durchsetzen.[29]) Das Verfahren zur Durchsetzung bei den zuständigen Behörden richtet sich nach den nationalen Rechtsvorschriften.

Diese Regelung erteilt der in Österreich bisher geltenden Rechtslage für Informationsverbundsysteme eine Absage. Nach § 50 Abs 1 3. Satz DSG 2000 war der Betreiber eines Informationsverbundsystems gegenüber einem Betroffenen verpflichtet, den für diesen Betroffenen zuständigen Auftraggeber festzustellen und bekanntzugeben. Der Betroffene konnte daraufhin seine Betroffenenrechte ausschließlich bei diesem Auftraggeber geltend machen. Die Verantwortlichkeit zur Erfüllung der Betroffenenrechte verblieb somit bei je-

[29]) Arg „bei und gegenüber".

nem Auftraggeber, der die Daten über den Betroffenen dem Informationsverbundsystem zur Verfügung gestellt hatte. Nur dieser Auftraggeber (des privaten Bereichs) war für die gerichtliche Durchsetzung der Betroffenenrechte nach § 32 Abs 1 DSG 2000 passiv legitimiert (RIS-Justiz RS0125864): *„Der Löschungsanspruch nach § 28 Abs 2 DSG und andere Betroffenenrechte sind auch bei Vorliegen eines Informationsverbundsystems ausschließlich gegen den datenschutzrechtlichen Auftraggeber zu richten. Die Zuordnung der Daten zu den einzelnen Auftraggebern bleibt aufrecht. Der Betreiber eines Informationsverbundsystems, der auch teilnehmender Auftraggeber ist, jedoch nicht den konkreten Datensatz geliefert hat, ist daher nicht passiv legitimiert.“*

Nach Art 26 Abs 3 DSGVO ist nunmehr jeder gemeinsam Verantwortliche für die Erfüllung der Betroffenenrechte verantwortlich und für ihre Durchsetzung passiv legitimiert. Diese Verantwortlichkeit kann mit einer Vereinbarung nach Abs 1 auch nicht delegiert werden. Aus der Intention der DSGVO, die Rechte der betroffenen Personen zu stärken, ist diese Regelung durchaus nachvollziehbar. Immerhin haben mehrere Verantwortliche die Entscheidung getroffen, personenbezogene Daten betroffener Personen gemeinsam zu verarbeiten, was zu einer erhöhten Komplexität der Verarbeitung führt. Es soll daher auch nicht den betroffenen Personen obliegen, den in einer solchen Verarbeitung für sie „zuständigen“ Verantwortlichen identifizieren und das Risiko einer unrichtigen Auswahl tragen zu müssen. Andererseits soll es den gemeinsam Verantwortlichen nicht möglich sein, ihre Verantwortung für die Erfüllung der Betroffenenrechte mit einer unklaren Verteilung der Verantwortlichkeiten zu verschleiern.

IV. Haftung der gemeinsam Verantwortlichen

Neben den gerichtlichen, außergerichtlichen, aufsichtsrechtlichen oder verwaltungsstrafrechtlichen Verantwortlichkeiten (vgl Art 79 Abs 1 und 77 ff) der (gemeinsam) Verantwortlichen sieht Art 82 spezielle Haftungsregelungen vor, wenn betroffenen Personen durch eine verordnungswidrige Verarbeitung materielle oder immaterielle Schäden entstehen.

A. Haftungsvoraussetzungen

Schadenersatzansprüche können gegenüber allen Verantwortlichen (oder Auftragsverarbeitern[30])) einer Verarbeitung geltend gemacht werden, die einer betroffenen Person durch eine rechtswidrige Verarbeitung einen bestimmten Schaden verursacht haben (Art 82 Abs 2). Nach dieser Bestimmung haftet somit jeder der gemeinsam Verantwortlichen, wenn betroffenen Personen durch eine rechtswidrige Verarbeitung (adäquat) kausal ein Schaden erstand:

> *Jeder an einer Verarbeitung beteiligte Verantwortliche haftet für den Schaden, der durch eine nicht dieser Verordnung entsprechende Verarbeitung verursacht wurde.*

Gemeinsam Verantwortliche bilden somit ex lege eine Haftungsgemeinschaft. Besonderer schadenersatzrechtlicher Zurechnungsgründe[31]) zu den einzelnen gemeinsam Verantwortlichen bedarf es hierbei offenbar nicht. Jeder Verantwortliche haftet daher unabhängig

[30]) Für Auftragsverarbeiter beschränkt sich die Haftung auf Verstöße gegen speziell ihnen auferlegte Pflichten.

[31]) Vgl *Koziol/Welser*, Bürgerliches Recht 2[12] (2001) 281 ff.

davon, ob er selbst ein adäquat kausales, rechtswidriges oder schuldhaftes Verhalten gesetzt hat, das den Schaden bei der betroffenen Person verursacht hat. Der Geschädigte muss nur beweisen, dass ihm durch eine verordnungswidrige Verarbeitung adäquat kausal ein Schaden entstanden ist und wie hoch dieser materielle oder ideelle Schaden zu bemessen ist. Welcher gemeinsam Verantwortliche diesen Schaden tatsächlich adäquat verursacht hat und wer gemäß der Vereinbarung nach Art 26 Abs 1 die Verantwortung für die Rechtmäßigkeit der (tatsächlich verordnungswidrigen) Verarbeitung trug, ist für die Begründung der gemeinschaftlichen Haftung nicht weiter relevant. Die Kausalität für den Schadenseintritt ergibt sich für jeden einzelnen gemeinsam Verantwortlichen aus ihrer gemeinsamen Verantwortlichkeit. Darin liegt bereits die Mitwirkung an der Herbeiführung des Gesamtschadens.[32]) Das Verschulden aller gemeinsam Verantwortlichen wird vermutet.[33])

Art 82 Abs 2 stellt somit klar, dass grundsätzlich jeder gemeinsam Verantwortliche für den gesamten einer betroffenen Person durch eine verordnungswidrige Verarbeitung verursachten Schaden verschuldensunabhängig haftet.

B. Beweislastumkehr und Haftungsbefreiung

Für die haftenden Akteure sieht Art 82 Abs 3 DSGVO aber die Möglichkeit einer Haftungsbefreiung in Form einer Beweislastumkehr vor:

Der Verantwortliche oder der Auftragsverarbeiter wird von der Haftung gemäß Absatz 2 befreit, wenn er nachweist, dass er in keinerlei Hinsicht für den Umstand, durch den der Schaden eingetreten ist, verantwortlich ist.

Ein von einer betroffenen Person in Anspruch genommener Akteur kann sich von seiner Haftung befreien, indem er den Beweis erbringt, dass er „in keinerlei Hinsicht“ für den Schaden verantwortlich ist, er also nicht adäquat kausal, rechtswidrig oder schuldhaft gehandelt hat. Dafür trifft ihn aber die volle Beweislast.

„In keinerlei Hinsicht“ bezieht sich in diesem Zusammenhang auf die maßgeblichen Zurechnungsgründe. Dabei spielen insb die fehlende Kausalität oder das mangelnde Verschulden eine wesentliche Rolle.[34]) Auch der Beweis der fehlenden Rechtswidrigkeit ist möglich, wenn bspw ein Auftragsverarbeiter für einen Schaden in Anspruch genommen wird, der durch die Verletzung einer einem Verantwortlichen obliegenden Verpflichtung entstanden ist.

C. Solidarhaftung

Zur Stärkung der Rechte der betroffenen Personen sieht Art 82 Abs 4 für den Fall einer Verarbeitung durch mehrere Akteure eine solidarische Haftung aller haftpflichtigen Akteure vor:

Ist mehr als ein Verantwortlicher oder mehr als ein Auftragsverarbeiter bzw. sowohl ein Verantwortlicher als auch ein Auftragsverarbeiter an derselben Verarbeitung beteiligt und sind sie gemäß den Absätzen 2 und 3 für einen durch die Verarbeitung verursachten Schaden verantwortlich, so haftet jeder Verantwortliche oder jeder Auftragsverarbeiter für den gesamten Schaden, damit ein wirksamer Schadensersatz für die betroffene Person sichergestellt ist.

---

[32]) Vgl *Koziol/Welser*, Bürgerliches Recht 2^{12} (2001) 306.

[33]) Diese Ansicht leitet sich aus der Zusammenschau von Art 82 Abs 2 und Abs 3 ab.

[34]) Vgl *Koziol/Welser*, Bürgerliches Recht 2^{12} (2001) 307.

Nach Art 82 Abs 2 steht es einem Geschädigten frei, gegenüber welchem Akteur er seinen Schadenersatzanspruch gerichtlich geltend macht. Lediglich für jene Akteure, denen der Beweis gelingt, dass ihnen der Schaden nicht zurechenbar ist, entfällt die Haftung gänzlich. Der Haftungsgemeinschaft gehören somit nur jene Akteure an, die einer betroffenen Person durch Verletzung einer sich aus der DSGVO ergebenden Verpflichtung kausal und schuldhaft einen materiellen oder immateriellen Schaden zugefügt haben oder die sich nicht nach Abs 3 freibeweisen konnten. Für diese solidarische Haftung ist es nicht notwenig, dass jeder Akteur gegen dieselbe Verpflichtung verstoßen hat.[35]) Auch der Grad des Verschuldens der einzelnen Haftpflichtigen ist für die Begründung der vollen Haftung irrelevant.

Praxistipp:

Ist für eine betroffene Person nicht eindeutig ersichtlich, welcher von mehreren gemeinsam Verantwortlichen für den ihr entstandenen Schaden tatsächlich verantwortlich ist, sollten alle möglichen Verantwortlichen gemeinsam (als einfache Streitgenossen) gerichtlich belangt werden. Die Klage sollte bei jenem Gericht eingebracht werden, bei dem das Verfahren für den Betroffenen am wenigsten Aufwand verursacht. Dieses Gericht ist in der Folge regelmäßig auch für alle anderen Streitgenossen zuständig (§ 91 Abs 1 JN). Der Gerichtsstand der Streitgenossenschaft setzt nämlich nicht voraus, dass alle Beklagten ihren allgemeinen Gerichtsstand vor einem inländischen Gericht haben (SZ 56/162).

Diese Regelung hat zur Folge, dass eine geschädigte Person nicht gezwungen ist, jeden Teilschaden gegenüber jedem einzelnen Akteur entsprechend seiner Verschuldensquote geltend zu machen. Zudem entfällt die Beweislast für eine Verschuldensquote an dieser Stelle überhaupt und der Geschädigte kann jenen von mehreren haftenden Akteuren in Anspruch nehmen, gegenüber dem sich sein Schadenersatzanspruch am einfachsten gerichtlich durchsetzen lässt (z.B. ein Akteur mit Niederlassung am Wohnsitz des Geschädigten).

Nicht zuletzt wird mit dieser Regelung verhindert, dass gemeinsam Verantwortliche in ihrer Vereinbarung nach Art 26 Abs 1 die gesamte oder zumindest den Großteil ihrer gemeinsamen Verantwortung einem finanziell schwachen oder schwer klagbaren Akteur übertragen und so dem Geschädigten die faktische Durchsetzung seiner Schadenersatzansprüche erschweren.

Praxistipp:

Aufgrund dieser solidarischen Haftung sollte ein Verantwortlicher seine Auftragsverarbeiter oder weitere gemeinsam Verantwortliche sorgfältig auswählen, um nicht für deren Rechtsverstöße zur Verantwortung gezogen zu werden. Das Haftungsrisiko verringert sich für einen Verantwortlichen bei einer arbeitsteiligen Verarbeitung nicht. Ganz im Gegenteil erhöht sich dieses dadurch noch, weil der Verantwortliche für Rechtsverletzungen seiner Auftragsverarbeiter oder gemeinsam Verantwortlichen haftet, deren Handlungen er letztendlich faktisch oftmals kaum kontrollieren kann.

[35]) Ansonsten wäre eine solidarische Haftung von Verantwortlichen und Auftragsverarbeitern wohl kaum denkbar, weil die DSGVO diesen unterschiedliche und für ihre Rolle spezifische Pflichten auferlegt.

Diese Bestimmung stellt eine erhebliche Erleichterung für betroffene Personen im Vergleich zur bisherigen Rechtslage in Österreich zu Informationsverbundsystemen dar: Dort musste ein Betroffener erst durch ein Auskunftsbegehren beim Betreiber in Erfahrung bringen, welcher Auftraggeber dem System die über ihn verarbeiteten Daten bereitgestellt hat und dadurch passiv legitimiert ist. Bei einer Inanspruchnahme des „falschen" Auftraggebers musste der Betroffene mit einer Zurückweisung seiner Klage mangels Passivlegitimation und Auferlegung der Prozesskosten rechnen.

D. Haftungsregress

Leistet einer von mehreren haftpflichtigen Akteuren einer betroffenen Person Schadenersatz, kann er sich nach Art 82 Abs 5 bei den anderen haftpflichtigen Akteuren entsprechend dem Grad ihrer Verantwortlichkeit regressieren:

> *Hat ein Verantwortlicher oder Auftragsverarbeiter gemäß Absatz 4 vollständigen Schadenersatz für den erlittenen Schaden gezahlt, so ist dieser Verantwortliche oder Auftragsverarbeiter berechtigt, von den übrigen an derselben Verarbeitung beteiligten für die Datenverarbeitung Verantwortlichen oder Auftragsverarbeitern den Teil des Schadenersatzes zurückzufordern, der unter den in Absatz 2 festgelegten Bedingungen ihrem Anteil an der Verantwortung für den Schaden entspricht.*

Es wäre unbillig, müsste einer von mehreren haftpflichtigen Akteuren nach willkürlicher Wahl des Geschädigten den gesamten Schaden tragen. Dies insb im Hinblick darauf, dass ein haftpflichtiger Akteur als Solidarschuldner auch für Rechtsverletzungen anderer Akteure haftbar gemacht werden kann, die ihm nicht zuzurechnen sind. Dabei sei insb an Verarbeitungsreihen zu denken, bei denen jedem gemeinsam Verantwortlichen die alleinige Verantwortung für einen einzelnen Verarbeitungsschritt zugewiesen wurde.

Trifft den in Anspruch genommenen Verantwortlichen am verursachten Schaden nur eine Teilverantwortlichkeit, kann er bei den anderen Solidarschuldnern Ersatz für den nicht auf ihn entfallenden Anteil begehren. Der interne Ausgleichsanspruch richtet sich nach der Schwere der für den einzelnen Akteur maßgeblichen Zurechnungsgründe, insb nach der Kausalität und dem Verschuldensgrad. Im Zweifel findet eine Aufteilung nach Köpfen statt.[36]) Ein Regressanspruch ist somit denkbar, wenn ein anderer Haftpflichtiger den Schadenseintritt (ebenso) kausal verursacht hat oder ihn ein Mitverschulden trifft. Zudem ist in diesem Zusammenhang die Vereinbarung der gemeinsam Verantwortlichen nach Art 26 Abs 1 von Bedeutung.

Durch diese Regelung wird die Beweislast für die Zurechnungsgründe der einzelnen haftenden Akteure und das mit einem (allenfalls internationalen) Zivilprozess einhergehende Prozessrisiko zum Schutz der betroffenen Personen auf den Regressberechtigten verlagert. Dies ist für einen effektiven Rechtsschutz zu begrüßen, weil letztendlich die gemeinsam Verantwortlichen die Wahl getroffen haben, mit welchen anderen Verantwortlichen oder Auftragsverarbeitern sie eine Verarbeitung vornehmen und wo diese Akteure niedergelassen sind. Das mit einer komplexen Verarbeitungssituation einhergehende Risiko einer unklaren Verantwortungsverteilung oder erschwerten Rechtsverfolgung für betroffene Personen soll daher auch jene Akteure treffen, die die Entscheidung für eine solche Verarbeitungssituation (mit)getroffen haben.

---

[36]) *Koziol/Welser*, Bürgerliches Recht 2[12] (2001) 307.

E. Zuständigkeit für Schadenersatzklagen

Zuständig für Schadenersatzklagen sind die Gerichte im Land der Niederlassung des Verantwortlichen oder der betroffenen Person, sofern es sich im letzten Fall nicht um eine Behörde handelt, die in Ausübung ihrer hoheitlichen Befugnisse tätig geworden ist (Art 82 Abs 6 iVm 79 Abs 2). Bei mehreren solidarisch haftenden Akteuren richtet sich die Zuständigkeit nach der Niederlassung jenes Akteurs, der von der betroffenen Person gerichtlich in Anspruch genommen wird.

V. Zusammenfassung

Die DSGVO sieht in Art 26 spezielle Verpflichtungen für gemeinsam für die Verarbeitung Verantwortliche vor. Sie haben in einer schriftlichen Vereinbarung festzulegen, welcher Verantwortliche welche Verpflichtungen nach der DSGVO erfüllt, und das Wesentliche dieser Vereinbarung den betroffenen Personen offenzulegen. Zudem sind die Funktionen jedes gemeinsam Verantwortlichen und ihre Beziehung zueinander zu beschreiben. Ungeachtet einer solchen Vereinbarung können die betroffenen Personen ihre Rechte aber gegenüber jedem Verantwortlichen ausüben. Diese Pflichten sollen die Verantwortlichen proaktiv zur Einhaltung aller Bestimmungen der DSGVO anleiten, weil sie im Zuge der Erstellung dieser transparenten Vereinbarung bereits im Vorfeld die Verantwortlichkeiten und die Verteilung der Verpflichtungen definieren und nachvollziehbar festlegen müssen.[37])

Art 82 regelt auch die Haftung der gemeinsam Verantwortlichen für materielle und ideelle Schäden, die den betroffenen Personen durch eine verordnungswidrige Verarbeitung entstehen. Grundsätzlich haftet jeder Verantwortliche oder Auftragsverarbeiter vollumfänglich, sofern er nicht beweisen kann, dass er in keinerlei Hinsicht für den entstandenen Schaden verantwortlich ist. Es kommt somit zu einer Beweislastumkehr hinsichtlich adäquater Kausalität, Rechtswidrigkeit und Verschulden. Ein erfolgreich in Anspruch genommener Verantwortlicher oder Auftragsverarbeiter kann sich seinerseits bei jenen Akteuren regressieren, denen der Schadenseintritt tatsächlich ganz oder teilweise zuzurechnen ist. Diese Haftungsbestimmungen sollen als reaktives Mittel einen wirksamen Schadenersatzanspruch für die betroffenen Personen sicherstellen und durch eine entsprechende Abschreckungswirkung auf eine rechtskonforme Datenverarbeitung durch andere Verantwortliche hinwirken.[38])

Bei der Anwendung dieser Bestimmungen ist stets zu beachten, dass eine gemeinsame Verantwortlichkeit nicht mit einem Informationsverbundsystem nach § 50 DSG 2000 gleichzusetzen ist. Erstere liegt bereits dann vor, wenn mehrere Verantwortliche gemeinsam über Zweck(e) und Mittel der Verarbeitung entscheiden, letzteres hingegen nur dann, wenn alle Auftraggeber auf die von allen anderen Auftraggebern dem System zur Verfügung gestellten Daten Zugriff haben.

[37]) Vgl *Artikel-29-Datenschutzgruppe*, WP 169, 6.

[38]) Vgl *Artikel-29-Datenschutzgruppe*, WP 169, 6.

Der Dienstleister wird zum Auftragsverarbeiter

Und was ändert sich für Dienstleister mit der DSGVO noch?

René J. Bogendorfer

In einer arbeitsteiligen, vernetzten Welt spielt der datenschutzrechtliche Dienstleister eine spezielle Rolle. Der Trend, zahlreiche Daten-Anwendungen an Dritte outzusourcen, hält weiterhin an und könnte angesichts der Attraktivität von Cloud-Services und der Entwicklung von Industrie 4.0 und Robotertechnik wohl noch zunehmen.[1])

Der datenschutzrechtliche Dienstleister, der nach der Terminologie der DSGVO künftig als Auftragsverarbeiter bezeichnet wird, bildet eine Spitze im Dreiecksverhältnis „Betroffener–Verantwortlicher[2])–Dienstleister". Seine Rolle nach den neuen Regelungen der DSGVO soll in diesem Kapitel betrachtet werden.

Den Ausgangspunkt bildet die Definition des Auftragsverarbeiters. Danach werden der Vorgang der Datenbereitstellung an den sowie die Grundsätze der Verarbeitung durch den Dienstleister thematisiert. Nach der Erörterung der Zulässigkeit und der Auswahl eines Dienstleisters samt der Vertragserfordernisse und der Dienstleisterpflichten bilden die neuen Bestimmungen über die Dokumentationspflichten des Datenschutzbeauftragten mit den Sanktionsdrohungen den Abschluss dieses Kapitels. Zuletzt wird noch ein Resümee gezogen.

I. Definition

Nach Art 4 Z 8 ist Auftragsverarbeiter *„eine natürliche oder juristische Person, Behörde, Einrichtung oder andere Stelle, die personenbezogene Daten im Auftrag des Verantwortlichen verarbeitet"*. So wie schon die Datenschutz-Richtlinie[3]) verwendet auch die DSGVO den Begriff Auftragsverarbeiter, während das DSG 2000[4]) in § 4 Z 5 den Begriff „Dienstleister" vorsieht. Wenngleich nicht gänzlich wortident, kann davon ausgegangen werden, dass es sich bei der Definition der DSGVO inhaltlich um dieselbe wie bereits in der DSRL handelt (Art 2 lit e DSRL). Abgesehen von der Bezeichnung weicht die Definition in § 4 Z 5 DSG 2000 auch bei anderen Begrifflichkeiten von jener der DSRL (und insofern auch von jener nach der DSGVO) etwas ab, wobei sich mE die abweichenden Begriffe (Personengemeinschaften, Organe einer Gebietskörperschaft, Geschäftsapparat solcher Organe) wohl auch

[1]) Vgl www.computerwoche.de/a/zehn-trends-im-outsourcing,2553367 (abgerufen am 29. 4. 2016).

[2]) Nach § 4 Z 4 DSG 2000 wird der „Verantwortliche" als „Auftraggeber" bezeichnet.

[3]) RL 95/46/EG des Europäischen Parlaments und des Rates v 24. 10. 1995 zum Schutz natürlicher Personen bei der Verarbeitung personenbezogener Daten und zum freien Datenverkehr, ABl L 1995/281, 31 (kurz: DSRL).

[4]) BGBl I 1999/165 idF BGBl I 2015/132.

unter den Begriffen „Behörde, Einrichtung oder andere Stelle" des Art 4 Z 8 DSGVO wiederfinden können.

Entscheidend für die Qualifikation als Auftragsverarbeiter ist, dass dessen Datenverarbeitungen im Auftrag des Verantwortlichen durchgeführt werden und nicht der Auftragsverarbeiter selbst über die Verarbeitungszwecke[5]) sowie -mittel entscheidet. Diese Entscheidungsbefugnis ist das maßgebliche Unterscheidungskriterium zum „verantwortlichen Datenverarbeiter", der in Art 4 Z 7 definiert ist. Danach ist der Verantwortliche *„eine natürliche oder juristische Person, Behörde, Einrichtung oder andere Stelle, die allein oder gemeinsam mit anderen über die Zwecke und Mittel der Verarbeitung von personenbezogenen Daten entscheidet; sind die Zwecke und Mittel dieser Verarbeitung durch das Unionsrecht oder Recht der Mitgliedsstaaten vorgegeben, so können der Verantwortliche bzw die bestimmten Kriterien seiner Benennung nach dem Unionsrecht oder dem Recht der Mitgliedsstaaten vorgesehen werden".*

Aus Art 28 Abs 10 ergibt sich, dass der Auftragsverarbeiter, der unter Verstoß gegen die Verordnung die Verarbeitungszwecke und -mittel bestimmt, in Bezug auf diese Verarbeitung als Verantwortlicher zu qualifizieren ist. Entscheidet der Auftragsverarbeiter etwa selbst über einen Verarbeitungszweck oder die -mittel bzw verstößt er gegen konkrete Weisungen des auftraggebenden Verantwortlichen oder gegen den Auftraggebervertrag (Dienstleistervertag), mutiert er bezüglich dieser Datenverarbeitung zum Verantwortlichen. Unbeschadet entsprechender Sanktionsmöglichkeiten nach Art 82 ff iVm Art 28 Abs 10 treffen den Auftragsverarbeiter in Bezug auf diese Datenverarbeitung dann sämtliche Pflichten des Verantwortlichen in vollem Umfang (zB Rechtmäßigkeitsprüfung der Datenverarbeitung, Erfüllung der Betroffenenrechte, Dokumentationspflichten, Risiko-Abschätzung etc).

Nach Art 29 darf die Datenverarbeitung durch den Auftragsverarbeiter ausschließlich auf Weisung des Verantwortlichen erfolgen, es sei denn, dass er durch das Unionsrecht oder das Recht des Mitgliedsstaates zur Datenverarbeitung verpflichtet ist.[6])

Die Definition des Auftraggebers in § 4 Z 4 DSG 2000 bestimmt, dass Auftraggeber ihre Eigenschaft auch dann nicht verlieren, wenn der mit der Herstellung eines Werkes beauftragte Dienstleister *„die Entscheidung trifft, zu diesem Zweck Daten zu verwenden, es sei denn, dies wurde ihm ausdrücklich untersagt oder der Beauftragte hat aufgrund von Rechtsvorschriften oder Verhaltensregeln über die Verwendung eigenverantwortlich zu entscheiden"*. Die Definition des DSG 2000 sieht also die Möglichkeit vor, dass Detailentscheidungen über die Datenverarbeitung für bestimmte Zwecke, die sich am beauftragten Werk orientieren, dem Dienstleister überlassen werden können, ohne dass sich an der Auftraggebereigenschaft etwas ändert.

Fraglich könnte sein, ob diese Möglichkeit der Entscheidungsübertragung an den Auftragsverarbeiter ohne Eigenschaftsänderung – wie sie nach den Bestimmungen des DSG 2000 geregelt ist[7]) – aufgrund der Definitionen der DSGVO weiterhin offensteht. ME ist dies nicht zwingend zu verneinen. Wenn im Dienstleistervertrag mit dem Auftraggeber eine entsprechende Delegierung vorgesehen ist, handelt der Auftragsverarbeiter im Falle einer eigenständigen Entscheidung nicht weisungswidrig und somit auch nicht gegen die DSGVO verstoßend. Eine Abgrenzungsschwierigkeit könnte dann entstehen, wenn die vertraglich eingeräumte Delegierung einen sehr weiten eigenständigen Entscheidungsspielraum erlaubt.

---

[5]) Vgl zum Begriff „Verarbeitung" die Definition in Art 4 Z 2.

[6]) ZB § 53 Abs 3a SPG, § 22 MBG.

[7]) Vgl *Dohr/Pollirer/Weiss/Knyrim*, DSG[2] (12. Erg.-Lfg. 2011) § 4 Anm 6.

Interpretationshilfe kann in diesem Fall eine Stellungnahme der *Art-29-Datenschutzgruppe*[8]) bieten: Sie hat darin dargelegt, dass die Bestimmung über den Verwendungszweck dem Verantwortlichen vorbehalten sein soll, während der nähere Mitteleinsatz, insb hinsichtlich technischer oder organisatorischer Fragen, auch an den Auftragsverarbeiter delegiert werden kann, ohne dass damit ein Rollenwechsel einhergeht.

Auch wenn sich diese Stellungnahme der *Artikel-29-Datenschutzgruppe* auf die DSRL bezogen hat, kann sie mE aufgrund ErwGr 9, der auf die weiterhin bestehende Gültigkeit der Ziele und Grundsätze der DSRL verweist, auch als Auslegungshilfe für die DSGVO herangezogen werden.

Inwiefern eigenständig zu treffende datenschutzrelevante Entscheidungen aufgrund gesetzlicher Ermessensspielräume zu keiner Eigenschaftsänderung führen, wenn im Dienstleistervertag keine Delegierungsmöglichkeit vorgesehen ist, bleibt mE fraglich.

Aus der Definition des Verantwortlichen in Art 4 Z 7 könnte abgeleitet werden, dass dies nur bei einer gesetzlichen Rollenfestlegung angenommen werden kann. Ist dies nicht erfolgt, wird wohl nach den oben ausgeführten funktionellen Gesichtspunkten eine Rollenbeurteilung stattfinden müssen.

II. Die Datenverarbeitung durch den Auftragsverarbeiter

Anders als das DSG 2000 (§ 4 Z 11) kennt die DSGVO keine eigene Definition für die Überlassung der Daten an den Auftragsverarbeiter.[9]) In Art 4 Z 2 versteht man unter einer Datenverarbeitung *„jeden mit oder ohne Hilfe automatisierter Verfahren ausgeführten Vorgang oder jede solche Vorgangsweise im Zusammenhang mit personenbezogenen Daten wie das Erheben, das Erfassen, die Organisation, das Ordnen, die Speicherung, die Anpassung oder Veränderung, das Auslesen, das Abfragen, die Verwendung, die Offenlegung durch Übermittlung, Verbreitung oder eine andere Form der Bereitstellung, den Abgleich oder die Verknüpfung, die Einschränkung, das Löschen oder die Vernichtung“.*

Fraglich ist, unter welchem konkreten Verarbeitungstatbestand der Vorgang der Datenerlangung vom Verantwortlichen an den Auftragsverarbeiter erfolgt. Lediglich aus den Bestimmungen zum internationalen Datenverkehr (Art 44 ff) ist erkennbar, dass im internationalen Kontext die Datenerlangung von Dienstleistern in Drittstaaten oder internationalen Organisationen durch einen „Übermittlungsvorgang“ erfolgt. Ob dies auch bei Auftragsverarbeitungen innerhalb der EU so zu sehen ist, ist fraglich.

Wertet man die Datenerlangung durch Auftragsverarbeiter auch innerhalb der Gemeinschaft stets unter der Kategorie „*Übermittlung*“, stellt sich die Frage, was dann unter der Kategorie „*einer anderen Form der Bereitstellung*“ gem Art 4 Z 2 zu verstehen ist.

Zur besseren Verständlichkeit und Abgrenzbarkeit wird zu prüfen sein, inwiefern nach ErwGr 10 durch die nationale Gesetzgebung die im DSG 2000 bestehende zweckmäßige Unterscheidung zwischen „*Übermittlung*“ und „*Überlassung*“ weiterhin aufrecht gehalten werden kann.

---

[8]) *Artikel-29-Arbeitsgruppe*, WP 169, 15.

[9]) Auch die DSRL definierte pauschal die Verarbeitung personenbezogener Daten und unterschied nicht zwischen der Datenverarbeitung, der Datenüberlassung sowie Datenübermittlung, wie es § 4 DSG 2000 differenzierend vorsieht.

III. Grundsätze für die rechtmäßige Verarbeitung personenbezogener Daten durch Dienstleister

Im Kapitel „Grundsätze und Rechtmäßigkeit der Verarbeitung personenbezogener Daten" (*Kastelitz*) wurden die Grundsätze jeder Datenverarbeitung, wie sie in Art 5 dargelegt sind, eingehend erörtert.

Nach Art 5[10]) iVm der Definition des Art 4 Z 2 gelten diese Prinzipien auch für die Datenverarbeitung durch Auftragsverarbeiter. Insbesondere bei jenen Auftragsdatenverarbeitungen, bei denen der Dienstleister den näheren Mitteleinsatz bestimmen kann, wird er auf die Datenverarbeitungsgrundsätze besonderes Augenmerk zu legen haben.

Ebenso ergibt sich aus dem Wortlaut der Überschrift des Art 6 sowie aus dem Einleitungssatz des Art 6 Abs 1, dass die dort genannten Rechtsgrundlagen für eine rechtmäßige Datenverarbeitung aufgrund der Definition nach Art 4 Z 2 auch auf die Verarbeitung durch Auftragsverarbeiter anzuwenden sein werden. Dies hat zur Folge, dass nicht nur die Datenverarbeitung durch den Verantwortlichen selbst, sondern auch die Beauftragung eines Auftragsverarbeiters nur bei Vorliegen eines Rechtmäßigkeitsgrundes zulässig ist.

Danach wird eine Datenverarbeitung durch Auftragsverarbeiter nur dann rechtmäßig sein, wenn etwa für diesen Vorgang (Beauftragung eines Auftragsverarbeiter) eine Einwilligung durch die betroffene Person vorliegt oder sie für eine Vertragserfüllung erforderlich ist, die Verarbeitung durch einen Dienstleister zur Erfüllung einer rechtlichen Verpflichtung oder zum Schutz lebenswichtiger Interessen der betroffenen Person oder einer anderen natürlichen Person erforderlich ist, sie im öffentlichen Interesse liegt oder in Ausübung einer öffentlichen Gewalt erfolgt, die dem Verantwortlichen übertragen wurde oder im Rahmen einer Interessenabwägung zur Wahrung der berechtigten Interessen des Verantwortlichen oder eines Dritten erforderlich ist.

Diese Folgerung, die sich aus dem Wortlaut ergibt, kann allerdings aus mehreren Gründen kritisch gesehen werden.

Zunächst kann Art 28 gegen eine Anwendung des Art 6 Abs 1 auf Auftragsverarbeiter sprechen. Diese Bestimmung ist eine Sonderregelung und sieht vor, dass eine Verarbeitung durch einen Auftragsverarbeiter nur auf Grundlage eines Vertrages zwischen dem Verantwortlichen und dem Auftragsverarbeiter oder auf Basis eines anderen Rechtsinstrumentes erfolgen kann. Art 28 enthält mE auch nicht bloße Formalbestimmungen, sondern insb in seinem Abs 3 auch materielle Sondervorgaben für die rechtmäßige, vertragliche Einbindung eines Auftragsverarbeiters.

Auch die Zielsetzung der DSGVO kann gegen eine Anwendung des Art 6 Abs 1 auf Auftragsverarbeiter eingewendet werden.

Gem ErwGr 4 ist das Recht auf Schutz der personenbezogenen Daten kein uneingeschränktes. So muss es insb unter Wahrung des Verhältnismäßigkeitsprinzips gegen andere Grundrechte abgewogen werden, wie etwa auch der unternehmerischen Freiheit. Die DSGVO hat neben dem Ziel, ein hohes Datenschutzniveau für natürliche Personen zu gewährleisten (ErwGr 6, 10), gleichzeitig den Zweck, Hemmnisse für den Verkehr personenbezogener Daten in der EU zu beseitigen (ErwGr 10). Auch bei einer Datenbereitstellung an Dienstleister im EU-Raum kann die Gewährleistung eines hohen Datenschutzniveaus aufgrund des räumlichen Anwendungsbereichs der DSGVO mE als gesichert angesehen werden.

[10]) Die Überschrift bezieht sich allgemein auf die Datenverarbeitung.

Dort, wo es fraglich sein könnte, nämlich bei Datenübermittlungen in Drittstaaten, die kein angemessenes Schutzniveau aufweisen, oder wenn keine sonstigen geeigneten Garantien vorliegen, sieht Art 49 vergleichbare Rechtsgrundlagen für eine rechtmäßige Datenübermittlung an Dienstleister in Drittstaaten vor, wie sie auch in Art 6 Abs 1 normiert werden.

Der Auftragsverarbeiter fungiert im Dreiecksverhältnis „Betroffener–Verantwortlicher–Auftragsverarbeiter" als Alter ego des Verantwortlichen, der eine Datenverarbeitung nur als verlängerter Arm des Verantwortlichen und nach dessen Zweckvorgaben verrichtet, nicht jedoch eigenmächtig zu eigenen Zwecken (Art 28 Abs 10 und Art 29). Für diese Alter-ego-Rolle spricht neben der Definition des Auftragsverarbeiters in Art 4 Z 8[11]) auch Art 28 Abs 3 lit a, nach dem im Dienstleistervertrag (s unten V) festgehalten werden muss, dass der Auftragsverarbeiter die Datenverarbeitung nur *auf dokumentierte Weisung des Verantwortlichen* hin durchführen darf.

Sämtliche Betroffenenrechte sind vom Verantwortlichen wahrzunehmen, der bei der Erfüllung seiner Pflichten gegenüber Betroffenen vom Dienstleister zu unterstützen ist (vgl etwa Art 28 Abs 3 lit e und f). Dies kann innerhalb des Gemeinschaftsraumes aufgrund der neuen Bestimmungen der DSGVO auch wirksam durchgesetzt werden, weshalb nicht erkannt werden kann, inwiefern eine Auftragsverarbeitung innerhalb der EU den Schutz der betroffenen Person gefährden könnte. Zum Schutz des Betroffenen bestehen darüber hinaus weitere Bedingungen bei der Zulässigkeit der Einbindung von Dienstleistern, insb bestimmte Auswahlkriterien (siehe dazu unten IV und V).

Würde man bei einer Datenverarbeitung durch Dienstleister, die als Alter ego des Verantwortlichen gewertet werden können, insb im EU-Raum aber ebenso die Rechtmäßigkeitsgrundlagen zu prüfen haben, wie sie in Art 6 Abs 1 vorgesehen werden, würde dies sicherlich zu einer Hemmnis für den Verkehr personenbezogener Daten im Binnenmarkt führen, der dem Ziel gem ErwGr 10 widersprechen würde. Aus diesem Grund scheint der Wortlaut in Art 6 Abs 1 gemessen am Zweck der DSGVO zu weit gefasst zu sein.

Eine teleologische Reduktion der Anwendbarkeit des Art 6 auf Verantwortliche wäre mE daher argumentierbar. Die Definition der Verarbeitung nach Art 4 Z 8 umfasst sämtliche Einzelverarbeitungsschritte, weshalb eine differenzierte Beurteilung einer einzelnen Verarbeitungsmöglichkeit, nämlich jene des Auftragsverarbeiters, durch den Definitionswortlaut mE nicht ausgeschlossen wird.

Letztlich wird es aber am EuGH liegen, wie er die Bestimmung des Art 6 iZm Auftragsverarbeitungen auslegt.

Für die Einbindung von Auftragsverarbeitern in Drittstaaten oder internationalen Organisationen ergibt sich aus den Sonderbestimmungen der Art 44 ff, dass bei Auftragsverarbeitern in Drittstaaten oder internationalen Organisationen neben dem Vertrag noch weitere Voraussetzungen für ihre Rechtmäßigkeit zu erfüllen sind, nicht jedoch bei Auftragsverarbeitungen in der Gemeinschaft.

Nach Art 44 ff wird jeder Datenverkehr in Drittstaaten und internationale Organisationen zunächst als Übermittlungsvorgang betrachtet, unabhängig davon, ob die Daten an Dritte oder an Auftragsverarbeiter gehen. Eine Datenübermittlung an Dritte oder Auftragsverarbeiter in Drittstaaten kann nur dann rechtmäßig erfolgen, wenn der Drittstaat ein angemessenes Datenschutzniveau aufweist und dies durch Beschluss der Europäischen Kommission festgestellt wurde oder die Daten auf Grundlage geeigneter Garantien (wie etwa

---

[11]) Arg *„im Auftrag"*.

Standarddatenschutzklauseln oder verbindlicher interner Datenschutzvorschriften) übermittelt werden. Liegen weder ein Angemessenheitsbeschluss nach Art 45 noch geeignete Garantien nach Art 46 und 47 vor, ist eine Übermittlung in einen Drittstaat sowohl an Dritte als auch an Auftragsverarbeiter nur bei Vorliegen einer Rechtsgrundlage nach Art 49 zulässig.[12])

Ob insb bei Datenübermittlungen zu Zwecken einer Auftragsverarbeitung in Drittstaaten mit angemessenem Datenschutzniveau (Art 45) oder bei Datenübermittlungen auf Grundlage geeigneter Garantien (Art 46 f) ebenso die Rechtmäßigkeitskriterien des Art 6 Abs 1 zur Anwendung gelangen, könnte fraglich sein. Dafür spricht, dass Art 44 vorsieht, dass neben den Bestimmungen des Kapitels über den internationalen Datenverkehr auch die *sonstigen Bestimmungen der Verordnung* (zB Art 28) eingehalten werden müssen. Andererseits kann gerade Art 49, der sich inhaltlich sehr stark an Art 6 Abs 1 orientiert und nur dann anzuwenden ist, wenn kein Angemessenheitsbeschluss der Europäischen Kommission für einen Drittstaat vorliegt bzw keine anderen geeigneten Garantien nach Art 46, 47 vorliegen, gegen diese Interpretation eingewendet werden.

Nur bei Vorliegen keiner der oben genannten Kriterien kann aus Art 45 Abs 1 letzter Satz der Schluss gefolgert werden, dass es einer Genehmigung der Datenschutzbehörde für eine Datenübermittlung in Drittstaaten bedarf.[13])

Siehe nähere Ausführungen zum internationalen Datenverkehr in Kapitel „Datenübermittlung in Drittstaaten“ *(Knyrim)*.

Exkurs: Räumlicher Anwendungsbereich (Art 3)

Die Bestimmungen der DSGVO sind neben jenen Auftragsverarbeitern mit Niederlassung in der Europäischen Union auch auf jene ohne Niederlassung in der Union anzuwenden, wenn sie ihre Dienstleistungen betroffenen Personen in der Union anbieten oder die Datenverarbeitung iZm der Beobachtung des Verhaltens betroffener Personen in der Union erfolgt. Hat ein Auftragsverarbeiter keine Niederlassung in der Union und sind die Bestimmungen der DSGVO aufgrund der obigen Ausführungen auf ihn anzuwenden, ist er gem Art 27 verpflichtet, eine in der Gemeinschaft niedergelassene natürliche oder juristische Person als Vertreter im Sinn des Art 4 Z 17 schriftlich zu bestellen.

IV. Auswahl des Auftragsverarbeiters

Ein Verantwortlicher darf einen Auftragsverarbeiter nach Art 28 Abs 1 nur dann beauftragen, wenn dieser hinreichend Garantien dafür bietet, dass geeignete technische und organisatorische Maßnahmen bei ihm getroffen werden, um eine Datenverarbeitung im Einklang mit den Anforderungen der DSGVO und den Schutz der Rechte der betroffenen Personen zu gewährleisten. Dabei wird keine Unterscheidung zwischen privaten oder öffentlichen Bereich gemacht. Wie bereits aus § 10 Abs 1 DSG[14]) ist auch aus Art 28 Abs 1 eine Prüfpflicht des Verantwortlichen ableitbar.

---

[12]) ZB bei Vorliegen einer ausdrücklichen Zustimmung der betroffenen Person in die vorgeschlagene Datenübermittlung.

[13]) Es wird aber zuzuwarten sein, ob die Anpassung des DSG 2000 an die DSGVO diese Genehmigungsvorbehalte tatsächlich auch so vorsehen wird.

[14]) Vgl *Dohr/Pollirer/Weiss/Knyrim*, DSG^2 (12. Erg.-Lfg. 2011) § 10 Anm 3.

Nach ErwGr 81 kommen für die Zuverlässigkeitsprüfung insb das Fachwissen und die Ressourcen des Auftragsverarbeiters als Beurteilungsfaktoren in Frage. Nach Art 28 Abs 5 können auch genehmigte Verhaltensregeln im Sinne des Art 40 („Codes of conducts") oder genehmigte Zertifizierungsverfahren iSd Art 42 als Zuverlässigkeitsindiz herangezogen werden. Siehe dazu im Detail Kapitel „Vom zertifiziert richtigen Verhalten" *(Strohmaier)* und „Datenübermittlung in Drittstaaten" *(Knyrim)*.

Garantien können mE aber auch durch vertragliche Zusicherungen oder vorgelegte individuelle Sicherheitskonzepte glaubhaft gemacht werden.

V. Dienstleistungsvertrag und die Pflichten des Auftragsverarbeiters

Die Beauftragung eines Auftragsverarbeiters mit der Datenverarbeitung muss nach Art 28 Abs 9 in einem schriftlichen oder elektronisch abgefassten Vertrag erfolgen. Dies stellt im Vergleich zum DSG 2000 eine Änderung dar, da danach nur Verträge mit Dienstleistern außerhalb Österreichs schriftlich abzuschließen sind.[15]) Der Auftragsverarbeitervertrag kann entweder individuell gestaltet werden oder es können die Standardvertragsklauseln der Europäischen Kommission[16]) oder der jeweils nationalen Aufsichtsbehörde, die im Einklang mit dem Kohärenzverfahren gem Art 63 festgelegt werden (Art 28 Abs 8), verwendet werden.

Neben dem Vertrag sieht Art 28 Abs 9 auch „*andere Rechtsinstrumente*" als Basis für die Zusammenarbeit zwischen Verantwortlichem und Auftragsverarbeiter vor. Dafür können mE etwa das Gesetz oder eine Verordnung in Frage kommen. Die nachfolgenden Ausführungen zum Dienstleistervertrag sowie zu den Pflichten des Auftragsverarbeiters sind auch bei diesen *anderen Rechtsinstrumenten* zu berücksichtigen.

Der Dienstleistervertrag mit dem Auftragsverarbeiter muss nach Art 28 Abs 3 inhaltlich folgendes beinhalten:

- den Gegenstand des Vertrages sowie die Dauer der Verarbeitung,
- die Art und den Zweck der Datenverarbeitung,
- die Art der personenbezogenen Daten,
- die Kategorien der betroffenen Personen sowie
- die Pflichten und Rechte des Verantwortlichen.

Darüber hinaus muss der Vertrag noch weitere Pflichten des Auftragsverarbeiters umfassen (Art 28 Abs 3):

Insbesondere muss der Vertrag auch vorsehen, dass der Auftragsverarbeiter die personenbezogenen Daten nur auf dokumentierte Weisung des Verantwortlichen verarbeitet. Eine nicht von der Weisung gedeckte Datenverarbeitung ist dann zulässig, wenn das Gemeinschaftsrecht oder das Recht des Mitgliedsstaates, dem der Auftragsverarbeiter unterliegt, zu einer solchen Datenverarbeitung verpflichtet.[17]) In einem solchen Fall ist der Auftragsverarbeiter jedoch angehalten, dem Verantwortlichen diese rechtlichen Anforderungen vor der Verarbeitung mitzuteilen, sofern nicht das betreffende Recht eine solche Mitteilung wegen eines wichtigen öffentlichen Interesses verbietet. Unklar ist, ob diese Mitteilung kon-

[15]) Vgl *Pollirer/Weiss/Knyrim*, DSG^2 (2014) § 10 Anm 5.

[16]) Art 28 Abs 7; in dieser Bestimmung wird fälschlicherweise auf Art 87 Abs 2 anstatt auf Art 93 Abs 2 verwiesen.

[17]) Vgl beispielhaft § 53 Abs 3 a SPG, § 22 MBG.

kret erst im eintretenden Anlassfall erfolgen muss oder bereits abstrakt im Zeitpunkt des Abschlusses des Dienstleistungsvertrages.

- Darüber hinaus muss der Vertragsinhalt gewährleisten, dass die zur Verarbeitung der personenbezogenen Daten befugten Personen zur Vertraulichkeit verpflichtet wurden oder einer angemessenen gesetzlichen Verschwiegenheitspflicht unterliegen.[18]) Unterliegt der Verantwortliche selbst einer besonderen gesetzlichen Verschwiegenheitsverpflichtung,[19]) sollte diese vertraglich auch auf den Auftragsverarbeiter überbunden werden, wenngleich die DSGVO selbst dazu keine eigene Verpflichtung vorsieht.[20])
- Weiters muss der Auftragsverarbeiter sich vertraglich dazu verpflichten, alle gem Art 32 erforderlichen Sicherheitsmaßnahmen zu ergreifen.[21]) Damit soll im Falle einer Auftragsverarbeitung keine Lücke im Datenschutzniveau entstehen.
- Im Kapitel „Die Rechte auf Auskunft, Berichtigung, Löschung, Einschränkung, Datenübertragbarkeit und Widerspruch" (*Haidinger*) wurden die Rechte der betroffenen Person (zB Auskunftsrecht, Löschungsrecht, Richtigstellungsrecht etc) ausführlich dargelegt. Im Rahmen eines Auftragsverarbeitungsverhältnisses, bei dem sämtliche Datenverarbeitungen beim Auftragsverarbeiter stattfinden, kann der Verantwortliche diesen Verpflichtungen zumeist nur mit Unterstützung des Auftragsverarbeiters nachkommen. Aus diesem Grund muss der Auftragsverarbeitervertrag gem Art 28 Abs 3 lit e eine zumutbare[22]) Unterstützungspflicht vorsehen.
- Weitere Unterstützungspflichten gegenüber dem Verantwortlichen treffen den Auftragsverarbeiter va auch iZm der Einhaltung der Pflichten gem der Art 32–36. Dabei handelt es sich va um die Einhaltung von Sicherheitsmaßnahmen wie etwa der Pseudonymisierung oder Verschlüsselung personenbezogener Daten sowie der Unterstützung des Verantwortlichen iZm der Datenschutz-Folgenabschätzung samt allfälliger vorheriger Konsultationen der Aufsichtsbehörde. Auch die Unterstützung des Verantwortlichen bei der Erfüllung seiner Meldepflichten gegenüber der Aufsichtsbehörde bei Verletzungen des Schutzes personenbezogener Daten fällt darunter. Näheres siehe Kapitel „Die Aufsichtsbehörden" *(Flendrovsky).*
- Für den Zeitpunkt der Beendigung des Auftragsverarbeiterverhältnisses muss der Vertrag vorsehen, dass alle personenbezogenen Daten nach Wahl des Verantwortlichen sodann entweder gelöscht oder zurückgegeben werden müssen, sofern nicht das Gemeinschaftsrecht oder das Recht des Mitgliedsstaates eine Verpflichtung zur Speicherung der personenbezogenen Daten vorsieht. Es empfiehlt sich, in der Vereinbarung auch über die Art und Weise der Rückgabe der Daten an den Verantwortlichen eine Regelung zu treffen (zB in welchem Format).[23])
- Schließlich muss im Vertrag auch die Verpflichtung des Auftraggebers festgehalten werden, dem Verantwortlichen alle erforderlichen Informationen zum Nachweis der Einhaltung der genannten Pflichten zur Verfügung zu stellen und Überprüfungen durch den Verantwortlichen oder dessen beauftragten Prüfer zu ermöglichen und diese dabei zu unterstützen. Sollte der Verantwortliche dem Auftragsverarbeiter Weisungen erteilen und der Auftragsverarbeiter zur Ansicht gelangen, dass diese rechtswidrig sein könnten, ist er

[18]) Vgl beispielhaft § 39 BiBuG, § 130 GewO, § 38 BWG, § 9 RAO, § 91 WTBG.

[19]) ZB § 54 ÄrzteG, § 38 BWG.

[20]) Siehe dazu bereits *Knyrim*, Datenschutzrecht² (2012), 186.

[21]) Vgl den Beitrag von *Oman* in diesem Buch.

[22]) Arg „*nach Möglichkeit*".

[23]) Vgl *Knyrim*, Datenschutzrecht² (2012) 187.

auch – unabhängig von einer vertraglichen Verpflichtung – dazu angehalten, den Verantwortlichen unverzüglich auf den möglichen Rechtsverstoß aufmerksam zu machen.
Aus der Bestimmung des Art 28 Abs 3 Unterabs 1 folgt[24]), dass es sich bei den genannten Pflichten um eine demonstrative Aufzählung handelt. So könnte der Dienstleistervertag neben weiteren Vereinbarungen etwa um die Klärung ergänzt werden, inwiefern der Auftragsverarbeiter einen Sub-Dienstleister einzubinden berechtigt ist (siehe dazu unten VI).

VI. Sub-Auftragsverarbeiter

Sollte ein Auftragsverarbeiter weitere Dienstleister in Anspruch nehmen, so ist dies nur nach einer vorherigen gesonderten oder allgemeinen schriftlichen Genehmigung des Verantwortlichen zulässig (Art 28 Abs 2). Letzteres kann etwa im Auftragsverarbeitervertrag festgehalten werden. Im Falle einer allgemeinen schriftlichen Genehmigung ist der Auftragsverarbeiter verpflichtet, den Verantwortlichen stets über jede beabsichtigte Änderung in Bezug auf die Hinzuziehung oder die Ersetzung eines anderen Sub-Dienstleisters zu informieren. Dadurch soll dem Verantwortlichen die Möglichkeit gegeben werden, sich gegen einen bestimmten Sub-Dienstleister auch aussprechen zu können oder sonstige Einwände und Einsprüche zu erheben (Art 28 Abs 2).

Im Falle der Hinzuziehung eines Sub-Dienstleisters ist der Auftragsverarbeiter verpflichtet, mit diesem ebenfalls einen schriftlichen oder elektronischen Vertrag abzuschließen (Art 28 Abs 9). In diesem Sub-Dienstleistervertrag sind dieselben Pflichten, wie sie der Auftragsverarbeiter mit dem Verantwortlichen zu treffen hat, auch auf den Sub-Auftragsverarbeiter zu übertragen (Art 28 Abs 4). Selbiges gilt auch dann, wenn anstelle des Vertrages ein *anderes Rechtsinstrument*[25]) die Pflichten des Auftragsverarbeiters festgelegt hat (Art 28 Abs 4). Auch in diesem Fall sind dem Sub-Dienstleister die Pflichten entweder durch das *andere Rechtsinstrument* oder vertraglich zu überbinden.

Aus Art 28 Abs 4 ist erkennbar, dass bei der Beauftragung eines Sub-Auftragsverarbeiters den Auftraggebenden ebenso eine Prüfpflicht bezüglich der Zuverlässigkeit des Sub-Dienstleisters trifft, wie den Verantwortlichen in Bezug auf den Haupt-Auftragsverarbeiter (siehe dazu oben unter IV).

Kommt der Sub-Dienstleister diesen vertraglichen oder durch *andere Rechtsinstrumente* festgelegten Datenschutzpflichten nicht nach, so haftet der erste Auftragsverarbeiter gegenüber dem Verantwortlichen für die Einhaltung der Pflichten des Sub-Dienstleisters (Art 28 Abs 4).

VII. Verfahrensverzeichnis

Neu durch die DSGVO ist die Verpflichtung des Auftragsverarbeiters, ein Verzeichnis zu allen Kategorien von Verarbeitungstätigkeiten zu führen, die im Auftrag eines Verantwortlichen durchgeführt werden (Art 30 Abs 2). Im Vergleich zu jenem des Verantwortlichen ist das Verfahrensverzeichnis des Auftragsverarbeiters etwas verkürzter.

Dieses Verfahrensverzeichnis ist von Auftragsverarbeitern, die weniger als 250 Mitarbeiter beschäftigen, allerdings nicht zu führen, sofern die von ihnen vorgenommenen Verarbei-

[24]) Arg „*insbesondere*".
[25]) ZB Gesetz oder Verordnung.

tungen nicht ein Risiko für die Rechte und Freiheiten der betroffenen Personen bergen, die Verarbeitung nicht nur gelegentlich erfolgt oder nicht die Verarbeitung sensibler Daten gem Art 9 Abs 1 bzw von strafrechtlich relevanten Daten iSd Art 10 einschließt (Art 30 Abs 5).

Die neue Dokumentationspflicht ist Ausfluss einer grundsätzlichen Verantwortungsverlagerung hin zum Verantwortlichen sowie zum Auftragsverarbeiter. Das Verfahrensverzeichnis dient der Kontrollmöglichkeit der Aufsichtsbehörde (ErwGr 82). Näheres siehe Kapitel „Verzeichnis von Verarbeitungstätigkeiten (Art 30 DSGVO): Wer muss es haben, wie hat es auszusehen?“ *(Selk)*.

Das verkürzte Verfahrensverzeichnis des Auftragsverarbeiters ist schriftlich oder auch in Form eines elektronischen Formats zu führen (Art 30 Abs 3) und hat folgendes zu enthalten (Art 30 Abs 2):

- Den Namen und die Kontaktdaten des Auftragsverarbeiters oder der Auftragsverarbeiter und jedes Verantwortlichen, in dessen Auftrag der Auftragsverarbeiter tätig ist. Im Falle der Bestellung eines Vertreters von nicht in der Union niedergelassenen Verantwortlichen oder Auftragsverarbeitern gem Art 27 sind auch diese in dem Verfahrensverzeichnis zu führen. Ist ein Datenschutzbeauftragter gem Art 37 zu bestellen, ist auch dieser in das Verfahrensverzeichnis aufzunehmen.[26])
- Die Kategorien von Verarbeitungen, die im Auftrag jedes Verantwortlichen durchgeführt werden (zB das Erheben, Speichern, Auslesen von Daten, Art 4 Z 2).
- Bei Übermittlungen von personenbezogenen Daten in einen Drittstaat oder an eine internationale Organisation ist dieser Umstand einschließlich der Angabe des betreffenden Drittstaates oder der betreffenden internationalen Organisation anzuführen. Im Falle einer Übermittlung auf Grundlage des Art 49 Abs 1 Unterabs 2 hat das Verfahrensverzeichnis auch eine Dokumentation geeigneter Garantien zu enthalten.
- Wenn möglich, soll das Verfahrensverzeichnis des Auftragsverarbeiters auch eine allgemeine Beschreibung der technischen und organisatorischen Sicherheitsmaßnahmen gem Art 32 Abs 1 enthalten.[27]) Es ist anzunehmen, dass damit keine über das zumutbare Ausmaß hinausgehende Nachforschungspflicht zur Funktionsweise der Sicherheitsmaßnahmen erforderlich ist.[28])

Auf Anfrage hat der Auftragsverarbeiter bzw ggf der Vertreter von nicht in der Gemeinschaft niedergelassenen Auftragsverarbeitern den Aufsichtsbehörden das Verfahrensverzeichnis zur Verfügung zu stellen (Art 30 Abs 4). Eine Verpflichtung, das Verfahrensverzeichnis auch Betroffenen oder jedermann offenzulegen, sieht die DSGVO nicht vor.[29])

VIII. Die Bestellung eines Datenschutzbeauftragten durch den Auftragsverarbeiter

Ebenfalls durch die DSGVO neu eingeführt ist die Verpflichtung zur Bestellung eines Datenschutzbeauftragten bei Vorliegen der Voraussetzungen gem Art 37. Danach hat ein Auf-

[26]) Siehe unten VIII sowie im Detail Kapitel „Der Datenschutzbeauftragte“ *(König)*.

[27]) Etwa allgemeine Angaben zur Verschlüsselung oder Pseudonymisierung bzw von sonstigen Maßnahmen zur Gewährleistung der Vertraulichkeit.

[28]) Arg *„wenn möglich“*.

[29]) Anders etwa § 4g Abs 2 dtBDSG, wonach ein Großteil der Aufzeichnungen des Verfahrensverzeichnisses auf Antrag auch jedermann in geeigneter Weise zur Verfügung gestellt werden muss.

tragsverarbeiter dann einen Datenschutzbeauftragten zu bestellen, wenn seine Kerntätigkeit in der Durchführung von Verarbeitungsvorgängen besteht, die aufgrund ihrer Art, ihres Umfanges und/oder ihrer Zwecke eine umfangreiche regelmäßige und systematische Überwachung von betroffenen Personen erforderlich machen oder die Kerntätigkeit des Auftragsverarbeiters in der umfangreichen Verarbeitung besonderer Datenkategorien, wie etwa sensibler oder strafrechtlich relevanter Daten gem Art 9 oder 10 besteht. Behörden oder öffentliche Stellen, mit Ausnahme von Gerichten im Rahmen ihrer justiziellen Tätigkeit, haben unabhängig von ihrem Kerntätigkeitsbereich stets einen Datenschutzbeauftragten zu bestellen (Art 37 Abs 1 lit a).

Der Datenschutzbeauftragte kann in einem Beschäftigungsverhältnis zum Verantwortlichen stehen oder auf Grundlage eines Dienstleistungsvertrages als Unternehmensexterner seine in der DSGVO festgelegten Aufgaben erfüllen. Zum Datenschutzbeauftragten sowie dessen Aufgaben siehe im Detail Kapitel „Der Datenschutzbeauftragte" *(König)*.

Gem ErwGr 97 bezieht sich die Kerntätigkeit auf die Haupttätigkeit des Verpflichteten und nicht auf die Verarbeitung personenbezogener Daten als Nebentätigkeit.

Bei der Beurteilung der Haupttätigkeit kann es mE auf die berufsrechtliche Eigenart des Betriebes und den wirtschaftlichen Schwerpunkt ankommen.[30])

IX. Haftung und Sanktionen

Die DSGVO sieht bei Rechtsverstößen sowohl eine zivilrechtliche Haftung als auch eine verwaltungsrechtliche Sanktionierung vor. Der Auftragsverarbeiter haftet allerdings für den durch seine Verarbeitung schuldhaft verursachten Schaden nur dann, wenn er seinen speziellen, den Auftragsverarbeitern auferlegten Pflichten oder den rechtmäßigen Aufträgen oder Weisungen des Verantwortlichen nicht nachgekommen ist (Art 82 Abs 2 und 3). (Siehe zu den speziellen Pflichten des Auftragsverarbeiters im Detail oben V.) Sind diesbezüglich sowohl der Verantwortliche als auch der Auftragsverarbeiter für den Schadenseintritt verantwortlich und ursächlich, besteht eine Solidarhaftung mit einem entsprechenden Regressanspruch (Art 82 Abs 4 und 5).

Neben der Haftung des Auftragsverarbeiters drohen ihm bei Verstoß der ihn treffenden Pflichten auch verwaltungsrechtliche Geldbußen von bis zu € 10 Mio oder im Falle eines Unternehmens von bis zu 2 % des gesamten weltweit erzielten Jahresumsatz des vorangegangenen Geschäftsjahres (Art 83 Abs 4).

Details dazu siehe Kapitel „Geldbußen und andere Sanktionen" *(Illibauer)*.

X. Zusammenfassung

Die DSGVO ist gekennzeichnet durch eine Verantwortungsverlagerung in Richtung Datenverarbeiter und deren Dienstleister. Damit verbunden sind neu vorgesehene Dokumentationspflichten sowie neue Institutionen, die die Erfüllung der neuen Pflichten gewährleisten bzw eine Überprüfung ermöglichen sollen. Speziell den Auftragsverarbeiter betreffend sind dies die nunmehrige ausnahmslose schriftliche oder elektronische Verfassung des Dienstleistervertrages, das Führen eines (verkürzten) Verfahrensverzeichnisses sowie die ggf einzurichtende Institution des Datenschutzbeauftragten.

---

[30]) Vgl etwa § 32 Abs 2 GewO.

Problematisch sind die tlw sehr unbestimmten Begriffe der DSGVO, beispielhaft etwa iZm der Ausnahme von der Pflicht zur Führung eines Verfahrensverzeichnisses nach Art 30 Abs 5. Angesichts des Strafausmaßes bei Verstoß gegen die Führung des Verfahrensverzeichnisses von bis zu € 10 Mio oder im Fall eines Unternehmens von bis zu 2 % des gesamten weltweit erzielten Jahresumsatzes des vorangegangenen Geschäftsjahres ist dies für Normunterworfene eine unbefriedigende Situation. Der Meinung, dass das „Dienstleisterprivileg" durch die DSGVO gefallen sei, kann allerdings kritisch begegnet werden.

Es wird abzuwarten sein, ob die Anpassungen des DSG 2000 die eine oder andere noch undeutliche Ausgangslage noch werden klären können.

Verzeichnis von Verarbeitungstätigkeiten (Art 30 DSGVO): Wer muss es haben, wie hat es auszusehen?

Robert Selk

I. Einleitung und Überblick

In Art 30 ist die Verpflichtung geregelt, dass der sog Verantwortliche (bisherige Bezeichnung im österr Recht: „Auftraggeber"), aber auch ein sog Auftragsverarbeiter (bislang „Dienstleister") jeweils ein Verzeichnis führen müssen, in dem alle „*Verarbeitungstätigkeiten, die ihrer Zuständigkeit unterliegen*", aufgenommen sind.

Bislang gibt es in Österreich nur die Pflicht, interne Datenverarbeitungs-Verfahren in das österr Datenverarbeitungsregister zu melden, nicht aber, unternehmensintern selbst ein solches Verzeichnis zu führen.

Praxistipp:
Entgegen anderslautender erster Meinungen entfällt diese Pflicht in Österreich damit nicht, sie verschiebt sich nur: Die Unternehmen sind jetzt selbst in der Pflicht, ein Verzeichnis ihrer Datenverarbeitungen zu führen.

Art 30 definiert, welche Inhalte in dieses Verzeichnis aufzunehmen sind, welche Stellen eines haben müssen sowie weitere Details.

Betreffend dieses von der DSGVO geforderten Verzeichnisses stellen sich viele Fragen für die Praxis: Wer muss es führen? Was ist der Inhalt? Was passiert, wenn es fehlt? Wie geht man in der Praxis am besten vor? Gelten die Vorgaben auch für kleinere Unternehmen?

Diese und andere Themen werden im Folgenden behandelt. Vorauszuschicken ist, dass es auch bei Art 30 eine Vielzahl von offenen Fragen und Unklarheiten gibt, die sich zum Teil beantworten lassen, zum Teil wird die weitere Entwicklung abzuwarten bleiben.

In Deutschland gibt es im BDSG seit vielen Jahren schon die Pflicht für die Unternehmen, selbst ein sog „internes Verfahrensverzeichnis" zu führen. Im Hinblick auf die Fragen, wie sich ein solches am besten selbst erstellen und führen lässt, lohnt daher ein Blick auf die in Deutschland in den letzten Jahren gesammelten Erfahrungen.

II. Sanktionen

Der neuen Pflicht in der DSGVO zur Erstellung eines Verzeichnisses kommt auch deswegen erhebliche praktische Bedeutung zu, da Verstöße nach Art 83 Abs 4 lit a sanktionsbewehrt sind.

Insofern gilt zwar „nur“ die kleinere Variante, die aber mit einer Strafe[1]) von bis zu € 10 Mio bzw 2 % des weltweit erzielten Jahresumsatzes des vorausgegangenen Geschäftsjahres auch ganz erhebliche Größenordnung annehmen kann.

Dabei dürfte ein Verstoß nicht nur dann gegeben sein, wenn ein Unternehmen überhaupt kein Verzeichnis führt, obwohl es dazu verpflichtet ist, sondern auch dann, wenn das Verzeichnis zwar vorhanden ist, aber nicht den Vorgaben des Art 30 entspricht.

Praxistipp:

Alleine schon im Hinblick auf diese Strafbewehrung und die möglichen Risiken ist es immens wichtig, sich der Thematik zu widmen und die nächsten zwei Jahre zu nutzen, ein solches Verzeichnis zu erstellen, damit es 2018 zum Stichtag der Umstellung vorhanden ist.

III. Zweck der Vorschrift

In den ErwGr zu Art 30 findet sich im ErwGr 82 etwas zum Verzeichnis. Danach ist dessen Zweck der „*Nachweis der Einhaltung dieser Verordnung*“, und zwar zur Vorlage bei den Datenschutzbehörden, „*damit die betreffenden Verarbeitungsvorgänge anhand dieser Unterlagen kontrolliert werden können*“.

Das Verzeichnis nach Art 30 enthält gemäß dem vorstehend genannten Zweck Mindestangaben einerseits zum Verantwortlichen bzw dem Auftragsverarbeiter selbst, um diesen einordnen zu können, andererseits Angaben zu den jeweiligen Datenverarbeitungen.

Auf diesem Weg soll der Datenschutzbehörde ein erstes Bild zur Datenverarbeitung gegeben werden, damit diese ihre Prüfungstätigkeit entsprechend vorbereiten und bereits erste Schlüsse ziehen kann.

Insofern ist es konsequent, dass der Verantwortliche bzw der Auftragsverarbeiter das Verzeichnis erstellen muss und diese Tätigkeit nicht etwa an den – soweit vorhanden – Datenschutzbeauftragten delegiert ist. Das Unternehmen muss selbst seine internen Datenverarbeitungsprozesse am besten kennen, sodass es für die Verzeichniserstellung der erste Adressat ist.

Erstaunlich ist, dass das Verzeichnis nicht zumindest auch für den Datenschutzbeauftragten gedacht ist. Weder Art 30 noch die Art 37–39, die sich mit dem Datenschutzbeauftragten beschäftigen, enthalten dazu eine Vorgabe.

Für das Verzeichnis nach Art 30 scheint es aber gut vertretbar, eine solche Delegation vornehmen zu dürfen: Denn es steht dem Verantwortlichen als Unternehmen schließlich frei, die dafür am besten geeignete Person einzusetzen. Diese Person wird oft der Datenschutzbeauftragte sein, kann er doch idR am besten einschätzen, welche Datenschutz-Angaben wie zu tätigen sind. Zudem muss er die betroffenen Verarbeitungen ohnehin kennen und im Rahmen seiner Aufgaben „mitbetreuen“.

---

[1]) Der Begriff der „Strafe“ wird hier nur allgemein im Sinne von Sanktionen verwendet, da abzuwarten bleibt, wie die nationalen Gesetzgeber diese umsetzen.

Praxistipp:

Es scheint vertretbar, dass ein vorhandener Datenschutzbeauftragter intern mit der Verzeichniserstellung beauftragt wird, was aber nichts daran ändert, dass es direkte Aufgabe des Verantwortlichen als Unternehmen ist (und keine „persönliche" Aufgabe des Datenschutzbeauftragten).

Festzuhalten bleibt aber, dass Zweck des Verzeichnisses nach der DSGVO nicht ist, dem Datenschutzbeauftragten als Arbeits-, sondern der Datenschutzbehörde als Prüfgrundlage zu dienen. Dieser „Empfängerhorizont" sollte bei der Erstellung stets bedacht werden.

Praxistipp:

Es spricht aber nichts dagegen, das Verzeichnis auch anderweitig zu nutzen, es etwa also dem Datenschutzbeauftragten zur Verfügung zu stellen. Dennoch sollte bei der Erstellung der Hauptzweck –Sichtung durch die Behörde – im Fokus stehen und es darauf ausgerichtet sein.

IV. Wer muss ein solches Verzeichnis führen?

Eine grundlegende Frage ist, welche Unternehmen ein solches Verzeichnis überhaupt führen müssen und ob es Ausnahmen von der Pflicht gibt.

Der Verantwortliche

Die Pflicht zur Führung trifft zunächst den Verantwortlichen (Art 30 Abs 1). Gibt es einen solchen in der EU nicht, hat sein Vertreter iSv Art 4 Nr 17 diese Pflicht zu erfüllen.

Der Auftragsverarbeiter

Nach Art 30 Abs 2 trifft aber auch den Auftragsverarbeiter die Pflicht zur Erstellung eines solchen Verzeichnisses, ggf wiederum seinen Vertreter.

Die Verzeichnisverpflichtung bezieht sich beim Auftragsverarbeiter aber auf diejenigen Datenverarbeitungen, die der Auftragsverarbeiter *für seinen Kunden*, also den eigentlich Verantwortlichen, durchführt.

Offen bleibt dem Gesetzeswortlaut nach, ob den Auftragsverarbeiter die Pflicht zur Verzeichniserstellung auch betreffend *seiner eigenen* Datenverarbeitungen, etwa seiner Personaldatenverarbeitung, trifft. Dies muss bejaht werden, da der Auftragsverarbeiter für die eigenen Verarbeitungen ein eigener Verantwortlicher ist, schließlich geht es insofern um „seine" Daten.

Einen Auftragsverarbeiter trifft die Verzeichnispflicht daher doppelt:

- einmal als Verantwortlichen für die eigenen Daten,
- das andere Mal als Auftragsverarbeiter für diejenigen Datenverarbeitungen, die er für seine Kunden in deren Auftrag durchführt (wobei – siehe unten – die Pflichtangaben hier beschränkt sind).

V. Gibt es Ausnahmen von der Pflicht zur Führung?

Der Verordnungsgeber hat eine Ausnahme vorgesehen, wonach die Pflicht zur Erstellung eines Verzeichnisses entfallen soll (Art 30 Abs 5).

Diese Regelung ist kompliziert und möglicherweise unglücklich übersetzt, daher hier im Wortlaut:

> *Die in den Absätzen 1 und 2 genannten Pflichten gelten nicht für Unternehmen oder Einrichtungen, die weniger als 250 Mitarbeiter beschäftigen, sofern die von ihnen vorgenommene Verarbeitung nicht ein Risiko für die Rechte und Freiheiten der betroffenen Personen birgt, die Verarbeitung nicht nur gelegentlich erfolgt oder nicht die Verarbeitung besonderer Datenkategorien gemäß Artikel 9 Absatz 1 bzw die Verarbeitung von personenbezogenen Daten über strafrechtliche Verurteilungen und Straftaten im Sinne des Artikels 10 einschließt.*

Schwierigkeiten bereitet sprachlich die Verwendung von „oder", siehe die Unterstreichung.

A. Mitarbeiteranzahl: < 250 Mitarbeiter

Unabhängig davon ist aber zunächst Grundvoraussetzung für das Eintreten dieser Ausnahme, dass das betroffene Unternehmen weniger als 250 Mitarbeiter hat.

Dabei wird nicht differenziert, ob es sich um Voll- oder Teilzeitmitarbeiter oder andere Arten einer Mitarbeit handelt. Dies muss so interpretiert werden, dass jeder Mitarbeiter zählt, unabhängig davon, in welchem Umfang oder in welcher Form er für das Unternehmen oder die Einrichtung tätig ist.

Dies ist nachvollziehbar: Denn ein Mitarbeiter, der – als Extrembeispiel – nur eine Stunde pro Woche auf selbstständiger Basis tätig ist, kann genauso mit personenbezogenen Daten und diesbezüglichen Verarbeitungsprozessen in Berührung kommen wie ein angestellter Vollzeitmitarbeiter.

Ist diese erste Hürde der Mitarbeiteranzahl genommen, müssen weitere drei Voraussetzungen erfüllt sein, damit die Ausnahme greift:

B. Kein Risiko für die Rechte und Freiheiten

Die in Betracht kommende Verarbeitung darf kein Risiko für die Rechte und Freiheiten der betroffenen Personen bergen.

Falls aber doch ein solches Risiko vorliegt, entfällt also für diese spezielle Verarbeitung – auch für Unternehmen mit weniger als 250 Mitarbeitern – die Verpflichtung, diese Verarbeitung in das Verzeichnis aufzunehmen, *nicht.*

Dies führt zu einer Zwischenfrage: Wenn die Ausnahme dagegen greift, bedeutet dies für das Unternehmen, dass es gänzlich von der Pflicht zur Führung eines Verzeichnisses befreit ist? Oder bezieht sich die Ausnahme nur auf die ganz konkrete Verarbeitungstätigkeit und nur diese ist nicht in ein Verzeichnis aufzunehmen – andere Tätigkeiten, für die keine Ausnahme gilt, hingegen schon?

Auch in diesem Fall ist der Wortlaut unklar: Denn Abs 1 und 2 sprechen allgemein von „einem" Verzeichnis und Abs 5 bestimmt, dass Abs 1 nicht gilt. Dies spricht dafür, dass ein unter die Ausnahme fallendes Unternehmen gänzlich befreit ist.

Abs 5 hingegen beinhaltet bei der Ausnahmeregelung die Formulierung *„sofern die von ihnen vorgenommene Verarbeitung"*, verwendet also den Begriff der „Verarbeitung" im Singular und stellt auf „die" Verarbeitung ab: Wenn genau diese keine besonderen Risiken für die Rechte und Freiheiten birgt, dann bedarf es dafür – also für diese spezielle Verarbeitung – keines Verzeichnisses. Daher wird man auch hier also das Greifen einer Ausnahme auf eine spezielle Datenverarbeitung beziehen, nicht auf das Unternehmen als Ganzes.

Nicht ganz einfach zu beurteilen ist ferner das Kriterium „Risiko für die Rechte und Freiheiten": Der Verordnungsgeber spricht hier nur allgemein von „Risiko", nicht von „besonderen" oder „erheblichen" Risiken" oä, wie etwa in ErwG 90 oder 51 der Fall. Offenbar sollen also bei dieser Ausnahmevoraussetzung alle Risiken berücksichtigt werden. Da aber jede Verarbeitung personenbezogener Daten Risiken birgt – und wenn es nur das allgemeine Missbrauchsrisiko oder das Risiko einer versehentlichen Löschung oä ist –, böte dieses Kriterium letztlich keinen Wert.

Zwar ist auf Risiken speziell für die „Rechte und Freiheiten" der Betroffenen abgestellt. Bei genauerer Betrachtung führt aber auch diese Einschränkung nicht weiter: Denn jede Verarbeitung personenbezogener Daten stellt einen Eingriff in Art 8 der GRC dar, schränkt also die Grundfreiheit der Betroffenen ein, aber auch deren Recht, möglichst selbst über den Umgang mit den eigenen Daten zu bestimmen.

Da die Ausnahme aber sinnlos wäre, wenn sie nicht zu einer Abgrenzung führte, muss es also einen Bereich von Datenverarbeitungen geben, der nach Ansicht des Verordnungsgebers kein Risiko für die Rechte und Freiheiten beinhaltet.

Die ErwGr helfen dazu nicht weiter, auch ein Blick in die DSRL nicht, ebenso wenig wie ins deutsche Recht, denn dort gibt es diese Ausnahme nicht und auch nichts Vergleichbares.

Im Sinne einer Auslegung und aufgrund des Umstands, dass die Ausnahme nicht leerlaufen kann, muss wohl davon ausgegangen werden, dass von „besonderen Risiken" die Rede ist (die zudem in Richtung einer rechtlichen Beeinträchtigung gehen und weniger aus technischer Sicht zu sehen sind, da von „Rechten und Freiheiten" die Rede ist). Was genau gemeint ist, kann aber nur gemutmaßt werden.

Als in diesem Sinne riskante Verarbeitung könnte etwa ein Scoring anzusehen sein, also zB die Bewertung der Kreditwürdigkeit durch den Kreditschutzverband in Österreich oder die Schufa in Deutschland.

C. Nicht nur gelegentlich

Betrachtet man die nächste Voraussetzung *„sofern die Verarbeitung nicht nur gelegentlich erfolgt"*, bezieht sich auch diese Formulierung auf eine Verarbeitung im Singular: Wenn (genau) diese nicht nur gelegentlich erfolgt, dann greift die Ausnahme ebenfalls nicht und es ist dafür ein Verzeichnis anzufertigen (bzw diese Verarbeitung in eine Art Gesamtverzeichnis aufzunehmen, siehe dazu unten).

Ein Unternehmen hat aber Dutzende oder Hunderte von Verarbeitungen, die sich nicht alle einheitlich betrachten und bewerten lassen: Die eine Verarbeitung mag nur gelegentlich erfolgen, andere Verarbeitungen hingegen ständig und regelmäßig, etwa die Lohnbuchhaltung für die Mitarbeiter.

Gleiches gilt für das vorgenannte erste Kriterium, die Risiken für die Rechte und Freiheiten der Betroffenen: Eine Videoüberwachung birgt solche Risiken (und ist in das Verzeichnis aufnehmen, auch von Unternehmen mit weniger als 250 Mitarbeitern), das Speichern des Namens in der Personalakte dagegen nicht, weil es der Normalfall und mit keinen (besonderen) Risiken verbunden ist (und damit nicht verzeichnispflichtig).

Nicht definiert ist, was mit „nicht nur gelegentlich" gemeint ist. Gemeint dürften Verarbeitungen sein, die nur sporadisch, wenn gerade Gelegenheit besteht, erfolgen, wie etwa das Anfertigen von Fotografien auf einem Firmenevent.

Werden aber neue Mitarbeiter standardmäßig fotografiert, um zB die Fotografie auf einen Werksausweis aufzubringen, dürfte dafür die Ausnahme nicht greifen: Denn diese Verarbeitung erfolgt bei jedem neuen Mitarbeiter, also regelmäßig.

D. Keine besonderen Datenkategorien u.a.

Abschließend ist ein Blick auf die letzte Voraussetzung zu werfen:

[...] sofern die von Ihnen vorgenommene Verarbeitung [...] nicht die Verarbeitung besonderer Datenkategorien gemäß Art. 9 Abs 1 bzw die Verarbeitung von personenbezogenen über strafrechtliche Verurteilungen und Straftaten im Sinne des Art. 10 einschließt.

Auch hier wird der Singular für „Verarbeitung" verwendet, auch hier ergibt diese Ausnahme also nur Sinn, wenn man auf die einzelne, spezielle Verarbeitung abstellt: Denn wenn es um die Verarbeitung solcher besonderer Datenkategorien geht, besteht die Verzeichnispflicht aufgrund der besonderen Risiken, ansonsten nicht.

Wenn also ein Kleinunternehmen mit weniger als 250 Mitarbeitern etwa Gesundheitsdaten verarbeitet (wie eine Apotheke oder eine Arztpraxis), muss es für diese Verarbeitung dennoch ein Verzeichnis führen bzw das Verfahren in das Gesamtverzeichnis aufnehmen.

E. Pro Verarbeitung ein Verzeichnis bzw Meldung dazu

Der Umstand, dass sich die Ausnahme – wenn sie überhaupt greift – nur auf einzelne Verarbeitungen bezieht, ist auch im Hinblick auf den Zweck der Vorschrift schlüssig: Denn dieser besteht darin, der Datenschutzbehörde auf einen Blick ein Bild zu verschaffen, wie die Datenschutzsituation ist. Verarbeitungen, für die eine der Ausnahmen greift, sind quasi „ungefährlich" und nicht verzeichnispflichtig, da für die Behörde weniger interessant, die „gefährlichen" Verarbeitungen dagegen schon.

Dies ist nachvollziehbar, muss sich doch die Datenschutzbehörde auch bei Unternehmen mit weniger als 250 Mitarbeitern von den dortigen „gefährlichen" Datenverarbeitungen ein Bild machen.

Es erscheint daher nicht möglich, Abs 5 und damit die Ausnahme so zu lesen, dass – wenn eine der Voraussetzungen erfüllt ist – das Unternehmen *gänzlich* von der Verzeichnispflicht befreit ist. Vielmehr bezieht sich eine Ausnahme immer nur auf spezielle Verarbeitungen, die von der Pflicht ausgenommen sein können.

Praxistipp:

Es ist also von Unternehmen mit weniger als 250 Mitarbeitern sehr sorgfältig zu prüfen, ob und bei welchen speziellen Verarbeitungen die Ausnahme gilt: Für die eine Verarbeitung kann bei solchen kleineren Unternehmen die Ausnahme greifen, für andere Verarbeitungen im selben Unternehmen dagegen nicht. Bei Unsicherheit sollte man vorsorglich besser die Verarbeitung in ein Verzeichnis aufnehmen, als ein Risiko einzugehen.

VI. Form des Verzeichnisses

Das Verzeichnis ist schriftlich zu führen, was auch in einem elektronischen Format erfolgen kann. Die Begriffe „schriftlich" und „elektronisches Format" sind EU-rechtlich auszulegen, auf die nationalen Definitionen dazu darf nicht zurückgegriffen werden.

Die DSGVO selbst enthält dazu keine Definitionen. Die Vorgabe ist damit so zu verstehen, dass das Verzeichnis „irgendwie" verkörpert sein muss, was schon deswegen nötig ist, um es der Behörde zur Verfügung stellen zu können (Art 30 Abs 4). Liest man „zur Verfügung stellen" als „überlassen" und nicht nur „zur Einsicht bereithalten", muss das Verzeichnis also übersendungsfähig sein.

Ob dies dann in Papierform und ausgedruckt erfolgt (dies dürfte mit „schriftlich" gemeint sein) oder auf einem Datenträger bzw per E-Mail-Anhang (so dürfte „elektronisches Format" zu verstehen sein), wäre nachrangig: Wichtig ist, dass es als Ganzes überlassen werden kann.

Denkbar ist damit eine Führung etwa in Excel, Word oder auch per Datenbank, sofern daraus die eigentlichen Verzeichnisse gedruckt werden können.

Im deutschen Markt gibt es zum internen Verfahrensverzeichnis seit Jahren eine Reihe von Softwareanbietern, die Lösungen dazu anbieten. Es ist davon auszugehen, dass diese die Software auf die Anforderungen der DSGVO anpassen und dabei ua auch eine Funktion für das Verzeichnis anbieten werden.

Eine Unterschrift dürfte nicht nötig sein, da eine solche in einem elektronischen Format zumindest rechtsgültig nicht ohne weiteres möglich ist.[2]) Es schadet aber natürlich nicht, wenn der gesetzliche Vertreter des Verantwortlichen das Verzeichnis – sei es auf einem Ausdruck oder per gescannter Unterschrift auf einem PDF oä – unterschreibt.

VII. Inhalt des Verzeichnisses

A. Was ist mit „Verarbeitungstätigkeit" gemeint?

In Art 30 Abs 1 sind die Angaben, die das Verzeichnis eines Verantwortlichen für „seine" Datenverarbeitungstätigkeiten beinhalten muss, aufgelistet, in Abs 2 die Angaben, die der Auftragsverarbeiter in das Verzeichnis betreffend der Verarbeitungen, die er für seine Kunden durchführt, aufzunehmen hat (es handelt sich dabei um eine Teilmenge).

Der Betriff der „Verarbeitungstätigkeit" ist in der DSGVO nicht definiert, schon hingegen der Begriff der „Verarbeitung" (Art 4 Nr 2). Der Verordnungsgeber wählte in Art 30 jedoch nicht diese Formulierung, sondern die der „Verarbeitungstätigkeit", wollte also offenbar etwas anderes ausdrücken.

Es darf aber bezweifelt werden, ob es einen Unterschied gibt, da schon bei der Definition zu „Verarbeitung" von „jede[m] [...] ausgeführten Vorgang oder jede[r] solche[n] Vorgangsreihe" die Rede ist, also schon ein sehr detaillierter Maßstab angelegt wird. Zwischen „jeder Vorgang" und „Verarbeitungstätigkeit" besteht sprachlich kein Unterschied.

Dies bedeutet: Jeder Vorgang bzw jede Aktivität einer Verarbeitung ist im Verzeichnis zu erfassen und zu beschreiben.[3]) Oder, mit anderen Worten: Pro Vorgang/Verarbeitungstä-

---

[2]) Ausgenommen, es würde mit einer digitalen Signatur iSd SignaturG signiert.

[3]) In Deutschland spricht man insofern meist von „Verfahrensmeldung", also einer Meldung, die genau ein Verfahren näher beschreibt; all diese Meldungen zusammengenommen stellen dann das „Verfahrensverzeichnis" insgesamt dar.

tigkeit sind die Informationen nach Abs 1 lit a–g anzugeben (wobei die Angaben nach lit a oft für viele Einzel-Verarbeitungstätigkeiten gelten dürften).

Diese Interpretation drängt sich umso mehr auf, wenn man in die englische Fassung blickt. Dort ist in Abs 1 im Singular von „a record of processing activities" die Rede, im Folgesatz noch klarstellend von „That record [...]":

"Each controller and, where applicable, the controller's representative, shall maintain ***a record of processing activities*** *under its responsibility.* ***That record*** *shall contain all of the following information: (...)"*

Im Abs 3, in dem es um die Schriftform geht, ist im Unterschied dazu dann vom Plural die Rede:

"The ***records*** *referred to in paragraphs 1 and 2 [...]"*

Offenbar bezieht sich Abs 1 also auf ein „record" pro Verarbeitungstätigkeit, alle „records" zusammen sind dann das Verzeichnis insgesamt.

Dies führt zur nächsten Frage: Was genau ist denn eine (1) Verarbeitungstätigkeit?

Vorschlag einer Strukturierung/Vorgehen für eine Gliederung

Es handelt sich um eine sehr praxisrelevante Frage, denn von ihrer Beantwortung hängt ab, wie umfangreich das Verzeichnis wird, was folgendes Beispiel verdeutlicht:

Ist die gesamte Personaldatenverarbeitung eine (1) Verarbeitungstätigkeit? Oder aber ist der Umgang mit Bewerbungen, die Lohnbuchhaltung, das Ausstellen von Zeugnissen, die Zeiterfassung, das Auszahlen von Prämien, die Beantragung und Genehmigung von Urlaub etc. jeweils eine eigene Verarbeitungstätigkeit?
Die Antwort darauf entscheidet, ob man für die Personalabteilung nur eine Verarbeitungstätigkeit oder viele Dutzend Tätigkeiten mit jeweils eigenen Meldungen im Verzeichnis hat.
Leider lässt die DSGVO auch diese Frage offen, was in Anbetracht der Strafbewehrung umso bedauerlicher ist.[4])

Es kann aber folgende Überlegung eine Orientierung geben:

In Art 30 Abs 2 ist betreffend des Verzeichnisses des Auftragsverarbeiters für seine Kunden – im Unterschied zu Art 30 Abs 1 – nur von „Kategorien" der Tätigkeiten der Verarbeitung für einen Auftraggeber die Rede.

Dies kann so verstanden werden, dass der Verordnungsgeber dies offenbar unterschiedlich regeln wollte, und zwar wohl dergestalt, dass

- der Auftragsverarbeiter nur die Kategorien beschreiben muss,
- der Verantwortliche hingegen sich nicht auf Kategorien beschränken darf, denn ansonsten würde sich in Abs 1 auch diese Formulierung finden.

Auch hier bieten die ErwGr keine Hilfe, sie lassen diese Thematik offen.

Als Zwischenergebnis zum aktuellen Zeitpunkt wird man festhalten müssen, dass der Verantwortliche wohl pro Verarbeitungstätigkeit die Angaben nach lit a–f tätigen muss, was im Folgenden als „Meldung der Verarbeitungstätigkeit" bezeichnet wird (der Einfachheit halber abgekürzt mit „Verarbeitungsmeldung").

[4]) In Deutschland stellt sich dieselbe Frage schon lange (was ist „ein" sog Verfahren?), aber es besteht bis heute keine Einigkeit und auch keine richterliche Entscheidung dazu.

Damit ist aber immer noch unklar, was eine (1) Verarbeitungstätigkeit ist. Ebenso ist zu fragen, wie man praktisch am besten dabei vorgeht, die vorhandenen Verarbeitungstätigkeiten zu erfassen, um sodann die einzelnen Meldungen für das eigene Verzeichnis anzufertigen.

Ein Ziel sollte sein, einerseits nicht nur „grob" zu unterteilen, um sich von den Kategorien abzugrenzen, andererseits aber auch nicht zu detailliert zu werden, da ansonsten ein Verzeichnis unüberschaubar groß und auch aufwendig wird, was am Ende dazu führen kann, dass es nicht oder nur schlecht gepflegt wird.

Praxistipp:

Praktisch gesehen ist daher ein überschaubares, dafür aber gut gepflegtes und sorgfältig gestaltetes Verzeichnis besser als ein zu detailliertes Verzeichnis, das entweder nie fertig wird oder in dem Moment überholt ist, in dem es fertiggestellt wird, da sich bereits wieder Änderungen ergeben haben.

Es ist also zu überlegen, was man zu einer (1) Verarbeitungstätigkeit zusammenfassen kann:

Auf der Hand liegt, dass man etwa die Verarbeitungstätigkeiten in der Marketingabteilung nicht mit denjenigen der Personalabteilung, des Einkaufs oder des Facility Managements zusammenfassen kann.

Insofern bietet sich also als ein erstes Kriterium zur Strukturierung an, nach den verschiedenen Abteilungen im Unternehmen zu differenzieren.

Praxistipp:

Es ist zu prüfen, ob eine abteilungsbezogene Untergliederung sinnvoll ist – oft wird sie sich anbieten.

Die Unterteilung nach Abteilungen kann daher die erste Gliederungsebene darstellen; diese ist meist auch deshalb sinnvoll, da innerhalb einer Abteilung viele Verarbeitungsprozesse ineinandergreifen oder voneinander abhängig sind, also im Kontext gesehen werden müssen.

Praxistipp:

Es hat sich in Deutschland bewährt, bei diesem Ansatz in jeder Abteilung eine Person zu bestimmen, die für diese Abteilung die Erstellung des Verzeichnisses und dessen spätere Aktualisierung bzw zumindest die abteilungsinterne Koordination dazu übernimmt. Am besten legt man dies anhand der Funktion/Position fest, sodass der jeweilige Inhaber automatisch diese Aufgabe innehat, wie etwa der „Stellvertretende Abteilungsleiter" oä. Damit ist die Aufgabe klar zugewiesen, was erfahrungsgemäß wichtig ist, da ansonsten die Gefahr besteht, dass sich niemand zuständig fühlt.

Innerhalb einer Abteilung ist dann zu prüfen, wie man weiter strukturiert. Dazu haben sich in Deutschland zwei Ansätze bewährt:

- Man orientiert sich am *rechtlichen* Schicksal der Daten, unterteilt also in Verarbeitungen, die die Begründung eines Vertrags betreffen, sodann dessen Durchführung und am Ende die Verarbeitungen rund um die Beendigung.
  Dieser Ansatz passt etwa gut bei Kundendaten oder Personaldaten, da mit diesen (sonst wären es [noch] keine Kunden oder Mitarbeiter) stets ein Vertrag besteht.
- Und/oder aber man stellt auf die tatsächliche Seite und den Lebenszyklus eines Datums ab, also von dessen Erhebung an („Geburt") bis zum Löschen („Tod").
  Diese Betrachtung bietet sich bei eher technischen Daten an, wie etwa Logfiles, die bei der Nutzung einer Software anfallen (Einlog- und Auslog-Zeiten des Users oder die von ihm dabei hinterlassenen Datenspuren).

Das Verzeichnis der Abteilung „Personalabteilung" könnte man also in die drei Obergruppen „Begründung", „Durchführung" und „Beendigung" unterteilen und darunter dann jeweils die konkreten Verarbeitungstätigkeiten nennen, wie etwa

- die Begründung, also alles betreffend die Bearbeitung von Bewerbungen und Einstellungen (Einstellungstests etc);
- die Durchführung, also die Zeiterfassung, Lohnbuchhaltung, Urlaubsbearbeitung etc;
- die Beendigung, also „Offboarding-Prozesse", wozu etwa das Löschen von zurückgegebenen PCs etc gehören kann.

Es würde sich dann anbieten, möglichst auf dieser Ebene (also zB etwa: Bearbeitungen von Bewerbungen) zu bleiben und nicht noch eine Ebene tiefer zu gehen, da man sonst Gefahr läuft, sich zu „verzetteln".

Um beim Beispiel Bewerbungen zu bleiben: Diese Tätigkeit nochmals zu unterteilen in einzelne Verarbeitungstätigkeiten wie „Bearbeitung von Papierbewerbungen", „Bearbeitung von E-Mail-Bewerbungen", scheint zumindest idR nicht nötig, ebenso wenig wie etwa die Unterteilung in „Nutzung von Daten zum Anruf eines Bewerbers", „Nutzung der E-Mail-Adresse" etc. Denn der Zweck, die Datenkategorien, die verschiedenen Empfängerkategorien etc. sind jeweils identisch. Soweit es aber dabei Unterschiede gibt, ist zu prüfen, ob man die eine Meldung „Bewerbung" nicht in mehrere Einzelmeldungen unterteilt.

Dies führt zugleich zu einem weiteren möglichen Maßstab, den man bei der Frage, wie detailliert vorzugehen ist, anlegen kann: Die Vorgaben zum Inhalt der Beschreibung einer Verarbeitungstätigkeit nach Art 30 Abs 1 und Abs 2: Denn solange man für eine gewählte „Verarbeitungstätigkeit" bei diesen Angaben nicht differenzieren muss bzw sich diese gut gemeinsam darstellen lassen, weil sie sich auf diese eine Tätigkeit beziehen und diese einheitlich beschreiben, scheint im Normalfall eine weitere Differenzierung nicht nötig.

Praxistipp:

Es lohnt sich, sehr sorgfältig zu planen und überlegen, wie man sein Verzeichnis strukturiert und wie man eine (1) Verarbeitungstätigkeit definiert. Denn diese Festlegungen entscheiden über die Detailtiefe und damit den Aufwand nicht nur der Erstellung, sondern va auch der fortwährenden Pflege. Je einfacher das Verzeichnis gehalten ist, desto höher ist die Wahrscheinlichkeit einer sorgfältigen und aktuellen Pflege.

Es wird sich zeigen, ob man die Formulierung in Abs 2 zu den „Kategorien" so versteht wie oben beschrieben oder anders, ebenso wie sich zeigen wird, ob und wie streng die Aufsichtsbehörden bei der Auslegung und Festlegung sind, was eine (1) Verarbeitungstätigkeit ist. Aufgrund der Strafbewehrung ist zunächst ein im Zweifel (trotz der damit einhergehenden Aufwandsprobleme) eher detailliertes Verzeichnis zu empfehlen.

B. Verzeichnis des Verantwortlichen: Ausgewählte Fragen (Art 30 Abs 1)

Art 30 Abs 1 enthält die konkreten Vorgaben, wie ein Verantwortlicher für sich seine Verarbeitungen zu beschreiben hat.

1. Lit a

Nach Art 30 Abs 1 lit a muss das Verzeichnis den **Namen und die Kontaktdaten des Verantwortlichen** und ggf des gemeinsam mit ihm Verantwortlichen, des **Vertreters** des Verantwortlichen sowie eines etwaigen **Datenschutzbeauftragten** beinhalten.

Zweck dieser Angaben ist, dass ein Leser des Verzeichnisses – idR also die Datenschutzbehörde – diese Angaben auf einen Blick vorliegen hat.

Die Formulierung „etwaiger Datenschutzbeauftragter" resultiert daraus, dass nach der DSVGO nicht in allen Fällen ein Datenschutzbeauftragter bestellt werden muss, sondern es zwingende Fälle gibt und es im Übrigen den Mitgliedstaaten überlassen ist, verpflichtende Regelungen dazu in den nationalen Gesetzen vorzusehen (Art 37 Abs 1 und 4).

Eine ähnliche Regelung gibt es in § 19 Abs 1 Nr 1 DSG 2000, wonach ua der Name und die Anschrift des Auftraggebers sowie seines Vertreters in das Register zu melden ist.

2. Lit b

Lit b fordert eine **Beschreibung der Zwecke** der Verarbeitung (ähnlich zu § 19 Abs 1 Nr 3 DSG 2000).

Aus der Singularformulierung „der Verarbeitung" ergibt sich, dass in dem Verzeichnis pro Verarbeitung vorzugehen ist (siehe oben), also die Zwecke pro einzelner Verarbeitung in einer sog „Verarbeitungs-Meldung" zu beschreiben sind.

Nach den Zwecken richtet sich maßgeblich die datenschutzrechtliche Zulässigkeit einer Verarbeitung, sodass es essentiell wichtig ist, diese hier korrekt und va so konkret wie möglich anzugeben.

Hintergrund ist wiederum, der Behörde als Empfänger des Verzeichnisses einen schnellen Überblick über die einzelne Verarbeitung und deren Zwecke zu geben, damit diese die Rechtmäßigkeit beurteilen kann.

Praxistipp:

Aus der Erfahrung aus Deutschland zum dortigen internen Verfahrensverzeichnis zeigt sich, dass bei den Zwecken oft zu oberflächliche Angaben getätigt werden, die sich zT sogar an den Unternehmenszwecken und nicht am Zweck der spezifischen Verarbeitung, die gerade in dem Verzeichnis beschrieben wird, orientieren. Bei einem Zeiterfassungssystem würde man den Zweck also in etwa so formulieren: „*Erfassung und Verwendung der Zeitdaten der Beschäftigten zum Zwecke der Ermittlung der Kommt- und Geht-Zeiten, die zur Berechnung der Arbeitszeit, der An- und Abwesenheiten sowie der Überstunden erforderlich sind.*"

3. Lit c

Lit c fordert eine Beschreibung der **Kategorien der betroffenen Personen** sowie der betroffenen **personenbezogenen Daten** (vergleichbar mit § 19 Abs 1 Nr 4 DSG 2000). Wichtig ist, dass nur „Kategorien" anzugeben sind, also etwa „Kontaktdaten der Kunden" und nicht „Straße, Hausnummer, Postleitzahl, Stadt, Land" oä, also nicht die einzelnen Datenfelder (im österr Recht ist von „Datenarten" die Rede).

Dies gilt auch für die Betroffenen: Auch dazu sind nur Kategorien zu beschreiben, also etwa „Kunden des Verantwortlichen" oder „Beschäftigte des Verantwortlichen".

Es dürfte aber natürlich nicht schaden, dennoch die Einzeldaten zu beschreiben, vielmehr wird dies sogar oft nützlich sein, um ein Verfahren besser zu verstehen.

Praxistipp:

Es hat sich in Deutschland bewährt, im internen Verzeichnis entweder doch die genauen Datenarten zu nennen oder nur die Kategorie, letztere aber der Verständlichkeit halber mit konkreten Beispielen zu versehen. Also zB „Kontaktdaten der Kunden, insb postalische Anschrift, E-Mail-Adresse, Telefonnummer etc". Denn später ist man oft dankbar, wenn man bei einer Befassung mit einem bestimmten Verfahren konkretere Angaben im Verzeichnis vorliegen hat.

4. Lit d

Nach lit d sind die die **Kategorien von Empfängern**, gegenüber denen die personenbezogenen Daten offengelegt worden sind oder noch offengelegt werden, zu nennen, **einschließlich Empfänger in Drittländern oder internationalen Organisationen** (eine ähnliche Regelung dazu gibt es in § 19 Abs 1 Nr 5 DSG 2000).

Es geht hier um einen „Empfänger", der nicht dem „Dritten" gleichzusetzen ist: Der Empfänger ist nach der Definition in Art 4 Nr 9 *„eine natürliche oder juristische Person, Behörde, Einrichtung oder andere Stelle, denen personenbezogene Daten offengelegt werden, unabhängig davon, ob es sich bei ihr um einen Dritten handelt oder nicht."*

Empfänger können damit also auch interne Stellen bei dem Verantwortlichen sein, etwa Personalabteilung, Lohnbuchhaltung, Marketing etc. Aber auch Dritte gehören zu den Empfängern.

Selbstverständlich gehören auch alle Dienstleister, die personenbezogene Daten vom Verantwortlichen zur Datenverarbeitung erhalten, dazu: Denn auch diese „empfangen" dessen personenbezogene Daten und sind damit „Empfänger".

Praxistipp:

Im Unterschied zur bisherigen Praxis in Österreich betreffend der Meldungen für das Register sind also nach der DSGVO auch die Dienstleister bei den Empfängern mit zu benennen.

Wichtig ist zudem, dass in der Gesetzesdefinition von „offenlegen" die Rede ist. Übermittelt man daher einer anderen Person zwar keine personenbezogene Daten, gewährt dieser aber Zugriff (etwa per Fernzugriff bei einer Fernwartung oä), handelt es sich auch bei solchen Personen um „Empfänger", denn auch ihnen gegenüber werden die Daten durch die Zugriffsgewährung offengelegt.

In dem Verzeichnis ist also pro Verarbeitung und pro personenbezogenem Datum aufzulisten, welche Empfänger in Frage kommen. Am besten geht man in Form einer Tabelle vor (siehe unten den abschließenden Vorschlag eines Musters).

Praxistipp:

Angaben zu den Empfängerkategorien lassen sich bei softwaregestützten Verfahren oft den dortigen Rollen- und Berechtigungskonzepten entnehmen, die zT sehr detailliert über eine funktionale Beschreibung festlegen, wer in der Software welche Daten wie sehen und verarbeiten darf (etwa „HR-Sachbearbeiter" oder „IT-Admin"). Aus diesen Funktionsbezeichnungen lassen sich dann oft mit wenig Aufwand die Empfänger ableiten.

Dabei sind nur die „Kategorien" von Empfängern zu beschreiben, die Namen der Empfänger müssen nicht (bzw dürfen aus Datenschutzgründen überhaupt nicht ohne weiteres) genannt werden, sondern nur die Kategorie, wie etwa „Abteilungsleiter Marketing" oä.

Praxistipp:

Dies empfiehlt sich auch deswegen, um bei einem Wechsel einer Person nicht ständig die Verzeichnisse aktualisieren zu müssen. Die Angabe von Kategorien sorgt insofern für eine gewisse Unabhängigkeit von Namen und damit für weniger Pflegeaufwand des Verzeichnisses.

Ob man die Empfängerkategorien pro Datenkategorie nennt oder für alle Datenkategorien einer einzelnen Verarbeitungsmeldung die Empfängerkategorien gesammelt und pauschal nennt, ist im Einzelfall zu bewerten. Oft ist es sinnvoll, nach den Datenkategorien zu unterscheiden, denn bestimmte Datenkategorien dürfen die einen Empfänger in einer Verarbeitungstätigkeit sehen, andere Empfänger dagegen nicht.

Praxistipp:

Die Frage, ob man pro Einzelverarbeitung alle Empfängerkategorie pauschal auflistet oder aber pro Datenkategorie in dem Verfahren nennt, sollte im Einzelfall entschieden werden. Klarer ist die Darstellung pro Datenkategorie, auch für die Datenschutzbehörde als „Leser".

Zuletzt sollte pro Empfängerkategorie noch vermerkt werden, ob diese sich in einem **Drittland** befindet. Am besten gibt man das konkrete Drittland an, da es sich auch um ein als sicher anerkanntes Land handeln kann, was für die rechtliche Bewertung wichtig ist.

5. Lit e

Nach lit e sind ggf Übermittlungen von personenbezogenen Daten an ein **Drittland oder an eine internationale Organisation**, einschließlich der Angabe des betreffenden Drittlands oder der betreffenden internationalen Organisation, sowie bei den in Art 49 Abs 1 und 2 genannten Datenübermittlungen die Dokumentierung geeigneter Garantien zu nennen (eine ähnliche Regelung gibt es in § 19 Abs 1 Nr 5 DSG 2000).

Hier wird also nicht auf die Empfänger abgestellt, sondern auf den Vorgang des Übermittelns von Daten an ein Drittland.

Die Abgrenzung zu lit d und den „Empfängerkategorien" ist nicht ganz eindeutig, da – zumindest, wenn es sich bei den Empfängern um „Dritte" handelt – stets eine Übermittlung vorliegt.

Nimmt man lit e in der deutschen Übersetzung wörtlich, geht es aber nur um Übermittlungen an ein „Drittland" selbst. Denn es ist nicht von Dritten oder Empfängern die Rede, auch nicht von Übermittlungen „in" ein Drittland, sondern „an" ein Drittland.

Diese Auslegung könnte dadurch unterstützt werden, dass von internationalen Organisationen die Rede ist, es dem Verordnungsgeber also offenbar darum geht, dass aus dem Verzeichnis speziell solche Übermittlungen zu erkennen sind.

Völlig unklar ist dann aber, was mit „Drittland" genau gemeint sein soll, denn an ein gesamtes Land kann man keine Daten übermitteln. Es müssten also dortige Regierungsorganisationen oder Behörden oä gemeint sein, im weitesten Sinne der Staat. Bei dieser Auslegung wäre die Praxisrelevanz dieser Vorgabe eher gering.

Anders wäre es, wenn man die Vorschrift – allerdings entgegen ihrem Wortlaut – so auslegt, dass die Übermittlung an Empfänger „in" Drittländern gemeint sein soll. Die englische Fassung hilft bei dieser Frage als Vergleich nicht weiter, dort ist von „to a third country" die Rede, was ähnlich missverständlich wie im Deutschen ist.

Die französische Version spricht von „vers un pays tiers", was eher als „in Richtung eines Drittlandes", „in ein Drittland" zu übersetzen ist.

Eine Leseweise mit „in" wäre aber dennoch deutlich passender und naheliegender, ist aber zumindest gegen den Wortlaut.

Die Praxisauswirkung ist aber gering: Denn nach lit d ist bei den Empfängern auch anzugeben, ob sich ein solcher in einem Drittland befindet. Und wenn tatsächlich Daten an ein „Drittland" selbst gingen, wäre auch dies ein „Empfänger" und zu benennen.

Praxistipp:

Am besten gibt man im Rahmen der Empfängerkategorien noch an, ob es sich um Dritte handelt (dann läge eine Übermittlung vor) und ob diese ihren Sitz in einem Drittland – und wenn ja, in welchem – haben. Dann wäre lit e auch erfüllt, selbst wenn gegen den Wortlaut auch auf Empfänger in Drittländern abgestellt wird und nicht auf die Drittländer als Staaten.

6. Lit f

Nach lit f sind die vorgesehenen **Fristen für die Löschung** der verschiedenen Datenkategorien zu beschreiben, aber nur „wenn möglich".

Hier wird wieder auf die Datenkategorien abgestellt: Pro Datenkategorie ist die Löschfrist zu nennen. Es bietet sich also an, auch diese Angaben in die vorgeschlagene Tabelle aufzunehmen. Anzugeben sind dabei die konkret vorgesehenen Löschfristen.

In Österreich sind die Löschfristen keine Pflichtangabe für die Meldungen für das Register, da in § 19 Abs 1 DSG 2000 nicht aufgelistet.

Datenlöschungen sind komplexe Angelegenheiten, sowohl aus rechtlicher als auch aus technischer Sicht: Denn technisch bestehen oft Abhängigkeiten zwischen verschiedenen Datentabellen und -strukturen, die zu berücksichtigen sind; rechtlich kann es eine Vielzahl von gesetzlichen Aufbewahrungspflichten geben, die zu prüfen sind.

Wenn noch nicht vorhanden, empfiehlt es sich, für die einzelnen Datenverarbeitungen bzw Anwendungen ein Konzept zu verfassen, in dem definiert ist, wann welche personenbezogenen Daten wie gelöscht werden („Löschkonzept"). Daraus kann man dann die Löschfristen entnehmen und in die Meldung für das Verzeichnis aufnehmen.

Praxistipp:

Soweit im Unternehmen solche Löschkonzepte noch nicht vorhanden sind, ist zu empfehlen, diese bis 2018 zu erstellen; einerseits, um den Löschvorgaben der DSGVO nachzukommen, andererseits, damit für die Verarbeitungsmeldungen für das Verzeichnis die Löschfristen vorliegen und dort eingetragen werden können.

Unklar bleibt, was mit „wenn" gemeint ist. Denn im Ergebnis muss jedes Datum irgendwann einmal gelöscht werden; damit ist es auch möglich, anzugeben, wann dies geplant bzw vorgesehen ist (und mehr als die „vorgesehene" Löschfrist ist ohnehin nicht anzugeben).

Hier wird abzuwarten bleiben, welche Kriterien die Aufsichtsbehörden sowie die Rsp zu dieser Einschränkung entwickeln. Aktuell wäre es aber der hohen Strafbewehrung wegen riskant, sich auf diese Ausnahme zu berufen, solang unklar ist, wann sie greift.

7. Lit g

Zuletzt fordert lit g eine **allgemeine Beschreibung der technischen und organisatorischen Maßnahmen** gem Art 32 Abs 1, wieder aber nur, „wenn möglich".

Hier dürfte man auf die jeweilige Verarbeitung abstellen, da sich solche Schutzmaßnahmen typischerweise nicht auf einzelne Datenkategorien beziehen, sondern auf eine Verarbeitung insgesamt. Eine ähnliche Regelung gibt es in § 19 Abs 1 Nr 7 DSG 2000.

Praxistipp:

In Deutschland hat es sich zu diesem Punkt in dem internen Verfahrensverzeichnis bewährt, auf eine Anlage zu verweisen, in der die technischen und organisatorischen Maßnahmen beschrieben werden. Denn diese Maßnahmen ändern sich durchaus und dann müsste man sämtliche betroffenen Verarbeitungsmeldungen anpassen. Verweist man dagegen nur auf eine Anlage, ist nur diese zu ändern und alle einzelnen Verarbeitungsmeldungen ändern sich durch die Referenzierung automatisch mit.

C. Verzeichnis des Auftragsverarbeiters (Art 30 Abs 2)

Nicht nur der Verantwortliche muss für sich selbst das Verzeichnis führen, sondern auch der Auftragsverarbeiter für die Verarbeitungen seiner Kunden (für sich selbst auch, insofern ist er aber „Verantwortlicher" und es gilt Art 30 Abs 1).

Abs 2 stellt aber nur auf die „Kategorien" von im Auftrag eines Verantwortlichen durchgeführten Tätigkeiten ab, ein Verzeichnis muss also nicht mehr pro einzelner Verarbeitungstätigkeit geführt werden. Dies kann eine erhebliche Erleichterung bedeuten.

Insofern hat der Auftragsverarbeiter pro Kategorie folgende Angaben zu tätigen:

1. Lit a

Nach lit a sind **Name und Kontaktdaten des Auftragsverarbeiters** oder der Auftragsverarbeiter **und jedes Verantwortlichen, in dessen Auftrag** der Auftragsverarbeiter tätig ist, sowie ggf des **Vertreters** des Verantwortlichen oder des Auftragsverarbeiters und eines etwaigen **Datenschutzbeauftragten** anzugeben.

Im Verhältnis zu Abs 1 kommt hier noch der **Auftraggeber hinzu**, für den der Auftragsverarbeiter jeweils tätig ist. Dies ist sinnvoll, um die dann auf den jeweiligen Auftraggeber bezogenen Verarbeitungskategorien zuordnen zu können.

2. Lit b

Nach lit b sind die **Kategorien von Verarbeitungen, die im Auftrag jedes Verantwortlichen durchgeführt werden**, zu nennen.

Aus der Formulierung ergibt sich, dass pro Auftraggeber ein Verzeichnis zu führen ist, in dem sodann die für diesen Auftraggeber vom Auftragsverarbeiter durchgeführten Kategorien von Verarbeitungstätigkeiten beschrieben werden.

Praxistipp:

Es bietet sich also auch hier das Führen einer Tabelle an, und zwar einer Tabelle pro Auftraggeber. In dieser Tabelle sind die Kategorien von Verarbeitungen aufzulisten und pro solcher Kategorie die folgenden Angaben zu tätigen.

3. Lit c

Nach lit c sind wiederum etwaige **Übermittlungen von personenbezogenen Daten an ein Drittland oder an eine internationale Organisation**, einschließlich der Angabe des betreffenden Drittlands oder der betreffenden internationalen Organisation, sowie bei den in Art 49 Abs 1 Unterabs 2 genannten Datenübermittlungen die Dokumentierung geeigneter Garantien zu tätigen.

Diese Formulierung ist identisch zu Abs 1, sodass auf die diesbezüglichen Ausführungen nach oben verwiesen werden kann.

4. Lit d

Zuletzt ist nach lit d noch – pro Verarbeitungskategorie – eine allgemeine Beschreibung der technischen und organisatorischen Maßnahmen gem Art 32 Abs 1, die der Auftragnehmer („Auftragsverarbeiter") zum Schutz der personenbezogenen Daten seines Kunden und Auftraggebers („Verantwortlicher") getroffen hat, zu tätigen.

Praxistipp:

Diese Angaben sind ohnehin Teil des Auftragsverarbeiter-Vertrages, siehe Art 28 Abs 3 lit c und f. Am besten übernimmt man sie von dort oder arbeitet auch hier mit einem Verweis auf eine Anlage.

Die Formulierung „wenn möglich" im Gesetz ergibt hier noch weniger Sinn als in Abs 1, da der Auftragsverarbeiter die Sicherheitsmaßnahmen ohnehin im Vertrag mit dem Auftraggeber geregelt haben muss, es also immer möglich ist, diese Angaben zu tätigen.

Zudem geht es um die Maßnahmen, die der Auftragsverarbeiter selbst bei sich getroffen hat, die er also zwingend kennt. Es wird auch hier abzuwarten bleiben, ob es für diese Ausnahme Anwendungsfälle gibt.

VIII. Muster einer Meldung/eines Verzeichnisses für den „Verantwortlichen"

Ausgehend von den gesetzlichen Vorgaben in Art 30 Abs 1 könnte man für den Verantwortlichen eine Verarbeitungs-Meldung in Form der folgenden Tabelle erfassen.

Muster der Beschreibung einer bestimmten Verarbeitungstätigkeit in einer „Verarbeitungs-Meldung" (aus Sicht des Verantwortlichen)

Verfahren Nr.: ______ **Bezeichnung:** ________ **Für diese Verarbeitungsmeldung zuständige Funktion:** ________

Name des Verantwortlichen: ____________ Kontaktdaten des Verantwortlichen: ____________ Etwaiger Vertreter: ____________ Datenschutzbeauftragter: ____________

Weiterer Verantwortlicher: ____________ Kontaktdaten weiterer Verantwortlicher: ____________ Etwaiger Vertreter: ____________ Datenschutzbeauftragter: ____________

Auf die jeweilige Verarbeitung insgesamt bezogen				Pro Datenkategorie innerhalb der einzelnen Verarbeitung bezogen					
Bezeichnung der Verarbeitungstätigkeit	**Zwecke**	**Betroffenen kategorien**	**Für diese Verarbeitung geltende technische und organisatorische Maßnahmen (ggf Verweis auf Anlage)**	**Kategorien der verarbeiteten personenbezogenen Daten**	**Empfängerkategorien (zu prüfen, ob pro Datenkategorie sinnvoll oder einheitlich für gesamte hier beschriebene Einzelverarbeitung)**	**Empfänger = Dritter?**	**Sitz des Empfängers im Drittland? Angabe von Stadt und Land?**	**Vorgesehene Löschfrist (Angabe wenn möglich)**	**Ergänzungen/ Anmerkung**
Serviceangebot eines E-Mail Newsletters	*Erheben der E-Mail-Adresse und des Namens zum Zwecke der späteren Nutzung zum Versand von E-Mail-Newslettern*	*- Webseitenbesucher* *- Kunden*	*Siehe Anlage XY*	*1. Name*	*Marketing-abteilung*	*Nein*	*Nein*	*3 Jahre*	
					Dienstleister XY	*Ja*	*Ja, USA*	*1 Jahr*	
				2. E-Mail-Adresse	*Marketing-Abteilung*	*Nein*	*Nein*	*3 Jahre*	
					Dienstleister XY	*Ja*	*Ja, USA*	*1 Jahr*	
				3. […]	*[…]*	*[…]*	*[…]*	*[…]*	

Sicherheit der Verarbeitung (Art 32 DSGVO)

Hans-Jürgen Pollirer

I. Einleitung

Das Thema Datensicherheit hat in der DSGVO im Vergleich zum DSG 2000 einen wesentlich höheren Stellenwert erhalten. So wurde die Pflicht, geeignete technische und organisatorische Maßnahmen („Integrität“ und „Vertraulichkeit“) in Art 5 Abs 1 lit f DSGVO als einer der Grundsätze für die Verarbeitung personenbezogener Daten aufgenommen.

Art 32 DSGVO enthält die Bestimmungen über die „Sicherheit der Verarbeitung“. Abs 1 fordert zur Sicherstellung der Datensicherheit, dass unter Berücksichtigung des Standes der Technik („State of the Art“) sowie der Implementierungskosten je nach Art, Umfang, Umstände und Zwecke der Verarbeitung sowie nach Wahrscheinlichkeit und Höhe des Risikos für die persönlichen Rechte und Freiheiten geeignete technische und organisatorische Maßnahmen vom Auftraggeber und vom Dienstleister zu treffen sind, um ein dem Risiko angemessenes Schutzniveau zu gewährleisten.

Im Vergleich mit den Bestimmungen des § 14 DSG 2000 geht aus dieser Formulierung wesentlich deutlicher die Forderung nach Durchführung einer Risikoanalyse hervor, und zwar für alle Verarbeitungen personenbezogener Daten. Die „Datenschutz-Folgenabschätzung“ des Art 35 DSGVO – ihrem Inhalt nach nichts anderes als eine Risikoanalyse – ist dagegen nur dann erforderlich, wenn Datenverarbeitungen voraussichtlich ein hohes Risiko für die persönlichen Rechte und Freiheiten zur Folge haben, wie etwa Diskriminierung, Identitätsdiebstahl, finanzielle Verluste, Rufschädigung usw. In diesem Zusammenhang wird außerdem besonders der Einsatz neuer Technologien hervorgehoben. Auch in den auf die Datensicherheit direkt bezugnehmenden ErwGr 74–77 sowie 83 wird auf die Notwendigkeit von Risikoanalysen zur Planung geeigneter Sicherheitsmaßnahmen hingewiesen.

ErwGr 76 fordert, dass das Risiko anhand einer objektiven Bewertung beurteilt werden soll, bei der festgestellt wird, ob die Datenverarbeitung ein Risiko oder ein hohes Risiko mit sich bringt. Eine Unterstützung bei der Beantwortung der Frage, ob bestimmte Verarbeitungsvorgänge ein hohes Risiko mit sich bringen oder ob dies nicht der Fall ist, sieht ErwGr 77 insofern vor, als der Ausschuss Leitlinien für Verarbeitungsvorgänge herausgeben kann, bei denen aus seiner Sicht kein hohes Risiko für die Rechte und Freiheiten der betroffenen Person vorliegt. Diese Leitlinien sollen auch Abhilfemaßnahmen beinhalten, die in diesen Fällen ausreichend sein können. ErwGr 83 weist nicht nur auf die Notwendigkeit von Maßnahmen zur Eindämmung von Risiken wie zB die Verschlüsselung hin, sondern führt die bei der Bewertung der Datenschutzrisiken zu berücksichtigenden Risiken umfassend an. Im Einzelnen werden an Risiken genannt: Vernichtung, Verlust oder Veränderung (unbeabsichtigt oder unrechtmäßig) oder unbefugte Offenlegung von oder unbefugter Zugang zu personenbezogenen Daten, die übermittelt, gespeichert oder auf sonstige Weise verarbeitet wurden, insb wenn dies zu einem physischen, materiellen oder immateriellen Schaden führen könnte.

Weiters führt Art 32 DSGVO einige Maßnahmen zu Erreichung der Datensicherheit an, die wie in Art 17 RL 95/46/EG und § 14 DSG 2000 losgelöst vom Stand der Technik oder der Kenntnisse der Organisationslehre ausgeführt werden. Es handelt sich dabei um abstrakte Zielvorgaben für die vom Auftraggeber oder Dienstleister zu treffenden technischen und organisatorischen Maßnahmen.

Folgende Maßnahmen werden in Art 32 Abs 1 DSGVO genannt:

- die Pseudonymisierung und Verschlüsselung personenbezogener Daten;
- die Fähigkeit, die Vertraulichkeit, Integrität, Verfügbarkeit und Belastbarkeit der Systeme und Dienste iZm der Verarbeitung personenbezogener Daten auf Dauer sicherzustellen;
- die Fähigkeit, die Verfügbarkeit der Daten und den Zugang zu ihnen bei einem physischen oder technischen Zwischenfall rasch wiederherzustellen;
- ein Verfahren zur regelmäßigen Überprüfung, Bewertung und Evaluierung der Wirksamkeit der technischen und organisatorischen Maßnahmen zur Gewährleistung der Sicherheit der Verarbeitung.

In Art 4 Z 5 DSGVO wurde erstmalig auf EU-Ebene eine Definition für den Begriff „Pseudonymisierung" von personenbezogenen Daten eingeführt. Dieser Begriff entspricht den im § 4 Z 1 DSG 2000 als „indirekt personenbezogen" klassifizierten Daten. Dabei handelt es sich um Daten, bei denen der Personenbezug vom Auftraggeber, Dienstleister oder Übermittlungsempfänger mittels rechtlich zulässiger Mittel nicht bestimmt werden kann. Die Verarbeitung und Übermittlung von indirekt personenbezogenen Daten ist im DSG 2000 privilegiert. So erfolgt nach den Bestimmungen des § 8 Abs 2 DSG 2000 bei der Verwendung von indirekt personenbezogenen Daten keine Verletzung der schutzwürdigen Geheimhaltungsinteressen des Betroffenen, weiters entfällt nach den Bestimmungen des § 17 Abs 2 Z 3 DSG 2000 die Meldepflicht der Datenanwendung an das DVR, und darüber hinaus ist auch die Datenübermittlung gem § 12 Abs 3 Z 2 DSG 2000 ins Ausland genehmigungsfrei.

Die DSGVO sieht eine derartige Privilegierung von pseudonymisierten Daten nicht vor, sondern betrachtet diese Maßnahme in Art 32 Abs 1 lit a DSGVO – so wie auch das BDSG – als bloße Sicherheitsmaßnahme. Erwähnenswert sind in diesem Zusammenhang auch die unterschiedlichen Begriffsdefinitionen. Während nach den Bestimmungen des § 3 Abs 6a BDSG eine Pseudonymisierung auch dann gegeben ist, wenn die Bestimmung des Betroffenen „wesentlich erschwert" wird, und auch § 4 Z 1 DSG 2000 eine Bestimmung der Identifikation des Betroffenen durch die Anwendung rechtlich unzulässiger Mittel nicht ausschließt, enthält die Definition des Art 4 Z 5 DSGVO keine solche Einschränkung.

Abs 2 DSGVO zählt die bei der Festlegung des Schutzniveaus zu berücksichtigenden Risken (Vernichtung, Verlust, zufällige oder unrechtmäßige Veränderung, unbefugte Weitergabe bzw. unberechtigter Zugang zu personenbezogenen Daten) auf.

Abs 3 DSGVO weist darauf hin, dass die Einhaltung genehmigter Verhaltensregeln gem Art 40 DSGVO oder das Vorhandensein eines genehmigten Zertifizierungsverfahrens gem Art 42 DSGVO als Faktor herangezogen werden kann, wenn es darum geht, die Erfüllung der Forderungen des Abs 1 nachzuweisen.

Abs 4 DSGVO enthält ähnlich wie § 14 Abs 2 Z 2 DSG 2000 die Forderung, dass die Verarbeitung personenbezogener Daten durch Personal des Auftraggebers bzw Dienstleisters nur auf Anweisung des Auftraggebers erfolgen darf, sofern diese Personen nicht durch Unionsrecht oder einzelstaatliche Gesetze dazu verpflichtet sind.

So fordert der Art 32 DSGVO neben den drei klassischen Komponenten zur Gewährleistung der Datensicherheit, wie

- **Integrität:** Informationen dürfen nur von den vorgesehenen Personen und Prozessen verändert werden;
- **Vertraulichkeit:** Informationen dürfen nur für die vorgesehenen Personen und Prozesse offengelegt werden;
- **Verfügbarkeit:** Informationen müssen für die vorgesehenen Personen und Prozesse bereitgestellt sein, wenn diese sie benötigen;

zusätzlich auch die Sicherstellung der

- **Belastbarkeit:** Dieses neue hinzugekommene Kriterium ist eng mit dem Kriterium „Verfügbarkeit" verwandt: IT-Systeme (Hardware und Netzwerke) und Anwendungen sollen ein Antwortzeitverhalten („Performance") bieten, das der jeweiligen Datenanwendung angemessen ist. Die Performance wird maßgeblich von der Anzahl der Benutzer und deren Requests, der sog „Bedenkzeit" der Benutzer zwischen zwei Aktionen, sowie der eingesetzten Hard- und Software beeinflusst. Diese Anforderungen werden idR von den Geschäfts- und Betriebsverantwortlichen definiert. Zusätzlich muss die Performance dauerhaft aufrechterhalten werden können.

Will man die Forderungen des Art 32 DSGVO erfüllen (was in Anbetracht der in Art 83 Abs 4 DSGVO vorgesehenen Geldbuße von bis zu € 10 Mio oder im Falle eines Unternehmens von bis zu 2 % seines gesamten weltweit erzielten Jahresumsatzes des vorangegangenen Geschäftsjahres jedenfalls anzuraten ist), ergibt sich für Unternehmen und Organisationen die Notwendigkeit, in Bezug auf das Thema „Sicherheit" eine gesamtheitliche Sichtweise heranzuziehen. Nicht nur die IT, sondern das gesamte Umfeld des Unternehmens bzw der Organisation ist zu betrachten.

Grundsätzlich empfiehlt sich der Aufbau eines Informationssicherheitsmanagements-Systems (ISMS) sowie eine Orientierung an den internationalen Vorgaben der ISO/IEC 27000 Normenreihe, im Besonderen der ISO/IEC 27001 und ISO/IEC 27002. Während die ISO/IEC 27001 (Information technology – Security techniques – Information security management systems – Requirements) die Anforderungen an das ISMS beschreibt, legt die ISO/IEC 27002 (Information technology – Security techniques – Code of practice for information security controls) Richtlinien, Vorschläge und allgemeine Prinzipien für dessen Umsetzung und kontinuierliche Verbesserung fest. Die Normen sind logisch in 14 Überwachungsgebiete gegliedert, auf die das Sicherheitsmanagement thematisch anzuwenden ist. Auch das neu überarbeitete und restrukturierte „Österreichische Informationssicherheitshandbuch" in der Version 4.0.1 vom 19. 1. 2016[1]) orientiert sich nicht nur an den umfangreichen Grundschutz-Katalogen des deutschen Bundesamtes für Sicherheit in der Informationstechnik (BSI)[2]), sondern auch an diesen beiden Normen.

II. Das Informationssicherheitsmanagement-System (ISMS)

Ein methodisch betriebenes Sicherheitsmanagement ist zur Gewährleistung einer umfassenden und nachhaltigen Informationssicherheit unerlässlich. Das „Österreichische Informationssicherheitshandbuch" bietet hierzu einen guten Überblick für jeden, der sich im Unternehmen bzw der Organisation mit dem Thema „Informationssicherheit" auseinandersetzen muss.

---

[1]) www.sicherheitshandbuch.gv.at

[2]) www.bsi.bund.de/DE/Themen/ITGrundschutz/ITGrundschutzKataloge/itgrundschutzkataloge_node.html (abgerufen am 27. 6 .2016).

Zum Aufbau und Betrieb eines ISMS sind folgende Tätigkeiten erforderlich:

- Die Festlegung der für das Unternehmen relevanten Sicherheitsziele und -strategien in Form einer für alle verbindlichen Informationssicherheits-Politik (Information Security Policy),
- die Ermittlung und Bewertung bestehender Sicherheitsrisken (Information Security Risk Management),
- die Festlegung geeigneter organisatorischer und technischer Sicherheitsmaßnahmen,
- die Erstellung eines Auditing-Programms und Durchführung von Sicherheitsüberprüfungen,
- die Schulung und Sensibilisierung der Mitarbeiterinnen und Mitarbeiter in Sicherheitsfragen,
- die Prüfung und Behandlung von Sicherheitsvorfällen (Information Security Incident Handling).

Die nachfolgende Grafik zeigt die im Rahmen des Informationssicherheitsmanagements notwendigen Aktivitäten im Detail:

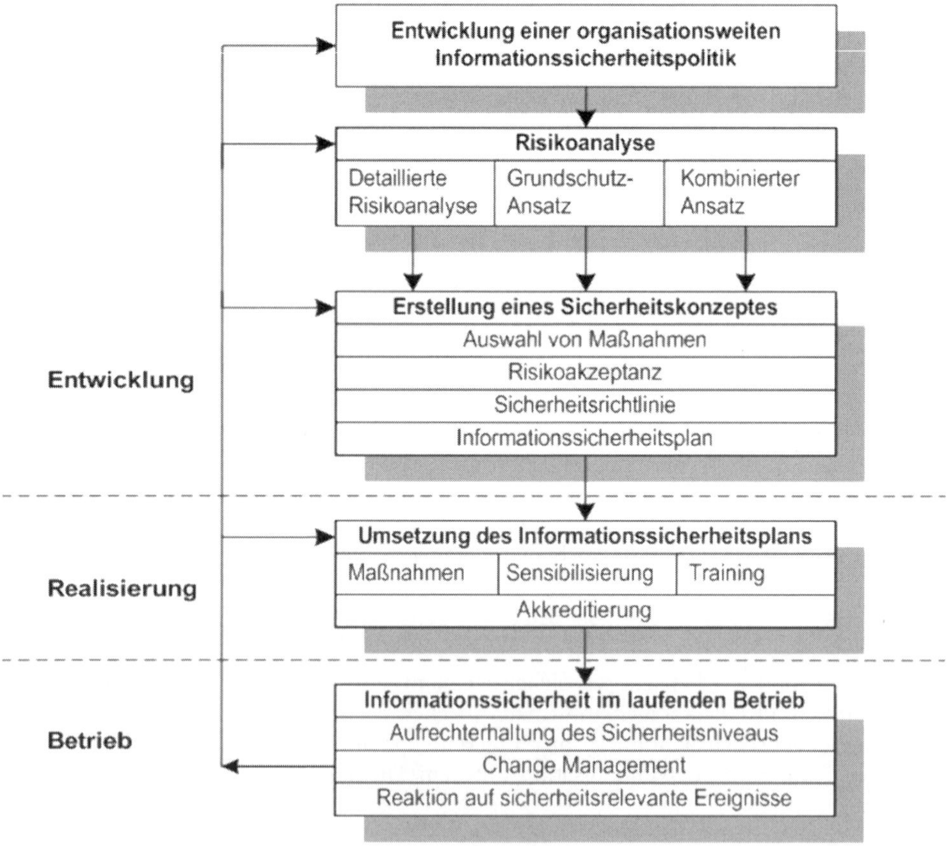

Abbildung 1: Aktivitäten im Rahmen des Informationssicherheitsmanagements
(Quelle: Österreichisches Informationssicherheitshandbuch, Version 4.0.1 vom 19. 1. 2016)

Die ISO/IEC 27001 versteht Informationssicherheit als kontinuierlichen Verbesserungsprozess, der nach dem PDCA-Zyklus (PDCA steht hierbei für das englische Plan–Do–Check–Act) erfolgt. Dem österreichischen IKT-Sicherheitsportal[3]) zufolge lassen sich die einzelnen Phasen dieses Life-Cycle-Modells folgendermaßen beschreiben:

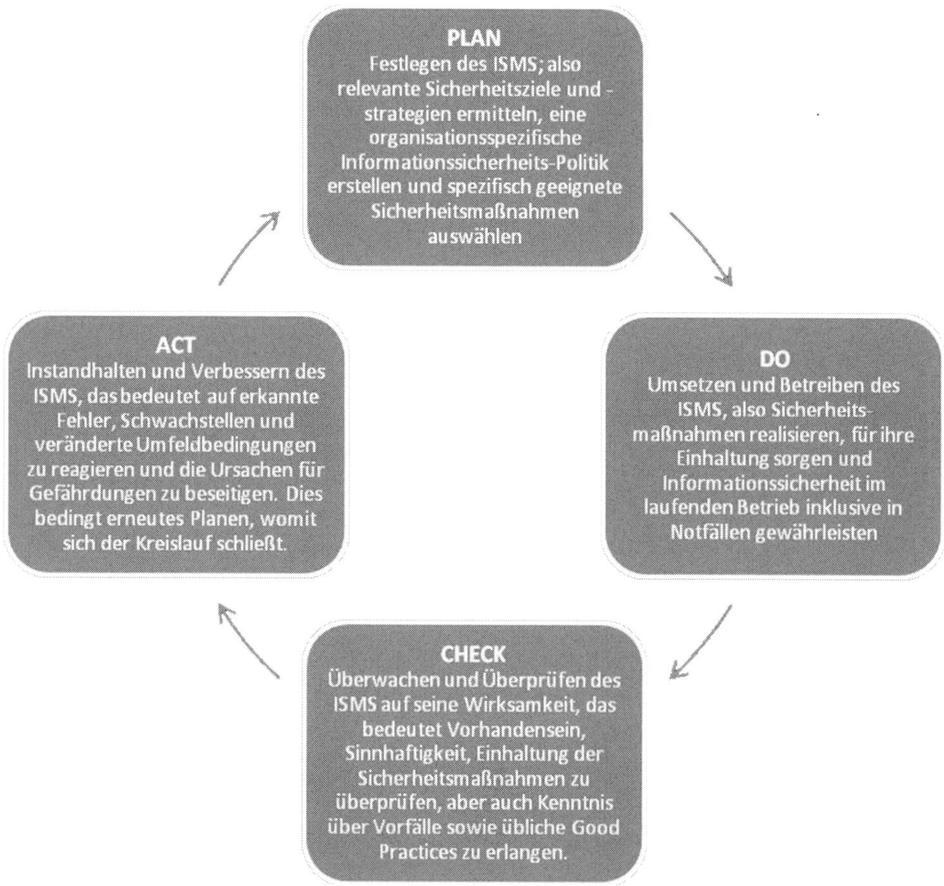

Abbildung 2: PDCA-Zyklus

A. Festlegung der Informationssicherheits-Politik (Information Security Policy)

Ein Großteil der für den Aufbau eines ISMS zu treffenden Maßnahmen liegt beim Management. So bedarf es einer Informationssicherheits-Politik in Unternehmen, die va die sicherheitsbezogenen Ziele und Strategien sowie Verantwortlichkeiten und Maßnahmen festlegt. Es ist Aufgabe des Managements, zu definieren, welcher Grad an Sicherheit für das Unternehmen notwendig ist.

[3]) www.onlinesicherheit.gv.at

Im Einzelnen sollte die Informationssicherheits-Politik verbindliche Aussagen zu folgenden Aspekten beinhalten:

- **Geltungsbereich:** Zu definieren ist, für welche Bereiche die Informationssicherheits-Politik gelten soll. Der Geltungsbereich kann entweder das gesamte Unternehmen oder auch nur Teilbereiche umfassen. Im Allgemeinen sollten aber alle Fachaufgaben und va Geschäftsprozesse des Unternehmens von der Informationssicherheits-Politik abgedeckt werden.
- **Stellenwert der Informationssicherheit:** Die Bedeutung der Informationssicherheit für die Aufgabenerfüllung des Unternehmens ist zu beschreiben. Dabei sind ua die für das Unternehmen relevanten Rechtsvorschriften zu beachten. Diese können ggf in der Informationssicherheits-Politik festgehalten werden.
- **Sicherheitsziele:** An dieser Stelle sind Aussagen in Bezug auf die angestrebte Verfügbarkeit, Integrität und Vertraulichkeit der Daten zu treffen (Schutzbedarf), und zwar unter Berücksichtigung der Aspekte der Wirtschaftlichkeit.
- **Kernelemente der Sicherheitsstrategie:** Diese Position enthält die strategischen Vorgaben in Bezug auf die wesentlichen Maßnahmen zur Gewährleistung der Informationssicherheit. Dazu zählen bspw die Zutritts-, Zugangs- und Zugriffskontrolle sowie die Notfallvorsorge und der Schutz vor Angriffen aus dem Internet.
- **Beschreibung der Organisationsstruktur für die Informationssicherheit:** In diesem Abschnitt wird festgelegt, wer in der Unternehmensorganisation für Informationssicherheit verantwortlich ist und wie diese Funktion in die Organisationsstruktur eingebunden ist. Weiters sind auch die Befugnisse dieser Stelle sowie die Zusammenarbeit mit anderen Bereichen des Unternehmens auf dem Gebiet der Informationssicherheit zu definieren.
- **Erfolgskontrolle:** Durch entsprechende Audits ist sicherzustellen, dass die Ziele der Informationssicherheit eingehalten und etwaige Defizite analysiert und abgebaut werden. Grundlegende Vorgaben, zB zu Methodik und Audit-Intervallen, sollten in der Informationssicherheits-Politik festgehalten werden.

Empfehlenswert ist, die Informationssicherheits-Politik in regelmäßigen Abständen auf ihre Aktualität zu überprüfen und ggf zu überarbeiten.[4])

B. Ermittlung und Bewertung bestehender Sicherheitsrisken (Information Security Risk Management)

Der Einsatz der IT ist in annähernd allen Unternehmen – egal ob groß oder klein – unentbehrlich geworden. Jeder Ausfall im IT-Bereich, auch der eines einzelnen Servers, der Klimatisierung oder des Netzwerks, kann zu erheblichen Störungen und im schlimmsten Fall zum Ausfall von Geschäftsprozessen führen und hohe Schäden nach sich ziehen. Es ist daher unbedingt notwendig, im Rahmen einer sog Business Impact Analyse (BIA) die für das Unternehmen kritischen Geschäftsprozesse und Ressourcen sowie die notwendige Wiederanlaufzeit nach einem Ausfall derselben zu ermitteln. In der darauffolgenden Risikoanalyse wird untersucht, welchen Risken die kritischen Prozesse und Ressourcen ausgesetzt sind.

---

[4]) Ein Beispiel für eine Informationssicherheits-Politik kann den BSI-Grundschutz-Katalogen entnommen werden: www.bsi.bund.de/DE/Themen/ITGrundschutz/ITGrundschutzKataloge/Inhalt/_content/hilfmi/muster/musterrichtlinien/musterrichtlinien.html (abgerufen am 27. 6. 2016).

Bevor nun eine Risikoanalyse durchgeführt werden soll, ist es notwendig, die entsprechende Risikoanalysestrategie festzulegen. An möglichen Strategien sind zu nennen:

- **Detaillierte Risikoanalyse:** Hier ist einerseits zu bedenken, dass die Durchführung einer detaillierten Risikoanalyse für alle IT-Systeme und Geschäftsprozesse sehr aufwändig ist, andererseits kann diese Methode zu effektiveren, angemessenen Sicherheitsmaßnahmen führen.
- **Grundschutzansatz:** Bei dieser Methode wird von einer pauschalierten Gefährdungslage ausgegangen, gegen die sog Grundschutzmaßnahmen zum Einsatz gebracht werden. Vorteil dieser Methode ist, dass sie relativ rasch zu Ergebnissen führt. Sie hat allerdings den Nachteil, dass aufgrund der „pauschalierten" Betrachtung der Gefährdungslage die anschließend getroffenen Sicherheitsmaßnahmen uU in gewissen Bereichen nicht angemessen sein können.
- **Kombinierter Ansatz**: Hier handelt es sich um eine Mischform der beiden oa Methoden, und zwar wird für kritische Systeme (= hoher Schutzbedarf) eine detaillierte Risikoanalyse durchgeführt, auf nicht-kritische Systeme (= niedriger bzw mittlerer Schutzbedarf) werden dagegen Grundschutzmaßnahmen angewendet.

Wird eine detaillierte Risikoanalyse durchgeführt, dann ist ausgehend von einer Definition der möglichen Bedrohungen – wobei sich in diesem Zusammenhang die Verwendung des in den IT-Grundschutz-Katalogen des BSI enthaltenen Gefährdungskatalogs empfiehlt[5]) – die Wahrscheinlichkeit des Schadenseintrittes zu bestimmen. In der anschließenden Risikobewertung werden die Kosten eines Schadenseintrittes (zB durch höhere Gewalt, fahrlässige Zerstörung von IT-Systemen und Daten, Ausfall der IT-Systeme durch technische Systeme, Angriffe aus dem Internet usw) den Kosten der geplanten Sicherheitsmaßnahmen (Einmal- und laufende Kosten) gegenübergestellt, sodass das Risikomanagement in die Lage versetzt wird, entsprechende Entscheidungen nach den Grundsätzen der Wirtschaftlichkeit zu treffen. Die Ergebnisse des Risikomanagement-Prozesses sind die Grundlage für die im Rahmen des Notfallmanagements zu planenden und umzusetzenden Notfallmaßnahmen.

C. Festlegung geeigneter organisatorischer und technischer Sicherheitsmaßnahmen

Um die in Art 32 Abs 1 und 2 DSGVO enthaltenen Ziele und Forderungen zu erfüllen, sind – abhängig von den Ergebnissen der Risikoanalyse – entsprechende Sicherheitsmaßnahmen zu treffen, und zwar insb

- Maßnahmen zur Schadensminderung bei Schadensfällen, die durch Katastrophen (höhere Gewalt), organisatorische Mängel, menschliche Fehlhandlungen (fahrlässige Handlungen), technisches Versagen und vorsätzliche Handlungen (Missbrauch) entstehen können;
- Maßnahmen zur Rekonstruktion von Programmen und Daten;
- Maßnahmen gegen das Risiko der Manipulation an Daten und Programmen;
- Maßnahmen gegen die Abhängigkeit von IT-Personal und daraus resultierenden Risken;
- Maßnahmen gegen die Risken des täglichen Betriebes, wie z.B. Stammdatenfehler, fehlerhafte, unvollständige oder mehrfach erfasste Bewegungsdaten, allgemeine Bedienungsfehler.

---

[5]) www.bsi.bund.de/DE/Themen/ITGrundschutz/ITGrundschutzKataloge/Inhalt/inhalt_node.html (abgerufen am 27. 6. 2016).

Alle diese Risken können idR durch eine Kombination von
- organisatorischen,
- personellen,
- technischen und
- baulichen und infrastrukturellen

Sicherheitsmaßnahmen minimiert werden. Dies führt automatisch auch zum Schutz der iSd Art 32 DSGVO personenbezogenen schutzwürdigen Daten.

Orientierungshilfen mit passenden Sicherheitsmaßnahmen bieten zB die Grundschutz-Kataloge des BSI, die ursprünglich für den Behördenbereich entwickelt wurden und eine Sammlung von mehr als 1.400 einzelnen Sicherheitsmaßnahmen sowie Anleitungen zu deren Implementierung enthalten. Sie gelten als Quasi-Standard im deutschsprachigen Raum und liegen auch in einer englischen Version vor. Auch das von A-SIT, ISB und Bundeskanzleramt entwickelte „Österreichisches Informationssicherheitshandbuch", das als eine entsprechend adaptierte Untermenge der IT-Grundschutzkataloge anzusehen ist, sowie der Anhang A der ISO/IEC 27001, bieten ebenfalls wertvolle Hinweise.

D. Erstellung und Durchführung eines Auditing-Programms

Wichtiger Bestandteil eines ISMS ist die Ausarbeitung eines Audit-Programms und die Durchführung von System- und Prozessaudits sowie Sicherheitsanalysen durch interne und externe Spezialisten. So fordert auch Art 32 Abs 1 lit d DSGVO eine regelmäßige Überprüfung, Bewertung und Evaluierung der getroffenen Sicherheitsmaßnahmen. Aus dieser Forderung sind folgende Audit-Maßnahmen abzuleiten:
- Regelmäßige Überprüfung der implementierten Sicherheitsmaßnahmen auf ihre Übereinstimmung mit der Informationssicherheitspolitik
- Sicherstellung der Wartung der implementierten Sicherheitseinrichtungen
- laufendes Monitoring der IT-Systeme
- Auswertung von Sicherheitsvorfällen und Maßnahmen zur zukünftigen Verhinderung
- Weiterentwicklung des erreichten Sicherheitsniveaus
- Durchführung von Sicherheitsanalysen (zB Penetrationstests)
- Auswertung von Protokollen
- Einrichtung eines Kennzahlenmanagements zur Messung der Wirksamkeit der implementierten Sicherheitsmaßnahmen

E. Schulung der Mitarbeiter in Sicherheitsfragen

Ein wichtiger Aspekt in der Umsetzung des ISMS ist die Schulung der eigenen Mitarbeiter in Fragen der Informationssicherheit. Die Schulungsmaßnahmen sollten sich nicht nur auf die Sensibilisierung („Awareness") im Bereich der Informationssicherheit beschränken, sondern va auch die Befähigung fördern („Empowerment"), eigenverantwortlich für mehr Sicherheit im Umgang mit IT-gestützten Informationen zu sorgen. Das bedeutet, dass die Mitarbeiter über alle erforderlichen Kenntnisse verfügen müssen, um die im Unternehmen getroffenen Sicherheitsmaßnahmen richtig zu verstehen und anwenden zu können. Vor allem sind sie darin zu schulen, in sicherheitskritischen Situationen richtig zu reagieren.

Art 32 DSGVO spricht das Thema der Schulung der Mitarbeiter nicht direkt an. Diese ist aber als Conditio sine qua non für ein wirkungsvolles ISMS anzusehen.

Wertvolle Hinweise in Bezug auf die Ausarbeitung von Sensibilisierungs- und Schulungsprogrammen bietet der im BSI-Grundschutz-Katalog enthaltene Baustein B 1.13 „Sensibilisierung und Schulung zur Informationssicherheit"[6]).

F. Prüfung und Behandlung von Sicherheitsvorfällen (Information Security Incident Management)

Um ein dauerhaftes, den Erfordernissen des Unternehmens angemessenes Sicherheitsniveau aufrechtzuerhalten, ist es notwendig, sich im Rahmen des ISMS auch mit der Behandlung von Sicherheitsvorfällen auseinanderzusetzen. Sicherheitsvorfälle müssen umfassend analysiert und der Normalbetrieb muss rasch wieder hergestellt werden, um Schäden zu vermeiden bzw zu begrenzen. Der Ausfall der IT verursacht in der überwiegenden Zahl der Fälle einen Betriebsstillstand, der – je nach Dauer und Schwere – existenzbedrohend sein kann.

Es ist daher notwendig, ein Notfallvorsorgekonzept auszuarbeiten, und die Ergebnisse in einem Notfallhandbuch zu dokumentieren. Das Notfallvorsorgekonzept selbst ist das Ergebnis eines konsequent durchgeführten Kontinuitätsmanagements, das sich mit der Planung und Einführung aller Maßnahmen auseinandersetzt, die zur Aufrechterhaltung der betrieblichen Kontinuität bei Eintritt eines Schadensereignisses unerlässlich sind.

Die Notfallvorsorge muss möglichst umfassend ausgelegt werden. Je nach Gegebenheiten sollten Notfalls-/Aktionspläne für zumindest folgende Schadensereignisse vorliegen:

- Brandfall
- Wassereinbruch
- Stromausfall
- Ausfall der Kommunikationsleitungen (internes Netzwerk, Verbindung zu den Außenstellen, Internet, Telekommunikation etc)
- Ausfall kritischer Server, Storage Management (SAN, NAS etc.) bedingt durch Hardware- oder Software-Fehler etc
- Sicherheitsvorfälle wie z.B. Virenbefall, Einschleppen von Trojanern, Verhalten bei unbefugten Anfragen etc
- Ausfall der Klimaanlage
- Explosion
- Sabotage
- Einbruch, Überfall
- Vandalismus
- Bombendrohung

Die BSI-Grundschutz-Kataloge und die ISO/IEC 27001 bieten entsprechende Handlungsanleitungen für die Erstellung eines Notfallhandbuches.

III. Fazit

Unternehmen sollten nicht davon ausgehen, dass die aktuellen Maßnahmen, die sie nach den Bestimmungen des DSG 2000 im Bereich der Datensicherheit getroffen haben, bereits ausreichen. Wesentlich konkreter als die bisher gültigen Bestimmungen des § 14

[6]) www.bsi.bund.de/DE/Themen/ITGrundschutz/ITGrundschutzKataloge/Inhalt/_content/baust/b01/b01013.html?nn=6604926 (abgerufen am 27. 6. 2016).

DSG 2000 fordert der Art 32 DSGVO eine Reihe von Sicherheitsmaßnahmen, um ein dem Risiko der Verarbeitung personenbezogener Daten angemessenes Schutzniveau zu erreichen. Im Einzelnen sind dies:

- Durchführung einer Risikoanalyse
- Maßnahmen zur Gewährleistung der Vertraulichkeit, Vollständigkeit, Verfügbarkeit und Belastbarkeit der IT-Systeme und Services im Zusammenhang mit der Verarbeitung personenbezogener Daten
- ggf Pseudonymisierung oder Verschlüsselung personenbezogener Daten
- Implementierung eines Notfallmanagementsystems, um die Verfügbarkeit der IT-Systeme und Daten im Gefolge von physischen oder technischen Problemen wiederherzustellen
- Einrichtung eines Audit-Prozesses zur Überprüfung der ergriffenen Sicherheitsmaßnahmen

Bemerkenswert sind auch die Bestimmungen des Art 32 Abs 3 DSGVO, wonach die Einhaltung genehmigter Verhaltensregeln gem Art 40 DSGVO als Nachweis für die Erfüllung der in Art 32 DSGVO genannten Anforderungen an die Sicherheit der Verarbeitung herangezogen werden können, wobei bei dieser Maßnahme an die Erfordernisse der Mikrounternehmen und KMU gedacht wird. Eher für größere Unternehmen relevant ist die ebenfalls in Art 32 Abs 3 DSGVO enthaltene Möglichkeit, den Nachweis eines ausreichenden Sicherheitsniveaus durch anerkannte Zertifikate gem Art 42 DSGVO zu erbringen. Hier sind va die Zertifikate der ISO/IEC 27000-Normenfamilie und das auf die Datenschutz-Compliance ausgerichtete EuroPriSe Privacy Seal[7]) zu nennen.

Abschließend ist festzuhalten, dass mit der Überprüfung des eigenen Datensicherheitskonzeptes nicht erst zum Zeitpunkt des Inkrafttretens der DSGVO am 25. Mai 2018 begonnen werden sollte. Angesichts der kurzen Übergangszeit ist dringend zu empfehlen, bereits jetzt mit den entsprechenden Vorarbeiten zu beginnen.

[7]) www.european-privacy-seal.eu

Daten weg – was nun?

Data Breaches und ihre DSGVO-Folgen gem Art 33, 34 DSGVO

Markus Oman

I. Data Breaches – Definition

Data Breaches bezeichnen den Verlust der vollständigen Kontrolle über die Daten an sich und daher auch darüber, was mit diesen Daten passiert. Dies ist im Sinne des Datenschutzes dann besonders bedenklich, wenn es sich bei einer solchen Datenpanne um Informationen mit Personenbezug handelt. Es ist aus Sicht des Datenschutzes auch unerheblich, ob der Datenabfluss bewusst unbefugt und mit Vorsatz oder unbewusst durch einen Fehler erfolgt ist.

Es ist daher auch zwingend notwendig, dass sich diesbezügliche Regelungen in der DSGVO finden und zwar in den Art 33 und 34, die auf den ErwGr 85–88 basieren.

Art 33 befasst sich mit der Meldung von Verletzungen des Schutzes personenbezogener Daten an die Aufsichtsbehörde und Art 34 mit der Benachrichtigung der von einer Verletzung des Schutzes personenbezogener Daten betroffenen Person.

II. Verlauf der Datenpanne

Der Verlauf einer Datenpanne hat in der Praxis typischerweise zehn Phasen, die zumeist folgende Reihung aufweisen:

1. Ungewollter Abfluss der Daten aus der Datenhoheit des für Verarbeitung Verantwortlichen an sich
2. Erkennen des ungewollten Datenabflusses durch den für Verarbeitung Verantwortlichen
3. Verhinderung eines weiteren Datenabflusses
4. Einschätzen der Art und Schwere der nachteiligen Folgen für betroffene natürliche Personen
5. Beginn der Minimierung möglicher Folgeschäden für betroffene natürliche Personen
6. Unverzügliche Information der vermeintlich betroffenen natürlichen Personen, hinsichtlich der Verletzung des Schutzes ihrer personenbezogenen Daten
7. Information über die Datenpanne an die Aufsichtsbehörde (definiert in Art 51; Österreichische Datenschutzbehörde[1]), binnen 72 Stunden)
8. Maßnahmen zur Schadensbeseitigung zugunsten der betroffenen natürlichen Person, eventuell unter Auflagen der Aufsichtsbehörde

---

[1]) www.dsb.gv.at.

9. Analyse des kompletten Herganges der Datenpanne
10. Vorkehrungen zur Verhinderung zukünftiger Datenpannen, eventuell unter Auflagen der Aufsichtsbehörde

III. Phase 1: Die Datenpanne an sich

Die DSGVO definiert eine Datenpanne – besser bekannt als „Data Breach" – anhand folgender Merkmale:

Die Verletzung des Schutzes personenbezogener Daten wird im ErwG 85 dahingehend beschrieben, dass die natürliche Person einen physischen, materiellen oder immateriellen Schaden erleiden könnte, wie etwa den Verlust der Kontrolle über ihre personenbezogenen Daten oder eine Einschränkung ihrer Rechte, Diskriminierung, Identitätsdiebstahl oder -betrug, finanzielle Verluste, unbefugte Aufhebung der Pseudonymisierung, Rufschädigung, Verlust der Vertraulichkeit von dem Berufsgeheimnis unterliegenden Daten oder andere erhebliche wirtschaftliche oder gesellschaftliche Nachteile für die betroffene natürliche Person.

IV. Phase 2: Erkennen des ungewollten Datenabflusses

Es kann unterschieden werden in Datenverlust durch eine tatsächlich ungewollte Panne oder durch grobe Fahrlässigkeit einerseits und durch Vorsatz herbeigeführte Datenabflüsse andererseits:

- Eine ungewollte Panne wäre typischerweise ein Softwarefehler in einer Internetapplikation, durch den zB Bewerberdaten einer Recruiting-Plattform für andere Bewerber sichtbar sind oder durch den Daten von Gewinnspielteilnehmern frei im Internet verfügbar sind, da die Administrationsseite nicht ausreichend geschützt ist. Aber auch das Versenden eines E-Mails an viele Empfänger, zB Interessenten einer Kulturveranstaltung, in der alle Empfänger für jeden Empfänger ersichtlich sind, kann schon eine Datenpanne darstellen, da viele Personen ihre privaten E-Mail-Adressen geheim halten wollen.
- Grobe Fahrlässigkeit liegt jedenfalls dann vor, wenn entweder allgemein übliche technische oder organisatorische Maßnahmen zum Schutz der Daten nicht getroffen wurden wie zB fehlender Passwortschutz, oder wenn unverschlüsselte Datenträger an öffentlich zugänglichen Orten verloren gehen. Besonders verwerflich ist es, wenn man trotz einer besonderen Sorgfaltspflicht nicht ausreichend aufmerksam mit Daten und va mit der Weitergabe dieser umgeht, zB wenn eine Finanzbeamtin Informationen einer Prüfung in Form eines E-Mails aufgrund von Namensähnlichkeiten an den falschen Empfänger sendet. Sie verletzt dadurch einerseits die Rechte des Steuerpflichtigen, andererseits verursacht sie einen Schaden beim unbeteiligten Dritten (Empfänger), da dieser die Daten aus allen Systemen entfernen muss. Dies ist dann besonders kostenintensiv, wenn die Systeme die Eingangsdaten replizieren und absichern.
- Vorsatz liegt sicherlich bei der Überwindung technischer oder organisatorischer Sicherheitsmaßnahmen unter Anwendung spezieller Techniken und Verfahren, bekannt als „hacking", vor. Vorsatz liegt selbstverständlich auch vor, wenn einem anvertraute Daten ohne Genehmigung veröffentlicht (zB Kundendaten in Foren gepostet) oder an Dritte weitergegeben werden (wie zB Gehaltsdaten, die zu Kontrollzwecken erfragt wurden und dann für politische Zwecke missbraucht werden.)

V. Phasen 3–5: Weitere Datenabflüsse verhindern und Schaden minimieren

Da die Phasen 3 und 5 nicht Fokus dieses Beitrags sind, werden die Anmerkungen hierzu sehr kurz gehalten und das Augenmerk mehr auf Phase 4 gelegt.

Der für die Verarbeitung Verantwortliche sollte verschiedene technische und organisatorische Maßnahmen implementiert haben, die es ihm ermöglichen, Data Breaches zumindest frühzeitig zu erkennen, um schnellstmöglich Gegenmaßnahmen und die Information der vermeintlich Geschädigten und der Aufsichtsbehörde zu veranlassen – besser noch, sie zu verhindern.

Solche Verfahren könnten durch eine laufende strukturierte Auswertung von Loggingprotokollen erfolgen, dies setzt jedoch voraus, dass Zugriffe entsprechend auswertbar protokolliert werden und die Abweichung von sinnvollen Protokollstandards auch zu geeigneten Maßnahmen bzw. Benachrichtigungen führt.

VI. Phase 6: Information der betroffenen Person

Art 34 normiert die Informationserstattung an die betroffenen Personen.

Art 34 (1) Hat die Verletzung des Schutzes personenbezogener Daten voraussichtlich ein hohes Risiko für die persönlichen Rechte und Freiheiten natürlicher Personen zur Folge, so benachrichtigt der Verantwortliche die betroffene Person unverzüglich von der Verletzung.

Eine wichtige Interpretation ist die des „hohen Risikos". Der ErwG 85 führt hierzu ua folgendes auf:

- **Verlust der Kontrolle über ihre personenbezogenen Daten**; dies könnte zB unerlaubte Veröffentlichung von Schulnoten, Einkommensdaten, Verkehrsvergehen, Bonitäten oder auch von Korrespondenz zB einer Finanzbehörde und dem Bürger darstellen. Das Risiko ist jedenfalls immer dann groß, wenn Dritte die Daten des Betroffenen, ohne selbst einen berechtigten Zweck zu haben, einsehen und daraus ihre Schlüsse ziehen können;
- **Risiko der Einschränkung der Rechte** (zB Sachverhalte, die als nachteiliger Beweis durch eine Behörde bzw. Gericht gewertet würden, zu denen die Person jedoch selbst nicht zur Auskunft verpflichtet wäre, zB als Beschuldigter);
- **Diskriminierung** (zB Behinderungen, die an sich nicht offen erkennbar sind, etwa Teilerblindungen, Hautkrankheiten, oder auch Religion, politische Ansicht etc., vgl. auch Begriffsdefinitionen nach Art 9 Abs 1 DSGVO oder auch schon in § 4 Z 2 DSG 2000);
- **Identitätsdiebstahl** bzw. Identitätsbetrug
  - im einfachsten Fall ein Login in eine harmlose Webseite (zB persönliche Einstellung der Online-TV-Zeitschrift);
  - problematischer wäre der geschützte Bereich eines Vereins, zB das Mitgliederverzeichnis eines Rotary Clubs oder auch ein Zugang zu einem kostenpflichtigen Dienst, zB Firmenbuch online, Wissensdatenbanken, Auskunftssysteme etc;
  - besonders schwerwiegend sind Zugänge, die wichtige und sensible Daten beinhalten wie zB das EKIS (Elektronisches Kriminalpolizeiliches Informationssystem), Banksysteme, ELGA (elektronischer Gesundheitsakt), Finanz-Online, SVDB (Sozialversicherungsdaten der Versicherten), WEB-BE-Kunden-Portal (Beitragskonten-Online-Service der meisten Sozialversicherungen für Dienstgeber bzw. Versicherte und Bevollmächtigte etc);

- **finanzielle Verluste** (wie schon erwähnt, ist dies iZm Identitätsbetrug häufig der Fall, aber auch geschäftliche Nachteile wie zB veröffentlichte Betriebsgeheimnisse, Verlust von Aufträgen, Bonitätsverschlechterungen und daraus resultierenden höheren Zinskosten etc);
- **unbefugte Aufhebung der Pseudonymisierung** (zB Namen von Teilnehmern an medizinischen Studien werden bekannt);
- **Rufschädigung** (kommt zB im Zusammenhang mit Identitätsdiebstahl häufig vor: Es wird unter falschem Namen eine negative Behauptung aufgestellt und veröffentlicht, zB in sozialen Medien);
- **Verlust der Vertraulichkeit** von dem Berufsgeheimnis unterliegenden Daten (zB bei Ärzten, Anwälten, Beratern etc);
- **andere erhebliche wirtschaftliche oder gesellschaftliche Nachteile** (zB eine frühere Namensänderung, nachteilige Herkunftsverhältnisse etc).

Hinsichtlich des Benachrichtigungszeitpunktes sind jedenfalls die Ausführungen des ErwG 86 letzter Satz zu beachten: Um bspw das Risiko eines unmittelbaren Schadens mindern zu können, müssten betroffene Personen sofort benachrichtigt werden, wohingegen eine längere Benachrichtigungsfrist gerechtfertigt sein kann, wenn es darum geht, geeignete Maßnahmen gegen fortlaufende oder vergleichbare Verletzungen des Schutzes personenbezogener Daten zu treffen.

Art 34 (2) Die in Absatz 1 genannte Benachrichtigung der betroffenen Person beschreibt in klarer und einfacher Sprache die Art der Verletzung des Schutzes personenbezogener Daten und enthält zumindest die in Art 33 Absatz 3 Buchstaben b, c und d genannten Informationen und Empfehlungen.

Diese sind eine Beschreibung der Art der Verletzung des Schutzes personenbezogener Daten und der ungefähren Zahl der betroffenen personenbezogenen Datensätze; den Namen und die Kontaktdaten des Datenschutzbeauftragten oder einer sonstigen Anlaufstelle für weitere Informationen; eine Beschreibung der wahrscheinlichen Folgen der Verletzung des Schutzes personenbezogener Daten, eine Beschreibung der von dem Verantwortlichen (entspricht Auftraggeber § 4 Z 4 DSG 2000) ergriffenen oder vorgeschlagenen Maßnahmen zur Behebung der Verletzung des Schutzes personenbezogener Daten und ggf Maßnahmen zur Abmilderung ihrer möglichen nachteiligen Auswirkungen.

Besonders interessant wird die Situation sein, wenn die vorgeschlagenen „Maßnahmen zur Abmilderung ihrer möglichen nachteiligen Auswirkungen" durch den Verantwortlichen vom Betroffenen nicht ausgeführt werden, da dieser die vorgeschlagenen Maßnahmen für nicht zweckmäßig hält oder sich nicht in der Lage sieht, sie durchzuführen. Es gilt dann im Einzelfall zu bewerten, ob eine Verletzung der Schadensminderungspflicht relevant für den schlussendlichen Schaden war oder nicht, und inwieweit es zumutbar war, die Maßnahmen zur Schadensminderung umzusetzen. Dies wird ein weites Betätigungsfeld für IT-Compliance-Experten werden.

Die DSGVO lässt jedoch im Art 34 Abs 3 durchaus Spielraum, ob eine Benachrichtigung der betroffenen Person iSd Art 34 Abs 1 tatsächlich notwendig ist.

Wenn eine der drei nachfolgenden Voraussetzungen gegeben ist, so ist eine unbedingte Meldung an die Aufsichtsbehörde nicht erforderlich, jedoch natürlich trotzdem möglich, eventuell um Fehlinterpretationen der Sachlage auszuschließen (vgl ErwG 87: Bei der Feststellung, ob die Meldung unverzüglich erfolgt ist, sollten die Art und Schwere der Verletzung des Schutzes personenbezogener Daten sowie deren Folgen und nachteilige Auswirkungen für die betroffene Person berücksichtigt werden).

Eine Voraussetzung ist, dass der verantwortliche Datenverarbeiter (dieselben Pflichten und Zuständigkeiten treffen übrigens auch seine Auftragsverarbeiter) bereits vor der Datenpanne geeignete technische und organisatorische Sicherheitsvorkehrungen getroffen hat und die Anwendung dieser Verfahren auf die betroffenen personenbezogenen Daten Anwendung fanden, wodurch die personenbezogenen Daten für alle Dritten, die nicht zum Zugang zu den personenbezogenen Daten befugt waren, unzugänglich gemacht wurden. Dies könnte durch Verschlüsselung der Daten an sich (zB durch asymmetrische Kryptographie mittels einer *public key infrastructure*) oder durch Fragmentierung der Daten in verschiedene Bereiche geschehen sein. Hierbei werden zB die Teile eines personenbezogenen Datensatzes in verschieden Tabellen gespeichert (zB in gesperrte Ablagebereiche, wie dies jedes bessere ERP, CRM, eArchiv-System etc. sicher bewältigen kann) und können nur durch geeignete Reports zusammen gefügt werden. Der Aufruf solcher Reports wird durch ein strenges zweckgebundenes Rechtesystem gesteuert. Ein solches Verfahren wird in der DSGVO auch durch das „Data Protection by Design"-Konzept gefordert (Art 25 – Datenschutz durch Technikgestaltung und durch datenschutzfreundliche Voreinstellungen), demzufolge Softwaresysteme grundsätzlich datenschutzfreundlich entworfen werden sollen. Grundlage dieses Konzepts ist es, dass es zu keiner datenschutzrechtlichen Verfehlung kommen kann, wenn dies technisch kaum möglich ist. Recht und Technik sind daher gegenseitig aufeinander abgestimmt und bilden eine Art von Phalanx zum Schutz der Persönlichkeitsrechte.

Es ist auch zulässig, eine Benachrichtigung zu unterlassen, wenn der Verantwortliche durch Maßnahmen, zB wie die zuvor Beschriebenen, sichergestellt hat, dass mit hoher Wahrscheinlichkeit kein signifikantes Risiko für die Rechte und Freiheiten der betroffenen Personen iSd Art 34 Abs 1 mehr besteht.

Eine weitere Voraussetzung für die Unterlassung einer Benachrichtigung der betroffenen Person ist gegeben, wenn diese mit einem unverhältnismäßigen Aufwand verbunden wäre. In diesem Fall hat stattdessen eine öffentliche Bekanntmachung oder eine ähnliche Maßnahme zu erfolgen, durch welche die betroffenen Personen vergleichbar wirksam informiert werden. Art 34 Abs 4 sieht jedoch vor, dass die Aufsichtsbehörde vom Verantwortlichen verlangt, unter Berücksichtigung der Wahrscheinlichkeit, mit der die Verletzung des Schutzes personenbezogener Daten zu einem hohen Risiko führt, dies nachzuholen. Alternativ kann sie mit einem Beschluss feststellen, dass bestimmte Voraussetzungen iSd Art 34 Abs 3 erfüllt sind und somit eben keine Benachrichtigungspflicht besteht.

VII. Phase 7: Information an die Aufsichtsbehörde

Art 33 behandelt die ggf notwendige Meldung an die Aufsichtsbehörde bzgl der Verletzung des Schutzes personenbezogener Daten.

Wenn die Datenpanne nicht mit großer Wahrscheinlichkeit risikolos für die betroffene Person ist, so ist die Aufsichtsbehörde (definiert in Art 51) nach Möglichkeit innerhalb von 72 Stunden zu informieren; bei einer späteren Benachrichtigung ist die Verspätung zu begründen.

Auch für einen Auftragsverarbeiter (Dienstleister § 4 Z 5 DSG 2000) gilt, dass eine in seiner Sphäre auftretende Datenpanne unverzüglich an den Verantwortlichen, von dem der Auftragsverarbeiter beauftragt wurde, meldet.

In Art 33 Abs 3 wird definiert, welche Mindestangaben an die Aufsichtsbehörde zu erfolgen haben:

a) eine Beschreibung der Art der Verletzung des Schutzes personenbezogener Daten, soweit möglich mit Angabe der Kategorien und der ungefähren Zahl der betroffenen Personen, der betroffenen Kategorien und der ungefähren Zahl der betroffenen personenbezogenen Datensätze;

Beispiel:

Dies könnte zB folgendermaßen aussehen: Es wurden am 11. April auf der Webseite des öffentlichen „Datenfreund-Blogs" Kundendaten der Unbeschwert GmbH von Unbekannten (laut IP-Adresse von einem weißrussischen Server aus) gepostet. Die Daten stammen aus dem CRM-System, der Zugang erfolgte mittels Login-Daten einer Mitarbeiterin, die am 30. März ausgeschieden war. Die Analyse der Logdaten vom 12. April ergab, dass im Zuge des unbefugten Datenabflusses vom 10. April aus der Kundendatei der Unbeschwert GmbH 1.651 Datensätze kopiert wurden. Pro Datensatz (= Firmenkunde) betrifft dies eine bis fünf natürliche Personen, von denen folgende Datenarten unbefugt abgeflossen sind: Adressdaten, Kontaktdaten, Firmenposition, bisher getätigte Käufe nach Gruppen und Euro, Hobby, Lebenspartner und Kontaktschiene zur Unbeschwert GmbH. Die Anzahl der betroffenen Personen beläuft sich voraussichtlich auf 4.386.

b) den Namen und die Kontaktdaten des Datenschutzbeauftragten oder einer sonstigen Anlaufstelle für weitere Informationen;

Es steht unser Privacy-Koordinator Mag. Ing. Markus Sorgenvoll als Ansprechpartner zur Verfügung unter 0777-1234567 oder markus.sorgenvoll@unbeschwert.at

c) eine Beschreibung der wahrscheinlichen Folgen der Verletzung des Schutzes personenbezogener Daten;

Die Analyse der Datenarten ergab, dass Daten aus den Bereichen Kontaktinformation, Verhältnis zur Gesellschaft und aus der persönlichen Lebensführung stammen. Die Folgen für den Betroffenen sind dahingehend teilweise gravierend, da auch Daten aus der persönlichen Lebensführung veröffentlicht wurden und die Unbeschwert GmbH nicht einschätzen kann, inwieweit diese Offenlegung die betroffenen Personen schädigt oder sonstige negative Auswirkungen auf sie hat.

d) eine Beschreibung der von dem Verantwortlichen ergriffenen oder vorgeschlagenen Maßnahmen zur Behebung der Verletzung des Schutzes personenbezogener Daten und gegebenenfalls Maßnahmen zur Abmilderung ihrer möglichen nachteiligen Auswirkungen.

Es wurden seitens der Unbeschwert GmbH folgende Maßnahmen ergriffen:

- Es wurden alle User des CRM-Systems inaktiv gesetzt und werden nun neu vergeben. Aus Vorsichtsgründen erfolgt dies auch bei allen anderen Systemen mit User-Login.
- Es wurde eine Spezialfirma beauftragt, die eine physische Löschung der relevanten Daten bei der „Firma Datenfreund-Blogs INC" mit Sitz in Irland auf rechtlichem und technischem Weg erwirkt. Dies wird voraussichtlich heute, 12. April gegen 21:00 MEZ erfolgt sein.

- Es wird jede natürliche Person und die Geschäftsführung der betroffenen Gesellschaften per E-Mail verständigt und genau über Art bzw. Zeitpunkt der Datenpanne und Typ bzw. Anzahl unlauter abgeflossenen Daten informiert. Zudem steht unser Privacy-Koordinator Mag. Ing. Markus Sorgenvoll als Ansprechpartner zur Verfügung.

Art 33 (4) Wenn und soweit die Informationen nicht zur gleichen Zeit bereitgestellt werden können, kann der Verantwortliche diese Informationen ohne unangemessene weitere Verzögerung schrittweise zur Verfügung stellen.

Art 33 (5) Der Verantwortliche dokumentiert Verletzungen des Schutzes personenbezogener Daten einschließlich aller im Zusammenhang mit der Verletzung des Schutzes personenbezogener Daten stehenden Fakten, von deren Auswirkungen und der ergriffenen Abhilfemaßnahmen. Diese Dokumentation ermöglicht der Aufsichtsbehörde die Überprüfung der Einhaltung der Bestimmungen dieses Artikels.

Siehe hierzu obige Anmerkungen zu Art 33 Abs 3 lit d.

Ist sich der Verantwortliche unsicher, ob es zielführender ist, sofort Maßnahmen zur Schadensminimierung zu ergreifen oder zuerst die Aufsichtsbehörde zu verständigen, ist folgendes abzuwägen: Wenn eindeutige und sinnvolle Schadensminimierungsmaßnahmen möglich sind, so sind diese sofort zu ergreifen. Hinsichtlich des Benachrichtigungszeitpunktes sind jedenfalls die Ausführungen des ErwG 86 letzter Satz, ErwG 87 2. Satz zu beachten.

Wenn sinnvolle Schadensminimierungsmaßnahmen nicht klar definiert werden können, sollte die Aufsichtsbehörde am besten am selben Tag informiert bzw. innerhalb von max 72 Stunden werden. Mit dieser sollten die weiteren Maßnahmen detailliert abgestimmt werden. Die Aufsichtsbehörde kann auch mittels Beschluss Maßnahmen anordnen.

VIII. Phase 8: Maßnahmen zur Schadensbeseitigung

Praxistipp:

Wichtigste Maßnahme ist eine genaue Kenntnis von Art, Umfang und Kombinierbarkeit der ungewollt abgeflossenen Daten. Dann ist zumeist ein Mix aus technischen, organisatorischen und medialen Maßnahmen zu definieren, um die Schäden für die betroffenen Personen zu minimieren oder zu beseitigen. Dies könnte im Fall von abgeflossenen Kreditkartendaten zB die sofortige Weitergabe der (wahrscheinlich) gestohlenen Kreditkartendaten an die „Payment Provider" und Kreditkarteninstitute sein, die sofortige Gegenmaßnahmen einleiten können, zB ein „High Level Monitoring" der Nummern und/oder eine Sperrung der Kartennummern.

IX. Phasen 9, 10: Vollständige Analyse und Verbesserungen

Diese Phasen umfassen eine detaillierte und vollständige Analyse, wie der Data Breach passieren konnte. Hierzu ist eine genaue Beleuchtung aller relevanten Prozesse, in denen personenbezogene Daten ver- und bearbeitet werden, notwendig. Des Weiteren sind die Datensicherheitsmaßnahmen gem Art 32 (Sicherheit der Verarbeitung) genau zu erfüllen bzw. ist zu evaluieren, warum die Effektivität der IT-Kontrollen nicht gegeben war. Es sind – eventuell in Abstimmung mit der Aufsichtsbehörde – nachhaltige Prozessverbesserungen und die Herstellung bzw. Wiederherstellung der Sicherheit der Verarbeitung durchzuführen.

Zum Vergleich noch die derzeitig gültige Regelung der „Data Breach Notification Duty" gem § 24 Abs 2a DSG 2000:

Wird dem Auftraggeber bekannt, dass Daten aus einer seiner Datenanwendungen systematisch und schwerwiegend unrechtmäßig verwendet wurden und den Betroffenen Schaden droht, hat er darüber unverzüglich die Betroffenen in geeigneter Form zu informieren.

Eine geeignete Form iSd Art 3VO (EU) 611/2013 für Betreiber öffentlich zugänglicher elektronischer Kommunikationsdienste umfasst

- Art und Inhalt der betroffenen Daten,
- wahrscheinliche Folgen der Verletzung und
- Umstände der Verletzung,
- außer es droht nur ein geringfügiger Schaden für den Betroffenen und es entstünden unverhältnismäßig hohe Kosten für die Information aller Betroffenen.

X. Fazit

Die neue Regelung wird in vielen Fällen dafür sorgen, dass betroffene Personen tatsächlich über einen sie betreffenden Datenabfluss informiert werden und entsprechend handeln können.

Der für die Verarbeitung Verantwortliche erhält klarere Regeln und auch eine weitreichende Unterstützung bzw verpflichtende Anleitung durch die Behörde – dies wird am Ende allen Beteiligten nützen.

Datenschutz-Folgenabschätzung und vorherige Konsultation der Aufsichtsbehörde

Von der Registrierungspflicht zur weitgehenden Selbstregulierung

Gerald Trieb

I. Hintergrund, Funktion und Einordnung

Art 18 RL 95/46/EG[1]) (DSRL) hat die Mitgliedstaaten verpflichtet, eine Meldung durch den für die Verarbeitung Verantwortlichen oder ggf seinen Vertreter bei der in den Mitgliedstaaten einzurichtenden Kontrollstelle vorzusehen, bevor eine automatisierte Verarbeitung durchgeführt wird. Zudem hatten die Mitgliedstaaten nach Art 20 DSRL festzulegen, welche Verarbeitungen spezifische Risiken für die Rechte und Freiheiten der Personen beinhalten können, und dafür Sorge zu tragen, dass solche Verarbeitungen vor ihrer Aufnahme von dieser Kontrollstelle geprüft werden, somit ein Verfahren der Vorabkontrolle durchgeführt wird. Diese Kontrollstellen hatten die dementsprechend gemeldeten und von ihr geprüften Verarbeitungen der Öffentlichkeit durch Eintragung in ein Register zugänglich zu machen; in Österreich erfolgt dies im Datenverarbeitungsregister. Die Mitgliedstaaten waren nur in begrenztem Umfang befugt, Ausnahmen von dieser Registrierungspflicht vorzusehen.

Solche Ausnahmen hat der österreichische Gesetzgeber in § 17 Abs 2 DSG 2000[2]) und insb in der auf seiner Grundlage erlassenen Standard- und Musterverordnung 2004[3]) vorgesehen; den Unternehmen wurde aber nicht die Möglichkeit gewährt, eine generelle Befreiung von der Meldepflicht, etwa durch Einsetzen eines Datenschutzbeauftragten, der ein internes Verzeichnis von Verarbeitungstätigkeiten führt, zu erwirken. Vielmehr wurde im DSG 2000 die allgemeine Meldepflicht von Datenverarbeitungen statuiert. Abgesehen von jenen Verarbeitungstätigkeiten, die unter einen der Ausnahmetatbestände des § 17 Abs 2 DSG 2000 subsumiert werden können oder einem der in Abs 3 genannten Zwecke dienen, unterliegen nach § 17 Abs 1 DSG 2000 alle Verarbeitungen der Melde- und Registrierungspflicht. Der Betrieb von meldepflichtigen Anwendungen, die bestimmte Kategorien von Daten verarbeiten oder bestimmten Zwecken dienen, darf erst nach Vorabkontrolle durch

[1]) Richtlinie 95/46/EG des Europäischen Parlaments und des Rates vom 24. 10. 1995 zum Schutz natürlicher Personen bei der Verarbeitung personenbezogener Daten und zum freien Datenverkehr, ABl L 1995/281, 31.

[2]) Bundesgesetz über den Schutz personenbezogener Daten, BGBl I 1999/165 idF BGBl I 2013/83.

[3]) Verordnung des Bundeskanzlers über Standard- und Musteranwendungen nach dem Datenschutzgesetz 2000, BGBl II 2004/312.

die Datenschutzbehörde und Registrierung im Datenverarbeitungsregister aufgenommen werden. Datenanwendungen, die personenbezogene Daten verarbeiten, sind daher grundsätzlich im Datenverarbeitungsregister zu registrieren, solange sie nicht einem Ausnahmetatbestand unterfallen.

Das ändert sich mit der Anwendbarkeit der DSGVO grundlegend. Sie kennt keine allgemeine Registrierungspflicht für Verarbeitungen, sondern verpflichtet Verantwortliche und Auftragsverarbeiter zur Führung eines Verzeichnisses von Verarbeitungstätigkeiten.[4]) Ein solches Verzeichnis hat zwar keine Öffentlichkeitswirksamkeit wie die Registrierung in einem frei zugänglichen, öffentlichen Register; sie ermöglicht aber dem Verantwortlichen ebenso eine Übersicht über die von ihm betriebenen Verarbeitungstätigkeiten, um etwa Betroffenenrechte rechtzeitig und vollständig erfüllen zu können. Datenschutzrechtlich „bedenkliche" Verarbeitungen sind vorab aber einem Verfahren zu unterziehen, das ihre Auswirkungen und Risiken auf die Rechte und Freiheiten der betroffenen Personen analysieren und diese Auswirkungen und Risiken durch gezielte, dem Datenschutz und der Datensicherheit dienende Maßnahmen auf ein mit den Bestimmungen der DSGVO vereinbares Maß eindämmen soll.

Nach ErwGr 89 zur DSGVO waren die bisher geforderten Registrierungsverfahren nämlich mit einem „*bürokratischen und finanziellen Aufwand verbunden und [haben] dennoch nicht in allen Fällen zu einem besseren Schutz personenbezogener Daten geführt. Diese unterschiedslosen allgemeinen Meldepflichten sollten daher abgeschafft und durch wirksame Verfahren und Mechanismen ersetzt werden, die sich stattdessen vorrangig mit denjenigen Arten von Verarbeitungsvorgängen befassen, die aufgrund ihrer Art, ihres Umfangs, ihrer Umstände und ihrer Zwecke wahrscheinlich ein hohes Risiko für die Rechte und Freiheiten natürlicher Personen mit sich bringen.*" Solche wirksame Verfahren und Mechanismen, die die Registrierungsverfahren ersetzen sollen, werden nach ErwGr 90 zur DSGVO in der Durchführung einer Datenschutz-Folgenabschätzung gesehen, die bei den dort angeführten Verarbeitungsvorgängen die Ziele der Festlegung von Maßnahmen, Garantien und Verfahren zur Eindämmung dieses Risikos und zur Sicherstellung des Schutzes personenbezogener Daten verfolgen, um auf diese Weise die Einhaltung der Bestimmungen dieser Verordnung nachweisen zu können.

Ob die Durchführung einer solchen Folgen-Abschätzung erforderlich ist oder nicht, hat der Verantwortliche selbst zu evaluieren. Mehr noch, nach Abschluss einer Folgenabschätzung hat der Verantwortliche auch selbstständig zu beurteilen, ob ein dabei identifiziertes Risiko durch die beabsichtigte Verarbeitung durch – unter Berücksichtigung verfügbarer Technologien und Implementierungskosten – vertretbare Mittel eingedämmt werden kann. Nur in jenen Fällen, in denen er dabei zu einem negativen Ergebnis gelangt, hat er die Aufsichtsbehörde nach Art 36 DSGVO zu konsultieren. Zu dieser Konsultation der Aufsichtsbehörde kommt es daher nicht infolge einer faktischen Bestandsaufnahme des Verarbeitungsvorgangs des Verantwortlichen, wie dies bei der Beurteilung des Vorliegens der Registrierungspflicht nach dem §§ 17 f DSG 2000 der Fall ist, wofür eine Zusammenstellung der verarbeiteten Daten, ihrer Zwecke und Übermittlungsempfänger ausreichend ist. Die Konsultation der Aufsichtsbehörde wird hingegen erst dann erfolgen, wenn der Verantwortliche im Rahmen einer umfassenden rechtlichen Risikoanalyse zu dem Ergebnis gelangt, dass Risiken der Datenverarbeitung nicht ausreichend eingedämmt werden können.

[4]) Für Näheres zum Verzeichnis von Verarbeitungstätigkeiten siehe den Beitrag von *Selk* in diesem Buch.

Die Anforderungen an die Selbstbeurteilung der Verarbeitung durch den Verantwortlichen vor Kontaktierung der Aufsichtsbehörde nehmen somit durch die DSGVO im Vergleich zu dem auf der DSRL basierenden DSG 2000 drastisch zu; dieses hatte Verarbeitungen noch einer regulären Kontrolle durch die Aufsichtsbehörde unterzogen.

Diese nach der DSGVO nur ausnahmsweise erfolgende Konsultation ermöglicht es der Aufsichtsbehörde einerseits, den Verantwortlichen zu beraten, welche Mittel möglich und erforderlich sind, um die Risiken einer Verarbeitung angemessen einzudämmen, andererseits, den Betrieb von Verarbeitungen, die ein (zu) hohes Risiko für die Rechte und Freiheiten der betroffenen Personen bergen und nicht durch angemessene Mittel eingedämmt werden können, vorab zu untersagen. Durch Konsultierung der Aufsichtsbehörde geht also der Verantwortliche das Risiko ein, die geplante Verarbeitung nicht betreiben zu dürfen und damit die Folgenabschätzung „umsonst" durchgeführt zu haben. Allerdings kann er gerade bei datenschutzrechtlich als „kritisch" einzustufenden Verarbeitungen (nur solche sollen auch der „Konsultationspflicht" unterliegen) durch Konsultation der Aufsichtsbehörde die Sicherheit für ein allfälliges späteres Beschwerdeverfahren erlangen, dass die Verarbeitung den Bestimmungen der DSGVO und allenfalls anwendbaren nationalen Rechtsvorschriften entspricht.

Insofern bleibt also dem Verantwortlichen bei Risiken für Rechte und Freiheiten für Betroffene enthaltenden Verarbeitungen die Möglichkeit der Erlangung von Rechtssicherheit durch „Anrufung" der Aufsichtsbehörde erhalten; eine solche Rechtsicherheit hat der Verantwortliche aber auch seit Einführung des Datenverarbeitungsregisters als „DVR-online" im Jahr 2012 nur mehr bei Meldung von der Vorabkontrolle nach § 18 Abs 2 DSG 2000 unterliegenden Datenanwendungen erhalten. Anwendungen, die nicht der Vorabkontrolle unterliegen, werden auch heute vom automatischen Registriersystem ohne Kontrolle durch die Datenschutzbehörde „automatisch" registriert (§ 20 Abs 1 DSG 2000). Der die Meldung einbringende Auftraggeber kann dadurch daher nur seiner Meldepflicht nach § 17 Abs 1 DSG 2000 nachkommen, mit der automatisch ausgestellten Registrierungsbestätigung aber nicht den Nachweis erbringen, dass die Datenanwendung im gemeldeten Umfang den Bestimmungen des DSG 2000 entspricht.

Bei welchen Verarbeitungen Verantwortliche in Zukunft somit tatsächlich eine Datenschutz-Folgenabschätzung durchzuführen haben werden, wird auf Grundlage von Einzelbeurteilungen zu entscheiden sein. Inwieweit sich das Verfahren der vorherigen Konsultation bewähren wird, Verantwortliche es also als Chance zur Erlangung von Rechtssicherheit sehen oder es doch eher als Gefahr betrachten werden, eine beabsichtigte Verarbeitung nicht aufnehmen zu können, wird die Praxis zeigen.

II. Die Datenschutz-Folgenabschätzung

A. Welche Verarbeitungen bedürfen der Durchführung einer Datenschutz-Folgenabschätzung?

Art 35 Abs 1 beschreibt jene Verarbeitungen, für die eine Pflicht zur Durchführung einer Datenschutz-Folgenabschätzung vor ihrem Betreiben besteht. Danach ist eine solche Folgenabschätzung immer dann durchzuführen, wenn eine Form der Verarbeitung, *„insbesondere bei Verwendung neuer Technologien, aufgrund der Art, des Umfangs, der Umstände und der Zwecke der Verarbeitung voraussichtlich ein hohes Risiko für die Rechte und Freiheiten* *natürlicher Personen zur Folge*" hat. Für die Untersuchung mehrerer ähnlicher Verarbeitungsvorgänge mit ähnlich hohen Risiken kann eine einzige Abschätzung vorgenommen werden. Somit ist diese Abschätzung der Risiken nicht für jeden einzelnen Verarbeitungsvorgang eigens durchzuführen. ErwGr 92 nennt diesbezüglich als Beispiele etwa die Schaffung einer gemeinsamen Anwendungs- oder Verarbeitungsplattform von Behörden oder anderen öffentlichen Stellen sowie die Einführung einer gemeinsamen Anwendungs- oder Verarbeitungsumgebung für einen gesamten Wirtschaftssektor oder ein bestimmtes Marktsegment.

Eine Datenschutz-Folgenabschätzung ist nach Art 35 Abs 1 somit insb bei Verarbeitungen durchzuführen, die neue Technologien verwenden. Hintergrund dafür ist wohl, dass die Auswirkungen dieser neuen Technologien auf die Rechte und Freiheiten der Betroffenen bei der praktischen Anwendung noch nicht bekannt sind und daher schon per se nicht ausreichend abgeschätzt werden können. Die Pflicht zur Durchführung einer Datenschutz-Folgenabschätzung bei solchen Anwendungen soll wohl auch sicherstellen, dass neue Technologien noch in ihrem Entwicklungsstadium an die Anforderungen des Datenschutzrechts angepasst werden können und eine solche Anpassung nicht erst bei technisch bereits ausgereiften Technologien erfolgt. Haben sich nämlich Nutzer einmal an bestimmte Funktionen und Services einer Anwendung gewöhnt und diese schätzen gelernt, ist es ungleich schwerer, von ihnen infolge Verstoßes gegen Datenschutzbestimmungen wieder loslassen zu müssen, als die Anwendungen von Beginn an nur im datenschutzrechtlich zulässigen Umfang kennengelernt und verwendet zu haben. Das Wissen um datenschutzrechtliche Schranken mag den Anwender aus Effizienz- und Praktikabilitätsgründen mitunter auch nicht mehr davon abhalten, dennoch aus dem technisch Möglichen den größtmöglichen Nutzen zu ziehen.

Der teilweise in Österreich bereits erfolgende Einsatz von intelligenten Messgeräten („Smart Metern")[5]) dient als anschauliches Beispiel für die (flächendeckende) Verwendung einer solchen neuen Technologie, die die Durchführung einer Datenschutz-Folgenabschätzung erforderlich macht. Daher hat auch die Kommission bereits im Jahr 2014 den Mitgliedsstaaten empfohlen, die Stromnetzbetreiber bei der Durchführung einer Datenschutz-Folgenabschätzung iZm der Einführung von intelligenten Messgeräten zu unterstützen und ihnen dafür sogar ein eigenes, ausführliches Muster zur Verfügung gestellt, das nicht nur die einzelnen Schritte listet, sondern sie auch detailliert beschreibt.[6])

Die Datenschutz-Folgenabschätzung ist aber generell – und zwar auch bei Verwendung neuer Technologien – nur dann durchzuführen, wenn eine Form der Verarbeitung aufgrund der Art, des Umfangs, der Umstände und der Zwecke der Verarbeitung voraussichtlich ein hohes Risiko für die Rechte und Freiheiten natürlicher Personen zur Folge hat. Jedes einzelne Kriterium kann dabei für sich die Pflicht zur Durchführung auslösen; es ist aber auch nicht ausgeschlossen, dass eine oder mehrere Kriterien gemeinsam eine Folgenabschätzung erforderlich machen.

Bei der Beurteilung der „Art" der Verarbeitung ist wohl auf die verarbeiteten Daten abzustellen; so werden etwa Bild- und Tondaten ein höheres Risiko darstellen als nur

[5]) Bei intelligenten Messgeräten handelt es sich um Energieverbrauchszähler, die in kurzen, meist täglichen oder sogar stündlichen Intervallen den Energieverbrauch von Endverbrauchern erfassen und von den Energieversorgern fernausgelesen werden können. In § 7 Z 31 ElWOG wird es als *„eine technische Einrichtung, die den tatsächlichen Energieverbrauch und Nutzungszeitraum zeitnah misst, und die über eine fernauslesbare, bidirektionale Datenübertragung verfügt"* definiert.

[6]) Empfehlung der Kommission vom 10. 10. 2014, 2014/724/EU.

schriftlich festgehaltene Informationen. Allerdings ist dabei zu berücksichtigen, welcher Kategorie von personenbezogenen Daten die verarbeiteten Informationen unterfallen; die Verarbeitung von Gesundheitsdaten und anderen besonders schutzwürdigen Daten wird eher die Pflicht zur Durchführung auslösen als die Verarbeitung anderer Daten.

Der Umfang der Datenverarbeitung wird wohl an der Zahl der in Bezug auf einen Betroffenen verarbeiteten Attribute oder der Betroffenen selbst, aber auch an jener der an der Verarbeitung beteiligten Verantwortlichen festzumachen sein.

Bei Beurteilung der Umstände der Verarbeitung wird einerseits auf die Art der Erhebung der Daten abzustellen sein, andererseits auf ihre weitere Verarbeitung (siehe dazu auch ErwGr 91). Die Umstände der Verarbeitung sind wohl dann als risikoreicher einzustufen, wenn sich der Verantwortliche dabei auf die Verfolgung von überwiegenden berechtigten Interessen stützt und die Daten auch nicht beim Betroffenen erhebt, als wenn die Erhebung auf Grundlage eines Gesetzes erfolgt oder eine „mustergültige" Einwilligung vom Betroffenen eingeholt wird. Zudem ist zu berücksichtigten, wo die Daten wie und wie lange gespeichert werden und wer auf sie Zugriff haben wird.

Damit einhergehend muss wohl die Beurteilung der Zwecke der Verarbeitung erfolgen. Dafür kann relevant sein, ob die Daten nur innerhalb jener Organisation, die die Daten erhoben hat, verarbeitet werden, oder ob sie auch bestimmten Dritten (Empfänger) oder sogar der Öffentlichkeit zugänglich gemacht werden sollen. Zu beleuchten wird aber auch sein, ob die Daten für andere Zwecke als für jene verarbeitet werden sollen, für die sie erhoben wurden, ob sich also etwa der Verantwortliche die mit der DSGVO erfolgte Aufweichung des Zweckbindungsprinzips zunutze machen möchte und die Daten für mit den Zwecken der Erhebung nicht unvereinbare Zwecke weiterzuverwenden beabsichtigt (Art 5 Ab 1 lit a iVm Art 6 Abs 4).

Diese Erwägungen finden auch in den in Art 35 Abs 3 angeführten Fällen Niederschlag, in denen Datenschutz-Folgenabschätzungen insbesondere durchzuführen sind. Folgende Fälle werden somit beispielhaft aufgezählt:

- die systematische und umfassende Bewertung persönlicher Aspekte natürlicher Personen, die sich auf automatisierte Verarbeitung einschließlich Profiling gründet und die ihrerseits als Grundlage für Entscheidungen dient, die Rechtswirkung gegenüber natürlichen Personen entfalten oder diese in ähnlich erheblicher Weise beeinträchtigen (lit a);
- die umfangreiche Verarbeitung besonderer Kategorien von personenbezogenen Daten gem Art 9 Abs 1 oder von personenbezogenen Daten über strafrechtliche Verurteilungen und Straftaten gem Art 10 (lit b) oder
- die systematische umfangreiche Überwachung öffentlich zugänglicher Bereiche (lit c);
- Eigentum von Privaten, also von natürlichen, aber auch juristischen Personen (Unternehmen, zB Werksgelände, Firmengelände oder Einkaufszentrum).

Beispiel:

Ein Beispiel für eine unter die lit a fallende Verarbeitung könnte die Analyse des Nutzerverhaltens auf Websites sein. Dies insb dann, wenn auf Grundlage der Analyse des Nutzerverhaltens dem Nutzer gezielt Werbeeinschaltungen für eigene Produkte und Dienstleistungen oder jene eines Dritten präsentiert werden. Von lit b könnten etwa Verarbeitungstätigkeiten von Krankenhäusern betroffen sein. Da auch eine umfangreiche Verarbeitung von personenbezogenen Daten über strafrechtliche Verurteilungen und Straftaten gem Art 10 die Pflicht zur Durchführung der Abschätzung auslöst, könnte man auch zu dem Ergebnis kommen, dass jeder Einsatz von Videoüberwachung zum Eigentums- oder Personenschutz einer vorhergehenden Untersuchung zu unterziehen ist. Der Folgeabschätzung können aber unabhängig davon Videoüberwachungen auch dann unterzogen werden, wenn sie als systematische umfangreiche Überwachung öffentlich zugänglicher Bereiche nach lit c zu qualifizieren sind. Darunter kann auch die Überwachung von im Eigentum von Privatpersonen oder Unternehmen befindlichen Bereichen fallen, solange sie öffentlich zugänglich sind. Auch Zutrittskontrollsysteme, die dem Verantwortlichen durch Registrierung aller Zu- und Abgänge aus einem bestimmten Bereich, allenfalls auch noch von Subbereichen, die Anlage eines persönlichen Bewegungsprofils ermöglichen, könnten aber ebenso darunter subsumiert werden.

B. Was hat eine Datenschutz-Folgenabschätzung zu enthalten?

Art 35 Abs 7 regelt den Mindestinhalt einer Datenschutz-Folgenabschätzung. Danach hat sie folgende Punkte zu behandeln:

- eine systematische Beschreibung der geplanten Verarbeitungsvorgänge und der Zwecke der Verarbeitung, ggf einschließlich der von dem Verantwortlichen verfolgten berechtigten Interessen (lit a);
- eine Bewertung der Notwendigkeit und Verhältnismäßigkeit der Verarbeitungsvorgänge in Bezug auf den Zweck (lit b);
- eine Bewertung der Risiken für die Rechte und Freiheiten der betroffenen Personen gem Abs 1 (lit c) und
- die zur Bewältigung der Risiken geplanten Abhilfemaßnahmen, einschließlich Garantien, Sicherheitsvorkehrungen und Verfahren, durch die der Schutz personenbezogener Daten sichergestellt und der Nachweis dafür erbracht wird, dass diese Verordnung eingehalten wird, wobei den Rechten und berechtigten Interessen der betroffenen Personen und sonstiger Betroffener Rechnung getragen wird (lit d).

Unter Berücksichtigung dieses Mindestinhalts ist es bei der praktischen Durchführung einer Datenschutz-Folgenabschätzung aber angezeigt, weitere Vorbereitungs- und auch Zwischenschritte bei der Evaluierung einzurichten, die eine umfassende Risikoabschätzung sicherstellen und gemeinsam mit den sich aus dem Mindestinhalt ergebenden Schritten die Basis für die spätere Implementierung von Abhilfemaßnahmen bilden.

Praxistipp:

1. Schritt: Evaluierung der Erforderlichkeit einer Folgenabschätzung. Die Erforderlichkeit ist anhand der in Art 35 Abs 1 angeführten Kriterien zu beurteilen.
2. Schritt: Festlegung und Zusammenfassung der verarbeiteten personenbezogenen Daten, des oder der Verantwortlichen, der Rechtsgrundlagen der Verarbeitung, der Mittel zur Einhaltung der Verarbeitungsgrundsätze gem Art 6 sowie der möglichweise gefährdeten Rechte der Betroffenen.
3. Schritt: Begründete Dokumentation der Gründe für das Durchführen einer Datenschutz-Folgeabschätzung (auch für die Gewährung der erforderlichen Ressourcen).
4. Schritt: Zusammenstellung und Festlegung der unternehmensinternen Ressourcen, insb der Mitarbeiter und der allenfalls hinzugezogenen externen Berater. Die Praxis zeigt, dass für eine Folgenabschätzung jedenfalls Mitarbeiter aus der IT-Abteilung,

der Rechtsabteilung, der Abteilung für Informationssicherheit und des Organisationsmanagements hinzugezogen werden sollten. Sind Kundendaten betroffen, sollte die Marketing-Abteilung einbezogen werden; hat man es mit Daten der Mitarbeiter zu tun, sollte auch ein Mitarbeiter der Personalverwaltungsabteilung dem Team angehören. Die Diversifikation im Team für die Folgenabschätzung soll gewährleisten, dass etwaige erforderliche Abhilfemaßnahmen mit technisch und wirtschaftlich vertretbaren Mitteln so implementiert werden, dass allen rechtlichen und praktischen Anforderungen an die Verarbeitung Rechnung getragen werden kann.

5. Schritt: Informations- und Konsultationsrechte wahren: Da nach Art 35 Abs 2 auch der Rat des Datenschutzbeauftragten bei der Durchführung einer Datenschutz-Folgenabschätzung einzuholen ist, sollten diesem der Beschluss und die Gründe für die Durchführung der Folgenabschätzung mitgeteilt und ihm alle Unterlagen für die Erfüllung seiner Konsultationsaufgabe zur Verfügung gestellt werden. Nach Art 35 Abs 9 hat der Verantwortliche zudem ggf den Standpunkt der betroffenen Personen oder ihrer Vertreter zur beabsichtigten Verarbeitung einzuholen. Mit dem Vertreter sind wohl im Falle der Verarbeitung von Mitarbeiterdaten der Betriebsrat, allenfalls auch Vertreter der Gewerkschaft gemeint. Im Falle von Kundendatenverwaltungen oder der Verarbeitung von Daten sonstiger betroffener Personen kann es auch angezeigt sein, die entsprechenden Interessenvertretungen über mögliche Auswirkungen der geplanten Verarbeitungstätigkeit zu befragen oder sie über getroffene Abhilfemaßnahmen zur Vermeidung nachträglicher Probleme mit den betroffenen Gruppen zu informieren.
6. Schritt: In einem weiteren Schritt ist die in Art 7 lit a geforderte systematische Beschreibung der geplanten Verarbeitungsvorgänge und der Zwecke der Verarbeitung durchzuführen. Dabei sollten die personenbezogenen Daten detailliert identifiziert, charakterisiert und beschrieben werden und sollte ein grafisches Datenfluss-Schema verfasst werden. Insbesondere letzteres hilft dabei, alle Verarbeitungsvorgänge zu identifizieren und der Prüfung unterziehen zu können. Zudem kann anhand dieser auch festgemacht werden, ob und in welchem Umfang personenbezogene Daten für die Zwecke des Systems überhaupt erforderlich und nicht auch anonymisierte oder pseudonymisierte Daten zur Zweckerreichung ausreichend sind. Auch kann dabei festgelegt werden, welche Empfänger von Daten lediglich als Auftragsverarbeiter qualifiziert werden können. So können schon im Zuge der Erstellung des Datenfluss-Schemas auch die Anforderungen nach Abs 7 lit b und d erfüllt werden.
7. Schritt: Daraufhin ist eine Widmung mit dem Kern der Folgeabschätzung, nämlich der Identifizierung der essentiellen Risiken für die Rechte und Freiheiten der betroffenen Personen nach lit c, erforderlich. Dabei ist nicht weniger als eine Art „Streifzug durch die Anforderungen des Datenschutzrechts" erforderlich. Diese sollten nach Themen gelistet werden und sind danach zu evaluieren, ob bei Einsatz der untersuchten Verarbeitungen das Risiko besteht, dass diese Anforderungen nicht erfüllt werden. Dies gilt für materielle wie für formelle Anforderungen des Datenschutzrechts. Identifizierte Risiken sind für jede Anforderung kurz zu beschreiben.
8. Schritt: Basierend auf der Identifikation und Beschreibung dieser Risiken ist im nächsten Schritt die Risikoanalyse durchzuführen. Diese erfolgt in zwei Schritten: Zunächst wird die Wahrscheinlichkeit des Eintretens des Risikos, sodann die wahrscheinlichen Folgen einer Risikoverwirklichung abgeschätzt. Nach Art 35 Abs 8 sind

dabei genehmigte Verhaltensregeln gem Art 40, die durch den zuständigen Verantwortlichen oder zuständigen Auftragsverarbeiter eingehalten werden, gebührend zu berücksichtigen. Das ist wohl nicht so zu verstehen, dass die Verhaltensregeln dadurch einer erneuten Prüfung unterzogen würden; vielmehr ist zu berücksichtigen, dass bestimmte Verarbeitungsvorgänge, soweit sie schon durch Verhaltensregeln geregelt wurden, bereits auf ihre Risikogeneigtheit geprüft wurden und daher im Rahmen der Datenschutz-Folgenabschätzung der Fokus auf der Untersuchung allfälliger, über den Regelungsbereich von Verhaltensregeln hinausgehender Verarbeitungstätigkeiten liegen soll.

9. Schritt: Nach erfolgter Einschätzung der Risiken sind mögliche Abhilfemaßnahmen festzulegen. Diese können von der Anonymisierung oder Pseudonymisierung bestimmter Kategorien von Daten über den Einsatz von Verschlüsselungstechnologien, die Einschränkung der Zugriffsberechtigungen, das Aufstellen von Richtlinien für die Verarbeitungstätigkeit, die bei der Durchführung der Verarbeitung von zur Vertraulichkeit verpflichteten Mitarbeitern zu beachten sind, bis zum physischen Versperren der Räume reichen, in denen sich die datenverarbeitenden Systeme befinden. Auf diese Weise wird im Rahmen der Datenschutz-Folgenabschätzung auch sichergestellt, dass der die Verantwortlichen für Verarbeitungen treffenden Verpflichtung nach Art 25 (Datenschutz durch Technikgestaltung und datenschutzfreundliche Voreinstellungen) gebührend und ausreichend Rechnung getragen wird.
10. Schritt: Über die Datenschutz-Folgenabschätzung sollte schließlich ein detaillierter Bericht erstellt werden, der sämtliche vorangehende Schritte und seine Ergebnisse dokumentiert.
11. Schritt: Letztlich ist – nicht zuletzt auch aufgrund von Art 35 Abs 11 – eine regelmäßige Überprüfung der Folgenabschätzung während aufrechten Betriebs der Verarbeitung erforderlich, um zu bewerten und zu kontrollieren, ob die Verarbeitung gemäß der Datenschutz-Folgenabschätzung durchgeführt wird und auch Annahmen und Rahmenbedingungen, die der Datenschutz-Folgenabschätzung zugrunde gelegen sind, weiterhin Gültigkeit haben. Es ist also eine laufende Wartung der Verarbeitungsvorgänge, die einer Datenschutz-Folgenabschätzung unterzogen wurden, erforderlich. Der Verantwortliche darf sich nicht darauf verlassen, dass mit der Durchführung der Datenschutz-Folgenabschätzung die Datenschutzkonformität der Verarbeitung für die gesamte Dauer des Betriebs der Verarbeitung „ein für alle Mal" geregelt ist.

C. Wann ist eine Datenschutz-Folgenabschätzung durchzuführen?

Für die Frage des Zeitpunktes der Durchführung einer Datenschutz-Folgenabschätzung sind sowohl Art 35 Abs 1 als auch Abs 11 relevant. Abs 1 legt unzweifelhaft fest, dass eine Folgenabschätzung bei Vorliegen der Durchführungspflicht **vorab** durchzuführen ist. Eine der Pflicht zur Durchführung einer Datenschutz-Folgenabschätzung unterliegende Verarbeitungstätigkeit darf also erst nach erfolgter Durchführung aufgenommen werden. In Abs 11 wird dem Verantwortlichen zudem die Pflicht auferlegt, erforderlichenfalls eine Überprüfung durchzuführen, um zu bewerten, ob die Verarbeitung gemäß der Datenschutz-Folgenabschätzung durchgeführt wird. Eine solche Überprüfung ist wohl zumindest dann erforderlich, wenn hinsichtlich des mit den Verarbeitungsvorgängen verbundenen Risikos Änderungen eingetreten sind. Fraglich ist jedoch, wie mit bei Beginn der Anwendbarkeit der DSGVO, also mit am 25. Mai 2018 bereits in Betrieb stehenden Verarbeitungen umzugehen ist, die nach Art 38 Abs 1 der Pflicht zur Durchführung einer Folgenabschätzung unterliegen würden. Nach ErwGr 89 sind nämlich auch neuartige bzw neue Technologien einsetzende Verarbeitungsvorgänge einer Datenschutz-Folgenabschätzung zu unterziehen, die vom Verantwortlichen noch keiner Folgenabschätzung unterzogen worden sind bzw bei denen aufgrund der seit der ursprünglichen Verarbeitung vergangenen Zeit eine Datenschutz-Folgenabschätzung notwendig geworden ist.

In diesem zweitgenannten Fall könnte freilich die Pflicht nach Art 35 Abs 11 DSGVO angesprochen sein, in regelmäßigen Abständen die Rechtmäßigkeit der Verarbeitung durch Kontrolle der weiteren Gültigkeit der Ergebnisse der Folgenabschätzung zu überprüfen. Ob der Verordnungsgeber aber tatsächlich in ErwGr 89 auch zum Ausdruck bringen wollte, dass alle bereits laufenden Verarbeitungen von Auftraggebern, die die Voraussetzungen für die Durchführung einer Datenschutz-Folgenabschätzung erfüllen, einer solchen Folgenabschätzung nachträglich zu unterziehen wären, darf aus guten Gründen und nicht zuletzt vor dem Hintergrund von Art 35 Abs 1, der eine Pflicht zur Durchführung der Abschätzung „vorab" festlegt, bezweifelt werden. Eine vorherige Durchführung der Folgenabschätzung ist aber regelmäßig bei zum Zeitpunkt des In-Geltung-Tretens der DSGVO bereits laufenden Verarbeitungstätigkeiten nicht (mehr) möglich. Einerseits würde die DGSVO diesen Verarbeitungen von Verantwortlichen unterstellen, nicht auch ohne die Durchführung einer Datenschutz-Folgenabschätzung im Einklang mit den Bestimmungen der DSGVO stehen zu können, andererseits auch Registrierungen infolge von Meldungen von Datenanwendungen im Datenverarbeitungsregister, insb solche, die erst nach Vorabkontrolle durch die Datenschutzbehörde nach § 18 Abs 2 DSG 2000 oder § 50 c Abs 1 DSG 2000 (für Videoüberwachungen) erfolgt sind und damit besonders geneigt sind, die Anwendungsvoraussetzungen für das Durchführen einer Datenschutz-Folgenabschätzung zu erfüllen, nahezu obsolet erscheinen lassen. Die Datenschutzbehörde hat ja dem Verantwortlichen zumindest bei Registrierung nach Vorabkontrolle die Datenschutzkonformität der gemeldeten Anwendung im gemeldeten Umfang bereits attestiert. Für das Einbringen der Meldung hatten die Verantwortlichen in vielen Fällen auch bereits eine – wenn auch nicht so förmlich und umfangreich (wie in Art 35 Abs 7 verlangt) durchgezogene und nicht zwingend dokumentierte – Datenschutz-Folgenabschätzung durchführen müssen. Sie hatten dabei nicht nur die Angaben zu erheben, die erforderlich sind, um den Anforderungen an den notwendigen Inhalt einer Meldung nachkommen zu können, sondern auch insb in Verfahren unter Vorabkontrolle der Behörde die Einhaltung der § 6 ff DSG 2000, die jedenfalls thematisch, weitgehend aber auch inhaltlich den Art 5 ff entsprechen, sicherzustellen, um eine Registrierung ihrer Verarbeitungstätigkeit zu erwirken. Nach § 19 Abs 4 DSG 2000 hat ja die Behörde zu prüfen, ob der Inhalt der Meldung von der Rechtsgrundlage, die der Verantwortliche angibt, gedeckt ist. Dafür ist natürlich – wie sich auch in der Praxis der Behörde bei Prüfverfahren zeigt – eine Prüfung erforderlich, ob die Grundsätze des § 6 DSG 2000 bei der Verarbeitungstätigkeit eingehalten werden und die Rechtsgrundlage(n) die Verarbeitung der angeführten Datenarten sowie ihre Übermittlung an die bezeichneten und den Datenarten zugeordneten Empfängerkreisen rechtfertigen kann (können). Bei der Meldung einer Videoüberwachung hat der Verantwortliche sogar einen eigens dafür entwickelten Fragebogen der Datenschutzbehörde über Details zur dabei erfolgenden Datenverarbeitung zu beantworten; dabei wird somit ein eingehendes Befassen des Verantwortlichen mit den Auswirkungen der Verarbeitung sogar dokumentiert. Auch wenn dieser freilich auf Spezifika der der Videoüberwachung eingeht, dient er als gutes Beispiel dafür, mit welchen

Fragen sich der Verantwortliche vor der Meldung einer Datenanwendung und damit ebenso wie bei einer Datenschutz-Folgenabschätzung nach der DSGVO „vorab", also vor ihrer Inbetriebnahme, auseinanderzusetzen hat. Um die gewünschte Registrierung der Behörde zu erhalten, hat er diese Fragen freilich „datenschutzkonform" zu beantworten und entsprechende Maßnahmen zu implementieren. Tut er das nicht, hat er mit einer Ablehnung der Registrierung oder dem Erteilen von Auflagen durch die Datenschutzbehörde zu rechnen.

Lediglich Aspekte, die für die Frage der Registrierungsfähigkeit der Anwendung keine Rolle spielen, wie etwa die Speicherdauer der verarbeiteten Daten, die Einhaltung der Informationspflicht gegenüber den Betroffenen oder das Vorliegen von Dienstleistervereinbarungen, könnte der Verantwortliche ungeachtet der vorliegenden Registrierung nachzuholen haben. Gesetzeskonformität mit diesen Anforderungen, die auch bereits nach dem geltenden DSG 2000 zu beachten sind, wurde ihm mit der Registrierung der Anwendung nicht attestiert. Auch dafür kann aber wohl aufgrund von Art 35 Abs 1 keine förmliche Folgenabschätzung verlangt sein. Eine Überprüfung der laufend betriebenen, also nicht erst nach Beginn der Anwendbarkeit der DSGVO neu eingeführten Verarbeitungen auf Konformität mit den Bestimmungen der DSGVO erfordert aber ohnehin schon die Pflichten für Verantwortliche zur Führung eines Verzeichnisses von Verarbeitungstätigkeiten nach Art 30 und zur Verarbeitung nach den Grundsätzen von Datenschutz durch Technikgestaltung und durch datenschutzfreundliche Voreinstellungen nach Art 25, die unzweifelhaft für alle Verarbeitungsvorgänge zu beachten sind. Eine Durchführung einer Datenschutz-Folgenabschätzung für bereits laufende Verarbeitungen scheint daher jedenfalls dann nicht geboten, wenn eine Verarbeitung in all ihren Facetten und in vollem Umfang im Rahmen eines Vorabkontrollverfahrens registriert wurde und im Zuge ihrer Aufnahme in das Verzeichnis der Verarbeitungstätigkeiten auf Konformität mit den Bestimmungen der DSGVO überprüft wurde. Ein vollständiger Registerstand, der auf ordentlich vorbereiteten und „lege artis" eingebrachten Meldungen basiert, und die vollständige Übernahme der Registrierungen im Datenverarbeitungsregister in das Verzeichnis der Verarbeitungstätigkeiten kann somit eine Durchführung einer Datenschutz-Folgenabschätzung vermeiden. Auch aus diesem Grund ist Auftraggebern zu empfehlen, ungeachtet der im Raum stehenden Abschaffung von Meldepflicht und Datenverarbeitungsregister weiterhin – bis zur Anwendbarkeit der DSGVO – Datenanwendungen auf ihre Registrierungspflicht zu prüfen und, falls erforderlich, Meldungen dieser Datenanwendungen an das Datenverarbeitungsregister zwecks Registrierung zu erstatten.

Auch solche Verarbeitungen müssen aber dann regelmäßig daraufhin kontrolliert werden, ob sie weiterhin im Einklang mit den Bestimmungen der DSGVO stehen. Werden entscheidende Änderungen der Verarbeitung, also etwa an der Art, am Umfang, an den Umständen, an den Zwecken und an der Form der Verarbeitung, nachträglich vorgenommen, ist allerdings eine Pflicht zur Durchführung einer Folgenabschätzung anzunehmen, da ja Art 35 Abs 11 gerade auch für Änderungen von Verarbeitungsvorgängen eine Konformität der Verarbeitung mit der DSGVO sicherstellen möchte.

D. Liste der Verarbeitungsvorgänge, die einer Datenschutz-Folgenabschätzung zu unterziehen sind und Ausnahmen von der Durchführungspflicht

Zur Klarstellung, welche Verarbeitungsvorgänge einer Datenschutz-Folgenabschätzung zu unterziehen sind, hat die Aufsichtsbehörde nach Art 35 Abs 4 eine Liste der Verarbeitungsvorgänge zu erstellen, für die gem Abs 1 eine Datenschutz-Folgeabschätzung durchzuführen ist („black list"). Sie hat diese zu veröffentlichen und dem europäischen Datenschutzausschuss zu übermitteln. Die Aufsichtsbehörde kann nach Abs 5 auch eine Liste der Arten von Verarbeitungsvorgängen erstellen und veröffentlichen, für die keine Datenschutz-Folgenabschätzung erforderlich ist („White list"). Auch diese Liste ist von der Aussichtsbehörde dem europäischen Datenschutzausschuss zu übermitteln.

Sofern in diesen Listen Verarbeitungstätigkeiten genannt sind, die mit dem Angebot von Waren oder Dienstleistungen für betroffene Personen oder mit der Beobachtung des Verhaltens dieser Personen in mehreren Mitgliedsstaaten im Zusammenhang stehen oder den freien Verkehr personenbezogener Daten innerhalb der Union erheblich beeinträchtigen könnten, ist von der Aufsichtsbehörde das Kohärenzverfahren gem Art 63 anzuwenden. Dieses sieht eine Zusammenarbeit mit den Aufsichtsbehörden anderer Mitgliedsstaaten und der Kommission vor. Insbesondere vor dem Hintergrund, dass für die Anwendungen das Kohärenzverfahren anzuwenden ist, kann nicht davon ausgegangen werden, dass die Datenschutzbehörde – so sie eine „white list" veröffentlicht – die Standard- und Musterverordnung als eine solche Liste vollständig übernimmt. Diese Liste wird wohl gegenüber dieser Verordnung entscheidende Einschränkungen enthalten.

Neben Verarbeitungsvorgängen, die die Aufsichtsbehörde in der Liste nach Art 35 Abs 5 nennen kann, sind auch Verarbeitungstätigkeiten, die in Erfüllung einer rechtlichen Verpflichtung oder für die Wahrnehmung einer Aufgabe erforderlich sind und die im öffentlichen Interesse liegen oder in Ausübung öffentlicher Gewalt erfolgen, von der Pflicht zur Durchführung einer Datenschutz-Folgenabschätzung befreit, wenn die entsprechenden Rechtsvorschriften die konkreten Verarbeitungsvorgänge regeln und bereits im Rahmen der allgemeinen Folgenabschätzung iZm dem Erlass dieser Rechtsgrundlage eine Datenschutz-Folgenabschätzung erfolgte, sofern sie nach dem Ermessen der Mitgliedstaaten nicht ungeachtet dessen erforderlich ist. Eine solche Verpflichtung könnte dann von den Mitgliedstaaten in der den Verarbeitungsvorgang regelnden Vorschrift enthalten sein (siehe ErwGr 93).

III. Das Verfahren der vorherigen Konsultation

Nach Art 36 Abs 1 konsultiert der Verantwortliche vor der Verarbeitung die Aufsichtsbehörde, wenn aus einer Datenschutz-Folgenabschätzung hervorgeht, dass die Verarbeitung ein hohes Risiko zur Folge hätte, sofern der Verantwortliche keine Maßnahmen zur Eindämmung des Risikos trifft. Nach ihrem Wortlaut könnte diese Bestimmung so verstanden werden, dass die Aufsichtsbehörde auch dann zu konsultieren sei, wenn Maßnahmen zur Eindämmung des Risikos getroffen werden können und sie der Verantwortliche auch tatsächlich getroffen hat. Die Konsultierung der Aufsichtsbehörde diente dann auch dem Zweck einer Kontrolle durch die Aufsichtsbehörde, ob diese Maßnahmen tatsächlich dazu tauglich sind, die identifizierten Risiken ausreichend einzudämmen. Unter Berücksichtigung von ErwGr 94 muss man jedoch zu dem Ergebnis kommen, dass eine vorherige Konsultation nur dann zu erfolgen hat, wenn eine Eindämmung des Risikos nach Ansicht des Verantwortlichen nicht in einem ausreichenden Maß möglich ist. Danach sollte die Aufsichtsbehörde vor Beginn der Verarbeitungstätigkeiten konsultiert werden, wenn der Verantwortliche der Auffassung ist, dass das Risiko nicht durch in Bezug auf verfügbare Technologien und Implementierungskosten vertretbare Mitteln eingedämmt werden kann.

Nach Abs 3 hat der Verantwortliche der Aufsichtsbehörde bei der Konsultation ua die Kontaktdaten der an der Verarbeitung beteiligten Verantwortlichen und Auftragsverarbeiter bekanntzugeben sowie den Zweck und die Mittel der beabsichtigten Verarbeitung, die zum Schutz der Rechte und Freiheiten der betroffenen Personen gemäß der DSGVO vorgesehenen Maßnahmen und Garantien, einen allenfalls bestellten Datenschutzbeauftragen und alle weiteren von der Aufsichtsbehörde geforderten Informationen zur Verfügung zu stellen. Auch die Datenschutz-Folgenabschätzung ist vorzulegen.

Kommt die Aufsichtsbehörde im Zuge ihrer Prüfung zu dem Ergebnis, dass die geplante Verarbeitung nicht im Einklang mit der DSGVO stünde, insb weil der Verantwortliche das Risiko nicht ausreichend ermittelt oder nicht ausreichend eingedämmt hat, hat sie dem Verantwortlichen innerhalb eines Zeitraumes von acht Wochen nach Erhalt des Ersuchens um Konsultation eine entsprechende schriftliche Empfehlung zu unterbereiten. Auch kann sie ihre Befugnisse nach Art 58 (zB Datenschutzprüfung, Überprüfung von Zertifizierungen, Hinweis auf vermeintlichen Verstoß gegen diese Verordnung) ausüben. Kann sie die Frist von acht Wochen nicht einhalten, hat sie den Verantwortlichen innerhalb eines Monats nach Erhalt des Ersuchens um Konsultation darüber zu unterrichten und die Verzögerung zu begründen. Eine maximale Verlängerung der Frist um sechs Wochen ist möglich. Allerdings kann die Behörde die Frist auch aussetzen, bis sie alle für die Zwecke der Konsultation angeforderten Information erhalten hat. Die Behörde hat wohl ebenfalls innerhalb der Monatsfrist für die Bekanntgabe der Gründe für eine Verzögerung an den Verantwortlichen eine Liste mit allen noch erforderlichen Informationen und Unterlagen zu übermitteln. Die bei der Behörde einzureichenden Unterlagen sollten also im eigenen Interesse des Verantwortlichen vollständig sein; insb sollte eine ordentlich durchgeführte Datenschutz-Folgenabschätzung beigelegt werden, da diese wohl die Grundlage für die behördliche Prüftätigkeit darstellen wird.

Weitere verfahrensrechtliche Vorschriften sind wohl dem Recht der Mitgliedstaaten überlassen. Diese werden einige Fragen zu klären haben, insb ob eine Verständigungspflicht der Aufsichtsbehörde gegenüber dem Betroffenen schon vor Ablauf der achtwöchigen oder allenfalls auf 14 Wochen verlängerten Frist für den Fall besteht, dass die Aufsichtsbehörde der Ansicht ist, dass

- die Verarbeitung keiner vorherigen Konsultierung bedurfte oder
- die vom Verantwortlichen getroffenen Maßnahmen ausreichend sind, um Konformität mit den Bestimmungen der DSGVO herzustellen.

Aus Abs 5 könnte nämlich der Schluss gezogen werden, dass der Verantwortliche mit der Inbetriebnahme einer Verarbeitung, die er der vorherigen Konsultation durch die Aufsichtsbehörde unterzogen hat, auf die Genehmigung der Aufsichtsbehörde zuwarten muss. Nach Art 35 können die Mitgliedstaaten Verantwortliche in nationalen Rechtsvorschriften dazu verpflichten, bei Verarbeitungen zur Erfüllung einer im öffentlichen Interesse liegenden Aufgabe die Aufsichtsbehörde zu konsultieren und ihre vorherige Genehmigung einzuholen. Eine Beratung sollte daher gerade Verantwortlichen, die entsprechend den Bestimmungen der DSGVO eine mustergültige Datenschutz-Folgenabschätzung durchgeführt haben und infolge seiner Ergebnisse das Verfahren der vorherigen Konsultation beschreiten mussten, nicht zugemutet werden. Als Verzögerung müsste dabei wohl auch eine Pflicht zum Zuwarten auf das Verstreichen der Frist für die Aufsichtsbehörde gewertet werden. Auch die Pflicht zur Konsultierung der Aufsichtsbehörde liegt also wie die Pflicht zur Durchführung einer Datenschutz-Folgenabschätzung im (gebundenen) Ermessen des Verantwortlichen der Verarbeitung.

IV. Fazit

An die Stelle der Verpflichtung für Auftraggeber nach dem DSG 2000, Meldungen ihrer Datenanwendungen zum Zweck ihrer Registrierung in einem Register der Aufsichtsbehörde zu erstatten, tritt mit Anwendbarkeit der DSGVO bei Verarbeitungstätigkeiten unter Verwendung neuartiger Technologien oder solcher, die besondere Gefahr für die Rechte und Freiheiten der von ihnen betroffenen Personen bergen, die Pflicht für Verantwortliche zur Durchführung einer Datenschutz-Folgenabschätzung. Sie soll sicherstellen, dass der Verantwortliche vor Inbetriebnahme von Verarbeitungstätigkeiten eine Abschätzung der Risiken der Verarbeitungstätigkeit durchführt und geeignete Abhilfemaßnahmen trifft, die diese Risiken eindämmen können. Die Folgenabschätzung hat bestimmte Mindestanforderungen zu erfüllen und ist zu dokumentieren. Die so unter der Eigenverantwortung der Verantwortlichen geprüften Verarbeitungstätigkeiten sind in regelmäßigen Abständen darauf zu überprüfen, ob sie (noch) im Einklang mit der Folgenabschätzung betrieben werden. Führt die Folgenabschätzung zu dem Ergebnis, dass Risiken für Betroffene nicht angemessen eingedämmt werden können, ist unter Vorlage der Folgenabschätzung die Aufsichtsbehörde zu konsultieren. Diese kann weitere Abhilfemaßnahmen vorschlagen oder den Betrieb der Datenanwendung untersagen.

Die Aufsichtsbehörde hat eine Liste zu veröffentlichen, die jene Verarbeitungsvorgänge enthält, bei denen jedenfalls eine Datenschutz-Folgeabschätzung durchzuführen ist. Sie kann auch eine solche Liste veröffentlichen, die Verarbeitungstätigkeiten enthält, bei denen dies jedenfalls nicht der Fall ist. Ob eine solche Liste mit den „Standardanwendungen" vollständig ident sein wird, darf vor dem Hintergrund bezweifelt werden, dass die Aufsichtsbehörde alle anderen Aufsichtsbehörden der Mitgliedstaaten bei bestimmten Verarbeitungsvorgängen zu konsultieren hat, bevor sie diese auf die Liste setzt. Ob Verantwortliche aus Angst, Verarbeitungstätigkeiten dann mangels ausreichender Abhilfemaßnahmen nicht durchführen zu dürfen, zögern werden, die Aufsichtsbehörde zu konsultieren, oder sie gar vermehrt die durch das Konsultationsverfahren eröffnete Möglichkeit in Anspruch nehmen werden, Rechtssicherheit darüber zu erhalten, ob die Verarbeitung mit den Bestimmungen der DSGVO im Einklang steht – die getroffenen Abhilfemaßnahmen somit ausreichend sind, um die mit der Verarbeitung verbundenen Risiken einzudämmen –, wird erst die Praxis zeigen.

Der Datenschutzbeauftragte

Die interne Beratungs- und Kontrollfunktion

Gregor König

I. Einleitung

Zu einer der – zumindest für Österreich – interessantesten Neuerungen, die die DSGVO mit sich bringt, gehört die Einführung der **Rechtsfigur** eines Datenschutzbeauftragten. Ist es in österr Unternehmen bzw Behörden teils zwar üblich, eine (oder mehrere) Person(en), zumeist aus dem Rechts- bzw Compliance- oder aus dem IT-Bereich, mit der Aufgabe zu betrauen, auf die datenschutzrechtlich korrekte Datenverwendung zu achten, so wohnt diesem Praxisansatz einerseits die Freiwilligkeit (und damit die unsichere Rechtsposition des Betrauten) inne und ist andererseits kein einheitliches Rollenbild mit der Position eines solchen „Datenschutzbeauftragten" verbunden. Diesen Umstand ändert die DSGVO dadurch, dass sie ein **Rollenbild** eines Datenschutzbeauftragten definiert, sowohl was Stellung als auch was Aufgaben angeht. Verpflichtend ist dieser Datenschutzbeauftragte allerdings, zumindest was Unternehmen angeht, nur in wenigen Fällen, daneben herrscht einerseits die Möglichkeit einer freiwilligen Bestellung, andererseits aber auch jene von Verpflichtungen, vorgesehen im nationalen Recht – ein weiterer Puzzlestein, der der durch die DSGVO angestrebten Vollharmonisierung widerspricht. Die Regelungen in der DSGVO zum Datenschutzbeauftragten werden in diesem Beitrag näher beleuchtet und der Versuch einer praktischen Implementierung gewagt.

II. Kurze Historie

Während der Datenschutzkonvention des Europarates[1]) die Rechtsfigur eines Datenschutzbeauftragten noch fremd war, hat bereits die **Datenschutz-Richtlinie**[2]) (DSRL) zu Zwecken der Kontrolle von Datenverarbeitungen bestimmt, dass Mitgliedstaaten entweder eine verpflichtende Meldung von Datenverarbeitungen (mit der Möglichkeit, Ausnahmen vorzusehen) bei der Kontrollstelle (die ein öffentlich zugängliches Register zu führen hat) oder alternativ bzw ergänzend eine verpflichtende Bestellung eines Datenschutzbeauftragten vorsehen konnten. Für diesen mussten zumindest folgende Aufgaben normiert sein:

---

[1]) Übereinkommen zum Schutz des Menschen bei der automatischen Verarbeitung personenbezogener Daten, Konvention Nr 108 v 28. 1. 1981.

[2]) Richtlinie 95/46/EG des Europäischen Parlaments und des Rates vom 24. 10. 1995 zum Schutz natürlicher Personen bei der Verarbeitung personenbezogener Daten und zum freien Datenverkehr, ABl L 1995/281, 31.

- unabhängige Überwachung der Anwendung der Umsetzung der DSRL;
- Führung eines internen Verzeichnisses für den Verantwortlichen, das im selben Umfang wie das von der Kontrollstelle zu führende öffentliche Verzeichnis die Datenverarbeitungen des Verantwortlichen zu beinhalten hat.

Ziel in beiden Ausprägungen der Kontrolle ist stets die Wahrung der Rechte und Freiheiten der durch die Verarbeitung betroffenen Personen. Beide Ausprägungen treffen nach der Idee der Richtlinie ausschließlich den Verantwortlichen, nicht aber einen Auftragsverarbeiter.

Wie hinlänglich bekannt, hat Österreich in Umsetzung der Richtlinie im Datenschutzgesetz 2000 (ebenfalls unter Betrachtung seiner Novellen) den Datenschutzbeauftragten gesetzlich nicht verankert, sondern lediglich von seiner Möglichkeit Gebrauch gemacht, zahlreiche Ausnahmen von der Meldepflicht bei der Kontrollstelle vorzusehen.

Nichtsdestotrotz ist der österr Rechtsentwicklung der Datenschutzbeauftragte nicht gänzlich fremd, gab es doch zwei Versuche, diesen – in unterschiedlicher Ausprägung – auch in der österr Rechtsordnung zu etablieren.

Mit einem Entwurf für eine **DSG-Novelle 2008**[3]) war noch eine verpflichtende Bestellung für Betriebe ab einer Mitarbeiteranzahl von 20 unter Beibehaltung der allgemeinen Meldepflicht vorgesehen, also die Einführung von unabhängigen internen Datenschutzbeauftragten. Dies scheiterte an zahlreichen Widerständen, hauptsächlich aus wirtschaftlichen Kreisen, unter Berufung auf das Kosten- und Aufwandsargument.

Ein Entwurf für eine **DSG-Novelle 2012**[4]) versuchte – bereits unter Berücksichtigung und in Anlehnung an den DSGVO-Vorschlag der Kommission aus 2012 – die Einführung eines freiwilligen Systems: Wer keinen Datenschutzbeauftragten bestellte, für den änderte sich am Umfang der Meldepflicht an das Datenverarbeitungsregister nichts, wer jedoch den Datenschutzbeauftragten nach Maßgabe des Gesetzes einsetzte, dem wurde das Privileg einer vollständigen Befreiung von der Meldepflicht von Datenanwendungen zuteil.

Verbunden damit war die Stellung als unabhängiger interner oder externer Datenschutzbeauftragter, der für eine Amtszeit von drei Jahren unkündbar gestellt ist, wobei Wiederbestellungen zulässig sind. Der Entwurf sah folgende Mindestaufgaben eines solchen Datenschutzbeauftragten vor:

- „Überwachung" der Einhaltung des DSG 2000 – dies setzt die Unterrichtung des Auftraggebers bzw ein „Hinwirken" auf die Herstellung des rechtmäßigen Zustands voraus;
- Führen eines Verzeichnisses der Datenanwendungen des Auftraggebers (die Meldepflicht wird also von extern nach intern verlagert);
- Beratung des Auftraggebers, der Dienst- bzw Arbeitnehmer sowie der Personalvertretung bzw des Betriebsrats.

Der Datenschutzbeauftragte ist zwar in Ausübung seiner Fachkunde auf dem Gebiet des Datenschutzes weisungsfrei, es war jedoch vorgesehen, dass er datenschutzbezogene Anregungen entgegenzunehmen und die Ablehnung von Anregungen zu begründen hat. Zudem betonte und stellte der Entwurf zwar klar, dass die Verantwortung auch trotz Bestellung eines Datenschutzbeauftragten beim Auftraggeber verbleibt, stellte aber gleichzeitig eine Verwaltungsstrafbestimmung für Datenschutzbeauftragte selbst auf: wem nämlich als Datenschutzbeauftragten der Verdacht einer Verletzung datenschutzrechtlicher Vorschriften bekannt wird und wer dennoch vorsätzlich nicht auf die Herstellung eines rechtmäßigen Zustandes hinwirkt oder vorsätzlich den Auftraggeber von dem Verdacht nicht in Kenntnis setzt, begeht

[3]) 182/ME, XXIII. GP.

[4]) 397/ME, XXIV. GP.

eine Verwaltungsübertretung, die mit Geldstrafe bis zu € 10.000,– zu ahnden ist. Vor dem Hintergrund einer schon damals fehlenden Festlegung des Ausbildungsniveaus eines Datenschutzbeauftragten und der damit verbundenen Möglichkeit, Verantwortung abzuwälzen, ist eine solche Überwälzung in den nunmehrigen Bestimmungen nicht vorgesehen.

Auch der Entwurf zur DSG-Novelle 2012 scheiterte unter Verwendung des Kostenarguments an Vertretern der Wirtschaft, vermutlich mit dem Hintergedanken, die – zum damaligen Zeitpunkt bloß – im Entwurf der Europäischen Kommission zur DSGVO vorgesehene Verpflichtung zur Ernennung eines Datenschutzbeauftragten noch wegdiskutieren zu können.

III. Regelung in der DSGVO

Die DSGVO sieht den Datenschutzbeauftragten als ein dem behördlichen Verfahren vorgelagertes Kontrollinstrument beim Verantwortlichen. Dies ist insofern von Bedeutung, als die einer geplanten Datenverwendung vorgelagerten behördlichen Prüfverfahren (Ex-ante-Kontrollen) stark zugunsten erweiterter Informationspflichten beim Verantwortlichen zurückgedrängt wurden.

Die DSGVO sieht betreffend den Datenschutzbeauftragten Regelungen vor

- zur verpflichtenden bzw freiwilligen Benennung (Art 37),
- zur Stellung (Art 38) sowie
- zu den (Mindest-)Aufgaben (Art 39).

IV. Benennung

A. Verpflichtung (Art 37)

Entgegen Ankündigungen der Entwürfe sieht die DSGVO schlussendlich **keine generell verpflichtende Bestellung** von Datenschutzbeauftragten vor. Nur in folgenden Fällen haben Verantwortliche einen Datenschutzbeauftragten verpflichtend zu benennen.

1. Behörden oder öffentliche Stellen

Sie haben einen Datenschutzbeauftragten zu benennen, wenn von ihnen eine Verarbeitung durchgeführt wird – mit Ausnahme von Gerichten, soweit sie gerichtlich tätig sind. Während eine Behörde eine rechtlich geregelte Einrichtung ist, die zur Durchführung bestimmter öffentlicher Aufgaben berufen ist, ist für den Begriff der „öffentlichen Stelle" auf bereits bestehende Rechtsgrundlagen zurückzugreifen, wobei die jeweils nationale Rechtslage entscheidend ist: § 4 Z 1 Informationsweiterverwendungsgesetz (IWG)[5]) definiert als öffentliche Stellen:

- den Bund;
- bundesgesetzlich eingerichtete Selbstverwaltungskörperschaften;
- Einrichtungen auf bundesgesetzlicher Grundlage wie Stiftungen, Privatstiftungen, Fonds und Anstalten sowie sonstige Körperschaften des öffentlichen Rechts, die

---

[5]) Bundesgesetz über die Weiterverwendung von Informationen öffentlicher Stellen, BGBl I 2005/135 idgF.

- zu dem besonderen Zweck gegründet wurden, im Allgemeininteresse liegende Aufgaben zu erfüllen, die nicht gewerblicher Art sind und
- zumindest teilrechtsfähig sind und
- überwiegend vom Bund, von anderen Einrichtungen auf bundesgesetzlicher Grundlage oder von sonstigen öffentlichen Stellen[6]) finanziert werden oder hinsichtlich ihrer Leitung der Aufsicht durch diese unterliegen oder deren Verwaltungs-, Leitungs- oder Aufsichtsorgan mehrheitlich aus Mitgliedern besteht, die vom Bund, von anderen Einrichtungen auf bundesgesetzlicher Grundlage oder von sonstigen öffentlichen Stellen[7]) ernannt worden sind;

• Unternehmungen iSd Art 126b Abs 2 B-VG, des Art 127 Abs 3 B-VG und des Art 127a Abs 3 B-VG, die
  - zu dem besonderen Zweck gegründet wurden, im Allgemeininteresse liegende Aufgaben zu erfüllen, die nicht gewerblicher Art sind und
  - überwiegend von Bund, Ländern, Gemeinden oder anderen Einrichtungen auf bundes- oder landesgesetzlicher Grundlage finanziert werden oder hinsichtlich ihrer Leitung der Aufsicht durch diese unterliegen oder deren Verwaltungs-, Leitungs- oder Aufsichtsorgan mehrheitlich aus Mitgliedern besteht, die von Bund, Ländern, Gemeinden oder anderen Einrichtungen auf bundes- oder landesgesetzlicher Grundlage ernannt worden sind, wobei das Erfordernis der Gemeindeeinwohnerzahl von 10.000 für Unternehmungen gem Art 127a Abs 3 B-VG unbeachtlich ist;
  - Verbände, die sich überwiegend aus zwei oder mehreren öffentlichen Stellen gemäß lit a–d zusammensetzen.

Beispiele:

Ein Bundesminister, eine Landesregierung, der Bürgermeister einer Gemeinde mit fünf Bediensteten (wobei hier ein gemeinsamer Datenschutzbeauftragter mit einem Gemeindeverband oder einer Bezirkshauptmannschaft in Frage kommt), die ASFINAG AG, ein Landesgericht (für Zwecke der Justizverwaltung), die Datenschutzbehörde selbst, der ORF.

2. Unternehmen

Sie haben einen Datenschutzbeauftragten zu benennen, wenn die **Kerntätigkeit** des Unternehmens (auch als Auftragsverarbeiter) in der Durchführung von Verarbeitungsvorgängen besteht, die aufgrund ihrer Art, ihres Umfangs und/oder ihrer Zwecke eine umfangreiche regelmäßige und **systematische Beobachtung von betroffenen Personen** erforderlich macht.

Hier stellt sich die Frage, was als Kerntätigkeit eines Unternehmens anzusehen ist: Dazu hält zunächst ErwGr 97 fest, dass sich die Kerntätigkeit stets auf die Datenverarbeitung als Haupttätigkeit, nicht aber als Nebentätigkeit bezieht. Was als Haupt- bzw Nebentätigkeit zu qualifizieren ist, wurde allerdings nicht geregelt. In der Regel ist die automationsunterstützte Personalverwaltung eines Unternehmens bzw die Verwendung von Mitarbeiterdaten im Unternehmen wohl nicht dessen Haupttätigkeit (anders zB bei Personalleasingunternehmen), sondern eine Nebentätigkeit, sodass weder eine Mitarbeiterüberwachung

---

[6]) Art 2 Z 1 Richtlinie 2003/98/EG über die Weiterverwendung von Informationen des öffentlichen Sektors, ABl L 2003/345, 90.

[7]) Art 2 Z 1 leg cit.

noch der Personalakt selbst, der sowohl Daten zum Religionsbekenntnis als auch zur Gesundheit des Mitarbeiters enthält bzw enthalten muss, die Pflicht zur Bestellung eines Datenschutzbeauftragten auslöst.

Offen ist, wo die Grenze zwischen der Kerntätigkeit und den sonstigen Tätigkeiten eines Unternehmens zu ziehen ist:

Ist es bloß der Kern des unternehmerischen Tuns, bspw das Sammeln von Daten sowie des Bewertens für Zwecke der Erteilung von Auskünften zur Kreditwürdigkeit von betroffenen Personen, oder genügt die (unumgängliche) Voraussetzung für diesen Kern des unternehmerischen Tuns, bspw die medizinische Versorgung von betroffenen Personen durch einen Gesundheitsdiensteanbieter, zB ein Krankenhaus, die ohne die entsprechende Datensammlung und -verwertung nicht oder nur in engem Umfang möglich wäre. Jedenfalls nicht zum Kern der Tätigkeit eines Unternehmens zu zählen ist mE per se die Datenverwendung in Personalakten einer Personalverwaltung oder die mittels Videoüberwachung eines Unternehmensgeländes bspw eines Industriebetriebs gewonnenen Bilddaten, weil diese unabhängig vom eigentlichen Betätigungsfeld des Unternehmens erfolgen – anders sieht das wiederum beim Personalverrechner oder beim Betrieb von Videoüberwachungsanlagen in Dienstleistung aus: Hier ist jeweils wieder eine Kerntätigkeit des Unternehmens adressiert.

Überdies ist nicht klar, ob sich diese Haupttätigkeit aus dem Gesamtportfolio eines Unternehmens ergeben muss oder auch nur Teilbereiche der unternehmerischen Tätigkeit betreffen bzw spezifische Angebote umfassen kann.

Beispiele:

Kreditauskunfteien; Banken; Versicherungen; Unternehmen, die Bewertungsplattformen und Vergleichsportale betreiben; Big-Data-Analysten; IT-Dienstleister.

Unternehmen haben weiters einen Datenschutzbeauftragten zu benennen, wenn ihre **Kerntätigkeit** in der **umfangreichen Verarbeitung besonderer Kategorien von Daten** (das sind ausschließlich Daten, aus denen die rassische und ethnische Herkunft, politische Meinungen, religiöse oder weltanschauliche Überzeugungen oder die Gewerkschaftszugehörigkeit hervorgehen, genetische bzw biometrische Daten zur eindeutigen Identifizierung einer Person oder Daten über Gesundheit oder Sexualleben und sexuelle Ausrichtung) **oder von Daten über strafrechtliche Verurteilungen und Straftaten** besteht.

Zunächst stellt sich auch hier die Frage der Definition der Kerntätigkeit eines Unternehmens wie in den Ausführungen oben. Außerdem ergibt sich die Frage, wann eine Verarbeitung als „umfangreich" anzusehen ist. Die DSGVO sieht auch dazu keine Definition vor, aus ErwGr 91 zur Datenschutz-Folgeabschätzung lässt sich aber zumindest schließen, wann eine Datenverarbeitung nicht als umfangreich einzustufen ist: nämlich dann, wenn sie personenbezogene Daten von Patienten oder von Mandanten betrifft und durch einen einzelnen Arzt, Angehörigen der Gesundheitsberufe oder Rechtsanwalt erfolgt. Daraus lässt sich allgemein folgern, dass zB die Verarbeitung sensibler Daten durch Angehörige freier Berufe keine Benennung eines Datenschutzbeauftragten verlangt. Anderes gilt freilich zB für die Patientenverwaltung eines Krankenhausträgers.

Beispiele:

Krankenhausträger; Anbieter von Untersuchungen von DNA-Proben.

Neben diesen verpflichtenden Fällen aus der DSGVO selbst lässt diese allerdings auch zu, dass die **Mitgliedstaaten weitere verpflichtende Fälle** in ihren nationalen Rechtsordnungen vorsehen.

B. Berechtigung

In allen nicht in IV.A aufgezählten Fällen ist ein Verantwortlicher bzw Auftragsverarbeiter aber auch berechtigt, einen Datenschutzbeauftragten zu bestellen, freilich mit den Konsequenzen hinsichtlich Stellung und Aufgaben. Diese formale Bestellung – inklusive der Meldung der Person des Datenschutzbeauftragten an die Aufsichtsbehörde – einer Beratungs- und Kontrollfunktion ist zu unterscheiden von der durch das Unternehmen festgelegten Aufgabenverteilung, für die Einhaltung dessen datenschutzrechtlicher Verpflichtungen zu sorgen. Es gilt insb in diesen Fällen, die beiden unterschiedlichen Rollen – Unternehmensabteilung verantwortlich für Datenschutzeinhaltung vs Datenschutzbeauftragter als Kontrollorgan – klar darzulegen.

C. Gemeinsames

Folgende Regelungen gelten sowohl in den verpflichtenden Fällen der DSGVO, in den vom nationalen Gesetzgeber vorgesehenen weiteren Fällen der verpflichtenden Bestellung eines Datenschutzbeauftragten sowie in jenen Fällen, in welchen ein Datenschutzbeauftragter freiwillig bestellt wird:

- Der Datenschutzbeauftragte wird auf der Grundlage seiner **beruflichen Qualifikation** und insb des Fachwissens benannt, das er auf dem Gebiet des Datenschutzrechts und der Datenschutzpraxis besitzt, sowie auf der Grundlage seiner Fähigkeit zur Erfüllung der in VI aufgezählten Aufgaben. Das erforderliche Niveau des Fachwissens sollte sich insb nach den durchgeführten Datenverarbeitungsvorgängen und dem erforderlichen Schutz für die von dem Verantwortlichen oder dem Auftragsverarbeiter verarbeiteten personenbezogenen Daten richten (ErwGr 97). Siehe zum Umfang der Ausbildung unten VII.
- Die **Kontaktdaten** des Datenschutzbeauftragten sind zu veröffentlichen und der Aufsichtsbehörde mitzuteilen. Der Veröffentlichung seitens des Verantwortlichen wird zB durch Information auf der Website Genüge getan.
- Eine **Unternehmensgruppe** darf einen **gemeinsamen Datenschutzbeauftragten** ernennen, sofern er von jeder Niederlassung aus leicht erreicht werden kann. Dieses Kriterium wird sich zunächst auf die tatsächlichen Zugangsmöglichkeiten zum Datenschutzbeauftragten beziehen, wobei diese nicht auf die physische Erreichbarkeit beschränkt sind (vgl dazu die physische Erreichbarkeit des gewerberechtlichen Geschäftsführers über idR den Wohnsitz im Inland in § 39 Abs 2a GewO), sondern alle Möglichkeiten in Betracht zu ziehen sein werden: (Video-)Telefonie, E-Mail, Chat etc. Ein weiteres wichtiges Kriterium ist aber auch die Sprache: Sprachbarrieren sowohl innerhalb der Unternehmensgruppe als auch zu den Mitarbeitern bzw insb den betroffenen Aufsichtsbehörden dürfen nicht gegeben sein. Hier werden aber wohl auch – um Gruppen-Datenschutzbeauftragte in Unternehmensgruppen, die in einer größeren Zahl von Mitgliedstaaten tätig sind, nicht zu verunmöglichen – die sprachliche Kompetenz von Mitarbeitern des Datenschutzbeauftragten oder rasch greifbare Dolmetscher als ausreichend zu sehen sein.

- Falls es sich bei dem Verantwortlichen oder dem Auftragsverarbeiter um eine **Behörde oder öffentliche Stelle** handelt, kann für mehrere solcher Behörden oder Stellen unter Berücksichtigung ihrer Organisationsstruktur und ihrer Größe ein **gemeinsamer Datenschutzbeauftragter** benannt werden. Dies bietet sich zB im Fall kleinerer Gemeinden an.
- In anderen als den in Absatz 1 genannten Fällen können der Verantwortliche oder der Auftragsverarbeiter oder Verbände und andere Vereinigungen, die Kategorien von Verantwortlichen oder Auftragsverarbeitern vertreten, einen Datenschutzbeauftragten benennen; falls dies nach dem Unionsrecht oder dem nationalen Recht vorgeschrieben ist, müssen sie einen solchen benennen. Der Datenschutzbeauftragte kann für derartige Verbände und andere Vereinigungen, die Verantwortliche oder Auftragsverarbeiter vertreten, handeln.
- Es ist nicht ausgeschlossen, statt eines internen einen **externen**, nicht aus dem Kreis der Beschäftigten des Verantwortlichen oder des Auftragsverarbeiters stammenden **Datenschutzbeauftragten** zu bestellen. In diesem Fall ist der Datenschutzbeauftragte selbst als Auftragsverarbeiter anzusehen, ein Dienstleistungsvertrag ist abzuschließen.

V. Position (Art 38)

Der Verantwortliche und der Auftragsverarbeiter haben sicherzustellen, dass der Datenschutzbeauftragte **ordnungsgemäß und frühzeitig** in alle mit dem Schutz personenbezogener Daten zusammenhängenden Fragen **eingebunden** wird. Dies kann zB durch einen verpflichtend einzuhaltenden Prozess, der zB durch eine Data Protection Policy eingeführt und beschrieben wird, erreicht werden.

Der Verantwortliche und der Auftragsverarbeiter haben den Datenschutzbeauftragten bei der Erfüllung seiner unter VI aufgezählten Aufgaben zu **unterstützen**, und zwar wie folgt:

- Zurverfügungstellung der für die Erfüllung dieser **Aufgaben erforderlichen Ressourcen** – dazu zählen sowohl personelle Ressourcen als auch Sachmittel; das Personal betreffend kann als grober Anhaltspunkt herangezogen werden, dass je 500 Mitarbeiter (bei Gruppendatenschutzbeauftragten unternehmensübergreifend) eine Vollzeitarbeitskraft zur Unterstützung zur Verfügung stehen muss – allerdings lediglich in Fällen der verpflichtenden Bestellung eines Datenschutzbeauftragten und damit unter der Bedingung der Kerntätigkeit Datenverarbeitung eines Unternehmens; in anderen Fällen ist mit weit geringeren personellen Ressourcen zu rechnen; Sachmittel orientieren sich wiederum am dem Datenschutzbeauftragten zur Verfügung gestellten Personalstand;
- **Zugang** zu personenbezogenen Daten und Verarbeitungsvorgängen; dementsprechend ist jeder Form der gegenüber dem Datenschutzbeauftragten „geheimen" Datenverarbeitung unzulässig; dies erfordert auch Zugang des Datenschutzbeauftragten des Verantwortlichen zu dessen Daten und diese betreffenden Verarbeitungsvorgängen bei sämtlichen Auftragsverarbeitern;
- Zurverfügungstellung der zur Erhaltung seines **Fachwissens erforderlichen Ressourcen** (Fortbildungsmöglichkeit); diese Fortbildung wird sowohl Unterricht zu rechtlichen wie auch technischen Neuerungen umfassen müssen und betrifft nicht nur den Datenschutzbeauftragten selbst, sondern auch sein Personal.

Praxistipp:

Es empfiehlt sich vom Umfang her – in Anlehnung an die DSG-Novelle 2012 –, im ersten Jahr (zumindest) 40 Stunden Fortbildung zu ermöglichen, in den Folgejahren (zumindest) 20 Stunden.[8])

Der Verantwortliche und der Auftragsverarbeiter stellen sicher, dass der Datenschutzbeauftragte bei der Erfüllung seiner Aufgaben **keine Anweisungen** bezüglich der Ausübung dieser Aufgaben erhält. Er darf von dem Verantwortlichen oder dem Auftragsverarbeiter wegen der Erfüllung seiner Aufgaben nicht abberufen oder benachteiligt werden. ErwGr 97 formuliert das klarer: Datenschutzbeauftragte sollten unabhängig davon, ob es sich bei ihnen um Beschäftigte des Verantwortlichen handelt oder nicht, ihre Pflichten und Aufgaben **in vollständiger Unabhängigkeit** ausüben können. Dies bedingt eine Unabsetzbarkeit (Kündigungsschutz) und Unversetzbarkeit.

Damit korrespondiert, dass der Datenschutzbeauftragte zwar andere Aufgaben und Pflichten wahrnehmen kann (was va kleinere und mittlere Unternehmen anspricht, bei denen ein Vollzeit-Datenschutzbeauftragter wahrscheinlich nicht ausgelastet ist), der Verantwortliche oder der Auftragsverarbeiter dabei aber sicher stellen muss, dass derartige Aufgaben und Pflichten **nicht zu einem Interessenkonflikt** führen.

Beispiel:

Interessenkonflikte bestünden in der Kombination IT-Administrator und Datenschutzbeauftragter, Personalchef und Datenschutzbeauftragter sowie verantwortlicher Beauftragter nach § 9 VStG und Datenschutzbeauftragter (siehe dazu näher unten VIII); nicht aber ohne Weiteres in der Kombination Betriebsrat und Datenschutzbeauftragter.

Der Datenschutzbeauftragte **berichtet unmittelbar der höchsten Managementebene** des Verantwortlichen oder des Auftragsverarbeiters. Wenn damit auch nicht ausgedrückt wird, dass der Datenschutzbeauftragte notwendigerweise der obersten Managementebene organisatorisch angebunden sein muss, so ist dies doch zu empfehlen, um den Anschein einer Abhängigkeit von Linienführungskräften auszuschließen. Die Berichtslinie hat dementsprechend zum Minister, Bürgermeister oder Landeshauptmann zu erfolgen bzw bei Unternehmen zum Geschäftsführer einer GmbH bzw dem Vorstand einer AG (Chief Executive Officer oder Chief Risk Officer).

Betroffene Personen (also sowohl Mitarbeiter als auch Kunden) können den Datenschutzbeauftragten zu allen mit der Verarbeitung ihrer personenbezogenen Daten und mit der Wahrnehmung ihrer Rechte gemäß dieser Verordnung im Zusammenhang stehenden Fragen **zu Rate ziehen**. Selbiges wird in der Praxis auch für einen Betriebsrat bzw eine Personalvertretung gelten.

Der Datenschutzbeauftragte ist nach dem Recht der Union oder der Mitgliedstaaten bei der Erfüllung seiner Aufgaben an die Wahrung der Geheimhaltung oder der **Vertraulichkeit** gebunden. Damit wird angesprochen, dass auch der Datenschutzbeauftragte an das Datengeheimnis sowie (unions- oder nationalrechtliche) geregelte Geheimnisse, wie ein Amtsgeheimnis oder etwa ein Ärzte- oder Bankgeheimnis, gebunden ist, und zwar in dem

[8]) Entwurf des § 17a Abs 8 DSG 2000.

Umfang, den der jeweilige gesetzliche Rahmen vorgibt – idR ein Geheimnisschutz gegenüber den organisatorischen Grenzen eines Unternehmens bzw einer Behörde. Mit dieser Regel wird aber auch angesprochen, dass der Datenschutzbeauftragte eine Vertrauensstellung innerhalb des Verantwortlichen innehaben muss, die es ihm erlaubt, die Identität von anfragenden betroffenen Personen auch gegenüber dem Verantwortlichen selbst geheim zu halten – insofern ähnelt die Position jener eines Betriebsrats (§§ 50ff ArbVG).

VI. Aufgaben (Art 39)

Die DSGVO legt einen **Mindestaufgabenkatalog** für Datenschutzbeauftragte fest. Weitere Aufgaben können dem Datenschutzbeauftragten – sofern kein Interessenkonflikt damit verbunden ist – daher sowohl per nationalem Recht oder konzern- bzw unternehmensintern auferlegt werden. Die durch DSGVO definierten Mindestaufgaben sind folgende:

- **Unterrichtung und Beratung** des Verantwortlichen oder des Auftragsverarbeiters und der Beschäftigten, die Verarbeitungen durchführen, hinsichtlich ihrer Pflichten nach
  - der DSGVO sowie
  - sonstigen Datenschutzvorschriften der EU bzw.
  - sonstigen nationalen Datenschutzvorschriften;
- **Überwachung der Einhaltung der DSGVO**, anderer nationaler Datenschutzvorschriften bzw solchen der EU;
- **Überwachung der Einhaltung der Strategien** des Verantwortlichen oder des Auftragsverarbeiters für den Schutz personenbezogener Daten (zB Leitbilder, Policies und Procedures), einschließlich
  - Zuweisung von Zuständigkeiten,
  - Sensibilisierung und Schulung der an den Verarbeitungsvorgängen beteiligten Mitarbeiter und
  - der diesbezüglichen Überprüfungen;
- auf Anfrage: Beratung iZm der **Datenschutz-Folgenabschätzung**;
- Überwachung der Durchführung der Datenschutz-Folgenabschätzung gem Art 35;
- **Zusammenarbeit mit der Aufsichtsbehörde**;
- Anlaufstelle für die Aufsichtsbehörde in mit der Verarbeitung zusammenhängenden Fragen, einschließlich
  - der vorherigen Konsultation gem Art 36, und
  - ggf Beratung zu allen sonstigen Fragen.

Bei der Erfüllung seiner Aufgaben trägt der Datenschutzbeauftragte dem mit den Verarbeitungsvorgängen verbundenen Risiko gebührend Rechnung, wobei er die Art, den Umfang, die Umstände und die Zwecke der Verarbeitung berücksichtigt.

VII. Ausbildung

Welche Voraussetzungen muss ein Datenschutzbeauftragter mitbringen und welche Inhalte soll dementsprechend seine Ausbildung umfassen? Dies kann nur anhand der erforderlichen Kenntnisse umrissen werden:

Rechtliche Kenntnisse

- Datenschutzrecht
  - DSGVO-Inhalte
  - Inhalte der nationalen Rechtsakte im Rahmen der Öffnungsklauseln
  - bei Gruppendatenschutzbeauftragten über Ländergrenzen hinweg: Grundkenntnisse der nationalen Rechtsakte aller betroffenen Länder
  - Grundrecht auf Schutz personenbezogener Daten nach der EU-Grundrechtscharta (Art 8)
  - Datenschutzkonvention des Europarates in Grundzügen
- Europarecht (in Grundzügen)
- Arbeitsrecht (in Grundzügen)
- Telekommunikationsrecht (in Grundzügen)
- Grundzüge des Verfahrensrechts
- Grundkenntnisse des Gesellschaftsrechts (wo notwendig)

Technische Kenntnisse

- Datensicherheitsmaßnahmen, gesetzliche Vorgaben
- Grundkenntnisse von technischen Standards (zB ISO)
- Grundkenntnisse von IT-Architektur
- Grundkenntnisse des Berechtigungsmanagements
- Voraussetzung von technischer Mandantentrennung (wo notwendig, zB Unternehmensgruppenlösungen; IT-Dienstleister)
- Aufbau von Logdateien

Organisatorische Kenntnisse

- Unternehmensaufbau und -organisation (Aufgabenverteilung), insb im technischen Bereich

VIII. Strafen im Zusammenhang mit dem Datenschutzbeauftragten

Bei Verstößen gegen die Bestimmungen des Art 37–39, also sowohl iZm der Bestellung des Datenschutzbeauftragten, der Etablierung seiner gesetzlich garantierten Stellung als auch der Ermöglichung seiner gesetzlich zugewiesenen Aufgaben, sind **Geldbußen von bis zu € 10 Mio** oder im Fall eines Unternehmens bis zu **2 %** seines gesamten weltweiten erzielten (Konzern-)**Jahresumsatzes** des vorangegangenen Geschäftsjahres zu verhängen (je nachdem, welcher der Beträge höher ist). Es ist, anders als zB in österr Entwürfen zu diesem Thema, keine Strafe gegen den (internen) Datenschutzbeauftragten selbst vorgesehen, etwa wegen Beratungshaftung – das unterscheidet ihn haftungsrechtlich auch von externen beratenden Berufen wie Rechtsanwälten oder Unternehmensberatern.

Mitgliedstaaten können allerdings national (wirksame, verhältnismäßige und abschreckende) **Sanktionen** für Verstöße gegen die DSGVO vorsehen, die keiner Geldbuße gem Art 83 unterliegen. Dies kann auch zusätzliche Sanktionen betreffen oder gegen den Datenschutzbeauftragten umfassen.

Abgesehen von der Höhe dieser Geldbußen lässt es auch die Position des Datenschutzbeauftragten als Beratungs- und Kontrollorgan nicht (mehr) zu – wie es mit der unverbindlichen Verantwortungsübernahme der datenschutzrechtlichen „Compliance" bis dato mitunter der Fall war –, den Datenschutzbeauftragten zum (verwaltungs-)strafrechtlich verantwortlichen Beauftragten gem § 9 Abs 2 VStG zu bestellen. Einerseits ist die Behörde bzw das Unternehmen für die Einhaltung der Verpflichtungen der DSGVO verantwortlich, andererseits würde eine solche Beauftragtenbestellung einen Interessenkonflikt mit den Aufgaben des Datenschutzbeauftragten bewirken.

IX. Weitere Bestimmungen

Folgende weitere Bestimmungen der DSGVO enthalten Regelungen, die den Datenschutzbeauftragten betreffen:

Informations- und Dokumentationspflichten:

- Art 13 (Abs 1 lit b): Ggf haben die Kontaktdaten des Datenschutzbeauftragten Teil der Information an betroffene Personen zum Zeitpunkt der Erhebung ihrer Daten zu sein.
- Art 14 (Abs 1 lit b): Selbiges gilt auch für die Information an betroffene Personen, wenn deren Daten nicht bei ihnen erhoben wurden.
- Art 30 (Abs 1 lit a, Abs 2 lit a): Inhalt des Verzeichnisses von Verarbeitungstätigkeiten, das durch jeden Verantwortlichen oder Auftragsverarbeiter zu führen ist, sind (ua) auch Namen und Kontaktdaten eines etwaigen Datenschutzbeauftragten.
- Art 33 (Abs 3 lit b): Die Meldung einer Verletzung des Schutzes personenbezogener Daten an die Aufsichtsbehörde (Data Breach Notification Duty) hat (ua) zumindest den Namen und die Kontaktdaten des Datenschutzbeauftragten oder einer sonstigen Anlaufstelle für weitere Informationen zu enthalten.
- Art 36 (Abs 3 lit d): Ebenso sind der Aufsichtsbehörde bei einer Konsultation im Zuge der Datenschutz-Folgeabschätzung vom Verantwortlichen (ua) gegebenenfalls die Kontaktdaten des Datenschutzbeauftragten mitzuteilen.

Beratungstätigkeit:

- Gem Art 35 Abs 2 hat der Verantwortliche bei der Durchführung einer Datenschutz-Folgenabschätzung verpflichtend den Rat des Datenschutzbeauftragten, sofern ein solcher benannt wurde, einzuholen.
- Art 47 (Abs 2 lit h): Verbindliche interne Datenschutzvorschriften enthalten mindestens ua die Aufgaben jedes benannten Datenschutzbeauftragten oder jeder anderen Person oder Einrichtung, die mit der Überwachung der Einhaltung der verbindlichen internen Datenschutzvorschriften in der Unternehmensgruppe oder Gruppe von Unternehmen, die eine gemeinsame Wirtschaftstätigkeit ausüben, sowie mit der Überwachung der Schulungsmaßnahmen und dem Umgang mit Beschwerden befasst ist.

Behördlich:

- Art 57 Abs 3: Der Datenschutzbeauftragte (wie auch betroffene Personen) können die Aufgaben der Aufsichtsbehörde unentgeltlich in Anspruch nehmen.

X. Umsetzung in der Praxis – ein Ausblick[9])

Aus Sicht der europäischen Vorgaben lassen sich folgende Empfehlungen für die Umsetzung der Regelungen zum Datenschutzbeauftragten für die Praxis geben:

- Einbringung des Datenschutzbeauftragten sowie dessen Agenden in Unternehmensleitlinien bzw einer **Unternehmenspolicy**
  - organisatorische Ansiedelung? (Recht/Compliance/Informationssicherheit/Stabsstelle)
  - Gruppenfunktion?
  - lokale verbleibende Funktion in Töchtergesellschaften?
- **Inhaltlich**:
  - strikte Trennung der Funktion von sonstigen organisatorischen Unternehmenslinien
  - Definition der Ressourcen (Mitarbeiter, Budget)
  - Definition der Ausbildungsvoraussetzungen
  - Definition, wann der Datenschutzbeauftragte im Falle der Datenschutz-Folgenabschätzung sowie der Verletzung des Schutzes personenbezogener Daten einzubeziehen ist
  - Klarstellung, wann und wie der Datenschutzbeauftragte bei Vorhaben einzubinden ist, mit besonderer Bedachtnahme auf die Frühzeitigkeit
  - ggf Details zur Organisation der Beratung des Verantwortlichen auf Anfrage, der Mitarbeiter, der Kunden oder des Betriebsrates
  - Klarstellung, wie die Kontaktnahme zur Aufsichtsbehörde über den Datenschutzbeauftragten zu erfolgen hat
- **frühzeitige Betrauung** einer Person aus dem Mitarbeiterstab mit den Agenden des Datenschutzbeauftragten (Empfehlung: mindestens ein Jahr vor Anwendbarkeit der DSGVO)
- alternativ: frühzeitige Beauftragung eines externen Datenschutzbeauftragten, um den Verantwortlichen in allen relevanten Details kennen lernen zu können
- Erwerb der unter VII genannten Fähigkeiten vor Einsatzstart
- Information an Mitarbeiter, Human Resources, Betriebsrat und Schlüsselpositionen im Unternehmen

---

[9]) Dies kann freilich abschließend nur nach Kenntnis der innerstaatlichen Rechtsakte aufgrund der Öffnungsklauseln bewertet werden – so darf sich der Leser auf den Rückblick in der 2. Auflage dieses Buches freuen!

Vom zertifiziert richtigen Verhalten

Thomas Strohmaier

I. Allgemeines

Der Abschnitt 5 der DSGVO normiert in den Art 40–43 „*Verhaltensregeln und Zertifizierung*".

Die Ausarbeitung von Verhaltensregeln und die Einführung – insb auf Unionsebene – von Zertifizierungsverfahren, Datenschutzsiegeln und -prüfzeichen soll von den **Mitgliedstaaten**, den **Aufsichtsbehörden** (das ist in Österreich die Datenschutzbehörde),[1]) dem **Ausschuss**[2]) und der **Kommission** (EU-Kommission) gefördert werden.

Verhaltensregeln für einzelne Verarbeitungsbereiche sollen für diese jeweils zur ordnungsgemäßen Anwendung der DSGVO beitragen, Zertifizierungen wiederum die Einhaltung der DSGVO bei Verarbeitungsvorgängen gewährleisten.

Die Ziele beider Instrumente sind insb

- Schaffung von Transparenz hinsichtlich der Datenverwendung,
- Erhöhung des Datenschutzniveaus,
- Schaffung von Vertrauen bei den betroffenen Personengruppen,
- Imagegewinn,
- Schaffung eines Wettbewerbsvorteils und
- nicht zuletzt auch die leichtere Nachweisbarkeit der ordnungsgemäßen Anwendung der DSGVO auch gegenüber Aufsichtsbehörden.

Diese Ziele lassen sich hinsichtlich der Verhaltensregeln noch durch eine oftmals damit verbundene Erhöhung des Verbraucherschutzes ergänzen.

Beide Instrumente stehen Verantwortlichen[3]) und Auftragsverarbeitern[4]) in gleicher Weise offen. Die DSGVO versucht den Kreis der Anwendbarkeit dieser beiden Instrumente auch mit dem Hinweis möglichst weit zu ziehen, dass die „*besonderen Bedürfnisse von Kleinstunternehmen sowie kleinen und mittleren Unternehmen*" zu berücksichtigen sind.

Inhaltlich führen bereits die Erwägungsgründe der DSGVO als konkrete Anwendungsbeispiele „Anleitungen" für Risikoermittlung und -abschätzung sowie Verfahren zu

---

[1]) ErwGr 117 räumt den Mitgliedstaaten auch die Möglichkeit der Errichtung von mehr als einer Aufsichtsbehörde ein; es wird in diesem Beitrag davon ausgegangen, dass Österreich davon keinen Gebrauch macht.

[2]) Das ist der in Art 68 normierte Europäische Datenschutzausschuss, eine unabhängige Einrichtung mit Rechtspersönlichkeit, zusammengesetzt aus den Leitern der Aufsichtsbehörden aller Mitgliedstaaten und dem Europäischen Datenschutzbeauftragten; dieser Ausschuss wird die mit der Richtlinie 95/46/EG eingesetzte Arbeitsgruppe für den Schutz der Rechte von Personen bei der Verarbeitung personenbezogener Daten („Artikel 29 Datenschutzgruppe") ersetzen.

[3]) Gem DSG 2000 „Auftraggeber".

[4]) Gem DSG 2000 „Dienstleister".

deren Eindämmung bei Datenverarbeitungen an (ErwGr 77). Weiters kann die Einhaltung genehmigter Verhaltensregeln oder eines genehmigten Zertifizierungsverfahrens durch einen Auftragsverarbeiter als Faktor herangezogen werden, um die Erfüllung der Pflichten des Verantwortlichen nachzuweisen (ErwGr 81).

Wie im Folgenden noch kurz zu beschreiben (s Punkte III.D und IV.B), sollen alternativ bzw. neben der sonst für diese beiden Instrumente regelmäßig zuständigen Aufsichtsbehörde auch akkreditierte Stellen zum Einsatz kommen.

Sämtliche genehmigten Verhaltensregeln, Zertifizierungsverfahren und Datenschutzgütesiegel und -prüfzeichen werden in Register aufgenommen und veröffentlicht.

Die „Gewichtung“ dieser beiden Instrumente lässt sich schön daran ablesen, dass die Kommission bei mehr als einen Mitgliedstaat betreffenden **Verhaltensregeln** auch **Durchführungsrechtsakte** hinsichtlich der **„allgemeinen Gültigkeit in der Union“** setzen kann (Art 40 Z 9; s näher Punkt III.C) und iZm **Zertifizierungen** sogar die Befugnis zur Erlassung **Delegierter Rechtsakte**[5]) für die dazu nötigen Anforderungen hat. Die praktische Bedeutung liegt darin, dass ein Verstoß gegen Durchführungsrechtsakte oder delegierte Rechtsakte ein Verstoß gegen die DSGVO ist (ErwGr 146).

II. Besonderheiten bei Datenübermittlung an Drittländer

Nicht zu unterschätzen ist die mögliche Bedeutung dieser beiden Instrumente im Rahmen der **Übermittlung personenbezogener Daten** aus der Union **an Drittländer oder internationale Organisationen**. Liegt nicht gerade ein Kommissionsbeschluss vor, der einem solchen Drittland ein datenschutzrechtlich angemessenes (DSVGO-)Schutzniveau konstatiert, bedarf es für die Zulässigkeit einer solchen Datenübermittlung jeweils **geeigneter Garantien**. Solche geeigneten Garantien können nunmehr – ohne dass es einer Genehmigung durch die Aufsichtsbehörde bedarf – auch genehmigte Verhaltensregeln mit allgemeiner Gültigkeit in der Union oder genehmigte Zertifizierungsmechanismen sein (Art 46 Z 2e und f).

Aus diesem Grund sieht die DSGVO vor, dass solche unionsweiten Verhaltensregeln oder Zertifizierungsmechanismen auch von Verantwortlichen und Auftragsverarbeitern aus Drittländern, die nicht der DSGVO unterliegen, eingehalten werden können. Dies zum Nachweis dafür, dass auch sie geeignete Garantien iSd DSGVO bieten können. Dazu nötig ist, dass sich diese Verantwortlichen und Auftragsverarbeiter rechtsverbindlich und auch hinsichtlich der Rechte der betroffenen Personen durchsetzbar (Vertrag etc) dazu verpflichten, diese Garantien anzuwenden.

Es bleibt abzuwarten, ob sich hier eine Alternative für die derzeit immer noch von der Aufsichtsbehörde zu genehmigenden „EU-Standardvertragsklauseln für die Weitergabe von Daten in Drittländer“ zu etablieren vermag.[6])

---

[5]) Gem Art 92 Z 2 besteht diese Befugnis der Kommission sonst nur noch für Anforderungen hinsichtlich von in standardisierten Bildsymbolen darzustellender Informationen und der Verfahren für die Bereitstellung dieser Bildsymbole; s näher Punkt IV.B.

[6]) Standardvertragsklauseln 2004/915/EG und Standardvertragsklauseln 2010/87/EG.

III. Verhaltensregeln (Codes of Conduct)

A. Allgemeines

Die DSGVO greift das schon aus Art 27 der EU-Datenschutzrichtlinie 95/46/EU bekannte und auch in das DSG 2000 übernommene Instrument der **Verhaltensregeln** neuerlich auf. Praktisch handelt es sich dabei regelmäßig um von Interessenvertretungen oder Berufsverbänden ausgearbeitete „Präzisierungen" verschiedenster Aspekte für branchen- bzw. berufsspezifische Datenverarbeitungen.

Verhaltensregeln können Vertrauen bei den von Datenverarbeitungen betroffenen Personen ebenso schaffen, wie den Verantwortlichen und Auftragsverarbeitern Sicherheit bieten, wie sie ihre Datenverarbeitungen durchzuführen haben. Dies gilt für datenschutzrechtlich Verantwortliche und Auftragsverarbeiter in gleicher Weise.

Die jeweils betroffenen Unternehmungen können solchen Verhaltensregeln im Wege einer „freiwilligen Selbstverpflichtung" beitreten[7]) oder müssen diese – je nach Kompetenz der die Verhaltensregeln erstellenden Institution – zwingend einhalten.[8]) Anders als bei der Zertifizierung findet sich bei den Verhaltensregeln kein Hinweis auf eine „Freiwilligkeit" (Art 42 Abs 3).

B. Inhalte

Die möglichen Präzisierungen sind in der DSGVO nur beispielhaft aufgezählt: neben den naheliegenden Bereichen **„Erhebung und transparente Verarbeitung personenbezogener Daten"** und **„Ausübung der Betroffenenrechte"** sind nunmehr auch Aspekte wie **„Datenschutz durch Technikgestaltung und datenschutzfreundliche Voreinstellungen"** ausdrücklich angeführt; bei letzterem kann auch eine im Folgenden noch näher zu besprechende **Zertifizierung** gute Dienste leisten.[9]) Ebenso angeführt und sehr zu begrüßen ist die **„Unterrichtung und der Schutz von Kindern"** iZm der Einholung der Zustimmung beim „elterlich" dazu Befugten. Die Erwägungsgründe der DSGVO nennen ausdrücklich die „Pflichten der Verantwortlichen und der Auftragsverarbeiter" (ErwGr 98).

Die nunmehr ausdrückliche Anführung von **„Kleinstunternehmen sowie kleinen und mittleren Unternehmen"** in der DSVGO,[10]) somit die in Österreich mehrheitlich anzutreffenden Unternehmensformen, wirkt zwar auf den ersten Blick durchaus erfreulich. Ein zweiter Blick auf die Realsituation in Österreich lässt aber doch starke Zweifel daran aufkommen, ob die DSGVO hier tatsächlich die Schaffung einer Vielzahl von Verhaltensregeln anstoßen wird können; immerhin wurden in Österreich – seit Inkrafttreten der „Ver-

---

[7]) Wie etwa in Österreich beim „Fair Data" CoC des österr Dialog Marketing Verbands (DMVÖ), www.dmvoe.at/data/fair-data-codes-of-conduct, oder in Deutschland beim Gesamtverband der Deutschen Versicherungswirtschaft (GDV), www.gdv.de/2013/03/versicherungswirtschaft-und-datenschuetzer-schaffen-neue-massstaebe-fuer-datenschutz/ der Fall.

[8]) Wie etwa in Österreich bei den Verhaltensregeln für staatlich konzessionierte Glücksspielbetreiber der Fall, www.wko.at/Content.Node/branchen/oe/BankVersicherung/Banken-und-Bankiers/Verhaltensregeln-fuer-Gluecksspielbetreiber-mit-Anlage.pdf

[9]) Siehe dazu Art 25 Abs 3; so sehen die Verhaltensregeln für staatlich konzessionierte Glücksspielbetreiber in ihrem Punkt 4 zum Nachweis der Einhaltung dieser Regeln ausdrücklich die Notwendigkeit einer Zertifizierung vor.

[10]) siehe dazu oben Punkt I.

haltensregel"-Bestimmung des § 6 Abs 4 DSG 2000 mit 1. 1. 2000 – gerade erst einmal zwei (!) Verhaltensregeln auch tatsächlich vom Verfassungsdienst des Bundeskanzleramtes genehmigt und veröffentlicht, und zwar jene des österr Dialog Marketing Verbandes und jene der staatlich konzessionierten Glücksspielbetreiber.[11])

C. Erstellung, Arten von Verhaltensregeln und Genehmigung

Die **Ausarbeitung, Änderung oder Erweiterung** solcher Verhaltensregeln wird von der DSGVO in die Hände von (regelmäßig nicht-staatlichen) Institutionen (Verbänden und Vereinigungen) gelegt, die Gruppen von **Verantwortlichen** oder **Auftragsverarbeitern** vertreten; das wäre in Österreich bspw die Wirtschaftskammer. Die derzeit geltende Bestimmung des österr DSG 2000 spricht in diesem Zusammenhang von gesetzlichen Interessenvertretungen, sonstigen Berufsverbänden und vergleichbaren Einrichtungen. Ergänzend sollten von diesen Institutionen auch die maßgeblichen Interessenträger und möglichst auch die betroffenen Personen befragt und deren Stellungnahmen eingeholt werden (ErwGr 99).

Um aber von **Verhaltensregeln iSd DSGVO** sprechen zu können, bedarf es jeweils einer **Genehmigung**; das dafür nötige Verfahren wird jeweils von den eben erwähnten Institutionen durch Vorlage der Verhaltensregeln bei der Aufsichtsbehörde, das ist in Österreich die Datenschutzbehörde[12]), eingeleitet.

Die DSGVO sieht nun insgesamt drei Spielarten von Verhaltensregeln vor:

1. umfassen diese nur Verarbeitungstätigkeiten **innerhalb eines Mitgliedstaates** in der Union, erfolgt die Genehmigung durch die Aufsichtsbehörde selbst (nationale Verhaltensregeln),
2. umfassen diese Verarbeitungstätigkeiten **mehrere Mitgliedstaaten** in der Union, kommt ein dreistufiges Verfahren zur Anwendung: (i) die Aufsichtsbehörde hat die Verhaltensregeln (ii) dem Ausschuss zur Stellungnahme vorzulegen; dieser wiederum hat seine zustimmende Stellungnahme (iii) der Kommission vorzulegen. Diese kann nun per **Durchführungsrechtsakt**[13]) beschließen, dass die betroffenen Verhaltensregeln **allgemeine Gültigkeit in der Union besitzen** (unionsweite Verhaltensregeln).
3. kommt es zu keinem solchen Beschluss der Kommission, dann bleibt es bei der zustimmenden Stellungnahme des Ausschusses und die Aufsichtsbehörde kann die Verhaltensregeln genehmigen (bilaterale Verhaltensregeln).

Sämtliche Arten von genehmigten Verhaltensregeln werden vom **Ausschuss** in ein Register aufgenommen und in geeigneter Weise veröffentlicht. Die **Kommission** hat die von ihr per Durchführungsrechtsakt allgemein gültigen Verhaltensregeln ebenso in geeigneter Weise zu veröffentlichen. Die **Aufsichtsbehörde** schließlich nimmt die von ihr genehmigten nationalen Verhaltensregeln in ein Verzeichnis auf und veröffentlicht sie.

D. Überwachung der Verhaltensregeln

Weiters müssen diese Verhaltensregeln auch **Verfahren** vorsehen, die die Überwachung der Einhaltung der Bestimmungen der Verhaltensregeln durch die Aufsichtsbehörde

[11]) Siehe oben FN 7 und 8.

[12]) www.dsb.gv.at

[13]) Siehe dazu oben Punkt I, letzter Absatz.

oder eine akkreditierte Stelle (dazu gleich) ermöglicht. Wie solch ein Verfahren aussehen soll, lässt die DSGVO offen; zu denken wäre hier aber bspw an die Vorlage einer aktuellen Zertifizierung.

Bislang im DSG 2000 nicht vorgesehen, sieht die DSGVO nunmehr auch die Überwachung der genehmigten Verhaltensregeln vor. Dies kann nicht nur durch die Aufsichtsbehörde selbst, sondern auch von einer Stelle durchgeführt werden, die über das geeignete Fachwissen verfügt und von der zuständigen Aufsichtsbehörde zu diesem Zweck akkreditiert wurde. Dabei hat es sich um eine unabhängige Stelle zu handeln, die mit entsprechendem Fachwissen die Einhaltung der Verhaltensregeln regelmäßig überprüfen kann und über Strukturen zur Beschwerdebehandlung verfügt und diese für betroffene Personen und die Öffentlichkeit transparent macht.

Soweit Verhaltensregeln verletzt werden, haben Aufsichtsbehörde oder akkreditierte Stelle geeignete Maßnahmen zu ergreifen, einschließlich eines vorläufigen oder endgültigen Ausschlusses des Verantwortlichen oder Auftragsverarbeiters von den Verhaltensregeln, und die zuständige Aufsichtsbehörde über solche Maßnahmen und deren Begründung zu unterrichten.

E. Konsequenzen bei Verstößen

Verstöße gegen Verhaltensregeln finden sich zwar nicht im Bußgeldkatalog aufgelistet und es bleibt somit bei den sonst geltenden Bußgeldtatbeständen. Anders verhält es sich aber bei den unionsweit geltenden Verhaltensregeln, die im Wege von Durchführungsrechtsakten der Kommission genehmigt wurden: in diesem Fall wäre ein Verstoß gegen Verhaltensregeln gleichbedeutend mit einem Verstoß gegen die DSGVO.

Es gibt aber einen wesentlichen Anreiz für die Einhaltung von Verhaltensregeln: deren Einhaltung ist nämlich ausdrücklich bei der Entscheidung über die Verhängung einer Geldbuße und deren Höhe „gebührend" zu berücksichtigen (Art 83 Z 2j und ErwGr 148).

IV. Zertifizierungen

A. Allgemeines

Ein wesentlicher Fortschritt gegenüber der derzeit noch geltenden DSRL und dem DSG 2000 ist die in der DSGVO vorgesehene Möglichkeit und Förderung datenschutzspezifischer Zertifizierungsverfahren sowie von Datenschutzsiegeln und -prüfzeichen. Ein besonderes Anliegen der DSGVO gilt – über regionale[14]) und nationale Zertifizierungen hinaus – der Förderung von Zertifizierungen auf Unionsebene (Stichwort „Europäisches Datenschutzgütesiegel").

Auch diese Idee ist nicht neu, konnte sich aber in der Vergangenheit – was ihre datenschutzrechtliche Regelung betrifft – zumindest in Österreich und Deutschland nicht durchsetzen. Das „Österreichische Datenschutz-Gütesiegel" hat es überhaupt nur als „Anfrage" in

[14]) Bspw das Gütesiegel des ULD (Landeszentrum für Datenschutz in Schleswig-Holstein), das an das LandesdatenschutzG von Schleswig-Holstein geknüpft ist; www.datenschutz-praxis.de/fachartikel/was-sie-bei-datenschutz-siegeln-bedenken-sollten/, abgerufen am 13. 5. 2016)

das Begleitschreiben des Begutachtungsentwurfs der Datenschutz-Novelle 2008 geschafft,[15]) während der deutsche Gesetzgeber immerhin bereits im Jahr 2001 sich selbst im deutschen Bundesdatenschutzgesetz (BDSG) verpflichtete, ein Auditgesetz für die Zertifizierung von Datenschutzkonzepten und technischen Einrichtungen nach deutschem Datenschutzrecht zu erlassen; dieses Ausführungsgesetz wurde aber bis heute nicht verabschiedet.[16]) Unabhängig davon gibt es in Deutschland aber eine Vielzahl an Anbietern für Zertifizierungen und Gütesiegel im Datenschutz (mit Stand Jänner 2016 insgesamt 41).[17])

Hier besonders zu erwähnen ist das **Europäische Datenschutzgütesiegel (European Privacy Seal, abgekürzt EuroPriSe)**: die Europäische Kommission hat nämlich schon im Jahr 2007 die Verleihung solcher Siegel für datenschutzkonforme IT-Produkte und IT-basierte Dienste auf Basis europäischen Datenschutzrechts im Rahmen des eTen-Programms zur Förderung transeuropäischer Telekommunikationsnetze gefördert. Dieses wurde vom Unabhängigen Landeszentrum für Datenschutz in Schleswig-Holstein (ULD) gestartet und von diesem nach Abschluss der Projektphase 2009 in Eigenregie weitergeführt. Bis Ende 2013 gab es bereits 24 Zertifizierungen; bereits damals waren insgesamt mehr als 150 Gutachter aus 15 Mitgliedstaaten der Europäischen Union sowie aus Argentinien, der Schweiz, Taiwan und den Vereinigten Staaten von Amerika akkreditiert.[18])

Seit 1. 1. 2014 wird das Europäische Datenschutzgütesiegel nicht mehr vom ULD, sondern von der EuroPriSe GmbH verliehen.[19]) Die Anzahl der erfolgten Zertifizierungen (gilt immer für zwei Jahre) erhöht sich seitdem kontinuierlich und sämtliche zertifizierten IT-Produkte und Dienstleistungen der jeweiligen Unternehmen sind öffentlich einsehbar.[20]) Auch österr Unternehmen finden sich unter den Zertifizierten.[21])

Trotzdem sind mE auch hier, wie oben in Punkt III.B bei den Verhaltensregeln erwähnt, durchaus Zweifel angebracht, ob die DSGVO tatsächlich eine Vielzahl von Zertifizierungen anstoßen kann; erschwerend kommt hinzu, dass die Durchführung von Zertifizierungsverfahren nicht nur zeitaufwändig, sondern regelmäßig auch mit hohen Kosten verbunden ist.

Die Zertifizierung mindert jedenfalls nicht die Verantwortung des Verantwortlichen oder Auftragsverarbeiters für die Einhaltung der DSGVO; sie ist aber bei einer allenfalls verhängten Geldbuße im Fall eines Verstoßes gegen die DSGVO zu berücksichtigen (dazu un-

---

[15]) Begleitschreiben vom 4.3.2008, in dem um Stellungnahme ersucht wurde, ob die Einführung eines österr Datenschutz-Gütesiegels für sinnvoll und zweckmäßig erachtet würde; dies unter Hinweis auf das Unabhängige Landeszentrum für Datenschutz Schleswig-Holstein (ULD), www.parlament.gv.at/PAKT/VHG/XXIII/ME/ME_00182/fname_106412.pdf, abgerufen am 13.5.2016.

[16]) Die Regelung findet sich in § 9 BDSG; der Deutsche Bundestag hat am 3. 7. 2009 beschlossen, das Gesetz nicht zu verabschieden (https://de.wikipedia.org/wiki/Datenschutzauditgesetz, abgerufen am 13. 5. 2016).

[17]) https://stiftungdatenschutz.org/wp-content/uploads/2016/03/SDS-Zertifizierungsu%CC%88bersicht-Januar_2016.pdf, abgerufen am 13.5.2016.

[18]) Siehe dazu näher www.european-privacy-seal.eu/Appfile/getfile/ab77579a-5d37-410b-a2c9-06d2511bf306, abgerufen am 13. 5. 2016.

[19]) www.european-privacy-seal.eu/EPS-en/EuroPriSe-Imprint, abgerufen am 13. 5. 2016.

[20]) www.european-privacy-seal.eu/EPS-en/Awarded-seals, abgerufen am 13. 5. 2016.

[21]) bspw. KiwiSecurity Software GmbH mit dem Privacy Protector (Videoverfremdungssoftware); die AMV Networks GmbH für den Abruf von Kfz-Echtzeitdaten (Ort etc.) und die Austrian Gaming Industries GmbH (AGI), Teil des Novomatic-Konzerns mit dem Novocard Ampelsystem für Analyse des Spielverhaltens der Besucher von Spielstätten.

ten noch unter Punkt IV.C). Auch die Aufgaben und Befugnisse der Aufsichtsbehörde bleiben unberührt.

Die Zertifizierung selbst muss **freiwillig** und über ein **transparentes Verfahren** zugänglich sein (Art 42 Z 3).

B. Kriterien und Genehmigung

Wie schon bei den Verhaltensregeln, kommt auch hier der Aufsichtsbehörde entscheidende Bedeutung zu; diese hat an Hand von ihr selbst oder vom Ausschuss genehmigter Kriterien die Zertifizierung zu erteilen.

Werden die Kriterien vom Ausschuss genehmigt, kann dies zu einer gemeinsamen Zertifizierung, dem **Europäischen Datenschutzsiegel**, führen (Art 42 Z 5); alternativ zur Aufsichtsbehörde kann die Zertifizierung aber auch von eigens durch die Aufsichtsbehörde und/oder von der nationalen Akkreditierungsstelle[22])[23]) zu **akkreditierenden Zertifizierungsstellen** erteilt werden; dies für eine Höchstdauer von fünf Jahren (Verlängerung unter denselben Bedingungen möglich, sofern die Zertifizierungsstelle die Anforderungen der DSGVO erfüllt).

Zertifizierungsstellen haben der Aufsichtsbehörde die Gründe für Erteilung und Widerruf der beantragten Zertifikation mitzuteilen (Art 43 Z 5). Dies deshalb, damit diese im Bedarfsfall von ihren Befugnissen Gebrauch machen kann. Die Aufsichtsbehörde kann dazu die Zertifizierungsstelle anweisen, eine Zertifizierung zu widerrufen oder keine Zertifizierung zu erteilen, wenn die Voraussetzungen nicht oder nicht mehr erfüllt werden.

Bei der Zertifizierungsstelle hat es sich um eine unabhängige Stelle zu handeln, die mit entsprechendem Fachwissen die Einhaltung der Verhaltensregeln regelmäßig überprüfen kann und über Strukturen zur Beschwerdebehandlung verfügt und diese für betroffene Personen und die Öffentlichkeit transparent macht.

Die Kommission kann im Wege **Delegierter Rechtsakte** Anforderungen für Zertifizierungsverfahren festlegen, mit denen technische Standards für Zertifizierungsverfahren und Siegel/Prüfzeichen sowie **Mechanismen zur Förderung und Anerkennung dieser Zertifizierungsverfahren** festgelegt werden.

Die DSGVO enthält keinerlei Zeitvorgaben, innerhalb derer die Aufsichtsbehörde gegenüber der Zertifizierungsstelle Stellung zu nehmen hat.

Der Zertifikatswerber hat der Aufsichtsbehörde bzw. der Zertifizierungsstelle sämtliche nötigen Informationen zu erteilen und Zugänge zu seinen Verarbeitungstätigkeiten zu gestatten.

Die **maximale Dauer einer Zertifizierung beträgt drei Jahre**; eine Rezertifizierung unter denselben Bedingungen ist möglich, soweit die einschlägigen Voraussetzungen weiterhin erfüllt werden. Die Zertifizierung kann auch von den erwähnten Stellen widerrufen werden, wenn die Zertifizierungsvoraussetzungen nicht mehr erfüllt sind.

Register und Veröffentlichung: Der Ausschuss nimmt alle Zertifizierungsverfahren und Datenschutzsiegel und -prüfzeichen in ein Register auf und veröffentlicht sie in geeigneter Weise.

---

[22]) In Österreich ist nationale Akkreditierungsstelle gem § 3 Akkreditierungsgesetz der Bundesminister für Wirtschaft, Familie und Jugend; dieser hat die Organisationseinheit „Akkreditierung Austria“ mit dieser Aufgabe betraut. (www.bmwfw.gv.at/TechnikUndVermessung/Akkreditierung/Seiten/AkkreditierungsstellePIZ.aspx, abgerufen am 13. 5. 2016).

[23]) Dies ist gem Art 43 Z 1 von den Mitgliedstaaten sicherzustellen.

C. Konsequenzen bei Verstößen

Verstöße der Verantwortlichen und Auftragsverarbeiter gegen die Zertifizierungsbestimmungen finden sich ausdrücklich in Art 83 Z 4a und können mit Geldbußen bis zu € 10 Mio oder im Fall eines Unternehmens bis zu einer Höhe von 2 % des gesamten weltweit erzielten Jahresumsatzes des vorangegangenen Geschäftsjahres verhängt werden; je nachdem, welcher der beiden Beträge (Geldbuße oder Prozentanteil vom Jahresumsatz) der höhere ist.

Auch hier gibt es aber einen wesentlichen Anreiz für die Einhaltung der Zertifizierungsbestimmungen: deren Einhaltung ist nämlich ausdrücklich – wie auch die Einhaltung von Verhaltensregeln – bei der Entscheidung über die Verhängung einer Geldbuße und deren Höhe „gebührend" zu berücksichtigen (Art 83 Z 2j und ErwGr 148).

Weiters kann die Aufsichtsbehörde eine Zertifizierung auch widerrufen, die Zertifizierungsstelle zum Widerruf anweisen oder die Zertifizierungsstelle anweisen, keine Zertifizierung zu erteilen (Art 58 Z 2h).

D. Zusammenfassung und Fazit

Die in der DSGVO nunmehr ausdrücklich vorgesehenen Instrumente der Verhaltensregeln und Zertifizierungen verfolgen äußerst wünschenswerte datenschutzrechtliche Ziele. Diese könnten in jeder Hinsicht dazu beitragen, die Sensibilisierung für den Datenschutz zu erhöhen und – speziell die Verhaltensregeln – den betroffenen Personen auch bewusst machen, was tatsächlich mit ihren Daten geschieht.

Ein Blick auf die bisherigen österr Aktivitäten in diesen Bereichen lässt allerdings doch Zweifel aufkommen, ob die 2018 in Kraft tretende DSGVO datenschutzrechtlich hier tatsächlich eine Trendwende einleiten wird können. Dies nicht zuletzt speziell mit Blick auf die in der DSGVO ausdrücklich erwähnten „Kleinstunternehmen sowie kleinen und mittleren Unternehmen", die in vielen Fällen andere „Sorgen" haben, als sich, in welcher Form auch immer, Verhaltensregeln – soweit überhaupt vorhanden – zu unterwerfen oder sich zertifizieren zu lassen.

Gerade diese Unternehmungen haben vermutlich auch oftmals nicht den Bedarf, die durch diese beiden Instrumente mögliche **Legitimierung der Übermittlung personenbezogener Daten in ein unsicheres Drittland** zu nutzen. Das darf aber nicht darüber hinwegtäuschen, dass die Nutzbarmachung dieser beiden Instrumente für die genannten Datenübermittlungen, genauer gesagt für den Nachweis geeigneter Garantien der Datenverarbeiter im Drittland, durchaus auch in Österreich für eine Vielzahl von Unternehmungen als Alternative zu den bisher bekannten „EU-Standardvertragsklauseln" von Interesse sein kann.

Es ist davon auszugehen, dass bspw. die Ausarbeitung von **Verhaltensregeln** in vielen Fällen praktisch an der Nicht-Einigung der betroffenen Branchen-/Bereichsbeteiligten aufgrund unterschiedlicher Interessenlagen scheitert. In Hinblick auf **Zertifizierungen** werden die dafür nötigen Kosten und der sonstige Zeit- und Ressourceneinsatz weiterhin hoch sein und schon allein deshalb auf viele Verantwortliche und Auftragsverarbeiter „abschreckend" wirken.

Schließlich erscheinen auch die für die jeweils nötigen Genehmigungen vorgesehenen Verfahrensabläufe durchwegs langwierig und komplex; hier wird abzuwarten sein, ob der österr Gesetzgeber Anreize für eine rasche und effiziente Erledigung solcher Verfahren anbieten kann. Der derzeitige Personalstand der österr Datenschutzbehörde (als zuständiger Aufsichtsbehörde) in Hinblick auf die ihr in der DSGVO zahlreich übertragenen Zusatzaufgaben (Genehmigungen, Akkreditierungen, Überwachungen) stimmt nicht gerade positiv.

Die DSGVO hätte gut daran getan, zusätzliche Anreize für die Einhaltung von Verhaltensregeln und die Durchführung von Zertifizierungen in Hinblick auf bspw Haftungserleichterungen oder sonstige „Vorteile" zu schaffen; es bleibt auch abzuwarten, ob die gebührende (mildernde) Berücksichtigung dieser beiden Instrumente im Rahmen der Verhängung von Geldbußen hier unter Umständen einen solchen „Anreiz" darstellen wird.

Datenübermittlung in Drittstaaten

Rainer Knyrim

I. Datenübermittlung innerhalb der EU

Innerhalb der Europäischen Union dürfen Datenübermittlungen durchgeführt werden, wenn die Grundsätze der Verarbeitung nach Art 5 DSGVO und die Bedingungen für die Rechtmäßigkeit dieser Datenverarbeitung (Datenübermittlungen fallen unter den Überbegriff der „Verarbeitung") nach Art 6 DSGVO[1]) eingehalten werden.[2]) Liegt dies vor, dann macht es keinen Unterschied, ob die Datenübermittlung innerhalb Österreichs oder innerhalb der EU stattfindet, denn die Voraussetzungen dafür sind immer dieselben. Dies ergibt sich allgemein daraus, dass die DSGVO dafür keine weiteren Anforderungen stellt und im Umkehrschluss aus Art 44, der bestimmt, dass jedwede Übermittlung personenbezogener Daten in ein Drittland nur zulässig ist, wenn der Verantwortliche und der Auftragsverarbeiter die im Kap V über die Übermittlung personenbezogener Daten an Drittländer niedergelegten Bedingungen einhalten. Somit kann, wenn grundsätzlich eine materielle Rechtsgrundlage iSd Art 5ff vorhanden ist, die Datenübermittlung in alle Mitgliedstaaten der EU durchgeführt werden.[3])

Nur dann, wenn die Form der Datenübermittlung aufgrund der Art, des Umfangs, der Umstände und der Zwecke der Verarbeitung voraussichtlich ein hohes Risiko für die Rechte und Freiheiten natürlicher Personen zur Folge hat, muss der Verantwortliche nach Art 35 vorab eine **Abschätzung der Folgen** der vorgesehene Verarbeitungsvorgänge für den Schutz personenbezogener Daten durchführen. Die Datenschutzbehörde muss laut Art 35 Abs 4 eine sog „Blacklist" und kann laut Art 35 Abs 5 eine „Whitelist" jener Verarbeitungsvorgänge erstellen, die einer/keiner Datenschutz-Folgenabschätzung unterliegen.[4]) Ob dabei auf eine ähnliche Systematik zurückgegriffen werden wird wie bei den Standardanwendungen der Standard- und Musterverordnung,[5]) die tlw ausdrücklich internationale Datentransfers zuließen, bleibt abzuwarten.

---

[1]) Siehe die Definition der „Verarbeitung" in Art 4 Z 2. Für besondere Kategorien personenbezogener Daten gibt es in Art 9, für die Verarbeitung von personenbezogenen Daten über strafrechtliche Verurteilungen und Strafdaten in Art 10 Sonderregeln.

[2]) Siehe dazu den Beitrag von *Kastelitz* in diesem Buch.

[3]) Ob die EWR-Länder Liechtenstein, Norwegen und Island wie bisher in § 12 DSG 2000 mit der EU gleichgestellt sind, dh auch an diese ohne weiteres übermittelt werden darf, ist derzeit noch unklar.

[4]) Siehe dazu den Beitrag von *Trieb* in diesem Buch sowie *Knyrim*, Die neuen Pflichten nach der EU-Datenschutz-Grundverordnung im Überblick, Dako 2016/6.

[5]) Siehe dazu *Knyrim*, Datenschutzrecht[3] (2015) 136ff.

Beispiele für Datentransfers innerhalb/außerhalb der EU:

Eine Konzerngesellschaft übermittelt Kundendaten an eine andere Schwestergesellschaft in England. – Datentransfer innerhalb der EU.
Eine Anwaltskanzlei in Panama erhält personenbezogene steuerliche Informationen von verschiedenen Unternehmen in der EU. – Datentransfer nach außerhalb der EU.
Die Konzernmuttergesellschaft in Shanghai möchte österr Mitarbeitergehälter einsehen. – Datentransfer nach außerhalb der EU.
Die österr Personalverrechnung hat die Personaldaten der österr Mitarbeiter auf einem Konzern-Server in Indien gespeichert, weil dort die konzernweite IT-Servicegesellschaft ansässig ist. – Datentransfer nach außerhalb der EU.
Mitarbeiter eines Unternehmens speichern Anhänge von Kunden-E-Mails auf ihren Smartphones in einer App, die von einem US-Dienstleister zur Verfügung gestellt wird, der seine Server in den USA stehen hat. – Datentransfer nach außerhalb der EU.

Von den vorigen Beispielen ist nur das erste ein Fall von Datentransfer in der EU, der – soweit eine materielle Rechtsgrundlage iSd Art 5f vorliegt und keine Datenschutz-Folgenabschätzung gemacht werden muss – keine weiteren Voraussetzungen benötigt. Alle anderen Beispiele beinhalten einen Transfer personenbezogener Daten über die EU-Grenzen hinaus und sind daher nach den Regeln zum internationalen Datenverkehr der Art 44 ff abzuarbeiten. Siehe dazu die nächsten Kapitel.

II. Datenübermittlung in Drittländer

A. Grundsätze und Grundfragen

1. Allgemeine Grundsätze, Dienstleister

Art 44 hält fest, dass jedwede Übermittlung personenbezogener Daten, die bereits verarbeitet werden oder nach ihrer Übermittlung an ein Drittland oder eine internationale Organisation verarbeitet werden sollen, nur zulässig ist, wenn der Verantwortliche und der Auftragsverarbeiter die im Kapitel über den internationalen Datenverkehr niedergelegten **Bedingungen einhalten** und auch die **sonstigen Bestimmungen** dieser Verordnung eingehalten werden. Dies bedeutet, dass ua **nur solche Daten übermittelt werden dürfen**, für die die **Grundsätze des Art 5 eingehalten werden**, die unter einer Rechtsgrundlage der Art 6 ff **rechtskonform erhoben und gespeichert wurden**, die **Informationspflichten der Art 13 und 14, die explizit auch die Offenlegung der Übermittlung in Drittstaaten fordern** (Art 13 und 14 jeweils Abs 1 lit f), eingehalten und die sonstigen **Auftraggeberpflichten** der Art 24 ff berücksichtigt wurden. Bei den in der Folge näher beschriebenen Bestimmungen für internationale Datenübermittlungen ist allerdings nur in den Fällen des Art 49 eine **eigene materielle Rechtsgrundlage** iSd Art 6 ff für den Datentransfer in das Drittland selbst erforderlich (zB Zustimmung, Vertragserfüllung, lebenswichtiges Interesse), in den Fällen eines Angemessenheitsbeschlusses nach Art 45 gibt es seitens des Auftraggebers oder Auftragsverarbeiters hingegen keinerlei materielle Erfordernisse, bei den Datentransferinstrumenten nach Art 45 und 46 nur die Anforderungen an die Standardvertragsklauseln bzw die Verhaltensregeln, Zertifizierungen etc. oder den Inhalt der verbindlichen internen Datenschutzvorschiften, um die Daten in ein Drittland zu transferieren, soferne der Transfer innerhalb der EU zulässig wäre.

Zu beachten ist, dass Art 44 ff jeweils explizit Auftraggeber und Auftragsverarbeiter anspricht, und somit – wie schon bisher unter § 12 und 13 DSG 2000 – die **Regeln über den internationalen Datentransfer auch für Dienstleister gelten**. In diesem Zusammenhang sei auf die Problematik der **Privilegierung des Auftragsverarbeiters** unter der DSGVO verwiesen, die *Bogendorfer* in seinem Beitrag in diesem Buch sehr gut herausgearbeitet hat; dies insb auch zur Frage, wieweit der Dienstleister die in Art 44 angesprochenen „sonstigen Bestimmungen" der DSGVO einhalten muss oder – als „Alter Ego" des Auftraggebers – eben nicht. Unklar ist auch noch die Antwort auf die Frage, wie der Fall zu lösen ist, wenn ein Auftraggeber aus einem Drittland einen Auftragsverarbeiter in der EU verwendet und ihm dieser die Verarbeitungsergebnisse zurückschickt oder der Drittland-Auftraggeber hostet einfach seine Daten bei einem EU-Hostingdienst und greift auf diese zu. Fraglich ist, ob die DSGVO hier überhaupt anwendbar ist, wie dies *Moerel* in einem Beitrag für LAPP interpretiert.[6])

2. Weiterleitungsketten

Die Regeln des Kapitels über internationale Datentransfers gelten nach Art 44 auch für die **etwaige Weiterübermittlung personenbezogener** Daten durch das betreffende Drittland oder die betreffende internationale Organisation an ein anderes Drittland oder eine andere internationale Organisation.

Das bedeutet, dass sowohl, wenn ein Verantwortlicher die Daten an einen Dritten in einem Drittland übermittelt und dieser sie an einen „vierten" Verantwortlichen in einem anderen Drittland oder einen Auftragsverarbeiter in einem anderen Drittland schickt, als auch – im in der Praxis oft anzutreffenden Fall – wenn ein Dienstleister in einem Drittland die Daten erhält und diese an einen Subdienstleister in einem weiteren Drittland schickt, die Regeln über den internationalen Datenverkehr anzuwenden sind. Wie hingegen der Fall zu lösen ist, wenn der Auftraggeber in einem Drittland seinen Sitz hat und er einen Auftragsverarbeiter in der EU beauftragt, der die Daten an einen Subdienstleister in einem anderen Drittland weitergibt, ist noch unklar. Einerseits könnte die Einhaltung der Auftragsverarbeiterpflichten nach Art 28 ausreichen, andererseits scheint Art 44 die Einhaltung der Art 45 ff auch für diesen Fall zu fordern.[7])

Beispiele für Weiterleitungsketten:

- Eine Konzerngesellschaft übermittelt Kundendaten an eine andere Konzerngesellschaft in Asien, damit diese eine maßgeschneiderte Ware für einen Kunden erzeugen kann. Diese andere Konzerngesellschaft bedient sich einer weiteren Konzerngesellschaft oder eines externen Logistikunternehmens, um die Ware dann direkt an den Kunden auszuliefern. – Nicht nur zwischen der Konzerngesellschaft in der EU und jener in Asien, auch zwischen der Konzerngesellschaft in Asien und der weiteren Konzerngesellschaft bzw dem Logistikunternehmen müssen die Regeln der DSGVO über den internationalen Datenverkehr eingehalten werden.

---

[6]) *Lokke Moerel*, The date transfer regime for processors does not make sense and requires clarification, LAPP 9. 6. 2016, http://tinyurl.com/gv795vw (abgerufen am 23. 6. 2016).

[7]) Siehe den Beitrag von *Moerel*, die eine einschränkende Interpretation fordert. http://tinyurl.com/gv795vw (abgerufen am 23. 6. 2016). In diesem wird auch der Fall erörtert, dass der Auftraggeber in einem Drittland sitzt, der Auftragsverarbeiter in der EU und dieser an einen Auftraggeber in einem Drittland weiter übermittelt.

- Eine öffentliche Einrichtung in Österreich nutzt für die Kommunikation per E-Mail einen Cloud-Dienst aus den USA. Der Cloud-Anbieter nutzt seinerseits Speicherplatz bei Sub-Dienstleistern in Australien und Indien. – Sowohl die öffentliche Einrichtung als Verantwortliche muss bei der Nutzung des Cloud-Dienstes in den USA auf die Einhaltung der Regeln der DSGVO über den internationalen Datenverkehr achten, als auch darauf, dass im US-Unternehmen seinerseits bei der Hinzuziehung australischer und indischer Auftragsverarbeiter die Regeln der DSGVO eingehalten werden.

Warum dies so handzuhaben ist, erklärt der letzte Satz des Art 44 selbst: Alle Bestimmungen sind anzuwenden, um sicherzustellen, dass das durch diese Verordnung gewährleistete Schutzniveau für natürliche Personen nicht untergraben wird, und zwar nach ErwGr 101 auch dann nicht, wenn die Daten in demselben oder einem anderen Drittland weiterübermittelt werden.

Festzuhalten ist, dass diese Regeln nur dann gelten, wenn personenbezogene Daten übermittelt werden. Werden daher ausschließlich anonyme Daten übermittelt, müssen diese Regeln nicht beachtet werden. Im Gegensatz zur bisherigen Regelung in § 12 Abs 3 Z 2 DSG 2000 befreit eine Pseudonymisierung der Daten hingegen nicht mehr von der Einhaltung der Regeln über den internationalen Datentransfer.[8])

B. Gleichgestellte Drittstaaten

Schon nach Art 25 der Datenschutzrichtlinie konnte die EU-Kommission durch Beschluss feststellen, dass Datentransfers an Empfänger in ein bestimmtes Drittland zulässig sind, weil dieses Drittland ein **angemessenes Schutzniveau gewährleistet.** Unter der Richtlinie hat die EU-Kommission **der Schweiz, Kanada, Andorra, Argentinien, den Färöer Inseln, Guernsey, Israel, der Isle of Man, Jersey, Neuseeland und Uruguay** sowie allen Unternehmen der USA, die sich zu den sogenannten **„Safe Harbor“**-Bestimmungen[9]) des US-Handelsministeriums verpflichtet haben, ein angemessenes Datenschutzniveau attestiert.[10]) Zur Aufhebung des Safe-Harbor-Beschlusses durch den Europäischen Gerichtshof siehe das nächste Unterkapitel.

Art 45 Abs 9 bestimmt, dass die nach der Richtlinie erlassenen Feststellungen so lange in Kraft bleiben, bis sie durch einen neuen Beschluss der Kommission nach den nunmehrigen Regeln des Art 45 geändert, ersetzt oder aufgehoben werden.

Praxistipp:

Somit steht fest, dass bis auf Widerruf auch über 2018 hinaus Datentransfers in die oben genannten Drittländer ohne weitere formale Voraussetzungen zulässig sind. Bei allen anderen Drittländern muss einer der in den Art 46–49 geregelten weiteren Transfermechanismen vorliegen, ansonsten ist der Datentransfer unzulässig.

---

[8]) Siehe dazu den Beitrag von *Hödl* in diesem Buch.

[9]) Amerikan „safe harbor“, engl „safe harbour“.

[10]) Es gibt zu jeder Gleichstellung eine eigene Entscheidung der Kommission, zB jene vom 26. 7. 2000 nach der RL 95/46/EG des Europäischen Parlaments und des Rates über die Angemessenheit des Schutzes personenbezogener Daten in der Schweiz oder über die Angemessenheit des von den Grundsätzen des „sicheren Hafens“ und der diesbezüglichen „Häufig gestellten Fragen“ (FAQ) gewährleisteten Schutzes, vorgelegt vom Handelsministerium der USA, ABl L 2000/215, 7.

Die DSGVO sieht vor, dass dieses System der Gleichstellung von Drittstaaten weitergeführt werden soll. Künftig kann die Kommission aber durch Beschluss erklären, dass nicht nur ganze Drittländer, sondern auch nur ein bestimmtes Gebiet oder ein oder mehrere spezifische Sektoren in diesem Drittland, oder eine internationale Organisation ein angemessenes Schutzniveau bieten.

Denkbar wäre eine solche Sektorerklärung etwa hinsichtlich spezieller Sektoren, die besonderen Datenschutzregelungen unterliegen, wie etwa in den USA, wo zB die Bereiche der Krankenversicherung[11]) oder der Kreditauskunfteien[12]) sektorspezifischen Regeln unterliegen.

Bei der Prüfung der Angemessenheit des gebotenen Schutzniveaus muss die Kommission – im Unterschied zur bisherigen Regelung in Art 25 DSRL – nun insb folgende drei Punkte (hier gekürzt wiedergegeben) beachten:

- die Rechtsstaatlichkeit, die Achtung der Menschenrechte und Grundfreiheiten, die in dem betreffenden Land bzw bei der betreffenden internationalen Organisation geltenden einschlägigen Rechtsvorschriften sowohl allgemeiner als auch sektoraler Art, sowie die Anwendung dieser Rechtsvorschriften, die Rsp sowie wirksame und durchsetzbare Rechte der betroffenen Person und wirksame verwaltungsrechtliche und gerichtliche Rechtsbehelfe für betroffene Personen, deren personenbezogene Daten übermittelt werden;
- die Existenz und die wirksame Funktionsweise einer oder mehrerer unabhängiger Aufsichtsbehörden in dem betreffenden Drittland oder denen die betreffende internationale Organisation untersteht;
- die von dem betreffenden Drittland bzw der betreffenden internationalen Organisation eingegangenen internationalen Verpflichtungen oder andere Verpflichtungen, die sich aus rechtsverbindlichen Übereinkünften oder Instrumenten sowie aus der Teilnahme des Drittlands oder der internationalen Organisation an multilateralen oder regionalen Systemen insb in Bezug auf den Schutz personenbezogener Daten ergeben.

Die Beurteilung führt zum Erlass eines Durchführungsrechtsaktes, wobei in diesem laut Art 45 Abs 3 mindestens alle vier Jahre eine regelmäßige Überprüfung vorzusehen ist.

Die Kommission ist überdies nach Art 45 Abs 4–6 verpflichtet, die Entwicklung in gleichgestellten Drittländern zu beobachten und die gefassten Beschlüsse, soweit dies nötig ist, im Wege von Durchführungsrechtsakten zu widerrufen, ändern oder auszusetzen, wenn kein angemessenes Schutzniveau mehr gewährleistet ist. In Fällen äußerster Dringlichkeit kann die Kommission auch sofort geltende Maßnahmen setzen. Die Kommission nimmt dann Beratungen mit dem betreffenden Drittland auf, um Abhilfe für die Situation zu schaffen, die zu dem entsprechenden Beschluss geführt haben.

Eine Liste aller Drittländer, Gebiete, spezifischer Sektoren oder internationaler Organisationen, für die ein Angemessenheitsbeschluss gefasst wurde, muss von der Kommission sowohl im Amtsblatt der EU als auch auf ihrer Webseite veröffentlicht werden.

C. Datentransfer in die USA: Safe Harbor – Privacy Shield

Datentransfers zwischen der Europäischen Union und den USA sind aufgrund der Wirtschaftsbeziehungen zwischen diesen von großer Bedeutung. Im Jahr 2000 einigten sich

---

[11]) Health Insurance Portability and Accountability Act, kurz HIPPA.

[12]) Fair Credit Reporting Act, kurz FCRA.

die USA und die EU auf die sogenannten **„Safe Harbor"-Bestimmungen.**[13]) Dabei handelte es sich um eine Gleichstellungsentscheidung, wobei nicht die USA insgesamt gleichgestellt wurden, sondern dadurch einzelne Unternehmen in den USA die Möglichkeit hatten, sich zur Einhaltung bestimmter datenschutzrechtlicher Bestimmungen (diese entsprachen weitestgehend den Anforderungen der Europäischen Datenschutzrichtlinie) zu verpflichten, um sich so zum „sicheren Hafen" zu erklären, an welchen Datenübermittler aus der EU ihre Daten ohne weiteres übermitteln können. Die Verpflichtung zur Einhaltung der Safe-Harbor-Bestimmungen erfolgte durch freiwillige Erklärung bzw „Zertifizierung" eines US-Unternehmens beim US Department of Commerce.

War ein US-Unternehmen vom US Department of Commerce für Safe Harbor zertifiziert worden, so war nach der Entscheidung der EU-Kommission eine Datenübermittlung von einem Datenübermittler in der EU an dieses US-Unternehmen ohne weiteres zulässig.

Jeder, der **Daten von der EU an ein US-Unternehmen übermitteln wollte,** brauchte daher nur die **Online-Liste des US Department of Commerce unter https://safeharbor.export.gov/list.aspx einsehen,**[14]) um zu wissen, ob sich dieses US-Unternehmen den Safe-Harbor-Bestimmungen unterworfen hatte und er daher **ohne weiteres Daten an dieses übermitteln konnte oder nicht.**

Aufgrund des NSA-Skandals wurden politische Forderungen – ua vom Europäischen Parlament – gestellt, die Safe-Harbor-Verträge auszusetzen oder aufzukündigen oder neu zu verhandeln. Letztlich wurde die Safe-Harbor-Entscheidung aber am 6. 10. 2015 vom Europäischen Gerichtshof im Verfahren des österreichischen Juristen *Maximilian Schrems gg EU-Kommission* mit sofortiger Wirkung für ungültig erklärt.[15])

In seinen Entscheidungsgründen führte der EuGH aus, dass Safe Harbor kein adäquates Schutzniveau für die personenbezogenen Daten von EU-Bürgern in den USA sicherstellt, weil US-Recht den Regelungen von Safe Harbor explizit vorgeht. Ein Schlag für die EU-Kommission, wurde dieses Regelwerk im Jahr 2000 mit den USA doch gerade zu dem Zweck vereinbart, personenbezogene Daten von EU-Bürgern, die an Safe Harbor unterliegende US-Unternehmen übermittelt werden, einem angemessenen Schutzniveau zu unterstellen. Zudem hielt der EuGH fest, dass die nunmehr ungültige Entscheidung der EU-Kommission, mit der das Safe-Harbor-Regelwerk eingeführt wurde, nationale Behörden nicht daran hindern konnte, die Angemessenheit des Schutzniveaus in den USA zu prüfen. Das Urteil trifft va Unternehmen, die etwa Daten ihrer Mitarbeiter oder Kunden an andere Konzernfirmen oder an externe Dienstleister unter Speicherung der Daten in den USA transferieren (z.B. Cloud-Services).

Zusammenfassend wurden durch das Urteil des EuGH mit einem Schlag alle Transfers personenbezogener Daten aus Österreich in die USA, die auf Safe Harbor basierten, unzulässig. Neben dem physischen Transfer von Daten in die USA sind auch aus den USA ausgeübte Zugriffsrechte auf Daten betroffen, weil schon solche Rechte datenschutzrecht-

---

[13]) Entscheidung der Kommission vom 26. 7. 2000 nach der RL 95/46/EG des Europäischen Parlaments und des Rates über die Angemessenheit des von den Grundsätzen des „sicheren Hafens" und der diesbezüglichen „Häufig gestellten Fragen" (FAQ) gewährleisteten Schutzes, vorgelegt vom Handelsministerium der USA, ABl L 2000/215, 7. Siehe auch *Hödl,* Datenschutzrechtliche Aspekte des internationalen Cloud Computing unter Berücksichtigung des Safe Harbor Abkommens, in *Jahnel* (Hrsg), Datenschutzrecht Jahrbuch 2014, 217.

[14]) Die Liste war auch im Juni 2016 noch einsehbar.

[15]) Vorlageverfahren an den EuGH C-362/14, Näheres unter www.europe-v-facebook.org.

lich als Übermittlung zu qualifizieren sind. Unternehmen müssen sich daher, wenn sie dies noch nicht getan haben, dringend um eine alternative Rechtsgrundlage kümmern.[16])

Große Hoffnungen werden in das Nachfolge-Regelwerk von Safe Harbor gesetzt, da mit diesem der Datentransfer in die USA wieder einfach möglich werden soll.

Am 29. 2. 2016 wurde der Entwurf des Privacy Shield vorgestellt. In einer Pressemeldung[17]) wurde nicht nur ein Überblick über das neue Regelwerk gegeben, sondern im Anhang gab es zahlreiche Links mit einem Entwurf für eine Entscheidung der EU-Kommission zur Genehmigung des Privacy Shields sowie zahlreichen schriftlich Zusicherungen von US-Behörden.

Die Fülle des Materials ist überraschend, es sind deutlich über 100 Seiten Text. Einige Punkte seien hier exemplarisch hervorgehoben: Zunächst der Entwurf der Entscheidung selbst, mit der die EU-Kommission das neue System genehmigen soll, denn er besteht aus einer 32-seitigen Einleitung, in der das Urteil des EuGH abgearbeitet wird. Der eigentliche Inhalt des Privacy Shields ergibt sich aber aus den Anhängen zu diesem Entscheidungsentwurf, die allesamt aus Briefen von US-Behörden bestehen. Bei diesen fällt auf:

- Ein Schreiben von *John F. Kerry* vom 22. 2. 2016 an EU-Kommissarin *Jourova*, in dem er zusichert, dass im Bereich der geheimdienstlichen Überwachung ein Ombudsmannverfahren für das Privacy Shield eingerichtet wird.
- Ein Schreiben des US Geheimdienstes, in dem die (bereits bestehenden) US-rechtlichen Rahmenbedingungen einer rechtsstaatlichen Geheimdiensttätigkeit dargelegt werden.
- Ein Schreiben der Vorsitzenden der Federal Trade Commission, in der diese die Kontrolle der Einhaltung der Privacy-Shield-Regeln seitens Unternehmen zusagt und festhält, dass sie Falschdeklarationen gemäß dem Privacy Shield ahnden wird.

Das für Unternehmen, die sich dem Privacy Shield unterwerfen wollen, wirklich relevante Dokument findet sich als Anhang zu einem Brief eines Unter-Sekretärs des Handelsministeriums. Es handelt sich um die eigentlichen „Privacy Shield Framework Principles“. Diese 30 Seiten beinhalten ein eigenes, umfangreiches Regelwerk für den EU-US-Datentransfer, das künftig zu berücksichtigen ist. Einige Punkte daraus seien hervorgehoben:

- Das schon in Safe Harbor bestehende „Notice & choice“-Prinzip wird stärker betont und wird künftig wohl auch entsprechend zu beachten zu sein. EU-Bürger müssen über Datentransfers vorher informiert werden und ein Opt-out-Recht von diesem haben.
- Es gilt auch beim US-Transfer und der dortigen Weiterverarbeitung das Prinzip der Zweckbindung und Datenminimierung.
- Es gibt Sonderregeln für den Transfer von Personaldaten, es wird ausdrücklich auf die Möglichkeit der Pseudonymisierung und Anonymisierung hingewiesen, das „Notice & choice“-Prinzip nochmals betont und auf das Zweckbindungsprinzip hingewiesen.
- Unterwirft sich ein US-Unternehmen dem Privacy Shield, unterwirft es sich beim Transfer von Mitarbeiterdaten der direkten Vorschlagsbefugnis der EU-Datenschutzbehörden. EU-Datenschutzbehörden können daher im Personaldatenbereich künftig US-Unternehmen direkt Vorschläge für Maßnahmen, inklusive Vorschläge zur Wiedergutmachung von Schäden von Betroffenen, machen. US-Unternehmen müssen der EU-Datenschutzbehörde dann schriftlich bestätigen, dass die vorgeschlagenen Maßnahmen umgesetzt wurden.

---

[16]) Hamburgs Datenschutzbeauftragter hat deswegen im Juni 2016 ua Adobe und Unilever mit € 8.000,– und 11.000,– bestraft. http://spiegel.de/netzwelt/netzpolitik/a-1096091.html (abgerufen am 23. 6. 2016).

[17]) http://europa.eu/rapid/press-release_IP-16-433_en.htm (abgerufen am 23. 6. 2016).

- EU-Bürger erhalten ein direktes Auskunftsrecht gegenüber US-Unternehmen, die sich dem Privacy Shield unterwerfen.
- Es gibt genauere Regeln für den Onward Transfer[18]) von Daten.
- Es gibt Sonderregeln für den Pharmabereich betreffend den Datentransfer in der medizinischen Forschung und in klinischen Studien.

Zusammenfassend[19]) lässt sich zum Privacy Shield sagen: Hier wurde sichtlich gearbeitet, die vorgelegten Unterlagen sind nicht rundweg als „gehaltlos" abzulehnen, auch wenn ein Teil des produzierten Papiers bloß Erklärungen bestehenden US-Rechts enthält und daher inhaltlich an sich nicht neu ist. Neu ist die Ombudsmann-Konstruktion im Bereich der Geheimdienste. Ob diese wirkt, bleibt fraglich und abzuwarten – in der Öffentlichkeit wurde sie als sehr unzureichend kritisiert.[20]) Überraschend sind aber die Pflichten, die US-Unternehmen künftig haben, wenn sie sich dem Privacy Shield unterwerfen. Insbesondere die Unterwerfung unter die direkte Kontrolle der EU-Datenschutzbehörden im Bereich der Personaldatenverarbeitung ist ein sehr großer Schritt in Richtung EU, den man nicht unbedingt erwartet hatte.

Rechtlich wird das Privacy Shield nach Beschlussfassung künftig als separates Rechtsdokument für Datentransfers zwischen EU und USA zu beachten und abzuarbeiten sein. Dies bedeutet für die Datenschutz-Praxis, dass ab 25. 5. 2018 folgende Rechtsnormen zu beachten sein könnten, wenn personenbezogene Daten in die USA zu einem Privacy-Shield-zertifizierten Unternehmen transferiert werden sollen:

- **EU-Datenschutz-Grundverordnung (DSGVO) – allgemeine Grundregeln der Datenverarbeitung und des Datentransfers**
- **Privacy-Shield**-Regeln, ua „Notice & Choice"-Prinzip und die Sonderregeln etwa bei Mitarbeiterdatentransfers oder Daten von Probanden in der Pharmaforschung
- **Verbleibende Regeln des nationalen Datenschutzrechts** (insb Regeln, die aufgrund der Öffnungsklauseln der DSGVO noch geschaffen werden)
- **Bereichsspezifische Rechtsvorschriften je nach Datenarten, insb §§ 96 und 96a ArbVG bei Mitarbeiterdaten oder AMG bei klinischen Studien**

Datentransfers in die USA werden daher künftig eine komplexe rechtliche und organisatorische Aufgabe sein.

Die Artikel-29-Datenschutzgruppe hat wie angekündigt den Textvorschlag des Privacy Shields analysiert und dazu eine Stellungnahme abgeben. In dieser hat sie das Fortschreiten und das Bemühen um eine bessere Lösung hervorgehoben. Aber trotz aller diplomatischen Höflichkeit hat die **Artikel-29-Datenschutzgruppe** den Text des Privacy Shields in der derzeitigen Form als nicht ausreichend bezeichnet und an verschiedenen Stellen Verbesserungen angeregt.[21])

Es bleibt daher abzuwarten, ob die EU-Kommission den Beschluss zur Einführung des Privacy Shields trotz der Kritik der Artikel-29-Datenschutzgruppe fasst. Das Privacy Shield könnte dann bereits im Herbst in Kraft sein und es bliebe abzuwarten, ob und welche US-

---

[18]) Onward Transfer ist die Weiterübermittlung von Daten durch das US-Unternehmen an weitere Unternehmen auch in weiteren Ländern.

[19]) Ein **Fact-Sheet zum Privacy Shield** findet sich hier http://ec.europa.eu/justice/data-protection/files/factsheets/factsheet_eu-us_privacy_shield_en.pdf, Fragen und Antworten zum Privacy Shield hier http://europa.eu/rapid/press-release_MEMO-16-434_en.htm (abgerufen am 23. 6. 2016).

[20]) Zur Kritik siehe Beispielhaft http://fm4.orf.at/stories/1767131/ (abgerufen am 23.6.2006), sowie *Schrems*, Privacy Shield: Politisch gewollte Totgeburt mit Anlauf? Dako 2016/38.

[21]) http://futurezone.at/netzpolitik/privacy-shield-faellt-bei-datenschuetzern-durch/192.678.672 (abgerufen am 23. 6. 2016).

Unternehmen sich dessen harten Regeln und der direkten „Befehlsgewalt“ der EU-Datenschutzbehörden tatsächlich unterwerfen. Wird hingegen zwischen EU und den USA weiterverhandelt, dann dürfte das Privacy Shield nicht so schnell wie erhofft in Kraft treten. Ob das neue Abkommen dann einer Überprüfung durch den EuGH standhält, bleibt abzuwarten.[22])

Die Rechtsunsicherheit ist daher weiterhin groß. **Bis zum Inkrafttreten des Privacy Shields und solange sich das Zielunternehmen diesem nicht unterworfen hat**, ist für Datentransfer in die USA zu empfehlen, auf Standardvertragsklauseln umzusteigen, wenn eine Anonymisierung oder Pseudonymisierung der Daten nicht möglich ist und die Einholung der Zustimmung aller Betroffenen nicht möglich oder angestrebt ist.

D. Datenübermittlung vorbehaltlich geeigneter Garantien (Art 46)

Wenn **kein Angemessenheitsbeschluss** nach Art 45 Abs 3 vorliegt, darf ein Verantwortlicher oder ein Auftragsverarbeiter laut Art 46 Abs 1 personenbezogene Daten an ein **Drittland**[23]) oder eine internationale Organisation nur übermitteln, sofern der Verantwortliche oder der Auftragsverarbeiter **geeignete Garantien vorgesehen** hat und sofern den betroffenen Personen durchsetzbare Rechte und wirksame Rechtsbehelfe zur Verfügung stehen. Wenn also das Land, in das die Daten geschickt werden sollen, nicht per se ein „adäquates Drittland“ mit angemessenem Schutzniveau ist, dann muss der Verantwortliche oder der Auftragsbearbeiter selbst durch geeignete Maßnahmen dafür sorgen, dass ein **adäquates Datenschutzniveau** hergestellt wird. Welche Maßnahmen bzw Garantien dies sein können, regeln Art 46 Abs 2 und 3. In Art 46 Abs 2 sind jene Garantien genannt, die **keiner besonderen Genehmigung einer Aufsichtsbehörde bedürfen.**[24]) **Unter diese nicht einer Genehmigung bedürfenden Datentransferinstrumente fallen zwei Kategorien, die bisher schon bekannt waren, nämlich:**

- Standarddatenschutzklauseln, bisher Standardvertragsklauseln genannt, die es künftig sowohl auf EU-Ebene gibt, dh also solche, die von der Kommission nach dem Prüfverfahren des Art 93 Abs 2 erlassen werden, als auch auf nationaler Ebene, dh also solche, die von einer nationalen Aufsichtsbehörde angenommen wurden und die von der Kommission ebenfalls nach dem Prüfverfahren des Art 93 Abs 2 genehmigt wurden (Art 46 Abs 2 lit c und d). Siehe zu diesen II.E.1.
- Verbindliche interne Datenschutzvorschriften nach Art 47, sog Binding Corporate Rules. Siehe zu diesen II.E.3.

Weiters gibt es folgende **neue Kategorien von Garantien**, die ebenfalls **keiner besonderen Genehmigung einer Aufsichtsbehörde bedürfen**:

- Ein **rechtlich bindendes und durchsetzbares Dokument** zwischen **Behörden oder öffentlichen Stellen** in der EU mit Behörden oder öffentlichen Stellen in Drittländern (Art 46 Abs 2 lit a). Diese Garantie ist somit ausschließlich im Datenaustausch zwischen öffentlichen Einrichtungen anwendbar und steht Unternehmen nicht offen. Im Gegensatz zu den bisher bekannten Standardvertragsklauseln und dem Kriterienkatalog für interne Datenschutzvorschriften nach Art 47 gibt es bei einem solchen Datenaustausch zwischen Behörden eher nur vage inhaltlichen Vorgaben. So hält ErwGr 108 fest, dass die

---

[22]) Siehe dazu den Beitrag von *Schrems*, Dako 2016/38.

[23]) Gemeint mit „Drittland“ ist wohl ein Verantwortlicher oder Auftragsverarbeiter *in* einem Drittland, nicht das Drittland als Staat selbst.

[24]) Ob dennoch in Österreich auch künftig Standardvertragsklauseln wie bisher genehmigungspflichtig sein werden, bleibt abzuwarten.

Garantien sicherstellen sollen, dass die Datenschutzvorschriften und die Rechte der betroffenen Personen auf eine der Verarbeitung innerhalb der Union angemessene Art und Weise beachtet werden. Die gilt auch hinsichtlich der Verfügbarkeit von durchsetzbaren Rechten der betroffenen Person und von wirksamen Rechtsbehelfen, sowie des Rechts auf Schadenersatz in der Union oder in einem Drittland. Grundsätzlich sind auch bei einem Transfer in ein Drittland immer die Grundsätze und Pflichten der DSGVO einzuhalten, ErwGr 108 hebt hinsichtlich solcher Garantien aber hervor, dass sich diese insb auf die Einhaltung folgender zwei Punkte beziehen sollten:
- die allgemeinen Grundsätze für die Verarbeitung personenbezogener Daten,
- die Grundsätze des Datenschutzes durch Technik und durch datenschutzfreundliche Voreinstellungen.

- ErwGr 108 hebt weiters hervor, dass die geeigneten Garantien bei der Übermittlung an Behörden und Stellen in einem Drittland auch auf der Grundlage von Bestimmungen, die in **Verwaltungsvereinbarungen** (wie bspw einer Absichtserklärung), mit denen den betroffenen Personen durchsetzbare und wirksame Rechte eingeräumt werden, aufgenommen werden können. Der letzte Satz von ErwGr 108 hält allerdings fest, dass dann, wenn die Garantien **in nicht rechtsverbindlichen Verwaltungsvereinbarungen** vorgesehen sind, eine **Genehmigung** der zuständigen Aufsichtsbehörde **erlangt werden sollte**. Siehe dazu weiter unten zu Art 46 Abs 3 lit b, der diesen Fall als Verpflichtung statuiert.
- **Genehmigte Verhaltensregeln** nach Art 40,[25]) zusammen mit rechtsverbindlichen und durchsetzbaren **Verpflichtungen** des Verantwortlichen oder des Auftragsverarbeiters in dem Drittland zur Anwendung der geeigneten Garantien, einschließlich in Bezug auf die Rechte der betroffenen Person (Art 46 Abs 2 lit e). Zu den mit diesen gemeinsam zu schaffenden Verpflichtungen zur Anwendung der Garantien enthält die DSGVO – abgesehen von den im vorigen Unterpunkt erwähnten Ausführungen in ErwGr 108 – keine spezifischen Kriterien.
- Ein **genehmigter Zertifizierungsmechanismus** gem Art 42 zusammen mit rechtsverbindlichen und durchsetzbaren Verpflichtungen des Verantwortlichen oder des Auftragsverarbeiters in dem Drittland zur Anwendung der geeigneten Garantien, einschließlich in Bezug auf die Rechte der betroffenen Personen (Art 46 Abs 2 lit f).[26]) Zu den mit diesen gemeinsam zu schaffenden Verpflichtungen zur Anwendung der Garantien enthält die DSGVO – abgesehen von den im vorigen Unterpunkt erwähnten Ausführungen in ErwGr 108 – keine spezifischen Kriterien.

In Art 46 Abs 3 sind jene **Garantien** genannt, die einer **vorherigen Genehmigung einer Aufsichtsbehörde bedürfen**. Unter diese vorabkontrollpflichtigen Datentransferinstrumente fallen lediglich zwei Kategorien, nämlich:

- **Vertragsklauseln,** die zwischen dem Verantwortlichen oder dem Auftragsverarbeiter und dem Verantwortlichen, dem Auftragsverarbeiter oder dem Empfänger der personenbezogenen Daten im Drittland oder der internationalen Organisation vereinbart wurden (Art 46 Abs 3 lit a). Hierbei handelt es sich somit um – im Gegensatz zu den Standarddatenschutzklauseln – individuell zwischen den Parteien abgeschlossene Verträge. Solche Verträge waren auch schon nach der DSRL möglich, hatten in Österreich aber im Gegensatz zu den Standardvertragsklauseln keine praktische Bedeutung. Es bleibt daher abzuwarten, ob sich dies unter der DSGVO ändert.

[25]) Zu den genehmigten Verhaltensregelungen siehe den Beitrag von *Strohmaier* in diesem Buch.

[26]) Zu den genehmigten Zertifizierungsmechanismen siehe ebenfalls den Beitrag von *Strohmaier* in diesem Buch.

Praxistipp:

Wenn individuelle Vertragsklauseln abgeschlossen werden sollen, dann empfiehlt sich, in diesen ebenfalls auf die in ErwGr 108 angeführten Kriterien einzugehen.

- Bestimmungen, die **in Verwaltungsvereinbarungen zwischen Behörden oder öffentlichen Stellen aufzunehmen sind** und durchsetzbare und wirksame Rechte für die betroffenen Personen einschließen (Art 46 Abs 3 lit b). Siehe als „Gegenpart" zu dieser Regelung Art 46 Abs 2 lit a oben.

Art 46 Abs 4 bestimmt, dass in den Fällen des Abs 3 – gemeint offensichtlich also sowohl bei Standardvertragsklauseln als auch bei Verwaltungsvereinbarungen – das Kohärenzverfahren nach Art 63 anzuwenden ist, damit möglichst große Rechtsvereinheitlichung in der EU stattfindet. Liest man die korrespondierende Bestimmung in Art 63 f, so stellt man fest, dass dort aber ausdrücklich in Art 64 Abs 1 lit e die in Art 46 Abs 3 lit a genannten Vertragsklauseln angeführt sind, **nicht jedoch die Verwaltungsvereinbarung nach lit b.** Dies zeigt, wie schlecht die legistische Qualität der DSGVO ist. Es wird wohl an der Europäischen Kommission oder am Datenschutzausschuss selbst – und letztlich dem EuGH – liegen, diese Widersprüchlichkeit in den Verweisungen aufzulösen.

Wie der **Antrag** in einem solchen Genehmigungsverfahren zu formulieren und das **Genehmigungsverfahren** abzuwickeln ist, regelt die DSGVO nicht weiter. Sollte der österr Gesetzgeber keine speziellen Verfahrensnormen dazu erlassen, kann angenommen werden, dass sich der nationale Teil des Genehmigungsverfahrens wie bisher nach dem **Allgemeinen Verwaltungsverfahrensgesetz (AVG)** richtet und daher die Vertragsklauseln oder Bestimmungen in der Verwaltungsvereinbarung gemeinsam mit einem Antrag einzureichen sind, der den Inhalt des Antrages und dessen Gegenstand erklärt. Wird die Datenschutzbehörde nicht oder nicht dem Wunsch des Antragstellers entsprechend tätig, dann würden dem Antragsteller nach nationalem Recht jedenfalls die Rechtsmittel der **Bescheid- und der Säumnisbeschwerde** an den Bundesverwaltungsgerichtshof offenstehen.[27]) Wenn das Kohärenzverfahren anzuwenden ist, dann richtet sich dessen Abwicklung zwischen den Datenschutzbehörden nach Art 63 ff, siehe dazu den Beitrag zum Kohärenzverfahren von *Wagner* in diesem Buch.

Weitergeltung der Standardvertragsklauseln und erteilter Genehmigungsbescheide

Sehr bedeutend für die Rechtskontinuität ist Art 46 Abs 5. Laut diesem gelten die von der Kommission auf der Grundlage von Art 26 Abs 4 DSRL erlassenen Feststellungen – darunter fallen jene zu den derzeit geltenden **Standardvertragsklauseln** – so lange, bis sie erforderlichenfalls mit einem nach Art 46 Abs 2 erlassenen Beschluss der Kommission geändert, ersetzt oder aufgehoben werden.

Ebenso gelten die von einem Mitgliedstaat oder einer Aufsichtsbehörde auf der Grundlage von Art 26 Abs 2 DSRL erteilten Genehmigungen – darunter fallen **Genehmigungen der Datenschutzbehörde im internationalen Datenverkehr** – so lange weiter, bis sie erforderlichenfalls von dieser Aufsichtsbehörde geändert, ersetzt oder aufgehoben werden. Siehe dazu näher II.E.1.

[27]) Siehe dazu den Beitrag von *Weiss* in diesem Buch.

E. Standarddatenschutzklauseln

1. Standardvertragsklauseln unter der DSGVO (Art 46)

Wie im vorigen Unterkapitel festgestellt, sieht die DSGVO nach Art 46 Abs 5 ausdrücklich Rechtskontinuität hinsichtlich der Standardvertragsklauseln vor und regelt, dass sowohl die Entscheidungen der EU-Kommission zu den **Standardvertragsklauseln** weitergelten, als auch die **Genehmigungen der Datenschutzbehörde im internationalen Datenverkehr**, bis sie geändert, ersetzt oder aufgehoben werden. Es ist nicht zu befürchten, dass mit Inkrafttreten der DSGVO die österr Datenschutzbehörde zum internationalen Datenverkehr erteilte Genehmigungen in „Bausch und Bogen" wieder aufhebt.[28])

Praxistipp:

Da bis zum Inkrafttreten der DSGVO erteilte Genehmigungsbescheide für internationale Datentransfers über 2018 hinaus gelten, ist es möglich, den Bereich des internationalen Datenverkehrs bereits vor dem 25. 5. 2018 – mit Rechtsgültigkeit auch über dieses Datum hinaus – in der öffentlichen Einrichtung oder im Unternehmen abzuarbeiten. Diese Möglichkeit sollte genutzt werden, da ohnehin viele andere Themen der DSGVO noch nicht vollständig klar sind, während in diesem Bereich die seit vielen Jahren bekannten und praxiserprobten Instrumente verwendet werden können.

Nach Art 46 Abs 2 lit c und d haben sowohl die EU-Kommission als auch die nationalen Datenschutzbehörden (mit Genehmigung durch die EU-Kommission) die Möglichkeit, künftig „Standarddatenschutzklauseln" genannte Klauseln zu erlassen. Nähere Angaben, wie diese auszustellen sind, enthält die DSGVO nicht, sodass dazu aktuell keine weiteren Ausführungen gemacht werden können, sondern auf die weitergeltenden bisherigen Klauseln zurückgegriffen werden muss.

2. Bisherige und bis auf weiteres weitergeltende Regelung der Standardvertragsklauseln nach DSRL und DSG 2000

Da, wie im vorigen Unterkapitel festgestellt, vor 25. 5. 2018 erteilte Entscheidungen der Datenschutzbehörde zur Genehmigung von Standardvertragsklauseln weitergelten, ist es sinnvoll, sich die bisherigen Regeln zu den Standardvertragsklauseln näher anzusehen.

Schon Art 26 Abs 2 DSRL ermöglichte es den Mitgliedstaaten, eine **Übermittlung** oder eine Kategorie von Übermittlungen personenbezogener Daten **in ein Drittland ohne angemessenes Schutzniveau zu genehmigen, wenn der für die Verarbeitung Verantwortliche ausreichende Garantien hinsichtlich des Schutzes der Privatsphäre, der Grundrechte und der Grundfreiheiten der Personen sowie hinsichtlich der Ausübung der damit verbundenen Rechte bot.** Diese Garantien konnten sich schon damals insb aus entsprechenden **Vertragsklauseln** ergeben. Dazu sah Art 26 Abs 4 DSRL vor, dass die Kommission befinden konnte, dass bestimmte Standardvertragsklauseln ausreichende Garantien nach

[28]) Siehe Interview mit Dr. *Matthias Schmidl*, Stv. Leiter der Datenschutzbehörde, und Mag. *Thomas Sonnenschein*, Leiter des Datenverarbeitungsregisters, Dako 2016/33.

Abs 2 bieten können. Genau dies hat die Kommission in drei Entscheidungen[29]) getan, in denen sie zwei Varianten von **Standardvertragsklauseln festlegte,** die es **Datenübermittlern in Mitgliedstaaten ermöglichen sollen, Daten ohne weiteres an solche Datenempfänger außerhalb der EU zu übermitteln, die diese unterschrieben haben.**

Die erste Variante der **Standardvertragsklauseln** (in der Folge auch: SKl vom 15. 6. 2001[30])) war nur auf eine **Datenübermittlung** iSd § 4 Z 12 DSG 2000 anwendbar. Mit Entscheidung vom 27. 4. 2004 hatte die Kommission der **Einführung von alternativen Standardvertragsklauseln** zur Übermittlung personenbezogener Daten in Drittländer zugestimmt.[31]) Damit sollte den Anforderungen der Wirtschaft Rechnung getragen werden. **Es stehen seit damals somit zwei Standardvertragsklauseln für Auftraggeber zur Auswahl**, wobei man sich für eine Variante entscheiden muss. Eine „Mischung" ist nicht möglich, ebenso dürfen die Klauseln nicht geändert werden. Es können aber zusätzliche Geschäftsklauseln aufgenommen werden.

Beide dieser Standardvertragsklauseln waren aber nicht für den Fall einer bloßen **Datenüberlassung an einen Dienstleister** in einem Drittstaat iSd § 4 Z 11 DSG 2000 gedacht, also zB im Fall des Auslagerns einer betrieblichen Datenverarbeitung in ein Drittland. Für diesen Fall wurde bereits 2001 eine weitere Variante der Standardvertragsklauseln geschaffen, die sog **„Auftragsverarbeiter-Standardvertragsklauseln"** (in der Folge auch: ASKl).[32]) Diese galten ausdrücklich nur für die Übermittlung an Datenverarbeiter in Drittstaaten, die als Auftragsverarbeiter fungieren. Im Jahr 2010 wurden diese Standardvertragsklauseln geändert und um Unterauftragsverarbeiter erweitert.[33])

Das DSG 2000 sieht wie bei der Gleichstellung von Drittstaaten eine Umsetzung der Entscheidung der Kommission ins österr Recht vor: Nach § 13 Abs 6 DSG 2000 kann der Bundeskanzler trotz Fehlens eines im Empfängerstaat generell geltenden angemessenen Schutzniveaus **durch Verordnung feststellen,** dass für **bestimmte Kategorien des Datenverkehrs** mit diesem Empfängerstaat die Voraussetzungen gem § 13 Abs 2 Z 1 DSG 2000 zutreffen. In diesem Fall tritt **an die Stelle der Verpflichtung zur Einholung einer Genehmigung** die **Pflicht zur Anzeige** an die Datenschutzbehörde. Im Fall einer solchen Anzeige hat die Datenschutzbehörde binnen sechs Wochen ab Einlangen der Anzeige mit Bescheid den angezeigten Datenverkehr zu untersagen, wenn er keiner der in der Verordnung geregelten Kategorien zuzurechnen ist oder den Voraussetzungen gemäß § 12 Abs 5 DSG 2000

[29]) E der Kommission v 15. 6. 2001 hinsichtlich Standardvertragsklauseln für die Übermittlung personenbezogener Daten in Drittländer nach der Richtlinie 95/46/EG, ABl L 2001/181, 22; E der Kommission v 5. 2. 2010 über Standardvertragsklauseln für die Übermittlung personenbezogener Daten an Auftragsverarbeiter in Drittländern nach der Richtlinie 95/46/EG, ABl L 2017/39, 5–18. (Die alten Standardvertragsklauseln sind außer Kraft und sollen nicht mehr verwendet werden: E der K v 27. 12. 2001 hinsichtlich Standardvertragsklauseln für die Übermittlung personenbezogener Daten an Auftragsverarbeiter in Drittländer nach der Richtlinie 95/46/EG, ABl L 2002/6, 52).

[30]) E der Kommission v 15. 6. 2001 hinsichtlich Standardvertragsklauseln für die Übermittlung personenbezogener Daten in Drittländer nach der Richtlinie 95/46/EG, ABl L 2001/181, 22.

[31]) http://eurlex.europa.eu/LexUriServ/LexUriServ.do?uri=OJ:L:2004:385:0074:0084:DE:PDF (abgerufen am 21. 11. 2011).

[32]) E der K v 27. 12. 2001 hinsichtlich Standardvertragsklauseln für die Übermittlung personenbezogener Daten an Auftragsverarbeiter in Drittländer nach der Richtlinie 95/46/EG, ABl L 2002/6, 52 – diese wurden durch die späteren Klauseln aus dem Jahr 2010 aktualisiert und sollten daher nicht mehr verwendet werden.

[33]) E der Kommission v 5. 2. 2010 über Standardvertragsklauseln für die Übermittlung personenbezogener Daten an Auftragsverarbeiter in Drittländern nach der Richtlinie 95/46/EG, ABl L 2010/39, 5–18.

nicht entspricht; andernfalls ist die Übermittlung oder Überlassung der Daten in das Ausland zulässig. Eine solche VO des Bundeskanzlers fehlt bislang, die SKl und ASKl sind daher derzeit bei der DSK zu genehmigen.[34])

Praxistipp:

Zu beachten ist, dass die SKl und ASKl Vertragswerke sind, die einen Ist-Zustand abbilden. Bei Änderung der Gegebenheiten sind diese daher wieder neu abzuschließen, was besonders bei einer größeren Zahl von Vertragspartnern einen großen Aufwand bedeutet. Für Konzerne wurde daher das Modell der „Binding Corporate Rules“ entwickelt, siehe dazu II.F.

Nachfolgend werden die Standardvertragsklauseln näher untersucht.

3. Standardvertragsklauseln Verarbeiter

Die ersten Standardvertragsklauseln der Kommission stammen vom 15. 6. 2001[35]) und sind wie gesagt nur auf die Übermittlung an Auftraggeber außerhalb der EU anwendbar, nicht jedoch auf die Übermittlung an Dienstleister. Sie enthalten eine Reihe „gewöhnlicher“, aber auch einige ungewöhnliche Klauseln, die nachstehend näher untersucht werden.

Die Standardvertragsklauseln sehen auf den ersten Blick unterschriftsreif aus, da in ihnen nur mehr die Daten der Vertragsparteien und einige konkrete Angaben zu den Datenverarbeitungen eingefügt werden müssen; sogar der Platz für die Unterschrift und den Firmenstempel ist schon vorgezeichnet. Im Hinblick auf einige ungewöhnlichen Klauseln, die man besonders in einem „Standardvertragsklauseln“ genannten Dokument nicht erwarten würde, **sollten die von der Kommission entworfenen Texte nicht „blind“ unterschrieben werden,** sondern es sollte genau überlegt werden, ob man sich auf die dort festgelegten Haftungen „einlassen“ möchte.

Praxistipp:

Die Datenschutzbehörde verlangt sehr präzise, detaillierte Angaben in der Anlage 1, anders als dies Datenschutzbehörden in anderen EU-Mitgliedsstaaten tun, die sich mit zT sehr knappen, oberflächlichen Angaben zufriedengeben. Auch eine klare inhaltliche Trennung zwischen Auftraggeber- und Dienstleisterklauseln ist erforderlich. Ist dies nicht erfüllt, kommt es zu ernsthaften Schwierigkeiten und Verzögerungen bei der österr Datenschutzbehörde selbst dann, wenn die Klauseln in anderen Ländern schon genehmigt wurden, was dann va bei EU-weiten Klauselprojekten in Konzernen für Unverständnis sorgt. Abhilfe schafft hier va, schon im Entwurfsstadium der Klauseln den von der Datenschutzbehörde geforderten Detaillierungsgrad umzusetzen.

4. Standardvertragsklauseln der ICC

Mit Entscheidung vom 27. 4. 2004 hat die Kommission der **Einführung von alternativen Standardvertragsklauseln** zur Übermittlung personenbezogener Daten in Drittlän-

---

[34]) Zum Genehmigungsverfahren siehe *Knyrim*, Datenschutzrecht[3].

[35]) Zu den bisherigen Standardvertragsklauseln und den künftigen Regeln unter der DSGVO siehe auch *Schmitz/von Dall'armi*, Standardvertragsklauseln – heute und morgen, ZD 2016/217.

der zugestimmt.[36]) Damit sollen den Anforderungen der Wirtschaft Rechnung getragen werden. **Es stehen nun somit zwei Varianten von Standardvertragsklauseln für Auftraggeber zur Auswahl**, wobei man sich für eine Variante entscheiden muss. Eine „Mischung" ist nicht möglich, ebenso dürfen die Klauseln nicht geändert werden. Es können aber zusätzliche Geschäftsklauseln aufgenommen werden.

Es gibt einige **wesentlichen Unterschiede** zwischen den alternativen Standardvertragsklauseln und den Standardvertragsklauseln der EU:[37])

Es besteht **keine gesamtschuldnerische Haftung** des Datenexporteurs und des Datenimporteurs, vielmehr ist jede Partei für die Schäden haftbar, die sie selbst verursacht. Im Ausgleich dafür gibt es ein erhöhtes Maß an Pflichten des Datenexporteurs, sich von der Tauglichkeit des Datenimporteurs zu überzeugen. Die Auskunftspflicht des Betroffenen kann eingeschränkt werden, wenn sie in unzumutbarer Zahl oder mit übertriebener Häufigkeit auftritt. Der Datenexporteur kann vertrauliche Informationen aus den Klauseln entfernen, bevor er sie Drittbegünstigten aushändigt. Zusätzlich kann der Datenexporteur die Beantwortung von Fragen der nationalen Datenschutzbehörden nach der Verarbeitung von personenbezogenen Daten an den Datenimporteur „auslagern". Hinsichtlich der Zusicherung des Datenimporteurs besteht eine Limitierung, dass nach seinem Wissen in seinem Land keine Rechtsvorschriften bestehen, die die Garantien aus den Klauseln in gravierender Weise beeinträchtigen. Der Datenimporteur muss nur den Datenexporteur benachrichtigen, wenn er Kenntnis von Rechtsvorschriften erlangt, die den Garantien der Klauseln entgegenstehen, nicht auch die Datenschutzbehörden.

Mehr Rechte hat der Datenimporteur im Zusammenhang mit einem Audit: Der Auditor muss nicht von der Datenschutzbehörde des Datenexporteurs genehmigt werden und muss nur ein Audit durchführen, das nicht willkürlich erfolgt. Die Beendigung regeln mehrere Klauseln. Es gibt auch mehr Flexibilität hinsichtlich einer Aktualisierung der Beschreibung der Übermittlung im Anhang B bzw der Beifügung weiterer Anhänge.

5. Standardvertragsklauseln Dienstleister

Die im vorigen Unterkapitel beschriebenen Standardvertragsklauseln vom 15. 6. 2001 sind ausdrücklich **nicht** für die Übermittlung von Daten an Dienstleister in Drittstaaten anwendbar.[38]) Die Kommission hat mit ihrer Entscheidung vom 5. 2. 2010 die zweite Auflage der sog **„Auftragsverarbeiter-Standardvertragsklauseln"** (ASKl) vorgelegt.[39]) Diese **gelten ausdrücklich nur für die Übermittlung an Datenverarbeiter in Drittstaaten,** die als **Auftragsverarbeiter** fungieren.[40])

---

[36]) http://eur-lex.europa.eu/LexUriServ/LexUriServ.do?uri=OJ:L:2004:385:0074:0084:DE:PDF (letzter Zugriff: 21. 11. 2011).

[37]) Final Approved Version of Alternative Standard Contractual Clauses for the Transfer of Personal Data from the EU to Third Countries (controller to controller transfers), FAQ's drafted by Christopher Kuner, Chairman, ICC Task Force on Privacy and the Protection of Personal Data. http://www.iccwbo.org/uploadedFiles/ICC/policy/e-business/pages/ICC%20model%20clauses+FAQs%20final%20approved%20%20Jan%202005.pdf; *Kuner*, European data protection law: corporate compliance and regulation[2], 4.76.

[38]) E der Kommission v 15. 6. 2001, Art 2.

[39]) E der Kommission v 5. 2. 2010 über Standardvertragsklauseln für die Übermittlung personenbezogener Daten an Auftragsverarbeiter in Drittländern nach der Richtlinie 95/46/EG, ABl L 2010/39, 5–18.

[40]) E der Kommission v 5. 2. 2010, Art 2.

Die Standardvertragsklauseln und die ASKl sind einander inhaltlich sehr ähnlich, auch die Nummerierung der Klauseln ist gleich. In den ASKl wurden vor allem die Vorgaben des Art 17 Abs 2 und 3 DSRL für den Fall der Datenverarbeitung durch einen Auftragsverarbeiter eingearbeitet. Nach diesen darf der Auftraggeber **nur solche Auftragsverarbeiter** – im DSG 2000 Dienstleister genannt – **mit der Datenverarbeitung betrauen, die hinsichtlich der für die Verarbeitung zu treffenden technischen Sicherheitsmaßnahmen und organisatorischen Vorkehrungen ausreichende Gewähr bieten.**[41]) Dementsprechend sind die Pflichten des datenexportierenden Auftraggebers und des datenimportierenden Auftragsverarbeiters in Klausel 4 und 5 der ASKl gegenüber den Standardvertragsklauseln dahingehend ergänzt worden, dass beide **Garantien über die** in den ASKl näher definierten **technischen und organisatorischen Sicherheitsmaßnahmen abgeben müssen.**

Weiters sehen Klausel 4 und 5 vor, dass der Auftragsverarbeiter die Daten **nur im Auftrag des Auftraggebers und in Übereinstimmung mit dem anwendbaren Datenschutzrecht und diesen Klauseln verarbeiten darf.**[42])

Werden sensible Daten übermittelt, so muss der Auftraggeber nach Klausel 4 lit f ASKl garantieren, dass die **betroffenen Personen davon in Kenntnis gesetzt worden sind,** dass ihre **Daten in ein Drittland übermittelt werden könnten,** das kein angemessenes Schutzniveau bietet, oder, dass sie vor oder sobald wie möglich nach der Übermittlung entsprechend informiert werden.

6. Einschaltung von Sub-Dienstleistern[43])

Outsourcing ist in der Realität oft so gestaltet, dass Auftragsverarbeiter ihrerseits an Unterauftragsverarbeiter und diese möglicherweise wiederum an den nächsten Daten übermitteln. Bei den Standardvertragsklauseln muss genau unterschieden werden, **ob die Auftragsverarbeiter und Unterauftragsverarbeiter im EWR-Raum niedergelassen sind oder nicht.**[44]) Die derzeit aktuellen Standardvertragsklauseln für Dienstleister[45]) regeln nur den Fall, dass ein in einem Drittland niedergelassener Auftragsverarbeiter einen **ebenfalls in einem Drittland niedergelassenen Unterauftragsverarbeiter** mit seinen Verarbeitungsdiensten beauftragt.

Sitzt der Auftragsverarbeiter im EWR-Raum und überlässt personenbezogene Daten an einen **Unterauftragsverarbeiter in einem Nicht-EWR-Land,** so kann er die Standardvertragsklauseln nicht verwenden. Als Rechtsgrundlage müssen andere Instrumente herangezogen werden:[46])

- **Direktverträge** zwischen im EWR niedergelassenen für die Verarbeitung Verantwortlichen und nicht im EWR niedergelassenen Auftragsverarbeitern;
- ein **klarer Auftrag** des im EWR niedergelassenen, für die Verarbeitung **Verantwortlichen** an den im EWR niedergelassenen Auftragsverarbeiter, die Standardvertragsklauseln des Beschlusses 2010/87/EU im Namen des Ersteren zu verwenden;

Ad-hoc-Verträge (enthaltend die Grundsätze und Garantien der Standardvertragsklauseln).

[41]) Art 17 Abs 2 und 3 wurden mit §§ 10 und 11 DSG 2000 umgesetzt.

[42]) Diese Pflicht ergibt sich für in der EU bzw Österreich ansässige Auftragsverarbeiter (Dienstleister) aus Art 17 Abs 3 DSRL bzw § 11 Abs 1 Z 1 DSG 2000.

[43]) Siehe dazu auch *Knyrim*, Datenschutzrecht[3] 150 f.

[44]) Siehe die FAQs der Artikel-29-Datenschutzgruppe: http://ec.europa.eu/justice/policies/privacy/docs/wpdocs/2010/wp176_de.pdf (angerufen am).

[45]) Beschluss der Kommission 2010/87/EU, ABl L 2010/39, 5.

[46]) Siehe die Erläuterungen der Artikel-29-Datenschutzgruppe in den FAQs.

F. Verbindliche unternehmensinterne Datenschutzregelungen (Binding Corporate Rules) (Art 47)

Schon unter der bisherigen DSRL wurde durch zahlreiche Arbeitspapiere der sog „Artikel-29-Datenschutzgruppe“ die Möglichkeit geschaffen, dass **innerhalb eines multinationalen Unternehmens** bei Datenübermittlungen oder Datenüberlassungen von personenbezogenen Daten an Konzerngesellschaften, die sich in Ländern ohne adäquates Datenschutzniveau befinden, **unternehmensintern verbindliche Datenschutzregeln** als Instrument für den internationalen Datenaustausch genehmigt werden können.[47])

War diese Möglichkeit zur Schaffung solcher konzernintern verbindlichen Datenschutzvorschriften (auf Englisch auch **„Binding Corporate Rules“** oder kurz **„BCR“** genannt) bisher ausschließlich auf Basis solcher Arbeitspapiere der Artikel-29-Datenschutzgruppe möglich, so wird nun in der DSGVO diese Möglichkeit endlich auch auf normativer Ebene in Art 47 festgeschrieben.

Art 47 Abs 1 sieht vor, dass die zuständige Aufsichtsbehörde – also etwa die österr Datenschutzbehörde – gemäß dem Kohärenzverfahren nach Art 63[48]) verbindliche interne Datenschutzvorschriften erlässt, sofern diese

- **rechtlich bindend** sind, für **alle betroffenen Mitglieder** und Unternehmensgruppen oder einer Gruppe von Unternehmen, die eine gemeinsame Wirtschaftstätigkeit **ausüben**, gelten und von diesen Mitgliedern durchgesetzt werden, und dies auch für ihre Beschäftigten gilt,
- **den betroffenen Personen ausdrücklich durchsetzbare Rechte** in Bezug auf die Verarbeitung ihrer personenbezogenen Daten **übertragen** und
- die in Abs 2 **festgelegten Anforderungen** erfüllen.

Art 47 Abs 2 regelt dann – nicht abschließend – die Mindestanforderungen an solche verbindlichen internen Datenschutzvorschriften in 14 Punkten, die hier gekürzt wiedergegeben werden:

1. Struktur und Kontaktdaten der Unternehmensgruppe oder Gruppe von Unternehmen, die eine gemeinsame Wirtschaftstätigkeit ausüben, und jedes ihrer Mitglieder;

> **Praxistipp:**
>
> Es empfiehlt sich, hier ein Organigramm des Konzerns inklusive der Kontaktdaten jeder einzelnen Gesellschaft aufzunehmen.

2. die betreffenden Datenübermittlungen oder Reihen von Datenübermittlungen einschließlich der betreffenden Art personenbezogener Daten, Art und Zweck der Datenverarbeitung, Art der betroffenen Personen und das betreffende Drittland bzw die betreffenden Drittländer;

---

[47]) Siehe insb Arbeitspapier WP 74, „Übermittlung personenbezogener Daten in Drittländer: Anwendung von Art. 26 Abs 2 der EU-Datenschutz-Richtlinie auf verbindliche unternehmensinterne Vorschriften für den internationalen Datentransfer“, angenommen am 3. 6. 2003; Arbeitspapier WP 153, mit einer Übersicht über die Bestandteile und Grundsätze verbindlicher unternehmensinterner Datenschutzregelungen, angenommen am 24. 6. 2008 sowie Arbeitspapier WP 155 (Häufig gestellte Fragen über verbindliche unternehmensinterne Datenschutzregelungen, angenommen am 24.6.2008, zuletzt überarbeitet am 8. 4. 2009).

[48]) Siehe zu diesem den Beitrag von *Wagner* in diesem Buch.

Praxistipp:

Hierbei handelt es sich um die „Kernangaben", die auch in den Annexen zu den Standardvertragsklauseln ausgefüllt werden müssen. Dies bedeutet, dass auch BCR nur für konkrete Zwecke und vorher bestimmte Datenarten abgeschlossen werden können und daher ebenso wenig wie die Standardvertragsklauseln eine Lösung sind, mit der mit „einem Schlag" alle Probleme des internationalen Datenverkehrs für alle Zukunft gelöst werden können.

3. interne und externe Rechtsverbindlichkeit der betreffenden internen Datenschutzvorschriften;

Praxistipp:

Wie die Überschrift des Art 47 schon besagt, müssen die BCR verbindlich sein; dies wird, wie oben ausgeführt, in Art 47 Abs 1 lit a auch extra betont: Sie müssen für alle betroffenen Gesellschaften der Unternehmensgruppe gelten und von diesen durchgesetzt werden, wobei dies auch für ihre Beschäftigten gilt.

4. die Anwendung der allgemeinen Datenschutzgrundsätze, insb Zweckbindung, Datenminimierung, begrenzte Speicherfristen, Datenqualität, Datenschutz durch Technikgestaltung und datenschutzfreundliche Voreinstellungen, Rechtsgrundlagen, insb bei der Verarbeitung von besonderen Kategorien von Daten, Datensicherheitsmaßnahmen und Anforderungen für die Weiterübermittlung an nicht an diese internen Datenschutzvorschriften gebundenen Stellen;

Praxistipp:

Hier geht es um die Einhaltung der Grundsätze in Art 5 ff und der verschiedenen, in Art 24 ff geregelten Auftraggeberpflichten, die in den BCR entsprechend dokumentiert werden müssen. Besonders dieser Punkt wird eine Herausforderung in Hinblick auf eine übersichtliche und lesbare, aber dennoch aussagekräftige Formulierung.

5. die Rechte der betroffenen Personen in Bezug auf die Verarbeitung und die diesen offenstehenden Mittel zur Wahrnehmung dieser Rechte;

Praxistipp:

Hier geht es darum, darzulegen, wie Betroffene ihre Rechte ausüben können, dh sowohl in welcher Form als auch gegenüber welcher Stelle. Dieser Punkt weist ausdrücklich auch auf Profiling als Sonderfall hin, weiters auf das Beschwerderecht bei Aufsichtsbehörden und gerichtliche Rechtsbehelfe, über die in den BCR – ähnlich wie bei den Informationspflichten in Art 13 und 14 und dem Auskunftsrecht in Art 15 – aufgeklärt werden muss.

6. die von dem in einem Mitgliedsstaat niedergelassenen Verantwortlichen oder Auftragsverarbeiter übernommene Haftung für etwaige Verstöße eines nicht in der Union niedergelassenen betreffenden Mitglieds der Unternehmensgruppe gegen die verbindlichen internen Datenschutzvorschriften;

Praxistipp:

Schon in den bisherigen Arbeitspapieren war festgehalten, dass in den BCR Bestimmungen zur Übernahme der Haftung aufgenommen werden müssen.[49]) Es geht dabei darum, dass Betroffene einen Haftungsanspruch innerhalb der EU haben, selbst wenn ein Verstoß in einer Konzerngesellschaft in einem Drittland stattfindet. Üblicherweise sollte in der Unternehmensgruppe die Hauptniederlassung die Haftung übernehmen, was auch Leistung von Schadenersatz umfasst. Es ist aber auch denkbar, eine Regelung zu treffen, die besser zur Unternehmensstruktur passt, ebenso auch eine gesamtschuldnerische Haftung aller Konzerngesellschaften.

7. die Art und Weise, wie die betroffenen Personen über die Bestimmungen der Art 13 und 14 hinaus über die verbindlichen internen Datenschutzvorschriften und insb über die unter den lit d, e und f genannten Aspekte informiert werden;

Praxistipp:

Über die BCR muss somit über das, was inhaltlich in den Informationspflichten nach Art 13 und 14 geregelt ist, hinaus informiert werden. Daraus lässt sich ablesen, dass seitens der Unternehmen aktiv über den Inhalt der BCR informiert werden muss, ein rein „passives" Zurverfügungstellen der Informationen auf Abruf (zB bei einer konkreten Anfrage oder auch das Online-Stellen auf der Unternehmenswebseite) dürfte somit nicht ausreichen, wenn nicht bereits beim Erstkontakt aktiv seitens der Unternehmensgruppe auf solche Informationsquellen hingewiesen wird.

8. die Aufgaben jedes gem Art 37 benannten Datenschutzbeauftragten oder jeder anderen Person oder Einrichtung, die mit der Überwachung der Einhaltung der verbindlichen internen Datenschutzvorschriften in der Unternehmensgruppe oder Gruppe von Unternehmen, sowie mit der Überwachung der Schulungsmaßnahmen und dem Umgang mit Beschwerden befasst ist;

Praxistipp:

Es muss also in der Unternehmensgruppe zu den BCR eine Person geben, die die Einhaltung derselben überwacht und sich ebenso um die Einhaltung der Schulungsmaßnahmen und den Umgang mit Beschwerden kümmert; dies unabhängig davon, ob ein Datenschutzbeauftragter bestellt ist oder nicht.

9. die Beschwerdeverfahren;

Praxistipp:

Der Konzern muss somit ein internes Beschwerdewesen aufbauen, das sich mit Beschwerden von Betroffenen iZm der Datenübermittlung im Konzern unter den BCR befasst.

[49]) *Artikel-29-Datenschutzgruppe,* Arbeitspapier WP 153 v 24. 6. 2008.

10. die innerhalb der Unternehmensgruppe oder Gruppe von Unternehmen, die eine gemeinsame Wirtschaftstätigkeit ausüben, bestehenden Verfahren zur Überprüfung der Einhaltung der verbindlichen internen Datenschutzvorschriften;

Praxistipp:

Es muss somit ein internes Kontrollsystem eingerichtet werden, das Überprüfungen beinhaltet sowie Verfahren, mit denen Abhilfemaßnahmen geleistet werden. Gefordert ist, dass die Ergebnisse solcher Überprüfungen nicht nur der Person, die nach Art 47 Abs 2 lit h die Einhaltung der Datenschutzvorschriften gewährleisten soll, mitgeteilt werden, sondern auch dem Verwaltungsrat des herrschenden Unternehmens und der Aufsichtsbehörde auf Anfrage zur Verfügung gestellt werden.

11. die Verfahren für die Meldung und Erfassung von Änderungen der Vorschriften und ihre Meldung an die Aufsichtsbehörde;

Praxistipp:

Die DSGVO geht offensichtlich davon aus, dass solche verbindlichen internen Datenschutzvorschriften nicht ein einmaliger „Guss“ sind, sondern Änderungen unterworfen sein können. Da die Aufsichtsbehörde mit der ursprünglichen Genehmigung einen Status quo der BCRs genehmigt hat, muss sie konsequenterweise auch über Änderungen informiert werden, damit sie ihre Genehmigung allenfalls widerrufen kann.

12. die Verfahren für die Zusammenarbeit mit der Aufsichtsbehörde, die die Befolgung der Vorschriften durch sämtliche Mitglieder der Unternehmensgruppe gewährleisten, insb durch Offenlegung der Ergebnisse von Überprüfungen der unter Art 47 Abs 2 lit j genannten Maßnahmen gegenüber der Aufsichtsbehörde;

Praxistipp:

Auch für die Zusammenarbeit mit der Datenschutzbehörde muss ein Modus gefunden und festgelegt werden, damit die Datenschutzbehörde sich überzeugen kann, dass die BCR auch wirklich in allen Unternehmen des Konzerns eingehalten werden.

13. die Meldeverfahren zur Unterrichtung der zuständigen Aufsichtsbehörde über jegliche für ein Mitglied der Unternehmensgruppe in einem Drittland geltenden rechtlichen Bestimmungen, die sich nachteilig auf die Garantien auswirken könnten, die die verbindlichen internen Datenschutzvorschriften bieten;

Praxistipp:

Der zuständigen Aufsichtsbehörde müssen nachträgliche Änderungen im Hinblick auf rechtliche Bestimmungen in Drittländern zur Kenntnis gebracht werden, damit sie beurteilen kann, ob ihre Genehmigung noch weiter aufrechterhalten werden kann. Diese Verpflichtung bedingt, dass in der Unternehmensgruppe ein System geschaffen werden muss, in dem permanent überwacht wird, ob sich nachteilige Änderungen der rechtlichen Bestimmungen in einem der Drittländer, für das die BCR gelten, ergeben. Dies kann bei großen Unternehmensgruppen sehr aufwändig sein, da hier in der Praxis vermutlich ein funktionierendes Zusammenspiel zwischen lokalen Gesellschaften und deren Rechtsberatern und den zentralen Stellen, die die Informationen koordinieren und weitergeben, geschaffen werden muss.

14. geeignete Datenschutzschulungen für Personal mit ständigem oder regelmäßigem Zugang zu personenbezogenen Daten;

Praxistipp:

Da diese Bestimmung nicht auf eine der Gesellschaften oder mehrere Gesellschaften in der Unternehmensgruppe eingeschränkt ist, ist davon auszugehen, dass diese Schulungen für alle von den BCR umfassten Konzerngesellschaften gilt und deren Personal somit geschult werden muss.

Nach Art 47 Abs 3 kann die **Kommission das Format und die Verfahren** für den Informationsaustausch über verbindliche interne Datenschutzvorschriften iSd vorliegenden Artikels zwischen Verantwortlichen, Auftragsverarbeitern und Aufsichtsbehörden **festlegen**. Es bleibt daher abzuwarten, wann und in welcher Form hier Klarstellungen erfolgen werden.

Praxistipp:

Der sehr umfangreiche Anforderungskatalog für verbindliche interne Datenschutzvorschriften zeigt, dass diese ein sehr aufwändiges Unterfangen sind, wenn sie im Konzern neu geschaffen werden sollen. Es ist daher zu erwarten, dass derartige BCR auch künftig nur von solchen Konzernen geschaffen werden, die sehr viele interne globale Datentransfers haben. Auch bisher war das von der Artikel-29-Datenschutzgruppe geschaffene Regelwerk zu den BCR sehr komplex, sodass bis Juni 2016 erst rund 80 Unternehmen in Europa die Möglichkeit unternehmensinterner Regelung genutzt haben. Die meisten wurden in Großbritannien, Frankreich und den Niederlanden, einige auch in Deutschland, bei den jeweiligen Datenschutzbehörden eingereicht, bislang aber noch keine bei der österr Datenschutzbehörde.[50])

G. Ausnahmen für bestimmte Fälle (Art 49)

Art 49 regelt den Fall, dass weder ein Angemessenheitsbeschluss nach Art 45 Abs 3 vorliegt, noch geeignete Garantien nach Art 46, noch verbindliche interne Datenschutzvorschriften nach Art 47 bestehen. In diesem Fall ist eine Übermittlung personenbezogener Daten an ein Drittland oder an eine internationale Organisation nur unter einer der folgenden Bedingungen zulässig:

1. Die **betroffene Person** hat in die vorgeschlagene Datenübermittlung **ausdrücklich eingewilligt**, nachdem sie über die für sie bestehenden möglichen Risiken derartiger Datenübermittlungen ohne Vorliegen eines Angemessenheitsbeschlusses und ohne geeignete Garantien unterrichtet wurde.

[50]) Unter anderem folgende Unternehmen: GE, Accenture, BP, ebay, Sanofi-Aventis, Hewlett Packard, Deutsche Post, Novartis, Siemens, Shell. Die öffentlich von der EU-Kommission geführte Liste für derartige BCR unter der bisherigen DSRL findet sich unter http://ec.europa.eu/justice/data-protection/document/international-transfers/binding-corporate-rules/bcr_cooperation/index_en.htm (abgerufen am 25. 6. 2016).

Praxistipp:

Diese Regel entspricht weitgehend der bisherigen Regel in der DSRL und deren Umsetzung in § 12 Abs 3 Z 4 DSG 2000.

2. Die Übermittlung ist für die Erfüllung **eines Vertrags zwischen der betroffenen Person und dem Verantwortlichen** oder zur **Durchführung von vorvertraglichen Maßnahmen** auf Antrag der betroffenen Person erforderlich.
3. Die Übermittlung ist zum **Abschluss oder zur Erfüllung** eines **im Interesse der betroffenen Person von dem Verantwortlichen mit einer anderen** natürlichen oder juristischen **Person geschlossenen Vertrags** erforderlich.

Praxistipp:

Die Punkte 2 und 3 entsprechen weitgehend der Regelung des § 12 Abs 3 Z 6 DSG 2000, wobei die vorvertraglichen Maßnahmen zwar in der DSRL enthalten waren, im DSG 2000 aber nicht angeführt waren.

Hinweis:

Laut Art 49 Abs 3 gelten Abs 1 lit a, b und c nicht für Tätigkeiten, die Behörden in Ausübung ihrer hoheitlichen Befugnisse durchführen.

4. Die Übermittlung ist aus wichtigen Gründen des öffentlichen Interesses notwendig.

Praxistipp:

Das DSG 2000 sieht in § 12 Abs 4 Z 1 eine Übermittlung im öffentlichen Interesse nur im Fall besonderer Dringlichkeit vor. Das öffentliche Interesse muss laut Art 49 Abs 4 im Unionsrecht oder im Recht des Mitgliedstaats, dem der Verantwortliche unterliegt, anerkannt sein. ErwGr 112 nennt als wichtige öffentliche Interessen bspw den Datenaustausch zwischen Wettbewerbs-, Steuer- oder Zollbehörden oder zur Bekämpfung des Dopings.

5. Die Übermittlung ist zur Geltendmachung, Ausübung oder Verteidigung von Rechtsansprüchen erforderlich.

Praxistipp:

Dieser Punkt entspricht § 12 Abs 3 Z 7 DSG 2000.

6. Die Übermittlung ist zum Schutz lebenswichtiger Interessen der betroffenen Person oder anderer Personen erforderlich, sofern die betroffene Person aus physischen oder rechtlichen Gründen außerstande ist, ihre Einwilligung zu geben.

Praxistipp:

§ 12 Abs 4 Z 2 DSG 2000 bot bisher die Möglichkeit zur Übermittlung von Daten im lebenswichtigen Interesse der Betroffenen, wenn besondere Dringlichkeit vorlag.

7. Die Übermittlung erfolgt aus einem Register, das gemäß dem Recht der Union oder der Mitgliedstaaten zur Information der Öffentlichkeit bestimmt ist und entweder der gesamten Öffentlichkeit oder allen Personen, die ein berechtigtes Interesse nachweisen können, zur Einsichtnahme offensteht, aber nur, soweit die im Recht der Union oder der Mitgliedstaaten festgelegten Voraussetzungen für die Einsichtnahme im Einzelfall gegeben sind.

Praxistipp:

§ 12 Abs 3 Z 1 DSG 2000 sah bisher vor, dass Daten, die im Inland zulässigerweise veröffentlicht wurden, genehmigungsfrei übermittelt werden durften. Diese pauschale Ausnahme von veröffentlichten Daten von der Genehmigung besteht nun nicht mehr, vielmehr sind nur mehr solche öffentlichen Daten umfasst, die in öffentlichen Registern enthalten sind. Solche Register sind zB das Grundbuch, das Firmenbuch oder das Datenverarbeitungsregister. Art 49 Abs 2 hält fest, dass Datenübermittlungen nicht die Gesamtheit oder ganze Kategorien der im Register enthaltenen personenbezogenen Daten umfassen dürfen. Ist das Register nur durch Personen einzusehen, die ein berechtigtes Interesse daran haben, darf die Datenübermittlung nur auf Anfrage dieser Personen oder nur dann erfolgen, wenn diese Personen die Adressaten der Übermittlung sind.

Praxistipp:

Zu beachten ist, dass einige bisher bestehende Ausnahmen im internationalen Datenverkehrs aus § 12 Abs 3 DSG 2000 fehlen, nämlich:
Z 2: die Übermittlung und Überlassung von Daten, die für den Empfänger nur indirekt personenbezogen sind,[51])
Z 3: die Übermittlung oder Überlassung von Daten ins Ausland ist in Rechtsvorschriften vorgesehen, die im innerstaatlichen Recht den Rang eines Gesetzes haben und unmittelbar anwendbar sind,
Z 4: Daten aus Datenanwendungen für private Zwecke (§ 45)[52]) oder für publizistische Tätigkeit (§ 48)[53])
Z 8: die Übermittlung oder Überlassung ist in einer Standardverordnung (§ 17 Abs 2 Z 6 DSG 2000) oder Musterverordnung (§ 19 Abs 2 DSG 2000) ausdrücklich angeführt;[54])
Z 9: es handelt sich um Datenverkehr mit österr Dienststellen im Ausland

[51]) Siehe zum Entfall der Privilegierung der Pseudonymisierung den Beitrag von *Hödl* in diesem Buch.

[52]) Siehe aber die generelle Ausnahme vom sachlichen Anwendungsbereich der DSGVO in Art 2 Abs 1 lit c.

[53]) Siehe aber die Möglichkeit zum Erlass nationaler Regeln hinsichtlich journalistischer Tätigkeit in Art 85 Abs 2.

[54]) Da die Standard- und Musterverordnung aus heutiger Sicht in der bestehenden Form nicht mehr weiter existieren wird, sind auch deren Möglichkeiten zum internationalen Datentransfer nicht mehr anwendbar.

Neue Ausnahme von der Genehmigungspflicht

Überraschend ist eine **neue Ausnahme von der Genehmigungspflicht**, die sich als Unterabsatz in Art 49 Abs 1 „versteckt":

Falls keine der bisherigen Ausnahmen greifen – sei es in den Art 45–47 oder den soeben aufgezählten Ausnahmen in Art 49 Abs 1, dann darf eine Übermittlung an ein Drittland oder eine internationale Organisation (nur) dann erfolgen, wenn

- die Übermittlung nicht wiederholt erfolgt,
- nur eine begrenzte Zahl von betroffenen Personen betrifft,
- für die Wahrung der zwingend berechtigten Interessen des Verantwortlichen erforderlich ist, sofern die Interessen oder die Rechte und Freiheiten der betroffenen Person nicht überwiegen und
- der Verantwortliche **alle Umstände der Datenübermittlung beurteilt** und auf der Grundlage dieser Beurteilung **geeignete Garantien** in Bezug auf den Schutz personenbezogener Daten **vorgesehen hat.**
- Weiters muss der Verantwortliche die **Aufsichtsbehörde** von der Übermittlung **in Kenntnis setzen.**
- Überdies muss der Verantwortliche **die betroffene Person über die Übermittlung und seine zwingenden berechtigten Interessen unterrichten;** dies erfolgt **zusätzlich** zu den der betroffenen Person nach den **Art 13 und 14** mitgeteilten Informationen.

Fercher/Riedl arbeiten in ihrem Beitrag in diesem Buch ausführlich die Entstehungsgeschichte dieser Bestimmung heraus, die sie als eine **„generalklauselartige" Ermächtigung** und somit richtig als einen im Gesamtkonzept der Auslandsdatenübermittlung **systemwidrigen Ansatz** bezeichnen. Sie äußern überdies die Befürchtung, dass das grundsätzlich strenge Gesamtregime für Auslandsdatenübermittlungen im Hinblick auf die erforderliche Adäquanz der Datenschutzstandards bzw das Abstellen auf „geeignete Garantien" leicht umgangen werden könnte, da die **Ausnahmebestimmung zu weit ist** und eine Reihe von **vagen Begriffsbestimmungen** („begrenzte Zahl", „nicht wiederholt", „zwingende berechtigte Interessen" etc) enthalten. Die Bestimmung würde mE tatsächlich grundsätzlich die Möglichkeit zu einer extensiven Auslegung bieten, Unternehmen werden sich in der Praxis in Anbetracht des immensen Strafrahmens von € 20 Mio oder 4 % vom globalen Jahresumsatzes bei Verstößen gegen die Regeln des internationalen Datenverkehrs (siehe Art 83 Abs 5 lit c) aber vermutlich eher davor hüten, diese Ausnahmebestimmung allzu extensiv auszulegen, sondern vielmehr sehr vorsichtig und restriktiv handhaben. Dies auch in Hinblick auf den nachstehenden Praxistipp.

Praxistipp:

In der Praxis nicht übersehen werden darf Art 49 Abs 6, der den Verantwortlichen oder den Auftragsverarbeiter verpflichtet, die von ihm vorgenommene Beurteilung sowie die angemessenen Garantien iSd Abs 1 Unterabs 2 des vorliegenden Artikels in der Dokumentation gem Art 30 (Verfahrensverzeichnis) zu erfassen. Es muss somit eine nachvollziehbare Argumentationslinie, warum die Anwendung der Ausnahmebestimmung des Art 49 Abs 1 Unterabs 2 mit allen ihren Voraussetzungen für anwendbar erachtet wurde, vorhanden und für die Datenschutzbehörde nachvollziehbar dokumentiert sein.

Hinweis:

Laut Art 49 Abs 3 gilt die Ausnahme des Abs 1 Unterabs 2 nicht für Tätigkeiten, die Behörden in Ausübung ihrer hoheitlichen Befugnisse durchführen.

Wenn kein Angemessenheitsbeschluss vorliegt, so können im Unionsrecht oder im Recht der Mitgliedstaaten aus wichtigen Gründen des öffentlichen Interesses laut Art 49 Abs 5 ausdrücklich Beschränkungen der Übermittlung bestimmter Kategorien von personenbezogenen Daten an Drittländer oder internationale Organisationen vorgesehen werden. Die Mitgliedstaaten müssen der Kommission derartige Bestimmungen mitteilen.

H. Nach dem Unionsrecht nicht zulässige Übermittlung oder Offenlegung (Art 48)

Art 48 bestimmt, dass jegliches Urteil eines Gerichtes eines Drittlandes und jegliche Entscheidung einer Verwaltungsbehörde eines Drittlandes, mit denen von einem Verantwortlichen oder einem Auftragsverarbeiter die Übermittlung oder Offenlegung personenbezogener Daten verlangt wird, unbeschadet anderer Gründe für die Übermittlung gemäß diesem Kapitel jedenfalls nur dann anerkannt oder vollstreckbar werden, wenn sie auf eine in Kraft befindliche internationale Übereinkunft wie etwa ein Rechtshilfeabkommen zwischen dem ersuchenden Drittland und der Union oder einem Mitgliedsstaat gestützt sind.

Diese Reglung dürfte im Hinblick auf die *Snowden*-Enthüllungen sowie das Safe-Harbor-Verfahren (siehe Art 83 Abs 5 lit c) geschaffen worden sein und lief in den Ratsverhandlungen unter dem Schlagwort „Anti-FISA-Regelung".[55])

Praxistipp:

Aus dieser Bestimmung ergibt sich, dass solche Urteile oder Entscheidungen einer Verwaltungsbehörde eines Drittlandes hinsichtlich dorthin transferierter Daten keinesfalls in der EU direkt von einer öffentlichen Einrichtung oder einem Unternehmen anzuwenden sind, sondern nur dann, wenn diese Urteile oder Entscheidungen in der EU anerkannt oder vollstreckbar werden, also ein diesbezüglicher Rechtsakt in der EU gesetzt wird.

I. Internationale Zusammenarbeit zum Schutz personenbezogener Daten (Art 50)

Art 50 enthält einen **Arbeitsauftrag an die Kommission und die Aufsichtsbehörden** in Bezug auf Drittländer und internationale Organisationen. Sie sollen **geeignete Maßnahmen** zur Entwicklung von Mechanismen der **internationalen Zusammenarbeit**, durch die die **wirksame Durchsetzung von Rechtsvorschriften zum Schutz personenbezogener Daten** erleichtert wird, schaffen, weiters gegenseitige **internationale Amtshilfe** bei der Durchsetzung des Datenschutzes **leisten**, ua bei Untersuchungen und Informationsaustausch, dabei für die **Einbindung der maßgeblichen Interessenträger in Diskussionen und Tätigkei-**

[55]) Siehe den Beitrag von *Fercher/Riedel* in diesem Buch.

ten in diesem Bereich sorgen und den Austausch und die **Dokumentation von Rechtsvorschriften und Praktiken** zum Schutz personenbezogener Daten einschließlich Zuständigkeitskonflikten mit Drittländern **fördern**.

Der Rechtsschutz im Bereich des Datentransfers in Drittländer soll somit weiter verbessert werden. Es bleibt abzuwarten, welche konkreten Maßnahmen die Kommission und die Aufsichtsbehörden treffen werden.

III. Zusammenfassung

Zusammenfassend kann gesagt werden, dass die Regeln des internationalen Datentransfers – bis auf eine Sonderausnahme – weiterentwickelt, aber nicht revolutioniert wurden:

Die bereits unter der DSRL getroffenen **Angemessenheitsentscheidungen** für bestimmte Länder gelten unter der DSGVO bis auf Widerruf weiter, künftig können Angemessenheitsbeschlüsse auch betreffend Gebiete oder spezifischen Sektoren in einem Drittland ausgesprochen werden.

Genehmigungen für Datentransfers in Drittländer, die unter der DSRL von nationalen Behörden **auf Basis von Standardvertragsklauseln** bereits erteilt wurden, **gelten unter der DSGVO ebenfalls weiter**. Dies bedeutet, dass Unternehmen und öffentliche Stellen bereits **vor** Inkrafttreten der DSGVO ihren **internationalen Datenverkehr rechtskonform mit Wirkung für die DSGVO gestalten können**.

Künftig können neben der Kommission auch **nationale Datenschutzbehörden Standarddatenschutzklauseln** annehmen, wenn diese von der Kommission vorher genehmigt wurden.

Die bereits unter der DSRL von der Artikel-29-Datenschutzgruppe in der Praxis entwickelten **verbindlichen internen Datenschutzvorschriften**, sog **Binding Corporate Rules,** wurden nun in der DSGVO formal **festgeschrieben**, wobei in diesen ein umfangreicher Katalog an Angaben abzuarbeiten ist.

Einige **Datentransferinstrumente sind neu**, nämlich **rechtlich bindende und durchsetzbare Dokumente zwischen Behörden** oder öffentlichen Stellen; weiters **Verhaltensregeln** nach Art 40 und **Zertifizierungsmechanismen** nach Art 42, jeweils zusammen mit rechtsverbindlichen und durchsetzbaren Verpflichtungen.

Die DSGVO sieht für die Datentransferinstrumente **keine Vorabgenehmigung mehr** vor, außer in zwei Fällen, nämlich bei Vertragsklauseln, die **zwischen Datenexporteur und Datenimporteur vereinbart wurden** oder bei **Bestimmungen in Verwaltungsvereinbarungen zwischen Behörden oder öffentlichen Stellen.**

Keine Datentransferinstrumente benötigt man nach Art 49 in einigen schon aus der DSRL bzw § 12 DSG 2000 **bekannten Fällen**, ua bei **Zustimmung** der Betroffenen, Übermittlung zur **Vertragserfüllung** oder im **öffentlichen Interesse** oder zur Geltendmachung, Ausübung oder Verteidigung von **Rechtsansprüchen** und zum **Schutz lebenswichtiger Interessen** der betroffenen Person. **Entfallen** sind hingegen einige in § 12 DSG 2000 möglichen Ausnahmen, ua solche, die in der **Standard- und Musterverordnung** enthalten sind, oder von **pseudonymisierten Daten.**

Wirklich **überraschend an den Regeln zum internationalen Datenverkehr** ist aber nur eine – systemwidrige – **Sonderausnahme**, die sich als Unterpunkt 2 in Art 49 Abs 1 versteckt. Diese ermöglicht eine Übermittlung von personenbezogenen Daten ohne eines der vorgenannten Datentransferinstrumente und über die vorgenannten Ausnahmen hinaus auch dann, wenn diese **nicht wiederholt** erfolgt, nur eine **begrenzte Zahl von betroffenen Personen betrifft**, für die Wahrung der **zwingenden berechtigten Interessen des Verantwortlichen** erforderlich ist, sofern die Interessen oder **die Rechte und Freiheiten der betroffenen Person nicht überwiegen**, und der Verantwortliche **alle Umstände der Datenübermittlung beurteilt** und auf der Grundlage dieser Beurteilung **geeignete Garantien** in Bezug auf den Schutz personenbezogener Daten **vorgesehen hat**. Bedingung ist weiters, dass der Verantwortliche die **Aufsichtsbehörde** und die betroffene Person von der Übermittlung **in Kenntnis setzen muss**. Auch wenn diese Sonderausnahme zu einer extensiven Auslegung verleiten könnte, müssen Unternehmen bedenken, dass sie der Datenschutzbehörde über die Nutzung dieser Ausnahme „Rede und Antwort" stehen werden müssen und, wenn keine nachvollziehbare und glaubhafte Argumentation vorliegt, dies zu einer Bestrafung führen könnte.

Der Strafrahmen bei Verstößen gegen die Regeln des internationalen Datenverkehrs beträgt € 20 Mio oder 4 % vom globalen Jahresumsatz (Art 83 Abs 5 lit c).

Die Aufsichtsbehörden

Alexander Flendrovsky

I. Vorgeschichte

Die derzeit noch geltende DSRL enthält in Art 28 eine relativ knappe Regelung über „Kontrollstellen", wonach diese dazu berufen sind, die Durchführung der auf Grundlage der DSRL erlassenen einzelstaatlichen Vorschriften zu überwachen. Von besonderer Bedeutung für die Situation in Österreich (und auch Deutschland) ist das in Abs 1 vorgesehene Erfordernis der **„völligen Unabhängigkeit"**. Dieses sah der **EuGH im Urteil vom 16. 10. 2012, C-614/10, *Kommission/Österreich***, im Hinblick auf die Organisation der früheren DSK als **nicht ausreichend umgesetzt** an. Er begründete dies mit der hauptberuflichen Tätigkeit des geschäftsführenden Mitglieds als der Dienstaufsicht des Bundeskanzlers unterliegende Bundesbeamtin, der Eingliederung der Geschäftsstelle der DSK in das Bundeskanzleramt sowie mit dem – im Hinblick auf Art 20 Abs 2 letzter Satz B-VG idF BGBl I 2008/2 erst durch die DSG-Novelle 2010 BGBl I 2009/133 geschaffenen – Aufsichtsrecht des Bundeskanzlers über die DSK (zu einem ähnlichen Ergebnis war er zuvor schon bei deutschen Datenschutzbehörden im Urteil vom 9. 3. 2010, C-518/07, *Kommission/Deutschland* gekommen). Mit der DSG-Novelle 2013 BGBl I 57 wurde versucht, die vom EuGH festgestellten Umsetzungsdefizite zu beheben.[1]) Im Wesentlichen wurden die entsprechenden Regelungen auf die mit der DSG-Novelle 2014 BGBl I 2013/83 geschaffene DSB übertragen (vgl insb § 37 Abs 2 und 3 DSG 2000 idF dieser Novelle).

Das Bemerkenswerte an Art 28 DSRL und der dazu ergangenen Rsp des EuGH ist, dass dadurch in einer bisher nicht dagewesenen Tiefe in die österreichische Behördenorganisation eingegriffen wurde. So hatten bis zur Verwaltungsgerichtsbarkeits-Novelle 2012 die (insb an BM) „angelagerten" weisungsfreien Behörden, die der Aufsicht eines obersten Organs unterliegen und deren Geschäfte von einer bei diesem Organ angesiedelten Geschäftsstelle durch Mitarbeiter des Organs (und nicht der Behörde selbst) besorgt werden, eine lange Tradition, die nunmehr im Datenschutzbereich nicht mehr aufrecht erhalten werden konnte.

Hinzu kommt, dass durch die DSG-Novelle 2014 an die Stelle der kollegial organisierten DSK die monokratische DSB getreten ist. Somit war die Datenschutzkontrolle in Österreich in letzter Zeit bereits einer relativ starken organisatorischen Veränderung ausgesetzt. Inhaltlich waren die Befugnisse von DSK bzw DSB schon zuvor durch die DSG-Novelle 2010 BGBl I 2009/133 deutlich erweitert worden.

Die DSRL gibt weiters einen **Dualismus zwischen gerichtlichem und verwaltungsbehördlichem Rechtsschutz** (vgl Art 22 einerseits und Art 28 andererseits) vor, wobei Art 28 Abs 3 ausdrücklich ein Klagerecht gegen belastende Entscheidungen der Kontrollstelle und damit eine gewisse Unterordnung der Kontrollstelle unter Gerichte vorsieht. In Österreich ist die DSB (früher DSK) derzeit neben ihrer Tätigkeit als Kontrollstelle, die insb durch

---

[1]) Vgl dazu *Bresich/Riedl/Souhrada-Kirchmayer*, Die völlig unabhängige Datenschutzkontrollstelle ZfRV 2014, 52

§ 30 DSG 2000 umgesetzt wurde, im Verfahren nach § 31 DSG 2000 bei der Durchsetzung bestimmter subjektiver Datenschutzrechte auch als (erstinstanzliches) mitgliedstaatliches Gericht im unionsrechtlichen Sinn (sowohl des Art 22 DSRL als auch des Art 267 AEUV) tätig (vgl dazu insb VfSlg 19.744). Dabei dürfte es sich im Vergleich mit anderen Mitgliedstaaten um ein ziemliches Spezifikum handeln (s dazu auch noch unten V.B.5.).

II. Grundsätzliches zur Konzeption der Aufsichtsbehörden nach der DSGVO

In der DSGVO finden sich wesentliche Regelungen zu den Aufsichtsbehörden im **Kapitel VI („Unabhängige Aufsichtsbehörden")**, das sich in zwei Abschnitte gliedert. Der Abschnitt 1 (Art 51–54) enthält unter der Überschrift „Unabhängigkeit" organisationsrechtliche Regelungen, der Abschnitt 2 (Art 55–59) regelt „Zuständigkeit, Aufgaben und Befugnisse". Freilich finden sich auch in zahlreichen anderen Teilen der DSGVO Regelungen zu den Aufsichtsbehörden, insb die Zuweisung von Zuständigkeiten (zB Art 47 Abs 1) oder Rechtsschutzbestimmungen (zB Art 77).

Grundlegende Aufgabe der Aufsichtsbehörden ist nach Art 51 Abs 1 die **Überwachung der Anwendung der DSGVO**, damit die Grundrechte und Grundfreiheiten natürlicher Personen bei der Verarbeitung ihrer personenbezogenen Daten geschützt werden. Wie schon die Kontrollstellen iSd DSRL sind auch die Aufsichtsbehörden iSd DSGVO nach Art 52 Abs 1 **„völlig unabhängig"** und **unterliegen** nach Art 78 Abs 1 **gerichtlicher Kontrolle**. Freilich hat sich die Regelungsdichte, sowohl was die Organisation der Aufsichtsbehörden als auch deren Befugnisse betrifft, im Vergleich zur DSRL vervielfacht. Dies würde beim Übergang von einer unionsrechtlichen Richtlinie zu einer Verordnung an sich nicht verwundern. Gerade im Hinblick auf die aufsichtsbehördliche Tätigkeit bedarf aber auch die DSGVO fast durchgängig **innerstaatlicher Ausführung**. Insb schreibt Art 54 Abs 1 lit a ausdrücklich die Errichtung der Aufsichtsbehörden durch Gesetz vor. Aber auch viele andere Bestimmungen der Art 51 ff bringen durch Formulierungen wie „Jeder Mitgliedstaat trägt dafür Sorge ..." oder „Jeder Mitgliedstaat regelt ..." zum Ausdruck, dass es sich insoweit um eine sog **„hinkende Verordnung"** handelt.[2])

Die Ausführungsvorschriften sind nach derzeitiger Verfassungsrechtslage im Hinblick auf die Behördenorganisation auf der Kompetenzgrundlage des Art 10 Abs 1 Z 16 B-VG, im Hinblick auf die Ausgestaltung von (sachlichen) Zuständigkeiten im Bereich der automationsunterstützten Datenverwendung jedoch auf jener des § 2 DSG 2000 zu erlassen.[3]) Im Bereich der nicht automationsunterstützten Datenverwendung ist die Kompetenzrechtslage diffus. Es bleibt zu hoffen, dass mit der innerstaatlichen Rechtsanpassung, die aufgrund des Inkrafttretens der DSGVO jedenfalls erforderlich sein wird, endlich eine sinnvolle Kompetenzregelung für Datenschutz – unabhängig von der Art der Datenverwendung – geschaffen wird. Dafür erscheint hinsichtlich der Gesetzgebung am ehesten eine Bedarfskompetenz nach dem Vorbild des Art 11 Abs 2 B-VG geeignet.[4])

---

[2]) Dazu *Ranacher/Frischhut*, Handbuch Anwendung des EU-Rechts (2009) 80 ff. Vgl auch das einleitende Interview mit der Leiterin der DSB.

[3]) Zu § 2 DSG 2000 *Duschanek* in *Korinek/Holoubek/Bezemek/Fuchs/Martin/Zellenberg* (Hrsg), Österreichisches Bundesverfassungsrecht III/1 (8. Lfg 2007).

[4]) IdS auch *Kotschy*, Datenschutzrechtliche Fragen zum geltenden österreichischen Gentechnikrecht, in *Kopetzki/Mayer* (Hrsg), Biotechnologie und Recht (2002) 81. Auf die Vollziehungskompetenz kann hier wegen deren Komplexität nicht eingegangen werden.

Sämtliche Ausführungsvorschriften zu den Aufsichtsbehörden sind gem Art 51 Abs 4 **spätestens zwei Jahre nach Inkrafttreten der DSGVO der Kommission mitzuteilen.** Ebenso wie im Fall sonstiger unionsrechtlicher Notifizierungsvorschriften kann die Verletzung dieser Verpflichtung wohl zur Unanwendbarkeit der Ausführungsvorschriften führen, wenn sie Grundfreiheiten beeinträchtigen.[5])

III. Organisationsrecht

A. Anzahl der Aufsichtsbehörden

Art 51 Abs 1 überlässt es den Mitgliedstaaten, ob diese eine oder mehrere Aufsichtsbehörden zur Überwachung der DSGVO errichten. Gibt es allerdings in einem Mitgliedstaat mehr als eine Aufsichtsbehörde (wie derzeit zB in Deutschland oder Spanien), so hat der Staat jene Aufsichtsbehörde zu bestimmen, die sämtliche Behörden im Europäischen Datenschutzausschuss (Art 68 ff; vgl dazu den Beitrag von *Wagner*) vertritt (Art 51 Abs 3). Weiters ist ein Verfahren zur Sicherstellung der Einhaltung des Kohärenzverfahrens (Art 63 ff; vgl dazu den Beitrag von *Schmidl*) einzuführen.

In Österreich ist wohl damit zu rechnen, dass die **DSB weiterhin die einzige Aufsichtsbehörde** sein wird. Die Zuweisung von Kompetenzen an sie durch die Landesdatenschutzgesetze (vgl derzeit etwa § 15 Abs 1 Bgld DSG) ist allerdings im Hinblick auf den Grundsatz der Trennung der Vollziehungsbereiche mE nach verfassungswidrig.[6])

Praxistipp:
Kontaktdaten der DSB: Datenschutzbehörde, Hohenstaufengasse 3, 1010 Wien, Telefon: +43/(0)1/53115/202525 Fax: +43/(0)1/53115/202690 E-Mail: dsb@dsb.gv.at (bevorzugte Kommunikationsform) Web: www.dsb.gv.at

B. Unabhängigkeit

Die aus der DSRL in die DSGVO für die Aufsichtsbehörden übernommene „völlige Unabhängigkeit" (Art 52 Abs 1) wird durch Art 52 Abs 2–6 iSd bisherigen EuGH-Rsp zu Art 28 DSRL (oben I.) präzisiert. Ausdrücklich vorgeschrieben sind

- **Weisungsfreiheit** (Art 52 Abs 2) Vgl dazu innerstaatlich Art 20 Abs 2 Z 8 B-VG, der eine unionsrechtlich gebotene Weisungsfreistellung ermöglicht. Auf ihn stützt sich auch die derzeitige Weisungsfreistellung der DSB in § 37 Abs 1 DSG 2000.
- **Freiheit von sonstiger direkter oder indirekter Beeinflussung** (ebenfalls Art 52 Abs 2), worunter wohl auch das gem Art 20 Abs 2 B-VG vorgegebene **Aufsichtsrecht** zu verstehen sein wird. Dieses ist daher aufgrund des Anwendungsvorrangs des Unionsrechts zumindest **eingeschränkt**.

[5]) Dazu *Ranacher/Frischhut* 336 f.

[6]) Vgl *Jabloner/Muzak* in *Korinek/Holoubek/Bezemek/Fuchs/Martin/Zellenberg* I/3 Art 97 Abs 2 B-VG Rz 12 (3. Lfg 2000).

- **Absehen von unvereinbaren Tätigkeiten** während der Amtszeit (Art 52 Abs 3). Die Unvereinbarkeit ist gem Art 54 Abs 1 lit f von den Mitgliedstaaten näher zu regeln.
- Eine **ausreichende personelle, technische und finanzielle Ausstattung, Personalhoheit über die Mitarbeiter** und ein **eigenes Budget** (Art 52 Abs 4 und 5). Derzeit hat die DSB zwar nach § 37 Abs 2 DSG 2000 Personalhoheit, ein eigenes Budget ist ihr durch das BFG jedoch nicht zugewiesen, obwohl § 37 Abs 2 DSG 2000 die Zuweisung der „notwendigen Sach- und Personalausstattung“ durch das BFG fordert.
- Eine die Unabhängigkeit nicht beeinträchtigende **Finanzkontrolle** (Art 52 Abs 6). Letzteres ist in Österreich schon nach derzeitiger Rechtslage durch die Rechnungshofkontrolle (Art 121 ff B-VG) gewährleistet.

C. Organwalter

Die DSGVO überlässt es den Mitgliedstaaten, ob eine Aufsichtsbehörde kollegial oder monokratisch organisiert ist. In Österreich wird wohl die 2014 eingeführte **monokratische DSB** beibehalten werden.

Die **Ernennung der Organwalter** hat nach Art 53 Abs 1 in einem **transparenten Verfahren** zu erfolgen. Sie hat entweder durch das Parlament, die Regierung, das Staatsoberhaupt oder eine andere mit der Ernennung betraute unabhängige Stelle zu geschehen. Es muss zumindest als fraglich angesehen werden, ob der derzeitige Ernennungsmodus für die Leiterin der DSB und deren Stellvertreter (gem § 36 Abs 1 DSG 2000 Bestellung durch den Bundespräsidenten aufgrund eines Vorschlags der Bundesregierung nach einer verpflichtenden Ausschreibung) dem Transparenzerfordernis genügt.[7]) Voraussetzung für die Ernennung zum Mitglied einer Aufsichtsbehörde ist gem Art 53 Abs 2, dass der Organwalter über die zur Erfüllung seiner Aufgaben und zur Ausübung seiner Befugnisse **erforderliche Qualifikation, Erfahrung und Sachkunde** verfügt. Das **Amt endet mit Ablauf der Amtszeit, durch Rücktritt**, durch verpflichtende Versetzung in den Ruhestand oder durch **Amtsenthebung** (Art 53 Abs 3 und 4). Letztere setzt voraus, dass der Organwalter eine schwere Verfehlung begangen hat oder die Voraussetzungen für die Wahrnehmung seiner Aufgaben nicht mehr erfüllt (Art 53 Abs 4).

Alle diese Bestimmungen sind von den Mitgliedstaaten näher auszugestalten (vgl Art 54 Abs 1 lit b und c). Die **Amtszeit** ist gesetzlich mit **mindestens vier Jahren** festzulegen (Art 54 Abs 1 lit d). Die Mitgliedstaaten bestimmen auch, ob und wie oft eine **Wiederernennung** zulässig ist (Art 54 Abs 1 lit e). Derzeit sieht § 36 Abs 1 DSG 2000 eine fünfjährige Amtszeit für die Leiterin der DSB vor. Dasselbe gilt gem § 36 Abs 7 DSG 2000 auch für ihren Stellvertreter. Eine (auch mehrfache) Wiederbestellung ist möglich.

Art 54 Abs 2 erster Satz schreibt eine über die Amts- bzw Dienstzeit hinausgehende **Verschwiegenheitspflicht der Organwalter und Bediensteten** der Aufsichtsbehörden für vertrauliche Informationen vor, wobei auch hier auf das Unionsrecht und das Recht der Mitgliedstaaten (vgl insb Art 20 Abs 3 B-VG und derzeit § 30 Abs 5 DSG 2000) verwiesen wird. Der zweite Satz sieht – im Sinne einer Konkretisierung – vor, dass insb von natürlichen Personen gemeldete Verstöße gegen die DSGVO vertraulich zu behandeln sind, eigenartigerweise aber nur während der Amts- bzw Dienstzeit.

[7]) Die Zweifel bestehen vor allem wegen der fehlenden Rechtsschutzmöglichkeiten für unterlegene BewerberInnen. Vgl dazu *Kucsko-Stadlmayer* in *Korinek/Holoubek/Bezemek/Fuchs/Martin/Zellenberg* II/2 Art 3 StGG Rz 24 ff (4. Lfg 2001). Der Rechtsschutz nach dem B-GlBG zielt letztlich nur auf einen Schadenersatzanspruch für diskriminierte Bewerberinnen und Bewerber ab, nicht aber auf eine Neuausschreibung.

IV. Internationale Zuständigkeit

Art 55 Abs 1 schreibt für die internationale Zuständigkeit grundsätzlich das **Territorialitätsprinzip** fest: **Jede Aufsichtsbehörde hat ihre Befugnisse im Hoheitsgebiet ihres eigenen Mitgliedstaates auszuüben.** Besteht für Behörden oder private Einrichtungen eine „rechtliche Verpflichtung" (Art 6 Abs 1 lit c – gemeint wohl eine Verpflichtung, die nicht bloß durch Vertrag begründet wurde, da diese Verpflichtungen in Art 6 Abs 1 lit b separat geregelt werden, zB ELGA) zur Datenverarbeitung oder erfolgt diese für eine im öffentlichen Interesse gelegene Aufgabe bzw „in Ausübung öffentlicher Gewalt" (Art 6 Abs 1 lit e; dh wohl im Wesentlichen hoheitliche Datenverarbeitung), so ist jedenfalls die Behörde des Mitgliedstaates zuständig, der die Verpflichtung vorgesehen hat (Art 55 Abs 2).

Bei **grenzüberschreitender Verarbeitung** ist nach Art 56 Abs 1 die **Aufsichtsbehörde der Hauptniederlassung** des Verantwortlichen oder des Auftragsverarbeiters federführend zuständig. Diese ist jedenfalls der **einzige Ansprechpartner für Verantwortliche und Auftragsverarbeiter** für Fragen grenzüberschreitender Verarbeitung (Art 56 Abs 6).

Hängt allerdings eine Beschwerde oder ein (amtswegig wahrgenommener) Verstoß nur mit der Niederlassung in einem Mitgliedstaat zusammen oder betrifft nur Personen in einem einzigen Mitgliedstaat, so ist die Aufsichtsbehörde dieses Mitgliedstaates jedenfalls zuständig, sich mit dem Fall zu befassen (Art 56 Abs 2). Sie unterrichtet unverzüglich die federführende Aufsichtsbehörde, die innerhalb von drei Wochen zu entscheiden hat, ob sie den Fall gem dem One-Stop-Shop-Verfahren des Art 60 (vgl dazu den Beitrag von *Leissler*) regelt oder nicht. Dabei hat sie zu berücksichtigen, ob der Verantwortliche bzw Auftragsverarbeiter in dem Mitgliedstaat, dessen Aufsichtsbehörde sie unterrichtet hat, eine Niederlassung hat oder nicht (Art 56 Abs 3). Entscheidet die federführende Aufsichtsbehörde, den Fall zu regeln, so findet das Verfahren nach Art 60 Anwendung. Die Aufsichtsbehörde, die die federführende Aufsichtsbehörde unterrichtet hat, kann dieser einen Beschlussentwurf vorlegen, dem die federführende Aufsichtsbehörde weitestgehend Rechnung zu tragen hat (Art 56 Abs 4). Entscheidet die federführende Aufsichtsbehörde, den Fall nicht selbst zu regeln, so regelt nach Art 56 Abs 5 die unterrichtende Aufsichtsbehörde den Fall im Rahmen der gegenseitigen Amtshilfe (Art 61) bzw gegebenenfalls unter Durchführung gemeinsamer Maßnahmen (Art 62; vgl zu beidem den Beitrag von *Schmidl*).

V. Aufgaben und Befugnisse

Die **Zuweisung von Zuständigkeiten an die Aufsichtsbehörden** erfolgt nach der DSGVO nach einem ähnlichen **zweistufigen Konzept**, wie es zB auch das österreichische SPG vorsieht: Zunächst werden den Behörden in Art 57 Aufgaben zugewiesen. Um diese zu erfüllen, erhalten sie sodann in Art 58 Befugnisse.

A. Aufgaben

Auf eine vollständige Darstellung von allen in Art 57 genannten Aufgaben wird hier verzichtet, zumal diese nicht vollständig wäre, weil die Aufzählung nur „unbeschadet anderer in dieser Verordnung dargelegter Aufgaben" gilt (vgl schon oben II.) und daher eher demonstrativen Charakter hat. Von Bedeutung scheinen die folgenden drei generalklauselartigen Aufgabenzuweisungen:

- Überwachung der Anwendung und Durchsetzung der DSGVO (Art 57 Abs 1 lit a)
- Befassung mit Beschwerden (Art 57 Abs 1 lit f)
- Befassung mit jeder sonstigen Aufgabe im Zusammenhang mit dem Schutz personenbezogener Daten (Art 57 Abs 1 lit v)

Vor allem die letzte Generalklausel zeigt die **umfassende Zuständigkeit der Aufsichtsbehörden für Datenschutzangelegenheiten.** Auch wenn der Einleitungssatz des Art 57 Abs 1 die Aufgaben „jeder Aufsichtsbehörde" zuweist, ist im Hinblick auf Art 51 (vgl oben III.A.) davon auszugehen, dass eine Aufteilung der Aufgaben auf verschiedene Aufsichtsbehörden innerhalb eines Mitgliedstaates (insb nach regionalen Gesichtspunkten) zulässig ist, wobei diese freilich zur Zusammenarbeit (insb Weiterleitung von Anbringen an die inhaltlich zuständige Aufsichtsbehörde) verpflichtet sind.

Die Erfüllung der Aufgaben der Aufsichtsbehörde ist für die betroffene Person und gegebenenfalls für den Datenschutzbeauftragten grundsätzlich **unentgeltlich.** Im Fall exzessiver Anträge kann allerdings eine angemessene Gebühr verlangt oder auch die Bearbeitung verweigert werden (Art 57 Abs 3 und 4).

Eine in Art 59 speziell hervorgehobene Aufgabe ist die (schon derzeit in § 37 Abs 5 DSG 2000 vorgesehene) **jährliche Erstellung eines Tätigkeitsberichts.**[8])

B. Befugnisse

Art 58 gliedert die Befugnisse der Aufsichtsbehörden in drei Gruppen:

1. Untersuchungsbefugnisse (Art 58 Abs 1)

Die weitere Untergliederung dieser Befugnisse in Art 58 Abs 1 erscheint wenig systematisch. Wesentlich erscheint zunächst die Befugnis, sich von Verantwortlichen und Auftragsverarbeitern **Informationen vorlegen zu lassen** (lit a und e; eine solche unmittelbare Befugnis fehlt derzeit im DSG 2000 und im AVG; letzteres kennt in § 19 Abs 2 nur die Möglichkeit, einem Geladenen das Mitbringen von Behelfen und Beweismitteln zu einer Amtshandlung aufzutragen) und die **Einschaubefugnisse** in lit b, c und f.

Die in lit d genannte Befugnis, Verantwortliche und Auftragsverarbeiter auf Verstöße gegen die DSGVO hinzuweisen, stellt weniger eine Untersuchungsbefugnis als eine (erste) Abhilfebefugnis dar.

2. Abhilfebefugnisse (Art 58 Abs 2)

Diese Befugnisse dienen zusammengefasst allesamt dem Ziel der **Herstellung eines verordnungskonformen Zustandes** (also bei bereits erfolgten oder bevorstehenden Verstößen gegen die DSGVO Abhilfe zu schaffen). Die lit a bis g sehen **ein nach Verhältnismäßigkeitsgesichtspunkten abgestuftes System der Ausübung solcher Befugnisse** vor. Es reicht von der **Warnung** (lit a; vgl auch die bereits oben bei 1. erwähnte „Hinweisbefugnis") bis zu **Verarbeitungsverboten** (lit f) und **Berichtigungs- bzw Löschungsanordnungen** (lit g). Hinzu kommen Befugnisse zum **Widerruf von Zertifizierungen** (lit h) und zur **Aussetzung von internationalem Datenverkehr** (lit j).

[8]) Die Datenschutzberichte ab 1997 finden sich unter https://www.dsb.gv.at/site/6207/default.aspx. Bis zur DSG-Novelle 2014 war gesetzlich ein zweijähriger Berichtszeitraum vorgesehen, der jedoch vielfach nicht eingehalten wurde.

Speziell hinzuweisen ist auf die Befugnis zur **Verhängung von Geldbußen** (lit i), die in Art 83 (vgl dazu den Beitrag von *Illibauer*) näher geregelt wird. Nach Art 83 Abs 2 werden die **Geldbußen je nach den Umständen des Einzelfalls zusätzlich zu den bisher dargestellten Maßnahmen** des Art 58 Abs 2 lit a–h und i verhängt. Hier kommt es im Vergleich zu § 52 DSG 2000, wo derzeit noch die verwaltungsstrafrechtlichen Sanktionen geregelt sind, zu einem **völligen Systemwechsel**: Einerseits ist die **Aufsichtsbehörde grundsätzlich Strafbehörde**[9]) und andererseits ist die **Höhe der Strafdrohungen** mit bis zu € 10 (Art 83 Abs 4) bzw € 20 Mio (Art 83 Abs 5 und 6) **exorbitant** (derzeit nach § 52 Abs 1 DSG 2000 maximal € 25.000,–).

Gerade für Österreich bedeutsam erscheint die **Ausnahmebestimmung des Art 83 Abs 9**. Demnach kann anstelle der Verhängung von Geldbußen durch die Aufsichtsbehörden von den Mitgliedstaaten auch vorgesehen werden, dass die **Geldbuße durch ein Gericht verhängt wird** und die Aufsichtsbehörden dies bloß „in die Wege leitet" (dazu noch näher unten 7.). Der VfGH hat vertritt in stRsp die Auffassung, dass Art 91 Abs 2 und 3 B-VG (Anklageprinzip) die Verhängung hoher Geldstrafen – worunter eine Größenordnung ab etwa € 200.000,– zu verstehen ist – den ordentlichen Gerichten vorbehalten ist.[10]) Nach dem Grundsatz der doppelten Bindung muss bei nicht vollständiger unionsrechtlicher Determinierung ein von österreichischen Behörden gesetzter Rechtsakt neben dem Unionsrecht auch dem österreichischen Verfassungsrecht genügen.[11]) Im Hinblick darauf scheint es geboten, dass der Gesetzgeber von der Möglichkeit des Art 83 Abs 9 Gebrauch macht und die Verhängung der Geldbußen zur Gänze den Gerichten überantwortet, und zwar ungeachtet dessen, dass Art 83 Abs 9 nach dem ErwGr 151 nur für Dänemark und Estland geschaffen wurde. Dass es sich bei den Geldbußen um Strafen iSd Art 90 ff B-VG handelt, erscheint offenkundig nicht zuletzt im Hinblick darauf, dass sie Verschulden voraussetzt (vgl Art 83 Abs 2 lit b).

3. Beratungs- und Stellungnahmebefugnisse (Art 58 Abs 3 lit a, b und d)

Lit a ermächtigt die Aufsichtsbehörden zur Beratung des Verantwortlichen im Anschluss an eine Datenschutz-Folgenabschätzung gem Art 36 Abs 1 (vgl dazu den Beitrag von *Trieb*). Es ist davon auszugehen, dass sich **ein Verantwortlicher oder ein Auftragsverarbeiter** auch abgesehen von dieser „formalisierten" Beratung **stets zu Informationszwecken an die Aufsichtsbehörde wenden kann** (vgl Art 57 Abs 1 lit d). Dementsprechende Beratungen stellen freilich keine Befugnisausübung dar.

Die Aufsichtsbehörden sind weiters nach lit b ermächtigt, zu allen Fragen des Datenschutzes von sich aus oder auf Ersuchen **Stellungnahmen** an das nationale Parlament, die Regierung oder im Einklang mit dem nationalen Recht an sonstige Einrichtungen und Stellen sowie an die Öffentlichkeit zu richten (vgl auch die verpflichtende Konsultation nach Art 36 Abs 4; s weiters derzeit § 37 Abs 4 und § 30 Abs 6 Z 3 DSG 2000). Besonders erwähnt wird in lit d auch noch die „formalisierte" **Stellungnahmebefugnis zum Entwurf von Verhaltensregeln** nach Art 40 Abs 2 und 5 (vgl dazu den Beitrag von *Strohmaier*, III.1.).

---

[9]) Die Schaffung spezieller Aufsichtsbehörden (dazu allgemein oben III.A. und V.A.) nur für die Verhängung von Geldbußen bzw die Betrauung bestehender Behörden (insb Bezirksverwaltungsbehörden oder Landespolizeidirektionen) erscheint damit aufgrund der Systematik des Art 83 nicht zulässig.

[10]) Vgl insb VfSlg 12.151 und *Öhlinger/Eberhard*, Verfassungsrecht[10] (2014) Rz 627 mwN. Der VfGH hat seine Auffassung auch nach Einführung der Verwaltungsgerichtsbarkeit erster Instanz nicht in Frage gestellt (vgl etwa VfGH 10. 3. 2015, G 203/2014).

[11]) Dazu *Öhlinger/Eberhard* Rz 200 ff; *Ranacher/Frischhut* 279 ff.

4. Genehmigungsbefugnisse (Art 58 Abs 3 lit c bis j)

Im Übrigen enthält Art 58 Abs 3 **Verweise auf Genehmigungsbefugnisse**, die bereits in früheren Bestimmungen der DSGVO näher geregelt sind (Vorabgenehmigung nach Art 36 Abs 5; Genehmigung von Verhaltensregeln nach Art 40 Abs 5 – diese obliegt derzeit nach § 6 Abs 4 DSG 2000 noch dem Bundeskanzler;[12]) Akkreditierung von Zertifizierungsstellen nach Art 43; Erteilung von Zertifizierungen sowie Billigung von Kriterien für die Zertifizierung nach Art 42 Abs 5; Festlegung von Standardvertragsklauseln nach Art 28 Abs 8 bzw Art 46 Abs 2 lit d; Genehmigungen von [individuellen] Vertragsklauseln und Verwaltungsvereinbarungen nach Art 46 Abs 3 und Genehmigung von verbindlichen internen Datenschutzvorschriften nach Art 47).

5. Weitere Befugnisse nach nationalem Recht

Nach Art 58 Abs 6 kann jeder Mitgliedstaat seinen Aufsichtsbehörden **weitere Befugnisse durch Gesetz zuerkennen**, durch die allerdings die Bestimmungen über Zusammenarbeit und Kohärenz nicht beeinträchtigt werden dürfen.

Bemerkenswert scheint, dass die **Durchsetzung subjektiver Datenschutzrechte** (insb Auskunft, Berichtigung, Löschung, Widerspruch nach den Art 15 ff; vgl dazu den Beitrag von *Haidinger*) **in Gestalt einer förmlichen Entscheidung** gegenüber dem Beschwerdeführer wie schon nach der DSRL **auch nach der DSGVO nicht unmittelbar den Aufsichtsbehörden zugewiesen** ist, sondern nach Art 79 Gerichten (vgl dazu den Beitrag von *E. Weiss*, VI.). Die „Beschwerde" iSv Art 57 Abs 1 lit f und Art 77 ist nicht mit einer Beschwerde iSd § 31 DSG 2000 gleichzusetzen, sondern dient – wie Eingaben nach § 30 DSG 2000 – vielmehr der Herstellung eines verordnungskonformen Zustandes unabhängig vom Bestehen eines subjektiven Rechts. Gerade die Tätigkeit nach § 31 DSG 2000 (gegenüber Privaten besteht die Zuständigkeit nur hinsichtlich der Durchsetzung des Auskunftsrechts, gegenüber Verwaltungsbehörden jedoch umfassend) stellt derzeit noch einen Schwerpunkt der Tätigkeit der österreichischen DSB dar, die dabei als Gericht iSd Art 22 DSRL tätig wird (vgl dazu oben I.). Das scheint aber nach der DSGVO nicht mehr zulässig, weil diese eben zwischen Aufsichtsbehörden und Gerichten unterscheidet und ein mitgliedstaatlicher Spielraum, diese Tätigkeiten zu vermischen, nicht mehr gegeben sein dürfte.[13])

6. Verfahren bei und nach der Befugnisausübung

Art 58 Abs 4 fordert bei der Ausübung von Befugnissen der Aufsichtsbehörden die **Einhaltung geeigneter Garantien einschließlich wirksamer gerichtlicher Rechtsbehelfe und ordnungsgemäßer Verfahren.** Weiters sind die **Befugnisse gemäß dem Unionsrecht und dem Recht des jeweiligen Mitgliedstaats** (diese Formulierung zeigt wiederum den hinkenden Charakter der DSGVO, dazu oben II.) **im Einklang mit der GRC auszuüben.**

---

[12]) Diese Befugnis ist aktuell gem Art 77 Abs 3 B-VG iVm der Entschließung des Bundespräsidenten BGBl II 2016/119 einem Bundesminister im Bundeskanzleramt übertragen. Nach § 6 Abs 4 DSG 2000 genehmigte Standesregeln gibt es derzeit nur für Direktmarketingunternehmen, nachzulesen bei *Dohr/Pollirer/Weiss/Knyrim*, DSG² (Stand 19. Erg.-Lfg. 2016) Anh I/5 (S 141 ff).

[13]) Ähnlich *E. Weiss* in seinem Beitrag in diesem Buch, VI. Die Tätigkeit der DSB als Gericht im unionsrechtlichen Sinn hätte auch schon nach der DSRL in Frage gestellt werden können. VfGH und VwGH hatten dagegen jedoch keine Bedenken (vgl VfSlg 19.744 bzw VwSlg 17.287 A).

Von besonderer Bedeutung erscheinen in diesem Zusammenhang die Rechte nach den Art 41 (Recht auf eine gute Verwaltung) und 47 GRC (Recht auf einen wirksamen Rechtsbehelf und ein unparteiisches Gericht).

Das **Verfahren der Aufsichtsbehörde** wird sich in Österreich wohl – sofern die DSGVO nicht unmittelbar anwendbare Sonderbestimmungen enthält – weiterhin nach dem **AVG** richten. Jedenfalls im Fall der Befugnisausübung in Gestalt förmlicher Entscheidungen (Bescheiderlassung) schließt daran gem Art 130 Abs 1 Z 1 B-VG ein **Beschwerdeverfahren vor dem BVwG** an (vgl dazu den Beitrag von *Souhrada-Kirchmayer*). Daneben können wohl einzelne Befugnisse der Aufsichtsbehörde (insb Untersuchungsbefugnisse) innerstaatlich als Akte unmittelbarer verwaltungsbehördlicher Befehls- und Zwangsgewalt gedeutet werden, gegen die Art 130 Abs 1 Z 2 B-VG eine **Maßnahmenbeschwerde** an das BVwG zulässt. Schließlich ermöglicht Art 130 Abs 2 Z 1 B-VG verwaltungsgerichtliche Entscheidungen auch gegen nicht formgebundenes Handeln der Aufsichtsbehörde, sofern dies gesetzlich vorgesehen wird (**Verhaltensbeschwerden**).[14])

Die Anforderungen des Art 58 Abs 4 scheinen **durch das AVG, die erwähnten Beschwerdemöglichkeiten im B-VG und das VwGVG in Österreich im Wesentlichen gewährleistet**. Freilich kann es geboten sein, gegen die Ausübung einzelner Befugnisse Verhaltensbeschwerden vorzusehen (zB gegen Stellungnahmen gegenüber der Öffentlichkeit nach Art 58 Abs 3 lit b, wenn diese Rechtsunterworfene belasten).[15])

7. Durchsetzung aufsichtsbehördlicher Entscheidungen und Rechtsansichten

Art 58 Abs 5 verpflichtet die Mitgliedstaaten, einer Aufsichtsbehörde die Befugnis einzuräumen, Verstöße gegen die DSGVO den Justizbehörden zur Kenntnis zu bringen und „gegebenenfalls" die Einleitung eines gerichtlichen Verfahrens zu betreiben oder sich sonst daran zu beteiligen, um der DSGVO Geltung zu verschaffen.

Damit dürfte – angesichts dessen, dass die Aufsichtsbehörden ohnehin selbst über umfassende Abhilfebefugnisse verfügen (oben 2.) und daher insoweit nicht auf Gerichte angewiesen sind – einerseits beabsichtigt sein, dass die Aufsichtsbehörden gerichtliche Hilfe in Anspruch nehmen können, sofern sie diese zur (faktischen) Durchsetzung der DSGVO benötigen. Da **in Österreich die Exekution von Bescheiden der DSB gem § 1 Abs 1 Z 2 lit a VVG den Bezirksverwaltungsbehörden obliegt**, bleibt jedoch **kein Raum für ein unmittelbar von der DSB betriebenes gerichtliches Exekutionsverfahren**. Im Hinblick auf die speziellen Bestimmungen des Kapitels VIII kann Art 58 Abs 5 wohl nicht so weit ausgelegt werden, dass die Aufsichtsbehörde auch Verfahren zur Durchsetzung subjektiver Datenschutzrechte bei Gericht einleiten kann; dies ist nach Art 79 Abs 1 der betroffenen Person bzw nach Art 80 Abs 2 den in Art 80 Abs 1 genannten Einrichtungen vorbehalten.

Art 58 Abs 5 dürfte aber andererseits auch auf die **Einleitung gerichtlicher Strafverfahren durch die Aufsichtsbehörden** abzielen. Vgl dazu insb die Ausführungen zur Sonderbestimmung des Art 83 Abs 9 oben bei 2. Es ist fraglich, ob dieser Anforderung be-

[14]) Zu den einzelnen Beschwerdetypen nach Art 130 B-VG vgl *Faber*, Verwaltungsgerichtsbarkeit (2013) 22 ff.

[15]) Solche Stellungnahmen könnten auch als Akte unmittelbarer verwaltungsbehördlicher Befehls- und Zwangsgewalt gedeutet werden, was freilich nicht der Rechtsansicht des VfGH entspricht (vgl insb VfSlg 18.747).

reits durch die Anzeigepflicht öffentlicher Behörden nach § 78 Abs 1 StPO Genüge getan ist, oder ob zusätzliche Befugnisse für die DSB erforderlich sein werden (zB Subsidiaranklagemöglichkeit oder Fortführungsantrag, vgl §§ 72, 195 StPO).

VI. Fazit

Durch die DSGVO wird ein **Konzept der Aufsichtsbehörden** verwirklicht, das vor allem die **datenschutzpolizeilichen Befugnisse der Aufsichtsbehörden** im Sinne von Untersuchungs- und Abhilfebefugnissen **ausbaut.** Breiter Raum wird auch der **Bedeutung der Aufsichtsbehörden bei der vorbeugenden Vermeidung von Verletzungen der DSGVO** geschenkt. Dies geschieht durch konkrete Beratungs-, Stellungnahme- und Genehmigungsbefugnisse. Bei der letzteren Gruppe kommt es gegenüber der geltenden Rechtslage insofern zu gravierenden Veränderungen, als es **kein „Registrierungsverfahren" für Datenverarbeitungen bei den Aufsichtsbehörden mehr** gibt. Stattdessen sieht die DSGVO **neue Instrumente im Vorfeld von Datenverarbeitungen** vor (zB Datenschutz-Folgenabschätzung, Bestellung eines Datenschutzbeauftragten, Zertifizierung), an denen die Aufsichtsbehörden mitwirken oder zumindest eingebunden sind.

Das bisherige – noch stark vom DSG 1978 geprägte – österreichische Konzept, wonach eine (wenn nicht *die*) wesentliche Aufgabe der Aufsichtsbehörde (DSB) in der Durchsetzung subjektiver Datenschutzrechte (Geheimhaltung, Richtigstellung, Löschung, Widerspruch) liegt, findet hingegen in der DSGVO keinen Niederschlag. Die Durchsetzung dieser Rechte obliegt nach Art 79 Gerichten. Die Aufsichtsbehörden wirken an der Rechtsdurchsetzung nur mittelbar durch die Ausübung der genannten Befugnisse mit. Eine **Beschwerde iSd DSGVO** bewirkt aber **keinen Anspruch auf einen Bescheid der Aufsichtsbehörde, mit dem über die Verletzung in einem subjektiven Recht abgesprochen wird**, wenngleich die Aufsichtsbehörde nach Art 57 Abs 1 lit f den Beschwerdeführer über das den Fortgang und Ergebnis ihrer Befassung mit der Beschwerde zu informieren hat (vgl derzeit § 30 Abs 7 DSG 2000).

Bemerkenswert sind die in Art 58 Abs 2 lit i iVm Art 83 an sich vorgesehenen Befugnisse der Aufsichtsbehörden zur **Verhängung von Geldbußen im Ausmaß von bis zu 10 bzw 20 Mio Euro.** Nach österreichischem Verfassungsrecht (Art 91 Abs 2 und 3 B-VG) müssten diese Befugnisse im Einklang mit Art 83 Abs 9 ordentlichen Gerichten übertragen werden, wobei die Rolle der Aufsichtsbehörde im gerichtlichen Strafverfahren noch einer eingehenden Untersuchung bedarf.

Der One Stop Shop in der DSGVO

Die Behördenzuständigkeit bei grenzüberschreitenden Datenanwendungen in der EU

Günther Leissler/Veronika Wolfbauer

I. Einleitung

Die Datenschutz-Grundverordnung (DSGVO) war seit jeher vom Gedanken einer Steigerung des datenschutzrechtlichen Harmonisierungsgrads innerhalb Europas getragen. Zwar gab bisher schon die Datenschutzrichtlinie (DSRL)[1]) einen uniformen datenschutzrechtlichen Regulierungsrahmen in Europa vor, doch kam es trotz dieses Rahmens zu unterschiedlichen, teils divergierenden nationalen Umsetzungen der Richtlinie in den Mitgliedstaaten und, daraus resultierend, auch zu Abweichungen in der nationalen Spruchpraxis der Datenschutzbehörden.

Dementsprechend manifestierte sich schon im ersten Entwurf der DSGVO[2]) der Wunsch nach Harmonisierung ua durch die Verwirklichung eines neuen Konzepts, des „One Stop Shops". Dabei handelt es sich um eine Zuständigkeitsregelung, gemäß der für europaweite Datenverarbeitungen innerhalb einer Unternehmensgruppe nur eine einzige Aufsichtsbehörde zuständig sein soll.[3]) Im Gegensatz zur bisherigen Rechtslage also, welche die (kumulative) Zuständigkeit der Datenschutzbehörden all jener Mitgliedstaaten vorsah, in denen eine Konzerngruppe ihre Datenverarbeitungen vornimmt, sollte nach dem Konzept des One Stop Shops nun nur noch eine einzige Aufsichtsbehörde zuständig sein – nämlich die Aufsichtsbehörde jenes Mitgliedstaates, in dem sich die Hauptniederlassung der Konzerngruppe befindet.

Eine solch zentrale Zuständigkeit nur einer Aufsichtsbehörde sollte eine einheitliche Rechtsanwendung gewährleisen.[4]) Betrachtet man die nunmehrige One-Stop-Shop-Regelung der DSGVO jedoch im Detail, so zeigt sich, dass der hinter dem One Stop Shop stehende Gedanke der Harmonisierung nicht im ursprünglich intendierten Ausmaß umgesetzt worden ist.

---

[1]) Datenschutzrichtlinie 95/46/EG des Europäischen Parlaments und des Rates v 24. 10. 1995 zum Schutz natürlicher Personen bei der Verarbeitung personenbezogener Daten und zum freien Datenverkehr, ABl L 1995/281, 31.

[2]) Vorschlag für die Verordnung des Europäischen Parlaments und des Rates zum Schutz natürlicher Personen bei der Verarbeitung personenbezogener Daten und zum freien Datenverkehr (Datenschutz-Grundverordnung) vom 25. 1. 2012, KOM(2012) 11.

[3]) Vorschlag DSGVO 2012/0011, Erwägungen Punkt 3.4.6.2.

[4]) Ebd.

II. Die Zuständigkeitsregeln des One Stop Shops

A. Die „allgemeine" Zuständigkeit

Der One Stop Shop der DSGVO ist in den Art 55 und 56 geregelt. So normiert Art 55 (als Grundregel) die „allgemeine" Zuständigkeit der datenschutzrechtlichen Aufsichtsbehörden. Demgegenüber sieht Art 56 – als Spezialnorm – im Sinne des One-Stop-Shop-Gedankens eine Sonderzuständigkeit für zentrale Aufsichtsbehörden vor.

Gem Art 55 ist die Aufsichtsbehörde eines Mitgliedstaats grundsätzlich zuständig, im Territorium ihres Mitgliedstaats die ihr durch die DSGVO übertragenen Aufgaben und Befugnisse auszuüben. Dies umfasst vorrangig die Aufsichtshoheit über die Datenverarbeitungen von Verantwortlichen (oder von Auftragsverarbeitern) und Behörden und beliehenen Rechtsträgern in diesem Mitgliedstaat, aber auch über Verarbeitungstätigkeiten, die Auswirkungen auf betroffene Personen in dem Mitgliedstaat haben (ErwGr 122). Überdies ist die Aufsichtsbehörde des Mitgliedstaats (iSd erweiterten Anwendungsprinzips der DSGVO) auch zuständig, wenn die Verarbeitungstätigkeiten von einem Verantwortlichen (oder Auftragsverarbeiter) durchgeführt werden, der keine Niederlassung in der EU hat, die Verarbeitung selbst sich aber auf betroffene Personen in diesem Mitgliedstaat auswirkt (ErwGr 122).

B. Die One-Stop-Shop-Zuständigkeit

1. Anwendungsvoraussetzung

Dem gegenüber begründet Art 56 Abs 1 – unbeschadet der allgemeinen Zuständigkeitsregelung des Art 55 – die Zuständigkeit einer einzelnen (federführenden) Aufsichtsbehörde in Fällen der grenzüberschreitenden Datenverarbeitung.

Auslösendes Ereignis für die Anwendbarkeit dieser speziellen One-Stop-Shop-Zuständigkeit ist daher das Momentum der **grenzüberschreitenden Verarbeitung** von Daten. Die grenzüberschreitende Datenverarbeitung wird in Art 4 Z 23 gesondert definiert, wobei die DSGVO zwei Varianten vorsieht:

- **Variante a:** Die Verarbeitung erfolgt im Rahmen der Tätigkeiten[5]) von Niederlassungen eines Verantwortlichen (oder Auftragsverarbeiters) in mehr als einem Mitgliedstaat der Union.[6]) Variante a) zielt also auf Fälle ab, in denen eine Mehrzahl an Niederlassungen eines datenverarbeitenden Unternehmens in verschiedenen Mitgliedstaaten besteht.
- **Variante b:** Die Datenverarbeitung erfolgt zwar im Rahmen der Tätigkeiten nur einer einzelnen Niederlassung des Verantwortlichen (oder Auftragsverarbeiters), jedoch hat die Verarbeitungstätigkeit potenziell erhebliche Auswirkungen auf Personen in mehr als einem Mitgliedstaat (Art 4 Z 23; ErwGr 124). Variante b) stellt sohin nicht auf die Anzahl

[5]) Art 4 Z 23 lautet im englischen Originaltext auszugsweise: „[...] *in the context of the activities of establishments* [...]".

[6]) Vollständig: Art 4 Z 23: „‚grenzüberschreitende Verarbeitung' entweder a) eine Verarbeitung personenbezogener Daten, die im Rahmen der Tätigkeiten von Niederlassungen eines Verantwortlichen oder eines Auftragsverarbeiters in der Union in mehr als einem Mitgliedstaat erfolgt, wenn der Verantwortliche oder Auftragsverarbeiter in mehr als einem Mitgliedstaat niedergelassen ist, oder b) eine Verarbeitung personenbezogener Daten, die im Rahmen der Tätigkeiten einer einzelnen Niederlassung eines Verantwortlichen oder eines Auftragsverarbeiters in der Union erfolgt, die jedoch erhebliche Auswirkungen auf betroffene Personen in mehr als einem Mitgliedstaat hat oder haben kann."

der Niederlassungen des datenverarbeitenden Unternehmens ab, sondern darauf, ob die Datenverarbeitung Personen in verschiedenen Mitgliedstaaten betrifft.

Der grenzüberschreitende Sachverhalt (als Auslöser der One-Stop-Shop-Zuständigkeit der federführenden Aufsichtsbehörde) ergibt sich folglich entweder aus der Unternehmensstruktur eines Verantwortlichen (bzw Auftragsverarbeiter) oder aus der Verarbeitungstätigkeit selbst, wenn diese sich auf Personen in mehr als einem Mitgliedstaat auswirken kann (Art 4 Z 23; ErwGr 124). Hierbei fällt auf, dass die DSGVO stets vom Verantwortlichen und vom Auftragsverarbeiter gleichermaßen spricht (Art 56 Abs 1). Offenbar wollte der Verordnungsgeber bei der Frage, ob der One Stop Shop nur für Verantwortliche oder auch für Auftragsverarbeiter gelten soll, keine diesbezügliche Differenzierung vornehmen.

In der Praxis wirft dies freilich Fragen auf: Ein Verantwortlicher mit nur einer Niederlassung in einem Mitgliedstaat bedient sich der Dienste eines Auftragsverarbeiters mit Niederlassungen in mehreren Mitgliedstaaten. Begründet damit der Auftragsverarbeiter durch die Vielzahl der Niederlassungen die Zuständigkeit einer federführenden Aufsichtsbehörde oder verbleibt die Zuständigkeit bei der nationalen Aufsichtsbehörde des Mitgliedstaats, in dem der Verantwortliche (mit nur einer Niederlassung) seinen Sitz hat? In den Erwägungsgründen der DSGVO wird für den Fall, in dem sich ein Verantwortlicher mit mehreren Niederlassungen eines Auftragsverarbeiters mit mehreren Niederlassungen bedient, vertreten, dass die Aufsichtsbehörde jenes Mitgliedstaates die Federführende sei, in dem der Verantwortliche seine Hauptniederlassung hat (ErwGr 36). Dies stellt klar, welche von zwei potenziell federführenden Aufsichtsbehörden zuständig sein soll. Im Fall eines Verantwortlichen mit nur einer Niederlassung stellt sich aber die Frage, ob ein Auftragsverarbeiter mit mehreren Niederlassungen die Zuständigkeit einer federführenden Aufsichtsbehörde dem Grunde nach begründen kann. In analoger Anwendung der Erwägungsgründe zur DSGVO wird dies wohl zu bejahen sein.

Ungeachtet derartiger Detailüberlegungen kann in einer generalisierenden Zusammenschau jedenfalls festgehalten werden, dass die Zuständigkeit der federführenden Aufsichtsbehörde durch Datenverarbeitungen begründet wird, die mehrere Mitgliedstaaten tangieren.

Die örtliche Zuständigkeit dieser federführenden Aufsichtsbehörde richtet sich gem Art 56 Abs 1 danach, wo die Hauptniederlassung des Verantwortlichen gelegen ist. Die Hauptniederlassung wird in Art 4 nach funktionalen Kriterien definiert. Demgemäß ist unter der Hauptniederlassung eines Verantwortlichen grundsätzlich der Ort seiner Hauptverwaltung zu verstehen (Art 4 Z 16 Fall a; ErwGr 36). Sollte jedoch an einem anderen Ort als jenem der Hauptverwaltung über den Zweck und die Mittel der Verarbeitung personenbezogener Daten entschieden werden, so begründet dieser Ort die Zuständigkeit der federführenden Behörde (ebd).

Wichtig ist, dass die Niederlassung an diesem Ort auch über die „Befugnis" verfügen muss, diese Entscheidungen umzusetzen. Damit kann der Begriff der „Hauptniederlassung" der DSGVO als ein Begriff mit begrenzter Flexibilität verstanden werden. Die DSGVO akzeptiert demgemäß eine Hauptniederlassung, die nicht zugleich auch die Hauptverwaltung des Unternehmens ist. Diese Hauptniederlassung muss aber auch die tatsächlichen Befugnisse über die Datenverarbeitungen innehaben. Das bloße Bestimmen einer Hauptniederlassung „auf dem Papier", wonach etwa die eigentlichen Entscheidungsbefugnisse bei der Hauptverwaltung verbleiben und die Hauptniederlassung nur der Form halber für einen „angenehmen" Mitgliedstaat – und damit für eine „angenehme" federführende Aufsichtsbehörde – definiert wird, erlaubt die DSGVO demgemäß nicht.

Beispiel:

Das Head Office eines europaweit agierenden Konzerns befindet sich in Frankreich. Die Datenverarbeitungen im Bereich der Human Resources des Konzerns erfolgen jedoch zentral und eigenständig durch eine Tochtergesellschaft in den Niederlanden, bei der auch eine konzernweite HR-Datenbank eingerichtet ist. Für die HR-bezogenen Datenverarbeitungen des Konzerns bedeutet dies, dass die niederländische Aufsichtsbehörde die federführende Aufsichtsbehörde ist.

Generell gilt, dass sich die Qualifikation der Hauptniederlassung nach objektiven Kriterien bestimmt. Als ein heranzuziehendes Kriterium etwa ist das vorhandene Management zu berücksichtigen, aber auch die strukturellen Einrichtungen sind ins Kalkül zu ziehen (ErwGr 36). Nicht entscheidend ist, ob die Datenverarbeitung an diesem Ort tatsächlich auch durchgeführt wird, weil das bloße Vorhandensein technischer Mittel und Verfahren an sich noch kein Qualifikationsmerkmal für eine Hauptniederlassung begründet (ebd).

Hinsichtlich der Hauptniederlassung von Auftragsverarbeitern sieht die DSGVO eine vergleichbare, wenn auch im Detail abweichende Begriffsbestimmung vor. Verfügt ein Auftragsverarbeiter über mehrere in Europa gelegene Niederlassungen, so ist auch hier zunächst auf den Ort der Hauptverwaltung abzustellen (Art 4 Z 16 Fall b; ErwGr 36). Speziell auf Auftragsverarbeiter mit einer Hauptverwaltung im EU-Ausland zielt aber eine erweiterte Begriffsbestimmung, wonach als Anknüpfungspunkt jene Niederlassung zu gelten hat, in der die Verarbeitungstätigkeit des Auftragsverarbeiters hauptsächlich stattfindet, soweit ihn aus der DSGVO Pflichten treffen (ebd).

2. Die Ausnahmen

Keine Regel ohne Ausnahme. So sieht auch die DSGVO Ausnahmen vom One-Stop-Shop-Prinzip vor. In diesem Sinn normiert Art 56 Abs 2ff Fälle, in denen trotz grundsätzlicher Anwendbarkeit des One-Stop-Shop-Prinzips die nationale Aufsichtsbehörde zuständig bleiben soll. Dies ist dann der Fall, wenn – obwohl es sich um einen grenzüberschreitenden Verarbeitungsfall handelt[7]) – bei der nationalen Behörde eine Beschwerde eingereicht wird, die sich nur auf die Niederlassung des Mitgliedstaats dieser Behörde bezieht. Auch wenn sich die Aufsichtsbehörde mit sonstigen Verstößen gegen die DSGVO befassen muss, deren Gegenstand nur auf das Territorium ihres Mitgliedstaats beschränkt ist (also nur die dortige Niederlassung oder nur die Betroffenen dieses Mitgliedstaates betrifft), bleibt sie zuständig (Art 56 Abs 2).

Für diese Fälle legt Art 56 ein gesondertes Feststellungsverfahren fest. Die betroffene nationale Aufsichtsbehörde informiert die federführende Aufsichtsbehörde, die innerhalb einer dreiwöchigen Frist die Sache an sich ziehen und ein Verfahren gem Art 60 (sog Kohärenzverfahren) einleiten kann.[8]) Für den Fall, dass die Sache von der federführenden Behörde bearbeitet wird, kann die nationale Behörde einen – allerdings nicht bindenden – Beschlussentwurf vorlegen (Art 56 Abs 4). Ansonsten verbleibt die Sache zur Erledigung bei der nationalen Aufsichtsbehörde (Art 56 Abs 5).

[7]) Arg „Abweichend von Abs 1".

[8]) Art 60 sieht eine enge Zusammenarbeit zwischen der federführenden Aufsichtsbehörde und anderen betroffenen Aufsichtsbehörden vor. Vgl dazu näher den Beitrag von *Wagner* in diesem Buch.

III. Fallbeispiel

Die vorangehenden Ausführungen zeigen, dass die One-Stop-Shop-Regelungen der DSGVO recht komplex sind. Es ist daher vorteilhaft, die Auswirkungen des One Stop Shops anhand eines Fallbeispiels zu illustrieren:

Das bereits angesprochene Unternehmen mit dem Headoffice in Frankreich und einer länderübergreifend in HR-Agenden zuständigen Niederlassung in den Niederlanden verfügt darüber hinaus über Vertriebs-Niederlassungen in Österreich und in der Tschechischen Republik:

Case 1: In unserem Beispielsfall ist die niederländische Tochtergesellschaft in concreto für die konzernweite Karriere- und Stellenbesetzungsplanung zuständig. Zu diesem Zweck ist bei ihr eine Datenbank eingerichtet, auf die alle konzernverbundenen Unternehmen zugreifen und diese nützen können. Um qualifizierte Mitarbeiter im Konzern zu identifizieren, werden die Mitarbeiter aller Standorte regelmäßig Evaluierungen unterzogen, etwa in Form von Talentanalysen. Die Ergebnisse hieraus werden zentral in der niederländischen Datenbank gespeichert und die dafür eigens eingerichtete Abteilung in der niederländischen Unternehmung filtert die Ergebnisse, schlägt gezielt Schulungsmaßnahmen für einzelne Mitarbeiter vor und empfiehlt der Konzernleitung Mitarbeiter für Stellenvakanzen im Konzern.

Diesem Fallbeispiel liegt ein grenzüberschreitender Sachverhalt zugrunde, da die beschriebene Datenverarbeitung in mehr als einem Mitgliedstaat stattfindet. So wird die Datenbank von allen Konzernunternehmen befüllt, jedoch zentral von nur einem Konzernunternehmen betrieben. Allerdings entscheidet nicht die Hauptverwaltung in Frankreich, sondern vielmehr die niederländische Tochtergesellschaft als Hauptniederlassung über den Zweck (Karriere- und Stellenbesetzungsplanung) und die Mittel (Datenbankstruktur, personelle Ressourcen, Planungstätigkeit, Strukturierung der Analysetools etc) der Datenverarbeitung. Zugleich erfüllt die niederländische Tochtergesellschaft hierbei auch Elemente einer Auftragsverarbeitung für die teilnehmenden Konzerngesellschaften. Der Definition in Art 4 Z 16 lit a und b folgend, begründet daher die niederländische Tochtergesellschaft den Ort der Hauptniederlassung für die Datenverarbeitung, sodass sich anhand dessen die Zuständigkeit der federführenden Aufsichtsbehörde bemisst:

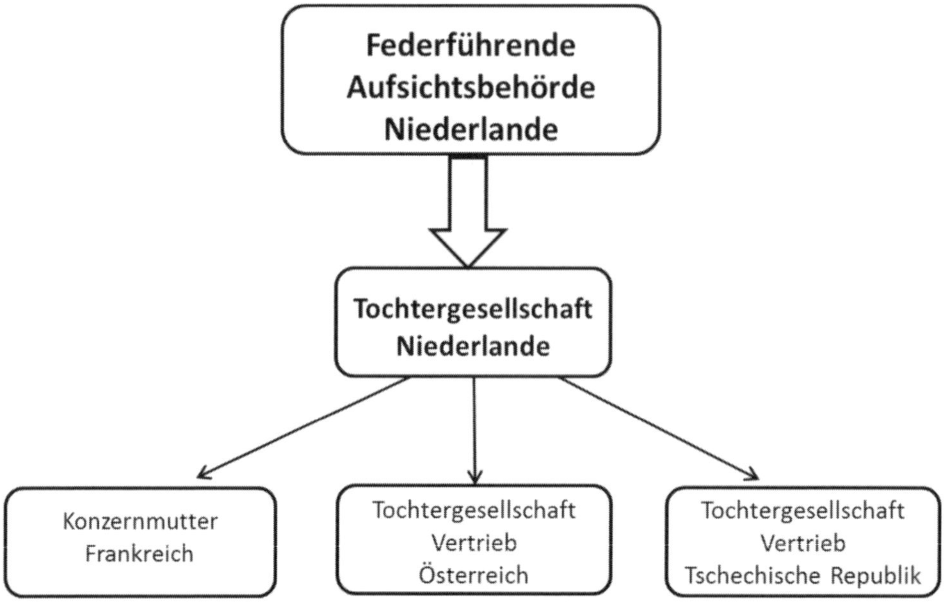

Gem Art 56 Abs 5 ist somit die niederländische Aufsichtsbehörde die federführende Aufsichtsbehörde für die grenzüberschreitende Karriere- und Stellenbesetzungsdatenverarbeitung des Konzerns.

Case 2: Dies bedeutet aber nicht, dass nun *alle* HR-bezogenen Datenanwendungen des Konzerns in die Zuständigkeit dieser Behörde fallen.

Denn die Karriere- und Stellenbesetzungsplanung bildet nur einen Teil der gesamten Mitarbeiterdatenverarbeitung des Konzerns. So müssen alle Konzernunternehmen auch die bei ihnen angestellten Mitarbeiter lokal „verwalten". Alleine schon um arbeits- und sozialversicherungsrechtlichen Vorschriften Rechnung zu tragen, müssen etwa Mitarbeiterdaten zur Lohnverrechnung verarbeitet werden. Auch sozialversicherungsrechtliche Meldepflichten verlangen nach der Verarbeitung von Mitarbeiterdaten. Hierbei handelt es sich jedoch um keine grenzüberschreitenden Datenverarbeitungen. Für diese Datenverarbeitungen ist vielmehr jene nationale Konzerngesellschaft verantwortlich, bei der die Mitarbeiter angestellt sind. Dies ist unabhängig von der federführenden Aufsichtsbehörde für die Karriere- und Stellenbesetzungsdatenbank in den Niederlanden zu sehen. Für diese „lokalen" Datenverarbeitungen besteht vielmehr die aufsichtsbehördliche Zuständigkeit nach der allgemeinen Zuständigkeitsregel des Art 55:

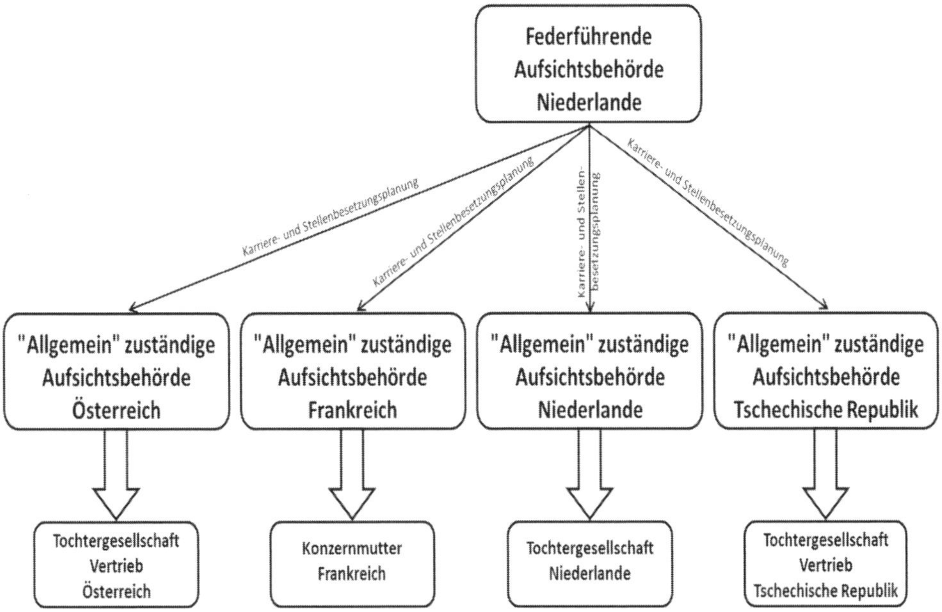

Es sind also die Aufsichtsbehörden der jeweiligen Mitgliedstaaten (in unserem Fall: die österreichische, französische, niederländische und tschechische) hinsichtlich der in den jeweiligen Gesellschaften vorgenommenen „lokalen" Mitarbeiterdatenverarbeitungen zuständig. Zusätzlich besteht die exklusive Zuständigkeit der niederländischen Behörde (als federführende Aufsichtsbehörde) für die grenzüberschreitende Datenverarbeitung „Karriere- und Stellenbesetzungsplanung". Fazit: Vier zuständige Aufsichtsbehörden, der niederländischen Aufsichtsbehörde kommt zusätzlich die Funktion der federführenden Aufsichtsbehörde zu.

Case 3: Nun ist es aber nicht so, dass die Tochtergesellschaften jeweils über eigene Datenbanken verfügen. Vielmehr wird die in den Niederlanden eingerichtete zentrale Datenbank neben der „Karriere- und Stellenbesetzungsplanung" auch für die sonstige Mitarbeiterdatenverarbeitung verwendet. So nutzen bspw die österreichische und die tschechische Vertriebsgesellschaft die in den Niederlanden betriebene Datenbank, um dort alle Daten ihrer Mitarbeiter zu speichern (zB Sozialversicherungsnummer, Urlaubsansprüche, Krankenstände oÄ). Mit der Karriere- und Stellenbesetzungsplanung des Konzerns hat dies nichts zu tun. Die österreichische und die tschechische Tochtergesellschaft bleiben daher die Verantwortlichen für diese Datenverarbeitung. Das bloße Faktum, dass die Daten auf einer niederländischen Datenbank gespeichert werden, reicht dem Grunde nach nicht aus, um eine grenzüberschreitende Verarbeitung zu begründen (auf das bloße technische Mittel – hier: die Datenbank – ist nicht abzustellen). Die niederländische Tochtergesellschaft agiert in diesem Zusammenhang jedoch als Auftragsverarbeiterin für die österreichische und die tschechische Vertriebstochter. Sie erbringt somit wohl eine Datenverarbeitung mit poten-

[9]) In unserem Fallbeispiel sind alle Mitarbeiterdaten zentral in der Datenbank gespeichert, dh etwa ein „data loss" würde erhebliche Auswirkungen auf alle betroffenen Mitarbeiter entfalten.

ziell erheblichen Auswirkungen[9]) auf Personen in **mehr als einem Mitgliedstaat** und verwirklicht damit grundsätzlich eine grenzüberschreitende Datenverarbeitung im Sinne der Variante b des Art 23. Die niederländische Aufsichtsbehörde wäre daher zusätzlich als federführende Aufsichtsbehörde iSd Art 56 Abs 1 hinsichtlich dieser Auftragsverarbeitung anzusehen. Fazit: Vier Aufsichtsbehörden, wobei der niederländischen Aufsichtsbehörde neben der „allgemeinen" Zuständigkeit und der Zuständigkeit als federführende Aufsichtsbehörde zur „Karriere- und Stellenbesetzungsplanung" nun auch die Zuständigkeit als federführende Aufsichtsbehörde hinsichtlich der Auftragsverarbeitung zukommt:

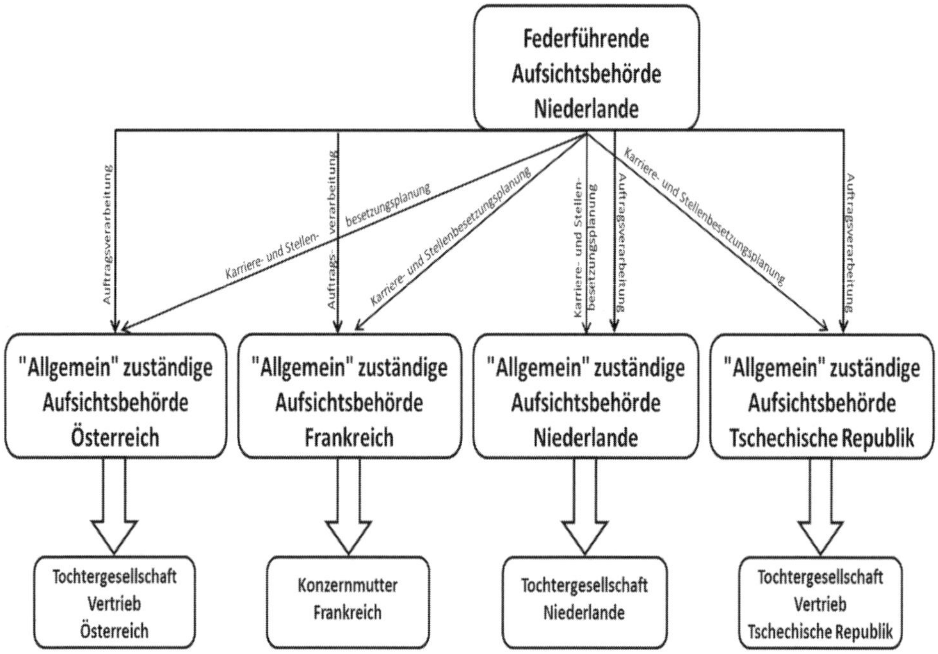

Case 4: Wie ist es nun, wenn ein Außendienstmitarbeiter der österreichischen Vertriebstochter auch Kunden in der Tschechischen Republik betreut? Er lädt bspw österreichische Kunden mit Repräsentanzen in der Tschechischen Republik zu Gesprächsterminen ein und nutzt dabei die Geschäftsräumlichkeiten der tschechischen Vertriebstochter. Hierbei werden die Daten des österreichischen Mitarbeiters auch von der tschechischen Vertriebstochter verarbeitet – man denke etwa an die Zugangs- und Kontrollsysteme des Unternehmens. Werden derartige Daten – bspw zum Zweck des Arbeitszeitabgleichs oder auch zu Verifikationszwecken – von der tschechischen Vertriebstochter an die österreichische Vertriebstochter weitergegeben, so verwirklicht dies eine grenzüberschreitende Datenverarbeitung iSd Art 4 Z 23. Dies geschieht schneller als man denkt: Es genügt, wenn die tschechische Vertriebstochter die Zutrittsdaten des Mitarbeiters in die zentrale Datenbank des Konzerns einpflegt und die österreichische Vertriebstochter auf diese Daten zugreift.

Nach der Begrifflichkeit der „Hauptniederlassung" des Art 4 Z 16 könnte dies die Zuständigkeit einer weiteren federführenden Aufsichtsbehörde begründen, nämlich der österreichischen Aufsichtsbehörde (der Zweck dieser Datenverarbeitung wird durch die österreichische Vertriebstochter, welche zugleich die Arbeitgeberin des betroffenen Mitarbeiters ist, definiert):

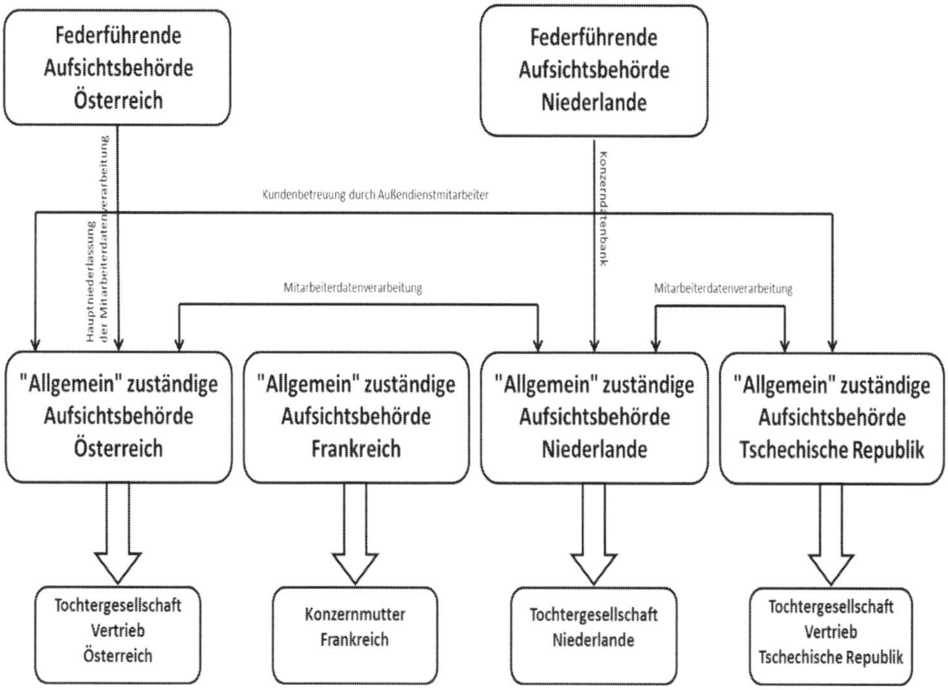

Fazit: Vier Aufsichtsbehörden, davon zwei federführende Aufsichtsbehörden.

IV. Resümee

Mit dem One Stop Shop sollte in Form einer federführenden Aufsichtsbehörde eine zentrale Behördenaufsicht (und damit administrative Erleichterung und eine homogene Spruchpraxis) für die Fälle grenzüberschreitender Datenverarbeitungen geschaffen werden. Hierbei ist aber zu berücksichtigen, dass es „die eine" grenzüberschreitende Datenverarbeitung nicht gibt. Tatsächlich setzen sich die Datenverarbeitungskreise eines Unternehmens aus vielen „lokalen" und grenzüberschreitenden Datenverarbeitungen zusammen, und diese Datenverarbeitungen segmentieren sich wiederum nach den jeweils verfolgten Datenverarbeitungszwecken.

Dies bedingt, dass das One-Stop-Shop-Konzept der DSGVO in vielen Fällen weniger zu einer einfach überblickbaren, exklusiven Zuständigkeit nur einer (federführenden) Aufsichtsbehörde führt, sondern tatsächlich einen komplexen „Zuständigkeitsdschungel" diverser Aufsichtsbehörden bewirken kann. So darf im aufgezeigten Fallbeispiel nicht übersehen werden, dass sich dieses nur mit der Verarbeitung von Mitarbeiterdaten auseinandersetzt. Analoge Überlegungen sind auch hinsichtlich der anderen Verarbeitungskreise des Unternehmens, etwa bei dessen Verarbeitung von Kunden- oder Geschäftspartnerdaten, anzustellen.

Jedes Unternehmen ist daher gut beraten, sich mit den Zuständigkeitsregeln der Art 55 und 56 vertraut zu machen, um so die Zuständigkeitsmechanismen der DSGVO bezogen auf die Datenverarbeitungen dieses Unternehmens zu verstehen und richtig anzuwenden.

Praxistipp:
Prüfschema zur allgemeinen und speziellen (One-Stop-Shop-)Zuständigkeit:

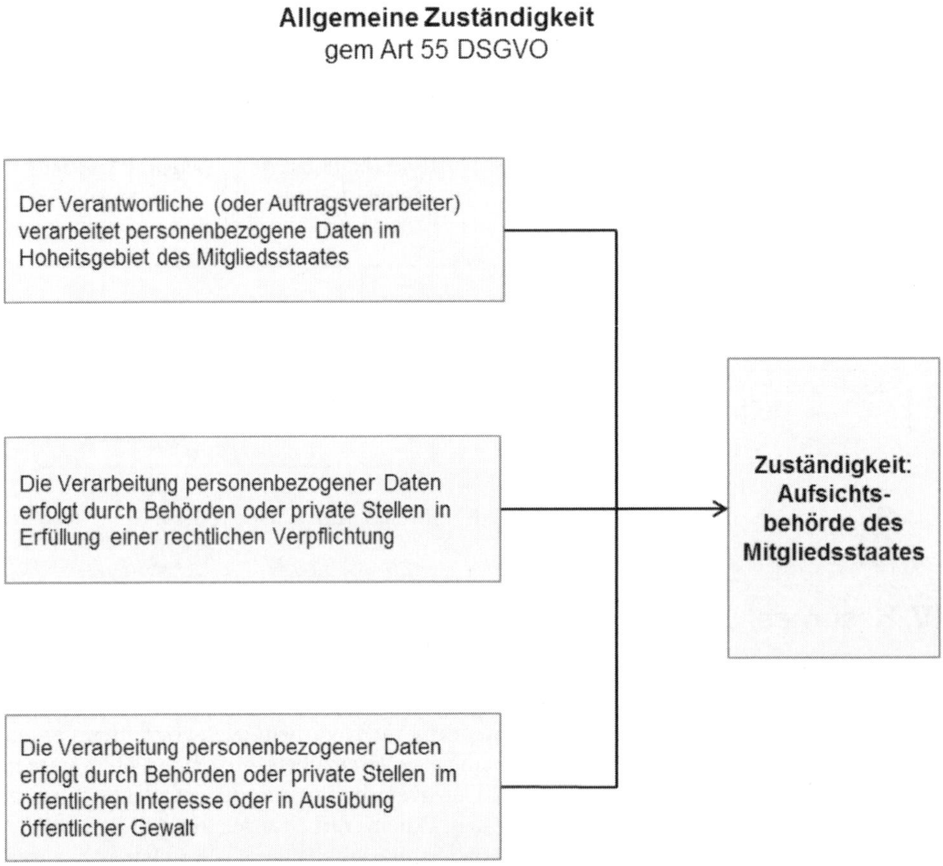

Spezielle „One Stop Shop" Zuständigkeit
gem Art 56 DSGVO

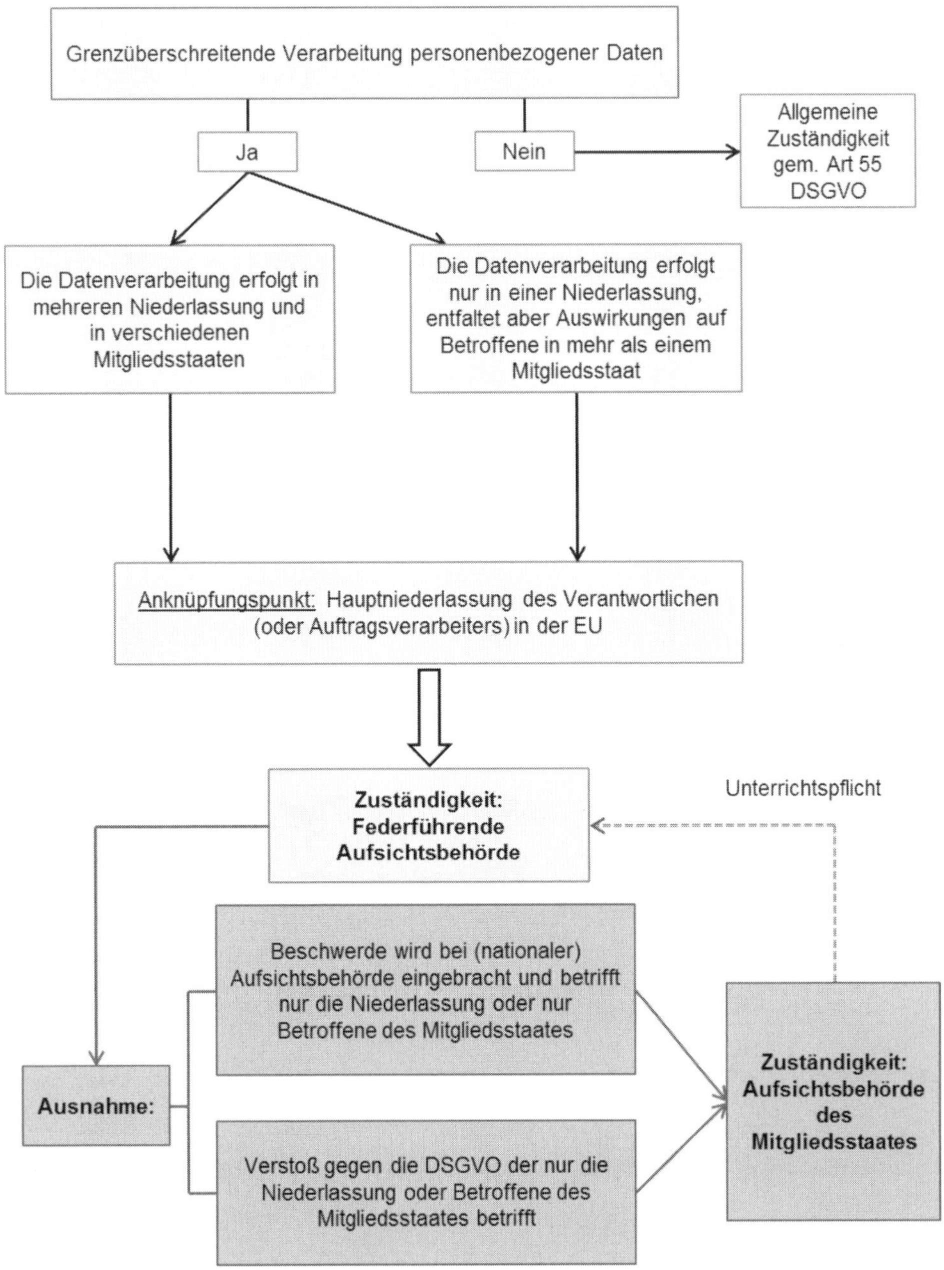

Kooperation der Aufsichtsbehörden bei grenzüberschreitenden Fällen

Matthias Schmidl

I. Einleitung

Die fortschreitende Digitalisierung bringt es mit sich, dass Dienstleistungen und Waren grenzüberschreitend angeboten, beworben, bestellt und genützt werden können. Dies erleichtert einerseits ihren Bezug, macht aber andererseits die Durchsetzung von Betroffenenrechten teilweise sehr schwierig. Nach den Regelungen der Richtlinie 95/46/EG (Datenschutz-Richtlinie, DSRL) sowie der Rsp des Europäischen Gerichtshofes (EuGH) dazu[1]) muss sich ein Betroffener derzeit zur Durchsetzung seiner Rechte primär an jene Aufsichtsbehörde wenden, in deren Sprengel der für die Verarbeitung Verantwortliche seinen Sitz hat, da nur diese behördliche (Zwangs-)Maßnahmen ergreifen kann. Dies ist oft mit sprachlichen sowie logistischen Problemen für Betroffene verbunden.

Darüber hinaus ist die Kooperation der Aufsichtsbehörden untereinander nur marginal geregelt (Art 28 Abs 6 DSRL). Die DSRL enthält weder detaillierte Regelungen über Amts- und Rechtshilfe noch Verständigungspflichten über den Ausgang eines Verfahrens im Falle der Abtretung einer Rechtssache.

Die DSGVO geht einen neuen Weg: Demnach kann sich ein Betroffener an die Aufsichtsbehörde seines Wohnsitzstaates wenden, die dann ggf mit anderen Aufsichtsbehörden zusammenzuarbeiten und eine Entscheidung herbeizuführen hat.

Auch die Zusammenarbeit zwischen den Aufsichtsbehörden wird einer genaueren Regelung unterworfen. Das so genannte „Kohärenzverfahren" im Europäischen Datenschutzausschuss (Ausschuss) soll sicherstellen, dass die Zusammenarbeit funktioniert und Unklarheiten mittels (bindender) Entscheidungen ausgeräumt werden.

II. Überblick über die Regelungen der DSGVO

A. Verortung in der DSGVO

Die entsprechenden Regelungen dazu finden sich in Kapitel VII der DSGVO (Art 60 ff) sowie den korrespondierenden Erwägungsgründen (ErwGr 123ff).

Die nunmehr normierte Art der Zusammenarbeit war im ursprünglichen Legistikentwurf der Kommission (KOM[2012] 11 endg) so nicht vorgesehen und erhielt erst im Gesetzgebungsprozess ihre jetzige Form.

Die Zusammenarbeit der Aufsichtsbehörden soll die einheitliche Anwendung der DSGVO im gesamten Unionsgebiet sicherstellen; dies zum Schutz betroffener Personen,

---

[1]) EuGH 1. 10. 2015, C-230/14, *Weltimmo*.

und auch, um den freien Verkehr personenbezogener Daten im Binnenmarkt zu erleichtern.

Die Zusammenarbeit der Aufsichtsbehörden gründet sich **direkt auf die DSGVO**, ohne dass dafür zusätzliche Staatsverträge zwischen den Mitgliedstaaten über Amts- und Rechtshilfe erforderlich sind.

Kapitel VII der DSGVO regelt in Abschnitt 1 die Zusammenarbeit zwischen den Aufsichtsbehörden. In Abschnitt 2 wird der Kohärenzmechanismus näher determiniert. Die Bestimmungen werden im Folgenden näher beleuchtet, der Autor orientiert sich dabei an der Systematik der DSGVO.

B. Die Zusammenarbeit zwischen den Aufsichtsbehörden

Die DSGVO unterscheidet zwei Arten der Zusammenarbeit, die auch ineinander verschränkt sein können.

1. Das sogenannte „One-stop-shop-Verfahren"

Auf dieses Verfahren gem Art 60 wird nur kursorisch eingegangen, da es an anderer Stelle dieses Buches im Detail behandelt wird.[2])

Dreh- und Angelpunkt dieser Kooperation ist das Vorhandensein einer federführenden Aufsichtsbehörde (ErwGr 124, Art 56) sowie von betroffenen Aufsichtsbehörden (Art 4 Z 22). Federführend ist jene Aufsichtsbehörde, in deren Sprengel der für die Verarbeitung Verantwortliche oder der Auftragsverarbeiter seine Hauptniederlassung (Art 4 Z 16) oder einzige Niederlassung hat.

Richtet ein Betroffener eine Beschwerde an die Aufsichtsbehörde seines Wohnsitzstaates, hat diese zunächst zu prüfen, ob der Beschwerdegegner überhaupt eine Niederlassung im betreffenden Mitgliedstaat hat und falls ja, ob es sich dabei um die Hauptniederlassung handelt. Hat der Beschwerdegegner etwa nur eine Zweigniederlassung oder überhaupt keine Niederlassung im betreffenden Mitgliedstaat, ist die federführende Aufsichtsbehörde zu verständigen, die in weiterer Folge das Verfahren – unter Einbindung der betroffenen Aufsichtsbehörden – zu führen hat.

Von diesem Grundsatz gibt es zwei bedeutende Ausnahmen:

1. Erstens, wenn sich eine Beschwerde gegen eine Behörde oder eine private Einrichtung im öffentlichen Interesse (nach österr Verständnis wohl ein beliehener Rechtsträger) richtet; in diesem Fall ist stets die Aufsichtsbehörde des betreffenden Mitgliedstaates für die Führung des Verfahrens zuständig (ErwGr 128, Art 55 Abs 2).
2. Zweitens, wenn die Angelegenheit nur Verarbeitungstätigkeiten in einem einzigen Mitgliedstaat betrifft oder ausschließlich Personen in diesem einen Mitgliedstaat erheblich beeinträchtigt (ErwGr 127, Art 56 Abs 2); in diesem Fall hat die betroffene Aufsichtsbehörde jedoch die federführende Aufsichtsbehörde zu verständigen, die dann entscheiden kann, das Verfahren an sich zu ziehen und dem One-stop-shop-Verfahren zu unterwerfen (Art 56 Abs 3).

Kernpunkt dieser Art der Zusammenarbeit ist die Erstellung eines Entscheidungsentwurfes durch die federführende Aufsichtsbehörde unter Berücksichtigung der Standpunkte der betroffenen Aufsichtsbehörden. Jede betroffene Aufsichtsbehörde hat dabei die Möglichkeit,

[2]) Siehe den Beitrag von *Leissler* zum One-Stop-shop in diesem Buch.

gegen den vorgelegten Entscheidungsentwurf einen maßgeblichen und begründeten Einspruch zu erheben. Die federführende Aufsichtsbehörde hat diesen grundsätzlich zu berücksichtigen; sieht sie davon ab, kommt der Kohärenzmechanismus zur Anwendung (Art 65 Abs 1 lit a).

Sofern der Beschwerde stattgegeben wird, hat die federführende Aufsichtsbehörde die abgestimmte Entscheidung dem für die Verarbeitung Verantwortlichen bzw dem Auftragsverarbeiter an seiner Hauptniederlassung zuzustellen. Die betroffene Aufsichtsbehörde, bei der die Beschwerde anhängig gemacht wurde, hat den Beschwerdeführer davon zu unterrichten (Art 60 Abs 7). Der für die Verarbeitung Verantwortliche oder der Auftragsverarbeiter hat sodann, sofern die Entscheidung nicht bekämpft wird, dafür Sorge zu tragen, dass die Entscheidung im gesamten Unionsgebiet umgesetzt wird (Art 60 Abs 10).

Wird die Beschwerde hingegen abgelehnt oder abgewiesen, hat die betroffene Aufsichtsbehörde, bei der die Sache anhängig gemacht wurde, die Entscheidung dem Beschwerdeführer zuzustellen und den Beschwerdegegner davon in Kenntnis zu setzen (Art 60 Abs 8).

Wird einer Beschwerde teilweise stattgegeben und wird sie teilweise abgewiesen oder abgelehnt, so ist für jeden Teil eine eigene Entscheidung zu erlassen. Der abweisende Teil wird durch die betroffene Aufsichtsbehörde zugestellt, der stattgebende Teil durch die federführende Aufsichtsbehörde (Art 60 Abs 9).

2. Sonstige Formen der Zusammenarbeit

In den Art 61 und 62 werden die gegenseitige Amtshilfe (Art 61) und gemeinsame Maßnahmen (Art 62) normiert.

Diese Formen der Zusammenarbeit bedürfen – wie bereits oben erwähnt – keiner weiteren zwischenstaatlichen Grundlage, sondern erfolgen **direkt auf Basis der DSGVO**. Allerdings enthalten beide Artikel eine Öffnungsklausel für nationales Recht, worauf noch einzugehen sein wird.

Gegenseitige Amtshilfe

Zur Behandlung grenzüberschreitender Sachverhalte ist der Informationsaustausch zwischen den Aufsichtsbehörden unerlässlich.

Art 61 normiert, dass die Aufsichtsbehörden einander zweckdienliche Informationen übermitteln und Amtshilfe gewähren. Dies umfasst insb Auskunftsersuchen und aufsichtsbezogene Maßnahmen, wie etwa Ersuchen um vorherige Genehmigungen und eine vorherige Konsultation.[3]) Weiters umfasst sind die Vornahme von Nachprüfungen und Untersuchungen.

Das Amtshilfeersuchen der ersuchenden Aufsichtsbehörde hat alle für die Erfüllung des Ersuchens erforderlichen Informationen zu enthalten und ist zu begründen. Werden Daten im Zuge der Amtshilfe übermittelt, dürfen diese nur für diesen Zweck verwendet werden.

Die ersuchte Aufsichtsbehörde ist verpflichtet, dem Amtshilfeersuchen innerhalb eines Monats nachzukommen, sofern sie nicht zur Ablehnung des Ersuchens berechtigt ist.

[3]) Damit dürften wohl Maßnahmen im Zuge eines Konsultationsverfahrens gem Kapitel IV DSGVO gemeint sein.

Letzteres ist möglich, wenn die ersuchte Behörde für die Vornahme der Handlung unzuständig ist oder ein Eingehen auf das Ersuchen gegen die DSGVO, Unionsrecht oder das Recht der Mitgliedstaaten[4]), dem die ersuchte Behörde unterliegt, verstoßen würde.[5])

Die vorzunehmende Amtshilfehandlung erfolgt gebührenfrei, sodass etwa anfallende Kosten der ersuchten Behörde der anderen nicht in Rechnung zu stellen sind. Allerdings ermöglicht Abs 7 die Vereinbarung von Regeln zwischen den Aufsichtsbehörden, um in Ausnahmefällen entstandene Ausgaben zu erstatten.

Einem Amtshilfeersuchen ist fristgerecht zu entsprechen, oder es ist zu begründen, weshalb ihm nicht entsprochen werden kann. Kommt die ersuchte Behörde einem Amtshilfeersuchen nicht innerhalb eines Monats nach, kann die ersuchende Behörde eine einstweilige Maßnahme im Hoheitsgebiet ihres Mitgliedstaates erlassen und den Ausschuss im Rahmen eines Dringlichkeitsverfahrens befassen. Darüber hinaus kann der Ausschuss angerufen und um eine Stellungnahme ersucht werden (Art 64 Abs 2).

Art 61 Abs 6 legt fest, dass die Informationen idR auf elektronischem Wege unter Verwendung eines standardisierten Formats zu übermitteln sind; die Kommission wird ermächtigt, Form und Verfahren der Amtshilfe mittels Durchführungsrechtsakten festzulegen (Art 61 Abs 9).

Gemeinsame Maßnahmen

Gemeinsame Maßnahmen umfassen insb gemeinsame Untersuchungen und gemeinsame Durchsetzungsmaßnahmen, an denen Bedienstete oder Mitglieder der Aufsichtsbehörden anderer Mitgliedstaaten teilnehmen.

Wenn ein für die Verarbeitung Verantwortlicher oder ein Auftragsverarbeiter über Niederlassungen in mehreren Mitgliedstaaten verfügt oder Verarbeitungsvorgänge voraussichtlich auf eine bedeutende Zahl betroffener Personen in mehr als einem Mitgliedstaat erhebliche Auswirkungen haben, ist jede betroffene Aufsichtsbehörde berechtigt, an gemeinsamen Maßnahmen teilzunehmen. Die federführende Aufsichtsbehörde hat alle betroffenen Aufsichtsbehörden zu einer gemeinsamen Maßnahme einzuladen.

Das Recht des Mitgliedstaates der unterstützten Behörde[6]) kann vorsehen, dass die unterstützte Behörde Bediensteten unterstützender Behörden hoheitliche Befugnisse, einschließlich Untersuchungsbefugnisse, überträgt. Diese Befugnisse können ausschließlich unter der Leitung und in Gegenwart Angehöriger der unterstützten Behörden ausgeübt werden. Die ausländischen Bediensteten unterliegen bei der Ausübung dieser Befugnisse den Rechtsvorschriften des Mitgliedstaates der einladenden Behörde (Art 62 Abs 3). Der Mitgliedstaat der einladenden Behörde haftet für allfällige Schäden ausländischer Organe bzw. hat die Verantwortung für deren Handeln zu übernehmen (Abs 4).

Art 62 Abs 5 und 6 enthält Regeln über wechselseitige Schadenersatzpflichten zwischen den betroffenen Mitgliedstaaten, sollten im Zuge einer gemeinsamen Maßnahme Schäden entstehen. In erster Linie haftet der Mitgliedstaat der einladenden Aufsichtsbehörde für entstandene Schäden, wobei der Schadenersatz ggf von jenem Mitgliedstaat, dessen Organ den Schaden verursacht hat, rückgefordert werden kann.

---

[4]) Öffnungsklausel für den nationalen Gesetzgeber.

[5]) Ordre-public-Klausel.

[6]) Öffnungsklausel für den nationalen Gesetzgeber.

Wird dem Ersuchen einer betroffenen Aufsichtsbehörde um Teilnahme nicht binnen eines Monats entsprochen oder wird eine betroffene Aufsichtsbehörde nicht eingeladen, so kann diese eine einstweilige Maßnahme im Hoheitsgebiet ihres Mitgliedstaates ergreifen und den Ausschuss im Rahmen eines Dringlichkeitsverfahrens befassen (Art 62 Abs 7). Darüber hinaus kann der Ausschuss angerufen und um eine Stellungnahme ersucht werden (Art 64 Abs 2).

C. Der Kohärenzmechanismus

Der Kohärenzmechanismus gem Kapitel VII 2. Abschnitt soll die einheitliche Anwendung der DSGVO im gesamten Unionsgebiet sicherstellen. Dabei kommt dem Europäischen Datenschutzausschuss (Ausschuss), auf den an anderer Stelle dieses Buches im Detail eingegangen wird[7]), eine zentrale Bedeutung zu. Dieser kann Stellungnahmen abgeben, bindende Beschlüsse fassen und Angelegenheit im Dringlichkeitsverfahren erledigen.

1. Stellungnahme des Ausschusses

Nach Art 64 Abs 1 gibt der Ausschuss in sechs Fällen eine (unverbindliche) Stellungnahme ab, nachdem ihm die zuständige Aufsichtsbehörde den Entwurf einer Entscheidung in folgenden Angelegenheiten übermittelt hat:

- Annahme einer Liste von Verarbeitungsvorgängen, die einer Datenschutz-Folgeabschätzung nach Art 35 Abs 4 unterliegen;
- Angelegenheit nach Art 40 Abs 7 (Entwurf von Verhaltensregeln bzw. Änderung oder Ergänzung von Verhaltensregeln);
- Billigung der Kriterien für die Akkreditierung einer Stelle nach Art 41 Abs 3 oder einer Zertifizierungsstelle nach Art 43 Abs 3;
- Festlegung von Standard-Datenschutzklauseln nach Art 46 Abs 2 und Art 28 Abs 8;
- Genehmigung von Vertragsklauseln nach Art 46 Abs 3 lit a;
- Annahme verbindlicher unternehmensinterner Vorschriften iSv Art 47.

Abgesehen von diesen Fällen kann jede Aufsichtsbehörde, der Vorsitz des Ausschusses oder die Kommission beantragen, dass Angelegenheiten mit allgemeiner Bedeutung oder mit Auswirkungen in mehr als einem Mitgliedstaat vom Ausschuss geprüft werden, um eine Stellungnahme zu erhalten. Dazu zählt insb, wenn eine Aufsichtsbehörde ihrer Verpflichtung zur Amtshilfe oder zu einer gemeinsamen Maßnahme nicht nachkommt (Art 64 Abs 2).

Der Ausschuss hat innerhalb von acht Wochen eine Stellungnahme mit einfacher Mehrheit zu beschließen. Diese Frist kann bei komplexen Fällen um weitere sechs Wochen erstreckt werden.

Art 64 Abs 4 und 5 regelt, dass die Informationen dem Ausschuss auf elektronischem Wege unter Verwendung eines von der Kommission festzulegenden standardisierten Formats zu übermitteln sind und dass der Vorsitz des Ausschusses einlangende Informationen den Mitgliedern ebenfalls auf elektronischem Wege zur Verfügung zu stellen hat. Das Sekretariat des Ausschusses hat, soweit erforderlich, die Übersetzung der zweckdienlichen Information sicherzustellen. Der Vorsitz ist zur Veröffentlichung der Stellungnahmen verpflichtet.

---

[7]) Siehe den Beitrag von *Wagner* zum Europäischen Datenschutzausschuss in diesem Buch.

Die Aufsichtsbehörde, die nach Abs 1 den Ausschuss um eine Stellungnahme ersucht hat, hat der Stellungnahme weitestgehend Rechnung zu tragen und dem Vorsitz innerhalb von zwei Wochen mitzuteilen, ob sie den von ihr vorgelegten Entscheidungsentwurf im Lichte der Stellungnahme beibehält oder abändert. Wird der Entscheidungsentwurf abgeändert, ist er dem Ausschuss vorzulegen. Wird der Stellungnahme nicht entsprochen, gelangt das Streitbeilegungsverfahren zur Anwendung (Abs 7 und 8).

2. Das Streitbeilegungsverfahren

Das Streitbeilegungsverfahren nach Art 65 ermöglicht es dem Ausschuss, bindende Beschlüsse zu fassen.

Dies ist in drei Fällen vorgesehen:

- wenn eine betroffene Aufsichtsbehörde im One-stop-shop-Verfahren einen maßgeblichen und begründeten Einspruch gegen den Entscheidungsentwurf der federführenden Aufsichtsbehörde einlegt und die federführende Aufsichtsbehörde den Einspruch als nicht maßgeblich oder begründet ablehnt;
- bei Kompetenzstreitigkeiten in Bezug auf die Zuständigkeit für die Hauptniederlassung eines für die Verarbeitung Verantwortlichen oder Auftragsverarbeiters;
- wenn eine Aufsichtsbehörde beabsichtigt, einer Stellungnahme des Ausschusses nicht zu folgen oder entgegen den in der DSGVO normierten Voraussetzungen keine Stellungnahme einholt.

Der Beschluss ist innerhalb einer Frist von einem Monat mit einer Mehrheit von zwei Dritteln der Mitglieder zu fassen und zu begründen. Diese Frist kann bei komplexen Fällen um einen weiteren Monat verlängert werden. Verstreicht auch diese Frist, ohne dass ein Beschluss gefasst wurde, ist dieser innerhalb von zwei Wochen nach Ablauf der erstreckten Frist mit einfacher Mehrheit zu fassen; bei Stimmengleichheit entscheidet die Stimme des Vorsitzenden (Abs 2 und 3). Der Beschluss ist der betroffenen Aufsichtsbehörde zuzustellen, die Kommission ist in Kenntnis zu setzen.

Während dieser Frist trifft die betroffene Aufsichtsbehörde keine Entscheidungen über die dem Ausschuss vorgelegte Angelegenheit.

Der Beschluss ist von der federführenden Aufsichtsbehörde bzw. der Aufsichtsbehörde, bei der die Beschwerde eingereicht wurde, ihrer endgültigen Entscheidung zugrunde zu legen; die endgültige Entscheidung ist spätestens einen Monat nach Einlangen der Entscheidung des Ausschusses zu fällen. Der endgültigen Entscheidung ist der Beschluss des Ausschusses beizufügen (Abs 6).

Wurde der Beschluss des Ausschusses den Verfahrensparteien im Verfahren vor der federführenden Aufsichtsbehörde zugestellt, ist er auf der Website des Ausschusses zu veröffentlichen (Abs 5).

Die Entscheidung des Ausschusses kann von jeder beschwerten Aufsichtsbehörde sowie jeder unmittelbar und individuell betroffenen natürlichen oder juristischen Person mittels Nichtigkeitsklage nach Art 263 AEUV beim Gericht der Europäischen Union angefochten werden. Darüber hinaus haben im Zuge eines Rechtsmittelverfahrens befasste innerstaatliche Gerichte die Möglichkeit bzw. die Pflicht, den Europäischen Gerichtshof im Wege eines Vorabentscheidungsverfahrens nach Art 267 AEUV anzurufen, wenn das Gericht Zweifel an der Gültigkeit des Beschlusses hat. Das innerstaatliche Gericht ist hingegen nicht befugt, den Beschluss für nichtig zu erklären. Die Möglichkeit, den Europäischen Gerichtshof im Wege einer Vorabentscheidung zu befassen, steht jedoch jenen Personen nicht zu, die die Möglichkeit gehabt hätten, den Beschluss mittels Nichtigkeitsklage nach Art 263 AEUV zu bekämpfen, dieses aber unterlassen haben (ErwGr 143).

3. Das Dringlichkeitsverfahren

Das Dringlichkeitsverfahren nach Art 66 dient – wie der Name schon sagt – der Erledigung dringender Angelegenheiten. Der Ausschuss kann in diesem Verfahren entweder eine Stellungnahme abgeben oder einen bindenden Beschluss fassen.

Dazu konkretisieren Art 61 Abs 8 bzw. Art 62 Abs 7, dass, wenn eine ersuchte Behörde einem Amtshifeersuchen nicht fristgerecht nachkommt und die ersuchende Behörde folglich eine einstweilige Maßnahme erlässt, der Ausschuss einen **Beschluss** zu erlassen hat.

Ausgangspunkt für die Anwendung dieses Verfahrens ist das Vorliegen außergewöhnlicher Umstände. Unter dieser Voraussetzung kann eine betroffene Aufsichtsbehörde unter Abweichung des Kohärenzmechanismus und des One-stop-shop-Verfahrens eine einstweilige Maßnahme, begrenzt auf eine Dauer von drei Monaten, mit Wirkung im Hoheitsgebiet ihres Mitgliedstaates erlassen, wenn sie zur Auffassung gelangt, dass dies zur Wahrung der Rechte und Freiheiten betroffener Personen erforderlich ist. Die anordnende Behörde setzt unverzüglich die anderen betroffenen Aufsichtsbehörden, den Ausschuss und die Kommission davon in Kenntnis und teilt ihnen auch die Gründe für das Setzen der Maßnahme mit.

Wenn die die Maßnahme anordnende Behörde der Ansicht ist, dass dringende endgültige Maßnahmen zu erlassen sind, kann sie unter Angabe von Gründen den Ausschuss im Dringlichkeitsverfahren um eine Stellungnahme oder einen Beschluss ersuchen.

Gleiches gilt, wenn eine andere als die zuständige Aufsichtsbehörde die Auffassung vertritt, dass die zuständige Aufsichtsbehörde Maßnahmen zum Schutz der Rechte und Freiheiten von betroffenen Personen zu ergreifen hätte, dies aber unterlässt.

Um im Dringlichkeitsverfahren eine rasche Entscheidung des Ausschusses zu gewährleisten, normiert Abs 4, dass die Entscheidung – unabhängig davon, ob es sich um eine Stellungnahme oder einen Beschluss handelt – binnen zwei Wochen mit einfacher Mehrheit zu treffen ist.

III. Zusammenfassung

Die vorgesehenen Regeln werden dazu beitragen, die – bisher weitgehend unstrukturierte und ungeregelte – Zusammenarbeit zwischen den Aufsichtsbehörden zu erleichtern. Dies insb deshalb, weil Amtshilfeersuchen und Ersuchen um gemeinsame Maßnahmen nicht leichtfertig ignoriert werden können, da andernfalls der Ausschuss damit befasst werden kann.

Durch die Normierung von Entscheidungsfristen wird auch sichergestellt, dass der Ausschuss zeitnahe Entscheidungen trifft, die dann dem weiteren Verfahren zugrunde gelegt werden können.

Fraglich bleibt jedoch, wie die Zusammenarbeit im Detail funktionieren wird. Der Unionsgesetzgeber hat die für die internationale Zusammenarbeit nicht unwesentliche Frage des Sprachenregimes nicht geregelt.[8]) Somit bleibt offen, in welcher Sprache Amts-

[8]) Siehe dazu bspw Art 16 Abs 2 des Europäischen Übereinkommens über die Rechtshilfe in Strafsachen, BGBl Nr 1969/41 bzw. SEV Nr 30.

hilfeersuchen oder andere Ersuchen an die ersuchte Behörde zu richten sind und auch wer für allfällige Übersetzungskosten (va von mitübersendeten Beilagen) aufzukommen hat. Diese Frage stellt sich umso mehr, wenn es um die Erstellung von Entscheidungsentwürfen im One-stop-shop-Verfahren geht.

Darüber hinaus ist zu bedenken, dass in einigen Mitgliedstaaten – wie auch in Österreich – behördliche Entscheidungen gewissen Formalanforderungen genügen müssen,[9]) um als behördliche Entscheidung zu gelten. Dieses Element ist vor allem im One-stop-shop-Verfahren zu berücksichtigen.

[9]) Vgl dazu bspw § 58 AVG.

Der Europäische Datenschutzausschuss

Elisabeth Wagner

I. Einleitung

Mit Inkrafttreten der DSGVO wird die Artikel-29-Datenschutzgruppe durch den Europäischen Datenschutzausschuss abgelöst (ErwGr 139).

Im Gegensatz zur Artikel-29-Datenschutzgruppe, die im Wesentlichen „lediglich" als ein Beirat der Kommission iSd Art 29 der in Geltung stehenden Richtlinie 95/46/EG (Datenschutz-Richtlinie, DSRL) eingerichtet ist und in dieser Funktion Stellungnahmen und Empfehlungen zu datenschutzrechtlich relevanten Themen abgeben kann, wird der Europäische Datenschutzausschuss (im Folgenden „Ausschuss") als Einrichtung der Union mit eigener Rechtspersönlichkeit ausgestattet (Art 68 Abs 1, ErwGr 139) und mit zahlreichen neuen Aufgaben betraut.

Die Regelungen zur Einrichtung, zum Aufbau und zu den Aufgaben des Ausschusses finden sich in Abschnitt 3 des Kap VII (Art 68ff) sowie in den diesbezüglichen ErwGr 72, 77, 105, 124, 136, 139, 140 und 143. Die Rolle des Ausschusses im Rahmen der Zusammenarbeit der Aufsichtsbehörden und des Kohärenzmechanismus wird in allen drei Abschnitten des Kap VII (Art 61ff) geregelt.

II. Einrichtung und der Aufbau des Ausschusses

Der mit eigener Rechtspersönlichkeit ausgestattete Ausschuss (Art 68 Abs 1) wird durch die DSGVO bei Erfüllung seiner Aufgaben oder in Ausübung seiner Befugnisse gemäß den Art 70 (Aufgaben des Ausschusses) und 71 (Berichtserstattung) in Art 69 (ErwGr 139) mit völliger Unabhängigkeit ausgestattet. Dies spiegelt sich auch in Art 69 Abs 2 wider, wonach der Ausschuss im Hinblick auf die Beratung und Konsultation der Kommission (Art 70 Abs 1 lit b, Art 70 Abs 2) weder um Weisungen ersucht noch Weisungen entgegennimmt.

Der Aufbau des Ausschusses ähnelt im Grunde dem der Artikel-29-Datenschutzgruppe, in Bezug auf die Stimmrechtsverteilung und die Sekretariatsgeschäfte ergeben sich jedoch wesentliche Änderungen durch die DSGVO.

Der Ausschuss besteht aus dem Leiter einer Aufsichtsbehörde jedes Mitgliedstaates und dem Europäischen Datenschutzbeauftragten[1]) oder ihren jeweiligen Vertretern (Art 68 Abs 2

---

[1]) Der durch VO (EG) 45/2001 eingerichtete Europäische Datenschutzbeauftragte soll sicherstellen, dass die Organe und Einrichtungen der Gemeinschaft bei der Verarbeitung personenbezogener Daten die Grundrechte und Grundfreiheiten natürlicher Personen, insb ihr Recht auf Privatsphäre, achten. Hierzu kontrolliert er die Verarbeitung personenbezogener Daten in der EU-Verwaltung und setzt die Anwendung der einschlägigen Rechtsvorschriften durch. Weiters berät er die Europäische Kommission, das Europäische Parlament und den Rat zu Vorschlägen für neue Rechtsvorschriften und anderen datenschutzrechtlicher Angelegenheiten. Zur Förderung eines kohärenten Datenschutzes in ganz Europa arbeitet der Europäische Datenschutzbeauftragte mit anderen Datenschutzbehörden, insb in der Artikel-29-Datenschutzgruppe zusammen.

und 3, ErwGr 139). Sollte in einem Mitgliedsstaat mehr als eine Aufsichtsbehörde für die Überwachung der Anwendung der DSGVO zuständig sein, so wird nach den Rechtsvorschriften des jeweiligen Mitgliedsstaates ein gemeinsamer Vertreter benannt (Art 68 Abs 4). In der Praxis wird diese Regelung etwa für Deutschland, das neben einer Bundesbeauftragten für Datenschutz auch über Datenschutzbeauftragte der Länder verfügt, Anwendung finden.

Ebenso ist die Kommission berechtigt, an den Tätigkeiten und Sitzungen des Ausschusses teilzunehmen, dies jedoch ohne Stimmrecht (Art 68 Abs 5, ErwGr 139). Der europäische Datenschutzbeauftragte verfügt zwar über ein Stimmrecht im Ausschuss, dieses ist jedoch auf Beschlüsse in den in Art 65 genannten Fällen beschränkt, die Grundsätze und Vorschriften betreffen, die für die Organe, Einrichtungen, Ämter und Agenturen der Union gelten (Art 68 Abs 6, ErwGr 139).

Vertreten wird der Ausschuss durch seinen Vorsitz, bestehend aus dem Vorsitzenden und zwei stellvertretenden Vorsitzenden, der aus dem Kreis der Mitglieder des Ausschusses gewählt wird (Art 68 Abs 2, Art 73 Abs 1, ErwGr 139). Dies bedeutet, dass der Vorsitz durch Leiter der Aufsichtsbehörden, den Europäischen Datenschutzbeauftragten oder deren Vertreter bekleidet wird, die diese Funktion neben ihrer Tätigkeit in den Aufsichtsbehörden bzw. als Europäischer Datenschutzbeauftragter zu erfüllen haben. Die Amtszeit des Vorsitzenden und seiner beiden Stellvertreter beträgt fünf Jahre, ihre einmalige Wiederwahl ist zulässig (Art 73 Abs 2).

Die Aufgaben des Vorsitzes werden in Art 74 festgelegt und umfassen die Organisation der Sitzungen des Ausschusses, die Übermittlung seiner Beschlüsse nach Art 65 an die federführende sowie die betroffenen Aufsichtsbehörden und die Sicherstellung der rechtzeitigen Aufgabenerfüllung des Ausschusses, insb der Aufgaben iZm dem Kohärenzverfahren nach Art 63.

Werden die Sekretariatsgeschäfte der Artikel-29-Datenschutzgruppe derzeit noch von der Kommission besorgt, wird der Ausschuss in Zukunft von einem eigenen Sekretariat unterstützt, das vom Europäischen Datenschutzbeauftragten bereitgestellt wird (Art 75 Abs 1, ErwGr 140). Um eine Trennung zwischen dem Europäischen Datenschutzbeauftragten und dem Ausschuss zu gewährleisten, ist das Sekretariat in seiner Aufgabenführung den Anweisungen des Vorsitzes unterworfen (Art 75 Abs 2, ErwGr 140) und jenes Personal, das an der Wahrnehmung der dem Ausschuss gemäß der DSGVO übertragenen Aufgaben beteiligt ist, unterliegt anderen Berichtspflichten als das Personal, das zur Wahrnehmung der dem Europäischen Datenschutzbeauftragten übertragenen Aufgaben berufen ist (Art 75 Abs 3).

Das Sekretariat leistet dem Ausschuss analytische, administrative und logistische Unterstützung (Art 75 Abs 5) und ist dabei insb für seine Tagesgeschäfte, die Kommunikation zwischen den Mitgliedern, seinem Vorsitz und der Kommission sowie mit anderen Organen und der Öffentlichkeit, die Übersetzung sachdienlicher Informationen, die Vor- und Nachbereitung der Sitzungen des Ausschusses und die Vorbereitung, Abfassung und Veröffentlichung von Stellungnahmen, von Beschlüssen über die Beilegung von Streitigkeiten zwischen Aufsichtsbehörden und von sonstigen vom Ausschuss angenommenen Dokumenten verantwortlich. Auch der Rückgriff auf elektronische Mittel für die erwähnte interne und externe Kommunikation und somit die diesbezügliche Abwicklung der Kommunikation soll durch das Sekretariat erfolgen (Art 75 Abs 6 lit a–g). Die Formulierung des Art 75 Abs 6 („insbesondere“) lässt darauf schließen, dass die Aufzählung in dieser Bestimmung nicht abschließend ist und das Sekretariat im Hinblick auf die in lit g genannten Stellungnahmen und Beschlüsse nicht nur organisatorische Aufgaben erledigt, sondern auch die inhaltliche Vorbereitung dieser Dokumente übernimmt.

Der Ausschuss gibt sich laut Art 72 Abs 2 mit einer Mehrheit von zwei Drittel seiner Mitglieder eine Geschäftsordnung und legt seine Arbeitsweise fest.

III. Aufgaben des Ausschusses

Ein Blick in die maßgeblichen Bestimmungen der DSGVO zeigt, dass die Aufgaben des Ausschusses sehr vielschichtig sind und von der Beratung, Förderung und Bereitstellung von Leitlinien sowie Empfehlungen bis zur Abgabe von Stellungnahmen und Fassung verbindlicher Beschlüsse reichen.

Gemein ist den dem Ausschuss durch die DGSVO übertragenen Aufgaben, dass sie der Sicherstellung der einheitlichen Anwendung der DSGVO dienen sollen (Art 70 Abs 1, ErwGr 139). Hierzu nimmt der Ausschuss von sich aus oder gegebenenfalls auf Ersuchen der Kommission die im Folgenden dargestellten Tätigkeiten wahr (Art 70 Abs 1). Auch in diesem Fall dürfte es sich ob des Wortlauts des Art 70 Abs 1 („insbesondere") um keine abschließende Aufzählung der Aufgaben des Ausschusses handeln.

A. Abgabe von Stellungnahmen und Fassung verbindlicher Beschlüsse im Kohärenzverfahren

Gem Art 70 Abs 1 lit a obliegt dem Ausschuss die Überwachung und Sicherstellung der ordnungsgemäßen Anwendung dieser Verordnung in den in den Art 64 und 65 genannten Fällen unbeschadet der Aufgaben der nationalen Aufsichtsbehörden.

Art 70 Abs 1 lit t präzisiert die diesbezüglichen Aufgaben dahingehend, dass der Ausschuss Stellungnahmen im Kohärenzverfahren gem Art 64 Abs 1 zu Beschlussentwürfen von Aufsichtsbehörden und zu Angelegenheiten abgibt, die nach Art 64 Abs 2 vorgelegt wurden Darüber hinaus erlässt er verbindliche Beschlüsse gem Art 65 und 66.

Damit verweisen Art 70 Abs 1 lit a und t auf die Kernbestimmungen des in Abschnitt 2 des Kap VII näher geregelten Kohärenzverfahrens, auf das im Beitrag zur „Kooperation der Aufsichtsbehörden bei grenzüberschreitenden Fällen" (Beitrag *Schmidl* in diesem Buch) detailliert eingegangen wird.

1. Stellungnahme des Ausschusses

Nach Art 64 Abs 1 gibt der Ausschuss in sechs Fällen eine Stellungnahme zu einem ihm von der zuständigen Aufsichtsbehörde zuvor übermittelten Beschlussentwurf ab. Diese Fälle umfassen Angelegenheiten iZm der Datenschutz-Folgeabschätzung (Art 35 Abs 4), den Verhaltensregeln (Art 40 Abs 7), der Akkreditierung einer Stelle (Art 41 Abs 3) bzw. Zertifizierungsstellen (Art 43 Abs 3) und den Standard-Datenschutzklauseln (Art 28 Abs 8 und 46 Abs 2), den Vertragsklauseln (Art 46 Abs 3) sowie den verbindlichen unternehmensinternen Vorschriften (Art 47).

Des Weiteren kann gem Art 64 Abs 2 jede Aufsichtsbehörde, der Vorsitz des Ausschusses oder die Kommission beantragen, dass eine Angelegenheit mit allgemeiner Geltung oder mit Auswirkungen in mehr als einem Mitgliedstaat vom Ausschuss geprüft wird, um eine Stellungnahme zu erhalten. Dies ist insb dann vorgesehen, wenn eine zuständige Aufsichtsbehörde den Verpflichtungen zur Amtshilfe gem Art 62 oder zu gemeinsamen Maßnahmen gem Art 62 nicht nachkommt.

Stellungnahmen sind vom Ausschuss grundsätzlich binnen acht Wochen mit einfacher Mehrheit der Mitglieder des Ausschusses anzunehmen. Diese Frist kann unter Berücksichtigung der Komplexität der Angelegenheit um weitere sechs Wochen verlängert werden (Art 64 Abs 3).

Beabsichtigt die betroffene Aufsichtsbehörde schließlich, der Stellungnahme des Ausschusses insgesamt oder tlw nicht zu folgen, was sie dem Vorsitz des Ausschusses innerhalb einer Frist von zwei Wochen nach Eingang der Stellungnahme mitteilt, so kommt es zur Streitbeilegung durch den Ausschuss gem Art 65 Abs 1 (Art 64 Abs 8).

2. Fassung verbindlicher Beschlüsse im Streitbeilegungsverfahren

Eine wesentliche Neuerung erfährt das europäische Datenschutzrecht durch die Etablierung des Streitbeilegungsverfahrens gem Art 65, in dessen Rahmen der Ausschuss in drei Fällen (Art 65 Abs 1 lit a–c) verbindliche Beschlüsse gegenüber den Aufsichtsbehörden (Art 65 Abs 2 letzter Satz) erlässt, die vor dem EuGH bekämpft werden können.

Vorgesehen ist eine solche verbindliche Entscheidung des Ausschusses zunächst im Fall eines maßgeblichen und begründeten Einspruchs einer betroffenen Aufsichtsbehörde gegen einen Beschlussentwurf der federführenden Behörde im sog „One-Stop-Shop"-Verfahren[2]) gem Art 60 Abs 4 (Art 65 Abs 1 lit a, ErwGr 136). Weiters kommt es zur Beschlussfassung durch den Ausschuss bei Zuständigkeitskonflikten zwischen den betroffenen Aufsichtsbehörden betreffend die Hauptniederlassung (Art 65 Abs 1 lit b) oder, wenn eine zuständige Aufsichtsbehörde in den in Art 64 Abs 1 genannten Fällen keine Stellungnahme des Ausschusses einholt oder der Stellungnahme gem Art 64 nicht folgt (Art 65 Abs 1 lit c). In den beiden letztgenannten Fällen kann die Angelegenheit durch jede Aufsichtsbehörde oder die Kommission an den Ausschuss herangetragen werden (Art 65 Abs 1 lit c).

Die Beschlussfassung durch den Ausschuss hat innerhalb eines Monats nach der Befassung mit der Angelegenheit mit einer Mehrheit von zwei Drittel der Mitglieder des Ausschusses zu erfolgen. Auch hier kann die Frist wegen Komplexität des Falles um einen weiteren Monat verlängert werden. Sollte der Ausschuss nicht in der Lage sein, innerhalb der genannten Fristen einen Beschluss anzunehmen, so ist der Beschluss innerhalb von zwei Wochen nach Ablauf des zweiten Monats mit einfacher Mehrheit der Mitglieder des Ausschusses anzunehmen (Art 65 Abs 3).

Gegen einen Beschluss des Ausschusses können die betroffenen Aufsichtsbehörden und jede unmittelbar oder individuell betroffene natürliche oder juristische Person eine Nichtigkeitsklage gem Art 263 AEUV vor dem EuGH erheben. Wird darüber hinaus der Beschluss einer Aufsichtsbehörde zur Umsetzung eines Beschlusses des Ausschusses vor einem einzelstaatlichen Gericht angefochten und die Gültigkeit des Beschlusses des Ausschusses in Frage gestellt, muss das einzelstaatliche Gericht ein Vorabentscheidungsersuchen an den EuGH stellen. Ein solches Vorabentscheidungsersuchen auf Anfrage einer natürlichen oder juristischen Person ist aber dann ausgeschlossen, wenn diese Person die Gelegenheit, eine Nichtigkeitsklage gem Art 263 AEUV zu erheben, nicht genutzt hat (ErwGr 142)

3. Dringlichkeitsverfahren

Ein Dringlichkeitsverfahren gem Art 66 sieht die DSGVO für den Fall vor, dass eine betroffene Aufsichtsbehörde unter außergewöhnlichen Umständen abweichend vom Kohä-

[2]) Zum „One-Stop-Shop"-Verfahren s den Beitrag von *Leissler/Wolfbauer* in diesem Buch.

renzverfahren nach Art 63, 64 und 65 oder dem Verfahren nach Art 60 bei dringendem Handlungsbedarf, um Rechte und Freiheiten von betroffenen Personen zu schützen, sofort einstweilige Maßnahmen mit festgelegter Geltungsdauer von höchstens drei Monaten trifft (Art 66 Abs 1) und anschließend dringend endgültige Maßnahmen erlassen werden müssen. Hierzu kann die Aufsichtsbehörde im Dringlichkeitsverfahren um eine Stellungnahme oder einen verbindlichen Beschluss des Ausschusses ersuchen (Art 66 Abs 2).

Ein solches Ersuchen an den Ausschuss kann auch jede andere Aufsichtsbehörde stellen, wenn eine zuständige Aufsichtsbehörde trotz dringenden Handlungsbedarfs keine geeigneten Maßnahmen getroffen hat (Art 66 Abs 3).

Stellungnahmen oder ein verbindlicher Beschluss werden binnen zwei Wochen mit einfacher Mehrheit der Mitglieder des Ausschusses angenommen (Art 66 Abs 4).

B. Beratung der und Abgabe von Stellungnahmen für die Kommission

Neben den zahlreichen neuen Aufgaben behält der Ausschuss als Nachfolger der Artikel-29-Datenschutzgruppe deren Beratungsfunktion gegenüber der Kommission

- in allen Fragen, die iZm dem Schutz personenbezogener Daten in der Union stehen, einschließlich etwaiger Vorschläge zur Änderung der DSGVO (Art 70 Abs 1 lit b), und
- über das Format und die Verfahren für den Austausch von Informationen zwischen den Verantwortlichen, den Auftragsverarbeitern und den Aufsichtsbehörden in Bezug auf verbindliche interne Datenschutzvorschriften (Art 70 Abs 1 lit c).

Ersucht die Kommission den Ausschuss um Rat, kann sie hierzu unter Berücksichtigung der Dringlichkeit des Sachverhaltes eine Frist angeben (Art 70 Abs 2).

Weiters ist vorgesehen, dass der Ausschuss für die Kommission Stellungnahmen zu den Zertifizierungsanforderungen gem Art 43 Abs 8 (Art 70 Abs 1 lit q) und den Bildsymbolen gem Art 12 Abs 7 (Art 70 Abs 1 lit r) abgibt. Zudem ist den ErwGr 105 und 139 zu entnehmen, dass die Kommission den Ausschuss zur Beratung konsultieren sollte, wenn sie das Schutzniveau in Drittländern oder internationalen Organisationen iSd Art 45 bewertet.

C. Bereitstellung von Leitlinien, Empfehlungen und bewährten Verfahren

Nach Art 70 stellt der Ausschuss in acht Fällen Leitlinien, Empfehlungen und bewährte Verfahren bereit:

- zu Verfahren für die Löschung gem Art 17 Abs 2 von Links zu personenbezogenen Daten oder Kopien oder Replikationen dieser Daten aus öffentlich zugänglichen Kommunikationsdiensten (Abs 1 lit d);
- Prüfung – von sich aus, auf Antrag eines seiner Mitglieder oder auf Ersuchen der Kommission – von die Anwendung der DSGVO betreffenden Fragen zwecks Sicherstellung einer einheitlichen Anwendung dieser Verordnung (Abs 1 lit e);
- gem lit e des vorliegenden Absatzes zur näheren Bestimmung der Kriterien und Bedingungen für die auf Profiling beruhenden Entscheidungen gem Art 22 Abs 2 (Abs 1 lit f, ErwGr 72);
- gem lit e des vorliegenden Absatzes für die Feststellung von Verletzungen des Schutzes personenbezogener Daten und die Festlegung der Unverzüglichkeit iSd Art 33 Abs 1 und 2, und zu den spezifischen Umständen, unter denen der Verantwortliche oder Auftragsverarbeiter die Verletzung des Schutzes personenbezogener Daten zu melden hat (Abs 1 lit g);

- gem lit e des vorliegenden Absatzes zu den Umständen, unter denen eine Verletzung des Schutzes personenbezogener Daten voraussichtlich ein hohes Risiko für die Rechte und Freiheiten natürlicher Personen im Sinne des Art 34 Abs 1 zur Folge hat (Abs 1 lit h);
- gem lit e des vorliegenden Absatzes zur näheren Bestimmung der in Art 47 aufgeführten Kriterien und Anforderung für die Übermittlungen personenbezogener Daten, die auf verbindlichen internen Datenschutzvorschriften von Verantwortlichen oder Auftragsverarbeitern beruhen, und der dort angeführten weiteren erforderlichen Anforderungen zum Schutz personenbezogener Daten der betroffenen Personen (Abs 1 lit i);
- gem lit e des vorliegenden Absatzes zur näheren Bestimmung der Kriterien und Bedingungen für die Übermittlung personenbezogener Daten gem Art 49 Abs 1 (Ausnahmefälle betreffend Übermittlung personenbezogener Daten an Drittländer oder an internationale Organisation, Abs 1 lit j);
- gem lit e des vorliegenden Absatzes zur Festlegung gemeinsamer Verfahren für die von natürlichen Personen vorgenommene Meldung von Verstößen gegen diese Verordnung gem Art 54 Abs 2 (Verstöße gegen die Amtsverschwiegenheit betreffend Mitarbeiter einer Aufsichtsbehörden, Abs 1 lit m).

Vom Ausschuss werden Leitlinien auch für die Aufsichtsbehörden in Bezug auf die Anwendung von Maßnahmen nach Art 58 Abs 1, 2 und 3 (Untersuchungs-, Abhilfe und Genehmigungsbefugnisse) und die Festsetzung von Geldbußen gem Art 83 ausgearbeitet (Art 70 Abs 1 lit k).

ErwGr 77 sieht ferner vor, dass durch den Ausschuss im Hinblick auf die Datenschutzfolgenabschätzung gem Art 35 Leitlinien herausgegeben werden „könnten". Der Ausschuss „kann" diesbezüglich Leitlinien für Verarbeitungsvorgänge ausgeben, bei denen davon auszugehen ist, dass sie kein hohes Risiko für die Rechte und Freiheiten natürlicher Personen mit sich bringen, und angeben, welche Abhilfemaßnahmen in diesen Fällen ausreichend sein können. In Bezug auf die Zusammenarbeit der Aufsichtsbehörden und den Kohärenzmechanismus wird in ErwGr 124 festgehalten, dass der Ausschuss insb Leitlinien zu den Kriterien ausgeben können sollte, die bei der Feststellung zu berücksichtigen sind, ob die fragliche Verarbeitung erhebliche Auswirkungen auf betroffene Personen in mehr als einem Mitgliedstaat hat und was einen maßgeblichen und begründeten Einspruch darstellt.

Gem Art 70 Abs 1 lit l obliegt dem Ausschuss die Überprüfung der praktischen Anwendung der unter den Buchstaben e und f genannten Leitlinien, Empfehlungen und bewährten Verfahren.

D. Sonstige Kernaufgaben des Ausschusses

Weitere wichtige Aufgaben des Ausschusses nach Art 70 betreffen die Akkreditierung von Zertifizierungsstellen und deren regelmäßige Überprüfung gem Art 43 und die Führung eines öffentlichen Registers der akkreditierten Einrichtungen gem Art 43 Abs 6 und der in Drittländern niedergelassenen akkreditierten Verantwortlichen oder Auftragsverarbeiter gem Art 42 Abs 7 (Abs 1 lit o). Diesbezüglich nimmt der Ausschuss auch die Präzisierung der in Art 43 Abs 3 genannten Anforderungen im Hinblick auf die Akkreditierung von Zertifizierungsstellen gem Art 42 vor (Art 70 Abs 1 lit p).

Zudem gibt der Ausschuss zu den auf Unionsebene erarbeiteten Verhaltensregeln gem Art 40 Abs 9 Stellungnahmen ab (Art 70 Abs 1 lit x) und fördert in diesem Zusammenhang auch die Ausarbeitung solcher Verhaltensregeln und die Einrichtung von datenschutzrechtlichen Zertifizierungsverfahren sowie Datenschutzsiegeln und -prüfzeichen gem den Art 40 und 42 (Art 70 Abs 1 lit n).

Zu den weiteren Förderungsagenden des Ausschusses zählen die Zusammenarbeit sowie der Austausch von Informationen und bewährten Verfahren zwischen den Aufsichtsbehörden (Art 70 Abs 1 lit u), Schulungsprogramme und Erleichterung des Personalaustauschs zwischen Aufsichtsbehörden sowie ggf mit Aufsichtsbehörden von Drittländern oder mit internationalen Organisation (Art 70 Abs 1 lit v) sowie der Austausch von Fachwissen und von Dokumentationen über Datenschutzvorschriften und -praxis mit Datenschutzaufsichtsbehörden in aller Welt (Art 70 Abs 1 lit w).

E. Transparenz der Arbeit des Ausschusses

Die Transparenz der Arbeit des Ausschusses soll durch nachstehende Bestimmungen der DSGVO sichergestellt werden.

Nach Art 70 Abs 1 lit x führt der Ausschuss ein öffentlich zugängliches Register der Beschlüsse der Aufsichtsbehörden und Gerichte in Bezug auf Fragen, die im Rahmen des Kohärenzverfahrens behandelt wurden. Die im Streitbeilegungsverfahren nach Art 65 gefassten Beschlüsse des Ausschusses werden ebenfalls nach Zustellung an die Verfahrensparteien auf der Webseite des Ausschusses veröffentlicht (Art 65 Abs 5). Gleiches gilt für die Stellungnahmen, Leitlinien, Empfehlungen und bewährten Verfahren, nachdem diese an die Kommission und an den in Art 93 genannten Ausschuss weitergeleitet wurden (Art 70 Abs 2).

Die Veröffentlichung des Jahresberichts des Ausschusses über den Schutz natürlicher Personen bei der Verarbeitung in der Union und ggf in Drittländern und internationalen Organisation rundet die genannten Maßnahmen ab. Dieser Bericht wird dem Europäischen Parlament, dem Rat und der Kommission übermittelt (Art 71).

Die Beratungen des Ausschusses selbst sind gemäß seiner Geschäftsordnung nur dann vertraulich, wenn er dies für erforderlich hält (Art 76 Abs 1). Der Zugang zu Dokumenten, die Mitgliedern des Ausschusses, Sachverständigen und Vertretern von Dritten vorgelegt werden, wird laut Art 76 Abs 2 durch die VO (EG) Nr 1049/2001 geregelt.

IV. Zusammenfassung

Eine Zusammenschau der einschlägigen Bestimmungen der DSGVO lässt erkennen, dass der Europäische Datenschutzausschuss das dem EuGH vorgelagerte zentrale Organ zur Sicherstellung der einheitlichen Anwendung der DSGVO darstellt, das die Kompetenz zur Fassung verbindlicher Entscheidungen hat.

Im Wege der Beschlussfassung im Streitbeilegungs- und Dringlichkeitsverfahren kann der Ausschuss in für die Aufsichtsbehörden verbindlicher Weise Einfluss auf die Entscheidungen einzelner ansonsten gem Art 51 Abs 1 und Art 52 völlig unabhängiger Behörden nehmen. Gleiches gilt für die Stellungnahmen zu Beschlussentwürfen der einzelnen Aufsichtsbehörden, die in Angelegenheiten der Datenschutz-Folgeabschätzung, der Verhaltensregeln der Akkreditierung einer Stelle bzw. Zertifizierungsstellen, der Standard-Datenschutzklauseln, den Vertragsklauseln sowie der verbindlichen unternehmensinternen Vorschriften gem Art 64 dem Ausschuss von diesen vorzulegen sind. Sollte eine Aufsichtsbehörde diesen Stellungnahmen nicht oder nur tlw folgen wollen, ist auch hier mit der Beschlussfassung im Streitbeilegungsverfahren zu rechnen. Mit dieser Beschlussbefugnis des Ausschusses geht die Möglichkeit einher, Entscheidungen des Ausschusses vor dem EuGH bekämpfen zu können.

Der Ausschuss wird nicht nur als Berater der Kommission auftreten, sondern als völlig eigenständige Einrichtung der Union mit eigener Rechtspersönlichkeit (Art 68 Abs 1, ErwGr 139). Dies führt auch zu einer Stärkung der einzelnen nationalen Aufsichtsbehörden als Mitglieder des Ausschusses.

Die Artikel-29-Datenschutzgruppe hat im Rahmen eines Aktionsplans für 2016[3]) bereits ihre Aufgaben zur Errichtung der Struktur des Ausschusses, zur Vorbereitung des „One-Stop-Shop"-Verfahrens sowie des Kohärenzmechanismus und zur Erarbeitung von Leitlinien definiert.

[3]) Vgl *Artikel-29-Datenschutzgruppe*, "Statement on the 2016 action plan for the implementation of the General Data Protection Regulation (GDPR)" http://ec.europa.eu/justice/data-protection/article-29/documentation/opinion-recommendation/files/2016/wp236_en.pdf (abgerufen am 3. 5. 2016).

Rechtsbehelfe und Klagen

Ernst M. Weiss

Das VIII. Kapitel der Datenschutz-Grundverordnung (kurz DSGVO) befasst sich ua mit den **Rechtsbehelfen** gegen die „Verantwortlichen“ (Auftraggeber des DSG 2000) oder „Auftragsverarbeiter“ (Dienstleister des DSG 2000) und mit dem Umfang von deren Haftung für Schäden und den daraus resultierenden **Schadenersatzansprüchen** der davon Betroffenen.

Neben den klagsweise bei Gericht geltend zu machenden Ansprüchen erwähnt auch Art 79 den **„außergerichtlichen Rechtsbehelf“.** Was ist darunter zu verstehen?

Bevor man sich auf einen mit erheblichen Kosten und mit viel Risiko behafteten Zivilprozess einlässt, gibt es mehrere Möglichkeiten einer günstigeren Lösung des Problems:

I. Prätorischer Vergleich

Der Abschluss eines sogenannten Prätorischen Vergleichs nach § 433 ZPO wird insb dann zu empfehlen sein, wenn sich die Parteien schon grundsätzlich geeinigt haben, jedoch aus welchen Gründen immer einen schriftlichen und als gerichtlichen Vergleich vollstreckbaren Titel benötigen. Ungeachtet dieses Falls einer bereits erfolgten außergerichtlichen Einigung kann jedoch jeder, der eine Klage zu erheben beabsichtigt, ohne Rücksicht auf die Beschaffenheit und den Wert des Streitgegenstandes gem § 433 ZPO schon **vor Klagseinbringung** seinen Gegner zum Zwecke des **Vergleichsversuches** vor dessen Wohnsitzbezirksgericht laden lassen.

II. Mediation

Mit dem Zivilrechts-Mediations-Gesetz[1]) wurden die Grundsätze und insb die Ausbildung der Mediatoren geregelt. Durch Mediation sollen Konflikte, für deren Entscheidung an sich die Zivilgerichte zuständig sind, gelöst werden. Der „eingetragene“ Mediator, in der Praxis meist Mediatorinnen, begleitet die Parteien auf ihrem Weg zur Konfliktlösung, ohne letztlich Entscheidungsgewalt zu besitzen. Die eigenverantwortliche Lösung bleibt allein den im Konflikt stehenden Parteien vorbehalten und wird nicht von außen bestimmt. Damit ist die Mediation ein Werkzeug zur **Konfliktlösung**, das nicht nur die Türe für zukünftige Zusammenarbeit offenhält, sondern gänzlich neue und für alle Beteiligten interessante Möglichkeiten für einen künftig gemeinsamen Weg eröffnen kann.

Zur Mediation kann es auch noch im Laufe eines bereits anhängigen Zivilprozesses kommen, weil der Richter gem § 204 ZPO in jeder Lage der Sache auch von Amts wegen eine gütliche Beilegung (vgl „gütliche Einigung“ im ErwG 131, der gerade auch für das ordentliche Gericht gelten muss) des Rechtsstreites oder die Herbeiführung eines Vergleichs

[1]) ZivMediatG, BGBl I 2003/29.

versuchen kann; dabei ist, wenn es zweckmäßig erscheint, auch etwa auf die Möglichkeit der Mediation hinzuweisen.

III. Collaborative Law

Was ist Collaborative Law (CL)? – Eine **Konfliktlösung**, die für alle Parteien passt, nämlich ein echter Konsens statt Kompromiss. Keine Eskalationen und keine langwierigen Auseinandersetzungen vor Gericht, dafür Zusammenwirken aller, unter professioneller Begleitung von speziell für CL ausgebildeten Rechtsanwälten, die, direkt von den Parteien beauftragt, diese vertreten. Dabei können die Parteien und deren Vertreter von beigezogenen Experten unterstützt werden. Damit steht ein maximales Lösungswissen zur Verfügung.[2])

IV. Schiedsgericht

Schiedsgerichte sind **Sondergerichte** des Privatrechts. Man unterscheidet nach ihrer Entstehung zwischen statutarischen – wie den Börsenschiedsgerichten oder den ständigen Schiedsgerichten der Wirtschaftskammern – und privaten Schiedsgerichten, die aufgrund einer **privatrechtlichen Vereinbarung** der Parteien tätig werden. Es gelten die §§ 581 ff ZPO. Ein Vergleich oder ein Schiedsspruch stellt einen **Exekutionstitel** iSd EO dar. Seit dem Schiedsrechts-Änderungsgesetz 2013 kann ein Schiedsspruch nur mehr wegen der in § 611 Abs 2 Z 1–8 ZPO aufgezählten Aufhebungsgründe beim Obersten Gerichtshof (OGH) angefochten werden. Die **Raschheit** eines schiedsgerichtlichen Verfahrens ist dadurch noch weiter ausgebaut worden.

In der Regel entscheidet ein **Drei-Richter-Senat**. Jede Partei benennt einen Beisitzer, möglichst mit entsprechender Branchenkenntnis. Diese wählen einen Vorsitzenden, der Jurist ist und möglichst Erfahrung als Richter oder Rechtsanwalt mitbringt.

Die **Kosten** können zwar höher sein als jene des gerichtlichen Verfahrens in I. Instanz, dafür fallen idR keine Kosten der beiden Oberinstanzen an, zumal die Möglichkeiten der Anrufung des OGH sehr eingeschränkt sind, es müsste zB gröblich der Grundsatz des rechtlichen Gehörs etwa durch fehlerhafte Zustellung verletzt worden sein. Dazu kommt, dass es diese Kosten wert ist, da sie vor allem zusätzlich die **Vertraulichkeit** schützen, weil ein Schiedsgerichtsverfahren nicht öffentlich ist.

V. Alternative Streitbeilegung

Das neue Alternative-Streitbeilegungs-Gesetz (ergangen aufgrund der RL über alternative Streitbeilegung in Verbraucherangelegenheiten, ADR-RL)[3]) wird kaum Bedeutung für den eigentlichen datenschutzrechtlichen Bereich haben, zumal die zuständigen Verwaltungsbehörden und Gerichte ja selbst besonders darauf ausgerichtet sind, vergleichsweise Einigungen (s oben) anzustreben. Wohl aber ist auf die **besonderen Schlichtungseinrichtungen** der Energie-Control Austria, der Rundfunk und Telekom Regulierungs-GmbH und der Agentur für Passagier- und Fahrgastrechte hinzuweisen.

---

[2]) Ad II und III: Um einem zustande gekommenen Vergleich auch die **Vollstreckbarkeit** zu geben, wird wieder auf I oder auf die Möglichkeit eines vollstreckbaren Notariatsaktes verwiesen!

[3]) BGBl I 2015/105.

VI. Klage

Wenn keine der oben angeführten Möglichkeiten ergriffen wird oder bei **Erfolglosigkeit** der angestrebten **außergerichtlichen Einigung**, steht der **Klagsweg** vor dem **ordentlichen Gericht** offen – ordentliches Gericht im Gegensatz zu den Verwaltungsgerichten – wobei letztere in den Art 77–78 und 81 eine Rolle spielen.

Exkurs

Im Laufe der langen Entwicklungsphase der DSGVO tauchten in den damit befassten Juristenkreisen die Befürchtungen auf, es könnte zu Doppelgleisigkeiten kommen, res iudicata etc. Dem ist aber nicht so. Die DSGVO unterscheidet klar zwischen den Zuständigkeiten der Aufsichtsbehörden samt den darüber stehenden gerichtlichen „Verwaltungs"-Instanzen einerseits und den ordentlichen Gerichten andererseits.

Art 77 (ErwGr 141) normiert das Recht auf Beschwerde bei einer Aufsichtsbehörde (der „anderweitige gerichtliche Rechtsbehelf" ist hier Art 79–82) und Art 78 (gleichfalls ErwGr 141) setzt fort mit dem Recht auf wirksamen Rechtsbehelf gegen den Beschluss einer Aufsichtsbehörde, dies unbeschadet eines anderweitigen verwaltungsrechtlichen oder außergerichtlichen Rechtsbehelfs. Schon das Wort **„Beschluss"** spricht für die Zuständigkeit des **Verwaltungsgerichts**, während Art 79 (wieder ErwGr 141), unbeschadet eines verfügbaren verwaltungsrechtlichen oder außergerichtlichen Rechtsbehelfs einschließlich des Beschwerderechts bei einer Aufsichtsbehörde, das **Klagerecht** gegen einen Verantwortlichen oder einen Auftragsverarbeiter gewährt, die sich datenschutzrechtswidrig verhalten oder verhalten haben. Daher Zuständigkeit des **ordentlichen Gerichts**.

Die Trennung zwischen Verwaltungsgericht und ordentlichem Gericht ist daher ganz klar und es kann zu keinen Überschneidungen oder sukzessiven Zuständigkeiten kommen. Daran können auch die im Abschnitt 2 des Kapitels VI aufgezählten Aufgaben und Befugnisse der Unabhängigen Aufsichtsbehörden nichts ändern.

Art 57 (ErwGr 129) behandelt zahlreiche, zT neue, rein verwaltungsrechtliche Aufgaben; Abs 1 lit f (Beschwerden einer betroffenen Person) deckt sich mit Art 77 und § 31 DSG 2000.

Untersuchungsbefugnisse (Art 58 Abs 1, gleichfalls ErwGr 129) stehen der Datenschutzbehörde auch nach geltendem Recht zu. Zum Passus im ErwGr 129 *„Untersuchungsbefugnisse im Hinblick auf den Zugang zu Räumlichkeiten sollten im Einklang mit besonderen Anforderungen im Verfahrensrecht der Mitgliedstaaten ausgeübt werden, wie etwa dem Erfordernis einer vorherigen richterlichen Genehmigung"* sei auf die §§ 119 f StPO verwiesen. Die Abhilfebefugnisse des Abs 2 kann man auch aus § 30 DSG 2000, insb dessen Abs 6 (diese Empfehlung ergeht nicht in Bescheidform, ein Mandatsbescheid könnte letztlich wieder nur im Rahmen der Verwaltungsgerichtsbarkeit angefochten werden) sowie aus § 31a iVm § 22 und 22a DSG 2000 herauslesen (vgl dazu § 32 Abs 7 DSG 2000).

Zu Art 58 Abs 5 ist schließlich auf § 32 Abs 5 DSG 2000 zu verweisen. Alles – nach der derzeitigen Gesetzeslage und im Einklang mit Art 28 Abs 4 1. Satz der DSRL 95/46/EG – Verwaltungssache. Erst wenn Grundrechte in einem nicht öffentlichen Bereich verletzt werden und/oder aus diesem Grund Schadenersatz begehrt wird, steht der Weg zum ordentlichen Gericht offen. Ob nun Art 58 Abs 2 lit g nur für den öffentlichen Bereich gelten soll, muss der Gesetzgeber klären.

Die Zuständigkeit bestimmt eindeutig, was zum **ordentlichen Justizbereich** gehört und was als **Verwaltungssache** der **Verwaltungsgerichtsbarkeit** unterliegt![4])

Beispiel:

Für die Durchsetzung des Grundrechts auf Auskunft ist auch für den privaten Bereich die Datenschutzbehörde zuständig, für die Grundrechte auf Berichtigung und Löschung sind dagegen die ordentlichen Gerichte zuständig (§ 31 Abs 1 bzw § 32 Abs 1 DSG 2000).

Soweit die Betrachtung aus österreichischer Sicht zum jetzigen Zeitpunkt; fraglich bleibt, welche Bewandtnis es mit den mehreren Vorbehalten („unbeschadet") im VIII. Kapitel hat. Dies insb in Art 79: *„Jede betroffene Person hat unbeschadet eines verfügbaren verwaltungsrechtlichen oder außergerichtlichen Rechtsbehelfs einschließlich des Rechts auf Beschwerde bei einer Aufsichtsbehörde gemäß Artikel 77 das Recht auf einen wirksamen gerichtlichen Rechtsbehelf wenn sie* [...]".

Ganz abgesehen davon, dass die englische Version „without prejudice" viel härter klingt, ist zu fragen, welcher verfügbare verwaltungsrechtliche Rechtsbehelf noch gemeint ist (gütliche Einigung iSd ErwGr 131?); die in Frage kommenden außergerichtlichen Rechtsbehelfe, insb Mediation und Schiedsgericht, wurden bereits oben aufgezählt. Der gerichtliche Rechtsbehelf ist hier jedenfalls die Klage vor dem ordentlichen Gericht.

Das Wort „unbeschadet" in Art 22 DSRL hatte übrigens dort seine Berechtigung, weil es klar das verwaltungsrechtliche Beschwerdeverfahren vom Verfahren bei Gericht abgrenzt (ordentliches Gericht, damals gab es noch keine Verwaltungsgerichtsbarkeit im heutigen Sinne).

Daher nochmals, Doppelgleisigkeit oder res iudicata sind kein österreichisches Problem! Abzuwarten bleibt allerdings trotzdem, in welcher Weise alle Mitgliedstaaten ihr jeweiliges Datenschutzrecht anpassen. Sollten dabei parallele Rechtswege eingeführt oder bereits bestehende bestätigt werden, müsste der EuGH im Vorabentscheidungsverfahren Abhilfe schaffen.

Dem **Recht** auf einen **wirksamen gerichtlichen Rechtsbehelf** gegen den Verantwortlichen oder Auftragsverarbeiter gem **Art 79 Abs 1** (ErwGr 4), wenn also eine betroffene Person der Ansicht ist, dass die ihr aufgrund der DSGVO zustehenden Rechte infolge einer nicht verordnungskonformen Verarbeitung ihrer personenbezogenen Daten verletzt wurden, entspricht das DSG 2000 mit seinen §§ 32 bis 34.

Besondere Verfahrensvorschriften sind nach der DSGVO nur jene zur **Zuständigkeit** (**Art 79 Abs 2**, ErwGr 145) sowie zur **Vertretung** der betroffenen Person (**Art 80,** ErwGr 8 und 142) und zur **Aussetzung** des Verfahrens nach **Art 81** (ErwGr 144).

A. Zuständigkeit

Für Klagen gegen einen Verantwortlichen oder gegen einen Auftragsverarbeiter sind die Gerichte des Mitgliedstaates (kurz MS) zuständig, in dem einer der oben Genannten eine **Niederlassung** hat. Wahlweise ist auch das Gericht des MS zuständig, in dem die betroffene Person ihren **Aufenthaltsort** hat. Dies gilt allerdings dann nicht, wenn es sich beim Beklagten um eine **Behörde** handelt, die in Ausübung ihrer hoheitlichen Befugnisse tätig geworden ist.

[4]) Zur Kontrolle des Datenschutzrechts durch Gerichte und Verwaltungsbehörden nach der Verwaltungsreform siehe *Weiss* in Dako 1/2014, 8.

B. Vertretung

Nach **Art 80 Abs 1** können zB Vereine (analog dem österreichischen Verein für Konsumenteninformation [VKI], der neben Beratung Musterprozesse führt, „Sammelklagen" organisiert oder nach Abmahnung mit Verbandsklagen vorgeht) mit ihrem satzungsgemäßen Ziel des Schutzes der Rechte und Freiheiten von betroffenen Personen bezüglich ihrer **personenbezogenen Daten** von einem Betroffenen beauftragt werden, in seinem Namen bei Behörden bzw Gerichten aufzutreten. Die MS können sogar vorsehen **(Abs 2),** dass eine solche Institution auch ohne besonderen Auftrag, also quasi von Amts wegen, einschreiten darf.

Anmerkung iSd ErwGr 8: Für eine solche in der DSGVO vorgesehene Verbandsklage müsste allerdings eine dem § 502 Abs 5 Z 3 ZPO nachempfundene Norm in die Zulässigkeitsbestimmungen der ZPO für eine Revision an den OGH aufgenommen werden, wonach die Abs 2 und 3 des § 502 ZPO auch für diese Fälle einer Verbandsklage nicht gelten sollen.

Diese Absätze sehen nämlich eine Revisionsbeschränkung aufgrund des Wertes des Streitgegenstandes, über den das Berufungsgericht entschieden hat, vor. Das Berufungsgericht hat daher nur zu entscheiden, ob die ordentliche Revision zulässig ist oder nicht (Zulassungsrevision). Gem § 502 Abs 1 ZPO ist nämlich die Revision generell nur dann zulässig, wenn die Entscheidung von der Lösung einer Rechtsfrage des materiellen Rechts oder des Verfahrensrechts abhängt, der zur Wahrung der Rechtseinheit, Rechtssicherheit oder Rechtsentwicklung erhebliche Bedeutung zukommt; zB wenn das Berufungsgericht von der Rsp des OGH abweicht oder eine solche Rsp fehlt oder uneinheitlich ist (Grundsatzrevision).

Verneint das Berufungsgericht die Zulässigkeit der ordentlichen Revision, so kann gem § 505 Abs 4 ZPO eine außerordentliche Revision erhoben werden.

C. Aussetzung

Diese Bestimmung betrifft ausschließlich die Verwaltungsgerichte (arg *„Hat ein mit einem Verfahren gegen die Entscheidung einer Aufsichtsbehörde befasstes Gericht* [...]" in ErwGr 144).

Schon aus ökonomischen Gründen sollen **Parallelverfahren** mit allenfalls divergierenden Entscheidungen verhindert werden, und so können, nach einem bereits anhängigen Verfahren in einem MS, neu eingeleitete Verfahren in einem anderen MS ausgesetzt (unterbrochen) oder sogar verbunden werden.

Vgl für das ordentliche Gericht folgende Bestimmungen der ZPO: §§ 168–170 (Ruhen des Verfahrens), § 187 (Verbindung zur gemeinsamen Verhandlung), § 189 (Beschränkung auf einzelne Streitpunkte, zB auf die Frage der rechtskräftig entschiedenen Streitsache) und § 190 (Unterbrechung des Verfahrens; hier insb bei einem präjudiziellen, bereits anhängigen Verwaltungsverfahren bis zu dessen rechtskräftiger Entscheidung).

D. Innerstaatliche Verfahrensvorschriften und Zuständigkeit

Im Übrigen gelten somit im **innerstaatlichen Bereich** – neben dem (derzeitigen) DSG 2000 – die österreichische ZPO samt der JN, die EO und alle damit zusammenhängenden Nebengesetze wie das GOG oder das OGHG etc (s ErwGr 20).

Zufolge der sich aus der Rechtswegklausel des § 5 Abs 4 DSG 2000 ergebenden **Drittwirkung** sind Ansprüche gegen Auftraggeber des **privaten Bereichs** wegen Verletzung der Rechte des Betroffenen auf **Geheimhaltung** (§ 1), **Richtigstellung** oder **Löschung** (§ 27) von diesem bei den ordentlichen Gerichten geltend zu machen (nun wird der Betroffene zum Kläger).

Nicht zu vergessen die Durchsetzung des **Widerspruchsrechts** nach § 28 im privaten Bereich, dabei insb der Anspruch auf Löschung der Daten des Betroffenen. Ob dies im DSG 2000 so belassen wird, bleibt abzuwarten.

Bei der gegebenen Gesetzeslage ist in erster Instanz sachlich (Bezirksgericht oder Gerichtshof I. Instanz) zuständig das für die Ausübung der Gerichtsbarkeit in bürgerlichen Rechtssachen betraute **Landesgericht**. Bei der örtlichen Zuständigkeit zieht die DSGVO die Niederlassung des Beklagten vor, jedoch kann auch das Gericht jenes MS angerufen werden, in dem der Kläger seinen Aufenthaltsort hat (hier also – im Gegensatz zum DSG 2000 – der Wahlgerichtsstand).

Behörden in Ausübung hoheitlicher Befugnisse können allerdings nur in ihrem eigenen Land belangt werden.

Vereinbarungen über die örtliche Zuständigkeit sind im Rahmen des § 104 ZPO zulässig, nicht jedoch bezüglich der sachlichen Zuständigkeit, es kann also kein Bezirksgericht für die Zuständigkeit vereinbart werden.

Nach dem DSG 2000 fallen auch Klagen gegen die „betroffene Person" unter die verfahrensrechtlichen Bestimmungen des § 32; also zB für Klagen wegen Kostenersatz nach § 26 Abs 6.

Schließlich zählen zu den **Klagen** nach dem DSG 2000 nicht nur solche in Aktiv- und Passivprozessen zwischen Auftraggeber und Betroffenen, sondern in gleicher Weise auch jene zwischen Auftraggeber und Dienstleister sowie zwischen Dienstleister und Sub-Dienstleister (zB Forderungen des Auftragnehmers für Werklohn oder Gewährleistungs- bzw Garantieansprüche des Auftraggebers).

E. Unterlassung

Bei **datenschutzrechtswidriger Verwendung** steht dem Betroffenen weiters ein Anspruch auf **Unterlassung** und Beseitigung des der DSGVO widerstreitenden Zustandes zu.

Allgemein ist Voraussetzung für eine Unterlassungsklage die **Gefahr** bevorstehender widerrechtlicher Schädigung oder **Wiederholungsgefahr**, wobei es Sache des Täters ist, den Wegfall der Wiederholungsgefahr zu behaupten und zu beweisen.

Gem § 32 Abs 2 DSG 2000 besteht derzeit noch für das absolut geschützte Persönlichkeitsrecht auf Datenschutz iSd § 16 ABGB ein **verschuldensunabhängiger Unterlassungsanspruch**.

Dem Begriff **Beseitigung** würde ein Klagebegehren auf **Löschung** der gesetzwidrig verarbeiteten Daten entsprechen. Auch in diesem Fall ist kein Verschulden erforderlich.

F. Einstweilige Verfügung

Zur **Sicherung** der auf das DSG 2000 gestützten Ansprüche auf Unterlassung können **Einstweilige Verfügungen** (EV) erlassen werden. Das bedeutet ein schnelles Verfahren; eine – vorläufige – Entscheidung ist sogar ohne Anhörung des Gegners der gefährdeten Partei zulässig. Ob dies 2018 so bleibt, ist abzuwarten.

Durch das Rechtsinstitut der EV wird dem Betroffenen die Möglichkeit eingeräumt, zu einem Zeitpunkt, wo noch kein rechtskräftiges und vollstreckbares Urteil vorliegt, eine **Rechtsverletzung** zu **verhindern** oder zumindest in ihrem Umfang **einzuschränken**.

Während **Voraussetzung für die Bewilligung** einer EV nach § 381 EO die Notwendigkeit der Urteilsvollstreckung im Ausland oder objektive bzw subjektive Gefahr sind, wobei Sicherheitsleistung die Gefahrenbescheinigung nicht ersetzt, muss diese **Gefährdung** des Unterlassungsanspruchs nach dem DSG 2000 **nicht behauptet** und daher auch **nicht bescheinigt** werden.

Bei einer EV wegen **sonstiger zivilrechtlicher Ansprüche** nach dem DSG 2000, zB Beseitigung gem § 32 Abs 2 oder Schadenersatz nach § 33 Abs 1, gilt allerdings die Bestimmung des § 381 EO uneingeschränkt, also **Anspruchs- und Gefahrenbescheinigung**!

G. Umfang des Schadenersatzes

Eine **Erweiterung des Schadenersatzrechts** bringt **Art 82** (ErwGr 146) durch die Einführung eines Schadenersatzes nicht nur für materiellen, sondern auch für **immateriellen** Schaden. Ansonsten deckt sich Abs 1 des Art 82 mit § 33 Abs 1 1. Satz DSG 2000.

Vermögensschaden ist Nachteil an geldwerten Gütern. Der Schädiger hat Ersatz in Geld zu leisten. Zu unterscheiden ist einerseits zwischen dem **positiven Schaden**, als dem Nachteil, den jemand an Vermögen oder an Rechten erleidet, wobei schon vorhandenes Vermögen vermindert wird, und andererseits dem **Entgang des Gewinns**, der vorliegt, wenn der Eintritt einer Vermögensvermehrung verhindert wird. Während der Ersatz des Vermögensschadens schon bei **leichter Fahrlässigkeit** geleistet werden muss, ist für **„volle Genugtuung"**, also Ersatz des positiven Schadens und auch des entgangenen Gewinns, grobes Verschulden Voraussetzung, sohin **Vorsatz** („böse Absicht", mit Wissen und Willen iSd § 1294 ABGB) oder **grobe Fahrlässigkeit** (auffallende Sorglosigkeit). Dazu müsste der Kläger bisher bei einer auf § 33 Abs 1 1. Satz DSG 2000 gestützten Klage ein Sachvorbringen zum Verschulden erstatten und einen Schaden, das rechtswidrige Verhalten des Beklagten und den Kausalzusammenhang, also die Ursächlichkeit zwischen Schaden und Verhalten des Schädigers, also des Beklagten, nachweisen. Beweislastumkehr bei der Verschuldensfrage!

Nach herrschender Lehre und Rsp ist **immaterieller Schaden** grundsätzlich nicht Gegenstand des Ersatzes (der „Genugtuung"), sondern nur dort, wo das Gesetz dies ausdrücklich vorsieht, wie etwa in § 1325 ABGB (Schmerzengeld) oder im zweiten Satz des § 33 Abs 1 DSG 2000.

Ideeller Schadenersatz gebührt sohin nach der letzteren Gesetzesstelle, wenn durch die öffentlich zugängliche Verwendung von **sensiblen** oder **strafrechtlich** relevanten Daten oder solchen zur **Kreditwürdigkeit**, die schützwürdigen **Geheimhaltungsinteressen** des Betroffenen in einer Weise verletzt werden, die einer **Bloßstellung** iSd § 7 Abs 1 MedienG gleichkommt, uzw auch ohne Veröffentlichung in einem Medium. Für die erlittene Kränkung ist derzeit vom Auftraggeber der Datenverwendung eine **Entschädigung bis € 20.000,–** zu leisten.

Maßstab für den **höchstpersönlichen Lebensbereich** ist Art 8 EMRK. Der höchstpersönliche Lebensbereich des § 7 MedienG, der die Intimsphäre vor herabwürdigenden Eingriffen schützen soll, betrifft **Gesundheit, Sexualbereich, Wohnverhältnisse** und Angelegenheiten der Familienangehörigen; religiöse und politische Ansichten gehören zumindest soweit zum höchstpersönlichen Lebensbereich, als sie nicht nach außen durch offenes Bekenntnis in Erscheinung treten.

Weiters schützt seit dem Jahr 2004 der damals neu geschaffene § **1328a ABGB** die Privatsphäre. Das **Recht auf Wahrung der Privatsphäre** wird etwa verletzt durch das **Eindringen** eines „Hackers" in den privaten Computer einer natürlichen Person, um deren Daten und Korrespondenz mitzulesen oder gar zu überwachen; oder durch **Offenbaren**, darunter ist das Mitteilen von Tatsachen aus den oben dargestellten höchstpersönlichen Bereichen an einen Dritten zu verstehen, dem diese Umstände neu, zumindest aber noch nicht sicher bekannt sind; **Verwerten** von Umständen des Privatlebens ist jedes Ausnützen des Geheimnisses.

Für Verstöße gebührt dem Betroffenen **Ersatz** sowohl eines **materiellen** als auch eines **ideellen** (immateriellen) Schadens, wobei der Ersatzanspruch für letzteren der **Höhe nach nicht begrenzt ist**; der Betroffene braucht diesbezüglich das Klagebegehren nur auf „angemessene Entschädigung" zu richten, das Gericht spricht dafür einen Pauschalbetrag nach **freiem Ermessen** zu, dies ohne Beweisverfahren über die Höhe der Entschädigung.[5])

Art 82 Abs 2 stellt die **Passivlegitimation** klar und schwächt die volle **Haftung des Dienstleisters** etwas ab, **Abs 3** entspricht dem 3. Abs des § 33 DSG 2000, die **Leutehaftung** ist für die DSGVO kein Thema (anders § 33 Abs 2 DSG 2000), dafür bringt **Abs 4** die **Solidarhaftung** für alle Beteiligten; sicher eine Erleichterung für die Klagsführung im Schadenersatzprozess; bedeutet aber weiteren Streit im **Regressverfahren** nach **Abs 5. Abs 6** entspricht wieder dem Abs 4 des § 33 DSG 2000 (vgl zu Art 82 auch ErwGr 146).

H. Amtshaftung

Festzuhalten ist, dass alle Schadenersatzklagen auch im Bereich der **Amtshaftung** Bedeutung haben können, wobei noch unklar ist, ob die Bestimmungen des DSG 2000 so bleiben, uzw:

1. Verstoß gegen das **Grundrecht auf Geheimhaltung** des § 1 DSG 2000 iVm § 1311 ABGB, dies **auch bei nicht automationsunterstützt verarbeiteten Daten**. Das Recht auf Datenschutz ist ein **Persönlichkeitsrecht** und genießt als **absolutes Recht** Schutz gegen Eingriffe Dritter. Wer ein Schutzgesetz verletzt, haftet gem § 1311 Satz 2 zweiter Fall ABGB. Nach dieser Gesetzesstelle muss der Schädiger den Beweis erbringen, dass ihn an der Übertretung des Schutzgesetzes, das die Rechtswidrigkeit indiziert, kein Verschulden trifft.
2. Bei **automationsunterstützter Datenverwendung** (insb bei einer Übermittlung) Klage auf Ersatz des materiellen Schadens gem § 33 Abs 1 Satz 1, jedoch mit Beweislastumkehr (§ 33 Abs 3).
3. Bei **automationsunterstützter Datenverwendung** Klage auf Ersatz des ideellen Schadens gem § 33 Abs 1 Satz 2 und 3, wieder mit Beweislastumkehr.
4. Klage nach § 1328a ABGB (**Recht auf Wahrung der Privatsphäre**) auf Ersatz eines materiellen Schadens und auf Ersatz des ideellen Schadens.
5. Klage gestützt auf Art 82 DSGVO gegen den **Verantwortlichen** oder gegen den **Auftragsverarbeiter**; materieller oder immaterieller Schaden.[6])

Abschließend sei bemerkt, dass die DSGVO auch nicht in die Frage der **Verjährung** eingreift, es bleibt also gem § 34 Abs 1 DSG 2000 bei der einjährigen Frist ab Kenntnis für die Klagseinbringung und bei der absoluten Verjährung nach drei Jahren ab Ereignis, sofern diese Bestimmung im DSG 2000 nicht geändert wird.

---

[5]) Das vermag gleich Richtlinie für die direkte Anwendung des Art 82 Abs 1 für die Gerichte sein, wenn sie nun über den erweiterten immateriellen (ideellen) Schaden zu befinden haben!

[6]) Zur **Amtshaftung** siehe *Dohr/Pollirer/Weiss/Knyrim*, DSG[2] (Loseblatt 19. Erg.-Lfg. 2016), Anm 10 zu § 33.

Gerichtlicher Rechtsschutz gegen eine Aufsichtsbehörde (Art 78)

Eva Souhrada-Kirchmayer

I. Einleitung

Schon das erste Datenschutz-Rechtsinstrument auf gemeinschaftsrechtlicher Ebene, die sog Datenschutzrichtlinie 95/46/EG[1]), sah in Art 22 vor, dass jede Person bei der Verletzung der Rechte, die ihr durch die für die betreffende Verarbeitung geltenden einzelstaatlichen Rechtsvorschriften garantiert sind, bei Gericht einen Rechtsbehelf einlegen kann.[2]) Dazu merkten *Dammann/Simitis* in ihrem Kommentar zur EG-Datenschutzrichtlinie an: „*Bei der Umsetzung verfügen die Mitgliedstaaten über einen gewissen Spielraum. Welche Gerichtszweige und welches Gericht in den verschiedenen Feldern zu wählen sind, bleibt der Festlegung durch einzelstaatliches Recht vorbehalten. Die Richtlinie verlangt nur, dass überhaupt ein Rechtsbehelf bei Gericht gegeben ist. Allerdings muss es sich um einen effektiven Rechtsbehelf handeln.* [...] *Über die verfahrensmäßige Ausgestaltung im Einzelnen sagt die Richtlinie nichts aus. Sie verbietet beispielsweise nicht, die Zulässigkeit des Rechtsbehelfs bei Gericht in bestimmten Fällen daran zu knüpfen, dass zuvor ein verwaltungsrechtliches Verfahren durchlaufen sein muss, wie z. B. das genannte Verfahren nach Art 28 Abs 4*" [Verfahren vor der Kontrollstelle, Anm.]." *Entscheidend ist allein, dass der Rechtsbehelf effektiv ausgestaltet ist.*"[3])

Die DSGVO enthält nunmehr zwei Bestimmungen zum gerichtlichen Rechtsschutz: einerseits Art 78 (*Recht auf wirksamen gerichtlichen Rechtsbehelf gegen eine Aufsichtsbehörde*), andererseits Art 79 (*Recht auf wirksamen gerichtlichen Rechtsbehelf gegen Verantwortliche oder Auftragsverarbeiter*). Dies legt den Schluss nahe, dass mit Art 79 etwas anderes gemeint sein müsste als der „konsekutive" Rechtsschutz gegen verbindliche Anordnungen der Aufsichtsbehörde.

Im Folgenden wird in diesem Beitrag auf Art 78 DSGVO und den gerichtlichen Rechtsschutz gegen verbindliche Anordnungen oder eine allfällige Untätigkeit der (österr) Aufsichtsbehörde beim dafür zuständigen Gericht näher eingegangen.

---

[1]) Richtlinie 95/46/EG des Europäischen Parlaments und des Rates vom 24.10.1995 zum Schutz natürlicher Personen bei der Verarbeitung personenbezogener Daten und zum freien Datenverkehr, ABl L 1995/281, 31.

[2]) Art 22 der RL lautet:
„*Rechtsbehelfe*
Unbeschadet des verwaltungsrechtlichen Beschwerdeverfahrens, das vor Beschreiten des Rechtsweges insbesondere bei der in Artikel 28 genannten Kontrollstelle eingeleitet werden kann, sehen die Mitgliedstaaten vor, daß jede Person bei der Verletzung der Rechte, die ihr durch die für die betreffende Verarbeitung geltenden einzelstaatlichen Rechtsvorschriften garantiert sind, bei Gericht einen Rechtsbehelf einlegen kann."

[3]) Ulrich Dammann/Spiros Simitis, Kommentar zur EG-Datenschutzrichtlinie, 260.

II. Zum Status Quo in Österreich

A. Verwaltungsgerichtsbarkeits-Novelle 2012[4])

Mit der Verwaltungsgerichtsbarkeits-Novelle 2012 fand eine umfassende Änderung der österr Bundesverfassung statt. Die wesentlichste Neuerung dieser Novelle, die größtenteils am 1. 1. 2014 in Kraft trat, stellte die Einführung einer zweistufig organisierten Verwaltungsgerichtsbarkeit (Einrichtung von elf Verwaltungsgerichten, gegen deren Entscheidungen es unter bestimmten Voraussetzungen einen Rechtszug an den Verwaltungsgerichtshof gibt). Der Novelle gingen jahrzehntelange Diskussionen in verschiedenen Kommissionen und Gremien, va auch im „Österreich-Konvent"[5]), voraus.

Bis zum Inkrafttreten der Novelle wurde die Verwaltungsgerichtsbarkeit grundsätzlich nur von einer Instanz – dem Verwaltungsgerichtshof – ausgeübt. Über die Verletzung verfassungsgesetzlich gewährleisteter Rechte durch einen Bescheid einer (in letzter Instanz zuständigen) Behörde entschied jedoch der Verfassungsgerichtshof („Sonderverwaltungsgerichtsbarkeit"). Bevor der Verfassungsgerichtshof bzw der Verwaltungsgerichtshof angerufen werden konnten, musste der administrative Instanzenzug durchlaufen worden sein, dh es mussten alle im Verwaltungsverfahren gegebenen Berufungs- bzw Einspruchsmöglichkeiten ausgeschöpft worden sein.

Über Berufungen bzw Einsprüche entschieden zumeist die übergeordneten Verwaltungsbehörden. Einen ersten wichtigen Zwischenschritt stellte die mit der Bundes-Verfassungsgesetz-Novelle 1988[6]) erfolgte Einführung der unabhängigen Verwaltungssenate in den Ländern dar. Davon abgesehen hatten der Bundes- und die Landesgesetzgeber auch Behörden wie den Unabhängigen Finanzsenat, Kollegialbehörden mit richterlichem Einschlag gem Art 133 Z 4 B-VG (alt) oder sonstige weisungsfreie Sonderbehörden als Berufungsinstanz eingerichtet. In diesen Behörden waren die Entscheidungsträger zwar weisungsfrei gestellt; da sie vor, während oder nach dieser Tätigkeit aber zumeist in der Verwaltung tätig waren (zT handelte es sich um Funktionen, die als Nebentätigkeit ausgeübt wurden), war ihre tatsächliche völlige Unabhängigkeit zu bezweifeln.

War die Verwaltungsgerichtsbarkeits-Novelle 2012 anfangs hauptsächlich von föderalistischen und allgemeinen rechtsstaatlichen Motiven geleitet, sind in der Folge die Erfüllung der Anforderungen, die Art 5, Art 6 und in jüngster Zeit auch Art 13 EMRK und das Unionsrecht[7]) an den Verwaltungsrechtsschutz stellen, sowie in den letzten Jahren die dringende Notwendigkeit einer Entlastung des Verwaltungsgerichtshofes als weitere Ziele hinzugetreten.[8])

Die Novelle sah für jedes Land ein Verwaltungsgericht erster Instanz und für den Bund zwei Verwaltungsgerichte erster Instanz (Bundesverwaltungsgericht [BVwG] und Bundesfinanzgericht) vor. Die unabhängigen Verwaltungssenate in den Ländern gingen in den Verwaltungsgerichten der Länder auf. An die Stelle des Asylgerichtshofes trat das BVwG. Das BVwG sollte jedenfalls an die Stelle des Bundesvergabeamtes treten, das

[4]) BGBl I 2012/51.

[5]) Der Österreich-Konvent war ein politischer Verfassungskonvent in Österreich, der von 2003 bis 2005 über Vorschläge für eine grundlegende Staats- und Verfassungsreform beriet.

[6]) BGBl 1988/685.

[7]) Vgl Art 47 der Charta der Grundrechte der Europäischen Union.

[8]) Erläuterungen zur Regierungsvorlage zur Verwaltungsgerichtsbarkeits-Novelle 2012, 1618 der Beilagen XXIV. GP, 3.

Bundesfinanzgericht an die Stelle des unabhängigen Finanzsenates. Die Zuständigkeiten der Kollegialbehörden mit richterlichem Einschlag und der sonst weisungsfrei gestellten Organe sollten, soweit sie eine rechtsprechende Tätigkeit ausüben, auf die Verwaltungsgerichte übergehen. Materienspezifischen Besonderheiten außerhalb der Finanzgerichtsbarkeit sollte durch die Möglichkeit der Einrichtung von Fachsenaten und der Mitwirkung von fachkundigen Laienrichtern sowie der Erlassung von Sonderverfahrensrecht Rechnung getragen werden können.[9])

In diesem Sinn ordnete die Verwaltungsgerichtsbarkeits-Novelle 2012 an, dass eine Reihe von unabhängigen Verwaltungsbehörden – deren Aufgaben durch die Verwaltungsgerichte übernommen würden – mit 1. 1. 2014 aufgelöst wurden, ohne dass dies eines weiteren Umsetzungsgesetzes bedurfte. Wenngleich den Erläuterungen der Regierungsvorlage zu entnehmen ist, dass Aufgaben der Behörden auf die Verwaltungsgerichte übergehen würden,[10]) musste ein Teil der Behörden durch Gesetz neuerlich eingerichtet werden, da die betreffenden Behörden auch Aufgaben wahrzunehmen haben, die aufgrund der Vorgaben der Verwaltungsgerichtsbarkeits-Novelle 2012 nicht auf die Verwaltungsgerichte übertragen werden konnten. So wurde etwa die Wiedereinrichtung der Schienen-Control Kommission, der Personalvertretungs-Aufsichtskommission als „Personalvertretungsaufsichtsbehörde" und eben auch der Datenschutzkommission als „Datenschutzbehörde" beschlossen. Die Aufgaben vieler anderer Behörden, wie z. B. die in zweiter Instanz zuständigen Disziplinarbehörden, werden tatsächlich von den Verwaltungsgerichten wahrgenommen.

Was nun die spezielle Zuständigkeit des BVwG betrifft, so ergibt sich aus Art 131 B-VG, dass dieses grundsätzlich (sofern es sich nicht um Angelegenheiten der öffentlichen Abgaben handelt) über Beschwerden gem Art 130 Abs 1 B-VG in Rechtssachen in den Angelegenheiten der Vollziehung des Bundes, die unmittelbar von Bundesbehörden besorgt werden, entscheidet (Art 131 Abs 2 und 3 B-VG).

B. Datenschutzbehörde[11])

An die Stelle der Datenschutzkommission trat ab 1. 1. 2014 eine monokratisch organisierte Datenschutzbehörde.[12]) Die Aufgaben der Datenschutzbehörde blieben im Wesentlichen – abgesehen von einer Ausweitung der Anhörungsrechte vor der Erlassung von Normen – dieselben wie die der Datenschutzkommission.

Verbindliche Entscheidungen (Bescheide) der Datenschutzbehörde, die in weiterer Folge vor dem Verwaltungsgericht „angefochten" werden können, ergehen zurzeit va in den Verfahren nach § 31 DSG 2000 (Beschwerden wegen behaupteter Verletzung des Rechts auf Geheimhaltung, Auskunftserteilung, Richtigstellung und Löschung durch Auftraggeber des öffentlichen Bereichs sowie wegen behaupteter Verletzung des Rechts auf Auskunftserteilung durch Auftraggeber des privaten Bereichs), aber auch im Bereich der Genehmigungen des internationalen Datenverkehrs (Datentransfers in Drittstaaten ohne angemessenes Datenschutzniveau) nach § 13 DSG 2000. Bescheidmäßig ist auch allenfalls über die Ablehnung von Registrierungen (§ 20 Abs 5 DSG 2000) und über Registrierungen unter der Erteilung von Auflagen (§ 21 Abs 2 DSG 2000) zu entscheiden. Gelegentlich werden auch Datenver-

---

[9]) Vgl Erläuterungen zur Regierungsvorlage, 3.

[10]) Vgl Erläuterungen zur Regierungsvorlage, 3.

[11]) §§ 35 ff DSG 2000.

[12]) DSG-Novelle 2014, BGBl I 2013/83.

wendungen für Zwecke wissenschaftlicher oder statistischer Untersuchungen (§ 46 Abs 3 DSG 2000) und die Zurverfügungstellung von Adressen zur Benachrichtigung und Befragung von Betroffenen (§ 47 Abs 3 DSG 2000) genehmigt. Weiters hat die Datenschutzbehörde in bestimmten Fällen auch die Kompetenz, Mandatsbescheide zu erlassen, etwa bei „Gefahr im Verzug" gem § 30 Abs 6a DSG 2000,[13]) aber auch im Fall von Berichtigungen des Datenverarbeitungsregisters gemäß § 22 Abs 3 DSG 2000 und von Anordnungen eines Bestreitungsvermerks gemäß § 31a Abs 3 DSG 2000. Gegen diese Mandatsbescheide gem § 57 AVG kann bei der Behörde, die den Bescheid erlassen hat, binnen zwei Wochen Vorstellung erhoben werden. Die Behörde hat binnen zwei Wochen nach Einlangen der Vorstellung das Ermittlungsverfahren einzuleiten, widrigenfalls der angefochtene Bescheid von Gesetzes wegen außer Kraft tritt. Auf Verlangen der Partei ist das Außerkrafttreten des Bescheides schriftlich zu bestätigen (§ 57 Abs 1 und 2 AVG). Gegen einen aufgrund des Ermittlungsverfahrens erlassenen Vorstellungsbescheid ist schließlich Beschwerde an das BVwG möglich.

Hingegen sind derzeit gem § 32 Abs 1 DSG 2000 Ansprüche wegen Verletzung der Rechte einer Person oder Personengemeinschaft auf Geheimhaltung, auf Richtigstellung oder auf Löschung gegen natürliche Personen, Personengemeinschaften oder Rechtsträger, **die in Formen des Privatrechts eingerichtet sind, soweit diese Rechtsträger bei der behaupteten Verletzung nicht in Vollziehung der Gesetze tätig geworden** sind, **auf dem Zivilrechtsweg geltend zu machen.**

Bei den von der Datenschutzbehörde bescheidmäßig erledigten Rechtssachen handelt es sich um solche, die unmittelbar von einer Bundesbehörde vollzogen werden. Mit den im Wesentlichen gleich gebliebenen Kompetenzen ist die Datenschutzbehörde – im Gegensatz zu einigen anderen europäischen Datenschutzbehörden – nicht in der Lage, in Beschwerdeverfahren gegen Rechtsträger des privaten Bereiches – mit Ausnahme des Auskunftsrechts – rechtsverbindliche Anordnungen zu treffen. Durch diesen Umfang der Befugnisse ist auch abgesteckt, inwieweit ein Rechtszug gegen Bescheide der Datenschutzbehörde an das BVwG möglich ist.

C. Bundesverwaltungsgericht

Während bis Ende 2013 gegen Bescheide der (damaligen) Datenschutzkommission eine direkte Beschwerde an den Verfassungsgerichtshof und/oder den Verwaltungsgerichtshof möglich war, ist nunmehr eine Beschwerdemöglichkeit an das mit Beginn 2014 eingerichtete BVwG vorgesehen.[14])

Auch bei Verletzung der Entscheidungspflicht durch die Datenschutzbehörde können die Parteien (nach mindestens sechs Monaten) Säumnisbeschwerde an das BVwG erheben (Art 130 Abs 1 Z 3 B-VG).

Beim BVwG entscheidet in Verfahren über Beschwerden gegen Bescheide sowie wegen Verletzung der Entscheidungspflicht in den Angelegenheiten des DSG 2000 ein Senat. Der Senat besteht aus einem/einer Vorsitzenden und je einem/einer fachkundigen Laienrichter/in aus dem Kreis der Arbeitgeber/innen und aus dem Kreis der Arbeitnehmer/innen. Die fachkundigen

[13]) § 30 Abs 6a DSG 2000 lautet: *„Liegt durch den Betrieb einer Datenanwendung eine wesentliche unmittelbare Gefährdung schutzwürdiger Geheimhaltungsinteressen der Betroffenen (Gefahr im Verzug) vor, so kann die Datenschutzbehörde die Weiterführung der Datenanwendung mit Bescheid gemäß § 57 Abs 1 des Allgemeinen Verwaltungsverfahrensgesetzes 1991 – AVG, BGBl. Nr. 51, untersagen."*

[14]) Gem Art 130 Abs 1 Z 1 B-VG erkennen die Verwaltungsgerichte über Beschwerden gegen den Bescheid einer Verwaltungsbehörde wegen Rechtswidrigkeit.

Laienrichter/innen werden auf Vorschlag der Wirtschaftskammer Österreich und der Bundeskammer für Arbeiter und Angestellte bestellt. Es sind entsprechende Vorkehrungen zu treffen, dass zeitgerecht eine hinreichende Anzahl von fachkundigen Laienrichtern/Laienrichterinnen zur Verfügung steht. Die fachkundigen Laienrichter/innen müssen eine mindestens fünfjährige einschlägige Berufserfahrung und besondere Kenntnisse des Datenschutzrechtes besitzen. Der/die Vorsitzende hat den fachkundigen Laienrichtern/Laienrichterinnen alle entscheidungsrelevanten Dokumente unverzüglich zu übermitteln bzw, wenn dies untunlich oder zur Wahrung der Vertraulichkeit von Dokumenten unbedingt erforderlich ist, zur Verfügung zu stellen (§ 39 DSG 2000).

Gegen Entscheidungen des BVwG in Datenschutzangelegenheiten kann nur dann zulässigerweise Revision an den Verwaltungsgerichtshof erhoben werden, wenn sie von der Lösung einer Rechtsfrage abhängt, der grundsätzliche Bedeutung zukommt, insb weil das Erkenntnis (der Beschluss) von der Rsp des Verwaltungsgerichtshofes abweicht, eine solche Rsp fehlt oder die zu lösenden Rechtsfrage in der bisherigen Rsp des Verwaltungsgerichtshofes nicht einheitlich beantwortet wird (Art 133 Abs 4 und 9 B-VG).

Revision können auch Parteien, die Auftraggeber des öffentlichen Bereichs sind, erheben. Soweit das BVwG keine ordentliche Revision zulässt, ist – bei Behauptung des Vorliegens einer Rechtsfrage, der grundsätzliche Bedeutung zukommt – die Einbringung einer außerordentlichen Revision an den Verwaltungsgerichtshof möglich. Weiters steht den Parteien die Möglichkeit offen, wegen behaupteter Verletzung eines verfassungsgesetzlich gewährleisteten Rechtes gegen ein Erkenntnis oder einen Beschluss des BVwG eine Beschwerde an den Verfassungsgerichtshof zu erheben.

D. Vorlage an den Europäischen Gerichtshof

Gemäß Art 267 AEUV[15]) haben die Gerichte die Möglichkeit, dem Europäischen Gerichtshof (EuGH) Fragen zu Interpretation europäischen Rechtes vorzulegen, die sie für ihre Entscheidung für erforderlich halten. Höchstgerichte haben in einem derartigen Fall sogar die Verpflichtung, derartige Fragen dem EuGH vorzulegen. Daher hat das BVwG in Datenschutzangelegenheiten die Möglichkeit, dem EuGH derartige Fragen vorzulegen, während etwa Verwaltungsgerichtshof oder Verfassungsgerichtshof gegebenenfalls sogar dazu verpflichtet wären, bevor sie eine Entscheidung treffen.[16])

III. DSGVO

A. Das Recht auf wirksamen gerichtlichen Rechtsbehelf gegen eine Aufsichtsbehörde

Art 78 DSGVO lautet:

„Artikel 78 Recht auf wirksamen gerichtlichen Rechtsbehelf gegen eine Aufsichtsbehörde

(1) Jede natürliche oder juristische Person hat unbeschadet eines anderweitigen verwaltungsrechtlichen oder außergerichtlichen Rechtsbehelfs das Recht auf einen wirksamen

[15]) Vertrag über die Arbeitsweise der Europäischen Union, ABl C 2012/326, 47.

[16]) Überdies kann jedes befasste Gericht in Zukunft in bestimmten Fällen verpflichtet sein, den EuGH zu befassen; siehe dazu die Ausführungen in ErwGr 143 – siehe III.

gerichtlichen Rechtsbehelf gegen einen sie betreffenden rechtsverbindlichen Beschluss einer Aufsichtsbehörde.
(2) Jede betroffene Person hat unbeschadet eines anderweitigen verwaltungsrechtlichen oder außergerichtlichen Rechtbehelfs das Recht auf einen wirksamen gerichtlichen Rechtsbehelf, wenn die nach den Artikeln 55 und 56 zuständige Aufsichtsbehörde sich nicht mit einer Beschwerde befasst oder die betroffene Person nicht innerhalb von drei Monaten über den Stand oder das Ergebnis der gemäß Artikel 77 erhobenen Beschwerde in Kenntnis gesetzt hat.
(3) Für Verfahren gegen eine Aufsichtsbehörde sind die Gerichte des Mitgliedstaats zuständig, in dem die Aufsichtsbehörde ihren Sitz hat.
(4) Kommt es zu einem Verfahren gegen den Beschluss einer Aufsichtsbehörde, dem eine Stellungnahme oder ein Beschluss des Ausschusses im Rahmen des Kohärenzverfahrens vorangegangen ist, so leitet die Aufsichtsbehörde diese Stellungnahme oder diesen Beschluss dem Gericht zu."
Wie in ErwGr 143 zur DSGVO klargestellt wird, umfasst das Recht auf einen wirksamen gerichtlichen Rechtsbehelf nicht rechtlich nicht bindende bzw. durchsetzbare Maßnahmen der Aufsichtsbehörden wie von ihr abgegebene Stellungnahmen oder Empfehlungen. Wie bereits aus dem Wortlaut des Art 78 hervorgeht, können daher nur rechtsverbindliche Beschlüsse der Aufsichtsbehörde bei Gericht „angefochten" werden. Weiters wird in ErwGr 143 ausgeführt: *„Verfahren gegen eine Aufsichtsbehörde sollten bei den Gerichten des Mitgliedstaats angestrengt werden, in dem die Aufsichtsbehörde ihren Sitz hat, und sollten im Einklang mit dem Verfahrensrecht dieses Mitgliedstaats durchgeführt werden. Diese Gerichte sollten eine uneingeschränkte Zuständigkeit besitzen, was die Zuständigkeit, sämtliche für den bei ihnen anhängigen Rechtsstreit maßgebliche Sach- und Rechtsfragen zu prüfen, einschließt. Wurde eine Beschwerde von einer Aufsichtsbehörde abgelehnt oder abgewiesen, kann der Beschwerdeführer Klage bei den Gerichten desselben Mitgliedstaats erheben. Im Zusammenhang mit gerichtlichen Rechtsbehelfen in Bezug auf die Anwendung dieser Verordnung können einzelstaatliche Gerichte, die eine Entscheidung über diese Frage für erforderlich halten, um ihr Urteil erlassen zu können, bzw müssen einzelstaatliche Gerichte in den Fällen nach Art 267 AEUV den Gerichthof*[17]) *um eine Vorabentscheidung zur Auslegung des Unionsrechts – das auch diese Verordnung einschließt – ersuchen."*

Inwieweit wirkt sich Art 78 nunmehr auf das bestehende Modell der Verwaltungsgerichtsbarkeit aus bzw wie ist es in dieses zu integrieren?

Soweit Art 78 Abs 1 auf *„jede natürliche oder juristische Person"* Bezug nimmt, ist davon auszugehen, dass damit gemeint ist, dass sowohl die beschwerdeführende betroffene Person als auch der „Beschwerdegegner" im Verfahren vor der Aufsichtsbehörde, der eine natürliche oder juristische Person sein kann, Beschwerde an das BVwG erheben können. Der *„Verantwortliche"* kann eine Einzelperson sein, aber auch etwa ein (in anderer Form organisiertes) Unternehmen oder eine Behörde. Hingegen kann mit der Formulierung nicht gemeint sein, dass auch juristische Personen als Beschwerdeführer bei der Aufsichtsbehörde fungieren können, da durch die DSGVO lediglich die personenbezogenen Daten natürlicher Personen geschützt werden (Art 1 Abs 1 DSGVO).[18])

---

[17]) Gemeint ist der EuGH.

[18]) Inwieweit über die DSGVO hinaus in Österreich ein Datenschutz juristischer Personen vorgesehen werden darf bzw werden wird, wie dies derzeit der Fall ist, scheint noch unklar, widerspräche jedenfalls dem europäischen Trend.

Die Regelung schließt nicht aus, dass neben dem gerichtlichen Rechtsbehelf auch noch *„anderweitige verwaltungsrechtliche oder außergerichtliche Rechtsbehelfe"* bestehen. Nach dem derzeitigen System der Verwaltungsgerichtsbarkeit ist in Österreich davon auszugehen, dass rechtsverbindliche Beschlüsse einer Verwaltungsbehörde prinzipiell nur durch eine Beschwerde an das zuständige Verwaltungsgericht „angefochten" werden können. Interessant wäre die Überlegung, ob komplementär dazu nicht auch „außergerichtliche Rechtsbehelfe" geschaffen werden sollten, um der betroffenen Person zu ermöglichen, im Rahmen eines quasi-schiedsgerichtlichen Verfahrens zu einer Einigung zu kommen und nicht zwingend den gerichtlichen Rechtsweg beschreiten zu müssen.

Da es sich bei dem angefochtenen Rechtsakt um einen auf die betroffene Person bezogenen „rechtsverbindlichen Beschluss" der Aufsichtsbehörde handeln muss, ist entsprechend dem österr Rechtssystem davon auszugehen, dass es sich hier um einen Bescheid handeln muss.

Art 78 Abs 2 sieht ebenfalls einen wirksamen gerichtlichen Rechtsbehelf für folgende zwei Fälle vor: einerseits für den Fall, dass sich die Aufsichtsbehörde nicht mit einer Beschwerde befasst, andererseits für den Fall, dass die Aufsichtsbehörde die betroffene Person nicht innerhalb von drei Monaten über den Stand oder das Ergebnis der bei ihr erhobenen Beschwerde in Kenntnis gesetzt hat. Bei beiden Fällen handelt es sich um Fälle einer „Säumnis" der Datenschutzbehörde. Wenngleich die Klarheit des Wortlautes des ersten Falles zu wünschen übrig lässt, ist diese Bestimmung dem Sinne nach wohl so zu interpretieren, dass sie auf den auch bisher bekannten Fall einer Säumnis der Behörde bezüglich einer fristgerechten Bescheiderlassung abzielt. Da hier keine spezielle Frist genannt wird, innerhalb derer die Behörde das Verfahren abschließen muss, könnte man davon ausgehen, dass die in Österreich vorgesehene Sechsmonatsfrist bestehen bleiben könnte. In diesem Fall wäre die Vorgangsweise bereits von der geltenden Rechtslage vorgezeichnet.

Hingegen bedeutet der zweite Fall nicht, dass die Behörde bereits mit der Entscheidung säumig ist, sondern vielmehr ihrer Verpflichtung nicht nachgekommen ist, die betroffene Person innerhalb von drei Monaten über den Verfahrensstand oder das Ergebnis zu informieren. Soweit auch in diesem Fall das BVwG angerufen werden können soll, das derzeit lediglich über Beschwerden gegen Bescheide der Datenschutzbehörde bzw über Säumnisbeschwerden wegen „Verletzung der Entscheidungspflicht durch die Datenschutzbehörde" entscheiden kann, stellt sich die Frage, ob die Norm des Art 78 Abs 2 bereits als Rechtsgrundlage für eine Zuständigkeit des BVwG ausreichen würde oder es angebracht wäre, gesetzlich eine ausdrückliche Zuständigkeit des BVwG in dieser Angelegenheit zu schaffen.[19]) Da die Regelung der DSGVO keine bestimmte Gerichtszuständigkeit normiert, wäre im Sinne der Klarheit wohl die letztgenannte Lösung anzustreben. Nachdem es sich hier auch um eine spezielle Art von Säumnis handelt, scheint es naheliegend, dass auch hier – so wie im Fall der bisherigen „Säumnisbeschwerde" – die Behörde innerhalb einer bestimmten Frist die versäumte Information nachholen kann.

Weiters sollte auch hier möglich sein, dass das BVwG der Datenschutzbehörde auftragen kann, innerhalb einer bestimmten Frist die betroffene Person über den Stand des Verfahrens zu informieren. Sollte das Gericht jedoch letztendlich angehalten sein, *„in der Sache selbst"* die begehrte Information liefern zu müssen, so würde dies bedeuten, dass die Akten

[19]) Gem Art 130 Abs 2 Z 1 B-VG können durch Bundes- oder Landesgesetz sonstige Zuständigkeiten der Verwaltungsgerichte zur Entscheidung über Beschwerden wegen Rechtswidrigkeit eines Verhaltens einer Verwaltungsbehörde in Vollziehung der Gesetze vorgesehen werden.

von der Datenschutzbehörde dem BVwG vorgelegt werden müssten, was das Verfahren bei der Aufsichtsbehörde verlängern und allenfalls tatsächlich zur Säumnis bezüglich einer zeitgerechten Bescheiderlassung führen würde. Sollten derartige Angelegenheiten – was sachlich wohl kaum zu rechtfertigen wäre – überdies auch von einem Senat entschieden werden, so würde dies schon aus organisatorischen Gründen zu einer weiteren Verzögerung führen.

Es ist zu hoffen, dass in der Praxis die Datenschutzbehörde aufgrund einer Beschwerde wegen Verletzung des Rechts, über den Verfahrensstand oder das Ergebnis des Verfahrens in Kenntnis gesetzt zu werden, unverzüglich ihrer Informationspflicht an die betroffene Person nachkommen wird, so dass es zu keinen bzw jedenfalls keinen aufwändigen Gerichtsverfahren in der derartigen Angelegenheiten kommen sollte.

Aus Art 78 Abs 3 ergibt sich, dass für Beschwerden gegen Bescheide der österr Datenschutzbehörde bzw wegen deren Untätigkeit auch weiterhin ein österr Gericht, dem innerstaatlichen Recht entsprechend das BVwG, zuständig wäre.

Komplett neu ist hingegen der Umstand, dass es zu Beschwerdeverfahren gegen einen Beschluss der Datenschutzbehörde, dem eine Stellungnahme oder ein Beschluss des Ausschusses im Rahmen des Kohärenzverfahrens[20]) vorangegangen ist, kommen kann. In einem derartigen Fall hat die Aufsichtsbehörde diese Stellungnahme oder diesen Beschluss dem BVwG zuzuleiten.

In ErwGr 143 wird dazu ausgeführt: „*Wird darüber hinaus der Beschluss einer Aufsichtsbehörde zur Umsetzung eines Beschlusses des Europäischen Datenschutzausschusses vor einem einzelstaatlichen Gericht angefochten und wird die Gültigkeit des Beschlusses des Ausschusses in Frage gestellt, so hat dieses einzelstaatliche Gericht nicht die Befugnis, den Beschluss des Ausschusses für nichtig zu erklären, sondern es muss im Einklang mit Art 267 AEUV in der Auslegung des Gerichtshofs den Gerichtshof*[21]) *mit der Frage der Gültigkeit befassen, wenn es den Beschluss für nichtig hält. Allerdings darf ein einzelstaatliches Gericht den Gerichtshof nicht auf Anfrage einer natürlichen oder juristischen Person mit Fragen der Gültigkeit des Beschlusses des Europäischen Datenschutzausschusses befassen, wenn diese Person Gelegenheit hatte, eine Klage auf Nichtigerklärung dieses Beschlusses zu erheben – insbesondere wenn sie unmittelbar und individuell von den Beschluss betroffen war –, diese Gelegenheit jedoch nicht innerhalb der Frist gemäß Art 263 AEUV genutzt hat.*“

Ebenso führen die Erwägungsgründe aus, wie in dem Fall vorzugehen sein wird, in dem das das BVwG in einem Verfahren gegen eine Entscheidung der Datenschutzbehörde Anlass zu der Vermutung hat, dass ein dieselbe Verarbeitung betreffendes Verfahren – etwa zu demselben Gegenstand in Bezug auf die Verarbeitung durch denselben Verantwortlichen oder Auftragsverarbeiter oder wegen desselben Anspruchs – vor einem zuständigen Gericht in einem anderen Mitgliedstaat anhängig ist. Diesfalls sollte das BVwG mit diesem Gericht Kontakt aufnehmen, um sich zu vergewissern, dass ein solches verwandtes Verfahren existiert (ErwGr 144). In ErwGr 144 wird dazu weiter ausgeführt: „*Sind verwandte Verfahren vor einem Gericht in einem anderen Mitgliedstaat anhängig, so kann jedes später angerufene Gericht das Verfahren aussetzen oder sich auf Anfrage einer Partei auch zu Gunsten des zuerst*

[20]) Siehe die Art 63 ff. Das Kohärenzverfahren ist ein Verfahren, in dem die Aufsichtsbehörden untereinander und ggf mit der Kommission zusammenarbeiten, um zur einheitlichen Anwendung der DSGVO in der gesamten Union beizutragen. Dabei kommen dem sog „Europäischen Datenschutzausschuss“ auch die Kompetenzen, Stellungnahmen zu erlassen oder sogar verbindliche Beschlüsse zu fassen, zu.

[21]) Gemeint ist der EuGH.

angerufenen Gerichts für unzuständig erklären, wenn dieses später angerufene Gericht für die betreffenden Verfahren zuständig ist und die Verbindung von solchen verwandten Verfahren nach seinem Recht zulässig ist. Verfahren gelten als miteinander verwandt, wenn zwischen ihnen eine so enge Beziehung gegeben ist, dass eine gemeinsame Verhandlung und Entscheidung geboten erscheint, um zu vermeiden, dass in getrennten Verfahren einander widersprechende Entscheidungen ergehen."

B. Befugnisse und Aufgaben der Datenschutzbehörde

Mit der DSGVO wird eine Stärkung der Aufsichtsbehörden und damit auch eine Erweiterung der Aufgaben und Befugnisse der österr Datenschutzbehörde vorgenommen.[22]) In Art 55 ff werden die Zuständigkeit, die Aufgaben und Befugnisse der Aufsichtsbehörden geregelt. Neben einer Reihe von neuen Genehmigungsbefugnissen hat die Datenschutzbehörde auch zahlreiche Anweisungsbefugnisse (etwa den Verantwortlichen oder den Auftragsverarbeiter anzuweisen, den Anträgen der betroffenen Person auf Ausübung der ihr nach dieser Verordnung zustehenden Rechte zu entsprechen; die Befugnis, Beschränkungen oder Verbote von Verarbeitungen zu verhängen und Zertifizierungen zu widerrufen, Geldbußen zu verhängen oder die Aussetzung der Übermittlung von Daten an einem Empfänger in einem Drittland anzuordnen). Der Umfang dieser Befugnisse und Aufgaben, die letztendlich durch einen Bescheid der Datenschutzbehörde auszuüben sind, ist damit deutlich angewachsen.

IV. Schlussfolgerungen

Wenngleich Art 78 grundsätzlich mit dem Konzept der österr Verwaltungsgerichtsbarkeit vereinbar ist, wird das BVwG diesbezüglich in vielen Bereichen Neuland betreten müssen. Neben der Tatsache, dass auch das Recht, über den Stand oder das Ergebnis des Verfahrens in Kenntnis gesetzt zu werden, gerichtlich geltend gemacht werden kann, und dass auch gegen Bescheide der Datenschutzbehörde, die aufgrund eines beim Europäischen Datenschutzausschuss durchgeführten Kohärenzverfahrens erlassen werden, Beschwerde an das BVwG erhoben werden kann, werden sich va generell die vielen neuen Befugnisse und Aufgaben der Datenschutzbehörde, die durch Bescheid zu erledigen sind, auch auf das BVwG auswirken. Dazu gehören ua Bescheide, mit denen über Datenschutzverletzungen durch Private verbindlich abgesprochen wird (bisher war dies nur im Bereich des Auskunftsrechts möglich) und va jene Bescheide, mit denen die Datenschutzbehörde Geldbußen verhängt. Gerade in diesem Bereich wird der Verantwortliche, über den eine Geldbuße verhängt wurde, dazu neigen, Beschwerde zu erheben, da es sich hier nicht mehr „bloß" um die Feststellung einer Rechtsverletzung, sondern unter Umständen um die Zahlung erheblicher bis sogar extrem hoher Geldbeträge handelt.

Unter der Annahme, dass – wie dies nach dem derzeitigen System der Verwaltungsgerichtsbarkeit vorgesehen ist – weiterhin alle Bescheide der Datenschutzbehörde beim BVwG mit einer Beschwerde bekämpft werden können, wäre ein signifikantes Ansteigen der Beschwerdeverfahren im Datenschutzbereich zu erwarten. Überdies sind – auch aufgrund der

[22]) Siehe dazu den Beitrag von *Flendrovsky* in diesem Buch.

Interpretationsbedürftigkeit mehrerer Bestimmungen der DSGVO – eine Reihe von Vorlageverfahren an den EuGH zu erwarten.[23])

Mit Inkrafttreten und Wirksamwerden der DSGVO wird daher nicht nur die Datenschutzbehörde, sondern werden auch die überprüfenden Gerichte neue und beachtliche Herausforderungen zu bewältigen haben.

[23]) Diese Vorlagen könnten – wie bereits angesprochen – durch das BVwG, aber auch durch den Verwaltungsgerichtshof und den Verfassungsgerichtshof erfolgen.

Geldbußen und andere Sanktionen

Ursula Illibauer

I. Geldbußen (Art 83)

A. Einleitung

In diesem Kapitel wird deutlich, dass der europäische Gesetzgeber eine intensivere Befassung der für die Verarbeitung Verantwortlichen mit datenschutzrechtlichen Bestimmungen im Auge hatte, koste es, was es wolle. Der unionsweite wirksame Schutz der personenbezogenen Daten sei ihm zufolge demnach nur gewährleistet, wenn einerseits die **Rechte** der betroffenen Personen präzisiert und gestärkt werden. Andererseits muss eine **Verschärfung der Verpflichtungen** für die Verantwortlichen garantiert und müssen die **Befugnisse der Aufsichtsbehörden** zur Überwachung bzw Gewährleistung dieser Verpflichtungen (insb durch gleiche Sanktionen in allen Mitgliedstaaten) sichergestellt werden (ErwGr 11).

Die **Strafbestimmungen** wurden entsprechend jenen des EU-Kartellrechts **massiv erhöht**, die abschreckende Wirkung jedenfalls unbestreitbar intensiviert. Strafen sollen „wehtun", sollen nicht mehr in Kauf genommen werden können.[1]) Jede Aufsichtsbehörde ist nach der DSGVO verpflichtet sicherzustellen, dass die Verhängung von Geldbußen in jedem Einzelfall **wirksam, verhältnismäßig und abschreckend** ist. Etwaige frühere (durch die Europäische Kommission oder durch das Europäische Parlament vorgeschlagene) Erleichterungen für bspw kleine und mittelgroße Betriebe (KMU)[2]) oder für Besitzer eines Datenschutzsiegels (iSd Art 42) wurden fallen gelassen. Auch die Möglichkeit, Verwarnungen auszusprechen, wurde stark eingeschränkt und ist nur mehr in einem Erwägungsgrund ersichtlich (ErwGr 150).

Unternehmen ist es dringend anzuraten, diese Strafbestimmungen ernst zu nehmen und ihre sämtlichen betrieblichen Datenanwendungen gründlich zu prüfen, um **existenzgefährdende Geldbußen** und **sonstige Sanktionen** zu vermeiden – vom Imageschaden, den ein Unternehmen in solchen Fällen erleidet, gar nicht zu reden. Wichtig ist auch, Mitarbeiter entsprechend in Datenschutz-Awareness und Datensicherheit zu schulen. Flüchtigkeitsfehler dürfen grundsätzlich nicht mehr passieren; man denke hier bspw nur an das Versenden einer Rundmail mit für jeden Beteiligten erkennbaren E-Mailadressen oder die vergessene Kennzeichnung einer Videoüberwachungsanlage, was nun im Einzelfall sehr teuer werden kann.

Grundsätzlich wird bei den Sanktionen auch nicht unterschieden, ob der Verantwortliche **Klein- oder Kleinstunternehmer** ist, es bestehen dieselben Pflichten. Die Verordnung enthält lediglich den Hinweis, dass die Mitgliedstaaten und deren Aufsichtsbehörden dazu angehalten seien, die besonderen Bedürfnisse jener Unternehmen zu berücksichtigen

---

[1]) *Faust/Spittka/Wybitul*, Milliardenbußgelder nach der DS-GVO, ZD 3/2016, 120.

[2]) Für die Definition des Begriffs „**Kleinstunternehmen sowie kleine und mittlere Unternehmen**" ist Art 2 des Anhangs zur Empfehlung 2003/361/EG der Kommission maßgeblich.

(ErwGr 13). Inwiefern das im Rahmen derart weitgehender Strafbestimmungen möglich ist, sei dahingestellt.

In der Ausübung der eigenen Befugnisse hat die Aufsichtsbehörde angemessene **Verfahrensgarantien**, inklusive wirksamer gerichtlicher Rechtsbehelfe und ordnungsgemäßer (kurzer) Verfahren, zu gewährleisten (Art 83 Abs 8).

B. Befugnisse der Aufsichtsbehörden

Zusätzlich zu den „**Abhilfebefugnissen**" der Aufsichtsbehörden (Art 58 Abs 2 Buchstabe a–h und i[3])), welche da wären:

- die Möglichkeit, eine **Verwarnung** auszusprechen,
- diverse **Anweisungsbefugnisse** gegenüber dem Verantwortlichen oder den Auftragsverarbeiter[4]),
- **Beschränkungen** der Verarbeitung anzuordnen,
- die **Berichtigung oder Löschung** von personenbezogenen Daten oder die Einschränkung der Verarbeitung anzuordnen und
- Zertifizierungen zu widerrufen,

kann diese nun auch **Geldbußen** verhängen.

Das stellt angesichts der bisherigen **Teilung der Befugnisse** zwischen den Gerichten, den Bezirksverwaltungsbehörden und der Datenschutzbehörde eine tatsächliche Premiere dar. Bislang war für die Verhängung von Verwaltungsstrafen die **Bezirksverwaltungsbehörde**, in deren Sprengel der Auftraggeber (oder Dienstleister) seinen gewöhnlichen Aufenthalt oder Sitz hat, zuständig.[5]) Es stellt sich die Frage, ob hier **Parallelverfahren** Tür und Tor geöffnet wurde.

Die Verordnung selbst berücksichtigt lediglich den Grundsatz **„ne bis in idem"**,[6]) das **Doppelbestrafungsverbot** (wörtlich „*nicht zweimal in derselben Sache*"), insofern, als in der Verhängung von strafrechtlichen und verwaltungsrechtlichen Sanktionen darauf Rücksicht zu nehmen ist (ErwGr 149).

C. Strafbestimmungen im DSG 2000

Die Strafbestimmungen des österreichischen DSG 2000 sind zweigeteilt:

- **Strafbestimmungen bei Datenverwendung in Gewinn- oder Schädigungsabsicht** (§ 51 DSG 2000, es muss ein Vorsatz vorliegen, sich unrechtmäßig zu bereichern oder jemand anderen zu schädigen) und
- Verwaltungsstrafbestimmung (§ 52 DSG 2000).

---

[3]) Vgl hierzu den Beitrag von *Flendrovsky* in diesem Buch.

[4]) Der **Auftragsverarbeiter** ist nach der neuen Definition in Art 4 Z 8 eine natürliche oder juristische Person, Behörde, Einrichtung oder andere Stelle, die personenbezogene Daten im Auftrag des Verantwortlichen verarbeitet und entspricht im Wesentlichen jener des **Dienstleisters** in § 4 Z 5 DSG 2000.

[5]) Wenn kein Sitz im Inland gegeben ist, so entscheidet die Bezirksverwaltungsbehörde am Sitz der Datenschutzbehörde, vgl § 52 Abs 5 DSG 2000.

[6]) In ErwGr 149 wird lediglich auf die „Auslegung des Gerichtshofs" verwiesen, gemeint sind damit wohl ua die Entscheidungen EuGH 9.3.2006, C-436/04, *van Esbroeck*; EuGH C-187/01 und C-385/01, *Gözütok und Brügge*, Slg 2003, I-1345; EuGH C-469/03, *Miraglia*, Slg 2005, I-2009; EuGH C-436/04, *Van Esbroeck*, Slg 2006, I-2333; EuGH C-467/04, *Gasparini ua*, Slg 2006, I-9199; EuGH C-150/05, *van Straaten*, Slg 2006, I-9327; EuGH C-288/05, *Kretzinger*, Slg 2007, I-6441; EuGH C-367/05, *Kraaijenbrink*, Slg 2007, I-6619; EuGH C-297/07, *Bourquain*, Slg 2008, I-9425 sowie EuGH C-491/07, *Turansk"*, Slg 2008, I-11039.

Gerichtlich strafbar ist die Datenverwendung unter besonders verwerflicher Absicht, ein **Offizialdelikt**, das seit 2010 auch ohne Ermächtigung des Verletzten verfolgt werden kann. Durch die Angleichung an das Strafgesetzbuch (StGB) handelt bereits vorsätzlich, „*wer einen Sachverhalt verwirklichen will, der einem gesetzlichen Tatbild entspricht; dazu genügt es, dass der Täter diese Verwirklichung ernstlich für möglich hält und sich damit abfindet*“ (§ 5 Abs 1 StGB).

- Eine **Geldstrafe bis zu € 25.000,–** kann verhängt werden, wenn jemand (§ 52 Abs 1 DSG 2000) bspw[7])
  - sich **vorsätzlich widerrechtlichen Zugang** zu Daten verschafft oder aufrechterhält (zB Hacking) oder
  - vorsätzlich das Datengeheimnisses verletzt oder
  - Daten **trotz eines Urteils oder Bescheids** verwendet, nicht beauskunftet, nicht richtigstellt oder nicht löscht oder trotz eines gestellten Auskunftsanspruchs **vorsätzlich löscht**.
- Eine **Geldstrafe bis zu € 10.000,–**[8]) kann verhängt werden, wenn jemand beispielsweise:
  - Daten **ohne Meldung** (nach § 17 DSG 2000) ermittelt, verarbeitet oder übermittelt oder
  - Daten ohne Genehmigung (nach § 13 Abs 1 DSG 2000) ins **Ausland** übermittelt oder überlässt oder
  - **Offenlegungs- oder Informationspflichten** (§§ 23, 24, 25 oder 50d DSG 2000) verletzt oder
  - die erforderlichen **Sicherheitsmaßnahmen** außer Acht lässt.
- Wenn nicht fristgerecht dem **Auskunfts-, Richtigstellungs-, Löschungs- oder Widerspruchsbegehren** entsprochen wird, dann kann eine Verwaltungsstrafe iHv € 500,– verhängt werden (§ 52 Abs 2a DSG 2000).

Weiters kann auch der **Verfall von Datenträgern und Programmen sowie Bildübertragungs- und Bildaufzeichnungsgeräten** ausgesprochen werden (§ 52 Abs 4 DSG 2000).

D. Sanktionsbestimmungen in der DSGVO (Strafen)

Eine wesentliche Neuerung der DSGVO betrifft die **persönliche Verantwortlichkeit des für die Verarbeitung Verantwortlichen** und des **Auftragsverarbeiter**. Auch letzteren treffen umfassende Verpflichtungen der DSGVO und daher auch die Sanktionsbestimmungen.

Die Verordnung setzt **Obergrenzen** der Geldbußen und die Kriterien für deren Verhängung fest: Sie sind **im jeweiligen Einzelfall unter Berücksichtigung aller besonderen Umstände**, insb der Art, Schwere und Dauer des Verstoßes und dessen Folgen sowie der Maßnahmen, die ergriffen worden sind, um die Einhaltung der aus dieser Verordnung erwachsenden Verpflichtungen zu gewährleisten und die Folgen des Verstoßes abzuwenden oder abzumildern, zu verhängen (ErwGr 150, Art 83 Abs 2).

Auch bei den Sanktionsbestimmungen ist grundsätzlich das **Kohärenzverfahren** (nach Art 63ff[9])) anwendbar (ErwGr 150), um die einheitliche Anwendung der Bestimmungen zu gewährleisten.

---

[7]) Aufzählung ist nicht abschließend, vgl § 52 Abs 1 DSG 2000.

[8]) Vgl auch § 52 Abs 2 DSG 2000, hier reicht Fahrlässigkeit aus, vgl *Pollirer/Weiss/Knyrim*, DSG[2] (2014) § 52, Anm 16.

[9]) Vgl hierzu den Beitrag von *Schmidl* in diesem Buch.

1. Bemessung nach den Umständen des Einzelfalls

Die Strafen nach der DSGVO werden nach den **Umständen des Einzelfalls** verhängt. Bei dieser Entscheidung sind folgende Punkte jedenfalls zu berücksichtigen:

- Art, Schwere und Dauer des Verstoßes unter Berücksichtigung der Art, des Umfangs oder des Zwecks der Verarbeitung sowie der Zahl der betroffenen Personen und des Ausmaßes des Schadens;
- ob Vorsätzlichkeit oder Fahrlässigkeit;
- jegliche Maßnahme zur Minderung des Schadens;
- der Grad der Verantwortung unter Berücksichtigung der getroffenen **technischen und organisatorischen Maßnahmen**;
- einschlägige frühere Verstöße;
- der Umfang der Zusammenarbeit mit der Aufsichtsbehörde bei der Aufklärung und Schadensbegrenzung;
- welche Kategorien personenbezogener Daten betroffen sind;
- die Art und Weise, wie der Verstoß der Aufsichtsbehörde bekannt wurde (hier ist auch eine „Selbstanzeige" zu berücksichtigen);
- ob früher angeordnete ähnliche **Maßnahmen** zu demselben Gegenstand eingehalten wurden;
- ob genehmigte Verhaltensregeln oder Zertifizierungsverfahren eingehalten wurden und
- alle weiteren **erschwerenden oder mildernden Umstände** (zB unmittelbar oder mittelbar durch den Verstoß erlangte finanzielle Vorteile oder vermiedene Verluste).

2. Mehrere Verstöße

Unabhängig davon, ob vorsätzlich oder fahrlässig gehandelt wurde, darf der Gesamtbetrag der Geldbuße nicht den Betrag für den schwerwiegendsten Verstoß, der begangen wurde, übersteigen (Art 83 Abs 3).

3. Geldbuße bis zu € 10 Mio oder 2%

Mit Geldbußen von **bis zu € 10 Mio** oder im Fall eines Unternehmens von **bis zu 2 % seines gesamten weltweit erzielten Jahresumsatzes** des vorangegangenen Geschäftsjahrs werden Verstöße gegen folgende Bestimmungen geahndet (Art 83 Abs 4):

- die **Pflichten** der **Verantwortlichen** und der **Auftragsverarbeiter** wie in folgenden Artikeln beschrieben:
  - Art 8 (Bedingungen für die Einwilligung eines Kindes in Bezug auf Dienste der Informationsgesellschaft),
  - Art 11 (Verarbeitung, für die eine Identifizierung der betroffenen Person nicht erforderlich ist),
  - Art 25 (Datenschutz durch Technikgestaltung und durch datenschutzfreundliche Voreinstellungen),
  - Art 26 (gemeinsam für die Verarbeitung Verantwortliche),
  - Art 27 (Vertreter von nicht in der Union niedergelassenen Verantwortlichen oder Auftragsverarbeitern),
  - Art 28 (Auftragsverarbeiter),
  - Art 29 (Verarbeitung unter der Aufsicht des Verantwortlichen oder des Auftragsverarbeiters),

- Art 30 (Verzeichnis von Verarbeitungstätigkeiten),
- Art 31 (Zusammenarbeit mit der Aufsichtsbehörde),
- Art 32 (Sicherheit der Verarbeitung),
- Art 33 (Meldung von Verletzungen des Schutzes personenbezogener Daten an die Aufsichtsbehörde),
- Art 34 (Benachrichtigung der von einer Verletzung des Schutzes personenbezogener Daten betroffenen Person),
- Art 35 (Datenschutz-Folgenabschätzung),
- Art 36 (Vorherige Konsultation),
- Art 37 (Benennung eines Datenschutzbeauftragten),
- Art 38 (Stellung des Datenschutzbeauftragten),
- Art 39 (Aufgaben des Datenschutzbeauftragten),
- Art 42 (Zertifizierung) und
- Art 43 (Zertifizierungsstellen);

• die **Pflichten der Zertifizierungsstelle** nach den Art 42 (Zertifizierung) und 43 (Zertifizierungsstellen);
• die **Pflichten der Überwachungsstelle** nach Art 41 Abs 4 (Überwachung der genehmigten Verhaltensregeln).

4. Geldbuße bis zu € 20 Mio oder 4 %

Mit Geldbußen von **bis zu € 20 Mio** oder im Fall eines Unternehmens von **bis zu 4 % seines gesamten weltweit erzielten Jahresumsatzes** des vorangegangenen Geschäftsjahrs werden Verstöße gegen folgende Bestimmungen geahndet (Art 83 Abs 5):

• die **Grundsätze für die Verarbeitung**, einschließlich der Bedingungen für die Einwilligung (Art 5, 6, 7 und 9);
• die Rechte der betroffenen Person (Art 12–22);
• die **Übermittlung** personenbezogener Daten an einen Empfänger in einem **Drittland** oder an eine internationale Organisation (Art 44–49);
• alle Pflichten, welche die Mitgliedstaaten in Vorschriften für **besondere Verarbeitungssituationen** erlassen haben (Kapitel IX, §§ 85ff);
• Nichtbefolgung einer **Anweisung,** einer **vorübergehenden oder endgültigen Beschränkung** oder **Aussetzung** der Datenübermittlung durch die Aufsichtsbehörde (Art 58 Abs 2) oder **Nichtgewährung** des Zugangs dieser (Art 58 Abs 1).

5. Auswirkung in Österreich

Obwohl die Sanktionsbestimmungen der DSGVO als Höchstsätze ausgestaltet sind, sind diese besonders hohen Strafdrohungen aufgrund des im österreichischen Verwaltungsstrafrecht (VStG) vorherrschenden **Kumulationsprinzips** (§ 22 VStG) für Unternehmen existenzgefährdend. Dieses Kumulationsprinzip besagt, dass bei Zusammentreffen mehrerer Verwaltungsübertretungen auch mehrere Strafen nebeneinander verhängt werden. Das gilt sowohl, wenn jemand durch verschiedene Taten mehrere Verwaltungsübertretungen begangen hat (**Realkonkurrenz**), als auch, wenn nur eine Tat begangen wurde, diese aber unter mehreren Strafdrohungen steht (**Idealkonkurrenz**).[10]) Beispielsweise könnte dies bei ei-

[10]) *Fasching/Schwartz*, Verwaltungsverfahrensrecht im Überblick[4] (2014) 93.

nem Hackerangriff auf ein Unternehmen im schlechtesten Fall eine Strafe in Höhe vom Vielfachen des Jahresumsatzes führen.

Sanktionen gegen Unternehmen

Die Sanktionsbestimmungen der DSGVO richten sich grundsätzlich gegen den für die Verarbeitung Verantwortlichen und den Auftragsverarbeiter, sohin gegen Unternehmen selbst.[11]) Ein weiterer kritischer Punkt ergibt sich daher aus der Unternehmensdefinition der Verordnung (ErwGr 150), nach welcher der Begriff „**Unternehmen**" im Sinne der **Art 101 und 102 des Vertrags über die Arbeitsweise der Europäischen Union (AEUV)**[12]) interpretiert werden soll. Nähere Bestimmungen finden sich ansonsten nicht in der Verordnung.

Es handelt sich hierbei um eine **kartellrechtliche Bestimmung**, in der „Unternehmen" aufgrund der Rsp des EuGH als sehr weitgehender Begriff verstanden wird.[13]) Unternehmen meint daher *„Einheiten, die eine wirtschaftliche Tätigkeit ausüben, unabhängig von ihrer Rechtsform, dem Vorliegen oder Fehlen einer Gewinnerzielungsabsicht, dem Umfang der Tätigkeit oder der Art ihrer Finanzierung. Voraussetzung für die Unternehmenseigenschaft ist eine selbständige wirtschaftliche Tätigkeit im weitesten Sinne"*.[14]) Eine wirtschaftliche Einheit liegt vor, wenn Mutter- und Tochtergesellschaft einheitlich am Markt agieren, zB wenn die Tochtergesellschaft ihren Marktauftritt nicht autonom bestimmen kann.[15]) Es reiche schon aus, wenn auf die Tochtergesellschaft aufgrund von wirtschaftlichen, organisatorischen oder rechtlichen Gründen Einfluss ausgeübt wird.[16]) Vermutet wird ein solcher, sofern die Tochtergesellschaft zu 100% von der Muttergesellschaft gehalten wird[17]), denkbar ist es allerdings auch bei 50:50-Joint-Ventures.[18])

Letztendlich würde eine derart weitgehende Interpretation bedeuten, dass nicht nur gegen das als für die Verarbeitung verantwortliche Unternehmen, sondern solidarschuldnerisch auch gegen die Muttergesellschaft vorgegangen werden könnte, was auch die Berechnung der Geldbuße basierend auf dem globalen Umsatz der wirtschaftlichen Einheit im vergangenen Jahr mit sich bringen würde.

Ob eine derart weitgehende – letztendlich ruinöse – Interpretation tatsächlich die Intention des europäischen Gesetzgebers sein kann, ist fraglich, aber grundsätzlich möglich.[19]) Zumindest in der österreichischen Umsetzung sollte sich der Gesetzgeber nicht allein auf einen unverbindlichen Erwägungsgrund stützen, sondern eine vollständige Folgenabschätzung sämtlicher Konsequenzen, auch für die österreichische Wirtschaft, durchführen.

Sanktionen gegen natürliche Personen

Bei **geringfügigeren** Verstößen oder im Fall einer **unverhältnismäßigen Belastung** durch die Sanktion besteht gegenüber **natürlichen Personen** die Möglichkeit, anstelle einer Geldbuße eine **Verwarnung** auszusprechen (ErwGr 148).

---

[11]) *Knyrim*, DatenschutzrechtΔ (2015) 26.

[12]) Ex-Art 81 und 82 EGV.

[13]) *Faust/Spittka/Wybitul*, Milliardenbußgelder nach der DS-GVO, ZD 3/2016, 120.

[14]) *Kling/Thomas*, Kartellrecht (2007) § 4 Rz 3ff, 52ff; EuGH Slg 1991, I-2010, 21 – *Höfner und Elser*; EuGH Slg 2006, I-6319, 25 – *FENIN*.

[15]) *Kersting*, Konzernhaftung im Kartellrecht, GesRZ 2015, 377

[16]) *Faust/Spittka/Wybitul*, Milliardenbußgelder nach der DS-GVO, ZD 3/2016, 121.

[17]) EuGH Slg 2009, I-8237, 60 – *Akzo Nobel*.

[18]) EuGH vom 26. 9. 2013 C-172/12 P und C-179/12 P *DowChemical* Rz 58.

[19]) *Faust/Spittka/Wybitul*, Milliardenbußgelder nach der DS-GVO, ZD 3/2016, 124.

Die Aufsichtsbehörde soll weiters bei der Bestimmung des angemessenen Betrags für die **Geldbuße gegen eine natürliche Person** das allgemeinen **Einkommensniveau** im jeweiligen Mitgliedstaat und die **wirtschaftlichen Lage** der Person berücksichtigen (ErwGr 150).

Verantwortliche Beauftragte

Obgleich die DSGVO offensichtlich hinsichtlich der Strafhöhe auf das Unternehmen abzielt, stellt sich die Frage, wie dies im österreichischen Verwaltungsstrafrecht umgesetzt werden würde. Nach § 9 VStG ist grundsätzlich der **Einzelunternehmer** oder **das zur Vertretung nach außen hin berufene Organ** (Geschäftsführer, Vorstandsmitglied, persönlich haftender Gesellschafter) haftbar.

Die zur Vertretung nach außen Berufenen können allerdings einen oder mehrere Personen als sog **verantwortlichen Beauftragten** bestellen, dies entweder generell für das gesamte Unternehmen oder für bestimmte räumlich oder sachlich abgegrenzte Bereiche (§ 9 Abs 2 VStG). In diesem Fall hat der verantwortliche Beauftragte aus dem Kreis der zur Vertretung nach außen Befugten zu stammen. Ansonsten (oder auch im Falle eines Einzelunternehmers) muss die Verantwortung auf bestimmte oder räumlich getrennte Bereiche spezifiziert werden. Es empfiehlt sich, die Bestellung und Zustimmung zur Bestellung des Beauftragten **zu Beweiszwecken schriftlich** festzuhalten.

Die Haftung bzw Verantwortung wird jedoch auch im VStG nicht vollends weggeschoben. Haben die Vertretungsbefugten die Tat **vorsätzlich nicht verhindert,** sind sie weiterhin **strafrechtlich haftbar** (§ 9 Abs 5 VStG). Zudem haften die **juristischen Personen, eingetragenen Personengesellschaften** und natürlichen Personen auch weiterhin für die Geldbußen, für sonstige in Geld bemessene Unrechtsfolgen und die Verfahrenskosten der Vertretungsbefugten oder verantwortlichen Beauftragten **solidarisch** (§ 9 Abs 7 VStG).

Diese Möglichkeit der Verantwortungsübertragung könnte etwa auch bei der Bestellung **betrieblicher Datenschutzbeauftragter** schlagend werden.[20]) Ob jedoch die Haftungserleichterungen (Aussprechen der Verwarnung, Berücksichtigung der Einkommenssituation etc) für natürliche Personen auch in diesem Fall herangezogen werden können, bleibt bislang offen und ist wohl eher zu verneinen.

Es stellt sich daher zwangsläufig die Frage, wer eine solche Position im Unternehmen zu übernehmen bereit wäre. **Die Vereinbarung zwischen Unternehmen und Beauftragten zur Übernahme der Geldstrafe im Vorhinein** ist nach der stRsp sittenwidrig und unzulässig, da strafbares Handeln grundsätzlich verhindert werden und nicht angeregt werden soll.[21]) Eine Übernahme der Strafe durch die Gesellschaft **im Nachhinein** (nach erfolgter Verhängung der Strafe) ist zwar gesetzlich nicht vorgesehen, im Rahmen des Dienstnehmerhaftpflichtgesetzes (DHG) und von Bestimmungen im Unternehmensrecht (zB § 84 Abs 2 und 4 Aktiengesetz, § 25 Abs 7 iVm § 10 Abs 6 GmbH-Gesetz) grundsätzlich diskussionswürdig, ebenso wie eine **vertragliche Vereinbarung im Nachhinein**.[22])

---

[20]) *E. Weiss*, Der betriebliche Datenschutzbeauftragte (bDSB) als verantwortlicher Beauftragter gemäß § 9 VStG, Dako 2015/5, 10.

[21]) OGH 16. 12. 1992, 9 Ob A 284/92; 15. 10. 1997, 3 Ob 2400/96d; 30. 6. 1999, 9 OB A 68/99m; 11. 9. 2003, 6 OB 281/02w; zitiert nach *Kalss*, Die Übernahme von verwaltungsrechtlichen Geldstrafen durch die Gesellschaft, GesRZ 2015, 82.

[22]) *Kalss*, Die Übernahme von verwaltungsrechtlichen Geldstrafen durch die Gesellschaft, GesRZ 2015, 84 und 85.

Aufgrund der womöglich verheerenden Auswirkungen in der Praxis sollte vom Gesetzgeber überdacht werden, ob die persönliche Haftung des Organs – etwa eines bestimmten Vorstandsmitgliedes – bei diesem Strafrahmen tatsächlich sinnvoll ist.[23]) Die Haftung nach österreichischer Praxis auf das Organ oder den verantwortlichen Beauftragten primär zu konzentrieren, könnte zu einer Art „Sündenbock"-Phänomen führen, sprich Unternehmen könnten möglicherweise entbehrlichere Personen hierfür einsetzen, um die Last der Strafe möglichst sinnvoll zu verschieben.[24])

6. Öffnungsklauseln

Jeder Mitgliedstaat kann ebenso Vorschriften dafür festlegen, ob und in welchem Umfang **gegen Behörden und öffentliche Stellen**, die in dem betreffenden Mitgliedstaat niedergelassen sind, Geldbußen verhängt werden können (Art 83 Abs 7).

Grundsätzlich besteht auch die Möglichkeit, dass die Geldbuße von der Aufsichtsbehörde in die Wege geleitet und **von den nationalen Gerichten verhängt wird**, solange diese wirksam, verhältnismäßig sowie abschreckend sind und die gleiche Wirkung wie die von Aufsichtsbehörden verhängten Geldbußen haben. In diesem Fall haben die jeweiligen Mitgliedstaaten der Kommission bis zwei Jahre nach dem Inkrafttreten dieser Verordnung diese Rechtsvorschriften mitzuteilen (Art 83 Abs 9).

E. Fazit und Kurzzusammenfassung

Unbestrittenermaßen kommen auf Unternehmen drakonische Sanktionen im Falle datenschutzrechtlichen Zuwiderhandelns zu. Es ist daher empfehlenswert, sehr rasch sämtliche Datenanwendungen des Unternehmens zu erfassen, zu analysieren und dem Risiko entsprechend einzuschätzen.[25]) Auch sollten unternehmensinterne Datenschutz-Leitlinien erstellt,[26]) Mitarbeiter entsprechend geschult und eingewiesen und regelmäßig wiederkehrende Überprüfungen vorgenommen werden. Das könnte zumindest strafmindernd wirken.

Verwarnungen werden angesichts der Bestimmungen der Verordnung nur gegenüber natürlichen Personen ausgesprochen; ob auf österreichischer Ebene hier auch eine entsprechende Erweiterung generell auf juristische Personen erfolgt, bleibt noch abzuwarten, wäre allerdings im Sinne des Grundsatzes **„beraten statt strafen"** begrüßenswert. Auch angesichts dessen, dass eine falsche Einschätzung der Datenverarbeitung aufgrund des Entfalls der behördlichen Meldeverpflichtungen nicht auszuschließen ist.

Die DSGVO stellt generell auf eine hohe Selbstverantwortung des für die Verarbeitung Verantwortlichen ab, was zwar grundsätzlich positiv zu sehen ist, in der Praxis allerdings auch aufgrund des in der Verordnung vorgesehenen großen Spielraums bzw von Unklarheiten in der Interpretation im Einzelfall riskant werden kann.

---

[23]) *Knyrim*, DatenschutzrechtΔ, 26.

[24]) Ähnlich dem Phänomen des „Sitzredakteurs", der in Zeiten der Zensur als Verantwortlicher im Impressum der Zeitschrift/Zeitung ausgewiesen werden musste, vgl https://de.wikipedia.org/wiki/Sitzredakteur, abgerufen am 3. 5. 2016.

[25]) *Wybitul*, Die DS-GVO – ein Compliance-Thema?, ZD 3/2016, Editorial 106.

[26]) *Faust/Spittka/Wybitul*, Milliardenbußgelder nach der DS-GVO, ZD 3/2016, 125.

II. Weitere Sanktionen (Art 84)

A. Einleitung

Die DSGVO setzt bei der Umsetzung und Durchsetzungskraft der Bestimmungen offensichtlich auf **harte und umfassende Sanktionen,** weshalb zusätzlich zu den Geldbußen auch weitere, „*andere*“ Sanktionen für Verstöße gegen diese Verordnung verhängt werden können (Art 84 Abs 1). Das wesentliche Element hier ist die Möglichkeit der **zusätzlichen** Verhängung, aber es können auch **andere Sanktionen statt** der Geldbuße festgelegt werden.

B. Öffnungsklauseln

Die Sanktionen müssen nach der Verordnung **wirksam, verhältnismäßig und abschreckend** sein, es ist allerdings den Mitgliedstaaten überlassen, wie sie diese ausgestalten.

Weiters können die Mitgliedstaaten auch Regelungen finden, wenn die Verordnung **keine Harmonisierung** der verwaltungsrechtlichen Sanktionen vorsieht (ErwGr 152). Das Gleiche gilt auch, sofern es in „*anderen Fällen*“ erforderlich sei. Als Beispiel werden schwere Verstöße gegen die Verordnung angeführt, was wiederum wirksame, verhältnismäßige und abschreckende Sanktionen nach sich ziehen solle. In der Wahl der Art der Sanktionen sind die Mitgliedstaaten frei und entscheiden selbst, ob diese strafrechtlicher oder verwaltungsrechtlicher Natur sind (ErwGr 152).

Auch **strafrechtliche Sanktionen** für Verstöße gegen die Verordnung (und alle Regelungen, die aufgrund dessen oder im „Dunstkreis“ getroffen wurden), werden durch die Mitgliedstaaten selbst festgelegt (ErwGr 149). Als Regelungsbeispiel wird die Einziehung der rechtswidrig erzielten Gewinne angeführt.

C. Umsetzung und Ist-Zustand in Österreich

Die Mitgliedstaaten haben ihre entsprechenden Bestimmungen bis zwei Jahre nach dem Inkrafttreten der Verordnung mitzuteilen. Alle späteren Rechtsvorschriften sind unverzüglich zu melden (Art 84 Abs 2).

Jedenfalls wird wohl an der Strafbestimmung hinsichtlich der **Datenverwendung in Gewinn- und Schädigungsabsicht** (§ 51 DSG 2000) festgehalten werden. Auch von der Beibehaltung von Strafbestimmungen in spezifischen Regelungen ist wohl auszugehen (bspw widerrechtlicher Zugriff auf ein **Computersystem**, § 118a StGB; Verletzung des **Telekommunikationsgeheimnisses,** § 119 StGB; missbräuchliches **Abfangen** von Daten § 119a StGB; Verletzung von **Berufsgeheimnissen** § 121 StGB; Verletzung eines **Geschäfts- oder Betriebsgeheimnisses** § 121 StGB und § 11 UWG; **Datenbeschädigung** § 126a usw).

DSGVO und nationales Arbeitsrecht

Eva Angerler und Philipp Reven

I. Zeitlicher Rahmen

Die DSGVO[1]) v 27. 4. 2016 wurde am 4. 5. 2016 im Amtsblatt der EU veröffentlicht und gilt ab dem 25. 5. 2018 (Art 99 Abs 2 DSGVO iVm Art 297 AEUV).

II. Sachlicher Rahmen (Art 88): Datenverarbeitung im Beschäftigungskontext

A. Zusammenfassung der spezifischen Rechte und Grundsätze der DSGVO im Beschäftigtenkontext

1. Ausgewählte aggregierte Rechte und Pflichten

Es gelten **erhöhte Datenschutzanforderungen** im Umgang mit **besonderen Datenkategorien** (ethnische Herkunft, politische Meinung, Religion, sexuelle Orientierung, **Gewerkschaftszugehörigkeit**, genetische oder biometrische Daten, Daten über Verurteilungen, Straftaten). Die **Einwilligung** zur Datenverarbeitung muss (in Kenntnis des Verarbeitungszwecks) **ohne Zwang** erfolgen; insb im Arbeitsrecht ist dies von immenser Bedeutung. Es müssen klare, leicht verständliche Informationen über die Verarbeitung erteilt werden. Es besteht das Recht auf Hinweis auf Widerspruch; das Recht auf Beschwerde bei der zuständigen Aufsichtsbehörde und Klageerhebung (Recht auf wirksamen gerichtlichen Rechtsbehelf); das Recht auf Bearbeitung der Anträge in angemessener Frist; das Recht auf kostenfreies Verfahren; das Recht auf Ersatz des Schadens wegen rechtswidriger Verarbeitung.

Für Unternehmen bringt die DSGVO mehr **Selbstregulierung** und neue Verpflichtungen (Art 22 ff). **Arbeitgeber** (auch Dienstleister) sind künftig verpflichtet, eine **Übersicht** über ihre **Datenanwendungen** zu führen; wobei dieses Verfahrensverzeichnis zu enthalten hat:

- die eigenen Kontaktdaten
- Zwecke der Datenanwendungen
- eine Beschreibung der in der Datenanwendung enthaltenen Datenkategorien
- Empfängerkategorien
- ggf Übermittlungen von Daten an ein Drittland
- soweit möglich, die geplante Speicherdauer, also die Löschfristen
- eine allgemeine Beschreibung der technischen und organisatorischen Datensicherheitsmaßnahmen

---

[1]) VO (EU) 2016/679 des Europäischen Parlaments und des Rates vom 27. 4. 2016 zum Schutz natürlicher Personen bei der Verarbeitung personenbezogener Daten, zum freien Datenverkehr und zur Aufhebung der Richtlinie 95/46/EG (Datenschutz-Grundverordnung).

Dies entspricht ungefähr einer bisherigen DVR-Meldung. Allerdings sind Arbeitgeber mit **weniger** als **250 Angestellten** nur dann zur **Führung** eines derartigen **Verzeichnisses** verpflichtet, wenn die **Datenverarbeitung** ein **hohes Risiko** für die **Rechte** und **Freiheiten** der Betroffenen bedeutet und die Datenverarbeitung nicht nur gelegentlich erfolgt, oder wenn **sensible Daten** oder **Daten** über **strafrechtlich relevantes Verhalten** verarbeitet werden.

Zusätzlich ist von **größeren Unternehmen** oder bei entsprechender Datenverarbeitung ein Verzeichnis von Verarbeitungstätigkeiten zu führen und von allen Unternehmen müssen bei entsprechenden Datenverarbeitungen Datenschutz-Folgeabschätzungen durchgeführt werden (falls hohes Risiko für Rechte und Freiheiten). Gewisse Unternehmen werden nun verpflichtet, einen **eigenen Datenschutzbeauftragten** zu ernennen (Art 37). Dieser muss nicht notwendigerweise ein Betrieblicher, er kann auch ein Externer sein.

2. Aggregierte Behördenkompetenzen

Bei **grenzüberschreitender Verarbeitung** (zB Unternehmen mit Niederlassungen in unterschiedlichen Mitgliedstaaten) von Beschäftigtendaten ist die **Behörde** der **Hauptniederlassung** neben ihrer originären Zuständigkeit auch als federführende Behörde zuständig (Art 51a). Es ist dies der Ort der Hauptverwaltung des für die Verarbeitung Verantwortlichen (Art 4 Abs 13 iVm ErwGr 27), es sei denn, die Entscheidungen über Zwecke und Mittel der Verarbeitung personenbezogener Daten werden in einer anderen Niederlassung getroffen (dann ist diese die Hauptniederlassung). Nicht relevant ist hierbei, ob die Verarbeitung auch dort stattfindet.

Wenn der Auftragsverarbeiter keine Hauptverwaltung in der EU hat, ist es der Ort der wesentlichen Verarbeitungstätigkeiten in der EU. Sind beide Parteien betroffen (der für die Verarbeitung Verantwortliche und der Auftragsverarbeiter), bleibt die Aufsichtsbehörde der Hauptniederlassung des für die Verarbeitung Verantwortlichen federführend. Die Aufsichtsbehörde der Hauptniederlassung des Auftragsverarbeiters soll sich als betroffene Behörde beteiligen. Wird die Verarbeitung durch eine **Unternehmensgruppe** vorgenommen, ist die **Hauptniederlassung** des **beherrschenden Unternehmens** ausschlaggebend, es sei denn, Zwecke und Mittel der Verarbeitung werden von einem anderen Unternehmen festgelegt.

B. Materieller Charakter der DSGVO

Die Kenntnis der Rechtsqualität der DSGVO ist vorab erforderlich, um insb die bestehenden Regelungen des § 10 AVRAG und § 96a ArbVG als spezifischere Regelung iSd Art 88 DSGVO qualifizieren zu können. Die DSGVO ist in ihrer Rechtssatzform eine in allen Teilen verbindliche, unmittelbare in jedem Mitgliedstaat geltende VO (Art 288 Unterabs 2 AEUV).[2]) Sie hat generell-abstrakte Wirkung[3]) und ist ein sog „Europäisches Gesetz“.[4]) Form und Mittel werden sohin vorgegeben und sind den Mitgliedstaaten entzogen.[5]) Die DSGVO

---

[2]) Statt vieler insb *Frenz*, Handbuch Europarecht V (Wirkungen und Rechtsschutz) (2007) Rz 834, 853 ff; *Oppermann/Classen/Nettesheim*, Europarecht[6] (2014) § 9 Rz 74 ff; *Biervert* in *Schwarze/Becker/Hatje/Schoo*, EU-Kommentar[3] (2012) Art 288, Rz 1 ff.

[3]) *Frenz*, Handbuch Europarecht V Rz 834.

[4]) *Frenz*, Handbuch Europarecht V Rz 834 mV auf *Schröder*.

[5]) *Frenz*, Handbuch Europarecht V Rz 851.

ist keine rahmensetzende VO, der Einzelne kann daher **Rechte** und **Pflichten** (aufgrund der gegebenen Unbedingtheit und Klarheit) unmittelbar aus der **VO** geltend machen.

Die Mitgliedstaaten müssen sich bei den Öffnungstatbeständen (Ermessenspielräumen) der DSGVO an deren Grundätze sowie an die europarechtlichen Standards der VO halten.[6]) Das potenziell entgegenstehende österr Datenschutzregime[7]) de lege lata et de lege ferenda muss daher in dem oben erwähnten Sinne der VO geändert und/oder aufgehoben bzw darf nicht angewandt werden (sog Verwerfungspflicht[8])).[9])

C. Spezielle Anspruchsgrundlage im Beschäftigtenkontext (Art 88 iVm ErwGr 155)

Anspruchsgrundlage des „betrieblichen Datenschutzes" ist **Art 88** iVm **ErwGr 155.**[10]) Leg cit eröffnet den Mitgliedstaaten die Möglichkeit, **begünstigende**[11]) **Ermessenspielräume**

---

[6]) *Frenz*, Handbuch Europarecht V Rz 877, 879, 892.

[7]) Insb das Bundesgesetz über den Schutz personenbezogener Daten (Datenschutzgesetz 2000 – DSG 2000) und die hierauf erlassenen VO.

[8]) *Schweitzer/Hummer/Obwexer*, Europarecht (2007) Rz 261, 264.

[9]) *Frenz*, Handbuch Europarecht V Rz 869.

[10]) Art 88: Datenverarbeitung im Beschäftigungskontext (Hervorhebungen d Verf).

(1) Die Mitgliedstaaten können durch Rechtsvorschriften oder durch Kollektivvereinbarungen *spezifischere Vorschriften* zur Gewährleistung des Schutzes der Rechte und Freiheiten hinsichtlich der Verarbeitung personenbezogener Beschäftigtendaten im Beschäftigungskontext, insbesondere für Zwecke der Einstellung, der Erfüllung des Arbeitsvertrags einschließlich der Erfüllung von durch Rechtsvorschriften oder durch Kollektivvereinbarung en festgelegten Pflichten, des Managements, der Planung und der Organisation der Arbeit, der Gleichheit und Diversität am Arbeitsplatz, der Gesundheit und Sicherheit am Arbeitsplatz, des Schutzes des Eigentums der Arbeitgeber oder der Kunden sowie für Zwecke der Inanspruchnahme der mit der Beschäftigung zusammenhängenden individuellen oder kollektiven Rechte und Leistungen und für Zwecke der Beendigung des Beschäftigungsverhältnisses vorsehen.

(2) Diese Vorschriften umfassen angemessenen und besondere Maßnahmen zur Wahrung der menschlichen Würde, der berechtigten Interessen und der Grundrechte der betroffenen Person, insbesondere im Hinblick auf die Transparenz der Verarbeitung, die Übermittlung personenbezogener Daten innerhalb einer Unternehmensgruppe oder einer Gruppe von Unternehmen, die eine gemeinsame Wirtschaftstätigkeit ausüben, und die Überwachungssysteme am Arbeitsplatz.

(3) Jeder Mitgliedstaat teilt der Kommission bis zum [...] [zwei Jahre nach dem Inkrafttreten dieser Verordnung] die Rechtsvorschriften, die er aufgrund von Absatz 1 erlässt, sowie unverzüglich alle späteren Änderungen dieser Vorschriften mit.

Erwägungsgrund 155: Im Recht der Mitgliedstaaten oder in Kollektivvereinbarungen (einschließlich ‚Betriebsvereinbarungen') können *spezifische Vorschriften* für die Verarbeitung personenbezogener Beschäftigtendaten im Beschäftigungskontext vorgesehen werden, und zwar insbesondere Vorschriften über die Bedingungen, unter denen personenbezogene Daten im Beschäftigungskontext auf der Grundlage der Einwilligung des Beschäftigten verarbeitet werden dürfen, über die *Verarbeitung dieser Daten für Zwecke der Einstellung, der Erfüllung des Arbeitsvertrags einschließlich der Erfüllung von durch Rechtsvorschriften oder durch Kollektivvereinbarungen festgelegten Pflichten, des Managements, der Planung und der Organisation der Arbeit, der Gleichheit und Diversität am Arbeitsplatz, der Gesundheit und Sicherheit am Arbeitsplatz sowie für Zwecke der Inanspruchnahme der mit der Beschäftigung zusammenhängenden individuellen oder kollektiven Rechte und Leistungen und für Zwecke der Beendigung des Beschäftigungsverhältnisses.*

[11]) *Frenz*, Handbuch Europarecht V Rz 852, 868 mV *auf Nettesheim.*

zu erlassen.[12]) Art 88 Abs 3 normiert hierfür die (deklarative) **Mitteilung** aller späteren Änderungen durch spezifischere Regelungen der Mitgliedstaaten nach Abs 1 an die Kommission (vgl Art 114 Abs 6 AEUV).

Diese de lege ferenda durch spezifischere Regelungen **begünstigenden subjektiven Rechte** und **Pflichten** des Einzelnen ergeben sich jedoch ausschließlich aus diesen nationalen (österr) Normen, nicht aus der VO selbst.[13]) Dies mit der Maßgabe, dass jedoch kein nationales (die VO nachbildendes) Parallelrecht sowie widersprechendes nationales (auch Verfassungs-) Recht bestehen darf (sog „Ausschließlichkeitsstellung“[14]), Sperrwirkung, Wiederholungsverbot).[15]) Bei **Normenkonflikt** (hervorgerufen durch die nationale Regelung) geht die DSGVO der spezifischeren Regelung vor (Anwendungsvorrang).[16])

Voraussetzung von bestehenden bzw zu erlassenden spezifischen nationalen arbeitsrechtlichen Datenschutz(ermessens)regelungen im Beschäftigungskontext ist, dass diese vom **sachlichen Regelungsbereich** der **DSGVO** erfasst sind. Insb **§§ 96, 96a ArbVG** und **§ 10 Abs 1 AVRAG** als spezifischere Vorschriften betreffen hinsichtlich **personenbezogener Beschäftigtendaten** grundsätzlich diesen sachlichen Regelungsgegenstand der DSGVO.[17]) Sohin können die spezifischeren Datenverarbeitungsvorschriften der §§ 96, 96a ArbVG und § 10 Abs 1 AVRAG im Beschäftigungskontext (zB personenbezogene Mitarbeiterdaten) nach dem klaren Wortlaut des sachlichen Anwendungsbereichs des Art 88 Abs 1 grundsätzlich de lege lata in den Materiengesetzen des ArbVG bzw des AVRAG weiterhin bestehen (keine gegenteilige Vorgabe hinsichtlich des „Ortes“ der Regelung nach der DSGVO), aber auch de lege ferenda in einem neu zu erlassenen Datenschutzgesetz vorgesehen werden (arg „können durch Rechtsvorschriften [...]“). Denn eine EU-VO hat – wie bereits dargelegt – unmittelbare Wirkungen und nationale Gesetze dürfen dieser Wirkung nicht entgegenstehen. Des Weiteren handelt sich um **spezifischere Regelungen** im Arbeitsrecht(skontext), die ausschließlich den Datenschutz betreffen, insofern „andere, artfremde“ Erwägungen im ArbVG und im AVRAG thematisch den konkreten sachlichen Anwendungsbereich der DSGVO nicht betreffen und unverändert bestehen bleiben können.

Der Beschäftigtenbegriff ist aufgrund der normlogischen Struktur des Europarechts genuin/originär[18]) europarechtlich auszulegen und im entsprechenden Datenschutzkontext sowie gem der diesbezüglichen Rechtsdogmatik einzuordnen.[19]) Obgleich im Europarecht kein

---

[12]) Vgl *Frenz*, Handbuch Europarecht V Rz 868.

[13]) *Frenz*, Handbuch Europarecht V Rz 887.

[14]) *Frenz*, Handbuch Europarecht V Rz 864 ff, 866.

[15]) *Frenz*, Handbuch Europarecht V Rz 864 ff.

[16]) *Schweitzer/Hummer/Obwexer*, Europarecht Rz 261, 264.

[17]) Dies insb, weil §§ 96 und 96a ArbVG sowohl von ihrer Rechtsqualifikation als auch die potenziell zu erlassenden Betriebsvereinbarungen als Rechtsvorschriften als Gesetz im formellen sowie materiellen Sinn (in Ö) auf Basis von Kollektivvereinbarungen iSd ErwGr 155 vom sachlichen Anwendungsbereich als Datenverarbeitung im Beschäftigungskontext von der DSGVO umfasst sind.

[18]) Kritisch zu dieser Aussage *Hufeld*, in *Isensee/Kirchhof* (Hrsg), Handbuch des Staatsrechts der Bundesrepublik Deutschland: Deutschland in der Staatengemeinschaft I^3 (2007) § 215 Rz 5 ff.

[19]) Vgl *Frenz*, Handbuch Europarecht V Rz 344; vgl *Seiler*, Der souveräne Verfassungsstaat zwischen demokratischer Rückbindung und überstaatlicher Einbindung (2005) 252. Der EuGH judizierte in der Rs 385/05 *CGT*“ v 18.1.2007, dass eine unionsrechtsautonome Festlegung des Arbeitnehmerbegriffs stets in jenem Fall zwingend ist, wenn die relevante Richtlinie nicht auf das nationale Recht des Mitgliedstaats zurückverweist. Die DSGVO enthält solch einen Verweis nicht. Jüngst zum Arbeitnehmerbegriff im Kartellrecht EuGH 4.12.2014, C-413/13 *FNV Kunsten Informatie en Media*.

homogener Arbeitnehmerbegriff existiert (vgl Art 101, 151 ff AEUV), ist es den Mitgliedstaaten im Datenschutzkontext des Art 88 DSGVO deswegen nicht verwehrt, auch freie Dienstnehmer als Beschäftigte iSd Art 88 im **persönlichem Anwendungsbereich** des Art 88 iVm ErwGr 155 zu subsumieren, weil leg cit expressis verbis lediglich auf „Beschäftigte" abstellt.

D. Spezielle nationale österreichische Datenschutzrechtsnormen im Beschäftigungskontext der DSGVO

Die DSGVO will (wie bereits erwähnt) **generell** einen **einheitlichen, kohärenten Datenschutzverpflichtungsstandard** in der EU erreichen (ErwGr 3, 8, 10). Daher ist § 10 Abs 2 AVRAG, soweit es die Verarbeitung personenbezogener Daten im Beschäftigtenkontext betrifft, vom sachlichen Anwendungsbereich des Art 88 erfasst (ErwGr 155: arg *„[...] auf Grundlage der Einwilligung des Beschäftigten" [...]*). § 10 AVRAG ist deswegen eine spezifischere Regelung, da die Rechtsstellung der Beteiligten (Datenverwender, Betroffene) in Datenschutzagenden hierbei nicht wesentlich verändert wird. § 10 AVRAG bestimmt somit grundsätzlich die allgemeinen Grundsätze der DSGVO in Kapitel II der DSGVO näher.[20])

§ 10 Abs 1 2 HS AVRAG iVm § 96 Abs 1 Z 3 ArbVG sind dann vom **sachlichen Anwendungsbereich** als **spezifischere Regelung** (BV) erfasst, wenn die Kontrolle von Arbeitnehmern ihrem Wesen nach auf der ersten Stufe nur durch Informationsbeschaffung qua Datenerhebung und infolge Datenverarbeitung (vgl § 4 Z 9 DSG 2000) vorgenommen werden kann.[21]) Hat § 96 Abs 1 Z 3 ArbVG **ausschließlich** oder **überwiegend** mit **Berührungspunkten** des **Datenschutzes** zu tun (was allerdings selten der Fall ist), dann stellt § 96 Abs 1 Z 3 ArbVG eine speziellere Regelung dar. Das Vetorecht des Betriebsrats in § 96 Abs 1 Z 3 ArbVG erfolgt in diesem Fall als **datenschutzrechtliche Widerspruchsgrundlage** iSd DSGVO. Beispiele für Kontrollmaßnahmen, die die Menschenwürde berühren können, sind Videokontrolle, Zutrittskontrolle sowie Fingerscan-Systeme zur Zeiterfassung. Im Rahmen von Compliance-Maßnahmen werden neuerdings betriebliche Hinweisgebersysteme bzw Whistleblowing-Einrichtungen geschaffen, die wegen der systematischen Überwachung und Kontrolle von Eigenschaften und Handlungen aller Mitarbeiter jedenfalls die **Menschenwürde** berühren.

Nach hA kann die **individuelle Zustimmung** des Arbeitnehmers im (abhängigen) Beschäftigungsverhältnis kaum wirksam erteilt werden, da dieser im Ergebnis aufgrund des materiellen Ungleichheitsgewichts der Arbeitsvertragsparteien sowohl im Kernbereich als auch im disponiblen Bereich seiner Persönlichkeitsrechte nicht (wirksam) frei über seine Rechte disponieren kann (quasi indisponible), weil im Ergebnis die **tatsächliche Freiheit** (als Selbstbestimmungsrecht) zur Zustimmung nicht besteht. Geht man daher richtigerweise von der Prämisse einer **nicht wirksam** zu erklärenden **Zustimmung** des Arbeitnehmers in diesem Zusammenhang aus,[22]) ist das uA nach konkrete Veto-Prozedere des Betriebsrats nach § 96 Abs 1 Z 3 unzweifelhaft als spezifischere Regelung des Art 88 iVm ErwGr 155 mit letzterer Norm vereinbar. Denn Art 6 Abs 1 lit a, Abs 3, 4 und Art 7 stellen

---

[20]) Dazu schon EuGH 24. 11. 2011 C-469/10 *ASNEF*; vgl *Kühling/Seidel/Sivridis*, Datenschutzrecht[3] (2015) Rz 145.

[21]) Ausführlich *Löschnigg*, Datenermittlung im Arbeitsverhältnis (2009) 235 f mwN.

[22]) So *Becker*, Absurde Verträge (2013) 84 mV auf *Canaris*, *Heinrich* und *Radbruch*); *Bydlinski*; System und Prinzipien des Privatrechts (2011) 159 forderte in diesem Zusammenhang, dass, wenn der Grundsatz des elementaren Persönlichkeitsrecht bedenklich ist, entgegenstehende rechtsgeschäftliche Regelungen schlechthin ausgeschlossen sind; *Löschnigg*, aaO 233 f mwN.

auf die **Rechtmäßigkeit** der **Einwilligung** der betroffenen Person ab (die im Arbeitsverhältnis eben aufgrund des materiellen Ungleichgewichts nicht gegeben ist). ErwGr 155[23]) stützt diese Ansicht, denn er gibt die Präzisierungen sowie Einschränkungen der DSGVO durch das Recht der Mitgliedstaaten vor. ErwGr 155 legt fest, dass *„im Recht der Mitgliedstaaten [...] spezifischere Vorschriften vorgesehen werden können, und zwar insbesondere [...] unter denen personenbezogene Daten im Beschäftigungskontext auf der Grundlage der Einwilligung des Beschäftigten verarbeitet werden dürfen. [...]"*. Es werden durch (§ 10 Abs 1 AVRAG iVm) § 96 Abs 1 Z 3 ArbVG keine zusätzlichen Bedingungen normiert, mit denen die Tragweite der Grundsätze der DSGVO verändert wird.[24]) § 96 Abs 1 Z 3 ArbVG „verschlechtert" die Rechtsposition des Betriebsinhabers nach der DSGVO nicht und leg cit normiert die Schranke der Menschenwürde.[25]) Der Betriebsrat nimmt quasi stellvertretend die Rechte der Arbeitnehmer wahr, leistet sohin **Gewähr** für die Rechtskonformität der geplanten Datenverarbeitungsmaßnahmen des Datenverarbeiters, und die Arbeitnehmer werden sohin auch durch die DSGVO im Ergebnis (mittelbar) geschützt.

Es kann uA hierbei nun keinen Unterschied machen, ob der einzelne Arbeitnehmer oder der Betriebsrat (für alle betroffenen Arbeitnehmer) die Rechte der DSGVO geltend macht. Dadurch „verschlechtert" sich die Rechtsposition des Datenverarbeiters gem DSGVO nicht. Im Gegenteil, sie verbessert sich sogar, da ihm nicht individuelle Verfahrensparteien in einer Verhandlungssituation, sondern einzig (als stellvertretender prozeduraler Rechteinhaber) der Betriebsrat gegenübersteht. Die Anspruchsgrundlage nach der DSGVO bleibt im wesentlichen Kern unverändert, lediglich die vorprozedurale Durchsetzung ändert sich: Diese modifiziert die Grundsätze des Kapitels II sowie des Art 88 iVm ErwGr 155 nicht wesentlich. Die Mitwirkungsrechte des BR im ArbVG stellen ceterum censeo sohin spezifischere Vorschriften des Art 88 iVm ErwGr 155 dar, da sie die Position des datenverarbeitenden Arbeitgebers in DSGVO nicht erschweren respektive verschlechtern. Denn die Öffnungsklausel des Art 88 iVm ErwGr 155 soll ja eben im Hinblick auf die Besonderheiten für Beschäftigungsverhältnisse im Datenschutzkontext spezifischere Regelungen zulassen. Hierbei ist die Rolle des BR als Belegschaftsvertreter der AN typisch. Daraus ergibt sich konsequent sowie folgerichtig, dass der BR im Beschäftigungsverhältnis Datenschutzkontexte betreffend weiterhin Mitwirkungsrechte auch nach der DSGVO hat. Gleichzeitig bleiben die **Rechte** der einzelnen AN nach der DSGVO **unverändert** sowie **ungeschmälert** bestehen, sie begeben sich im Falle der Vertretung durch den BR nicht ihrer Rechte nach der DSGVO. Empirisch ist es evident, dass AN – oft aus Angst um den Verlust ihres Arbeitsplatzes – ihre Rechte (zB nach der DSGVO) nicht geltend machen. Deswegen ist die **Vertretung** durch den **BR** unerlässlich sowie unabdingbar, denn anderenfalls wären die Grundprinzipien der DSGVO im Beschäftigungsverhältnis nicht effektiv (sondern lediglich Makulatur). Werden jedoch diese Rechte der AN vom BR wahrgenommen, so müssen sie ihre subjektiven Rechte nach der DSGVO diesbezüglich nicht mehr selbst ausüben.

---

[23]) Diesbezüglich ist auf die beschränkte Wirkung von Erwägungsgründen im Allgemeinen hinzuweisen. Diese Wirkung reicht nicht so weit, dass ein Einzelner aus einem oder mehreren Erwägungsgründen Rechte ableiten kann. Um Rechte Einzelner zu begründen, bedarf es einer Bestimmung im verfügenden Teil der Richtlinie, die noch dazu die Voraussetzungen der unmittelbaren Wirkung erfüllen muss (Schlussanträge GA *Stix-Hackl* – Rs C-222/02 132, *Paul/Deutschland*, Slg 2004, I-9425, 9457, Tz 132).

[24]) EuGH 24. 11. 2011, C-469/10 *ASNEF* RN 35.

[25]) Dazu schon EuGH 24. 11. 2011 C-469/10 ASNEF.

Mit anderen Worten: Sohin läge nach den oa Ausführungen bei einer formal abgegebenen individuellen Einwilligung rechtlich eine unwirksame vor. Anstelle dieser (mit Ausnahme der zwingenden individuellen Zustimmung) tritt das Mitwirkungsrecht des Betriebsrats zur **Gewährleistung** des Schutzes Rechte und Freiheiten personenbezogener Beschäftigtendaten der AN (nach der DSGVO). Die Ersetzung der Zustimmung durch institutionelle Organe des Arbeitsverfassungsrechts schadet deswegen nicht (arg lege non distinguente). Durch diese nationalen Regeln werden die Rechte und Freiheiten der Arbeitnehmer effektiv innerhalb der Textierung der DSGVO im Kapitel XI (Vorschriften über besondere Verarbeitungssituationen) gewährleistet.

Das in **§ 96a Abs 1 Z 1** und **Abs 2 ArbVG** normierte **suspensive Vetorecht** des Betriebsrats hinsichtlich der Ermittlung, Verarbeitung und Übermittlung personenbezogener Daten kann de lege lata durch die Schlichtungsstelle ersetzt werden. Systeme, die eine Betriebsvereinbarung nach § 96a Abs 1 Z 1 ArbVG erfordern, sind etwa Zeiterfassungssysteme (OGH 27. 5. 2004, 8 ObA 97/03b) oder bspw Systeme zur Ermittlung, Verarbeitung und Übermittlung von personenbezogenen Daten iZm einem Bonus- und Beteiligungsprogramm (SchlSt beim ASG Wien, 26. 5. 2014, Schl 5/13). Die Norm des § 96a ArbVG ist vom sachlichen Regelungsgegenstand des Art 88 DSGVO iVm ErwGr 155 erfasst, da diese EU-Bestimmung Datenverarbeitung im kollektiven Beschäftigungskontext in Form von Rechtsvorschriften (in Ö als Gesetz im formellen sowie materiellen Sinn) als auch Kollektivvereinbarungen (in Ö Kollektivvertrag und Betriebsvereinbarung) erfasst. Nunmehr muss § 96a ArbVG im Datenschutzkontext den sachlichen und persönlichen Anforderungen des Art 88 Abs DSGVO entsprechen und an diesem Maßstab gemessen werden. Die Zustimmung des Betriebsrats als auch die Ersetzung dieser durch die Schlichtungsstelle darf ex lege einzig und alleine nur mehr nach den Anforderungen der DSGVO und des zu novellierenden DSG 2000 erfolgen.[26]) Das Bundesverwaltungsgericht als Rechtsschutzinstanz hat ebenso vorzugehen (§§ 146 Abs 2, 159 ArbVG iVm Art 130 Abs 1 Z 1 B-VG[27])). Dies geschieht qua **Interessensabwägung** bzw in **praktischer Konkordanz**[28]) der divergierenden Grundrechtspositionen (Verhältnismäßigkeitsprinzip der Grundrechte ua im ErwGr 4). Soweit eine tatsächliche oder vorhergesehene Verwendung der Daten die Erfüllung von gesetzlichen und arbeitsvertraglichen Verpflichtungen sowie kollektiven Rechtgestaltungspflichten nicht überschreitet, ist die Zustimmung des Betriebsrats nach § 96a ArbVG nicht erforderlich.[29])

§ 96a ArbVG ist uA sohin lediglich als „spezifischere Vorschrift" zu qualifizieren. *Stricter rules* hingegen sind Regelungen, die den Arbeitnehmer im höheren Ausmaß schützen als in der DSGVO vorgesehen und die materielle Zulässigkeitsschranke der Auftraggeber resp Datenverarbeiter zur Datenverarbeitung erhöhen. § 96a Abs 1 Z 1 ArbVG letzter Satz regelt keine inhaltlichen Vorgaben iSv „stricter rules", sondern ist konvergent zur DSGVO zu lesen bzw interpretieren: „[...] *soweit die tatsächliche oder vorgesehene Verwendung dieser Daten über die Erfüllung von Verpflichtungen nicht hinausgeht, die sich aus Gesetz, Normen der kollektiven Rechtsgestaltung oder Arbeitsvertrag ergeben* [...]". Insofern würde durch § 96a ArbVG auch kein stärkerer Schutz ausschließlich Arbeitnehmerdaten iSd DSGVO und des nationalen Datenschutzgesetzes betreffend geschaffen, der den Höchst-

[26]) Durch Interessensabwägung: 8 ObA 288/01p; 9 ObA 109/06d = SZ 2002/83.

[27]) *Fister/Fuchs/Sachs*, Verwaltungsgerichtsverfahren (2013) A, 4.

[28]) Ausführlich dazu *Streinz* in *Merten/Papier* (Hrsg), Handbuch der Grundrechte in Deutschland und Europa VI/1 (2010) § 151, Rz 23 f.

[29]) Grundsätzlich dazu *Löschnigg*, aaO 11/067 ff.

standard der VO unionsrechtlich unzulässig überschreiten würde.[30]) Es wird sohin materiell nicht das Schutzniveau erhöht, sondern durch die Betriebsratsmitwirkung quasi ein außergerichtliches Rechtschutzverfahrenssystem geschaffen.

Mutatis mutandis gilt dies für § 96 Abs 1 Z 3 ArbVG, der vom sachlichen Anwendungsbereich als spezifischere Regelung (BV) erfasst ist, weil die Kontrolle von AN ihrem Wesen nach auf der ersten Stufe nur durch Informationsbeschaffung qua Datenerhebung und infolge Datenverarbeitung (vgl § 4 Z 9 DSG 2000) vorgenommen wird. Es handelt sich bei leg cit um eine spezifischere Regelung, da in § 96 Abs 1 Z 3 ArbVG die Rechtsposition des Betriebsinhabers nicht „verschlechtert" wird und lediglich die inhaltliche Schranke der Menschenwürde als Vorgabe normiert ist.[31]) Das Vetorecht des BR umfasst die datenschutzrechtlichen Widerspruchsgrundlagen iSd DSGVO. Der BR nimmt stellvertretend die Rechte der AN wahr, leistet sohin **Gewähr** für die Rechtskonformität der geplanten Datenverarbeitungsmaßnahmen des Datenverarbeiters und wird sohin auch durch die DSGVO im Ergebnis geschützt.

E. Konkrete Begründung der Zulässigkeit insb der § 10 AVRAG und §§ 96 Abs 1 Z 3, 96a ArbVG als spezielle Regelung nach Art 88

1. Materielle Ebene

Die **Betriebsvereinbarung** stellt in der Praxis das wichtigste **Instrument** zur **Umsetzung** und **Kontrolle** des Arbeitnehmerdatenschutzes im Betrieb dar. Sie hat den Vorteil, dass die betrieblichen Sozialpartner anlassbezogen betriebliche Spielregeln für den Datenschutz am Arbeitsplatz und präzise Regeln für bestimmte Systeme und Datenanwendungen (zB Videokontrolle, Whistleblowing-Hotlines usw) vereinbaren und festlegen können. Die BV muss dabei allerdings die Persönlichkeitsrechte der Betroffenen achten und die datenschutzrechtlichen Schutzstandards abbilden.

Die Betriebsvereinbarung dient gleichzeitig der Ausübung von Mitbestimmungsrechten des Betriebsrates, insb nach § 96 (Kontrollmaßnahmen, die die Menschenwürde berühren) und § 96a ArbVG (Systeme, die personenbezogene Daten verarbeiten). Diese kollektiven Rechte, die der Betriebsrat auszuüben hat, sind im Machtübergewicht des Arbeitgebers begründet. In der Praxis kommt es auch selten vor, dass einzelne Arbeitnehmer ihre Datenschutzrechte am Arbeitsplatz einfordern. Es ist daher davon auszugehen, dass die Einzelzustimmung zu Datenverarbeitungen im Arbeitsverhältnis nicht frei von Zwang ist. Den Betriebsvereinbarungen kommt somit eine doppelte Aufgabenstellung zu. Einerseits können sie Ermächtigungsgrundlagen für die Verarbeitung personenbezogener Daten schaffen, andererseits dienen sie zur Umsetzung der Mitbestimmungsrechte des Betriebsrates.

Art 6 Abs 1 DSGVO normiert, dass die Datenverarbeitung rechtmäßig ist, wenn die betroffene Person ihre Einwilligung erteilte (lit a iVm Art 7 DSGVO) oder die Verarbeitung für die Erfüllung eines Vertrages erforderlich ist (lit b). Art 88 Abs 1 DSGVO iVm ErwGr 155 normiert Kollektivvertrag und Betriebsvereinbarung als „**spezifischere Vorschriften** zur **Gewährleistung** des **Schutzes** der **Rechte** und **Freiheiten** hinsichtlich der **Verarbeitung personenbezogener Beschäftigtendaten** im Beschäftigungskontext, „insbesondere für

[30]) Vgl EuGH 6. 11. 2003, C-101/01 *Lindqvist*, RN 95 ff; verb RS 24. 11. 2011 C-468/10 *ASNEF* und *FECEMD* v 24. 11. 2011 C-469/10, RN 29 ff, insb RN 35 f.

[31]) Dazu schon EuGH 24. 11. 2011 C-469/10 *ASNEF*.

Zwecke der Einstellung, der Erfüllung des Arbeitsvertrags einschließlich der Erfüllung von durch Rechtsvorschriften oder durch Kollektivvereinbarungen festgelegten Pflichten, [...] der Planung und der Organisation der Arbeit, [...] sowie für Zwecke der Inanspruchnahme der mit der Beschäftigung zusammenhängenden individuellen oder kollektiven Rechte und Leistungen und für Zwecke der Beendigung des Beschäftigungsverhältnisses."

Abs 2 leg cit normiert, „dass diese Vorschriften angemessene und besondere Maßnahmen zur Wahrung der menschlichen Würde, der berechtigten Interessen und der Grundrechte der betroffenen Person" und (explizit angesprochen) „die Überwachungssysteme am Arbeitsplatz umfassen".

Legt man interpretativ die *travaux préparatoires* historisch der DSGVO zugrunde (die tlw in der DSGVO enthalten sind), so ergibt dies uA die Zulässigkeit der oa **Mitbestimmungsrechte** des Betriebsrats als **spezifischere Regelung**. Aufgrund der genuinen Eigenschaft des Europarechts[32]) ergibt auch die objektive Interpretation (es besteht bekanntlich keine Hierarchie bei der Anwendung der Interpretationsregeln als Operationsregeln[33])) qua Interpretation nach dem aktuellen Wertungshorizont (von einem realistischen bzw soziologischen Auslegungselement als spezielles teleologisches Argument[34])) dieses Ergebnis.[35]) Unterstützt wird diese Ansicht durch die Judikatur des EuGH. Das Gericht interpretierte hinsichtlich RL und deren Umsetzung (der Tenor ist auch auf VO übertragbar) diese am Gehalt, der sich aus dem Wortlaut und den Begründungserwägungen ergibt, ohne andere Zweckbestimmungen zu berücksichtigen, jedoch auch auf Systematik unter Rückgriff auf historische und teleologische Argumente.[36]) Die DSGVO bezieht sich auf die Grundrechte und Grundfreiheiten des Primärrechtes der EU und der GRC.[37]) Die GRC hat denselben Rang wie die Gründungsverträge (Art 6 EUV), geht daher der DSGVO als Sekundärrecht vor und ist deswegen nach Möglichkeit in Übereinstimmung mit dem Vertrag auszulegen.[38]) Ebenso ist die EMRK (als ratifizierter völkerrechtlicher Vertrag der Mitgliedstaaten) bei der Auslegung zu berücksichtigen, da die DSGVO sich implizit auf deren Grundsätze bezieht.[39]) Wäre eine Datenverarbeitung nach Art 4 ohne Einwilligung des betroffenen Arbeitnehmers nach der DSGVO zulässig, verstieße jedoch gegen die in der DSGVO verankerten Grundrechten und Grundfreiheiten der Primärverträge sowie der EMRK, bedürfte es ua wegen derer primärrechtlichen Anwendungsvorranges einer Zustimmung des betroffenen Arbeitnehmers.

Das **Recht** des **Betriebsrats** insb nach §§ 96, 96a ArbVG kann nur dann seinen Zweck nach Art 88 iVm ErwGr 155 erfüllen, wenn der **Betriebsrat** Einfluss auf die rechtskonforme

---

[32]) Kritisch zu dieser Aussage *Hufeld*, in *Isensee/Kirchhof* (Hrsg), Handbuch des Staatsrechts der Bundesrepublik Deutschland: Deutschland in der Staatengemeinschaft I[3] § 215 Rz 5 ff.

[33]) Ausführlich dazu *E. Kramer*, Juristische Methodenlehre[4] (2013) 134.

[34]) Ausführlich dazu *E. Kramer*, Juristische Methodenlehre[4] 173, 175.

[35]) Ausführlich dazu *E. Kramer*, Juristische Methodenlehre[4] 140, 175.

[36]) *Rebhahn* in *Riesenhuber* (Hrsg), Europäische Methodenlehre: Handbuch für Ausbildung und Praxis[3] (2015) 404 Rz 26, 30, 36 mV auf die EuGH-Judikatur.

[37]) Grundrechte: ErwGr 1, 2, 3, 4, 10, 16, 47, 51, 52, 53, 68, 69, 102, 109, 111, 113, 114, 153, 166, 173; Art 1 Abs 2; 4 Z 24; 6 lit f; 8 Abs 2 lit b; 9 Abs 2 lit b, g, j; 23 Abs 1; 50 lit b; 51 Abs 1; 88 Abs 2. Grundfreiheiten: ErwGr 2, 3, 10, 16, 47, 51, 68, 69, 73, 109, 113, 166, 173; Art 1 Abs 2; Art Z 24; Art 6 Abs 1 lit f; Art 23 Abs 1; Art 45 Abs 2 lit a; Art 50 lit b; Art 51 Abs 1.

[38]) *Rebhahn* in *Riesenhuber* (Hrsg), Europäische Methodenlehre 404 Rz 26, 30 mV auf die EuGH-Judikatur.

[39]) *Rebhahn* in *Riesenhuber* (Hrsg), Europäische Methodenlehre 404 f Rz 33 mV auf die EuGH-Judikatur; FN 37.

Datenverarbeitung des Arbeitgebers haben kann.[40]) Daraus folgt aber auch, dass seine **Stellung** als **Verfahrenspartei** in einem Verfahren bei der Aufsichtsbehörde (sowie bei einem gerichtlichen Rechtsbehelf) geboten ist. Die praktische Wirksamkeit der DSGVO wird hierbei uA nicht verhindert und die Rechtsposition der Beteiligten im Ergebnis nicht wesentlich verändert.[41])

2. Prozedurale Ebene

Art 57 normiert die Aufgaben der Aufsichtsbehörde. Diese hat die DSGVO zu **überwachen** und **durchzusetzen** (Abs 1 lit a). Sie hat

- sich mit **Beschwerden** einer **betroffenen Person** oder Beschwerden einer Stelle, einer Organisation oder eines Verbandes gem Art 80 zu befassen,
- den Gegenstand der Beschwerde in angemessenem Umfang zu untersuchen und
- den Beschwerdeführer innerhalb einer angemessenen Frist über den Fortgang und das Ergebnis der Untersuchung zu unterrichten, insb wenn eine weitere Untersuchung oder Koordinierung mit einer anderen Aufsichtsbehörde notwendig ist (lit f).

Die Aufsichtsbehörde kann insb nach Art 58 Abs 2 eine vorübergehende oder endgültige **Beschränkung** der **Verarbeitung**, einschließlich eines **Verbots**, verhängen (lit g) und die **Berichtigung** oder **Löschung** von **personenbezogenen Daten** oder **die Einschränkung** der **Verarbeitung** gem Art 16, 17 und 18 und die Unterrichtung der Empfänger, an die diese personenbezogenen Daten gem Art 17 Abs 2 und Art 19 offengelegt wurden, über solche Maßnahmen anordnen (lit f).

Die oben dargelegte Begründung der Prämisse der grundsätzlichen **materiellen Zulässigkeit** von § 10 Abs 1 AVRAG und insb iVm § 96 Abs 1 Z 3 ArbVG und § 96a ArbVG als spezifischer Regelungen gem Art 88 iVm ErwGr 155 ist, dass diese in ihren **Tatbestandskernen** datenschutzrechtliche Elemente beinhalten und insofern den Schutz der Rechte und Freiheiten der Betroffenen im Beschäftigungskontext gewährleisten (Art 88 Abs 1). Aus dieser materiellen Zulässigkeit ergibt sich nun insofern eine prozedurale nationalrechtliche Konsequenz, als das nationale prozedurale Verfahren auch den Prinzipien des 2. Abschnittes der DSGVO entsprechen muss. Die DSGVO sieht (alternierend) als Behörden die Aufsichtsbehörde samt Instanzenzug und den gerichtlichen Rechtsbehelf zwingend vor. Um nämlich dem Einwand als mögliche rechtlich unzulässige *stricter rule* der leg cit im Datenschutzkontext zu entgegnen, böte sich prozedural auf Grundlage der oa Ausführungen unter unveränderter Wesensbeibehaltung der nationalen leg cit als angemessene und besondere Maßnahme des Art 88 Abs 2 DSGVO folgendes an: § 10 Abs 1 AVRAG und § 96a ArbVG könnten (statt der Schlichtungsstelle und final der Gerichtshöfe des öffentlichen Rechts) die Anrufung der Aufsichtsbehörde durch den betroffenen Arbeitgeber und Arbeitnehmer als auch den Betriebsrat als betroffene Verfahrenspartei (zumindest als Legalpartei) oder die Anrufung des Arbeits- und Sozialgericht als (funktionelles) Gericht durch den AN und den BR vorsehen. Bei einer multidisziplinären Streitsache, die auch datenschutzrechtliche Beschwerdepunkte erfasst, disponiert der Antragssteller über die Zulässigkeit der Streitsache sowie über den Streit- bzw Prozessgegenstand bei der Aufsichtsbehörde.[42]) Ein iSd DSGVO

---

[40]) *Rebhahn* in *Riesenhuber* (Hrsg), Europäische Methodenlehre 410 f Rz 41 f mV auf EuGH Rs *Junk*.

[41]) *Rebhahn* in *Riesenhuber* (Hrsg), Europäische Methodenlehre 413 f Rz 46 f mwN.

[42]) Für die ZPO statt vieler nur *Rechberger/Simotta*, ZPO[8] (2010) Rz 383 ff, 398; zum Verwaltungsverfahren *Hengstschläger/Leeb*, AVG (2014) § 13 Rz 3 mwN.

unzulässiger Antrag wäre sohin zurück- bzw abzuweisen. Zumal insb in Art 58 Abs 4, Art 77 Abs 1 und Art 78 auf jeden Fall ein **wirksamer gerichtlicher Rechtsbehelf** vorgesehen ist, der an das ASGG qua zB sukzessiver Zuständigkeit vorgesehen werden soll (funktionale Zuständigkeit; vgl §§ 67, 69 ASGG).[43]) Im Endergebnis geht es um die effektive Wirksamkeit sowie Praktikabilität des EU-Rechts.

Der **Rechtsbehelf** soll auch – wie in Art 80 Abs 1 DSGVO als Ermächtigungstatbestand normiert – durch die **Gewerkschaft** (als Interessensvertretung) geltend gemacht werden (Art 80 Abs 1). Hier sollte gleichzeitig de lege ferenda nach Art 80 Abs 2 auch vorgesehen werden, dass zB **Gewerkschaften** unabhängig von einem Auftrag der betroffenen Person bei Verletzung ihrer Rechte nach der DSGVO das Recht haben, bei der gem Art 77 zuständigen Aufsichtsbehörde eine **Beschwerde** einzulegen und die in den Art 78 und 79 aufgeführten Rechte in Anspruch zu nehmen, wenn nach Erachten der Gewerkschaft die Rechte einer betroffenen Person gem DSGVO infolge einer Verarbeitung verletzt worden sind. Denn die Gewerkschaften (als Interessensvertretung) spielen bei der Wahrung der Interessen der AN eine wichtige, ja wesentliche Rolle. Daraus ergibt sich, dass der Gewerkschaft de lege ferenda – wie eben in Art 80 Abs 1 DSGVO als Ermächtigungstatbestand normiert – auch entsprechende Befugnisse zukommen müssen.

III. Fazit und Ergebnis

Es sprechen die überzeugenderen Gründe dafür, insb Art 10 Abs 1 AVRAG und §§ 96 Abs 1 Z 3, 96a ArbVG als rechtlich zulässige spezifische Regelungen des Art 88 iVm ErwGr 155 zu qualifizieren. Sie verändern im Wesenskern die Rechtsposition der Rechtssubjekte der DSGVO nicht. Allenfalls wären lediglich prozedurale Änderungen vorzunehmen.

Hinzu tritt, dass die Verantwortung des Datenschutzes (zB Datenschutz-Folgeabschätzung, Risikoeinschätzung, Vorab-Konsultationspflicht etc) nach der DSGVO nun dem AG überantwortet wird. Umso mehr wird gem den oa Ausführungen uA (dies zB qua BR) den Grundsätzen der DSGVO auch in Beschäftigungsverhältnissen Rechnung getragen, in denen Arbeitnehmer typischerweise Druck ausgesetzt sind und ihre legitimen Rechte deswegen nicht (immer) durchsetzen können. Die Datenschutzverantwortung in der DSGVO wurde im Ergebnis zum Arbeitgeber transferiert. In diesem Zusammenhang ist überlegenswert (die Gewerkschaften forderten bereits vor der DSGVO die verpflichtende Bestellung betrieblicher Datenschutzbeauftragter inkl Festlegung ihrer Rechte bzw Befugnisse), **betriebliche Datenschutzbeauftragte** zu etablieren (vgl Art 37 ff). Hierbei böte sich an, für diese Personen ab einer gewissem Betriebsgröße quasi einen erhöhten arbeitsrechtlichen Beendigungsschutz vorzusehen (vgl Art 105 ArbVG; Art 38 Abs 3 DSGVO. Weiters ist in diesem Zusammenhang va § 50a (wie auch die §§ 50b–e) DSG 2000 auch als Art 88 Abs 2-Regelung nationalrechtlich de lege ferenda fortzuführen.

IV. Checkliste für Betriebsvereinbarungen nach der DSGVO

Bestehende und neue Betriebsvereinbarungen müssen im Einklang mit der DSGVO stehen und sollen die zentralen Grundsätze der DSGVO wie folgt abbilden:

Betriebsvereinbarung kann datenschutzrechtlicher Erlaubnistatbestand sein (Art 88 Abs 1 iVm ErwGr 155). Ein entsprechender Hinweis ist aufzunehmen: „Sofern diese Be-

---

[43]) *Rechberger/Simotta*, aaO Rz 1203 f.

triebsvereinbarung das Verarbeiten personenbezogener Daten regelt, gilt diese Betriebsvereinbarung als Erlaubnisvorschrift gem Art 88 Abs 1 DSGVO iVm ErwGr 155".[44])

✓	1. Es ist eine **Differenzierung nach Datenarten/-kategorien** vorzunehmen (Art 9, 10): Einhaltung der erhöhten Schutzanforderungen für die Verarbeitung besonderer Datenkategorien (ethnische Herkunft, politische Meinung, Religion, sexuelle Orientierung, Gewerkschaftszugehörigkeit, genetische oder biometrische Daten, Daten über Verurteilungen und Straftaten).
✓	2. **Personenbezogene Daten** müssen auf rechtmäßige Weise, nach Treu und Glauben und in einer für die betroffene Person nachvollziehbaren Weise verarbeitet werden (Art 5 Abs 1a). Die Regelungen zum Umgang mit ihren Daten müssen für Arbeitnehmer daher transparent und nachvollziehbar sein.
✓	3. **Zweckbindung** ist an- und auszuführen: Personenbezogene Daten dürfen nur für genau festgelegte, eindeutige und rechtmäßige Zwecke erhoben werden. Es sind detaillierte Beschreibungen der Zwecke der geplanten Datenverarbeitung aufzunehmen. Diese können die betrieblichen Sozialpartner im Rahmen von Anhängen zur Betriebsvereinbarung ausführen. Eine Verarbeitung zu anderen Zwecken ist grundsätzlich unzulässig. Es ist davon auszugehen, dass zu unbestimmte und allgemeine Aussagen zu den zulässigen Zwecken oder die Angabe von Zweckbündeln von den Gerichten in Zukunft als unzulässig bewertet werden (Art 5 Abs 1 lit b).
✓	4. **Datenminimierung und Datensparsamkeit:** Die Datenerhebung und -verarbeitung muss auf das für die Zwecke der Datenverarbeitung notwendige Mindestmaß beschränkt sein (Art 5 Abs 1 lit c). Bereits bei Planung und Einführung der IT-Systeme sind Maßnahmen zur Umsetzung der Datenschutzgrundsätze in dem jeweiligen technischen System anzuführen. Dazu sieht die DSGVO die Modelle „Datenschutz durch Technikgestaltung und datenschutzfreundliche Voreinstellungen (Privacy by Design and by Default)" vor, zB Pseudonymisierung, Konzepte zur Datenminimierung, zum Datenzugriff, zur Datenlöschung (Art 25).
✓	5. **Datenrichtigkeit und Datenaktualität:** Personenbezogene Daten müssen sachlich richtig und auf dem neuesten Stand sein. Personenbezogene Daten, die im Hinblick auf ihre Zwecke unzutreffend sind, sind unverzüglich zu löschen oder zu berichtigen. Regelungen zu Korrekturprozessen, sobald Datenunrichtigkeiten bekannt werden, sind festzulegen (Art 5 Abs 1 lit d).
✓	6. **Beschränkung der Speicherdauer:** Daten dürfen nur so lange gespeichert werden, wie dies zur Erreichung der mit der Datenverarbeitung verfolgten Zwecke erforderlich ist. Die Speicherdauer bzw. die Kriterien zur Festlegung der Speicherdauer sind anzuführen (Art 5 Abs 1 lit e).
✓	7. **Einhaltung der Anforderungen an Datensicherheit:** Personenbezogene Daten sind so zu verarbeiten, dass sie vor unbefugter oder unrechtmäßiger Verarbeitung, vor zufälligem Verlust, zufälliger Zerstörung oder Schädigung geschützt sind. Dazu sind geeignete technische und organisatorische Maßnahmen zu treffen (Art 5 Abs 1 lit f).

[44]) In bestimmten Fällen kann zusätzlich zur Betriebsvereinbarung eine Einzelzustimmung erforderlich sein.

☑	8. **Datenübermittlung an Dritte:** Hinweis auf Empfänger von Daten oder Kategorien von Datenempfängern und Hinweis auf Übereinstimmung mit dem berechtigten Zweck; bei Datenübermittlung an Drittländer darf das Schutzniveau für die Betroffenen(geeignete Garantien, durchsetzbare Rechte und wirksame Rechtsbehelfe) nicht untergraben werden. Es ist ein Hinweis auf Maßnahmen zur Sicherung eines angemessenen Datenschutzniveaus erforderlich (Art 44–50).
☑	9. **Aufklärungs- und Informationspflichten:** Klare und leicht verständliche Informationen zur Datenverarbeitung müssen vorhanden sein, sowie Modalitäten für die effektive Ausübung der Rechte der betroffenen Person. Über das Bestehen einer automatisierten Entscheidungsfindung einschließlich Profiling muss ausdrücklich informiert werden, in diesem Fall sind den Betroffenen aussagekräftige Informationen über die involvierte Logik sowie die Tragweite und die angestrebten Auswirkungen einer derartigen Verarbeitung zu übermitteln (Art 12–14).
☑	10. **Hinweis auf Betroffenenrechte** (Art 15–20) und deren Ausübung, und zwar das Recht auf Auskunft, auf Berichtigung, auf Löschung von Daten zur eigenen Person sowie das Recht auf Widerspruch, insb bei Profiling (Art 21–22).
☑	11. **Sicherstellung rechtmäßiger Auftragsdatenverarbeitung:** Vorhandensein von Garantien, die die Eignung des Auftragsverarbeiters sicherstellen, verordnungskonforme Datenverarbeitungen durchzuführen; Vorhandensein eines (Dienstleister-)Vertrages, der Art, Zweck und Dauer der Verarbeitung sowie Art der personenbezogenen Daten und Kategorien der betroffenen Personen enthält; Berücksichtigung der Betriebsvereinbarung durch den Auftragsdatenverarbeiter (Art 28).
☑	12. **Ergebnis der Datenschutz-Folgenabschätzung und der Risikoeinschätzung** – wenn erforderlich – prüfen (Sicherheitskonzept), insb bei automatisierten Einzelentscheidungen und Profiling sowie bei Verwendung besonderer Datenkategorien (Art 35).
☑	13. **Vorab-Konsultationspflicht** bei risikoreichen Datenverarbeitungen – schriftliche Empfehlungen der Aufsichtsbehörde umsetzen (Art 36).

Besonderheiten des öffentlichen Bereichs

Andreas Gerhartl

I. Einleitung

Gegenstand dieses Beitrages sind in der DSGVO enthaltene Besonderheiten für den öffentlichen Bereich. Zum einen werden darunter Regelungen verstanden, die spezifische Bestimmungen für Normadressaten, die dem **öffentlichen Sektor** zugehören, enthalten. Als derartige Normadressaten kommen alle nach öffentlich-rechtlichen Vorschriften organisierten Stellen oder Einheiten, wie Gebietskörperschaften, Selbstverwaltungskörper, Ämter und (Verwaltungs- oder Gerichts-)Behörden, öffentlich-rechtliche Körperschaften, aber auch Dienstleistungsunternehmen des öffentlichen Rechts (wie das Arbeitsmarktservice) in Betracht.[1])

Als Besonderheit iZm dem öffentlichen Bereich werden aber auch Vorschriften angesehen, die auf das Vorliegen **öffentlicher Interessen** abstellen bzw daran (Rechtsfolgen) anknüpfen (va die Zulässigkeit der Datenverarbeitung von dieser Voraussetzung abhängig machen). Dabei müssen das Vorliegen öffentlicher Interessen und die Datenverarbeitung durch einen Verantwortlichen des öffentlichen Bereiches nicht notwendigerweise zusammenfallen.

Beispiel:

Ein Privater übermittelt personenbezogene Daten an ein Gericht, damit in einer bestimmten Rechtssache ein Urteil gefällt werden kann. Der Datenübermittlung liegt daher ein öffentliches Interesse zugrunde (Durchführung der Rechtspflege), sie erfolgt aber durch keinen Verantwortlichen des öffentlichen Bereichs.

Soweit keine Sonderregelungen zum Tragen kommen, gelten die **allgemeinen**, jeweils an anderer Stelle behandelten **Bestimmungen** der DSGVO, bspw das Recht auf Vergessen oder Datenportabilität oder die Pflicht zur Datenschutz-Folgenabschätzung oder zur Führung eines Verfahrensverzeichnisses, daher auch für den öffentlichen Sektor.

Darüber hinaus soll eine Richtlinie zum Schutz natürlicher Personen bei der Verarbeitung personenbezogener Daten durch die zuständigen Behörden zum Zwecke der Verhütung, Aufdeckung, Untersuchung oder Verfolgung von Straftaten oder der Strafvollstreckung sowie zum freien Datenverkehr geschaffen werden.[2]) Inhalt und Struktur dieser Richtlinie orientieren sich zwar an der DSGVO, die Richtlinie lässt den Mitgliedstaaten aber mehr Regelungsspielräume.

---

[1]) Siehe zur Definition des öffentlichen Bereichs im DSG 2000 § 5 Abs 2 und 3.

[2]) Siehe dazu die Beiträge von *Wildpanner-Gugatschka* und *Dörnhöfer* in diesem Buch bzw *Bäcker/Hornung*, EU-Richtlinie für die Datenverarbeitung bei Polizei und Justiz in Europa, Zeitschrift für Datenschutz 2012, 147.

Die folgenden Ausführungen orientieren sich an der DSGVO; etwaige dem nationalen Gesetzgeber eingeräumte **Handlungsoptionen** werden daher nur erwähnt, wenn sie in der DSGVO selbst enthalten sind. Potenzielle nationale Bestimmungen, die neben der DSGVO bestehen (zB Erstreckung des Schutzbereiches auch auf juristische Personen), können dagegen nicht antizipiert werden.

II. Fragen des Anwendungsbereichs

A. Begriffsbestimmungen

Die Geltung der DSGVO (innerhalb des sachlichen und räumlichen Geltungsbereichs) auch für den öffentlichen Bereich ergibt sich aus den darin enthaltenen Begriffsbestimmungen, die diesen Sektor jeweils mit einbeziehen. Demnach gilt etwa als für die Datenverarbeitung **Verantwortlicher** jene natürliche oder juristische Person, Behörde, Einrichtung oder jede andere Stelle, die allein oder gemeinsam mit anderen über die Zwecke und Mittel der Verarbeitung von personenbezogenen Daten entscheidet. Ähnliche Definitionselemente finden sich etwa bei der Festlegung, wer als **Auftragsverarbeiter, Empfänger** oder **Dritter** gilt.

Unabhängig von der Frage, inwieweit diese Definitionen auch tautologische Elemente aufweisen, weil etwa eine (bestimmte) Behörde nach dem nationalen Recht auch eine juristische Person und damit ohnehin bereits von der ersten Alternative der Aufzählung umfasst ist, wird aus dem Umfang der Auflistung potenzieller Geltungsbereichsadressaten die Absicht ersichtlich, eine **lückenlose Bestimmung** des Adressatenkreises vorzunehmen. Der Geltungsbereich der DSGVO soll daher nicht aus dem Grund beschränkt werden, dass es sich beim Adressaten einer Bestimmung um eine (natürliche oder juristische) Person handelt, die (iwS) dem öffentlichen Sektor zuzuordnen ist. Sofern nicht die DSGVO selbst Sonderbestimmungen enthält, macht es für deren Geltung daher keinen Unterschied, ob der Adressat der Regelungen dem öffentlichen oder dem privaten Bereich entstammt.

B. Unterschiede zum DSG

Dies entspricht im Wesentlichen auch den im DSG 2000 enthaltenen Definitionen. So ist gem § 4 Z 4 DSG 2000 **Auftraggeber** jede natürliche oder juristische Person, Personengemeinschaft oder Organ einer Gebietskörperschaft bzw die Geschäftsapparate solcher Organe. Diese Definition orientiert sich zwar stärker an der nach der innerstaatlichen Rechtslage bestehenden Behörden- bzw Organisationsstruktur, schließt aber ebenfalls den öffentlichen wie den privaten Bereich mit ein. Ähnliches gilt etwa für die Definition des Dienstleisters in § 4 Z 5 DSG. Sonderbestimmungen für Auftraggeber des öffentlichen Bereichs finden sich an mehreren Stellen des DSG. Bspw enthalten § 8 Abs 3 Z 1 und 2 bzw § 9 Z 4 DSG 2000 spezielle Regelungen für die Zulässigkeit der Datenverwendung, wenn diese durch einen Auftraggeber des öffentlichen Bereichs erfolgt.

Ein Unterschied zur Rechtslage nach dem DSG 2000 besteht allerdings darin, dass ein Auftraggeber des öffentlichen Bereichs als **juristische Person** kein Betroffener mehr sein kann. Während nach § 4 Z 3 DSG 2000 jede vom Auftraggeber verschiedene natürliche oder juristische Person oder Personengemeinschaft Betroffener sein kann, schützt die

DSGVO lediglich Informationen über eine bestimmte oder bestimmbare natürliche Person. Betroffene Person iSd DSGVO kann daher lediglich eine natürliche Person sein, deren personenbezogene Daten verwendet werden.

Der praktische Unterschied zur nach dem DSG 2000 bestehenden Rechtslage ist zwar mE nicht allzu gravierend, da bei den meisten einem öffentlichen Auftraggeber zuzuordnenden Daten (zB Beschäftigtenzahl im öffentlichen Dienst, von einer öffentlichen Dienststelle erbrachte Leistungen) das Vorliegen eines schutzwürdigen Geheimhaltungsinteresses iSd § 1 Abs 1 DSG 2000 zu verneinen sein wird, aber doch vorhanden.

Beispiel:

Beim Bundesministerium für Landesverteidigung werden (nicht öffentlich zugängliche) Daten über die Ausrüstung und Truppenstärke der österreichischen Armee aufbewahrt, das Bundesministerium für Äußeres führt (geheime) Aufzeichnungen über die Beziehungen Österreichs zum Ausland (etwa Ergebnisse vertraulicher Gespräche auf diplomatischer Ebene). Derartiges Datenmaterial fällt in den Anwendungsbereich des DSG, wird von der DSGVO aber nicht (mehr) geschützt.

III. Rechtmäßigkeit der Datenverarbeitung

Die Verarbeitung personenbezogener Daten ist ua dann rechtmäßig, wenn sie für die Wahrnehmung einer Aufgabe erforderlich ist, die im **öffentlichen Interesse** liegt oder in Ausübung einer **hoheitlichen Gewalt** erfolgt und die dem für die Verarbeitung Verantwortlichen übertragen wurde.

Dies entspricht im Wesentlichen §§ 8 Abs 1 Z 4 iVm Abs 3 Z 1 und 2 bzw § 9 Z 3 und 4 DSG, wonach schutzwürdige Geheimhaltungsinteressen bei der Verwendung nicht sensibler Daten dann nicht verletzt werden, wenn sie für einen Auftraggeber des öffentlichen Bereichs eine **wesentliche Voraussetzung** für die Wahrnehmung einer ihm gesetzlich übertragenen Aufgabe ist oder in Erfüllung der Verpflichtung zur **Amtshilfe** erfolgt. Für die Übermittlung sensibler Daten gilt dies mit der Maßgabe, dass sich die Ermächtigung oder Verpflichtung zur Datenübermittlung aus gesetzlichen Vorschriften ergeben muss, die zur Wahrung eines wichtigen öffentlichen Interesses bzw zur Erfüllung der Verpflichtung zur Amtshilfe dienen.[3])

Auch für dieses Szenario gilt daher der Befund, dass die in der DSGVO gewählte (abstraktere) Regelungstechnik dem Rechtsanwender die Begründung der Zulässigkeit der Datenverwendung im Vergleich zum DSG 2000 zwar erschwert, inhaltlich aber kaum Unterschiede zwischen beiden Rechtsgrundlagen auszumachen sind.

So enthält das DSG 2000 bspw spezielle Vorschriften für die Übermittlung der aus einer **Videoüberwachung** gewonnenen Daten. Da die DSGVO keine expliziten Bestimmungen zur Zulässigkeit von Videoüberwachungen enthält, muss die Rechtmäßigkeit der Verarbeitung der aus einer Videoüberwachung stammenden personenbezogenen Daten nach der DSGVO dagegen nach Maßgabe der für Datenverarbeitungen geltenden allgemeinen Grundsätze beurteilt werden.

[3]) Spezifische Rechtsgrundlagen enthält bspw das PStG oder das StbG.

Beispiel:
Die Übermittlung von (auch aus einer Videoüberwachung stammenden) personenbezogenen Daten zum Zwecke der Aufklärung oder Verfolgung einer Straftat ist vom Geltungsbereich der DSGVO ausgenommen. Nach § 50a Abs 6 DSG 2000 ist die Übermittlung der durch eine Videoüberwachung aufgezeichneten Daten dagegen ua zulässig, wenn der begründete Verdacht entstanden ist, die Daten könnten eine von Amts wegen zu verfolgende gerichtlich strafbare Handlung dokumentieren.

IV. Beschränkungen der Informationsrechte

A. Ermächtigung durch die DSGVO

1. Voraussetzungen

Die Mitgliedstaaten können unter folgenden Voraussetzungen Rechtsvorschriften erlassen, die die in der DSGVO festgelegten **Rechte der Betroffenen** auf Information, Auskunft, Berichtigung, Löschung, Widerspruch und Benachrichtigung sowie damit korrespondierenden Pflichten der für die Verarbeitung Verantwortlichen (va in Bezug auf die Verpflichtung zur transparenten Information und Kommunikation) beschränken:

- Achtung des Wesensgehaltes der **Grundrechte** und Grundfreiheiten,
- Beachtung der Kriterien der **Notwendigkeit** und **Verhältnismäßigkeit** unter Zugrundelegung der in einer demokratischen Gesellschaft geltenden Maßstäbe;
- Sicherstellung eines legitimen Zwecks.

Als **legitime Zwecke** gelten ua:

- die **nationale Sicherheit**, Landesverteidigung oder öffentlichen Sicherheit,
- die Verhütung, Aufdeckung, Untersuchung und Verfolgung von **Straftaten** oder die Strafvollstreckung einschließlich des Schutzes vor und der Abwehr von Gefahren für die öffentliche Sicherheit,
- der Schutz sonstiger wichtiger Ziele des **allgemeinen öffentlichen Interesses**, insb eines wichtigen wirtschaftlichen oder finanziellen Interesses, etwa im Währungs-, Haushalts- und Steuerbereich sowie im Bereich der öffentlichen Gesundheit und der sozialen Sicherheit,
- die Verhütung, Aufdeckung, Ermittlung und Verfolgung von Verstößen gegen die berufsständischen Regeln reglementierter Berufe,
- die Wahrnehmung der Kontroll-, Überwachungs- und Ordnungsfunktion im Rahmen der **Ausübung öffentlicher Gewalt** für die angeführten Zwecke,
- der Schutz der **Unabhängigkeit der Justiz** und der Schutz von Gerichtsverfahren.

2. Mindestgarantien

Derartige Regelungen müssen aber zumindest zu folgenden Punkten **spezifische Vorschriften** enthalten:

- **Zwecke** der Datenverarbeitung oder die Verarbeitungskategorien,
- Kategorien personenbezogener Daten,
- **Umfang** der vorgenommenen Beschränkungen,
- Angaben zu den Verantwortlichen oder den Kategorien von Verantwortlichen,
- **Garantien** gegen Missbrauch, unrechtmäßigen Zugang oder unrechtmäßige Übermittlung,

- Recht betroffener Personen auf **Unterrichtung** über die Beschränkung, sofern dies nicht dem Zweck der Beschränkung abträglich ist,
- jeweilige **Speicherfristen** sowie geltende Garantien unter Berücksichtigung von Art, Umfang und Zwecken der Verarbeitung oder der Verarbeitungskategorien,
- Risiken für die Rechte und Freiheiten der betroffenen Personen.

3. Verhältnis zu bestehenden Vorschriften

Die derzeitige innerstaatliche Rechtslage enthält bisweilen datenschutzrechtlich relevante Vorschriften zu den von der Ermächtigung umfassten Themenstellungen. Bspw enthalten § 98e und § 98f StVO Bestimmungen über die Verwendung bestimmter Daten für Zwecke eines **Verwaltungsstrafverfahrens** bzw für den Einsatz technischer Einrichtungen zur Bildübertragung zur Beobachtung des Verkehrsgeschehens.

Soweit derartige Bestimmungen mit der DSGVO kompatibel sind, werden sie mE weiterhin ihre Gültigkeit behalten. Anders verhält es sich aber, wenn diese Normen direkt an die DSG 2000 anknüpfen: Da die DSGVO im Vergleich zum DSG 2000 inhaltlich neue Bestimmungen über die Informationsrechte und -pflichten enthält, gehen diese Verweise daher mit der Anwendbarkeit der DSGVO ins Leere. Die einschlägigen Vorschriften werden daher mE durch die DSGVO derogiert, weshalb die Nutzung der Ermächtigung die **Schaffung neuer Vorschriften** voraussetzt. Diese können mE zwar bereits vor dem Zeitpunkt der Anwendbarkeit der DSGVO erlassen werden, treten aber erst mit deren Anwendbarkeitsbeginn in Kraft.

V. Zugang zu behördlichen Dokumenten

A. Interessenabwägung

Personenbezogene Daten in amtlichen Dokumenten, die sich im Besitz einer Behörde, einer öffentlichen Einrichtung oder einer privaten Einrichtung zur Erfüllung einer im **öffentlichen Interesse** liegenden Aufgabe befinden, können gemäß unionsrechtlichen oder nationalstaatlichen Vorschriften offengelegt werden, um den Zugang der Öffentlichkeit zu amtlichen Dokumenten mit dem Recht auf Schutz personenbezogener Daten in Einklang bringen.

Diese Bestimmung enthält daher eine **Ermächtigung** für die nationalstaatlichen Gesetzgebungen. Wird von dieser Ermächtigung kein Gebrauch gemacht, ist die Rechtmäßigkeit des öffentlichen Zugangs zu Dokumenten einer Behörde oder öffentlichen Einrichtung, die personenbezogene Daten beinhalten, daher nach Maßgabe der in der DSGVO niedergelegten allgemeinen Grundsätze zu beurteilen. Im Folgenden soll beispielhaft umrissen werden, welche in der österreichischen Rechtsordnung auffindbaren Vorschriften unter diese Ermächtigungsvorschrift subsumierbar wären.

B. Akteneinsicht, Auskunftspflicht

Nicht von dieser Ermächtigungsvorschrift umfasst sind mE Regelungen über konkrete Anfragen an eine Behörde bzw öffentliche Einrichtung im Einzelfall (etwa Antrag auf Akteneinsicht oder Auskunfterteilung durch **Zusendung von Aktenteilen**). Dabei handelt es sich um keine Sache des allgemeinen öffentlichen Zugangs zu amtlichen Dokumenten, sondern um eine durch ein spezifisches Verlangen ausgelöste Einsichtnahme aufgrund des Vorliegens besonderer, einzelfallbezogener Umstände. Auch die dafür bestehenden Regelungen nehmen im Übrigen auf das Spannungsverhältnis zwischen Informationsbedürfnis und Schutz berechtigter Geheimhaltungsinteressen Bedacht. So sind etwa Aktenbestandteile vom Recht auf Einsichtnahme ausgeschlossen, wenn dadurch (ua) eine Schädigung berechtigter Interessen einer Verfahrenspartei oder dritter Personen herbeigeführt würde.

Soweit es sich um ein auf das **Auskunftspflichtgesetz**[4]) gestütztes Verlangen handelt, liegt es in der Entscheidungsbefugnis der zur Auskunfterteilung verpflichteten Behörde, in welcher Form die Auskunft erteilt wird. Das Recht auf Geheimhaltung schutzwürdiger Daten wird dabei durch die Einräumung des Anspruches auf Auskunft nicht beeinträchtigt und ist daher von der Behörde bei der Wahl der Form, in der die Auskunft erteilt wird, zu berücksichtigen. Demzufolge wäre es daher unzulässig, dem Auskunftbegehren durch Übermittlung von Unterlagen, in denen schutzwürdige personenbezogene Daten aufscheinen, zu entsprechen. Wählt die Behörde diese Modalität der Auskunfterteilung, müssten die entsprechenden Passagen daher **anonymisiert** oder unkenntlich gemacht werden.

Da es sich bei diesen Szenarien wie erwähnt aber um andere als von der hier behandelten Regelung umfasste Sachverhalte handelt, sind die für diese Fälle bestehenden einschlägigen gesetzlichen Vorschriften (etwa das Auskunftspflichtgesetz oder die Vorschriften für Akteneinsicht im AVG) daher mE aber nicht von dieser Ermächtigungsvorschrift der DSGVO angesprochen.

Nicht angesprochen ist idZ im Übrigen auch das **Informationsweiterverwendungsgesetz,**[5]) da dieses gem § 2 Abs 1 und 2 zwar den rechtlichen Rahmen für die (kommerzielle und nicht-kommerzielle) Weiterverwendung von Dokumenten, die sich im Besitz öffentlicher Stellen befinden, regelt, nicht aber den Zugang zu Dokumenten öffentlicher Stellen.

C. Transparenzdatenbank

Ein Anwendungsbeispiel für eine derartige innerstaatliche Vorschrift wäre mE dagegen das Transparenzdatenbankgesetz (TDBG).[6]) Dieses Gesetz regelt die Verarbeitung von personenbezogenen Daten von **Leistungsempfängern** und **Einkommensbeziehern**, die Einkünfte bzw sonstige Leistungen aus öffentlichen Mitteln erhalten, in einer öffentlich zugänglichen bzw einsehbaren Datenbank.

Dieses Gesetz regelt somit sowohl die Datenermittlung zum Zweck der Erfassung in der Transparenzdatenbank (auch **Transparenzportal** genannt) als auch die Durchführung von Abfragen bzw Auswertungen aus dieser Datenbank (Berechtigungen, Modalitäten). Dadurch wird daher das in der DSGVO angesprochene Verhältnis zwischen dem Zugang der Öffentlichkeit und dem Schutz personenbezogener Daten einer Regelung zugeführt. Dass es sich um eine Datenbank handelt, steht einer Subsumierung „Dokument“ mE nicht entgegen, da die DSGVO keine speziellen Regelungen für EDV-unterstützte Dokumente enthält, sodass diese Begrifflichkeit daher weit interpretiert werden muss und keinesfalls etwa auf Papierakten beschränkt werden darf.

---

[4]) Bzw die einschlägigen Auskunftspflichtgesetze der Länder.

[5]) Bzw die einschlägigen Informationsweiterverwendungsgesetze der Länder.

[6]) BGBl I Nr 2012/99.

D. Öffentlichkeit von Informationen

Ein weiterer Anwendungsfall für eine derartige Bestimmung wäre die beabsichtigte Abschaffung der **Amtsverschwiegenheit** durch Schaffung eines neuen Art 22a B-VG, mit dem das Öffentlichkeitsprinzip von Informationen allgemeinen Interesses festgeschrieben und ein verfassungsgesetzlich gewährleistetes Recht auf Zugang zu Informationen implementiert werden soll. Dieses Vorhaben dient der Umsetzung der im Arbeitsprogramm der österreichischen BReg 2013–2018 enthaltenen Zielsetzung, wonach (ua) staatliches Handeln transparenter und offener gestaltet werden soll.[7])

Diese (beabsichtigte) Bestimmung enthält ebenfalls Regelungen für den öffentlichen Zugang zu amtlichen Informationen und statuiert dabei eine prinzipielle **Veröffentlichungspflicht** der von ihrem Anwendungsbereich erfassten Organe. Sie zählt daher zu der Kategorie von Regelungen, deren Anwendbarkeit kein konkretes Verlangen auf Zurverfügungstellung von Informationen im Einzelfall voraussetzt. Der ursprünglich geplante Zeitpunkt für das Inkrafttreten dieser Bestimmung (31. 12. 2015) konnte (zwar) nicht eingehalten werden, im Falle ihrer Implementierung würde sie demnach aber zu den in der DSGVO angesprochenen Ermächtigungsvorschriften zählen.

VI. Zuständigkeit der Aufsichtsbehörde

A. Datenverarbeitung durch Gerichte

Die Zuständigkeit der durch die DSGVO installierten Aufsichtsbehörde erstreckt sich nicht auf die Aufsicht über die von den Gerichten im Rahmen ihrer justiziellen Tätigkeit vorgenommenen Datenverarbeitungen. Soweit die von diesen verarbeiteten Daten nicht ohnehin vom Geltungsbereich der DSGVO **ausgenommen** sind (weil es sich um Daten handelt, die iZm der Aufklärung, Verhinderung oder Ahndung von Straftaten stehen), können Ansprüche iZm der Datenverwendung durch Gerichte daher nicht vor der Aufsichtsbehörde (in Österreich also der **Datenschutzbehörde**) geltend gemacht werden.

B. Unterschiede zum DSG

Das DSG 2000 enthält folgende Struktur für die Zuständigkeit bei der Geltendmachung von Rechten: § 5 Abs 4 bestimmt, dass das Grundrecht auf Datenschutz gegen Rechtsträger, die in Formen des Privatrechts eingerichtet sind und nicht in Vollziehung der Gesetze tätig werden, mit Ausnahme des Rechts auf Auskunft auf dem **Zivilrechtsweg** geltend zu machen ist. In allen übrigen Fällen (ausgenommen es handelt sich um Akte im Dienste der Gesetzgebung oder der Gerichtsbarkeit) ist die Datenschutzbehörde zuständig.

Nach § 31 Abs 1 DSG 2000 sind Beschwerden über nicht erteilte **Auskunftverlangen**, die sich auf die Verwendung von Daten für Akte der Gerichtsbarkeit oder der Gesetzgebung beziehen, von der Zuständigkeit der Datenschutzbehörde ausgenommen.

Gem § 32 Abs 1 DSG 2000 müssen Ansprüche wegen Verletzung des Rechtes auf Geheimhaltung, Richtigstellung oder Löschung gegen in Formen des Privatrechts eingerichtete Rechtsträger, soweit diese nicht in Vollziehung der Gesetze tätig geworden sind, überdies

[7]) Vgl 395 BlgNR 25. GP.

auf dem Zivilrechtsweg geltend gemacht werden. Eine derartige Unterscheidung in Bezug auf die Geltendmachung von Rechten enthält die DSGVO nicht, sodass die **Aufsichtsbehörde** für Beschwerden gegen Rechtsträger sowohl des öffentlichen als auch des privaten Bereichs **zuständig** ist.

Beispiel 1:

Ein Betroffener verlangt von einem Gericht Auskunft darüber, welche Daten über ihn verarbeitet wurden. Gegen die Verweigerung der Auskunfterteilung kann weder nach dem DSG 2000 noch der DSGVO Beschwerde an die Datenschutzbehörde erhoben werden.

Beispiel 2:

Erfolgt eine Datenschutzverletzung durch eine Verwaltungsbehörde, kann sowohl nach dem DSG 2000 als auch der DSGVO Beschwerde bei der Datenschutzbehörde geführt werden. Bei Verletzung durch einen (nicht in Vollziehung der Gesetze handelnden) Privaten sind hingegen nach dem DSG 2000 die Gerichte zuständig (ausgenommen es handelt sich um eine Verletzung der Pflicht auf Auskunfterteilung), während nach der DSGVO ebenfalls die Datenschutzbehörde zuständig ist. Zivilrechtliche Ansprüche, die aus der Rechtsverletzung entstehen (zB Schadenersatz), müssen sowohl nach dem DSG 2000 als auch nach der DSGVO vor Gericht eingeklagt werden.

VII. Zusammenfassung

Die DSGVO gilt grundsätzlich auch für den öffentlichen Bereich. Ein Unterschied zur Rechtslage nach dem DSG 2000 besteht allerdings darin, dass ein Auftraggeber des öffentlichen Bereichs als **juristische Person** kein Betroffener mehr sein kann. Öffentliche Interessen spielen sowohl für die generelle Zulässigkeit der Datenverarbeitung als auch für die Verarbeitung von (in den Geltungsbereich der DSGVO fallenden) Strafdaten im Speziellen eine Rolle.

Die DSGVO enthält mehrere Ausführungsvorschriften, die an das Bestehen **öffentlicher Interessen** anknüpfen. So werden die Mitgliedstaaten unter bestimmten Voraussetzungen zur Erlassung von Vorschriften ermächtigt, die die in der DSGVO festgelegten **Rechte** der Betroffenen auf Information, Auskunft, Berichtigung, Löschung, Widerspruch und Benachrichtigung sowie damit korrespondierenden Pflichten der für die Verarbeitung Verantwortlichen (va in Bezug auf die Verpflichtung zur transparenten Information und Kommunikation) **beschränken**. Eine weitere Ermächtigung bezieht sich auf die Erlassung von Vorschriften, die das Recht auf Schutz personenbezogener Daten mit dem Grundsatz des Zugangs der Öffentlichkeit zu **amtlichen Dokumenten** in Einklang bringen.

Die **Unterschiede zum DSG 2000** erschöpfen sich bisweilen in der Wahl einer anderen, grundsätzlicheren und abstrakteren Regelungstechnik. Bspw enthält die DSGVO – anders als das DSG 2000 – keine speziellen Vorschriften für **Videoüberwachungen**. Im Ergebnis wird die Beurteilung der Zulässigkeit einer Datenverarbeitung nach Maßgabe der DSGVO bzw des DSG 2000 daher häufig gleich ausfallen, aber unter Zugrundelegung der DSGVO einen höheren Begründungsaufwand erfordern.

DSGVO: Chancen und Risiken für die IT-Wirtschaft

Andreas Krisch

I. Die Ausgangslage der IT-Wirtschaft

„Daten sind das Öl des 21. Jahrhunderts“ und „Das Datenschutzrecht hält mit der technischen Entwicklung nicht Schritt“. Diese beiden Aussagen stehen beispielhaft für zahllose Debatten der letzten Jahre über den technischen Fortschritt der IT-Wirtschaft und die Anforderungen des aktuellen Datenschutzrechts, das in seinen wesentlichen Inhalten auf einer EU-Richtlinie aus dem Jahr 1995 beruht.

Im Bereich der Technik wurden in den mehr als 20 Jahren seit Verabschiedung dieser Datenschutzrichtlinie immense Fortschritte erzielt. Das Internet war im Jahr 1995 noch kaum verbreitet, Mobiltelefonie in Form von Autotelefonen ein Nischenmarkt. Für Cloud Computing und Big Data fehlte es an Netzwerkinfrastruktur und an der Verfügbarkeit großer Datenmengen. Das Internet der Dinge war unter dem Begriff „Ubiquitous Computing“ zwar bereits Forschungsgegenstand[1]) am Xerox Palo Alto Research Center, jedoch noch sehr weit von der Praxistauglichkeit entfernt.

Damit wären auch bereits drei aus der Sicht des Datenschutzes wesentliche technische Entwicklungen beschrieben:

- Die aufgrund der weit vorangeschrittenen Vernetzung allgegenwärtige Verfügbarkeit IT-technischer Systeme und deren technische Zentralisierung im Rahmen des Cloud Computing.
- Die Ausbildung einer ausgeprägten datenbasierten Wirtschaft aufgrund der Verfügbarkeit großer personenbezogener Datenmengen bspw im Bereich des Onlinehandels, der sozialen Medien und internetbasierter Dienstleistungen.
- Die massenhafte Verbreitung immer kleinerer leistungsfähiger Computer und die Verschmelzung unterschiedlichster Funktionen in einem einzigen Universalgerät wie bspw dem Smartphone oder Tablet.

Viele dieser Errungenschaften haben zweifellos unser tägliches Leben und unsere Wirtschaft nachhaltig verändert. Die allgegenwärtige Datenverarbeitung ist zu einem unverzichtbaren Bestandteil unserer Gesellschaft geworden. Dieser Fortschritt blieb jedoch nicht gänzlich ohne negative Effekte.

Die ausufernde Datenwirtschaft stößt inzwischen auf große Skepsis bei Kunden und Bevölkerung. Laut einer Studie im Auftrag der EU-Kommission[2]) vertrauen 63 % der Befragten den Anbietern von Produkten und Dienstleistungen im Internet nicht. 62 % haben

---

[1]) *Weiser,* The Computer of the 21st Century, Scientific American 9/1991 https://www.ics.uci.edu/~corps/phaseii/Weiser-Computer21stCentury-SciAm.pdf (abgerufen am 20. 4. 2016).

[2]) *TNS Opinion & Social* im Auftrag der Europäischen Kommission, Special Eurobarometer 431 „Data protection“, Juni 2015, 7.

kein Vertrauen in Internet Service Provider und Telefonieanbieter. Mehr als zwei Drittel der Befragten (69 %) sind überhaupt der Ansicht, dass vor der Verwendung ihrer personenbezogenen Daten jedenfalls ihre ausdrückliche Zustimmung eingeholt werden sollte.

Der aktuelle Markt der digitalen Wirtschaft ist also überwiegend von Skepsis und Misstrauen geprägt. Zu diesem Misstrauen tragen zwei weitere Umstände wesentlich bei:

Einerseits die durch die Enthüllungen von *Edward Snowden* bekannt gewordene massenhafte Überwachung der Internetkommunikation durch diverse internationale Geheimdienste sowie das zunehmende Bestreben der Mitgliedsstaaten der EU, die digitale Wirtschaft zur Erhebung von Daten für Zwecke der staatlichen Überwachung zu verpflichten (Stichwort: Vorratsdatenspeicherung).

Andererseits tragen auch die offensichtlichen Defizite in der bisherigen Durchsetzung des Datenschutzrechts[3]) sowohl innerhalb der Europäischen Union als auch gegenüber Anbietern aus Drittstaaten wesentlich dazu bei, dass das Vertrauen in die digitalen Technologien schwindet.

Die vorliegende Reform des europäischen Datenschutzrechts wurde also vor dem Hintergrund tiefgreifender technischer Veränderungen und einer ausgeprägten Vertrauenskrise ausverhandelt, mit der die digitale Wirtschaft und die Informationstechnik insgesamt konfrontiert ist.

Entsprechend ist in der DSGVO auch eine deutliche Aufforderung an die IT-Wirtschaft enthalten, die Richtung der weiteren technischen Entwicklung auf einen soliden Datenschutz hin auszurichten.

II. Wesentliche Neuerungen für die IT-Wirtschaft

Wesentliche Ziele der vorliegenden Datenschutzreform sind eine stärkere Vereinheitlichung des Datenschutzrechts in der EU, eine bessere Rechtsdurchsetzung, aber auch deutliche Erleichterungen für die Wirtschaft bei der Anwendung des Datenschutzrechts. Darüber hinaus sollte das Prinzip „Datenschutz durch Technik" Eingang in das neue Datenschutzrecht finden.

Im Gegensatz zur bisherigen EU-DSRL wurde daher im Rahmen der aktuellen Reform zum rechtlichen Instrument einer Verordnung gegriffen, also zu einem unmittelbar gültigen Rechtsakt, der nicht erst in nationales Recht umgesetzt werden muss. Somit gilt in Zukunft der exakt gleiche Wortlaut der Verordnung in allen Mitgliedsstaaten. Nationale Unterschiede im Datenschutzrecht werden damit deutlich reduziert, jedoch nicht vollständig abgeschafft, da in manchen Bereichen die Möglichkeit zur Schaffung nationaler Regelungen beibehalten wurde.[4])

Trotz zahlreicher Änderungen durch die DSGVO sind die wesentlichen Grundsätze für die Verarbeitung personenbezogener Daten weitestgehend erhalten geblieben. So finden sich die bereits bisher verankerten Grundsätze der Zweckbindung, der Datenminimierung, der Richtigkeit, der Speicherbegrenzung sowie der Integrität und Vertraulichkeit in Art 5 der DSGVO.[5])

---

[3]) *European Union Agency for Fundamental Rights,* Access to data protection remedies in EU Member States (2013).

[4]) Siehe dazu den Beitrag von *Hladjk* in diesem Buch.

[5]) Siehe dazu den Beitrag von *Kastelitz* in diesem Buch.

Neu hingegen sind die in Art 25 festgelegten Bestimmungen zum Datenschutz durch Technikgestaltung (Privacy by Design) und zu datenschutzfreundlichen Grundeinstellungen (Privacy by Default). Demnach hat der für die Verarbeitung Verantwortliche bereits in der Design- bzw Planungsphase und auch später im Zuge der eigentlichen Datenverarbeitung geeignete technische und organisatorische Maßnahmen zu ergreifen, um die Einhaltung der Datenschutzgrundsätze (wie etwa Datenminimierung) sicherzustellen.

Auch müssen die Voreinstellungen von Programmen und Online-Services so gewählt werden, dass nur die für den jeweiligen Zweck unbedingt erforderlichen personenbezogenen Daten erhoben werden, dass deren Verarbeitung auf das erforderliche Minimum beschränkt wird, sie nur so lange wie unbedingt nötig gespeichert werden und nur denjenigen Personen zugänglich sind, die zur Erfüllung des Verarbeitungszwecks unbedingt darauf zugreifen müssen.[6])

Ein Verstoß gegen diese Verpflichtung kann mit Geldbußen bis zu € 10 Mio bzw für Unternehmen bis zu 2 % des gesamten weltweiten Jahresumsatzes geahndet werden (Art 83 Abs 4).

Weiters wird das bereits bisher bestehende Recht auf Löschung nicht mehr benötigter oder unrechtmäßig verarbeiteter personenbezogener Daten in Form des „Rechts auf Vergessenwerden" in Art 17 nun stärker hervorgehoben.[7])

Ebenso wie bei Verstößen gegen die übrigen Betroffenenrechte beträgt in diesem Fall die Strafdrohung sogar bis zu € 20 Mio bzw für Unternehmen bis zu 4 % des gesamten weltweiten Jahresumsatzes (Art 83 Abs 5).

Als neues Recht betroffener Personen wurde in Art 20 das Recht auf Datenübertragbarkeit verankert. Dieses sieht vor, dass betroffene Personen unter bestimmten Voraussetzungen das Recht haben, die personenbezogenen Daten, die sie dem für die Verarbeitung Verantwortlichen zur Verfügung gestellt haben, von diesem in einem strukturierten, gängigen, maschinenlesbaren Format zu erhalten und an andere für die Verarbeitung Verantwortliche weiterzugeben.[8])

Auch im Bereich der Datensicherheit enthält die DSGVO neue Anforderungen für die für die Verarbeitung Verantwortlichen wie auch für Auftragsverarbeiter. Diese haben – wie bisher – mit technischen und organisatorischen Maßnahmen ein Schutzniveau zu gewährleisten, das dem Risiko der jeweiligen Datenverarbeitung angemessen ist.

Die dafür in der DSGVO angeführten Maßnahmen unterscheiden sich jedoch deutlich von den bisherigen Bestimmungen des § 14 DSG 2000. Beispielhaft sind in Art 32 folgende Schutzmaßnahmen angeführt:

- Pseudonymisierung und Verschlüsselung von personenbezogenen Daten.
- Fähigkeit des Verantwortlichen und des Auftragsverarbeiters, die Vertraulichkeit, Integrität, Verfügbarkeit und Belastbarkeit der Systeme und Dienste auf Dauer sicherzustellen.
- Fähigkeit des Verantwortlichen und des Auftragsverarbeiters, die Verfügbarkeit der personenbezogenen Daten und den Zugang zu diesen bei einem physischen oder technischen Zwischenfall rasch wiederherzustellen.
- Verfahren, mit dem die Wirksamkeit der ergriffenen technischen und organisatorischen Maßnahmen zur Gewährleistung der Sicherheit regelmäßig überprüft, bewertet und evaluiert wird.

[6]) Siehe dazu den Beitrag von *Hötzendorfer* in diesem Buch.
[7]) Siehe dazu den Beitrag von *Haidinger* in diesem Buch.
[8]) Ebd.

Im Vergleich zu den bisherigen Bestimmungen des § 14 DSG 2000 stellt Art 32 also deutlich auf die eigentlichen Schutzziele und die Fähigkeiten des Verantwortlichen und Auftragsverarbeiters ab und überlässt die konkret zu ergreifenden Schutzmaßnahmen deren Verantwortung.

Bei der Beurteilung des angemessenen Schutzniveaus und der Festlegung der zu ergreifenden Maßnahmen sind dabei insb die Risiken zu berücksichtigen, die sich aus einer möglichen Vernichtung, einem Verlust, einer unbeabsichtigten oder unberechtigten Veränderung oder einer unbefugten Offenlegung bzw einem unbefugten Zugang zu personenbezogenen Daten ergeben. Dies sowohl im Rahmen der jeweils eigenen Datenverwendung als auch im Rahmen der Übermittlung von Daten.

Praxistipp:

Derartige Risikoabschätzungen sind in Unternehmen nichts Ungewöhnliches und finden in den unterschiedlichsten Zusammenhängen statt. Risikoabschätzungen im Bereich des Datenschutzes unterscheiden sich von diesen jedoch in einem sehr wesentlichen Aspekt: Für eine korrekte Einschätzung der Risiken hat die Abschätzung aus der Perspektive der betroffenen Personen und nicht aus der Perspektive des Unternehmens zu erfolgen, da es im Datenschutz immer zuerst darum geht, die Grundrechte der Betroffenen zu schützen und erst in zweiter Linie darum, das Unternehmen vor nachteiligen Konsequenzen zu bewahren.

Als Möglichkeit des Nachweises, dass diese Anforderungen vom für die Verarbeitung Verantwortlichen bzw dem Auftragsverarbeiter auch tatsächlich erfüllt wurden, sieht Art 32 Abs 3 die Einhaltung genehmigter Verhaltensregeln gem Art 40 oder die Absolvierung eines genehmigten Zertifizierungsverfahrens gem Art 42 vor.

Das Instrument der genehmigten Verhaltensregeln sieht vor, dass bspw Branchenverbände für ihre Mitglieder Vorgehensweisen festlegen, wie einzelne Bestimmungen der DSGVO in der jeweiligen Branche umgesetzt werden. Derartige Verhaltensregeln sind der zuständigen Datenschutzbehörde zur Genehmigung vorzulegen, bevor sie Gültigkeit erlangen können.

Das Instrument der Zertifizierungsverfahren sieht vor, dass Datenschutzbehörden Datenschutzgütesiegel oder ähnliche Zertifizierungsverfahren einführen können, denen sich Unternehmen freiwillig unterziehen. Eine erfolgreiche Zertifizierung kann dann, neben anderen Vorteilen, auch entsprechend den obigen Ausführungen als Nachweis für die Einhaltung eines angemessenen Datenschutzniveaus herangezogen werden.[9])

Wesentliche Änderungen bringt die DSGVO auch im Bereich der Rechtsdurchsetzung. Einerseits wird der Strafrahmen im Vergleich zu den Bestimmungen des DSG 2000 wesentlich erhöht. Statt bisher höchstens € 25.000,– beträgt der Strafrahmen künftig je nach Übertretung entweder bis zu € 10 oder 20 Mio bzw für Unternehmen 2 oder 4 Prozent des jährlichen weltweiten Umsatzes.

Andererseits wird auch der Tätigkeitsschwerpunkt der unabhängigen Aufsichtsbehörden vom bisher in Österreich üblichen Modell der Vorabkontrolle von geplanten Datenanwendungen hin zu einer nachträglichen Kontrolle bereits bestehender Datenverarbeitungen

[9]) Siehe dazu den Beitrag von *Strohmaier* in diesem Buch.

verlagert. Die Befugnisse der Aufsichtsbehörden wurden in diesem Zusammenhang wesentlich erweitert.[10]) Darüber hinaus wurde nun auch die Möglichkeit geschaffen, dass die Aufsichtsbehörden der einzelnen EU-Mitgliedsstaaten künftig auch gemeinsam tätig werden, ihre Aktivitäten im Rahmen des sogenannten Europäischen Datenschutzausschusses koordinieren und auch gemeinsam Entscheidungen treffen können.[11])

Im Gegenzug zu dieser Verlagerung des Tätigkeitsschwerpunkts der Aufsichtsbehörden sieht die DSGVO unter bestimmten Voraussetzungen erweiterte Dokumentationspflichten für die für die Verarbeitung Verantwortlichen und auch die Auftragsverarbeiter vor.[12])

So haben Verantwortliche gem Art 30 Abs 1 ein Verzeichnis aller Verarbeitungstätigkeiten, die ihrer Zuständigkeit unterliegen, zu führen. Die erforderlichen Angaben entsprechen dabei im Wesentlichen den Angaben, die bisher im Rahmen einer Meldung an das Datenverarbeitungsregister (DVR) gemacht werden mussten. Eine Meldung an das DVR wird künftig nicht mehr erforderlich sein.

Zusätzliche Dokumentationspflichten kommen auf die Auftragsverarbeiter zu. Diese müssen gem Art 30 Abs 2 ein Verzeichnis zu allen Kategorien von im Auftrag durchgeführten Tätigkeiten führen, in dem die jeweiligen Verantwortlichen, die durchzuführenden Kategorien von Verarbeitungen, Angaben zu internationalem Datenverkehr und die ergriffenen Datenschutzmaßnahmen zu dokumentieren sind.

III. Unmittelbare Auswirkungen auf die IT-Wirtschaft

Auf Basis der zuvor beschriebenen Neuerungen sind eine Reihe wesentlicher Auswirkungen auf die IT-Wirtschaft absehbar und es kann insgesamt davon ausgegangen werden, dass der Themenbereich Datenschutz künftig in der Praxis deutlich an Bedeutung gewinnen wird.

Der wesentlich erhöhte Strafrahmen und die Veränderung im Tätigkeitsbereich der Aufsichtsbehörde hin zu einer proaktiven Kontrolltätigkeit werden voraussichtlich dazu führen, dass das Risiko für nicht rechtskonform betriebene Datenverarbeitungen künftig merklich steigt – und zwar sowohl hinsichtlich der Wahrscheinlichkeit, entdeckt zu werden, als auch hinsichtlich der möglichen finanziellen Konsequenzen.

Dies wird in weiterer Folge auch dazu führen, dass die Marktakzeptanz für IT-Produkte und IT-Services, die eine Übereinstimmung mit dem Datenschutzrecht nicht nachweisen können, sinken wird. Denn mit jedem derartigen IT-Produkt, das ein für die Verarbeitung Verantwortlicher einsetzt, steigt dessen eigenes Risiko, für Verstöße gegen die Bestimmungen der DSGVO zur Verantwortung gezogen zu werden.

Die für die Verarbeitung Verantwortlichen werden daher künftig bei ihrer Kaufentscheidung nicht nur die direkten Kosten für das eigentliche IT-Produkt bzw IT-Service berücksichtigen müssen, sondern darüber hinaus auch noch die damit verbundenen Folgekosten für die Sicherstellung eines datenschutzkonformen Zustandes.

Gleichzeitig steigt mit Wirksamwerden der DSGVO auch das Risiko für die Hersteller nicht-datenschutzkonformer IT-Produkte. Für die Verarbeitung Verantwortliche, die auf-

---

[10]) Siehe dazu den Beitrag von *Flendrovsky* in diesem Buch.

[11]) Siehe dazu den Beitrag von *Schmidl* in diesem Buch.

[12]) Siehe dazu den Beitrag von *Bogendorfer* und die Checkliste von *Pollirer* in diesem Buch.

grund des Einsatzes eines solchen IT-Produktes oder IT-Services mit Sanktionen gem DSGVO belegt wurden, werden in weiterer Folge wohl prüfen müssen, ob sich aus den Bestimmungen zur Produkthaftung und anderen einschlägigen Rechtsvorschriften nicht Regressansprüche gegen den Hersteller des IT-Produktes ableiten lassen.

Die Datenschutzkonformität von IT-Produkten und IT-Services – insb auch in technischer Hinsicht – wird künftig aufgrund der Bestimmungen des Art 25 betreffend Datenschutz durch Technikgestaltung und datenschutzfreundliche Voreinstellungen wohl als selbstverständlicher Bestandteil des Stands der Technik anzusehen sein. Wesentliche Abweichungen davon wären dann in weiterer Konsequenz als Mangel einzustufen.

Zu den rein finanziellen Auswirkungen von Sanktionen kommt noch das Risiko eines gehörigen Imageschadens hinzu, der die Marktchancen des jeweiligen Herstellers ebenfalls deutlich negativ beeinflussen kann. Dies insb auch vor dem Hintergrund des eingangs erwähnten massiven Vertrauensmangels, an dem die digitale Wirtschaft derzeit ohnehin schon leidet.

Die höheren Anforderungen, Sanktionsdrohungen und Durchsetzungsbefugnisse der Aufsichtsbehörden werden sich aber auch durchaus positiv auf die Marktsituation der digitalen Wirtschaft auswirken.

So wurde in den vergangenen Jahren oft argumentiert, dass europäische Anbieter gegenüber Anbietern aus Drittstaaten häufig im Nachteil sind, da sie zur Einhaltung der im Vergleich deutlich strengeren Datenschutzbestimmungen der Europäischen Union verpflichtet sind, während dieses europäische Datenschutzrecht gegenüber Anbietern aus Drittstaaten kaum oder gar nicht durchgesetzt wird.

Diese Situation wird nun deutlich verändert. In Art 3 ist nämlich klar festgelegt, dass die Bestimmungen der DSGVO auch auf die Verarbeitung von personenbezogenen Daten von betroffenen Personen in der EU anwendbar sind, wenn der für die Verarbeitung Verantwortliche oder Auftragsverarbeiter seinen Sitz außerhalb der Europäischen Union hat.[13]) Damit wird für die Zukunft sichergestellt, dass Anbieter aus Drittstaaten und aus der EU einheitliche Marktbedingungen vorfinden und miteinander in einen fairen Wettbewerb treten können.

In Summe befindet sich die digitale Wirtschaft nun in einer ähnlichen Situation wie die Automobilindustrie in den 1990er-Jahren. Damals haben Anforderungen der Kunden und die Einführung entsprechender gesetzlicher Vorgaben dazu geführt, dass die Verkehrssicherheit von Autos wesentlich erhöht wurde. Die Sicherheit der jeweiligen Fahrzeuge wurde zu einem wesentlichen Verkaufsargument und laufend wurden zahlreiche Neuerungen im Bereich der Fahrzeugsicherheit präsentiert. Manche Anbieter konnten dabei mit ihren Produkten besonders punkten und für sich das Image eines Herstellers besonders sicherer Fahrzeuge aufbauen. Dies gelang va zwei Herstellern aus Schweden besonders gut, aber auch andere Hersteller haben am Markt durchaus Vorteile aus ihren Bemühungen um die Verkehrssicherheit lukrieren können. Diese Veränderungen führten zu einem nachhaltigen Kulturwandel in der gesamten Branche. Hohe Verkehrssicherheit ist zu einem unverzichtbaren Bestandteil bei der Entwicklung neuer Fahrzeugmodelle geworden.

Ähnlich verändert sich nun das Anforderungsprofil für IT-Produkte und IT-Services. Wie eingangs ausgeführt, sind die Konsumenten – also die betroffenen Personen der jeweiligen Datenverarbeitung – äußerst unzufrieden mit der aktuellen Datenschutzsituation und

[13]) Siehe dazu den Beitrag von *Hladjk* in diesem Buch.

der EU-Gesetzgeber hat auf diesen Umstand mit der Verabschiedung der DSGVO reagiert. Dies jedoch nicht nur mit der Absicht, die Grundrechte der betroffenen Personen besser zu schützen, sondern auch mit dem Wunsch, den digitalen Binnenmarkt in der Europäischen Union zu stärken. So wird etwa in ErwGr 7 klar ausgeführt, ein solider, kohärenter und klar durchsetzbarer Rechtsrahmen im Bereich des Datenschutzes sei deshalb erforderlich, weil „es von großer Wichtigkeit ist, eine Vertrauensbasis zu schaffen, die die digitale Wirtschaft dringend benötigt, um weiter wachsen zu können".

IV. Chancen für die IT-Wirtschaft

Setzt man die im vorigen Kapitel aufgezeigte Analogie mit der Autoindustrie der 1990er-Jahre fort, folgt in logischer Konsequenz, dass künftig diejenigen Hersteller von IT-Produkten bzw Anbieter von IT-Services besonders erfolgreich sein werden, die ihren Kunden ein hohes Schutzniveau für ihre personenbezogenen Daten anbieten können. Dies unabhängig davon, ob sich ihre Produkte und Services direkt an Endanwender oder Unternehmenskunden richten.

Guter Datenschutz wird also marktgängig. Die Nachfrage nach datenschutzfreundlichen Angeboten steigt bei Unternehmen ebenso wie bei Verbrauchern. Aufmerksame Marktbeobachter werden auch bereits festgestellt haben, dass einige Marktteilnehmer diesen Trend bereits für sich nutzen. So werben bspw Anbieter besonders datenschutzfreundlicher Kommunikationslösungen[14]) nicht nur mit den herausragenden Datenschutzeigenschaften ihrer Produkte, sondern auch damit, dass sie ihren Unternehmenssitz in der „sicheren Schweiz" haben. Sie versuchen damit also zusätzlich zu den technischen Vorzügen ihrer Produkte auch noch vom Image der Schweiz als sicherem Finanzplatz zu profitieren.

Ähnliche Möglichkeiten bieten sich sicherlich auch für die heimische IT-Wirtschaft, die über viele innovative und anpassungsfähige Unternehmen verfügt. Technische Exzellenz im Bereich Datenschutz kann in nächster Zeit noch gut als Alleinstellungsmerkmal gegenüber bereits etablierten Mitbewerbern genutzt werden und die eigene Marktposition wesentlich verbessern.

Der Markt für datenschutzfreundliche Technik wird künftig alle Wirtschaftsbereiche umfassen, da kaum ein Unternehmen ohne die Verarbeitung personenbezogener Daten auskommt und nur die wenigsten Unternehmen willens und in der Lage sein werden, ihren Bedarf an entsprechenden Lösungen hausintern zu decken. Entsprechend wird die Erfüllung der datenschutzrechtlichen Vorgaben auch natürlicher Bestandteil der Anforderungskataloge von Beschaffungsvorgängen werden.

Für die IT-Wirtschaft bedeutet das, dass die Erfüllung der datenschutzrechtlichen Vorgaben und insb der Verpflichtungen zum Datenschutz durch Technik und zu datenschutzfreundlichen Voreinstellungen integraler Bestandteil der Anforderungen an IT-Produkte und IT-Services werden muss, um auch in Zukunft am Markt bestehen zu können. Denn Unternehmenskunden und Verbraucher werden zu Recht erwarten, dass aktuelle IT-Lösungen von Haus aus rechtskonform eingesetzt werden können. Im Gegenzug bietet sich

---

[14]) *Threema*, der Anbieter Ende-zu-Ende-verschlüsselter Instant Messaging Services und *Silent Circle*, der Anbieter datenschutzfreundlicher Mobiltelefone und weiterer datenschutzfreundlicher Kommunikationsdienste, nutzen neben weiteren Anbietern dieses Argument in ihrer Marktkommunikation.

hier für die jeweiligen Anbieter die Möglichkeit, die eigenen datenschutzfreundlichen Lösungen als Verkaufsargument und zum Aufbau eines datenschutzfreundlichen Images zu nützen.

Was also auf den ersten Blick möglicherweise wie eine zusätzliche ressourcenbindende Belastung für die Softwareentwicklung aussieht, kann sich auf den zweiten Blick als weiterer Innovationszyklus in einer Branche herausstellen, die nicht erst seit Moore's Law an eine stetige rasche Veränderung ihrer Rahmenbedingungen und Möglichkeiten gewöhnt ist und es bisher immer gut verstanden hat, diese raschen Veränderungen zu ihrem Vorteil zu nutzen.

Auch im internationalen Umfeld hält die Datenschutzreform einige Chancen für die heimische IT-Wirtschaft bereit.

Der Wettbewerb mit den teils dominanten Anbietern aus Drittstaaten außerhalb der EU wird aufgrund der neuen Regelungen einfacher werden, da europäisches Datenschutzrecht nun auch gegenüber diesen Anbietern durchsetzbar wird. Dabei haben europäische Anbieter zwar weiterhin oft den Nachteil der geringeren Unternehmensgröße, profitieren dafür aber im Gegenzug von der Flexibilität kleinerer Unternehmen und davon, dass sie keine komplexen bestehenden Systeme anpassen müssen, sondern maßgeschneiderte innovative Lösungen zielgerichtet für die veränderten Marktbedingungen neu entwickeln können.

Darüber hinaus werden wechselwillige Kunden künftig durch die Bestimmungen des Art 20 in die Lage versetzt, ihre personenbezogenen Daten zu anderen Anbietern mitzunehmen. Damit wurde ein wesentliches Hemmnis, das bisher Kunden von einem Wechsel des Anbieters abgehalten hat, zugunsten des freien Wettbewerbs entschärft, und die Anbieter können künftig sogar den Transfer dieser Daten für ihre Kunden durchführen und diesen damit den Wechsel so angenehm wie möglich gestalten.

Als weiteres Geschäftsfeld für die IT-Wirtschaft ist zu erwarten, dass auch außerhalb der EU die Nachfrage nach datenschutzfreundlicher Technik zunehmen wird. Dies deshalb, weil die Europäische Union mit ihren mehr als 500 Mio Einwohnern für viele Unternehmen aus Drittstaaten ein wesentlicher Exportmarkt ist. Unternehmen, die hier ihre Produkte und Dienstleistungen direkt vertreiben wollen, stehen künftig – unabhängig von der Branche, in der sie tätig sind – vor der Herausforderung, europäische Datenschutzstandards einhalten zu müssen und benötigen dafür geeignete IT-Produkte und IT-Services. Daraus ergibt sich ein Exportmarkt für heimische Anbieter, denn wer sollte europäisches Datenschutzrecht besser und glaubwürdiger in Hard- und Software übersetzen können als innovative europäische Unternehmen, die mit den entsprechenden rechtlichen Vorgaben aus erster Hand vertraut sind?

Soweit Anbieter aus Drittstaaten eigene IT-Produkte und IT-Services anbieten oder betreiben und diese auch in der EU vermarkten wollen, ergibt sich aus der DSGVO auch für sie die Anforderung, entsprechende Anpassungen an die neuen Datenschutzvorschriften vorzunehmen. Daraus entsteht für heimische Anbieter potentiell ein Markt für technische Beratungsleistungen, wie unsere Datenschutzvorschriften in datenschutzfreundliche Technik umgesetzt werden können. In diesem Zusammenhang sollte es der IT-Wirtschaft möglich sein, von ihrem Heimvorteil zu profitieren und ihre praktischen Erfahrungen und ihr technisches Know-how in derartige Beratungsprojekte einzubringen. Auch für entsprechende Entwicklerwerkzeuge, Frameworks und ähnliche Produkte sollte sich in absehbarer Zeit ein interessanter Markt entwickeln, der von der heimischen IT-Wirtschaft besetzt werden könnte.

Auch für eine Stärkung der Kundenbindung bietet die DSGVO einige Möglichkeiten. Hier bieten sich vor allem erweiterte Serviceleistungen rund um die Dokumentationspflichten und die datenschutzkonforme Technikgestaltung an.

Hersteller von IT-Produkten bzw Betreiber von IT-Services könnten ihre Unternehmenskunden bei der Erfüllung ihrer Dokumentationspflichten gem Art 30 unterstützen, indem sie mit ihren Produkten oder Services gleich entsprechende Angaben über die verarbeiteten Datenarten, typische Kreise betroffener Personen und Übermittlungsempfänger mitliefern. Der für die Verarbeitung Verantwortliche kann diese Angaben dann als Grundlage für seine eigene Dokumentation heranziehen und muss diese ggf nur mehr geringfügig an seine besondere Situation anpassen.

Auch bei der Verpflichtung der für die Verarbeitung Verantwortlichen zur Durchführung von Datenschutz-Folgenabschätzungen gem Art 35[15]) können seitens der IT-Wirtschaft bereits wesentliche Vorarbeiten im Bereich der Dokumentation, Risikoabschätzung und der Maßnahmen zur Bewältigung bzw Reduktion von Risiken geleistet werden, die es den Verantwortlichen in weiterer Folge deutlich erleichtern, ihren entsprechenden Verpflichtungen nachzukommen.

Schließlich bietet auch die in Art 42 vorgesehene Zertifizierung[16]) eine gute Möglichkeit, die für die Verarbeitung Verantwortlichen bei der Erfüllung ihrer Pflichten zu unterstützen. So kann bereits der Hersteller eines IT-Produkts bzw Betreiber eines IT-Service sein Produkt oder Service nach Datenschutzkriterien zertifizieren lassen und dem Verantwortlichen damit einen verbindlichen Nachweis darüber in die Hand geben, dass der Einsatz seines Produktes oder Services im Einklang mit der DSGVO erfolgen kann.

Abgesehen von diesem Servicegedanken kann eine derartige Zertifizierung natürlich auch gut im Rahmen von Beschaffungsvorgängen und gegenüber der Öffentlichkeit als Argument für das eigene Produkt eingesetzt werden.

Praxistipp:

Die Kriterien für eine derartige Zertifizierung müssen erst noch durch die Aufsichtsbehörden oder den Europäischen Datenschutzausschuss festgelegt werden. In der Zwischenzeit besteht allerdings mit dem Europäischen Datenschutz-Gütesiegel (EuroPriSe)[17]) für IT-Produkte und IT-Services bereits ein seriöses Zertifizierungsverfahren, dessen Kriterien auf dem aktuellen EU-Datenschutzrecht beruhen.

V. Bestehende Ressourcen nutzen

Möchte man die Chancen der Datenschutzreform aktiv nutzen, stellt sich für die IT-Wirtschaft natürlich die Frage, wie die rechtlichen Anforderungen der DSGVO am besten in die Praxis der technischen Entwicklung umgesetzt werden können.

Dazu sei einerseits auf den Beitrag von *Walter Hötzendorfer* in diesem Buch verwiesen. Andererseits bestehen aber auch bereits eine Reihe von Aktivitäten und Publikationen zu diesem Themenbereich. Auf einige sei nachfolgend beispielhaft verwiesen. Alle hier an-

[15]) Siehe dazu den Beitrag von *Trieb* in diesem Buch.

[16]) Siehe dazu den Beitrag von *Strohmaier* in diesem Buch.

[17]) Europäisches Datenschutz-Gütesiegel (EuroPriSe) https://www.european-privacy-seal.eu

geführten Quellen beziehen sich zwar noch auf den Rechtsbestand der EU-Datenschutzrichtlinie, können aber durchaus weiterhin herangezogen werden, da die wesentlichen Grundsätze des Datenschutzes durch die DSGVO kaum verändert wurden.

In ihrem Bericht für die Europäische Agentur für Netzwerk- und Informationssicherheit (ENISA), „Privacy and Data Protection by Design – from policy to engineering",[18]) geben die Autoren einen guten Überblick über den Stand der Forschung zu datenschutzfreundlicher Technikgestaltung und zu sogenannten Privacy Enhancing Technologies, also Technologien, die den Schutz der Privatsphäre verbessern.

Beginnend bei der Ableitung von Anforderungen an die Technikgestaltung aus dem bestehenden Datenschutz-Rechtsrahmen über bestehende Software Design Patterns und Designstrategien für datenschutzfreundliche Technik führen die Autoren zu einem Überblick über bestehende Technologien in den Bereichen Authentisierung, attributbasierte Identifikationstechnologien, sichere vertrauliche Kommunikation, anonyme und pseudonyme Kommunikation, Datenschutzstrategien bei der Nutzung von Datenbanken und datenschutzfreundliche Datenspeicherung. Ansätze zur Verbesserung von Transparenz und Intervenierbarkeit runden das Spektrum der behandelten Themenbereiche ab.

Gute Ansatzpunkte für die praktische Umsetzung von Datenschutzanforderungen bietet die „Methodology for Privacy Risk Management"[19]) der französischen Datenschutzbehörde CNIL. Diese gibt mit ihrer Publikation den für die Verarbeitung Verantwortlichen einen Schritt-für-Schritt-Leitfaden für eine Datenschutz Risikoabschätzung und -behandlung an die Hand und ermöglicht damit einen sehr praxisnahen Einstieg in die Thematik. Ergänzend dazu kann auch der Rahmen für die Durchführung von Datenschutzfolgenabschätzungen[20]) der CNIL herangezogen werden. Dieser Vorgehensrahmen definiert in einem ersten Schritt die einzuhaltenden rechtlichen Vorgaben und setzt in einem zweiten Schritt ein Datenschutz-Risikomanagement hinzu, das dazu dient, angemessene technische und organisatorische Maßnahmen zur Behandlung der erkannten Risiken zu identifizieren.

Gerade dieser risikobasierte Ansatz sollte sich mE sehr gut in die etablierten Vorgehensweisen im Rahmen der Anforderungsanalyse und des Designs von Softwareprodukten integrieren lassen. Dadurch kann die Erfüllung datenschutzrechtlicher Vorgaben nahtlos als weitere zu erfüllende Anforderung in bewährte Softwareentwicklungsprozesse eingebunden werden.

Ebenfalls neueren Datums ist das Standard-Datenschutzmodell[21]) der deutschen Datenschutzbehörden. Dieses definiert ein Konzept zur Datenschutzberatung und -prüfung auf der Basis einheitlicher Gewährleistungsziele. Darin werden die Ziele der Datensparsamkeit, Verfügbarkeit, Integrität, Vertraulichkeit, Nichtverkettbarkeit, Transparenz und Intervenierbarkeit als wesentlicher Maßstab für die Prüfung auf Datenschutzkonformität heran-

---

[18]) *ENISA, Danezis et al,* Privacy and Data Protection by Design – from policy to engineering, Dezember 2014, http://www.enisa.europa.eu/activities/identity-and-trust/library/deliverables/privacy-and-data-protection-by-design/at_download/fullReport (abgerufen am 30. 4. 2016).

[19]) *CNIL,* Methodology for Privacy Risk Management, Juni 2012, http://www.cnil.fr/fileadmin/documents/en/CNIL-ManagingPrivacyRisks-Methodology.pdf (abgerufen am 30. 4. 2016).

[20]) *CNIL,* Privacy Impact Assessment (PIA), Methodology, Tools, Good Practices, Juni 2015, https://www.cnil.fr/fr/node/15798 (abgerufen am 30. 4. 2016).

[21]) *Konferenz der unabhängigen Datenschutzbehörden des Bundes und der Länder der Bundesrepublik Deutschland,* Das Standard-Datenschutzmodell – Konzept zur Datenschutzberatung und -prüfung auf der Basis einheitlicher Gewährleistungsziele, Oktober 2015, https://www.datenschutzzentrum.de/uploads/sdm/SDM-Handbuch.pdf (abgerufen am 30. 4. 2016).

gezogen. Es werden in diesem Modell also sowohl die Grundsätze des Datenschutzes als auch der Informationssicherheit berücksichtigt.

Damit gibt dieses Modell, das sich in der Methodik an den IT-Grundschutzkatalog des deutschen Bundesamts für Sicherheit in der Informationstechnik (BSI) anlehnt, gleichzeitig einen sehr guten Überblick über die wesentlichen Kriterien, die im Rahmen datenschutzfreundlicher Technikgestaltung zu erfüllen sind.

Eine sehr praxisnahe Hilfestellung im Bereich der Entwicklung von Webanwendungen bieten die „bewährten Methoden und Maßnahmen zur Lösung der 10 wichtigsten Datenschutzrisiken in Webanwendungen"[22]) des Open Web Application Security Project (OWASP), die für jeden der zehn behandelten Risikobereiche Anleitungen zur Überprüfung und Behandlung des jeweiligen Risikos bereitstellt.

Wesentlich für den technischen Fortschritt sind neben geeigneten Methoden auch der Austausch von Informationen und die gegenseitige Unterstützung unter Branchenkollegen. Zu diesem Zweck hat der Europäische Datenschutzbeauftragte das Internet Privacy Engineering Network (IPEN)[23]) ins Leben gerufen. Dieses bringt Entwickler und Datenschutzexperten mit technischem Hintergrund zusammen, um gemeinsam die Entwicklung datenschutzfreundlicher Technik zu fördern und voranzutreiben. Die Teilnahme an IPEN ist kostenlos möglich.

VI. Fazit

Die europäische Datenschutzreform und insb die DSGVO bringen eine Reihe relevanter Änderungen für die IT-Wirtschaft mit sich und werden den Markt für Informationstechnologien nachhaltig verändern. Neben den bisherigen Anforderungen an Softwareprodukte und IT-technische Systeme tritt als wesentlicher Faktor die genaue Einhaltung der datenschutzrechtlichen Vorgaben der Europäischen Union.

Diese Entwicklung ist für Unternehmen der IT-Wirtschaft jedoch nicht notwendigerweise von Nachteil. Selbstverständlich werden einige Anpassungen der bisher bewährten Vorgehensweisen erforderlich sein. Jedoch gehören kurze Innovationszyklen und ein permanenter und schneller technologischer Wandel zu den seit jeher gewohnten Rahmenbedingungen dieser Branche.

Entsprechend wird die IT-Wirtschaft va von den neuen Rahmenbedingungen profitieren können, indem sie nun auf eine deutlich stärkere Nachfrage nach datenschutzfreundlichen Produkten und Services und eine deutlich verbesserte Wettbewerbssituation gegenüber Anbietern aus Drittstaaten außerhalb der EU trifft. Dabei kann sie die rasche kompetente Umsetzung der Anforderungen der DSGVO in ihren Produkten und Services als Marktvorteil für ihre innovativen Leistungen nutzen.

Nicht zuletzt ergibt sich durch die DSGVO auch auf dem Exportmarkt eine neue Gelegenheit, die Vorzüge heimischer IT-Produkte und IT-Services weiter zu unterstreichen

---

[22]) *Open Web Application Security Project (OWASP),* Best practices and measures to address the Top 10 Privacy Risks in web applications, April 2016 https://www.owasp.org/images/0/0a/OWASP_Top_10_Privacy_Countermeasures_v1.0.pdf (abgerufen am 30. 4. 2016).

[23]) *Europäischer Datenschutzbeauftragter,* Internet Privacy Engineering Network (IPEN) https://secure.edps.europa.eu/EDPSWEB/edps/cache/offonce/EDPS/IPEN/ipen_live (abgerufen am 30. 4. 2016).

und mit glaubwürdiger Datenschutz-Kompetenz aus der Europäischen Union zu punkten. Dies sowohl beim Export von Produkten als auch bei der Bereitstellung von Fachwissen über die technische Umsetzung der europäischen Datenschutzstandards.

Für den Einstieg in dieses Betätigungsfeld wurden durch die wissenschaftliche Forschung der letzten Jahre bereits signifikante Vorarbeiten geleistet. Auf diese können heimische Betriebe der IT-Wirtschaft nun aufbauen.

Praxistipp:

Die Bestimmungen der Datenschutz-Grundverordnung werden am 25.5.2018 in der gesamten Europäischen Union wirksam. Unternehmen der IT-Wirtschaft sollten möglichst rasch ihre IT-Produkte und IT-Services an die daraus resultierenden Anforderungen anpassen, um ihre Kunden bei der nun erforderlichen Umstellung von Beginn an kompetent begleiten zu können.

Checkliste – Die Auftraggeberpflichten

Hans-Jürgen Pollirer

I. Einleitung

Die DSGVO statuiert neben altbekannten Pflichten, die wir bereits aus dem DSG 2000 kennen, zahlreiche neue Pflichten für den Auftraggeber von Datenanwendungen (in der DSGVO gem Art 4 Z 7 als „Verantwortlicher" bezeichnet). Auch wenn die Umsetzung der zahlreichen Öffnungsklauseln, die eine spezifische nationale Ausgestaltung erlauben, durch den österr Gesetzgeber noch nicht erfolgt ist, stehen die wesentlichen Auftraggeberpflichten im Großen und Ganzen bereits jetzt fest.

So wurden die Betroffenenrechte insb in Hinblick auf die verschiedenen Informationspflichten des Auftraggebers erheblich ausgebaut und Bestimmungen wie zB das „Recht auf Vergessen" und auf „Datenübertragbarkeit" eingeführt. Den Auftraggeber treffen in Zukunft umfangreiche Dokumentationspflichten: So ist für alle Datenanwendungen ein Verzeichnis mit insg sieben verschiedenen Detailangaben zu führen. Für Verarbeitungen, die mit einem hohen Risiko für den Betroffenen verbunden sind, ist eine sog Datenschutz-Folgenabschätzung (engl. „Privacy Impact Assessment" oder kurz „PIA") durchzuführen und zu dokumentieren. Auch im Bereich Sicherheit der Verarbeitung ergeben sich neue Herausforderungen gegenüber der derzeitigen Rechtslage. Erforderlich wird die verpflichtende Bestellung eines Datenschutzbeauftragten im öffentlichen Bereich sowie für Unternehmen, die sensible Daten verarbeiten.

Die DSGVO sieht bekanntlich eine zweijährige Umsetzungsfrist vor. Das klingt zunächst nach einer langen Zeit. Wenn jedoch alle Datenanwendungen und internen Prozesse auf die Einhaltung der verschiedenen datenschutzrechtlichen Bestimmungen zu prüfen, dokumentieren und allenfalls zu ändern sind, stellt sich diese Frist als sehr kurz dar.

Die nachfolgende Checkliste soll dem Auftraggeber einen ersten kurzen und kompakten Überblick bieten, welche Aufgaben auf ihn zukommen. Details über die Inhalte der einzelnen Bestimmungen sind den Artikeln der DSGVO und den anderen Beiträgen dieses Buches vorbehalten.

Prüffragen

Prüffrage	NA	Ja	Nein
Frage 1 Werden die datenschutzrechtlichen Grundsätze gem Art 5 eingehalten?			
Frage 2 Ist für jede Datenanwendung eine Rechtsgrundlage gem Art 6 vorhanden?			

Prüffrage	NA	Ja	Nein
Frage 3 Falls die Datenanwendung auf der Einwilligung des Betroffenen beruht: Kann der gem Art 7 geforderte Nachweis erbracht werden?			
Frage 4 Werden bei Angeboten betr Diensten der Informationsgesellschaft iSd § 3 ECG die besonderen Bedingungen für die Einwilligung von Kindern gem Art 8 eingehalten?			
Frage 5 Falls sensible Daten verarbeitet werden: Liegt einer der im Art 9 enthaltenen Ausnahmetatbestände vor?			
Frage 6 Wurden entsprechende Prozesse eingerichtet, um die verschiedenen in den Art 13 und 14 vorgesehenen Informationspflichten erfüllen zu können?			
Frage 7 Wurde ein entsprechender Prozess eingerichtet, um das in Art 15 enthaltene Auskunftsrecht des Betroffenen sicherzustellen?			
Frage 8 Wurde ein entsprechender Prozess eingerichtet, um das in Art 16 enthaltene Recht des Betroffenen auf Berichtigung erfüllen zu können?			
Frage 9 Wurde ein entsprechender Prozess eingerichtet, um das in Art 17 enthaltene Recht des Betroffenen auf Löschung erfüllen zu können?			
Frage 10 Wurde ein entsprechender Prozess eingerichtet, um das in Art 18 enthaltene Recht des Betroffenen auf Sperrung erfüllen zu können?			
Frage 11 Kann die in Art 19 vorgesehene Mitteilungspflicht bei Berichtigungen, Löschungen oder Sperrungen personenbezogener Daten an alle Empfänger dieser Daten erfüllt werden?			
Frage 12 Wurde bei den in Frage stehenden Datenanwendungen die Datenübertragbarkeit gem Art 20 umgesetzt?			
Frage 13 Ist das in Art 21 enthaltene Widerspruchsrecht organisatorisch und technisch umgesetzt?			

Prüffrage	NA	Ja	Nein
Frage 14 Können bei automatisierten Einzelentscheidungen die Informationspflichten des Art 22 erfüllt werden?			
Frage 15 Sind die gem Art 24 geforderten IT- und Datenschutz-Policies vorhanden?			
Frage 16 Wurden die in Art 25 geforderten Maßnahmen „Privacy by Design" und „Privacy by Default" umgesetzt?			
Frage 17 Wurden die in Art 26 enthaltenen Bestimmungen in Bezug auf den Betrieb von Informationsverbundsystemen beachtet?			
Frage 18 Bei nicht in der EU niedergelassenen Auftraggebern oder Dienstleistern: Wurde ein Vertreter in der EU bestellt?			
Frage 19 Wurden mit allen Dienstleistern Verträge abgeschlossen, die den Bestimmungen des Art 28 entsprechen?			
Frage 20 Hat der Auftraggeber oder Dienstleister iSd Art 29 sichergestellt, dass ihre Mitarbeiter personenbezogene Daten ausschließlich aufgrund ihrer Weisung verarbeiten?			
Frage 21 Wurde für alle Datenanwendungen die in Art 30 vorgeschriebene Dokumentation (Verfahrensverzeichnis) erstellt?			
Frage 22 Wurden Datensicherheitsmaßnahmen gem Art 32 implementiert?			
Frage 23 Wurde ein Meldeprozess bei Datenschutzverletzungen (Data Breach) an die Datenschutzbehörde entsprechend Art 33 eingerichtet?			
Frage 24 Wurde ein Meldeprozess bei Datenschutzverletzungen an den Betroffenen entsprechend Art 34 eingerichtet?			
Frage 25 Wurde bei Datenanwendungen, für die dies gem Art 35 erforderlich ist, eine Datenschutz-Folgenabschätzung (Privacy Impact Assessment) durchgeführt?			

Prüffrage	**NA**	**Ja**	**Nein**
Frage 26 Wurde eine Stelle in der Unternehmensorganisation eingerichtet, die für eine allfällige Konsultation mit der Datenschutzbehörde entsprechend Art 36 verantwortlich ist?			
Frage 27 Wurde geprüft, ob gem Art 37 die Bestellung eines Datenschutzbeauftragten erforderlich ist?			
Frage 28 Ist gem Art 38 die weisungsfreie und unabhängige Stellung des Datenschutzbeauftragten in der Unternehmensorganisation sichergestellt?			
Frage 29 Wurde der Datenschutzbeauftragte gem Art 39 über seine Aufgaben entsprechend informiert (Stellenbeschreibung)?			
Frage 30 Wurden im Fall der Übermittlung personenbezogener Daten an Drittländer die Bedingungen für internationalen Datenverkehr der Art 44–49 eingehalten?			
Frage 31 Wurde geprüft, ob allfällige nach Art 85–90 erlassene Vorschriften für besondere Verarbeitungssituationen (etwa im Beschäftigungskontext) eingehalten werden?			

Umfrage zur Vorbereitung und Budgetierung der Umsetzung der DSGVO

Rainer Knyrim

TRUSTe Inc., ein US-Unternehmen, das insb für seine Datenschutz-Gütesiegel in den USA bekannt ist, hat bereits Ende September, Anfang Oktober 2015 eine Umfrage unter 202 mit Datenschutz befassten Personen aus Unternehmen mit über 250 Mitarbeitern gestartet; dabei waren 103 Umfrageteilnehmer aus den USA, 35 aus England, 34 aus Deutschland und 33 aus Frankreich.[1]) Abgefragt wurde zunächst, inwieweit sich das Unternehmen an sich um Datenschutzrecht sorgt, wobei 60 % angaben, sehr besorgt zu sein. Das Wissen um die neue DSGVO betrug damals sowohl in den USA als auch in Europa ziemlich genau 50 %, während das Wissen um die kommenden extrem hohen Strafen bei den bereits Informierten in Deutschland und England mit 88 % deutlich höher war als in Frankreich und den USA.

Sehr interessant ist, wie viel Budget für die Vorbereitung auf die DSGVO bereit gestellt wurde: 83 % der Unternehmen, die über die DSGVO informiert waren, hatten bereits im 4. Quartal 2015 ein Budget vorbereitet, 31 % davon zwischen USD 100.000,– und USD 500.000,–, weitere 21 % mit mehr als 0,5 Mio USD. Nur 18 % gaben an, noch gar kein Budget oder ein Budget von weniger als USD 10.000,– vorbereitet zu haben.

Hier das Ergebnis aus der Umfrage im Detail:

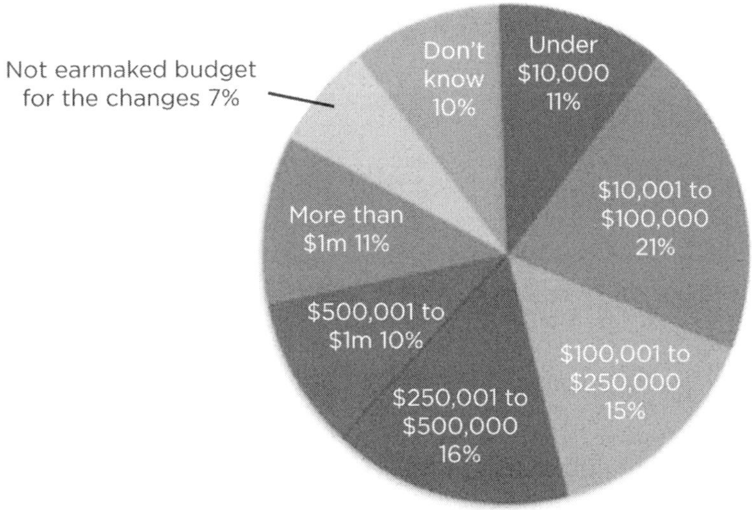

[1]) Research Report: Preparing for the EU General Data Protection Regulation. Mit freundlicher Genehmigung von TRUSTe hier auszugsweise veröffentlicht. Der Report kann unter https://www.info.truste.com/.../Web-Resource-GDPR-Research-Report_LP.html kostenlos angefodert werden.

Die nächste Frage war, wann das Budget tatsächlich zugeteilt würde. 24 % gaben an, dass dies erfolgen würde, sobald das Ergebnis der Verhandlungen vorliege (was am 15.12.2015 dann der Fall war). 40 % gaben an, erst dann, wenn die DSGVO offiziell verabschiedet würde, aber noch bevor sie 2018 in Kraft treten würde. Nur 20 % gaben an, dass das Budget erst nach Inkrafttreten (also ab 2018) zugeteilt würde. Die restlichen 16 % gaben an, dass das Budget jährlich zugeteilt würde.

When are the budget decisions made reagrding this kind of regulatory change?

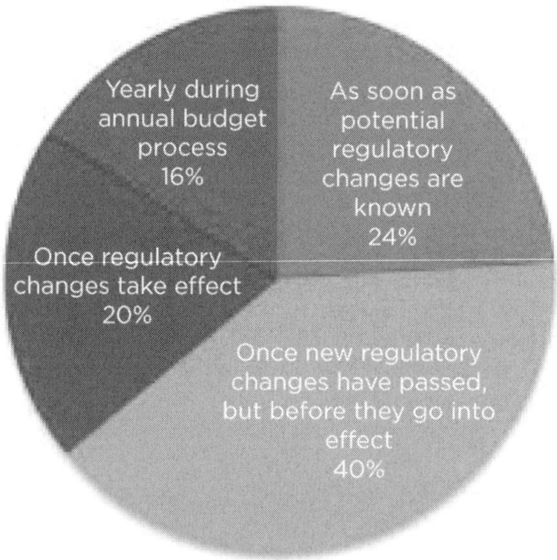

Erstaunlich war auch das Antwortergebnis auf die Frage, ob das Unternehmen bereits aktiv mit der Vorbereitung auf die DSGVO begonnen habe. Bereits Ende 2015 hatten in Deutschland 82 % (!) mit aktiven Vorbereitungen begonnen, in England hingegen nur 71 %, in Frankreich und den USA ebenfalls nur 60 %.

Von jenen Unternehmen, die bereits mit Vorbereitungen begonnen hatten, gaben 35 % an, dass sie die IT- und Security-Systeme überprüft hätten, 32 % die Geschäftsführung und das Senior Management informiert hätten, 31 % bereits mit Recherchen über die tatsächlichen Änderungen begonnen hätten, 30 % bereits Privacy Risk Assessments durchgeführt hätten, 28 % bereits einen Projektleiter bestimmt hätten und 25 % bereits mit externen Anwälten hinsichtlich Beratung in Kontakt getreten seien.

Of those companies who are already preparing for the Regulation, encouragingly, more than a third (35%) have already reviewed their IT and security systems, and 32% have briefed the C-suite. Just under a third (31%) have done initial research such as attend a webinar or read relevant articles about the GDPR, while a quarter (25%) have engaged external experts for advice.

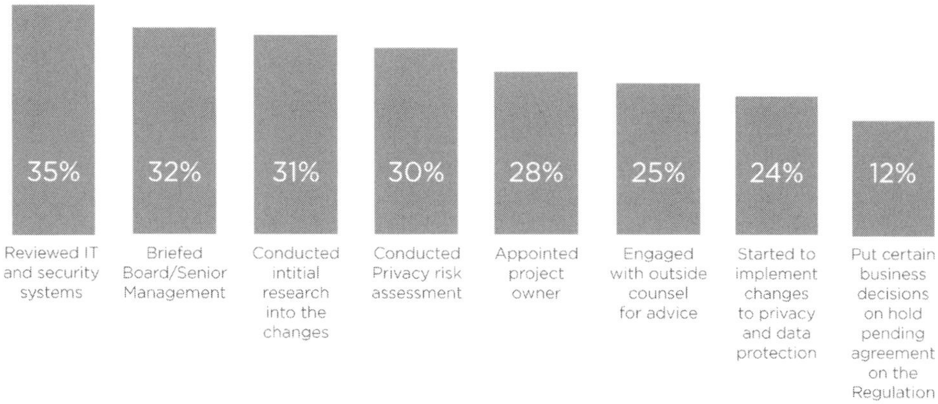

Auf die Frage, welche Art von Hilfe die Personen für die Umsetzung benötigen würden, gaben 55 % an, eine detaillierte Anleitung über die notwendigen Implementierungsmaßnahmen zu benötigen, 53 % benötigten mehr Informationen über die vorgeschlagenen Änderungen.

And many of those preparing for the GDPR say they need help in the form of detailed guidance on the requirements (55 per cent), more information on the proposed changes (53 per cent) and with technology solutions to help them be compliant with the GDPR (43 per cent).

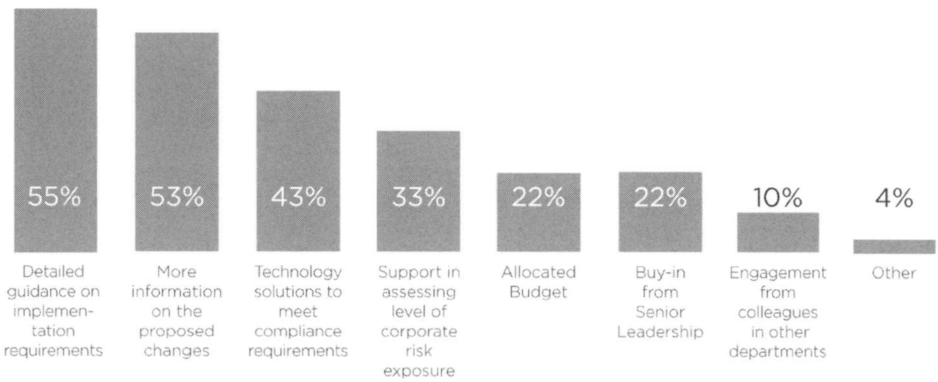

Schließlich wurde noch die Frage gestellt, wie die DSGVO in den Unternehmensrisiken eingestuft würde. 10 % der Befragten gaben die Risikoeinstufung als sehr hoch an, 46 % als hoch, 38 % als mittel und nur 5 % bzw 1 % als niedrig oder sehr niedrig.

Die Datenschutzrichtlinie für die polizeiliche und justizielle Zusammenarbeit in Strafsachen

Matthias Wildpanner-Gugatschka

I. Einleitung

Der am 1. 12. 2009 in Kraft getretene Vertrag von Lissabon bedeutete sowohl für die europäische Zusammenarbeit im Bereich Justiz und Inneres als auch für das europäische Datenschutzrecht einen Paradigmenwechsel.

Die mit dem Vertrag von Maastricht eingeführte Säulenstruktur wurde kurzerhand aufgelöst und die einschlägigen Bestimmungen der ehemaligen dritten Säule über die polizeiliche und justizielle Zusammenarbeit in Strafsachen[1]) wurden in den neu geschaffenen Titel V des AEUV – Der Raum der Freiheit, der Sicherheit und des Rechts überführt. Die bislang geltende intergouvernementale Struktur der dritten Säule wich einer geteilten Zuständigkeit zwischen der Union und den Mitgliedstaaten (vgl Art 4 Abs 2 lit j AEUV). Gleichzeitig wurde mit Art 6 Abs 2 AEUV eine neue Rechtsgrundlage für die Europäische Union zur Erlassung datenschutzrechtlicher Bestimmungen geschaffen. Bislang stützte sich der Unionsgesetzgeber hier – etwa im Fall der Datenschutzrichtlinie 95/46[2]) oder der Datenschutzrichtlinie für elektronische Medien[3]) – auf die Bestimmung zur Harmonisierung des Binnenmarktes in Art 95 EGV (nunmehr Art 114 AEUV) oder im Fall des Rahmenbeschlusses 2008/977/JI[4]) auf die Bestimmungen über die operative Zusammenarbeit polizeilicher und justizieller Behörden in Art 30, 31 und Art 34 Abs 2 lit b EUV.

Durch die „Vergemeinschaftung" der dritten Säule und die Einführung einer unionsrechtlichen Rechtsgrundlage für den datenschutzrechtlichen Bereich bestand somit erstmals die Möglichkeit, einen umfassenden unionsrechtlichen Datenschutzrahmen zu schaffen.

Der Europäische Rat reagierte rasch auf die geänderten Rahmenbedingungen und sprach sich bereits kurze Zeit nach dem Inkrafttreten des Vertrags von Lissabon in seinem Stockholmer Programm[5]) für die Schaffung einer umfassenden Strategie zum Schutz perso-

[1]) Titel VI EUV und IV EGV.

[2]) Richtlinie 95/46/EG des Europäischen Parlaments und des Rates vom 24. 10. 1995 zum Schutz natürlicher Personen bei der Verarbeitung personenbezogener Daten und zum freien Datenverkehr, AB L 1995/281, 31.

[3]) Richtlinie 2002/58/EG des Europäischen Parlaments und des Rates vom 12. 7. 2002 über die Verbreitung personenbezogener Daten und den Schutz der Privatsphäre in der elektronischen Kommunikation (Datenschutzrichtlinie für elektronische Medien), AB L 2002/201, 37.

[4]) Rahmenbeschluss 2008/977/JI des Rates vom 27. 11. 2008 über den Schutz personenbezogener Daten, die im Rahmen der polizeilichen und justiziellen Zusammenarbeit in Strafsachen verarbeitet werden, AB L 2008/350, 60.

[5]) Das Stockholmer Programm – Ein offenes und sicheres Europa im Dienste und zum Schutz der Bürger, AB C 2010/115, 1.

nenbezogener Daten aus, die für sämtliche Zuständigkeitsbereiche der Union gelten sollte.[6]) Die Europäische Kommission wurde zu diesem Zweck aufgefordert, die Funktionsweise der verschiedenen datenschutzrechtlichen Rechtsinstrumente zu evaluieren und ggf legislative oder nicht-legislative Maßnahmen zu ergreifen, um die Grundprinzipien des Rechtes auf Schutz der Privatsphäre weiterhin wirksam zu gewährleisten.[7])

Im Jänner 2012 legte die Europäische Kommission ihre Strategie für *„einen soliden und kohärenten politikübergreifenden Rechtsrahmen"* zum Schutz der Privatsphäre für das 21. Jahrhundert[8]) vor. An Stelle der Datenschutzrichtlinie 95/46 soll eine Datenschutz-Grundverordnung[9]) (im Weiteren DSGVO) und an die Stelle des Rahmenbeschlusses 2008/977/JI eine Datenschutzrichtlinie für den polizeilichen und justiziellen Bereich[10]) (im Weiteren DSRL-PJ) treten. Die Kommission führte dazu erklärend aus, dass die Datenschutzrichtlinie 95/46 schon auf Grund ihres Alters in der *„heutigen, dynamischen digitalen Umgebung"* weder den erforderlichen Harmonisierungsgrad noch die notwendige Wirksamkeit garantieren könne, während der Rahmenbeschluss 2008/977/JI lediglich auf grenzübergreifende Datenverarbeitung beschränkt wäre, mithin über einen zu engen Anwendungsbereich verfüge.[11])

Für den DSRL-PJ-Entwurf umriss die Europäische Kommission die Zielsetzung dabei wie folgt:

> *„die Anwendung allgemeiner Datenschutzgrundsätze auf die polizeiliche und justizielle Zusammenarbeit in Strafsachen […]; die Einführung eines Mindestmaßes an harmonisierten Kriterien und Bedingungen […]; die Einführung spezifischer Regeln, mit denen dem besonderen Charakter der Strafverfolgung […] Rechnung getragen wird."*[12])

Bevor der Inhalt der DSRL-PJ erläutert wird, soll zum besseren Verständnis die unionsrechtliche Einbettung der Richtlinie sowie, damit verbunden, ihr innerstaatlicher Anwendungsbereich erörtert werden. Aus Gründen der Vollständigkeit soll auch kurz die Abgrenzung der DSRL-PJ zur DSGVO dargelegt werden (s weiterführend den Beitrag von *Dörnhöfer* in diesem Buch).

II. Geltungs- und Anwendungsbereich der Datenschutzrichtlinie

Die DSRL-PJ stützt sich wie die DSGVO auf Art 16 Abs 2 AEUV. Gem Art 16 Abs 2 AEUV ist die Kompetenz der Union zur Erlassung datenschutzrechtlicher Bestimmungen auf jene Bereiche beschränkt, die auch in den Anwendungsbereich des Unionsrechts fallen.

---

[6]) Stockholmer Programm AB C 2010/115, 10.

[7]) Stockholmer Programm AB C 2010/115, 11.

[8]) KOM (2012) 9 endg, Mitteilung der Kommission an das Europäische Parlament, den Rat, den Europäischen Wirtschafts- und Sozialausschuss und den Ausschuss der Regionen, Der Schutz der Privatsphäre in einer vernetzten Welt. Ein europäischer Datenschutzrahmen für das 21. Jahrhundert, nicht im Amtsblatt veröffentlicht, http://eur-lex.europa.eu/legal-content/DE/TXT/PDF/?uri=CELEX:52012DC0009&from=DE (abgerufen am 3. 5. 2016).

[9]) KOM (2012) 11 endg, Vorschlag für Verordnung des Europäischen Parlamentes und des Rates zum Schutz natürlicher Personen bei der Verarbeitung personenbezogener Daten und zum freien Datenverkehr (Datenschutz-Grundverordnung), nicht im Amtsblatt veröffentlicht, http://eur-lex.europa.eu/legal-content/DE/TXT/PDF/?uri=CELEX:52012PC0011&from=DE (abgerufen am 3. 5. 2016).

[10]) KOM (2012) 10 endg, Vorschlag für Richtlinie des Europäischen Parlamentes und des Rates zum Schutz natürlicher Personen bei der Verarbeitung personenbezogener Daten durch die zuständigen Behörden zum Zwecke der Verhütung, Aufdeckung, Untersuchung oder Verfolgung von Straftaten oder der Strafvollstreckung sowie zum freien Datenverkehr, nicht im Amtsblatt veröffentlicht, http://eur-lex.europa.eu/legal-content/DE/TXT/PDF/?uri=CELEX:52012PC0010&from=DE (abgerufen am 3. 5. 2016).

[11]) KOM (2012) 9 endg, 2 und 9f.

[12]) KOM (2012) 10 endg, 10.

Wie zuvor bereits ausgeführt, sieht der Vertrag von Lissabon in Art 4 Abs 2 lit j AEUV ein geteilte Zuständigkeit für den „*Raum der Freiheit, der Sicherheit und des Rechts*" vor, wobei dieser die Politik im Bereich Grenzkontrollen, Asyl und Einwanderung (Kap 2), die Justizielle Zusammenarbeit in Zivilsachen (Kap 3), die Justizielle Zusammenarbeit in Strafsachen (Kap 4) sowie die polizeiliche Zusammenarbeit (Kap 5) umfasst.

Gem Art 2 erstreckt sich der Anwendungsbereich der DSRL-PJ auf die Verarbeitung personenbezogener Daten für die Zwecke der Verhütung, Ermittlung, Aufdeckung oder Verfolgung von Straftaten oder der Strafvollstreckung, einschließlich des Schutzes vor und der Abwehr von Gefahren für die öffentliche Sicherheit durch jene Behörden, die mit diesen Aufgaben gesetzlich betraut sind.

Während der Bereich der Grenzkontrolle, Asyl und Einwanderung (Kap 2 des Titels V) ausdrücklich in ErwGr 14 DSRL-PJ ausgenommen wird, fällt die Justizielle Zusammenarbeit in Zivilsachen (Kap 3 des Titels V) mangels Vorhandensein eines Konnexes zur Verhütung, Ermittlung, Aufdeckung oder Verfolgung von Straftaten bzw der Strafvollstreckung aus dem Anwendungsbereich der DSRL-PJ. Somit bleibt die DSRL-PJ auf Kap 4 und 5 des Raumes der Freiheit, der Sicherheit und des Rechts beschränkt.[13]) In diesem Zusammenhang muss darauf hingewiesen werden, dass die Aufrechterhaltung der öffentlichen Ordnung und der Schutz der nationalen Sicherheit gem Art 4 Abs 2 EUV bzw – in der Diktion des Art 72 AEUV – der *inneren* Sicherheit nicht in den Anwendungsbereich des Unionsrechts fällt, weshalb die DSRL-PJ auch keine Anwendung auf die Tätigkeit nationaler Sicherheitsdienste findet (ErwGr 14 DSRL-PJ). Für diesen Bereich bleiben daher die nationalen datenschutzrechtlichen Bestimmungen bestehen.

In ihrer ersten Stellungnahme zum DSRL-PJ-Entwurf wies die Artikel-29-Datenschutzgruppe darauf hin, dass nach Maßgabe der Definition des Anwendungsbereichs und aufgrund der unterschiedlichen Rechtstraditionen der Mitgliedstaaten Sachverhalte, die grundsätzlich in den Anwendungsbereich der DSRL-PJ fallen, dem Strafrecht oder dem Verwaltungsstrafrecht zugeordnet sein können, weshalb auf ein und denselben Sachverhalt in einem Mitgliedstaat die DSGVO, in einem anderen Mitgliedstaat aber die DSRL-PJ Anwendung finden kann.[14]) Das aufgezeigte Kohärenzproblem bleibt in der Endfassung des DSRL-PJ bestehen. Der Unionsgesetzgeber versuchte zwar mithilfe des Begriffes der Straftat und der Festlegung, dass es sich hierbei um einen eigenständigen Begriff des Unionsrechts handelt, das aufgeworfene Problem zu lösen, allerdings wurde die nähere Ausgestaltung des Begriffs dem Europäischen Gerichtshof (EuGH) überantwortet (ErwGr 13 DSRL-PJ). Inwieweit die DSRL-PJ somit auch auf bloß verwaltungsstrafrechtliche Sachverhalte Anwendung findet, bleibt bis zu einer entsprechenden Entscheidung des EuGH im Ermessen der Mitgliedstaaten.

---

[13]) Die (scheinbare) Erweiterung des Anwendungsbereichs des DSRL-PJ-Entwurfes auf den Bereich des Schutzes vor und der Abwehr von Gefahren für die öffentliche Sicherheit kann aus systematischen Überlegungen daher auch nur innerhalb der Kap 4 und 5 des Raumes der Freiheit der Sicherheit und des Rechts stattfinden, weshalb auch in diesen Fällen der Konnex zu einer Straftat gegeben sein muss. Siehe hierzu auch ErwGr 12 DSRL-PJ.

[14]) Siehe *Article 29 Data Protection Working Party*, Opinion 01/2012 on the data protection reform proposals, http://ec.europa.eu/justice/data-protection/article-29/documentation/opinion-recommendation/files/2012/wp191_en.pdf (26, abgerufen am 3. 5. 2016).

III. Abgrenzung zur Datenschutz-Grundverordnung

Die Abgrenzung zwischen DSGVO und DSRL-PJ ist wechselseitig festgelegt.[15]) Im Rahmen der DSGVO bestimmt Art 2 Abs 2 lit d, dass die Verordnung keine Anwendung auf die Verarbeitung von Daten für die Zwecke der Verhütung, Ermittlung, Aufdeckung oder Verfolgung von Straftaten oder der Strafvollstreckung, einschließlich des Schutzes vor und der Abwehr von Gefahren für die öffentliche Sicherheit durch die dafür zuständigen Behörden, findet. Demgegenüber legt die DSRL-PJ in Art 9 Abs 2 fest, dass für die Verarbeitung personenbezogener Daten zu „*anderen Zwecken*" als zur Verhütung, Ermittlung, Aufdeckung oder Verfolgung von Straftaten oder der Strafvollstreckung durch die zuständige Behörde nicht die DSRL-PJ, sondern die DSGVO Anwendung findet (ErwGr 11 DSRL-PJ).

Wenden wir uns nun dem Inhalt der DSRL-PJ zu.

IV. Inhaltsübersicht

A. Kap I – Allgemeine Bestimmungen

Der Anwendungsbereich der DSRL-PJ erstreckt sich, wie zuvor erläutert, gem Art 1 Abs 1 iVm Art 2 Abs 1 auf die Verarbeitung personenbezogener Daten für die Zwecke der Verhütung, Ermittlung, Aufdeckung oder Verfolgung von Straftaten oder der Strafvollstreckung, einschließlich des Schutzes vor und der Abwehr von Gefahren für die öffentliche Sicherheit durch jene Behörden, die mit diesen Aufgaben gesetzlich betraut sind.

Die DSRL-PJ sieht wie der Rahmenbeschluss 2008/977/JI eine Mindestharmonisierung des Datenschutzniveaus der Mitgliedstaaten vor.[16]) Während dies aus dem DSRL-PJ-Entwurf noch nicht eindeutig ersichtlich war,[17]) legt Art 1 Abs 3 DSRL-PJ nunmehr unmissverständlich fest, dass die Mitgliedstaaten auch strengere datenschutzrechtliche Bestimmungen als jene der Richtlinie erlassen können.

In Art 3 DSRL-PJ werden die wesentlichen Begriffsdefinitionen festgelegt, die unter Berücksichtigung des Kohärenzgedankens des vorgelegten Datenschutzpaktes den jeweiligen Begriffen der DSGVO entsprechen. Analog verwendet die DSRL-PJ daher die Begriffe „Verantwortlicher" (Art 3 Z 8) und „Auftragsverarbeiter" (Art 3 Z 9) anstelle der beiden österr Begriffe „Auftraggeber" und „Dienstleister". Bemerkenswert ist, dass der Begriff der Verarbeitung (Art 3 Z 2) im Gegensatz zu § 4 Z 9 DSG 2000 auch die „*(Offenlegung durch) Übermittlung*" impliziert. Neuerungen für das österr Datenschutzrecht ergeben sich insb durch die neu eingeführten Begriffe der Pseudonymisierung (Art 3 Z 5), der genetischen Daten (Art 3 Z 12), der biometrischen Daten (Art 3 Z 13) sowie (zumindest inhaltlich) der Gesundheitsdaten (Art 3 Z 14).

B. Kap II – Grundsätze

In Art 4 Abs 1 DSRL-PJ werden die datenschutzrechtlichen Grundsätze niedergelegt, die den allgemeinen Grundsätzen in § 6 DSG 2000 entsprechen.

[15]) Es soll an dieser Stelle erneut darauf hingewiesen werden, dass die DSGVO und die DSRL-PJ gem Art 16 Abs 2 AEUV nur für jene Verarbeitungen gelten kann, die auch in den Anwendungsbereich des Unionsrechts fallen.

[16]) Vgl Art 1 Abs 5 Rahmenbeschluss 2008/977/JI, ABl L 2008/350, 60.

[17]) Vgl Art 1 KOM (2012) 10 endg.

Soweit personenbezogene Daten **zu einem der Zwecke der DSRL-PJ** erhoben wurden, aber zu einem **anderen Zweck der DSRL-PJ** verarbeitet (übermittelt) werden sollen, ist dies durch denselben oder einen anderen Verantwortlichen gem Art 4 Abs 2 DSRL-PJ dann erlaubt, wenn dieser nach Unions- oder einzelstaatlichem Recht zur Verarbeitung befugt ist (lit a) und die Verarbeitung für diesen anderen Zweck gesetzlich erforderlich und verhältnismäßig ist (lit b). Die Mitgliedstaaten sind gem Art 5 DSRL-PJ verpflichtet, angemessene Fristen für die Löschung personenbezogener Daten zu erlassen oder regelmäßige Überprüfungen über die Notwendigkeit der weiteren Speicherung durchzuführen.

Der Verantwortliche soll gem Art 6 DSRL-PJ bei der Verarbeitung personenbezogener Daten *„gegebenenfalls und so weit wie möglich"* zwischen verschiedenen Kategorien betroffener Personen (wie etwa Verdächtige, verurteilte Straftäter, Opfer oder Dritte) unterscheiden. Darüber hinaus soll gem Art 7 DSRL-PJ *„so weit wie möglich"* zwischen faktenbasierten Daten und auf persönlicher Einschätzung beruhenden Daten unterschieden werden. Die beiden Bestimmungen entsprechen der Empfehlungen des Europarates Nr R (87) 15 über die Verarbeitung personenbezogener Daten im Polizeibereich[18]) und gelten auf europäischer Ebene bereits für Europol.

Der wichtigste Grundsatz der DSRL-PJ findet sich in Art 8, wonach die Verarbeitung personenbezogener Daten ausschließlich auf Grundlage des Unions- oder einzelstaatlichen Rechts zu erfolgen hat. Die DSRL-PJ entspricht damit grundlegend dem österr Datenschutzgesetz, insb da gem § 1 Abs 2 DSG 2000 staatliche Behörden ausschließlich aufgrund von Gesetzen personenbezogene Daten verwenden dürfen. Gem Art 8 Abs 2 DSRL-PJ hat die entsprechende gesetzliche Regelung dabei mindestens die Ziele, die zu verarbeitenden personenbezogenen Daten sowie den Zweck der Datenverarbeitung zu enthalten.

Wie unter III bereits angeführt, finden sich in Art 9 DSRL-PJ die relevanten Bestimmungen zur Abgrenzung zwischen DSGVO und DSRL-PJ. Auf die Verarbeitung personenbezogener Daten, die zunächst für Zwecke der Richtlinie erhoben wurden, findet demnach die DSGVO Anwendung, wenn die Zwecke der Verarbeitung außerhalb der DSRL-PJ liegen (Art 9 Abs 1). Darüber hinaus gilt die DSGVO für alle übrigen Verarbeitungen, soweit die zuständigen Behörden Daten zu *„anderen Zwecken"* als jenen der DSRL-PJ verarbeiten (Art 9 Abs 2).

Die Verarbeitung *„besonderer Kategorien personenbezogener Daten"* – in der Terminologie des DSG 2000 *„sensibler Daten"* – wird in Art 10 DSRL-PJ geregelt. Eine solche ist grundsätzlich nur dann erlaubt, wenn sie unbedingt erforderlich und vorbehaltlich angemessener Garantien für die Rechte und Freiheiten der betroffenen Personen gesetzlich vorgesehen ist (Art 10 Abs 1 lit a). Auffallend ist, dass die Verarbeitung besonderer Kategorien personenbezogener Daten im Unterscheid zu *„nicht-besonderen"* Daten (Art 7 DSRL-PJ) keiner gesetzlichen Grundlage bedarf, wenn dies zur Wahrung lebenswichtiger Interessen der betroffenen oder einen anderen Person notwendig ist (lit b) oder wenn die betroffene Person die besonderen Daten offenkundig selbst öffentlich gemacht hat (lit c). Unter Bedachtnahme auf die besondere Schutzwürdigkeit *„besonderer Kategorien personenbezogener Daten"* kann es sich hier nur um ein legistisches Versehen handeln; dies muss im Größenschluss wohl auch für *„nicht-besondere"* Daten gelten.

Art 11 DSRL-PJ enthält die relevanten Bestimmungen zur automatisierten Entscheidungsfindung im Einzelfall, welche im Wesentlichen § 49 DSG 2000 entsprechen.

---

[18]) Empfehlung Nr R (87) 15 des Ministerkomitees des Europarats vom 17. 9. 1987 zur Regelung der Benutzung personenbezogener Daten im Polizeibereich, http://ec.europa.eu/justice/data-protection/law/files/coe-fra-rpt-2670-en-471.pdf (abgerufen am 3. 5. 2016).

C. Kap III – Rechte des Betroffenen

Die in der DSRL-PJ verankerten Betroffenenrechte umfassen das Recht auf Information (Art 13), das Auskunftsrecht (Art 14) sowie das Recht auf Berichtigung, Löschung und Einschränkung der Verarbeitung (Art 16).

Der Betroffene ist gem Art 13 Abs 1 DSRL-PJ jedenfalls über die Identität des Verantwortlichen und des Datenschutzbeauftragten, den Zweck der Datenverarbeitung, das Beschwerderecht an die Aufsichtsbehörde sowie das Recht auf Auskunft, Richtigstellung und Löschung in Kenntnis zu setzen. Anders als in § 24 Abs 1 DSG 2000 müssen dem Betroffenen die Informationen nicht im Zuge ihrer Erhebung mitgeteilt werden, sondern sie können gem ErwGr 39 auch auf der Homepage des Verantwortlichen veröffentlicht werden. Gem Art 13 Abs 2 DSRL-PJ hat der Verantwortliche dem Betroffenen „*in besonderen Fällen*" die Rechtsgrundlage der Datenanwendung, die Dauer der Aufbewahrung sowie allfällige Übermittlungsempfänger bekanntzugeben. Werden personenbezogene Daten ohne Kenntnis des Betroffenen erhoben, hat der Verantwortliche diesem „*erforderlichenfalls*" noch „*weitere Informationen*" mitzuteilen (Art 13 Abs 2 lit d).

Die wesentlichen Begriffe in Art 13 Abs 2 DSRL-PJ wie „*in besonderen Fällen*", „*erforderlichenfalls*" sowie „*weitere Informationen*" bleiben in der DSRL-PJ unbestimmt; ihre Ausgestaltung verbleibt somit gänzlich in der Verantwortung der Mitgliedstaaten. Unklar bleibt, ob es sich beim erweiterten Informationsrecht iSd Art 13 Abs 2 DSRL-PJ um eine Verpflichtung des Verantwortlichen handelt, den Betroffenen von sich aus über die Rechtsgrundlage der Datenanwendung, die Dauer der Aufbewahrung sowie allfällige Übermittlungsempfänger zu informieren, oder ob der Betroffene sich analog zum Auskunftsrecht an die Behörde wenden können soll, um die gegenständlichen Informationen zu erhalten. Das erweiterte Informationsrecht kann durch die zuständige Behörde gem Art 13 Abs 3 DSRL-PJ zur Vermeidung der Behinderung laufender behördlicher oder gerichtlicher Untersuchungen oder Verfahren, zur Vermeidung der Beeinträchtigung der Verhütung, Aufdeckung, Ermittlung oder Verfolgung von Straftaten bzw der Strafvollstreckung, oder zum Schutz der öffentlichen oder nationalen Sicherheit sowie zum Schutz der Rechte und Freiheiten Dritter „*soweit*" und „*so lange*" eingeschränkt werden, wie dies in einer demokratischen Gesellschaft erforderlich und verhältnismäßig ist und den Rechten des Betroffenen Rechnung getragen wird. Die Mitgliedstaaten werden gem Art 13 Abs 4 DSRL-PJ darüber hinaus ermächtigt, die Ausnahmebestimmung in Abs 3 vollständig oder tlw auf bestimmte Kategorien von Datenanwendungen gesetzlich vorzusehen.

Das in Art 14 DSRL-PJ verankerte Auskunftsrecht sieht die folgende Informationsteilung an den Auskunftswerber vor:
Verarbeitete Daten, Herkunft der Daten, Zweck der Verarbeitung, Kategorien der Daten, Übermittlungsempfänger, Aufbewahrungsdauer der Daten, Verweis auf das Recht auf Richtigstellung, Löschung oder Einschränkung sowie das Recht zur Beschwerdeerhebung bei der Aufsichtsbehörde.

Hinsichtlich der letzten drei zu erteilenden Informationen geht das Auskunftsrecht der DSRL-PJ über den Inhalt der Auskunft nach § 26 Abs 1 DSG 2000 hinaus. Das Auskunftsrecht kann analog zu § 26 Abs 2 DSG 2000 zur Vermeidung der Behinderung laufender behördlicher oder gerichtlicher Untersuchungen oder Verfahren, zur Vermeidung der Beeinträchtigung der Verhütung, Aufdeckung, Ermittlung oder Verfolgung von Straftaten bzw der Strafvollstreckung, oder zum Schutz der öffentlichen oder nationalen Sicherheit sowie zum Schutz der Rechte und Freiheiten Dritter ganz oder tlw eingeschränkt werden, *„soweit"* und *„so lange"* dies in einer demokratischen Gesellschaft erforderlich und verhältnismäßig ist und den Rechten des Betroffenen Rechnung getragen wird.

Die Mitgliedstaaten sind gem Art 15 Abs 2 DSRL-PJ ermächtigt, die Anwendung der Ausnahmebestimmung auf bestimmte Kategorien von Datenanwendungen vollständig oder tlw gesetzlich vorzusehen. Die Frist zur Auskunftserteilung wird in der DSRL-PJ nicht näher bestimmt. In ErwGr 40 wird lediglich darauf hingewiesen, dass der Antrag des Betroffenen *„unverzüglich"* zu beantworten ist.[19]) Im Gegensatz zur Achtwochenfrist in § 26 Abs 4 DSG 2000 sieht Art 12 Abs 3 DSGVO nur noch eine Frist von einem Monat zur Auskunftserteilung vor, wobei aus Gründen der Komplexität der Erhebung die Frist um zwei weitere Monate verlängert werden kann. Es bleibt daher abzuwarten, in welcher Weise der österr Gesetzgeber den Begriff *„unverzüglich"* interpretieren wird.

Gem Art 16 DSRL-PJ hat der Verantwortliche auf Antrag des Betroffenen unrichtige Daten richtigzustellen bzw unvollständige Daten zu ergänzen sowie entgegen den Bestimmungen der Richtlinie erhobene Daten zu löschen (vgl § 27 DSG 2000). Korrespondierend zu § 27 Abs 7 DSG 2000 enthält Art 16 Abs 3 DSRL-PJ das Recht auf Einschränkung der Verarbeitung. Bestreitet der Betroffene die Richtigkeit der Daten und kann die Behörde deren Richtigkeit oder Unrichtigkeit nicht feststellen oder sind die Daten für Beweiszwecke weiter aufzubewahren, können die Daten anstatt gelöscht auch beschränkt verarbeitet werden. Im Gegensatz zu § 27 Abs 7 DSG 2000 dürfen die mit einer Einschränkungsmarkierung versehenen Daten allerdings nur noch für jene Zwecke verarbeitet werden, die ihrer Löschung entgegengestanden sind. Gem Art 16 Abs 4 DSRL-PJ ist der Betroffene von der Ablehnung seines Antrages auf Richtigstellung, Löschung oder Einschränkung schriftlich in Kenntnis zu setzen, außer dies würde laufende behördliche oder gerichtliche Untersuchungen oder Verfahren behindern, die Verhütung, Aufdeckung, Ermittlung oder Verfolgung von Straftaten oder die Strafvollstreckung beeinträchtigen oder dem Schutz der öffentlichen oder nationalen Sicherheit oder dem Schutz der Rechte und Freiheiten Dritter entgegenstehen.

In jenen Fällen, in denen Daten richtiggestellt, gelöscht oder nur noch eingeschränkt verarbeitet werden, hat der Verantwortliche auch die Übermittlungsempfänger zu informieren, die ihrerseits die Daten entsprechend zu berichtigen bzw zu löschen haben. Im Gegensatz zu § 27 Abs 8 DSG 2000, wonach der Auftraggeber von der Benachrichtigung der jeweiligen Übermittlungsempfänger absehen kann, wenn dies einen unverhältnismäßigen Aufwand bedeuten würde, sieht Art 16 Abs 6 DSRL-PJ keine Ausnahme für die Benachrichtigungspflicht des Verantwortlichen vor.

In jenen Fällen, in denen der Verantwortliche einen Betroffenen in seinem Recht auf Information (Art 13 Abs 3), Auskunft (Art 15 Abs 3) oder Berichtigung, Löschung oder Einschränkung der Verarbeitung (Art 16 Abs 4 DSRL-PJ) beschränkt, soll der Betroffene gem Art 17 DSRL-PJ die nationale Aufsichtsbehörde ersuchen können, die Rechtmäßigkeit der Beschränkung zu überprüfen (ErwGr 48 DSRL-PJ). Der Verantwortliche hat den Betroffenen auf dieses Recht hinzuweisen.

Im Zusammenhang mit gerichtlichen Entscheidungen, strafrechtlichen Ermittlungsakten oder Strafverfahrensakten können die Mitgliedstaaten gem Art 18 DSRL-PJ vorsehen,

[19]) Art 12 Abs 3 DSRL-PJ scheint demgegenüber eher von einer Empfangsbestätigung an den Betroffenen über den Eingang des gegenständlichen Ansuchens beim Verantwortlichen auszugehen.

dass die Ausübung der Betroffenenrechte der DSRL-PJ im Einklang mit dem Recht der Mitgliedstaaten erfolgen kann.

D. Kap IV – Verantwortlicher und Auftragsverarbeiter

Gem Art 19 und 20 DSRL-PJ hat der Verantwortliche – analog zu § 14 Abs 1 DSG 2000 – zum Schutz der personenbezogenen Daten geeignete technische und organisatorische Maßnahmen zu treffen. Die Umsetzung dieser Maßnahmen soll nach ErwGr 53 nicht ausschließlich von wirtschaftlichen Erwägungen abhängig gemacht werden. Bemerkenswert ist in diesem Zusammenhang Art 20 Abs 2 DSRL-PJ, wonach der Verantwortliche durch datenschutzfreundliche Voreinstellungen sicherstellen soll, dass nur jene personenbezogenen Daten verarbeitet werden, die auch tatsächlich für den Verarbeitungszweck erforderlich sind. Die in den Art 21, 22 und 23 DSRL-PJ enthaltenen Festlegungen über das Führen eines Informationsverbundsystems („*Gemeinsam Verantwortliche*"), die Pflichten des Auftragsverarbeiters bzw des Verantwortlichen entsprechen im Wesentlichen § 50 bzw § 11 und 14 DSG 2000.

Eine grundlegende Neuerung des europäischen Datenschutzrahmens ist der Entfall der Publizität der Datenanwendungen. Der Verantwortliche hat gem Art 24 DSRL-PJ nunmehr selbstständig ein Verzeichnis über die in seinem Zuständigkeitsbereich verwendeten Datenanwendungen zu führen, das er auf Verlangen der Aufsichtsbehörde zur Verfügung zu stellen hat. Soweit im Zuge einer geplanten Datenanwendung ein hohes Risiko für die persönlichen Rechte und Freiheiten der Betroffenen besteht, hat der Verantwortliche gem Art 27 DSRL-PJ eine Datenschutz-Folgenabschätzung durchzuführen. Diese hat eine allgemeine Beschreibung der Datenanwendung, die möglichen Risiken der Betroffenen sowie die Darlegung geeigneter Verfahren und datenschutzrechtlicher Sicherheitsvorkehrungen zu enthalten. Führt die Folgenabschätzung zum Ergebnis, dass ein hohes Risiko besteht, hat der Verantwortliche gem Art 28 DSRL-PJ die Aufsichtsbehörde zu konsultieren (Konsultationsverfahren). Die Aufsichtsbehörde ist darüber hinaus auch in jenen Fällen zu konsultieren, in denen die Form der Datenverarbeitung selbst, dh durch die Verwendung neuer Technologien oder Verfahren, ein hohes Risiko für die Betroffenen bedeuten könnte. Gelangt die Aufsichtsbehörde zur Auffassung, die geplante Verarbeitung stehe nicht im Einklang mit der DSRL-PJ, hat sie innerhalb von sechs Monaten eine schriftliche Empfehlung abzugeben, wie der DSRL-PJ entsprochen werden kann. Im Zuge der Ausarbeitung der Empfehlung kann die Aufsichtsbehörde auch die übrigen in Art 47 DSRL-PJ festgelegten Befugnisse ausüben (siehe dazu unten).

Die in Art 25 DSRL-PJ enthaltenen Bestimmungen über die Protokollierung von Verarbeitungsvorgängen entsprechen im Wesentlichen § 14 Abs 2 Z 7 und 8 sowie § 14 Abs 4 DSG 2000. Demgegenüber finden die in Art 29 DSRL-PJ formulierten Datensicherheitsmaßnahmen und die Bestimmungen über die Informationsverpflichtung bei Datenmissbrauch („*data breach notification*") in Art 30 und 31 DSRL-PJ ihre Entsprechung in § 14 Abs 2 sowie § 24 Abs 2a DSG 2000. Neu für das österreichische Datenschutzrecht ist die Figur des Datenschutzbeauftragten. Der Verantwortliche hat gem Art 32 DSRL-PJ einen Datenschutzbeauftragten zu benennen, seine Kontaktdaten zu veröffentlichen sowie der Aufsichtsbehörde bekanntzugeben. Der Datenschutzbeauftragte ist gem Art 33 DSRL-PJ frühzeitig bei der Behandlung aller mit dem Schutz personenbezogener Daten zusammenhängenden Fragen einzubinden, wobei ihn der Verantwortliche mit den erforderlichen

Ressourcen und dem Zugang zu den personenbezogenen Daten und Verarbeitungsvorgängen auszustatten hat. Zu den Aufgaben des Datenschutzbeauftragten zählt es gem Art 34 DSRL-PJ ua, den Verantwortlichen sowie dessen Mitarbeiter über die sich aus der DSRL-PJ ergebenden Verpflichtungen zu informieren sowie für die Einhaltung der datenschutzrechtlichen Vorschriften zu sorgen. Der Datenschutzbeauftragte fungiert außerdem als zentrale Ansprechstelle der Aufsichtsbehörde.

E. Kap V – Übermittlung personenbezogener Daten an Drittländer oder internationale Organisationen

Die Übermittlung von personenbezogenen Daten in ein Drittland oder an eine internationale Organisation ist gem Art 35 Abs 1 DSRL-PJ „*grundsätzlich*" dann zulässig, wenn die Übermittlung für Zwecke der Verhütung, Ermittlung, Aufdeckung oder Verfolgung von Straftaten oder der Strafvollstreckung, einschließlich des Schutzes vor und der Abwehr von Gefahren für die öffentliche Sicherheit erforderlich ist (lit a), die Übermittlung an eine zuständige Behörde bzw internationale Organisation im Drittland erfolgt (lit b) und die Europäische Kommission gem Art 36 DSRL-PJ festgestellt hat, dass das Drittland bzw die internationale Organisation ein angemessenes Datenschutzniveau bietet (lit d). In jenen Fällen, in denen personenbezogene Daten von einem anderen Mitgliedstaat übermittelt wurden, muss darüber hinaus eine Genehmigung zur Weiterübermittlung vorliegen (lit c.). Eine Übermittlung ohne vorherige Zustimmung ist gem Art 35 Abs 2 DSRL-PJ nur dann zulässig, wenn zur Abwehr einer unmittelbaren und ernsthaften Gefahr für die öffentliche Sicherheit eines Mitgliedstaates oder eines Drittlandes die Genehmigung nicht rechtzeitig eingeholt werden kann.

Besteht kein Angemessenheitsbeschluss[20]) der Europäischen Kommission, können personenbezogene Daten gem Art 37 DSRL-PJ dann übermittelt werden, wenn in einem rechtsverbindlichen Instrument – etwa einem bilateralen Abkommen – geeignete Garantien für den Schutz personenbezogener Daten vorgesehen sind (lit a) oder der Verantwortliche zur Auffassung gelangt, dass geeignete Garantien im Drittstaat oder in der internationalen Organisation bestehen (lit b). Werden personenbezogene Daten gem lit b übermittelt, hat der Verantwortliche dies zu dokumentieren und der Aufsichtsbehörde mitzuteilen.

Besteht demgegenüber weder ein Angemessenheitsbeschluss der Kommission noch verfügt das Drittland oder die internationale Organisation über geeignete Sicherheitsgarantien, ist die Übermittlung personenbezogener Daten gem Art 38 DSRL-PJ ausschließlich in den folgenden Fällen zulässig:

- zum Schutz lebenswichtiger Interessen des Betroffenen oder eines Dritten (lit a),
- zur Wahrung berechtigter Interessen des Betroffenen (lit b),
- zur Abwehr einer unmittelbaren und ernsthaften Gefahr für die öffentliche Sicherheit eines Mitgliedstaates oder eines Drittlandes (lit c),
- im Einzelfall für Zwecke der Richtlinie (lit d),
- zur Geltendmachung, Ausübung oder Verteidigung von Rechtsansprüchen für Zwecke der Richtlinie (lit e).

Bei Übermittlungen nach lit d und lit e hat der Verantwortliche darüber hinaus die Rechte des Betroffenen gegen das öffentliche Interesse abzuwägen und nur bei einem Überwiegen

[20]) Suspendierte Angemessenheitsbeschlüsse sind hier gleich zu behandeln (vgl Art 36 Abs 7 bzw ErwGr 70 DSRL-PJ).

des öffentlichen Interesses die Übermittlung zu veranlassen. Sämtliche Übermittlungen im Rahmen des Art 38 DSRL-PJ müssen dokumentiert werden und die Aufzeichnungen sind der Aufsichtsbehörde auf Verlangen zur Verfügung zu stellen.

In besonderen Ausnahmefällen ist gem Art 39 DSRL-PJ überdies die Übermittlung von personenbezogenen Daten an in Drittländer niedergelassene Empfänger möglich. Die zuständige Behörde hat in diesem Fall die Aufsichtsbehörde von der Übermittlung zu informieren (Art 39 Abs 4) und die Übermittlung auch zu dokumentieren (Art 39 Abs 3).

F. Kap VI – Unabhängige Aufsichtsbehörden

Die Bestimmungen in Abschnitt 1 über die Unabhängigkeit der Behörde (Art 42), die Mitglieder (Art 43) und die Errichtung der Aufsichtsbehörde (Art 44) entsprechen jenen der DSGVO. Den Mitgliedstaaten steht es grundsätzlich frei, eine eigene Aufsichtsbehörde für den Richtlinienbereich zu schaffen, allerdings kann gem Art 41 Abs 3 DSRL-PJ auch die aufgrund der DSGVO zu errichtenden Aufsichtsbehörde mit den Aufgaben der Richtlinie betraut werden.

Analog zur DSGVO sind Gerichte, soweit sie im Rahmen ihrer Eigenschaft als Rechtsprechungsorgan tätig werden, von der Überwachung durch die Aufsichtsbehörde ausgenommen (Art 45 Abs 2, vgl auch § 5 Abs 4 DSG 2000). Die Mitgliedstaaten können darüber hinaus auch andere unabhängige Gerichtsbehörden – in ErwGr 80 wird zu diesen ausdrücklich die Staatsanwaltschaft gezählt – von der Überwachung durch die Aufsichtsbehörde ausnehmen.

Die Aufgaben der Aufsichtsbehörde in Art 46 DSRL-PJ sind im Vergleich zur DSGVO weniger detailliert ausgestaltet. Sie umfassen im Wesentlichen die Überwachung und Durchsetzung der Richtlinie, die Beratung des nationalen Parlaments, der Regierung oder anderer Einrichtungen über legislative und administrative Maßnahmen im Datenschutzbereich sowie die Befassung mit Beschwerden Betroffener.

Die Mitgliedstaaten haben die Aufsichtsbehörde gem Art 47 DSRL-PJ mit effektiven Untersuchungsbefugnissen, wirksamen Abhilfebefugnissen sowie wirksamen Beratungsbefugnissen auszustatten. So soll die Aufsichtsbehörde gem Art 47 Abs 1 DSRL-PJ über die Befugnis verfügen, Zugang zu allen personenbezogenen Daten des Verantwortlichen oder Auftragsverarbeiters sowie zu allen Informationen zu erhalten, die zur Erfüllung ihrer Aufgaben notwendig sind. Im Rahmen der Abhilfebefugnis (Art 47 Abs 2) soll die Aufsichtsbehörde neben der Warnung, dass eine beabsichtigte Verarbeitung nicht der Richtlinie entspricht, Anweisungen geben können, auf welche Weise und in welchem Zeitraum die Verarbeitung mit den Vorschriften der Richtlinie in Einklang zu bringen sind. Als äußerstes Mittel soll die Aufsichtsbehörde gem Art 47 Abs 2 lit c DSRL-PJ auch eine vorrübergehende oder endgültige Einschränkung der Verarbeitung verhängen können.

G. Kap VII – Zusammenarbeit

Die in Art 50 DSRL-PJ festgelegten Bestimmungen über die Zusammenarbeit der nationalen Aufsichtsbehörden sollen vor allem eine einheitliche Anwendung der DSRL-PJ sicherstellen. Dies soll durch die Übermittlung zweckdienlicher Informationen, aber auch durch die Gewährung von Amtshilfe bei Auskunftsersuchen, durchzuführenden Konsultationen oder durch Vornahme von Nachprüfungen und Untersuchungen gewährleistet werden.

Unterstützend soll auch der Europäische Datenschutzausschuss, der Nachfolger der Artikel-29-Datenschutzgruppe, gem Art 51 DSRL-PJ Leitlinien, Empfehlungen oder Verfahren zur Sicherstellung einer einheitlichen Anwendung der DSRL-PJ für die Union erarbeiten.

H. Kap VIII – Rechtsbehelfe, Haftung und Sanktionen

Gelangt eine betroffene Person zur Ansicht, dass die Verarbeitung ihrer Daten gegen die Bestimmungen der Richtlinie verstößt, steht ihr gem Art 52 DSRL-PJ – und zwar unbeschadet eines anderweitigen administrativen oder gerichtlichen Rechtsbehelfs – das Recht auf Beschwerde bei einer Aufsichtsbehörde zu. Zusätzlich haben die Mitgliedstaaten gem Art 54 DSRL-PJ vorzusehen, dass dem Betroffenen darüber hinaus auch das Recht auf einen wirksamen gerichtlichen Rechtsbehelf zukommt.

Gegen einen rechtsverbindlichen Beschluss der Aufsichtsbehörde soll jede natürliche oder juristische Person gem Art 53 DSRL-PJ – wiederum unbeschadet anderweitiger administrativer oder außergerichtlicher Rechtsbehelfe – das Recht auf einen wirksamen gerichtlichen Rechtsbehelf haben.

Gem Art 57 DSRL-PJ haben die Mitgliedstaaten bei Verstößen gegen die Bestimmungen der DSRL-PJ wirksame Sanktionen vorzusehen, wobei der betroffenen Person gem Art 56 DSRL-PJ – analog zu § 33 DSG 2000 – ausdrücklich ein Recht auf Schadenersatz eingeräumt wird.

I. Kap IX – Durchführungsrechtsakte

Während die Europäische Kommission im Rahmen des DSRL-PJ-Entwurfs noch befugt war, delegierte Rechtsakte iSd Art 290 AEUV zu erlassen,[21]) ist sie nun nur noch zur Erlassung von Durchführungsrechtsakten iSd Art 291 AEUV befugt. Bei der Erlassung eines Angemessenheitsbeschlusses iSd Art 36 Abs 3 DSRL-PJ verweist Art 58 Abs 2 DSRL-PJ auf die in Art 5 der Durchführungsrechtsakte-Verordnung[22]) festgelegten Grundsätze über das Prüfverfahren bzw verweist Art 58 Abs 3 DSRL-PJ im Rahmen eines negativen Angemessenheitsbeschlusses iSd Art 36 Abs 5 DSRL-PJ auf die sofortige Gültigkeit des entsprechenden Durchführungsakts iSd Art 8 der Durchführungsrechtsakte-Verordnung.

J. Kap X – Schlussbestimmungen

Die Schlussbestimmungen regeln, neben der Evaluierung der Richtlinie durch die Europäische Kommission (Art 62) und der mitgliedstaatlichen Umsetzung (Art 63), das Verhältnis der DSRL-PJ zu den bestehenden unionsrechtlichen Rechtsakten im Bereich der polizeilichen und justiziellen Zusammenarbeit in Strafsachen sowie zu den in diesem Bereich abgeschlossenen bilateralen internationalen Übereinkünften der Mitgliedstaaten.

Der Rahmenbeschluss 2008/977/JI wird durch Art 59 DSRL-PJ aufgehoben; Art 60 DSRL-PJ bestimmt weiter, dass die besonderen datenschutzrechtlichen Bestimmungen in

---

[21]) Vgl Art 56 KOM (2012) 10 endg.

[22]) Verordnung (EU) Nr 182/2011 des Europäischen Parlaments und des Rates vom 16. 2. 2011 zur Festlegung der allgemeinen Regeln und Grundsätze, nach denen die Mitgliedstaaten die Wahrnehmung der Durchführungsbefugnisse durch die Kommission kontrollieren, AB L 2011/55, 13.

den bestehenden Rechtsakten der Union (SIS II-VO, Europol, Eurojust etc) von der DSRL-PJ unberührt bleiben.

Die in Art 61 DSRL-PJ-Entwurf vorgesehene Verpflichtung der Mitgliedstaaten, bestehende internationale Übereinkünfte erforderlichenfalls innerhalb von fünf Jahren nach Inkrafttreten der DSRL-PJ zu adaptieren, wich der Festlegung, dass internationale Übereinkünfte, die von den Mitgliedstaaten vor dem Inkrafttreten der DSRL-PJ geschlossen wurden und zu diesem Zeitpunkt im Einklang mit dem Unionsrecht standen, solange in Kraft bleiben, bis sie geändert, ersetzt oder gekündigt werden. Trotz dieser wesentlichen Neufassung stößt Art 61 DSRL-PJ an die Grenzen von Art 351 AEUV, wonach die Mitgliedstaaten verpflichtet sind, alle geeigneten Mittel zu ergreifen, um Unvereinbarkeiten zwischen internationalen Übereinkünften mit dem Unionsrecht zu beheben.

V. Resümee

Die (moderate) Zielsetzung der Europäischen Kommission für eine Datenschutzrichtlinie für die polizeiliche und justizielle Zusammenarbeit in Strafsachen war die Einführung allgemeiner Datenschutzgrundsätze, die Etablierung eines Mindestmaßes an harmonisierten Kriterien und Bedingungen sowie die Schaffung von Regeln, mit denen dem besonderen Charakter der Strafverfolgung Rechnung getragen wird.

Aus Sicht des österr Datenschutzrechts enthält die DSRL-PJ viel Bekanntes, bietet aber auch interessante Neuerungen, wie den Entfall der Publizität der Datenanwendungen oder die Bestellung eines Datenschutzbeauftragten. Allerdings finden sich auch viele Bestimmungen, wie etwa die vorzunehmende Unterscheidung zwischen verschiedenen Kategorien von Betroffenen oder das Recht auf (erweiterte) Information, deren Gehalt wesentlich von der Umsetzung durch die jeweiligen Mitgliedstaaten abhängen wird.

Mit der Verankerung des Grundrechts auf Datenschutz in § 1 DSG 2000 und der Entscheidung des österr Gesetzgebers, die Datenschutzrichtlinie 95/46 auch für den justiziellen und polizeilichen Bereich umzusetzen, verfügt Österreich über ein sehr hohes Datenschutzniveau. Das Ziel des österr Gesetzgebers bei der Umsetzung der DSRL-PJ muss neben der Aufrechterhaltung des österr Datenschutzniveaus die sinnvolle Einbettung der unionsrechtlichen Bestimmungen in das bestehende österr Datenschutzrecht, die Beibehaltung bewährter datenschutzrechtlicher Konzepte sowie die Hintanhaltung administrativer Mehrbelastungen sein.

Datenschutz im Strafverfolgungsbereich: Schnittstellen und Abgrenzungsfragen

Das Zusammenspiel zwischen DSGVO und DSRL-PJ

Stefanie Dörnhöfer

I. Die „zweite Hälfte" des Datenschutzpakets

Ziel des aus DSGVO und DSRL-PJ bestehenden Datenschutzpaketes ist die Schaffung eines unionsweit umfassenden, möglichst kohärenten Datenschutzrechtsrahmens für alle Sachverhalte, die die Verwendung personenbezogener Daten betreffen und in den Anwendungsbereich des Unionsrechts fallen. Um eine lückenlose Erfassung aller Bereiche sicherzustellen, sind die Anwendungsbereiche der beiden Instrumente derart gestaltet, dass jene Bereiche von der DSGVO ausgenommen sind, die in den Anwendungsbereich der DSRL-PJ fallen. Auf Unionsebene wurden beide Instrumente parallel verhandelt, um größtmögliche Kohärenz zwischen den beiden Rechtsakten sicherzustellen.

A. Wesentliche Unterschiede und Besonderheiten

Je nachdem, ob eine bestimmte Datenverarbeitungstätigkeit der DSGVO oder der DSRL-PJ unterliegt, sind die unmittelbar anwendbaren Bestimmungen der DSGVO oder die nationalen Umsetzungsbestimmungen zur DSRL-PJ einzuhalten. Da die DSRL-PJ den Mitgliedstaaten einen Umsetzungsspielraum lässt, hängt die konkrete Ausgestaltung der im Einzelfall einzuhaltenden Regelungen wesentlich vom jeweiligen nationalen (Materien-)Gesetzgeber ab. Die zweijährige **Umsetzungsfrist** für die DSRL-PJ endet gleichzeitig mit dem Inkrafttreten der DSGVO am **25.5.2018**.

Das **Datenschutzniveau** der DSRL-PJ unterscheidet sich von jenem der DSGVO in einigen Punkten. Sie erlaubt einerseits **vergleichsweise schwerwiegende Eingriffe in die Datenschutzrechte der betroffenen Personen** (zB im Einzelfall Übermittlung personenbezogener Daten in Drittstaaten, obwohl ausreichender Datenschutz nicht gewährleistet ist) und sieht verschiedene **Einschränkungen im Bereich der Transparenz**, **der Auskunftsrechte und der Informationspflichten** vor (insb um laufende Ermittlungen nicht zu gefährden). Dies ist im Wesentlichen den **besonderen Bedürfnissen im Strafverfolgungsbereich** geschuldet: Im Strafverfolgungskontext erfolgt die Verarbeitung personenbezogener Daten im Regelfall zum **Schutz besonders wichtiger öffentlicher Interessen**, nämlich der Aufrechterhaltung der öffentlichen Sicherheit und Ordnung sowie dem Schutz der Rechte und Freiheiten anderer; gleichzeitig könnten Transparenzverpflichtungen in einem Ausmaß, wie sie in der DSGVO vorgesehen sind, die Tätigkeit der Strafverfolgungsbehörden teilweise behindern oder sogar vereiteln. Zudem sind den Strafverfolgungsbehörden bestimmte Ermittlungsmaßnahmen, die besonders gravierend in die Rechte der betroffenen Personen eingreifen – insb geheime Überwachungsmaßnahmen – vorbehalten, die weder sonstigen Behörden noch Privaten erlaubt sind.

Zum Ausgleich verlangt die DSRL-PJ generell eine **stärkere gesetzliche Determinierung von Eingriffen** und sieht eine **engere Zweckbindung** vor. Insbesondere sind folgende Unterschiede zwischen DSGVO und DSRL-PJ hervorzuheben:

- Die DSRL-PJ verlangt **für jede Datenverwendung** eine **gesetzliche Grundlage** im nationalen Recht oder Unionsrecht (Art 8 Abs 1 DSRL-PJ). Eine Verarbeitung bloß aufgrund eines überwiegenden berechtigten Interesses (vgl Art 6 Abs 1 lit f DSGVO) ist unzulässig. In der gesetzlichen Grundlage müssen zumindest die **Ziele der Verarbeitung**, die **zu verarbeitenden personenbezogenen Daten** und die **Zwecke der Verarbeitung** festgelegt sein.[1])
- Die **Zustimmung** der betroffenen Person stellt im Rahmen der DSRL-PJ **keine eigene Rechtsgrundlage** für die Verarbeitung personenbezogener Daten dar. Sollen in bestimmten Fällen personenbezogene Daten mit Zustimmung der betroffenen Person verwendet werden dürfen, so muss dies gesetzlich vorgesehen sein.
- Die DSGVO erlaubt die **Weiterverwendung** für andere kompatible Zwecke unter erleichterten Voraussetzungen (ohne neue Rechtsgrundlage). Die DSRL-PJ kennt kein derartiges Konzept der „vereinfachten" Weiterverwendung und unterscheidet insofern nicht zwischen der Erstverwendung und einer Weiterverwendung.
- Die DSRL-PJ erlaubt dem Gesetzgeber, weitgehende Möglichkeiten zur **Einschränkung des Auskunftsrechts** vorzusehen (Art 15 DSRL-PJ), wenn und solange dies erforderlich und verhältnismäßig ist,
  - zur Gewährleistung, dass behördliche oder gerichtliche Untersuchungen, Ermittlungen oder Verfahren nicht behindert werden,
  - zur Gewährleistung, dass die Verhütung, Aufdeckung, Ermittlung oder Verfolgung von Straftaten oder die Strafvollstreckung nicht beeinträchtigt werden,
  - zum Schutz der öffentlichen Sicherheit,
  - zum Schutz der nationalen Sicherheit und zum
  - Schutz der Rechte und Freiheiten anderer.
- Die von der DSRL-PJ zwingend vorgegebene **Informationspflicht** des Verantwortlichen beschränkt sich auf **allgemeine Informationen**, die etwa auch im Wege einer Website zur Verfügung gestellt werden können. **Im Einzelfall** müssen der betroffenen Person **zusätzliche Informationen** erteilt werden, die notwendig sind, um ihr die Ausübung ihrer Betroffenenrechte zu ermöglichen; auch hier sind – unter den gleichen Voraussetzungen wie beim Auskunftsrecht – weitgehende **Einschränkungen möglich** (Art 13 Abs 3 DSRL-PJ).

---

[1]) Art 10 DSRL-PJ sieht für die Verwendung besonderer Kategorien personenbezogener Daten (sog sensibler Daten) neben einer gesetzlichen Grundlage auch die Verwendung Wahrung lebenswichtiger Interessen der betroffenen oder einer anderen Person oder die Verwendung von Daten, die die betroffene Person selbst veröffentlicht hat, vor; diese Sonderregelung widerspricht insofern der allgemeinen Vorschrift des Art 8 DSRL-PJ, der jedenfalls eine gesetzliche Grundlage verlangt. Da dem Unionsgesetzgeber aus grundrechtlicher Perspektive nicht zugesonnen werden kann, dass er für die Verwendung sensibler Daten generell niedrigere Eingriffsvoraussetzungen vorsieht als für sonstige personenbezogene Daten, obwohl damit ein schwerwiegenderer Grundrechtseingriff verbunden ist, ist Art 10 iVm Art 8 Abs 1 DSRL-PJ wohl dahingehend zu lesen, dass eine gesetzliche Grundlage in jedem Fall erforderlich ist und insb auch die in Art 10 lit b und c DSRL-PJ genannten Fälle gesetzlich vorgesehen werden können. In Österreich ist eine gesetzliche Grundlage zudem schon aus verfassungsrechtlichen Gründen erforderlich; die Verwendung personenbezogener Daten im Strafverfolgungsbereich kann auch – anders als bei der unmittelbar anwendbaren DSGVO – schon aufgrund der Rechtsform nicht unmittelbar auf die umsetzungsbedürftige DSRL-PJ gestützt werden.

II. Anwendungsbereich

Der Anwendungsbereich der DSRL-PJ umfasst gemäß deren Art 2 Abs 1 iVm Art 1 Abs 1 die Verarbeitung personenbezogener Daten

- durch die **zuständigen Behörden**
- zum Zweck der **Verhütung, Ermittlung, Aufdeckung oder Verfolgung von Straftaten** oder der **Strafvollstreckung, einschließlich des Schutzes vor und der Abwehr von Gefahren für die öffentliche Sicherheit**.

Die genannten Datenverarbeitungen sind nach der Komplementärbestimmung des Art 2 Abs 2 lit d DSGVO von deren Anwendungsbereich ausgenommen.

Datenverarbeitungen iZm der **nationalen Sicherheit** sowie im Rahmen der **Gemeinsamen Außen- und Sicherheitspolitik** der Union (Titel V Kap 2 EUV) sind vom Anwendungsbereich beider Rechtsakte **ausgenommen** (ErwGr 14 DSRL-PJ, Art 2 Abs 2 lit b DSGVO).

Organe, Einrichtungen, Ämter und Agenturen der **Europäischen Union** sind generell vom Anwendungsbereich **ausgenommen** (Art 2 Abs 3 lit b DSRL-PJ).

A. Zuständige Behörden

Art 3 Z 7 DSRL-PJ definiert den Begriff der „zuständigen Behörde" – gemeint sind idZ Strafverfolgungsbehörden – wie folgt:

a) eine staatliche Stelle, die für die Verhütung, Ermittlung, Aufdeckung oder Verfolgung von Straftaten oder die Strafvollstreckung, einschließlich des Schutzes vor und der Abwehr von Gefahren für die öffentliche Sicherheit, zuständig ist, oder
b) eine andere Stelle oder Einrichtung, der durch das Recht der Mitgliedstaaten die Ausübung öffentlicher Gewalt und hoheitlicher Befugnisse zur Verhütung, Ermittlung, Aufdeckung oder Verfolgung von Straftaten oder zur Strafvollstreckung, einschließlich des Schutzes vor und der Abwehr von Gefahren für die öffentliche Sicherheit, übertragen wurde.

1. Staatliche Behörden

Als „zuständige Behörde" kommen primär staatliche Behörden in Betracht, die mit Aufgaben im Strafverfolgungsbereich betraut sind; zu diesen zählen insb

- die **Gerichte**,
- die **Staatsanwaltschaften**,
- die **Finanzstrafbehörden**,
- die **Sicherheitsbehörden** sowie
- sonstige staatliche Behörden, die mit der Erfüllung von Aufgaben im Strafverfolgungsbereich betraut sind.

2. Private

Neben staatlichen Behörden können auch **Private**, denen die **Ausübung öffentlicher Gewalt und hoheitlicher Befugnisse** für Richtlinienzwecke übertragen wurden, „zuständige Behörden" iSd DSRL-PJ sein. Die DSRL-PJ überlässt es dem Recht der Mitgliedstaaten, derartige Aufgaben an Private zu übertragen, zumal die nationalen Rechtsordnungen diesbezüglich höchst unterschiedlich ausgestaltet sind.

Die österr Verfassung steht einer Übertragung (zB in Form einer Beleihung) von staatlichen Kernaufgaben, zu denen insb der Bereich der Strafverfolgung zu zählen ist, auf Private grundsätzlich entgegen,[2]) sodass **grundsätzlich** davon auszugehen ist, dass **Private**, wenn sie als Verantwortlicher agieren, im Regelfall stets der **DSGVO** unterliegen.

Praxistipp:

Private und Unternehmen können im Strafverfolgungsbereich als Auftragsverarbeiter nach den Vorschriften der DSRL-PJ fungieren. Als zuständige Behörde und somit als Verantwortlicher kommen im Regelfall nur staatliche Behörden in Frage.

B. Richtlinienzwecke

1. Strafverfolgung und Strafvollstreckung

Die Richtlinienzwecke umfassen zunächst den gesamten Bereich der **Strafverfolgung** sowie der **Strafvollstreckung**. Dazu zählen insb

- Ermittlungshandlungen im Rahmen der **Kriminalpolizei**,
- Datenverarbeitungen im Zusammenhang mit **Strafverfahren** sowie
- Datenverarbeitungen im Zusammenhang mit der **Vollstreckung von Strafen**.

Die **Justizverwaltung** fällt nicht unter die in Art 1 Abs 1 DSRL-PJ angeführten Zwecke und unterliegt damit der **DSGVO**.

2. Öffentliche Sicherheit

Während der ursprüngliche Kommissionsvorschlag lediglich den Strafverfolgungs- und Strafvollstreckungsbereich umfasste, wurde der Bereich der **öffentlichen Sicherheit** über Wunsch des Rates explizit in den Anwendungsbereich der DSRL-PJ aufgenommen. Hier ergeben sich potentiell zahlreiche **Überschneidungen mit dem Anwendungsbereich der DSGVO**, wie etwa die folgenden Beispiele verdeutlichen:

Beispiel 1:

Am Bahngleis wird eine vom Zug überrollte Leiche gefunden. Zunächst ist nicht ersichtlich, ob es sich um eine Straftat oder einen Selbstmord handelt.

Beispiel 2:

Die Polizei ermittelt im Rahmen der erweiterten Gefahrenerforschung. Es ergibt sich jedoch kein Hinweis auf eine bestimmte oder unmittelbar bevorstehende strafbare Handlung.

Beispiel 3:

Eine Person wird nach einer Wanderung als abgängig gemeldet. Es ist unbekannt, ob eine strafbare Handlung vorliegt, ein Unfall passiert ist oder die Person überhaupt gefährdet ist.

---

[2]) VfSlg 14.473/1996, 16.400/2001.

Beispiel 4:

Die Polizei sorgt im Rahmen einer zunächst friedlichen Demonstration oder einer Sportveranstaltung für den reibungslosen Ablauf. Zu einem späteren Zeitpunkt kommt es teilweise zu gewalttätigen Ausschreitungen, die ein Eingreifen erforderlich machen.

Die genannten Beispiele stellen allesamt Grenzfälle dar, in denen (zunächst) kein unmittelbarer oder gesicherter Konnex mit einer Straftat besteht. Die während der Verhandlungen von einigen Mitgliedstaaten erhobene Forderung, im Polizeibereich zur Abgrenzung der Anwendungsbereiche von DSRL-PJ und DSGVO einen rein organisatorischen Ansatz zu wählen (dh alle Datenverarbeitungen durch die Polizei fallen unter die DSRL-PJ), wurde verworfen.

Im Ergebnis wurde ein **funktionaler Ansatz** gewählt und der Bereich der **öffentlichen Sicherheit nur insoweit einbezogen, als ein Zusammenhang mit der Prävention von Straftaten** besteht. In ErwGr 12 DSRL-PJ finden sich einige Beispiele, wie mit Grenzfällen umzugehen ist:

- **Polizeiliche Tätigkeiten in Fällen, in denen nicht von vornherein bekannt ist, ob es sich um Straftaten handelt oder nicht**, fallen in den Anwendungsbereich der **DSRL-PJ** (siehe oben Beispiele 1, 2 und 3).
- **Polizeiliche Verwaltungstätigkeiten, die nicht in Zusammenhang mit Straftaten stehen**, unterliegen der **DSGVO**. Dies betrifft etwa die Bereiche
  - Vereins- und Versammlungswesen,
  - Straßenpolizei und
  - Asyl- und Fremdenpolizei.
- **Polizeiliche Tätigkeiten zur Abwehr von Gefahren, die nicht in Zusammenhang mit Straftaten stehen**, fallen ebenfalls in den Anwendungsbereich der **DSGVO** (zB Absicherung von Unfallstellen, erste allgemeine Hilfeleistung).
- In bestimmten Fällen kann ein polizeilicher Einsatz **teils** in den Anwendungsbereich der **DSGVO**, **teils** in den Anwendungsbereich der **DSRL-PJ** fallen, etwa wenn zunächst kein Konnex mit einer Straftat besteht, später jedoch ein Einschreiten zur Verhinderung/Verfolgung von Straftaten erforderlich wird (siehe oben Beispiel 4). Anknüpfungspunkt ist hier der **Einsatz von Zwangsmitteln zur Ausübung hoheitlicher Gewalt**.

In der Praxis ändert sich dadurch in Österreich für die Strafverfolgungsbehörden grundsätzlich nicht viel gegenüber der bisherigen Rechtslage: Die Verwendung personenbezogener Daten richtet sich schon jetzt nach den allgemeinen Regelungen des DSG 2000 sowie den jeweiligen materienspezifischen Regelungen zur Datenverwendung. Neu ist, dass für jene Tätigkeiten, die in den Anwendungsbereich der DSGVO fallen, diese als unmittelbar anwendbare Rechtsgrundlage zu den nationalen Regelungen (derzeit DSG 2000 und Materiengesetze) als Rechtsgrundlage hinzutritt.

3. Archive, Forschung und Statistik

Verarbeiten zuständige Behörden personenbezogene Daten für **im öffentlichen Interesse liegende Archivzwecke, wissenschaftliche oder historische Forschungszwecke oder statistische Zwecke**, so fällt diese Tätigkeit grundsätzlich unter die **DSGVO** und unterliegt damit den darin enthaltenen Rechtsvorschriften (Art 9 Abs 2 DSRL-PJ).

Nur dann, wenn die Verarbeitung in diesen Bereichen **durch zuständige Behörden zu Richtlinienzwecken** erfolgt (zB Kriminalstatistik), gelten die Bestimmungen der DSRL-PJ

(Art 4 Abs 3 DSRL-PJ). Da die DSRL-PJ für jede Verarbeitung personenbezogener Daten eine Rechtsgrundlage im Unionsrecht oder nationalen Recht fordert (Art 8 Abs 1 DSRL-PJ), müssen auch die **Archivierung** im öffentlichen Interesse und die **wissenschaftliche, statistische oder historische Verwendung für Richtlinienzwecke gesetzlich vorgesehen sein**.

C. Pflichten Privater im Strafverfolgungsbereich

1. Speicher- und Meldepflichten

In einigen Bereichen sind Private im Strafverfolgungsbereich gesetzlich zur Verarbeitung personenbezogener Daten verpflichtet (zB iZm der Bekämpfung von **Geldwäsche und Terrorismusfinanzierung**[3])). Dabei handelt es sich insb um **Speicher- und Meldepflichten** in Bezug auf Daten, die im Geschäftsverkehr entstehen; den Verpflichteten kommen in diesem Zusammenhang jedoch keine hoheitlichen Befugnisse zu.

Derartige Datenverarbeitungen dienen zwar letztlich Strafverfolgungs- und Präventionszwecken, unterliegen aber den Regelungen der **DSGVO** (ErwGr 11 DSRL-PJ).

2. Mitwirkungspflichten

Private, die im Rahmen von **Mitwirkungspflichten** zur Verarbeitung personenbezogener Daten zu Strafverfolgungszwecken für Strafverfolgungsbehörden gesetzlich verpflichtet sind (zB im Rahmen einer **Nachrichtenüberwachung** gem § 134 Z 3 StPO), gelten als **Auftragsverarbeiter** im Anwendungsbereich der DSRL-PJ (ErwGr 11 DSRL-PJ).

Die näheren **Voraussetzungen für die Heranziehung von Auftragsverarbeitern** sowie deren **Verpflichtungen** sind in Art 22 Abs 3 DSRL-PJ geregelt.

III. Verwendung von Daten aus dem Strafverfolgungsbereich für andere Zwecke

A. Grundkonzept

Für die Frage der **Verwendung** personenbezogener Daten **für einen anderen als den ursprünglichen Zweck** finden sich in DSGVO und DSRL-PJ unterschiedliche Konzepte. Insbesondere ermöglicht die DSGVO die „Weiterverarbeitung" von Daten unter der Voraussetzung, dass der neue Zweck mit dem ursprünglichen Zweck vereinbar ist, ohne eine gesonderte Rechtsgrundlage für die Weiterverarbeitung (Art 6 Abs 4, ErwGr 50 DSGVO).

Die DSRL-PJ kennt dieses Konzept der privilegierten Weiterverarbeitung für vereinbare Zwecke nicht: **Jede (Weiter-)Verarbeitung personenbezogener Daten** bedarf einer eigenen **Rechtsgrundlage** im Unionsrecht oder im nationalen Recht.

Ob die weitere Verwendung von Daten der DSGVO oder der DSRL-PJ unterliegt, richtet sich ausschließlich nach dem **Zweck der neuen Verarbeitung** und nicht nach dem ursprünglichen Verwendungszweck. Das bedeutet, dass personenbezogene **Daten, die im Strafverfolgungsbereich ermittelt wurden, in den Anwendungsbereich der DSGVO „wechseln"** können und in der Folge deren Vorschriften unterliegen. Dies gilt vice versa

[3]) Siehe ua §§ 40 ff BWG, §§ 365m bis 365z GewO 1994.

auch für Daten, die gemäß der DSGVO ermittelt wurden und durch zuständige Behörden für Strafverfolgungszwecke weiterverwendet werden.

1. Weitere Verarbeitung für Strafverfolgungszwecke

Werden personenbezogene Daten, die im Strafverfolgungskontext nach den Vorschriften der DSRL-PJ ermittelt wurden, für andere Richtlinienzwecke verwendet (zB Verwendung in einem anderen Strafverfahren oder für Zwecke des Strafvollzuges), so muss diese weitere Verarbeitung grundsätzlich die gleichen Voraussetzungen erfüllen wie die ursprüngliche Verarbeitung. Die DSRL-PJ selbst sieht **keine Privilegierung für die Weiterverwendung von personenbezogenen Daten für andere Richtlinienzwecke** vor; allerdings können im Rahmen des nationalen Rechts – wie dies schon bisher der Fall ist – **besondere Regelungen** dahingehend getroffen werden, unter welchen Voraussetzungen eine solche Weiterverwendung personenbezogener Daten zulässig ist (zB **Verwertung von Zufallsfunden**).

2. Weitere Verarbeitung für andere Zwecke

Die DSRL-PJ geht grundsätzlich davon aus, dass personenbezogene Daten, die im Strafverfolgungskontext ermittelt bzw verarbeitet werden, in der Folge auch für andere Zwecke, die außerhalb der DSRL-PJ liegen, verwendet werden (können). Diese Fälle sind idR unmittelbar im Gesetz vorgesehen und betreffen etwa die **Verwendung von Daten aus einem Strafverfahren durch**

- die **Zivilgerichte**,
- den zuständigen **Jugendwohlfahrtsträger** oder
- die **Gewerbebehörden**

oder die Verwendung von **Daten aus einem Finanzstrafverfahren** durch die zuständigen **Finanzbehörden** zur **Festsetzung der Steuern**.

Für die Frage, ob die **Weiterverarbeitung** personenbezogener Daten, die ursprünglich im Strafverfolgungskontext ermittelt wurden, **zulässig** ist, ist stets auf den **Empfänger** sowie den **Verarbeitungszweck beim Empfänger** abzustellen. Die Vorschriften der **DSGVO** kommen hier immer dann zur Anwendung, wenn die Verarbeitung im Rahmen einer Tätigkeit im Anwendungsbereich des Unionsrechts erfolgt und

- von einer **zuständigen Behörde** zu **Zwecken** vorgenommen wird, die **nicht in den Anwendungsbereich der DSRL-PJ fallen** oder
- von einem **sonstigen Verantwortlichen** vorgenommen wird.

IV. Übermittlung von Daten aus dem Strafverfolgungsbereich

A. Zulässigkeit der Übermittlung

Von der Frage der **Zulässigkeit der Weiterverwendung getrennt zu prüfen** ist die Frage der **Zulässigkeit der Übermittlung** von personenbezogenen Daten: Dass ein Verantwortlicher berechtigt wäre, personenbezogene Daten, die im Strafverfolgungskontext ermittelt wurden, weiterzuverarbeiten, bedeutet nicht, dass die zuständige Behörde, die die Daten ursprünglich ermittelt und verarbeitet hat, zur Übermittlung dieser Daten berechtigt oder gar verpflichtet ist.

Dies zeigt etwa das folgende Beispiel:

Beispiel 5:

Im Rahmen eines strafrechtlichen Ermittlungsverfahrens ergibt sich – aus den Ergebnissen einer Nachrichtenüberwachung sowie aus einer Auskunft über Daten einer Nachrichtenübermittlung (§ 134 Z 2 und 3 StPO) –, dass der Beschuldigte eine außereheliche Affäre hat. Eine Kontenregisterabfrage zeigt zudem, dass er über mehrere Konten bei verschiedenen Banken verfügt, die er vor seiner Ehefrau bisher geheim gehalten hat.
Die Ehefrau wäre nach den Vorschriften der DSGVO wohl grundsätzlich berechtigt, diese Informationen in einem allfälligen Scheidungsverfahren zu verwenden. Sie könnte diese etwa durch den Einsatz eines Privatdetektivs ermitteln. Die Übermittlung der Ermittlungsergebnisse aus dem Strafverfahren kann sie von der zuständigen Behörde hingegen nicht verlangen.

1. Übermittlungen zu Strafverfolgungszwecken

Werden personenbezogene Daten, die im Strafverfolgungskontext ermittelt wurden, zu Richtlinienzwecken übermittelt, so unterliegt diese **Übermittlung den Vorschriften der DSRL-PJ, unabhängig davon, ob der Empfänger eine zuständige Behörde ist oder nicht.**

Beispiel 6:

Die Polizei hat im Zuge eines Einsatzes zur Abwehr eines gefährlichen Angriffs nach dem SPG personenbezogene Daten ermittelt und leitet diese in der Folge an die Staatsanwaltschaft zwecks Einleitung eines Strafverfahrens weiter.
In diesem Fall ist der Empfänger eine zuständige Behörde im Sinne der DSRL-PJ.

Beispiel 7:

Im Rahmen eines strafrechtlichen Ermittlungsverfahrens wird eine Anfrage an einen Privaten gestellt. Zur Präzisierung des Auskunftsersuchens werden personenbezogene Daten (zur Identifizierung der betroffenen Person) übermittelt.
In diesem Fall handelt es sich beim Empfänger um einen Privaten, der dem Regime der DSGVO unterliegt. Die Übermittlung der notwendigen Anfragedaten an diesen Empfänger zum Zweck der Mitwirkung bei einer strafrechtlichen Ermittlungsmaßnahme unterliegt jedoch der DSRL-PJ.

2. Übermittlungen zu sonstigen Zwecken

Die **Übermittlung zu anderen als Strafverfolgungszwecken** unterliegt der **DSGVO** (ErwGr 34 DSRL-PJ). In diesem sensiblen Schnittstellenbereich geht der Unionsgesetzgeber explizit davon aus, dass **auf nationaler Ebene nähere Regelungen** getroffen werden, um ein **kohärentes Zusammenspiel** zwischen DSGVO (im Rahmen der **Öffnungsklauseln**) und DSRL-PJ (im Rahmen des **Umsetzungsspielraumes**) zu schaffen.

B. Bedingungen

Sowohl das Unionsrecht als auch das nationale Recht können **besondere Bedingungen** für die Verarbeitung personenbezogener Daten im Anwendungsbereich der DSRL-PJ vorsehen. Dazu zählen insb

- **Weiterübermittlungsverbote,**
- **Weiterverwendungsverbote** oder
- im Falle der Einschränkung des Rechts auf Unterrichtung **Verbote, die betroffene Person ohne Genehmigung** der übermittelnden zuständigen Behörde **zu informieren.**

Im Falle einer Übermittlung solcher personenbezogener Daten hat der Verantwortliche den **Empfänger** über diese besonderen Bedingungen zu **informieren** und darauf hinzuweisen, dass diese Bedingungen gelten und einzuhalten sind (Art 9 Abs 3 DSRL-PJ).

Im Lichte des unionsrechtlichen **Diskriminierungsverbotes** dürfen auf **Empfänger in anderen EU-Mitgliedstaaten**, im Bereich der **polizeilichen und justiziellen Zusammenarbeit in Strafsachen** (Titel V Kap 4 und 5 AEUV) errichtete Einrichtungen und sonstigen Stellen nur solche Bedingungen angewendet werden, die auch für entsprechende Datenübermittlungen innerhalb des eigenen Mitgliedstaates gelten (Art 9 Abs 4 DSRL-PJ).

V. Die Datenschutzbehörde im Strafverfolgungsbereich

A. Einrichtung der Aufsichtsbehörde

Die DSRL-PJ sieht – ebenso wie die DSGVO – die Errichtung **einer oder mehrerer unabhängiger Aufsichtsbehörden**, die für die Überwachung der Anwendung der DSRL-PJ zuständig ist, vor. Die Mitgliedstaaten können vorsehen, dass diese Aufgaben durch dieselbe Aufsichtsbehörde wahrgenommen werden, die auch für die Aufsicht über die Einhaltung der Bestimmungen der DSGVO zuständig ist (Art 41 Abs 3 DSRL-PJ).

Im Folgenden werden einige wesentliche Unterschiede zwischen der Aufsichtsbehörde nach der DSGVO und der Aufsichtsbehörde nach den Vorschriften der DSRL-PJ dargestellt.

B. Wesentliche Unterschiede im Vergleich zur DSGVO

1. Aufgaben und Befugnisse

Die in Art 46 DSRL-PJ angeführten Aufgaben der Aufsichtsbehörde orientieren sich im Wesentlichen am Aufgabenbereich der Aufsichtsbehörde nach der DSGVO, sind aber weit **weniger detailliert** ausgestaltet. Die genaue **Festlegung der Aufgaben** obliegt den **Mitgliedstaaten** bei der Umsetzung.

Die **Befugnisse** der Aufsichtsbehörden sind generell **schwächer ausgestaltet.** So ist etwa im Konsultationsverfahren **keine Genehmigungspflicht** (vgl Art 36 Abs 5 DSGVO) vorgesehen.

Zu berücksichtigen ist in diesem Zusammenhang, dass die Verarbeitung personenbezogener Daten im Strafverfolgungsbereich – im Vergleich mit Datenverarbeitungen durch Private und Unternehmen, aber auch durch andere Behörden – idR vergleichsweise stark auf nationaler Ebene gesetzlich vordeterminiert ist. Dadurch bleibt einerseits dem Verantwortlichen – also der zuständigen Behörde – weniger Raum für die Ausgestaltung der Datenverarbeitung, andererseits wird gleichzeitig die Prüfungskompetenz der Aufsichtsbehörde eingeschränkt, weil der Gesetzgeber oftmals eine Interessenabwägung schon auf Gesetzesebene vornimmt und die Aufsichtsbehörde in der Folge an diese Einschätzung gebunden ist. Eine Prüfung einer solchen gesetzlichen Festlegung am Maßstab des Verfassungsrechts ist dem Verfassungsgerichtshof vorbehalten; die Vereinbarkeit mit dem Unionsrecht wäre im Rahmen eines allfälligen Vorabentscheidungsverfahrens vor dem EuGH zu klären.

Allerdings verfügt die Datenschutzbehörde auch im Anwendungsbereich der DSRL-PJ über wirksame **Untersuchungsbefugnisse** (Art 47 Abs 1 DSRL-PJ), wirksame **Abhilfebefugnisse** einschließlich der Möglichkeit, die Verarbeitung vorübergehend oder endgültig zu beschränken bzw. zu verbieten (Art 47 Abs 2 DSRL-PJ), sowie wirksame **Beratungsbefugnisse** (Art 47 Abs 3 DSRL-PJ).

2. Örtliche Zuständigkeit

Art 77 Abs 1 **DSGVO** garantiert betroffenen Personen innerhalb der EU ein **ortsunabhängiges Individualbeschwerderecht** im Hinblick auf Verstöße gegen die DSGVO bei der Verarbeitung ihrer personenbezogenen Daten. Durch diese Regelung wird für betroffene Personen ein einfacher Zugang zum Rechtsschutz sichergestellt, da sie Verstöße nicht nur am Sitz des Verantwortlichen geltend machen können, sondern etwa auch in ihrem Wohnsitzstaat.

Wenngleich dadurch ein hohes Maß an Rechtsschutz gewährleistet wird, erschiene eine solche Regelung **im Strafverfolgungskontext nicht zweckmäßig**: Zum einen gibt es hier weniger grenzüberschreitende Anwendungsfälle, weil **Strafverfolgungsbehörden** – anders als multinationale Unternehmen, die in mehreren Mitgliedstaaten ansässig sein oder Online-Inhalte in der gesamten EU anbieten können – stets (eindeutig) einem **einzigen Mitgliedstaat** zuzurechnen sind und grenzüberschreitende Datenverarbeitungen eines Verantwortlichen die Ausnahme darstellen (ein Beispiel wäre etwa die grenzüberschreitende Zusammenarbeit); zum anderen ist der Bereich der Strafverfolgung vorwiegend durch nationales Recht determiniert. Die Unterwerfung von Strafverfolgungsbehörden unter die Aufsicht einer Aufsichtsbehörde eines anderen Mitgliedstaates erschiene zudem aus dem Blickwinkel der Souveränität bedenklich.

Um dennoch betroffenen Personen größtmöglichen Rechtsschutz zu gewähren, wurde in der DSRL-PJ eine **Individualbeschwerde mit „Postkasten"-Lösung** geschaffen: Die für die Beschwerde **zuständige Aufsichtsbehörde** ist gem Art 45 Abs 1 DSRL-PJ die im **Hoheitsgebiet des jeweiligen Mitgliedstaates** zuständige Aufsichtsbehörde. Neben der zuständigen Aufsichtsbehörde kann die betroffene Person ihre Beschwerde auch bei einer anderen Aufsichtsbehörde eines beliebigen Mitgliedstaates einbringen; in diesem Fall wird die Beschwerde von dieser anderen Aufsichtsbehörde jedoch nicht inhaltlich behandelt, sondern lediglich an die zuständige Aufsichtsbehörde übermittelt (Art 52 Abs 2 DSRL-PJ). Die Aufsichtsbehörde, bei der die Beschwerde eingebracht wurde, hat der betroffenen Person auf deren Ersuchen weitere Unterstützung zu leisten (Art 52 Abs 3 DSRL-PJ).

Praxistipp:

Für **Beschwerden wegen Verstößen gegen die DSRL-PJ** ist die **Aufsichtsbehörde jenes Mitgliedstaates** zuständig, **dem die zuständige Behörde angehört**, die die Daten verarbeitet. Es ist jedoch zulässig, die Beschwerde bei der **Aufsichtsbehörde eines anderen Mitgliedstaates einzubringen**. Diese leitet die Beschwerde an die zuständige Aufsichtsbehörde weiter.

3. Sachliche Zuständigkeit

Die **Strafgerichtsbarkeit** unterliegt zwar dem Anwendungsbereich der DSRL-PJ und den darin enthaltenen materiellen Datenschutzvorschriften, ist jedoch **von der Aufsicht durch die Aufsichtsbehörde ausgenommen.** Art 45 Abs 2 DSRL-PJ sieht vor, dass

- **Gerichte im Rahmen ihrer justiziellen Tätigkeit zwingend** auszunehmen sind und
- **andere unabhängige Justizbehörden im Rahmen ihrer justiziellen Tätigkeit** von den Mitgliedstaaten ausgenommen werden **können.**

Hintergrund dieser Ausnahmeregelung ist, dass für die unabhängigen Strafgerichte in den Mitgliedstaaten ein eigenes – gerichtliches – Aufsichtssystem besteht, im Rahmen dessen betroffenen Personen ausreichender Schutz gegen Rechtsverletzungen gewährt wird.

Die Erweiterung der Regelung auf „andere unabhängige Justizbehörden" zielt auf **unabhängige Staatsanwaltschaften** ab, die in einigen Mitgliedstaaten vorgesehen sind. Hier wurde ein **Umsetzungsspielraum** für die Mitgliedstaaten geschaffen, der die unterschiedlichen Systeme berücksichtigen soll. Durch das Kriterium der Unabhängigkeit wird dabei verhindert, dass Mitgliedstaaten zu weitreichende Ausnahmen vom Zuständigkeitsbereich der Aufsichtsbehörde festlegen, zumal die Ausnahme dem Schutz der Unabhängigkeit der Gerichte dient (vgl ErwGr 80 DSRL-PJ).

In Österreich sind die Staatsanwaltschaften zwar Organe der Gerichtsbarkeit; sie sind jedoch nicht unabhängig, sodass es derzeit nicht möglich erscheint, sie von der Zuständigkeit der Aufsichtsbehörde auszunehmen.

VI. Fazit

Zwischen DSGVO und DSRL-PJ gibt es zahlreiche Schnittstellenbereiche. Aufgrund der unterschiedlichen Anforderungen in den jeweiligen Anwendungsbereichen unterscheiden sich die in den beiden Instrumenten vorgesehenen Regelungen hinsichtlich der Verarbeitung personenbezogener Daten teils erheblich; umso wichtiger erscheint daher eine klare Abgrenzung, ob eine Tätigkeit in den Anwendungsbereich der DSGVO oder der DSRL-PJ fällt.

Um für Verantwortliche, die teilweise der DSGVO und teilweise der DSRL-PJ unterliegen – dazu zählen insb die Sicherheitsbehörden – einen praxistauglichen Rechtsrahmen zu schaffen, erscheint es zweckmäßig, im Rahmen der Öffnungsklausel der DSGVO für den öffentlichen Bereich und des Umsetzungsspielraumes der DSRL-PJ im nationalen Recht möglichst kohärente Regelungen für die Verarbeitung personenbezogener Daten zu verankern.

Darüber hinaus wären klare Regelungen hinsichtlich der Weiterverwendung und Übermittlung von personenbezogenen Daten, die im Rahmen der Strafverfolgung nach den Regeln der DSRL-PJ ermittelt wurden, zu treffen, zumal es sich hier um Daten handelt, deren Ermittlung im Kontext der DSGVO regelmäßig unzulässig wäre.

Verzeichnis der Autorinnen und Autoren

Eva Angerler
Dr. Eva Angerler ist Expertin für Arbeit und Technik in der Gewerkschaft der Privatangestellten, Druck, Journalismus, Papier. Sie berät und schult dort seit 19 Jahren Betriebsräte zu Technikgestaltung und Datenschutz am Arbeitsplatz. Sie ist in den erwähnten Gebieten Autorin zahlreicher Beratungsunterlagen, Musterbetriebsvereinbarungen und Publikationen für Betriebsräte.

Christian Bergauer
Assoz. Prof. Mag. Dr. Christian Bergauer ist assoziierter Professor an der Karl-Franzens-Universität Graz. Seine Lehrbefugnis umfasst die Fächer Rechtsinformatik und IT-Recht, Strafrecht und Strafprozessrecht sowie Datenschutzrecht. Er ist Mitglied des inneruniversitären Datenschutzbeirats, der Ethikkommission der Medizinischen Universität Graz, des Vorstands der Forschungsgesellschaft für IT-Recht und Rechtsinformatik und des wissenschaftlichen Komitees des Internationalen Rechtsinformatik Symposions. Darüber hinaus ist er Autor zahlreicher Publikationen und Mitherausgeber der Fachzeitschrift für IT-Recht, Rechtsinformation und Datenschutz „jusIT“.

René J. Bogendorfer
Mag. iur. René J. Bogendorfer ist stv. Geschäftsführer der Bundessparte Information und Consulting. Zu seinen Aufgabenbereichen zählen ua die Interessenvertretung und die Beratung in den Themenfeldern IP/IT-Recht und Datenschutz. Er ist Herausgeber bzw. (Mit-) Autor der Bücher „Datenschutz im Unternehmen“, „Urheberrecht“, „So gestalten Sie Ihren Webauftritt gesetzeskonform“ sowie zahlreicher weiterer Publikationen.

Stefanie Dörnhöfer
Mag. Stefanie Dörnhöfer, LL.M. ist im Bundeskanzleramt-Verfassungsdienst als Referentin ua in der Abteilung Datenschutz (V/3) tätig. Sie hat als österreichische Vertreterin in der Ratsarbeitsgruppe DAPIX (Informationsaustausch und Datenschutz) an den Verhandlungen für die Datenschutz-Richtlinie für den Strafverfolgungsbereich (DSRL-PJ) mitgewirkt.

Natalie Fercher
Mag. Natalie Fercher, LL.M. ist im Bundeskanzleramt-Verfassungsdienst als Referentin ua in der Abteilung Datenschutz (V/3) tätig. Sie hat als österreichische Vertreterin in der Ratsarbeitsgruppe DAPIX (Informationsaustausch und Datenschutz) an den Verhandlungen für die Datenschutz-Grundverordnung (DSGVO) mitgewirkt.

Alexander Flendrovsky

Dr. Alexander Flendrovsky ist verfasssungsrechtlicher Mitarbeiter am Verfassungsgerichtshof. Mehrere Jahre lang war er stv. Leiter der Datenschutzabteilung im Bundeskanzleramt-Verfassungsdienst und als solcher insb mit der Vorbereitung der DSG-Novelle 2010 befasst. Außerdem war er stv. Leiter der Geschäftsstelle der Datenschutzkommission und Leiter des Büros der Datenschutzkommission. Er verfasste zahlreiche Publikationen zum Datenschutzrecht, 2016 dissertierte er an der Universität Wien zum Thema „Datenschutz im System des österreichischen Bundesverfassungsrechts – Eine Strukturanalyse".

Andreas Gerhartl

Dr. Andreas Gerhartl ist Mitarbeiter des AMS Niederösterreich. Zu seinem Arbeitsgebiet zählt ua auch das Datenschutzrecht. Er ist Autor mehrerer Publikationen zum Datenschutzrecht in einschlägigen Fachzeitschriften.

Viktoria Haidinger

Mag. Viktoria Haidinger, LL.M. ist Juristin und seit 2007 stellvertretende Leiterin der Stabsabteilung Statistik der Wirtschaftskammer Österreich. Sie ist Redaktionsmitglied der Zeitschrift „Datenschutz konkret" und seitens der Wirtschaftskammer Österreich als fachkundige Laienrichterin für den Bereich Datenschutz am Bundesverwaltungsgericht nominiert.

Jörg Hladjk

Dr. Jörg Hladjk ist Rechtsanwalt und Of Counsel in der Praxisgruppe Cybersecurity, Privacy & Data Protection im Brüsseler Büro der internationalen Anwaltssozietät Jones Day. Er berät dort Unternehmen in allen Fragen des europäischen Datenschutzrechts. Schwerpunkte seiner Tätigkeit sind internationale Datenschutz-Compliance Projekte sowie die Entwicklung von globalen Datentransfer-Strategien und deren Umsetzung durch EU-Standardvertragsklauseln und Binding Corporate Rules. Er hält regelmäßig Vorträge und veröffentlicht zum europäischen Datenschutzrecht. Dr. Hladjk ist im International Who's Who of Information Technology Lawyers 2013–2016 und im International Who's Who of Internet, E-Commerce and Data Protection Lawyers 2012 gelistet.

Elisabeth Hödl

Dr. Elisabeth Hödl ist Partnerin bei Watchdogs – The Data Company, einem auf Business Intelligence und Datenanalysen spezialisierten Beratungsunternehmen in Graz/Wien. Sie ist für die Entwicklung der Forschungskapazitäten und Forschungsprodukte sowie für die Analyse wissenschaftlicher, rechtlicher und medialer Trends in der Netzgesellschaft zuständig. Sie referiert auf nationalen und internationalen Kongressen (Datenschutzrecht, Informationsrecht, Zukunftsfragen) und ist Autorin zahlreicher Monografien und Publikationen in Fachzeitschriften.

Walter Hötzendorfer

Dipl.-Ing. Dr. iur. Walter Hötzendorfer ist Senior Researcher und Consultant in der Research Institute AG & Co KG in Wien. Er verfügt über Berufserfahrung in der Rechtsberatung und im Software Engineering, war von 2011 bis 2016 wissenschaftlich in der Arbeitsgruppe Rechtsinformatik der Universität Wien (Institut für Europarecht, Internationales Recht und Rechtsvergleichung) tätig und promovierte dort zum Thema „Datenschutz und Privacy by Design im föderierten Identitätsmanagement". Ehrenamtlich ist er Geschäftsführer des Wiener Zentrums für Rechtsinformatik, Vorstandsmitglied der Österreichischen Computergesellschaft (OCG) und Co-Leiter des „OCG Forum Privacy".

Bernhard Horn

Mag. DI Dr. Bernhard Horn ist seit März 2016 Jurist für IT-Compliance bei der Oesterreichischen Nationalbank. Er ist im Referat für IT Strategie, Architektur und Sicherheit der Hauptabteilung für Informationstechnologie und Kundenservice tätig und beschäftigt sich dort vornehmlich mit IT- und datenschutzrechtlichen Fragestellungen. Zuvor war er Rechtsanwaltsanwärter bei Preslmayr Rechtsanwälte OG und befasste sich dort überwiegend mit Datenschutzrecht. Studium der Rechtswissenschaften und Wirtschaftsinformatik an der Universität Wien sowie Software Engineering und Internet Computing an der TU Wien. Ende 2015 Absolvierung der Rechtsanwaltsprüfung am OLG Wien.

Ursula Illibauer

Mag. Ursula Illibauer ist Referentin der Bundessparte Information und Consulting in der Wirtschaftskammer Österreich mit Spezialisierung im Datenschutz- und Konsumentenschutzrecht. Hauptaugenmerk liegt in der Beratung von Unternehmern sowie in der Gesetzesbegutachtung.

Markus Kastelitz

Mag. Markus Kastelitz, LL.M. (IT-Law), CIPP/E ist Datenschutzbeauftragter und Legal Counsel an der Medizinischen Universität Wien. Er verfügt über mehrjährige in- und ausländische Berufserfahrung im öffentlichen sowie im privaten Bereich. Seine derzeitigen Arbeitsschwerpunkte liegen insb im internationalen Vertragsrecht (F&E-Vertragsgestaltung zB für klinische Prüfungen) sowie im Immaterialgüter- und Datenschutzrecht.

Rainer Knyrim

Dr. Rainer Knyrim ist Rechtsanwalt und Partner bei Preslmayr Rechtsanwälte. Er berät seit fünfzehn Jahren laufend in- und ausländische Unternehmen sowie öffentliche Einrichtungen im Datenschutzrecht. Er ist Autor des „Praxishandbuchs Datenschutzrecht", Mitherausgeber des Kommentars zum Datenschutzrecht „*Dohr/Pollirer/Weiss/Knyrim*" sowie Chefredakteur der Zeitschrift „Datenschutz konkret".

Gregor König

Dr. Gregor König LL.M MA ist Group Data Protection Officer der Erste Group Bank AG und war zuvor jahrelang in leitender Stellung in der Geschäftsstelle der Datenschutzkommission tätig, zuletzt auch als deren stv. geschäftsführendes Mitglied. Er ist Mitglied des Datenschutzrates, vielfach als Vortragender zum Datenschutzrecht tätig und Mitherausgeber der „Zeitschrift für Informationsrecht".

Andreas Krisch

Mag. Andreas Krisch ist geschäftsführender Gesellschafter der mksult GmbH. Er ist seit 15 Jahren als Berater, Datenschutzbeauftragter und Gutachter im Bereich Datenschutz tätig. Als Mitglied des Datenschutzrates berät er die österreichische Bundesregierung. A. Krisch ist Präsident von European Digital Rights (EDRi) und Forum Datenschutz und hat maßgeblich zur höchstgerichtlichen Abschaffung der Vorratsdatenspeicherung in der EU beigetragen.

Günther Leissler

Günther Leissler, LL.M. ist Rechtsanwalt und seit 2006 bei Schönherr in der Practice Group Regulatory tätig. Er leitet die Datenschutzgruppe bei Schönherr und berät die Mandaten in allen Bereichen des Telekommunikations- und Datenschutzrechts und der damit einhergehenden Unternehmenscompliance, wie etwa bei der Implementierung konzernweiter Datenbanken, bei der Erstellung webbasierter Kommunikationslösungen oder bei der Vornahme internationaler Datentransfers. Er vertritt weiters die Mandanten in allen damit einhergehenden behördlichen Registrierungs-, Genehmigungs-, und Beschwerdeverfahren. Er ist involviert in einschlägige datenschutzrechtliche Gesetzesvorhaben, wie etwa im Bereich der Gesundheitsdatenregulierung, und begutachtet Gesetze im Datenschutzbereich für die österreichische Rechtsanwaltskammer.

Markus Oman

Mag. Ing. Markus Oman, CSE ist allgemein beeideter und gerichtlich zertifizierter Sachverständiger, Geschäftsführender Gesellschafter der 2002 gegründeten O.P.P. – Beratungsgruppe (Wien, Wels, Passau), spezialisiert auf die Überlappungszone von Betriebswirtschaft, Technologie und Recht, Fachvortragender und Fachautor von zahlreichen Artikeln, Autor bzw. Mitautor von diversen Fachbüchern auf dem Gebiet IT-Compliance, IT-Steuerrecht, Datenschutz, IKS und Prozessmanagement, mit besonderem Focus auf eRechnung, eArchive und Workflow.

Hans-Jürgen Pollirer

Prof. KommR Hans-Jürgen Pollirer ist seit 1975 Eigentümer und Geschäftsführer der Firma Secur-Data Betriebsberatungs-GmbH. Er ist allgemein beeideter und gerichtlich zertifizierter Sachverständiger für Arbeitsorganisation, Betriebsorganisation und EDV und war von 2002–2014 Obmann der Bundessparte „Information und Consulting" der Wirtschaftskammer Österreich. Neben mehreren weiteren Tätigkeiten als Vorstandsmitglied verschiedener Organisationen ist er auch Mitherausgeber von *Dohr/Pollirer/Weiss/Knyrim*, Kommentar zum Datenschutzgesetz.

Philipp Reven

MMag. Dr. Philipp Reven, MBA ist ua auf öffentliches (sowie privates Wirtschafts-) Recht und Europarecht spezialisiert und publizierte in diesen Materien. Er war im (semi)öffentlichen Dienst, an der Universität, in der Anwaltschaft und in der Privatwirtschaft tätig und ist nun in den erwähnten Gebieten Jurist in der Bundesrechtsabteilung in der Gewerkschaft der Privatangestellten, Druck, Journalismus, Papier.

Eckhard Riedl

Dr. Eckhard Riedl ist seit 2010 Leiter der Datenschutzabteilung (V/3) im Bundeskanzleramt-Verfassungsdienst und Ersatzmitglied des Datenschutzrates. Davor war er stellvertretender Leiter der Europarechtsabteilung und Leiter des Referats EU-Gerichtsbarkeit im Bundeskanzleramt-Verfassungsdienst sowie Prozessvertreter vor dem Gerichtshof der Europäischen Union.

Matthias Schmidl

Dr. Matthias Schmidl ist seit 2014 stv. Leiter der Datenschutzbehörde. Er studierte Rechtswissenschaften an der Universität Wien und der Rijksuniversiteit Groningen. 2007–2011 war er wissenschaftlicher Mitarbeiter des VwGH, 2011–2012 Referent im Bundeskanzleramt-Verfassungsdienst und 2012–2013 Referent in der Geschäftsstelle der Datenschutzkommission.

Maximilian Schrems

Mag. Maximilian Schrems ist Jurist und Autor. Im Rahmen der DSGVO-Verhandlungen war er regelmäßig Gast im Europäischen Parlament. Für das Projekt „lobbyplag.eu" untersuchte er veröffentlichte und unveröffentlichte Änderungsvorschläge von Lobbyisten, dem Europäischen Parlament und Mitgliedsstaaten.

Robert Selk

Dr. Robert Selk, LL.M. (EUR) ist Rechtsanwalt und Fachanwalt für IT-Recht in München und seit 16 Jahren im Datenschutz- und IT-Recht spezialisiert. Dr. Selk ist ferner seit vielen Jahren als externer Datenschutzbeauftragter tätig, vor allem für große internationale Unternehmensgruppen. Zudem ist er Mitgründer und Gesellschafter eines Softwareunternehmens im CRM-Umfeld. Er ist ferner Autor zahlreicher Fachveröffentlichungen zum Datenschutz und Referent auf zahlreichen Datenschutztagungen.

Eva Souhrada-Kirchmayer

Dr. Eva Souhrada-Kirchmayer ist Richterin am Bundesverwaltungsgericht und Datenschutzbeauftragte des Europarates. Sie war von 1991 bis 2013 im Bundeskanzleramt – Verfassungsdienst im Bereich des Datenschutzes, ua als Leiterin der Datenschutzabteilung sowie als geschäftsführendes Mitglied und Leiterin der Geschäftsstelle der Datenschutzkommission, tätig. Sie ist Autorin zahlreicher Beiträge auf dem Gebiet des Datenschutzrechtes.

Klaus Steinmaurer

Dr. Klaus Steinmaurer war von 1996 bis 2015 bei T-Austria für den Bereich Recht, Regulierung und Datenschutz verantwortlich. Von 9/2015 bis 4/2016 war er für die Kanzlei Haslinger Nagele und Partner Rechtsanwälte GmbH in Wien tätig und ist ab Juni 2016 in der Konzernzentrale der Deutschen Telekom AG als Vice President International Regulatory Affairs für europäische Regulierungsangelegenheiten verantwortlich. Dr. Steinmaurer ist Co-Autor des TKG-Kommentars (MANZ), wo er ua auch für den Datenschutzteil verantwortlich zeichnet.

Thomas Strohmaier

Dr. Thomas Strohmaier ist ehemaliger Rechtsanwalt und derzeit Senior Berater bei der mksult GmbH, die sich auf den Bereich Datenschutz spezialisiert hat. Davor war er elf Jahre als Mitarbeiter der Österreichischen Post AG für den Bereich Datenschutz und als Datenschutzbeauftragter tätig. Er ist Autor des im Verlag Österreich erschienenen Buches „Personalinformationssysteme und Mitbestimmung" sowie diverser Fachbeiträge zum Thema Datenschutz.

Gerald Trieb

Dr. Gerald Trieb, LL.M. ist Rechtsanwalt und Partner bei Preslmayr Rechtsanwälte. Er berät laufend mittelgroße und große in- und ausländische Unternehmen sowie öffentliche Einrichtungen in allen Bereichen des europäischen und österreichischen Datenschutz- und Datensicherheitsrechts. Er publiziert laufend in einschlägigen Fachzeitschriften und trägt regelmäßig zu datenschutzrechtlichen Themen auf Konferenzen und Seminaren vor.

Elisabeth Wagner

MMag. Elisabeth Wagner war nach dem Studium der Rechtswissenschaften und der Kultur- und Sozialanthropologie an der Universität Wien von Anfang 2010 bis April 2014 als wissenschaftliche Mitarbeiterin am Verwaltungsgerichtshof tätig. Seit April 2014 ist sie als Sachbearbeiterin bei der Datenschutzbehörde insbesondere mit der Mitarbeit in Untergruppen der Artikel-29-Datenschuzgruppe und mit Genehmigungsverfahren im internationalen Datenverkehr betraut.

Ernst M. Weiss

Hofrat Dr. iur. Ernst M. Weiss wurde 1964 zum Richter ernannt und war fast drei Jahrzehnte Handelsrichter. Seit 1997, nach Versetzung in den Ruhestand, ist er als Richter in der Schiedsgerichtsbarkeit tätig. Mit dem Datenschutz befasst er sich seit 1978, seit 1988 erscheint „Datenschutzgesetz" von *Dohr/Pollirer/Weiss*, 2010 „Datenschutzgesetz 2000" als Taschenbuch von *Pollirer/Weiss/Knyrim* (2. Aufl. 2014). Dazwischen hält Ernst M. Weiss immer wieder Seminare zum DSG, aber auch fachspezifische Vorträge für fachmännische Laienrichter aus dem Handelsstand sowie für Mediatoren.

Matthias Wildpanner-Gugatschka

MMag. Matthias Wildpanner-Gugatschka, LL.M. ist seit 2012 Hauptreferent in der Abteilung für Allgemeine Rechtsangelegenheiten und Datenschutz des Bundesministeriums für Inneres. Sein beruflicher Schwerpunkt liegt im Datenschutzrecht, Europarecht und Amtshaftungsrecht.

Veronika Wolfbauer

Mag. Veronika Wolfbauer, LL.M. ist Rechtsanwältin und seit 2013 bei Schönherr in der Practice Group Regulatory tätig. Sie hat sich auf die Bereiche des Datenschutzrechts, Energierechts, Glücksspielrechts sowie auf Apothekenrecht spezialisiert und verfügt über breite Erfahrung im allgemeinen öffentlichen Verwaltungs- und Verfassungsrecht.